民法典条文对照与重点解读

（第二版）

杜月秋　孙政　编

法律出版社
LAW PRESS · CHINA

图书在版编目(CIP)数据

民法典条文对照与重点解读 / 杜月秋,孙政编. --
2 版. -- 北京:法律出版社,2021(2021.12 重印)
ISBN 978-7-5197-5314-6

Ⅰ.①民… Ⅱ.①杜… ②孙… Ⅲ.①民法-法典-
研究-中国 Ⅳ.①D923.04

中国版本图书馆 CIP 数据核字(2021)第 007696 号

民法典条文对照与重点解读(第二版)
MINFADIAN TIAOWEN DUIZHAO YU ZHONGDIAN JIEDU(DI-ER BAN)

杜月秋 孙 政 编

策划编辑 周洁 林蕊 朱轶佳
责任编辑 周洁 林蕊 朱轶佳
装帧设计 李瞻

出版发行 法律出版社
编辑统筹 司法实务出版分社
责任校对 杨锦华
责任印制 胡晓雅
经　　销 新华书店

开本 880 毫米×1230 毫米 1/32
印张 18.5 **字数** 691 千
版本 2021 年 1 月第 2 版
印次 2021 年 12 月第 4 次印刷
印刷 中煤(北京)印务有限公司

地址:北京市丰台区莲花池西里 7 号(100073)
网址:www.lawpress.com.cn
投稿邮箱:info@lawpress.com.cn
举报盗版邮箱:jbwq@lawpress.com.cn

销售电话:010-83938349
客服电话:010-83938350
咨询电话:010-63939796

书号:ISBN 978-7-5197-5314-6
定价:78.00 元

凡购买本社图书,如有印装错误,我社负责退换。电话:010-83938349

第二版编写说明

《民法典条文对照与重点解读》自 2020 年 6 月上市以来，累计销量超过 30 万册，长期位居法律书籍畅销榜前列。值第二版修订之际，对读者朋友们的肯定与厚爱表示感谢！

最高人民法院为配合 2021 年 1 月 1 日开始施行的《民法典》，于 2020 年 12 月底全面完成了 591 件司法解释及相关规范性文件的清理，其中，废止 116 件，对名称和部分条款进行修改 111 件，未做修改、继续使用 364 件；新制定第一批《民法典》配套的司法解释和规范性文件 7 件。为更好地服务广大读者，结合司法解释废、改、立情况，我们于近期对《民法典条文对照与重点解读》一书进行了较为全面的修订，务求将最新的司法解释及其精神体现在本书中。

本书的对照不仅保留了第一版中的“横向”对照，即《民法典》条文与原单行法及相关司法解释等的对照；同时在“纵向”对照上也有了突破，即将《民法典》条文与最高人民法院为配合《民法典》施行而修改、新制定的司法解释进行了对照。我们相信，通过这种横纵结合的对照，再加上直观简练的注解，《民法典条文对照与重点解读》(第二版)将不负众望，在助力大家更好更快学习《民法典》方面发挥重要作用。

为充分发挥本书的特色，便于大家更好地使用本书，在第一版说明基础上，现将第二版的修改特点说明如下：

1. 被废止的法律及司法解释，注明“已废止”。

2. 被修改的司法解释，分为不同情况，做出不同处理：

(1) 原条款被废止的，用括号标注“(本条 / 款已失效)”，如“原人损解释第八条第一款(本条已失效)”。

(2) 原条款内容被修改，但条文序号不变的，用括号标注“(本条内容已修正)”，如“原精神损害解释第一条第一款(本条内容已修正)”。

(3) 条文序号改变的，无论是否有内容实质性修改，均用括号标注“(已变更为最新司法解释第 × 条)”，如“原农地承包解释第二十二条(已变更为最新司法解释第二十条)”。

(4)原条款内容及条款号均无变化的,不再另行标注。

3. 新增的7部司法解释相关内容,以**楷体(加粗)**置于左栏相对应的《民法典》条文下边。

时间仓促加之经验所限,本书在体例设计、对照安排等方面仍存在一些不完善之处,内容方面也难免存在遗漏,还请读者朋友们批评指正!

编 者

二〇二一年一月

编写说明

民法即生活本身，《民法典》即社会生活的百科全书，编纂《民法典》是几代国人的夙愿，而今已经实现。无论是法官、检察官、律师、法务、法学研究及法学教育工作者等法律人，还是身处社会生活之中的普通群众，能见证《民法典》的到来，是幸运的。《民法典》的出台意义重大，但《民法典》正式生效后，《婚姻法》《继承法》《民法通则》《收养法》《担保法》《合同法》《物权法》《侵权责任法》《民法总则》等法律及大量司法解释将不再有效，而1260条的《民法典》较原有法律而言，既有大量变更之处，也有不少新增内容。囿于条文数量的“庞大”及原单行法多年使用产生的“定式”，高效学习《民法典》并非易事。为方便广大法律工作者及法律爱好者更好地查阅、学习、研究、适用，我们编写了这本《民法典条文对照与重点解读》。就本书的结构设计、特色之处等事项，说明如下：

1. 整体结构

通过书名可以看出本书主要是围绕“条文”进行编写的，并且包含了“条文对照”与“条文解读”。为便于使用，本书**通过表格的形式**按照条文顺序，对《民法典》的条文与原有的法律规定进行了对照。

2. 特色之处

（1）本书的条文对照，并非局限于原有的单行法，更将**相关的司法解释**等内容纳入对照范围，保证对照内容的全面性、实用性，这也是本书不同于其他书籍之处。

（2）对重点条文的解读与说明，直接在条文下方采用附注方式，内容高度凝练，保证重点突出。

（3）为便于阅读与区分，本书在对照过程中，针对不同情况采用了**特殊符号**，现统一说明如下：

“**加粗**”的法条内容，为《民法典》较原有法律的**新增内容**；

“*斜体*”的内容，为**变动内容**（包括部分的表述变动）；

“~~删除线~~”的内容，系原有法律的**删除内容**；

“______”的内容，**系吸收其他法律法规、司法解释而来的内容**；

《民法典》条文、原单行法条文使用**宋体**，对照的司法解释等使用**楷体**；

重点条文解读、提示或说明，以仿宋、小号**附注**在条文下方；

本书编写过程中涉及较多单行法、司法解释，其中全书两次以上涉及的司法解释，使用了简称(具体见司法解释简称表)；仅涉及一次的单行法、司法解释，直接使用全称。

3. 其他事项

本书编排新颖，对照全面，解读精练，使用得当将带来事半功倍的效果，尤其对“解读说明”的条文或者“加粗”“斜体”内容较多的条文，需要格外留意，如关于保证合同的推定由**“连带责任保证”**变更为**“一般保证”**(《民法典》第686条)，再如**“患有医学上认为不应当结婚的疾病”**不再作为禁止结婚的情形(《民法典》第1048条)……类似内容还有很多，希望读者多加留意。

另需说明，由于《民法典》的制定既是一次重大的立法突破，也是一次全面系统的汇编梳理，有不少表述上有变化但实质意义未变之处(包括标点符号)。为便于读者阅读，减少不必要的视觉干扰，对于这些不影响条文实质意义的变动，本书未再进行一一对照的严格标注。

由于时间仓促与经验所限，疏漏之处在所难免，敬请读者指正。

编　者

二〇二〇年五月

司法文件简称表

全称	简称
《最高人民法院关于贯彻执行〈中华人民共和国继承法〉若干问题的意见》（已废止）	继承法意见（已废止）
《最高人民法院关于贯彻执行〈中华人民共和国民法通则〉若干问题的意见（试行）》（已废止）	民通意见（已废止）
《最高人民法院关于确定民事侵权精神损害赔偿责任若干问题的解释》	精神损害解释
《最高人民法院关于审理城镇房屋租赁合同纠纷案件具体应用法律若干问题的解释》	城镇房屋租赁合同解释
《最高人民法院关于审理道路交通事故损害赔偿案件适用法律若干问题的解释》	道损解释
《最高人民法院关于审理环境民事公益诉讼案件适用法律若干问题的解释》	环境公益诉讼解释
《最高人民法院关于审理环境侵权责任纠纷案件适用法律若干问题的解释》	环境侵权解释
《最高人民法院关于审理技术合同纠纷案件适用法律若干问题的解释》	技术合同解释
《最高人民法院关于审理建设工程施工合同纠纷案件适用法律问题的解释》（已废止）	建工合同解释（已废止）
《最高人民法院关于审理建设工程施工合同纠纷案件适用法律问题的解释（二）》（已废止）	建工合同解释二（已废止）
《最高人民法院关于审理建筑物区分所有权纠纷案件具体应用法律若干问题的解释》	建筑物区分所有权解释
《最高人民法院关于审理利用信息网络侵害人身权益民事纠纷案件适用法律若干问题的规定》	网络侵权规定

续表

全称	简称
《最高人民法院关于审理旅游纠纷案件适用法律若干问题的规定》	旅游纠纷规定
《最高人民法院关于审理买卖合同纠纷案件适用法律问题的解释》	买卖合同解释
《最高人民法院关于审理民间借贷案件适用法律若干问题的规定》（2015 年发布）	民间借贷规定（2015）
《最高人民法院关于审理民间借贷案件适用法律若干问题的规定》（2020 年 12 月修正）	民间借贷规定（2020.12）
《最高人民法院关于审理民事案件适用诉讼时效制度若干问题的规定》	诉讼时效规定
《最高人民法院关于审理人身损害赔偿案件适用法律若干问题的解释》	人损解释
《最高人民法院关于审理融资租赁合同纠纷案件适用法律问题的解释》	融资租赁合同解释
《最高人民法院关于审理商品房买卖合同纠纷案件适用法律若干问题的解释》	商品房买卖合同解释
《最高人民法院关于审理涉及国有土地使用权合同纠纷案件适用法律问题的解释》	国有土地使用权合同解释
《最高人民法院关于审理涉及农村土地承包纠纷案件适用法律问题的解释》	农地承包解释
《最高人民法院关于审理食品药品纠纷案件适用法律若干问题的规定》	食品药品规定
《最高人民法院关于审理铁路运输人身损害赔偿纠纷案件适用法律若干问题的解释》	铁路人损解释
《最高人民法院关于审理物业服务纠纷案件具体应用法律若干问题的解释》	物业服务解释
《最高人民法院关于适用〈中华人民共和国担保法〉若干问题的解释》（已废止）	担保法解释（已废止）

续表

全称	简称
《最高人民法院关于适用〈中华人民共和国公司法〉若干问题的规定（一）》	公司法解释一
《最高人民法院关于适用〈中华人民共和国公司法〉若干问题的规定（二）》	公司法解释二
《最高人民法院关于适用〈中华人民共和国公司法〉若干问题的规定（三）》	公司法解释三
《最高人民法院关于适用〈中华人民共和国公司法〉若干问题的规定（四）》	公司法解释四
《最高人民法院关于适用〈中华人民共和国公司法〉若干问题的规定（五）》	公司法解释五
《最高人民法院关于适用〈中华人民共和国合同法〉若干问题的解释（一）》（已废止）	合同法解释一（已废止）
《最高人民法院关于适用〈中华人民共和国合同法〉若干问题的解释（二）》（已废止）	合同法解释二（已废止）
《最高人民法院关于适用〈中华人民共和国婚姻法〉若干问题的解释（一）》（已废止）	婚姻法解释一（已废止）
《最高人民法院关于适用〈中华人民共和国婚姻法〉若干问题的解释（二）》（已废止）	婚姻法解释二（已废止）
《最高人民法院关于适用〈中华人民共和国婚姻法〉若干问题的解释（三）》（已废止）	婚姻法解释三（已废止）
《最高人民法院关于适用〈中华人民共和国民法总则〉诉讼时效制度若干问题的解释》（已废止）	民法总则诉讼时效解释（已废止）
《最高人民法院关于适用〈中华人民共和国物权法〉若干问题的解释（一）》（已废止）	物权法解释一（已废止）
《最高人民法院关于审理医疗损害责任纠纷案件适用法律若干问题的解释》	医疗损害解释
《最高人民法院关于审理期货纠纷案件若干问题的规定》	期货纠纷解释
《最高人民法院关于适用〈中华人民共和国民事诉讼法〉的解释》	民诉法解释

续表

全称	简称
《最高人民法院关于适用〈中华人民共和国民法典〉婚姻家庭编的解释（一）》	民法典婚姻家庭编解释一
《最高人民法院关于审理劳动争议案件适用法律问题的解释（一）》	劳动争议解释一
《最高人民法院关于适用〈中华人民共和国民法典〉有关担保制度的解释》	民法典担保制度解释
《最高人民法院关于适用〈中华人民共和国民法典〉时间效力的若干规定》	民法典时间效力规定
《最高人民法院关于审理侵犯专利权纠纷案件应用法律若干问题的解释（二）》	专利权纠纷解释二
《最高人民法院关于审理著作权民事纠纷案件适用法律若干问题的解释》	著作权纠纷解释
《最高人民法院关于审理因垄断行为引发的民事纠纷案件应用法律若干问题的规定》	垄断行为民事纠纷规定
《最高人民法院关于适用〈中华人民共和国民法典〉物权编的解释(一)》	民法典物权编解释一
《最高人民法院关于审理建设工程施工合同纠纷案件适用法律问题的解释(一)》	建设工程合同解释一
《最高人民法院关于执行和解若干问题的规定》	执行和解规定
《最高人民法院关于适用〈中华人民共和国民法典〉继承编的解释(一)》	民法典继承编解释一
《最高人民法院关于审理侵害信息网络传播权民事纠纷案件适用法律若干问题的规定》	信息网络传播权规定
《最高人民法院关于审理食品安全民事纠纷案件适用法律若干问题的解释（一）》	食品安全解释一
《全国法院民商事审判工作会议纪要》	九民纪要

目　　录

第一编　总　　则

第一章　基本规定…… 003
第二章　自然人…… 004
　第一节　民事权利能力和民事行为能力…… 004
　第二节　监护…… 007
　第三节　宣告失踪和宣告死亡…… 013
　第四节　个体工商户和农村承包经营户…… 018
第三章　法人…… 019
　第一节　一般规定…… 019
　第二节　营利法人…… 027
　第三节　非营利法人…… 034
　第四节　特别法人…… 038
第四章　非法人组织…… 040
第五章　民事权利…… 042
第六章　民事法律行为…… 049
　第一节　一般规定…… 049
　第二节　意思表示…… 050
　第三节　民事法律行为的效力…… 052
　第四节　民事法律行为的附条件和附期限…… 059
第七章　代理…… 059
　第一节　一般规定…… 059
　第二节　委托代理…… 061
　第三节　代理终止…… 064
第八章　民事责任…… 065
第九章　诉讼时效…… 070
第十章　期间计算…… 078

第二编　物　　权

第一分编　通则…… 083
　第一章　一般规定…… 083
　第二章　物权的设立、变更、转让和消灭…… 084

第一节　不动产登记…………………………………………… 084
第二节　动产交付…………………………………………… 090
第三节　其他规定…………………………………………… 092
第三章　物权的保护…………………………………………… 093
第二分编　所有权…………………………………………… 094
第四章　一般规定…………………………………………… 094
第五章　国家所有权和集体所有权、私人所有权 …………… 096
第六章　业主的建筑物区分所有权…………………………… 104
第七章　相邻关系…………………………………………… 115
第八章　共有…………………………………………… 118
第九章　所有权取得的特别规定…………………………… 123
第三分编　用益物权…………………………………………… 131
第十章　一般规定…………………………………………… 131
第十一章　土地承包经营权…………………………………… 132
第十二章　建设用地使用权…………………………………… 143
第十三章　宅基地使用权…………………………………… 152
第十四章　居住权…………………………………………… 154
第十五章　地役权…………………………………………… 155
第四分编　担保物权…………………………………………… 159
第十六章　一般规定…………………………………………… 159
第十七章　抵押权…………………………………………… 166
第一节　一般抵押权…………………………………………… 166
第二节　最高额抵押权…………………………………………… 187
第十八章　质权…………………………………………… 190
第一节　动产质权…………………………………………… 190
第二节　权利质权…………………………………………… 197
第十九章　留置权…………………………………………… 205
第五分编　占有…………………………………………… 210
第二十章　占有…………………………………………… 210

第三编　合　　同

第一分编　通则…………………………………………… 215
第一章　一般规定…………………………………………… 215
第二章　合同的订立…………………………………………… 217
第三章　合同的效力…………………………………………… 229
第四章　合同的履行…………………………………………… 233
第五章　合同的保全…………………………………………… 241
第六章　合同的变更和转让…………………………………… 245

第七章　合同的权利义务终止 …… 248
第八章　违约责任 …… 257
第二分编　典型合同 …… 269
第九章　买卖合同 …… 269
第十章　供用电、水、气、热力合同 …… 288
第十一章　赠与合同 …… 290
第十二章　借款合同 …… 293
第十三章　保证合同 …… 301
第一节　一般规定 …… 301
第二节　保证责任 …… 308
第十四章　租赁合同 …… 317
第十五章　融资租赁合同 …… 329
第十六章　保理合同 …… 340
第十七章　承揽合同 …… 344
第十八章　建设工程合同 …… 348
第十九章　运输合同 …… 361
第一节　一般规定 …… 361
第二节　客运合同 …… 362
第三节　货运合同 …… 365
第四节　多式联运合同 …… 369
第二十章　技术合同 …… 371
第一节　一般规定 …… 371
第二节　技术开发合同 …… 378
第三节　技术转让合同和技术许可合同 …… 383
第四节　技术咨询合同和技术服务合同 …… 388
第二十一章　保管合同 …… 393
第二十二章　仓储合同 …… 398
第二十三章　委托合同 …… 402
第二十四章　物业服务合同 …… 408
第二十五章　行纪合同 …… 414
第二十六章　中介合同 …… 417
第二十七章　合伙合同 …… 419
第三分编　准合同 …… 424
第二十八章　无因管理 …… 424
第二十九章　不当得利 …… 426

第四编　人格权

第一章　一般规定 …… 429

第二章　生命权、身体权和健康权 …… 432
第三章　姓名权和名称权 …… 435
第四章　肖像权 …… 436
第五章　名誉权和荣誉权 …… 438
第六章　隐私权和个人信息保护 …… 440

第五编　婚姻家庭

第一章　一般规定 …… 447
第二章　结婚 …… 449
第三章　家庭关系 …… 455
　第一节　夫妻关系 …… 455
　第二节　父母子女关系和其他近亲属关系 …… 462
第四章　离婚 …… 464
第五章　收养 …… 481
　第一节　收养关系的成立 …… 481
　第二节　收养的效力 …… 486
　第三节　收养关系的解除 …… 487

第六编　继　　承

第一章　一般规定 …… 491
第二章　法定继承 …… 496
第三章　遗嘱继承和遗赠 …… 501
第四章　遗产的处理 …… 505

第七编　侵权责任

第一章　一般规定 …… 513
第二章　损害赔偿 …… 522
第三章　责任主体的特殊规定 …… 534
第四章　产品责任 …… 543
第五章　机动车交通事故责任 …… 550
第六章　医疗损害责任 …… 554
第七章　环境污染和生态破坏责任 …… 563
第八章　高度危险责任 …… 568
第九章　饲养动物损害责任 …… 570
第十章　建筑物和物件损害责任 …… 571

附　　则

第一编　总　　则

《民法典》及最新相关司法解释	相关内容
注 由于本编对《民法总则》（已废止）几乎没有实质改动，且《民法总则》（已废止）实施时间较短，故本编不再与《民法总则》（已废止）比较。	
第一章　基本规定	
第一条　为了保护*民事主体*的合法权益，调整民事关系，**维护社会和经济秩序**，适应*中国特色社会主义发展要求*，**弘扬社会主义核心价值观**，根据宪法，制定本法。 注 亮点表述“弘扬社会主义核心价值观”。	**《民法通则》（已废止）第一条**　为了保障*公民、法人*的合法的民事权益，~~正确~~调整民事关系，适应*社会主义现代化建设事业发展的需要*，根据宪法~~和我国实际情况，总结民事活动的实践经验~~，制定本法。
第二条　民法调整平等主体的*自然人*、法人和**非法人组织**之间的人身关系和财产关系。 注 用“自然人”取代“公民”，增加“非法人组织”，更符合民法作为“私法”“权利法”的本位。	**《民法通则》（已废止）第二条**　中华人民共和国民法调整平等主体的*公民*之~~间~~、法人~~之间、公民和法人~~之间的财产关系和人身关系。
第三条　*民事主体*的**人身权利、财产权利以及其他***合法权益*受法律保护，任何组织*或者*个人不得侵犯。	**《民法通则》（已废止）第五条**　*公民、法人*的*合法的民事权益*受法律保护，任何组织*和*个人不得侵犯。
第四条　*民事主体*在民事活动中的**法律**地位一律平等。	**《民法通则》（已废止）第三条**　*当事人*在民事活动中的地位平等。
第五条　**民事主体从事**民事活动，应当遵循自愿原则，**按照自己的意思设立、变更、终止民事法律关系**。 **第六条**　**民事主体从事**民事活动，应当遵循公平原则，合理确定各方的权利和义务。 **第七条**　**民事主体从事**民事活动，应当遵循诚信原则，**秉持诚实，恪守承诺**。 注 将《民法通则》（已废止）第4条规定的原则分为三个条文单独表述，并删除“等价有偿”。	**《民法通则》（已废止）第四条**　民事活动应当遵循自愿、公平、~~等价有偿~~、诚实信用的原则。

《民法典》及最新相关司法解释	相关内容
第八条　民事主体从事民事活动，*不得违反法律，不得违背公序良俗*。 注 明确采用“公序良俗”的概念。	《民法通则》(已废止)第七条　民事活动*应当尊重社会公德*，*不得损害社会公共利益*，~~扰乱社会经济秩序~~。
第九条　民事主体从事民事活动，应当有利于节约资源、保护生态环境。	
第十条　处理民事纠纷，*应当依照*法律；法律没有规定的，*可以适用习惯，但是不得违背公序良俗*。	《民法通则》(已废止)第六条　民事活动*必须遵守*法律，法律没有规定的，*应当遵守国家政策*。
第十一条　其他法律对民事关系有特别规定的，依照其规定。	
第十二条　中华人民共和国领域内的民事活动，适用中华人民共和国法律。法律另有规定的，依照其规定。	《民法通则》(已废止)第八条　在中华人民共和国领域内的民事活动，适用中华人民共和国法律，法律另有规定的除外。 ~~本法关于公民的规定，适用于在中华人民共和国领域内的外国人、无国籍人，法律另有规定的除外~~。
第二章　自然人	
第一节　民事权利能力和民事行为能力	
第十三条　*自然人*从出生时起到死亡时止，具有民事权利能力，依法享有民事权利，承担民事义务。	《民法通则》(已废止)第九条　*公民*从出生时起到死亡时止，具有民事权利能力，依法享有民事权利，承担民事义务。
第十四条　*自然人*的民事权利能力一律平等。	《民法通则》(已废止)第十条　*公民*的民事权利能力一律平等。
第十五条　自然人的出生时间和死亡时间，以出生证明、死亡证明记载的时间为准；没有出生证明、死亡证明的，以户籍登记或者其他有效身份登记记载的时间为准。有其他证据足以推翻以上记	

《民法典》及最新相关司法解释	相关内容
载时间的，以该证据证明的时间为准。 注 足以推翻记载的证据＞出生（死亡）证明＞户籍（其他有效身份）登记。	
第十六条　涉及遗产继承、接受赠与等胎儿利益保护的，胎儿视为具有民事权利能力。但是，胎儿娩出时为死体的，其民事权利能力自始不存在。 注 本条是相较于《民法通则》（已废止）的亮点条文，对胎儿权益保护意义重大，但条文中的"等"是否包括"胎儿独立的损害赔偿请求权"等权利仍比较模糊。	**《继承法》（已废止）第二十八条**　遗产分割时，应当保留胎儿的继承份额。胎儿出生时是死体的，保留的份额按照法定继承办理。 **继承法意见（已废止）第45条**　应当为胎儿保留的遗产份额没有保留的应从继承人所继承的遗产中扣回。 为胎儿保留的遗产份额，如胎儿出生后死亡的，由其继承人继承；如胎儿出生时就是死体的，由被继承人的继承人继承。
第十七条　十八周岁以上的*自然人*为成年人。**不满十八周岁的自然人为未成年人。** **第十八条**　成年人为完全民事行为能力人，可以独立*实施民事法律行为*。 十六周岁以上*的未成年人*，以自己的劳动收入为主要生活来源的，视为完全民事行为能力人。	**《民法通则》（已废止）第十一条**　十八周岁以上的公民是成年人，具有完全民事行为能力，可以独立*进行民事活动*~~，是完全民事行为能力人~~。 十六周岁以上*不满十八周岁的公民*，以自己的劳动收入为主要生活来源的，视为完全民事行为能力人。
第十九条　*八周岁*以上的未成年人为限制民事行为能力人，*实施民事法律行为*由其法定代理人代理或者经其法定代理人同意、**追认**；但是，*可以独立实施***纯获利益的民事法律行为**或者与其年龄、智力相适应的*民事法律行为*。 **第二十条**　不满*八周岁*的未成年人为无民事行为能力人，由其法定代理人代理*实施民事法律行为*。 注 未成年的限制民事行为能力人与无民事行为能力人的年龄界限由《民法通则》（已废止）的10周	**《民法通则》（已废止）第十二条**　*十周岁*以上的未成年人是限制民事行为能力人，*可以进行*与他的年龄、智力相适应的*民事活动*；*其他民事活动*由他的法定代理人代理，或者征得他的法定代理人的同意。 不满*十周岁*的未成年人是无民事行为能力人，由他的法定代理人代理*民事活动*。

《民法典》及最新相关司法解释	相关内容
岁调整为8周岁，符合社会发展需要；新增"纯获利益"为可独立实施的民事法律行为范围。	
第二十一条 不能辨认自己行为的*成年人*为无民事行为能力人，由其法定代理人代理*实施民事法律行为*。 **八周岁以上的未成年人不能辨认自己行为的，适用前款规定。** **第二十二条** 不能完全辨认自己行为的*成年人*为限制民事行为能力人，*实施民事法律行为*由其法定代理人代理或者经其法定代理人同意、**追认；但是，可以独立实施纯获利益的民事法律行为或者与其智力**、精神健康状况相适应的民事法律行为。 注 不再使用"精神病人"的表述。	**《民法通则》(已废止)第十三条** 不能辨认自己行为的*精神病人*是无民事行为能力人，由他的法定代理人代理*民事活动*。 不能完全辨认自己行为的*精神病人*是限制民事行为能力人，*可以进行*与他的精神健康状况相适应的*民事活动*；*其他*民事活动由他的法定代理人代理，或者征得他的法定代理人的同意。 **民通意见(已废止)第5条** 精神病人(包括痴呆症人)如果没有判断能力和自我保护能力，不知其行为后果的，可以认定为不能辨认自己行为的人；对于比较复杂的事物或者比较重大的行为缺乏判断能力和自我保护能力，并且不能预见其行为后果的，可以认定为不能完全辨认自己行为的人。
第二十三条 无民事行为能力人、限制民事行为能力人的监护人是其法定代理人。	**《民法通则》(已废止)第十四条** 无民事行为能力人、限制民事行为能力人的监护人是他的法定代理人。
第二十四条 *不能辨认或者不能完全辨认自己行为的成年人*，其利害关系人或者**有关组织**，可以向人民法院申请认定该*成年人*为无民事行为能力人或者限制民事行为能力人。 被人民法院认定为无民事行为能力人或者限制民事行为能力人的，经本人、利害关系人或者**有关组织**申请，人民法院可以**根据其智力、精神**健康恢复的状况，**认定该成年人恢复**为限制民事行为能力人或者完全民事行为能力人。	**《民法通则》(已废止)第十九条** *精神病人*的利害关系人，可以向人民法院申请宣告*精神病人*为无民事行为能力人或者限制民事行为能力人。 被人民法院宣告为无民事行为能力人或者限制民事行为能力人的，根据他健康恢复的状况，经本人或者利害关系人申请，人民法院可以宣告他为限制民事行为能力人或者完全民事行为能力人。

《民法典》及最新相关司法解释	相关内容
本条规定的有关组织包括：居民委员会、村民委员会、学校、医疗机构、妇女联合会、残疾人联合会、依法设立的老年人组织、民政部门等。 注 增加“有关组织”并明确范围。	
第二十五条　*自然人*以*户籍登记*或者**其他有效身份登记**记载的*居所*为住所；经常*居所*与住所不一致的，经常*居所*视为住所。	**《民法通则》(已废止)第十五条**　公民以他的*户籍所在地的居住地*为住所，经常*居住地*与住所不一致的，经常*居住地*视为住所。 **民通意见(已废止)第9条**　公民离开住所地最后连续居住一年以上的地方，为经常居住地。但住医院治疗的除外。 公民由其户籍所在地迁出后至迁入另一地之前，无经常居住地的，仍以其原户籍所在地为住所。
第二节　监护	
第二十六条　父母对**未成年**子女负有抚养、教育和**保护**的义务。 **成年**子女对父母负有赡养、扶助和**保护**的义务。	**《婚姻法》(已废止)第二十一条第一款**　父母对子女有抚养教育的义务；子女对父母有赡养扶助的义务。
第二十七条　父母是未成年子女的监护人。 未成年人的父母已经死亡或者没有监护能力的，由下列有监护能力的人**按顺序**担任监护人： (一)祖父母、外祖父母； (二)兄、姐； (三)*其他愿意担任监护人的个人或者组织*，但是须经未成年人住所地的居民委员会、村民委员会或者**民政部门**同意。 注 随着市场经济的发展，单位与职工家庭生活的密切程度显著降低，故此删除单位，增加民政部门。	**《民法通则》(已废止)第十六条第一款、第二款**　~~未成年人的~~父母是未成年人的监护人。 未成年人的父母已经死亡或者没有监护能力的，由下列人员中有监护能力的人担任监护人： (一)祖父母、外祖父母； (二)兄、姐； (三)*关系密切的其他亲属、朋友愿意承担监护责任*，经~~未成年人的父、母的所在单位或者~~未成年人住所地的居民委员会、村民委员会同意的。

《民法典》及最新相关司法解释	相关内容
第二十八条　无民事行为能力或者限制民事行为能力的*成年人*，由下列**有监护能力**的人**按顺序**担任监护人： （一）配偶； （二）父母、子女； （三）其他近亲属； （四）*其他愿意担任监护人的个人或者组织*，但是须经被监护人住所地的居民委员会、村民委员会或者**民政部门**同意。 注 同上条，删单位、增民政。此外，将成年子女改为子女，表明16周岁以上以劳动收入为主要生活来源的未成年人具有监护人资格。	**《民法通则》（已废止）第十七条第一款**　无民事行为能力或者限制民事行为能力的*精神病人*，由下列人员担任监护人： （一）配偶； （二）父母； （三）~~成年~~子女； （四）其他近亲属； （五）*关系密切的其他亲属、朋友愿意承担监护责任*，经~~精神病人的所在单位或者~~住所地的居民委员会、村民委员会同意的。
第二十九条　被监护人的父母担任监护人的，可以通过遗嘱指定监护人。 注 关于遗嘱指定监护的规定。	
第三十条　依法具有监护资格的人之间可以协议确定监护人。协议确定监护人应当尊重被监护人的真实意愿。 注 关于协议确定监护人的规定。	**民通意见（已废止）第15条**　有监护资格的人之间协议确定监护人的，应当由协议确定的监护人对被监护人承担监护责任。
第三十一条　对监护人*的确定*有争议的，由被监护人住所地的居民委员会、村民委员会或者**民政部门**指定监护人，有关当事人对指定不服的，*可以向人民法院申请指定监护人*；**有关当事人也可以直接向人民法院申请指定监护人。** **居民委员会、村民委员会、民政部门或者人民法院应当尊重被监护人的真实意愿，按照最有利于被监护人的原则在依法具有监护资格的人中指定监护人。** **依据本条第一款规定指定监护人前，被监护人的人身权利、财产权利以及其他合法权益处于无人保护状态的，由被监护人住所地的居民委员会、村民委员**	**《民法通则》（已废止）第十六条第三款**　对*担任*监护人有争议的，由~~未成年人的父、母的所在单位或者~~未成年人住所地的居民委员会、村民委员会~~在近亲属中~~指定。*对指定不服提起诉讼的，由人民法院裁决。* **第十七条第二款**　对*担任*监护人有争议的，由~~精神病人的所在单位~~或者住所地的居民委员会、村民委员会~~在近亲属中~~指定。*对指定不服提起诉讼的，由人民法院裁决。* **民通意见（已废止）第16条**　对于担任监护人有争议的，应当按照民法通则第十六条第三款或者第十七条第二款

《民法典》及最新相关司法解释	相关内容
会、法律规定的有关组织或者民政部门担任临时监护人。 监护人被指定后，不得擅自变更；擅自变更的，不免除被指定的监护人的责任。 **民诉法解释(2020)第三百五十一条** 被指定的监护人不服居民委员会、村民委员会或者民政部门指定，应当自接到通知之日起三十日内向人民法院提出异议。经审理，认为指定并无不当的，裁定驳回异议；指定不当的，判决撤销指定，同时另行指定监护人。判决书应当送达异议人、原指定单位及判决指定的监护人。 有关当事人依照民法典第三十一条第一款规定直接向人民法院申请指定监护人的，适用特别程序审理，判决指定监护人。判决书应当送达申请人、判决指定的监护人。 注 新增“临时监护人”制度，更有利于保护被监护人利益。	的规定，由有关组织予以指定。~~未经指定而向人民法院起诉的，人民法院不予受理~~。 **第18条** 监护人被指定后，不得自行变更。擅自变更的，由原被指定的监护人和变更后的监护人承担监护责任。 **第19条** 被指定人对指定不服提起诉讼的，人民法院应当根据本意见第十四条的规定，作出维持或者撤销指定监护人的判决。如果判决是撤销原指定的，可以同时另行指定监护人。此类案件，比照民事诉讼法（试行）规定的特别程序进行审理。 在人民法院作出判决前的监护责任，一般应当按照指定监护人的顺序，由有监护资格的人承担。
第三十二条 没有依法具有监护资格的人的，监护人由*民政部门*担任，*也可以由具备履行监护职责条件的被监护人*住所地的*居民委员会、村民委员会*担任。 **民诉法解释(2020)第八十三条** 在诉讼中，无民事行为能力人、限制民事行为能力人的监护人是他的法定代理人。事先没有确定监护人的，可以由有监护资格的人协商确定；协商不成的，由人民法院在他们之中指定诉讼中的法定代理人。当事人没有民法典第二十七条、第二十八条规定的监护人的，可以指定民法典第三十二条规定的有关组织担任诉讼中的法定代理人。 注《民法典》第32条系关于公职监护人的规定，突出了民政部门的监护作用。	**《民法通则》(已废止)第十六条第四款** 没有第一款、第二款规定的监护人的，由~~未成年人的父、母的所在单位~~或者未成年人住所地的*居民委员会、村民委员会或者民政部门*担任监护人。 **第十七条第三款** 没有第一款规定的监护人的，由精神病人的~~所在单位~~或者住所地的*居民委员会、村民委员会或者民政部门*担任监护人。

《民法典》及最新相关司法解释	相关内容
第三十三条　具有完全民事行为能力的成年人，可以与其近亲属、其他愿意担任监护人的个人或者组织事先协商，以书面形式确定自己的监护人，在自己丧失或者部分丧失民事行为能力时，由该监护人履行监护职责。 注 本条吸收《老年人权益保障法》的规定，在《民法典》中明确了成年人意定监护制度，标志着我国成年人监护制度取得了重大进展。	**《老年人权益保障法》第二十六条第一款**　具备完全民事行为能力的**老年人**，可以在近亲属或者其他与自己关系密切、愿意承担监护责任的个人、组织中协商确定自己的监护人。监护人在老年人丧失或者部分丧失民事行为能力时，依法承担监护责任。
第三十四条　监护人的职责是**代理被监护人实施民事法律行为**，保护被监护人的人身权利、财产权利以及其他合法权益等。 监护人依法履行监护**职责产生**的权利，受法律保护。 监护人不履行监护职责或者侵害被监护人合法权益的，应当承担**法律**责任。 **因发生突发事件等紧急情况，监护人暂时无法履行监护职责，被监护人的生活处于无人照料状态的，被监护人住所地的居民委员会、村民委员会或者民政部门应当为被监护人安排必要的临时生活照料措施**。 注 本条第4款系最新增加的一款。新冠肺炎疫情期间曾经出现老人与小孩在家无人照料的情况，增加该款内容即是为了防止此类情况的发生。	**《民法通则》（已废止）第十八条**　监护人~~应当履行监护职责~~，保护被监护人的人身、财产及其他合法权益~~，除为被监护人的利益外，不得处理被监护人的财产~~。 监护人依法履行监护的权利，受法律保护。 监护人不履行监护职责或者侵害被监护人的合法权益的，应当承担责任~~；给被监护人造成财产损失的，应当赔偿损失。人民法院可以根据有关人员或者有关单位的申请，撤销监护人的资格。~~ **民通意见（已废止）第10条**　监护人的监护职责包括：保护被监护人的身体健康，照顾被监护人的生活，管理和保护被监护人的财产，代理被监护人进行民事活动，对被监护人进行管理和教育，在被监护人合法权益受到侵害或者与人发生争议时，代理其进行诉讼。
第三十五条　监护人应当按照最有利于被监护人的原则履行监护职责。监护人除为维护被监护人利益外，不得处分被监护人的财产。	**《民法通则》（已废止）第十八条第一款**　……除为被监护人的利益外，不得处理被监护人的财产。

《民法典》及最新相关司法解释	相关内容
未成年人的监护人履行监护职责，在作出与被监护人利益有关的决定时，应当根据被监护人的年龄和智力状况，尊重被监护人的真实意愿。 **成年人的监护人履行监护职责，应当最大程度地尊重被监护人的真实意愿，保障并协助被监护人实施与其智力、精神健康状况相适应的民事法律行为。对被监护人有能力独立处理的事务，监护人不得干涉。** 注 确立了“最有利于被监护人”“尊重被监护人意愿”的原则，并区分未成年被监护人、成年被监护人具体阐述“尊重被监护人的真实意愿”。	
第三十六条 监护人有下列情形之一的，人民法院根据*有关个人或者组织*的申请，撤销其监护人资格，**安排必要的临时监护措施，并按照最有利于被监护人的原则依法指定监护人：** **（一）实施严重损害被监护人身心健康的行为；** **（二）怠于履行监护职责，或者无法履行监护职责且拒绝将监护职责部分或者全部委托给他人，导致被监护人处于危困状态；** **（三）实施严重侵害被监护人合法权益的其他行为。** **本条规定的有关个人、组织包括：其他依法具有监护资格的人，居民委员会、村民委员会、学校、医疗机构、妇女联合会、残疾人联合会、未成年人保护组织、依法设立的老年人组织、民政部门等。**	**《民法通则》（已废止）第十八条第三款** 监护人*不履行监护职责或者侵害被监护人的合法权益的，应当承担责任；给被监护人造成财产损失的，应当赔偿损失*。人民法院可以根据*有关人员或者有关单位*的申请，撤销监护人的资格。 **民通意见（已废止）第21条** 夫妻离婚后，与子女共同生活的一方无权取消对方对该子女的监护权；但是，未与该子女共同生活的一方，对该子女有犯罪行为、虐待行为或者对该子女明显不利的，人民法院认为可以取消的除外。

《民法典》及最新相关司法解释	相关内容
前款规定的个人和民政部门以外的组织未及时向人民法院申请撤销监护人资格的，民政部门应当向人民法院申请。 **民法典婚姻家庭编解释一第六十二条　无民事行为能力人的配偶有民法典第三十六条第一款规定行为，其他有监护资格的人可以要求撤销其监护资格，并依法指定新的监护人；变更后的监护人代理无民事行为能力一方提起离婚诉讼的，人民法院应予受理。** 注《民法典》第36条系关于撤销监护人资格制度的规定，规定了较为具体的情形及明确的申请主体。	
第三十七条　依法负担被监护人抚养费、赡养费、扶养费的父母、子女、配偶等，被人民法院撤销监护人资格后，应当继续履行负担的义务。 注本条的父母与子女，既包括亲生父母与亲生子女，也包括养父母与养子女，以及继父或继母与受其抚养教育的继子女。	
第三十八条　被监护人的父母或者子女被人民法院撤销监护人资格后，除对被监护人实施故意犯罪的外，确有悔改表现的，经其申请，人民法院可以在尊重被监护人真实意愿的前提下，视情况恢复其监护人资格，人民法院指定的监护人与被监护人的监护关系同时终止。 注本条系关于恢复监护人资格的规定。	
第三十九条　有下列情形之一的，监护关系终止： **（一）被监护人取得或者恢复完全民事行为能力；** **（二）监护人丧失监护能力；**	

《民法典》及最新相关司法解释	相关内容
(三)被监护人或者监护人死亡; **(四)人民法院认定监护关系终止的其他情形。** **监护关系终止后,被监护人仍然需要监护的,应当依法另行确定监护人。**	
第三节　宣告失踪和宣告死亡	
第四十条　*自然人*下落不明满二年的,利害关系人可以向人民法院申请宣告*该自然人*为失踪人。	**《民法通则》(已废止)第二十条第一款**　公*民*下落不明满二年的,利害关系人可以向人民法院申请宣告*他*为失踪人。 **民通意见(已废止)第24条**　申请宣告失踪的利害关系人,包括被申请宣告失踪人的配偶、父母、子女、兄弟姐妹、祖父母、外祖父母、孙子女、外孙子女以及其他与被申请人有民事权利义务关系的人。
第四十一条　自然人下落不明的时间自其*失去音讯之日起*计算。战争期间下落不明的,下落不明的时间自战争结束之日或者**有关机关确定的下落不明之**日起计算。 注 下落不明起算时间由民通意见(已废止)规定的"音讯消失之次日"变更为"失去音讯之日"。	**《民法通则》(已废止)第二十条第二款**　战争期间下落不明的,下落不明的时间从战争结束之日起计算。 **民通意见(已废止)第26条**　下落不明是指公民离开最后居住地后没有音讯的状况。对于在台湾或者在国外,无法正常通讯联系的,不得以下落不明宣告死亡。 **第28条**　民法通则第二十条第一款、第二十三条第一款第一项中的下落不明的起算时间,从公民音讯消失之次日起算。 宣告失踪的案件,由被宣告失踪人住所地的基层人民法院管辖。住所地与居住地不一致的,由最后居住地的基层人民法院管辖。

《民法典》及最新相关司法解释	相关内容
第四十二条　失踪人的财产由其配偶、成年子女、父母或者*其他愿意担任财产代管人的人*代管。 代管有争议，没有前款规定的人，或者前款规定的人无代管能力的，由人民法院指定的人代管。 **民诉法解释（2020）第三百四十三条**　宣告失踪或者宣告死亡案件，人民法院可以根据申请人的请求，清理下落不明人的财产，并指定案件审理期间的财产管理人。公告期满后，人民法院判决宣告失踪的，应当同时依照民法典第四十二条的规定指定失踪人的财产代管人。 注 不同于前面监护中的“子女”，《民法典》第42条限定为“成年子女”，值得注意。	**《民法通则》（已废止）第二十一条第一款**　失踪人的财产由他的配偶、父母、成年子女或者*关系密切的其他亲属、朋友*代管。代管有争议的，没有以上规定的人或者以上规定的人无能力代管的，由人民法院指定的人代管。
第四十三条　财产代管人应当妥善管理失踪人的财产，维护其财产权益。 失踪人所欠税款、债务和应付的其他费用，由财产代管人从失踪人的财产中支付。 **财产代管人因故意或者重大过失造成失踪人财产损失的，应当承担赔偿责任。** 注 明确了代管人在故意、重大过失的情况下造成损失的赔偿责任。	**《民法通则》（已废止）第二十一条第二款**　失踪人所欠税款、债务和应付的其他费用，由代管人从失踪人的财产中支付。 **民通意见（已废止）第31条**　民法通则第二十一条第二款中的“其他费用”，包括赡养费、扶养费、抚育费和因代管财产所需的管理费等必要的费用。 **第32条**　失踪人的财产代管人拒绝支付失踪人所欠的税款、债务和其他费用，债权人提起诉讼的，人民法院应当将代管人列为被告。 失踪人的财产代管人向失踪人的债务人要求偿还债务的，可以作为原告提起诉讼。 **第33条**　债务人下落不明，但未被宣告失踪，债权人起诉要求清偿债务的，人民法院可以在公告传唤后缺席判决或者按中止诉讼处理。

《民法典》及最新相关司法解释	相关内容
	原《最高人民法院关于民事执行中变更、追加当事人若干问题的规定》第二条第二款（本款内容已修正） 作为申请执行人的公民被宣告失踪，该公民的财产代管人申请变更、追加其为申请执行人的，人民法院应予支持。
第四十四条 财产代管人不履行代管职责、侵害失踪人财产权益或者丧失代管能力的，失踪人的利害关系人可以向人民法院申请变更财产代管人。 财产代管人有正当理由的，可以向人民法院申请变更财产代管人。 **人民法院变更财产代管人的，变更后的财产代管人有权请求原财产代管人及时移交有关财产并报告财产代管情况。** 注 明确了变更财产代管人的情形及财产移交、报告。	**民通意见（已废止）第35条** 失踪人的财产代管人以无力履行代管职责，申请变更代管人的，人民法院比照特别程序进行审理。 失踪人的财产代管人不履行代管职责或者侵犯失踪人财产权益的，失踪人的利害关系人可以向人民法院请求财产代管人承担民事责任。如果同时申请人民法院变更财产代管人的，变更之诉比照特别程序单独审理。
第四十五条 失踪人重新出现，经本人或者利害关系人申请，人民法院应当撤销失踪宣告。 **失踪人重新出现，有权请求财产代管人及时移交有关财产并报告财产代管情况。**	**《民法通则》（已废止）第二十二条** ~~被宣告~~失踪~~的~~人重新出现~~或者确知他的下落~~，经本人或者利害关系人申请，人民法院应当撤销对他的失踪宣告。
第四十六条 *自然人*有下列情形之一的，利害关系人可以向人民法院申请宣告*该自然人*死亡： （一）下落不明满四年； （二）因意外事件，*下落不明满二年*。 **因意外事件下落不明，经有关机关证明该自然人不可能生存的，申请宣告死亡不受二年时间的限制。**	**《民法通则》（已废止）第二十三条** *公民*有下列情形之一的，利害关系人可以向人民法院申请宣告*他*死亡： （一）下落不明满四年的； （二）因意外事故*下落不明，从事故发生之日起满二年的*。 ~~战争期间下落不明的，下落不明的时间从战争结束之日起计算。~~

《民法典》及最新相关司法解释	相关内容
第四十七条　对同一自然人，有的利害关系人申请宣告死亡，有的利害关系人申请宣告失踪，符合本法规定的宣告死亡条件的，人民法院应当宣告死亡。 注 本条并未规定申请宣告死亡的利害关系人的顺序，从文义来看，《民法典》取消了申请宣告死亡的利害关系人的顺序。笔者认为，若不再适用顺位的要求，则对于利害关系人的范围应该予以限缩。仅仅有财产利益而无身份利益的利害关系人不应再有申请宣告死亡的资格，其中最典型的就是失踪人的债权人应被排除在外。还有，在一般意义上，如果配偶、父母或子女尚有人生存的，则兄弟姐妹不应再具有申请宣告死亡的资格。	**民通意见（已废止）第29条**　宣告失踪不是宣告死亡的必经程序。公民下落不明，符合申请宣告死亡的条件，利害关系人可以不经申请宣告失踪而直接申请宣告死亡。但利害关系人只申请宣告失踪的，应当宣告失踪；同一顺序的利害关系人，有的申请宣告死亡，有的不同意宣告死亡，则应当宣告死亡。 **第25条**　申请宣告死亡的利害关系人的顺序是： ~~（一）配偶；~~ ~~（二）父母、子女；~~ ~~（三）兄弟姐妹、祖父母、外祖父母、孙子女、外孙子女；~~ ~~（四）其他有民事权利义务关系的人。~~ 申请撤销死亡宣告不受上列顺序限制。
第四十八条　被宣告死亡的人，人民法院宣告死亡的*判决作出之日*视为其死亡的日期；**因意外事件下落不明宣告死亡的，意外事件发生之日视为其死亡的日期**。 注 明确判决作出之日、意外发生之日视为死亡日期。	**民通意见（已废止）第36条第1款**　被宣告死亡的人，判决宣告之日为其死亡的日期。判决书除发给申请人外，还应当在被宣告死亡的人住所地和人民法院所在地公告。
第四十九条　*自然人被宣告死亡但是并未死亡的，不影响该自然人在被宣告死亡期间实施的民事法律行为的效力。* 注 宣告死亡本质上为推定死亡，宣告死亡本身并不影响未死亡人的民事行为能力。	**《民法通则》（已废止）第二十四条第二款**　*有民事行为能力人在被宣告死亡期间实施的民事法律行为有效。* **民通意见（已废止）第36条第2款**　被宣告死亡和自然死亡的时间不一致的，被宣告死亡所引起的法律后果仍然有效，但自然死亡前实施的民事法律行为与被宣告死亡引起的法律后果相抵触的，则以其实施的民事法律行为为准。

《民法典》及最新相关司法解释	相关内容
第五十条　被宣告死亡的人重新出现，经本人或者利害关系人申请，人民法院应当撤销死亡宣告。	**《民法通则》（已废止）第二十四条第一款**　被宣告死亡的人重新出现~~或者确知他没有死亡~~，经本人或者利害关系人申请，人民法院应当撤销~~对他的~~死亡宣告。
第五十一条　被宣告死亡的人的婚姻关系，自死亡宣告之日起消除。死亡宣告被撤销的，婚姻关系自撤销死亡宣告之日起自行恢复。但是，其配偶再婚或者**向婚姻登记机关书面声明不愿意恢复**的除外。 注 为尊重配偶婚姻自由，增加配偶不愿意恢复婚姻关系则不自行恢复的内容。	**民通意见（已废止）第37条**　被宣告死亡的人与配偶的婚姻关系，自死亡宣告之日起消灭。死亡宣告被人民法院撤销，如果其配偶尚未再婚的，夫妻关系从撤销死亡宣告之日起自行恢复；如果其配偶再婚后又离婚或者再婚后配偶又死亡的，则不得认定夫妻关系自行恢复。
第五十二条　被宣告死亡的人在被宣告死亡期间，其子女被他人依法收养的，在死亡宣告被撤销后，不得以未经本人同意为由主张收养行为无效。 注 即使是收养人与被收养人同意，也不改变原收养关系的效力。	**民通意见（已废止）第38条**　被宣告死亡的人在被宣告死亡期间，其子女被他人依法收养，被宣告死亡的人在死亡宣告被撤销后，仅以未经本人同意而主张收养关系无效的，一般不应准许，但收养人和被收养人同意的除外。
第五十三条　被撤销死亡宣告的人有权请求**依照本法第六编取得其财产的民事主体**返还财产；*无法返还的，应当给予适当补偿。* 利害关系人隐瞒真实情况，致使他人被宣告死亡而取得其财产的，除应当返还财产外，还应当对由此造成的损失承担赔偿责任。	**《民法通则》（已废止）第二十五条**　被撤销死亡宣告的人有权请求返还财产。*依照继承法取得他的财产的公民或者组织，应当返还原物；原物不存在的，给予适当补偿。* **民通意见（已废止）第39条**　利害关系人隐瞒真实情况使他人被宣告死亡而取得其财产的，除应返还原物及孳息外，还应对造成的损失予以赔偿。 **第40条**　被撤销死亡宣告的人请求返还财产，其原物已被第三人合法取得的，第三人可不予返还。但依继承法取得原物的公民或者组织，应当返还原物或者给予适当补偿。

《民法典》及最新相关司法解释	相关内容
第四节　个体工商户和农村承包经营户	
第五十四条　*自然人*从事工商业经营，经依法登记，为个体工商户。个体工商户可以起字号。	**《民法通则》（已废止）第二十六条**　*公民*~~在法律允许的范围内~~，依法经核准登记，从事工商业经营的，为个体工商户。个体工商户可以起字号。
第五十五条　农村集体经济组织的成员，*依法取得农村土地承包经营权，从事家庭承包经营的*，为农村承包经营户。	**《民法通则》（已废止）第二十七条**　农村集体经济组织的成员，*在法律允许的范围内，按照承包合同规定从事商品经营的*，为农村承包经营户。
第五十六条　个体工商户的债务，个人经营的，以个人财产承担；家庭经营的，以家庭财产承担；**无法区分的，以家庭财产承担。** **农村承包经营户的债务，以从事农村土地承包经营的农户财产承担；事实上由农户部分成员经营的，以该部分成员的财产承担。** 注 不同于《民法通则》（已废止）、民通意见（已废止），本条将个体工商户、农村承包经营户的债务拆分成两款分别规定。	**《民法通则》（已废止）第二十九条**　个体工商户~~、农村承包经营户~~的债务，个人经营的，以个人财产承担；家庭经营的，以家庭财产承担。 **民通意见（已废止）第41条**　起字号的个体工商户，在民事诉讼中，应以营业执照登记的户主（业主）为诉讼当事人，在诉讼文书中注明系某字号的户主。 **第42条**　以公民个人名义申请登记的个体工商户和个人承包的农村承包经营户，用家庭共有财产投资，或者收益的主要部分供家庭成员享用的，其债务应以家庭共有财产清偿。 **第43条**　在夫妻关系存续期间，一方从事个体经营或者承包经营的，其收入为夫妻共有财产，债务亦应以夫妻共有财产清偿。 **第44条**　个体工商户、农村承包经营户的债务，如以其家庭共有财产承担责任时，应当保留家庭成员的生活必需品和必要的生产工具。

《民法典》及最新相关司法解释	相关内容
第三章　法人	
第一节　一般规定	
第五十七条　法人是具有民事权利能力和民事行为能力，依法独立享有民事权利和承担民事义务的组织。 注 未特别说明的，《民法典》总则编中的“法人”不仅指《公司法》中的公司，还包括其他营利法人及非营利法人、特别法人等，较《民法通则》（已废止）大部分条文涉及的“企业法人”范围更广，故相对于《民法通则》（已废止）的“企业法人”而言，本质上属增加之规定，但为便于阅读，非需特别提示将不再全部加粗，特此说明。	**《民法通则》（已废止）第三十六条第一款**　法人是具有民事权利能力和民事行为能力，依法独立享有民事权利和承担民事义务的组织。
第五十八条　法人应当依法成立。 法人应当有自己的名称、组织机构、*住所*、财产或者经费。**法人成立的具体条件和程序，依照法律、行政法规的规定。** **设立法人，法律、行政法规规定须经有关机关批准的，依照其规定。**	**《民法通则》（已废止）第三十七条**　法人应当具备下列条件： （一）依法成立； （二）有~~必要的~~财产或者经费； （三）有自己的名称、组织机构和*场所*； ~~（四）能够独立承担民事责任。~~
第五十九条　法人的民事权利能力和民事行为能力，从法人成立时产生，到法人终止时消灭。	**《民法通则》（已废止）第三十六条第二款**　法人的民事权利能力和民事行为能力，从法人成立时产生，到法人终止时消灭。
第六十条　**法人以其全部财产**独立承担民事责任。	**《民法通则》（已废止）第三十七条**　……（四）能够独立承担民事责任。
第六十一条　依照法律或者法人章程的规定，代表法人*从事民事活动*的负责人，为法人的法定代表人。 **法定代表人以法人名义从事的民事活动，其法律后果由法人承受。** **法人章程或者法人权力机构对法定代表人代表权的限制，不得对抗善意相对人。**	**《民法通则》（已废止）第三十八条**　依照法律或者法人~~组织~~章程规定，代表法人*行使职权*的负责人，是法人的法定代表人。 **第四十三条**　~~企业~~法人对它的法定代表人和其他工作人员的经营活动，承担民事责任。

《民法典》及最新相关司法解释	相关内容
注 本条第3款系在承认法人能够通过章程、成员决议等方式限制法定代表人权限的前提下,为保护交易安全、保护善意第三人的信赖利益作出的重要规定。	**《合同法》(已废止)第五十条** 法人或者其他组织的法定代表人、负责人超越权限订立的合同,除相对人知道或者应当知道其超越权限的以外,该代表行为有效。
第六十二条 法定代表人*因执行职务造成他人损害的*,由法人承担民事责任。 **法人承担民事责任后,依照法律或者法人章程的规定,可以向有过错的法定代表人追偿。** 注 本条第2款明确规定了法人向法定代表人追偿的两个要件:一是有法律或章程的明确规定,二是法定代表人有过错。	**《民法通则》(已废止)第四十三条** ~~企业~~法人对它的法定代表人和其他工作人员的*经营活动*,承担民事责任。 **民通意见(已废止)第58条** 企业法人的法定代表人和其他工作人员,以法人名义从事的经营活动,给他人造成经济损失的,企业法人应当承担民事责任。 **原人损解释第八条第一款(本条已失效)** 法人或者其他组织的法定代表人、负责人以及工作人员,在执行职务中致人损害的,依照民法通则第一百二十一条的规定,由该法人或者其他组织承担民事责任。上述人员实施与职务无关的行为致人损害的,应当由行为人承担赔偿责任。
第六十三条 法人以其主要办事机构所在地为住所。**依法需要办理法人登记的,应当将主要办事机构所在地登记为住所。**	**《民法通则》(已废止)第三十九条** 法人以它的主要办事机构所在地为住所。
第六十四条 *法人存续期间登记事项发生变化的,应当依法向登记机关申请变更登记。* 注 此处主要指法人组织合并、分立以及活动宗旨、业务范围等登记事项的变化。	**《民法通则》(已废止)第四十四条第一款** ~~企业~~*法人分立、合并或者有其他重要事项变更,应当向登记机关办理登记并公告。*
第六十五条 法人的实际情况与登记的事项不一致的,不得对抗善意相对人。 注 如何确定相对人是否"善意"十分重要。	

《民法典》及最新相关司法解释	相关内容
第六十六条　登记机关应当依法及时公示法人登记的有关信息。 注 本条系“登记机关”义务之规定，原规定系“法人”之义务。	**《民法通则》（已废止）第四十四条第一款**　~~企业~~法人分立、合并或者有其他重要事项变更，应当向登记机关办理登记并公告。
第六十七条　*法人合并的*，其权利和义务由合并后的法人享有和承担。 *法人分立的*，其权利和义务由分立后的法人*享有连带债权，承担连带债务*，**但是债权人和债务人另有约定的除外。**	**《民法通则》（已废止）第四十四条第二款**　~~企业~~*法人分立、合并，它的权利和义务由变更后的法人享有和承担*。 **《公司法》第一百七十四条**　公司合并时，合并各方的债权、债务，应当由合并后存续的公司或者新设的公司承继。 **第一百七十六条**　公司分立前的债务由分立后的公司承担连带责任。但是，公司在分立前与债权人就债务清偿达成的书面协议另有约定的除外。
第六十八条　有下列原因之一并依法完成清算、**注销登记的**，*法人终止*： （一）法人解散； （二）法人被宣告破产； （三）法律规定的其他原因。 **法人终止，法律、行政法规规定须经有关机关批准的，依照其规定。** 注 重新界定终止、解散、清算等概念，简言之，解散指引起法人终止的原因，是法人终止的开始，之后法人进入清算程序，一般情况下完成清算并经注销登记，法人民事主体资格才归于消灭，法人终止这一整体效果才最终达成。此外，本条明确了法人被撤销不再单独作为法人终止的一大类，而是被归入法人解散一类之中；不需要办理法人登记的，无须注销程序。	**《民法通则》（已废止）第四十条**　法人终止，应当依法进行清算~~，停止清算范围外的活动~~。 **第四十五条**　*企业法人*由于下列原因之一终止： （一）~~依法被撤销~~； （二）解散； （三）依法宣告破产； （四）其他原因。 **第四十六条**　*企业法人*终止，应当向登记机关办理注销登记并公告。

《民法典》及最新相关司法解释	相关内容
第六十九条　有下列情形之一的，法人解散： （一）法人章程规定的存续期间届满或者法人章程规定的其他解散事由出现； （二）法人的权力机构决议解散； （三）因法人合并或者分立需要解散； （四）法人依法被吊销营业执照、登记证书，被责令关闭或者被撤销； （五）法律规定的其他情形。	**《公司法》第一百八十条**　公司因下列原因解散： （一）公司章程规定的营业期限届满或者公司章程规定的其他解散事由出现； （二）股东会或者股东大会决议解散； （三）因公司合并或者分立需要解散； （四）依法被吊销营业执照、责令关闭或者被撤销； （五）人民法院依照本法第一百八十二条的规定予以解散。
第七十条　法人解散的，**除合并或者分立的情形外**，清算义务人应当**及时***组成*清算组进行清算。 **法人的董事、理事等执行机构或者决策机构的成员为清算义务人。法律、行政法规另有规定的，依照其规定。** **清算义务人未及时履行清算义务，造成损害的，应当承担民事责任；主管机关或者利害关系人可以申请人民法院指定有关人员组成清算组进行清算。** **公司法解释二（2020）第二条**　股东提起解散公司诉讼，同时又申请人民法院对公司进行清算的，人民法院对其提出的清算申请不予受理。人民法院可以告知原告，在人民法院判决解散公司后，依据民法典第七十条、公司法第一百八十三条和本规定第七条的规定，自行组织清算或者另行申请人民法院对公司进行清算。 **第七条**　公司应当依照民法典第七十条、公司法第一百八十三条的规定，在解散事由出现之日起十五日内成立清算组，开始自行清算。	**《民法通则》（已废止）第四十七条**　~~企业~~法人解散，应当成立清算组织，进行清算。~~企业~~法人被撤销、被宣告破产的，应当由主管机关或者人民法院组织有关机关和有关人员成立清算组织，进行清算。 **《公司法》第一百八十三条**　公司因本法第一百八十条第（一）项、第（二）项、第（四）项、第（五）项规定而解散的，应当在解散事由出现之日起十五日内成立清算组，开始清算。有限责任公司的清算组由股东组成，股份有限公司的清算组由董事或者股东大会确定的人员组成。逾期不成立清算组进行清算的，债权人可以申请人民法院指定有关人员组成清算组进行清算。人民法院应当受理该申请，并及时组织清算组进行清算。 **第一百八十九条**　清算组成员应当忠于职守，依法履行清算义务。 清算组成员不得利用职权收受贿赂或者其他非法收入，不得侵占公司财产。 清算组成员因故意或者重大过失给公司或者债权人造成损失的，应当承担赔偿责任。

《民法典》及最新相关司法解释	相关内容
有下列情形之一，债权人、公司股东、董事或其他利害关系人申请人民法院指定清算组进行清算的，人民法院应予受理： （一）公司解散逾期不成立清算组进行清算的； （二）虽然成立清算组但故意拖延清算的； （三）违法清算可能严重损害债权人或者股东利益的。 **第九条**　人民法院指定的清算组成员有下列情形之一的，人民法院可以根据债权人、公司股东、董事或其他利害关系人的申请，或者依职权更换清算组成员： （一）有违反法律或者行政法规的行为； （二）丧失执业能力或者民事行为能力； （三）有严重损害公司或者债权人利益的行为。	
第七十一条　法人的清算程序和清算组职权，依照有关法律的规定；没有规定的，参照适用公司法律的有关规定。 **公司法解释二（2020）第十五条**　公司自行清算的，清算方案应当报股东会或者股东大会决议确认；人民法院组织清算的，清算方案应当报人民法院确认。未经确认的清算方案，清算组不得执行。 执行未经确认的清算方案给公司或者债权人造成损失，公司、股东、董事、公司其他利害关系人或者债权人主张清算组成员承担赔偿责任的，人民法院应依法予以支持。	**《公司法》第一百八十四条**　清算组在清算期间行使下列职权： （一）清理公司财产，分别编制资产负债表和财产清单； （二）通知、公告债权人； （三）处理与清算有关的公司未了结的业务； （四）清缴所欠税款以及清算过程中产生的税款； （五）清理债权、债务； （六）处理公司清偿债务后的剩余财产； （七）代表公司参与民事诉讼活动。

《民法典》及最新相关司法解释	相关内容
	第一百八十五条 清算组应当自成立之日起十日内通知债权人,并于六十日内在报纸上公告。债权人应当自接到通知书之日起三十日内,未接到通知书的自公告之日起四十五日内,向清算组申报其债权。 债权人申报债权,应当说明债权的有关事项,并提供证明材料。清算组应当对债权进行登记。 在申报债权期间,清算组不得对债权人进行清偿。 **第一百八十六条第一款** 清算组在清理公司财产、编制资产负债表和财产清单后,应当制定清算方案,并报股东会、股东大会或者人民法院确认。 **第一百八十七条** 清算组在清理公司财产、编制资产负债表和财产清单后,发现公司财产不足清偿债务的,应当依法向人民法院申请宣告破产。 公司经人民法院裁定宣告破产后,清算组应当将清算事务移交给人民法院。 **第一百八十九条** 清算组成员应当忠于职守,依法履行清算义务。 清算组成员不得利用职权收受贿赂或者其他非法收入,不得侵占公司财产。 清算组成员因故意或者重大过失给公司或者债权人造成损失的,应当承担赔偿责任。
第七十二条 *清算期间法人存续,但是不得从事与清算无关的活动。* **法人清算后的剩余财产,按照法人章程的规定或者法人权力机构的决议处理。法律另有规定的,依照其规定。**	**《民法通则》(已废止)第四十条** *法人终止,应当依法进行清算,停止清算范围外的活动。* **第四十六条** *企业法人终止,应当向登记机关办理注销登记并公告。*

《民法典》及最新相关司法解释	相关内容
*清算结束并完成法人注销登记时，法人终止；***依法不需要办理法人登记的，清算结束时，法人终止。**	**《公司法》第一百八十六条第二款、第三款**　公司财产在分别支付清算费用、职工的工资、社会保险费用和法定补偿金，缴纳所欠税款，清偿公司债务后的剩余财产，有限责任公司按照股东的出资比例分配，股份有限公司按照股东持有的股份比例分配。 清算期间，公司存续，但不得开展与清算无关的经营活动。公司财产在未依照前款规定清偿前，不得分配给股东。
第七十三条　法人被宣告破产的，依法进行破产清算并完成法人注销登记时，法人终止。 注 本条就法人的破产终止作出规定，相关破产程序和机制应适用或参照《企业破产法》。	**《企业破产法》第二条**　企业法人不能清偿到期债务，并且资产不足以清偿全部债务或者明显缺乏清偿能力的，依照本法规定清理债务。 企业法人有前款规定情形，或者有明显丧失清偿能力可能的，可以依照本法规定进行重整。 **《公司法》第一百九十条**　公司被依法宣告破产的，依照有关企业破产的法律实施破产清算。
第七十四条　法人可以依法设立分支机构。法律、行政法规规定分支机构应当登记的，依照其规定。 **分支机构以自己的名义从事民事活动，产生的民事责任由法人承担；也可以先以该分支机构管理的财产承担，不足以承担的，由法人承担。** 注 分支机构有一定财产，虽不具有法人资格，但对于分支机构的债务，应允许先由分支机构管理的财产承担，不足部分再由法人承担。	**《公司法》第十四条**　公司可以设立分公司。设立分公司，应当向公司登记机关申请登记，领取营业执照。分公司不具有法人资格，其民事责任由公司承担。 公司可以设立子公司，子公司具有法人资格，依法独立承担民事责任。

《民法典》及最新相关司法解释	相关内容
第七十五条　设立人为设立法人从事的民事活动,其法律后果由法人承受;法人未成立的,其法律后果由设立人承受,设立人为二人以上的,享有连带债权,承担连带债务。 **设立人为设立法人以自己的名义从事民事活动产生的民事责任,第三人有权选择请求法人或者设立人承担。** 注 本条系关于设立中法人的债务之规定,第1款针对的是以设立后的法人名义,第2款针对的是以设立人名义。	**原公司法解释三第一条**　为设立公司而签署公司章程、向公司认购出资或者股份并履行公司设立职责的人,应当认定为公司的发起人,包括有限责任公司设立时的股东。 **第二条(本条内容已修正)**　发起人为设立公司以自己名义对外签订合同,合同相对人请求该发起人承担合同责任的,人民法院应予支持。 公司成立后对前款规定的合同予以确认,或者已经实际享有合同权利或者履行合同义务,合同相对人请求公司承担合同责任的,人民法院应予支持。 **第三条**　发起人以设立中公司名义对外签订合同,公司成立后合同相对人请求公司承担合同责任的,人民法院应予支持。 公司成立后有证据证明发起人利用设立中公司的名义为自己的利益与相对人签订合同,公司以此为由主张不承担合同责任的,人民法院应予支持,但相对人为善意的除外。 **第四条**　公司因故未成立,债权人请求全体或者部分发起人对设立公司行为所产生的费用和债务承担连带清偿责任的,人民法院应予支持。 部分发起人依照前款规定承担责任后,请求其他发起人分担的,人民法院应当判令其他发起人按照约定的责任承担比例分担责任;没有约定责任承担比例的,按照约定的出资比例分担责任;没有约定出资比例的,按照均等份额分担责任。

《民法典》及最新相关司法解释	相关内容
	因部分发起人的过错导致公司未成立，其他发起人主张其承担设立行为所产生的费用和债务的，人民法院应当根据过错情况，确定过错一方的责任范围。 **第五条** 发起人因履行公司设立职责造成他人损害，公司成立后受害人请求公司承担侵权赔偿责任的，人民法院应予支持；公司未成立，受害人请求全体发起人承担连带赔偿责任的，人民法院应予支持。 公司或者无过错的发起人承担赔偿责任后，可以向有过错的发起人追偿。
第二节 营利法人	
注 本节规定与《公司法》及相关司法解释规定联系较多，由于《公司法》较《民法典》属特别法，故本书仅将《公司法》的相关内容详细列出，但不再进行详细比较。	
第七十六条 以取得利润并分配给股东等出资人为目的成立的法人，为营利法人。 **营利法人包括有限责任公司、股份有限公司和其他企业法人等。** 注《民法典》将法人分为营利法人（有限责任公司、股份有限公司、其他企业法人等），非营利法人（事业单位、社会团体、基金会、社会服务机构等），特别法人（机关法人、农村集体经济组织法人、城镇农村的合作经济组织法人、基层群众性自治组织法人），另专设“非法人组织”一章。	

《民法典》及最新相关司法解释	相关内容
第七十七条　营利法人经依法登记成立。	**《民法通则》（已废止）第四十一条**　全民所有制企业、集体所有制企业有符合国家规定的资金数额，*有组织章程、组织机构和场所，能够独立承担民事责任，经主管机关核准登记，取得法人资格*。 在中华人民共和国领域内设立的中外合资经营企业、中外合作经营企业和外资企业，具备法人条件的，依法经工商行政管理机关核准登记，取得中国法人资格。 **《公司法》第六条**　设立公司，应当依法向公司登记机关申请设立登记。符合本法规定的设立条件的，由公司登记机关分别登记为有限责任公司或者股份有限公司；不符合本法规定的设立条件的，不得登记为有限责任公司或者股份有限公司。 法律、行政法规规定设立公司必须报经批准的，应当在公司登记前依法办理批准手续。 公众可以向公司登记机关申请查询公司登记事项，公司登记机关应当提供查询服务。
第七十八条　依法设立的营利法人，由登记机关发给营利法人营业执照。营业执照签发日期为营利法人的成立日期。	**《民法通则》（已废止）第四十二条**　企业法人应当在核准登记的经营范围内从事经营。 **《公司法》第七条**　依法设立的公司，由公司登记机关发给公司营业执照。公司营业执照签发日期为公司成立日期。 公司营业执照应当载明公司的名称、住所、注册资本、经营范围、法定代表人姓名等事项。 公司营业执照记载的事项发生变更的，公司应当依法办理变更登记，由公司登记机关换发营业执照。

《民法典》及最新相关司法解释	相关内容
第七十九条　设立营利法人应当依法制定法人章程。	《公司法》第十一条　设立公司必须依法制定公司章程。公司章程对公司、股东、董事、监事、高级管理人员具有约束力。
第八十条　营利法人应当设权力机构。 **权力机构行使修改法人章程，选举或者更换执行机构、监督机构成员，以及法人章程规定的其他职权。** 注 权力机构既区别于执行机构，不执行日常业务，也区别于监督机构。营利法人的权力机构负责就法人的重大事项作出决议，法律选择对社员的利害关系有重大影响的事项作为权力机构的职权范围。	《公司法》第三十六条　有限责任公司股东会由全体股东组成。股东会是公司的权力机构，依照本法行使职权。 **第三十七条**　股东会行使下列职权： （一）决定公司的经营方针和投资计划； （二）选举和更换非由职工代表担任的董事、监事，决定有关董事、监事的报酬事项； （三）审议批准董事会的报告； （四）审议批准监事会或者监事的报告； （五）审议批准公司的年度财务预算方案、决算方案； （六）审议批准公司的利润分配方案和弥补亏损方案； （七）对公司增加或者减少注册资本作出决议； （八）对发行公司债券作出决议； （九）对公司合并、分立、解散、清算或者变更公司形式作出决议； （十）修改公司章程； （十一）公司章程规定的其他职权。 对前款所列事项股东以书面形式一致表示同意的，可以不召开股东会会议，直接作出决定，并由全体股东在决定文件上签名、盖章。 **第九十八条**　股份有限公司股东大会由全体股东组成。股东大会是公司的权力机构，依照本法行使职权。 **第九十九条**　本法第三十七条第一款关于有限责任公司股东会职权的规定，适用于股份有限公司股东大会。

《民法典》及最新相关司法解释	相关内容
第八十一条　营利法人应当设执行机构。 **执行机构行使召集权力机构会议，决定法人的经营计划和投资方案，决定法人内部管理机构的设置，以及法人章程规定的其他职权。** **执行机构为董事会或者执行董事的，董事长、执行董事或者经理按照法人章程的规定担任法定代表人；未设董事会或者执行董事的，法人章程规定的主要负责人为其执行机构和法定代表人。** 注 本条明确规定，营利法人应当设执行机构。执行机构是营利法人的必设机构。从公司实际运行情况看，股东（大）会往往由于股东人数众多和分散，不易召集，股东通过股东（大）会表达的意愿和决策必须通过董事会来具体贯彻执行。因此，董事会具有常设机构的性质。董事会是公司的业务执行机关，对公司股东（大）会负责。	**《公司法》第十三条**　公司法定代表人依照公司章程的规定，由董事长、执行董事或者经理担任，并依法登记。公司法定代表人变更，应当办理变更登记。 **第四十四条**　有限责任公司设董事会，其成员为三人至十三人；但是，本法第五十条另有规定的除外。 两个以上的国有企业或者两个以上的其他国有投资主体投资设立的有限责任公司，其董事会成员中应当有公司职工代表；其他有限责任公司董事会成员中可以有公司职工代表。董事会中的职工代表由公司职工通过职工代表大会、职工大会或者其他形式民主选举产生。 董事会设董事长一人，可以设副董事长。董事长、副董事长的产生办法由公司章程规定。 **第四十六条**　董事会对股东会负责，行使下列职权： （一）召集股东会会议，并向股东会报告工作； （二）执行股东会的决议； （三）决定公司的经营计划和投资方案； （四）制订公司的年度财务预算方案、决算方案； （五）制订公司的利润分配方案和弥补亏损方案； （六）制订公司增加或者减少注册资本以及发行公司债券的方案； （七）制订公司合并、分立、解散或者变更公司形式的方案；

《民法典》及最新相关司法解释	相关内容
	（八）决定公司内部管理机构的设置； （九）决定聘任或者解聘公司经理及其报酬事项，并根据经理的提名决定聘任或者解聘公司副经理、财务负责人及其报酬事项； （十）制定公司的基本管理制度； （十一）公司章程规定的其他职权。 **第一百零八条**　股份有限公司设董事会，其成员为五人至十九人。 董事会成员中可以有公司职工代表。董事会中的职工代表由公司职工通过职工代表大会、职工大会或者其他形式民主选举产生。 本法第四十五条关于有限责任公司董事任期的规定，适用于股份有限公司董事。 本法第四十六条关于有限责任公司董事会职权的规定，适用于股份有限公司董事会。
第八十二条　营利法人设监事会或者监事等监督机构的，监督机构依法行使检查法人财务，监督执行机构成员、高级管理人员执行法人职务的行为，以及法人章程规定的其他职权。 注 本条明确规定营利法人监督机构主要负责对法人业务和财务进行监督，主要包括：（1）依法行使检查法人财务的权力；（2）对法人经营管理活动进行监督；（3）法人章程规定的其他职权。	**《公司法》第五十一条**　有限责任公司设监事会，其成员不得少于三人。股东人数较少或者规模较小的有限责任公司，可以设一至二名监事，不设监事会。 监事会应当包括股东代表和适当比例的公司职工代表，其中职工代表的比例不得低于三分之一，具体比例由公司章程规定。监事会中的职工代表由公司职工通过职工代表大会、职工大会或者其他形式民主选举产生。 监事会设主席一人，由全体监事过半数选举产生。监事会主席召集和主持监事会会议；监事会主席不能履行职务或者不履行职务的，由半数以上监事共

《民法典》及最新相关司法解释	相关内容
	同推举一名监事召集和主持监事会会议。 董事、高级管理人员不得兼任监事。 **第五十三条** 监事会、不设监事会的公司的监事行使下列职权: (一)检查公司财务; (二)对董事、高级管理人员执行公司职务的行为进行监督,对违反法律、行政法规、公司章程或者股东会决议的董事、高级管理人员提出罢免的建议; (三)当董事、高级管理人员的行为损害公司的利益时,要求董事、高级管理人员予以纠正; (四)提议召开临时股东会会议,在董事会不履行本法规定的召集和主持股东会会议职责时召集和主持股东会会议; (五)向股东会会议提出提案; (六)依照本法第一百五十一条的规定,对董事、高级管理人员提起诉讼; (七)公司章程规定的其他职权。
第八十三条 营利法人的出资人不得滥用出资人权利损害法人或者其他出资人的利益;滥用出资人权利造成法人或者其他出资人损失的,应当依法承担民事责任。 **营利法人的出资人不得滥用法人独立地位和出资人有限责任损害法人债权人的利益;滥用法人独立地位和出资人有限责任,逃避债务,严重损害法人债权人的利益的,应当对法人债务承担连带责任。** 注 本条是在《公司法》第20条关于公司股东不得滥用股东权利、法人独立责任和股东有限责任等损害他人利益的规定的基础上,考虑到出资人滥用权利的现象并非公司所独有,将该项规定加以归纳、提炼,作为对所有营利法人出资人的一般原则要求。	**《公司法》第二十条** 公司股东应当遵守法律、行政法规和公司章程,依法行使股东权利,不得滥用股东权利损害公司或者其他股东的利益;不得滥用公司法人独立地位和股东有限责任损害公司债权人的利益。 公司股东滥用股东权利给公司或者其他股东造成损失的,应当依法承担赔偿责任。 公司股东滥用公司法人独立地位和股东有限责任,逃避债务,严重损害公司债权人利益的,应当对公司债务承担连带责任。

《民法典》及最新相关司法解释	相关内容
第八十四条　营利法人的控股出资人、实际控制人、董事、监事、高级管理人员不得利用其关联关系损害法人的利益；利用关联关系造成法人损失的，应当承担赔偿责任。 **公司法解释五(2020)第一条**　关联交易损害公司利益，原告公司依据民法典第八十四条、公司法第二十一条规定请求控股股东、实际控制人、董事、监事、高级管理人员赔偿所造成的损失，被告仅以该交易已经履行了信息披露、经股东会或者股东大会同意等法律、行政法规或者公司章程规定的程序为由抗辩的，人民法院不予支持。 公司没有提起诉讼的，符合公司法第一百五十一条第一款规定条件的股东，可以依据公司法第一百五十一条第二款、第三款规定向人民法院提起诉讼。 注《民法典》第84条是关于不得利用关联关系损害法人利益的规定。关联交易本身是一种中性的经济行为。正常的关联交易，可以稳定营利法人的业务，分散经营风险，有利于法人的发展，但实务中常有控制法人利用与从属法人的关联关系和控制地位，迫使从属法人与自己或其他关联方从事不利益的交易，损害从属法人和其他出资人利益的现象。	**《公司法》第二十一条**　公司的控股股东、实际控制人、董事、监事、高级管理人员不得利用其关联关系损害公司利益。 违反前款规定，给公司造成损失的，应当承担赔偿责任。 **第二百一十六条**　本法下列用语的含义： （一）高级管理人员，是指公司的经理、副经理、财务负责人，上市公司董事会秘书和公司章程规定的其他人员。 （二）控股股东，是指其出资额占有限责任公司资本总额百分之五十以上或者其持有的股份占股份有限公司股本总额百分之五十以上的股东；出资额或者持有股份的比例虽然不足百分之五十，但依其出资额或者持有的股份所享有的表决权已足以对股东会、股东大会的决议产生重大影响的股东。 （三）实际控制人，是指虽不是公司的股东，但通过投资关系、协议或者其他安排，能够实际支配公司行为的人。 （四）关联关系，是指公司控股股东、实际控制人、董事、监事、高级管理人员与其直接或者间接控制的企业之间的关系，以及可能导致公司利益转移的其他关系。但是，国家控股的企业之间不仅因为同受国家控股而具有关联关系。
第八十五条　营利法人的权力机构、执行机构作出决议的会议召集程序、表决方式违反法律、行政法规、法人章程，或者决议内容违反法人章程的，营利法人的出资人可以请求人民法院撤销该决议。但是，营利法人依据该决议与善意	**《公司法》第二十二条**　公司股东会或者股东大会、董事会的决议内容违反法律、行政法规的无效。 股东会或者股东大会、董事会的会议召集程序、表决方式违反法律、行政法规或者公司章程，或者决议内容违反公

《民法典》及最新相关司法解释	相关内容
相对人形成的民事法律关系不受影响。 **公司法解释四(2020)第四条** 股东请求撤销股东会或者股东大会、董事会决议,符合民法典第八十五条、公司法第二十二条第二款规定的,人民法院应当予以支持,但会议召集程序或者表决方式仅有轻微瑕疵,且对决议未产生实质影响的,人民法院不予支持。 注 权力机构和执行机构决议的瑕疵分为内容瑕疵和程序瑕疵:内容瑕疵是指决议的内容违反章程的规定,程序瑕疵主要指召集程序、表决方式违反法律、行政法规、法人章程的规定。此外需注意第三人是否善意的判断。如果相对人在与营利法人成立该法律关系时知道或者应当知道决议被撤销,则不能成为善意第三人,无权根据本条规定主张相应的利益。"知道",是指事实上的知道;"应当知道",是指推定的知道。一般情况下,这是一个需结合个案衡量的事实问题。	司章程的,股东可以自决议作出之日起六十日内,请求人民法院撤销。 股东依照前款规定提起诉讼的,人民法院可以应公司的请求,要求股东提供相应担保。 公司根据股东会或者股东大会、董事会决议已办理变更登记的,人民法院宣告该决议无效或者撤销该决议后,公司应当向公司登记机关申请撤销变更登记。 **公司法解释一第三条** 原告以公司法第二十二条第二款、第七十四条第二款规定事由,向人民法院提起诉讼时,超过公司法规定期限的,人民法院不予受理。
第八十六条 营利法人从事经营活动,应当遵守商业道德,维护交易安全,接受政府和社会的监督,承担社会责任。 注 本条是关于营利法人应当履行义务的规定,也是关于营利法人社会责任的规定。该规定更多地具有宣示意义,尚不宜在司法实践中直接援引。	**《公司法》第五条** 公司从事经营活动,必须遵守法律、行政法规,遵守社会公德、商业道德,诚实守信,接受政府和社会公众的监督,承担社会责任。 公司的合法权益受法律保护,不受侵犯。
第三节 非营利法人	
第八十七条 为公益目的或者其他非营利目的成立,不向出资人、设立人或者会员分配所取得利润的法人,为非营利法人。 **非营利法人包括事业单位、社会团**	

《民法典》及最新相关司法解释	相关内容
体、基金会、社会服务机构等。 注 关于非营利法人，《民法通则》（已废止）只有第50条第2款有所涉及，且也没有其他单行法涉及该节内容。故就本节内容而言，几乎均为新增。	
第八十八条　*具备法人条件，为适应经济社会发展需要，提供公益服务设立的事业单位，经依法登记成立，取得事业单位法人资格；依法不需要办理法人登记的，从成立之日起，具有事业单位法人资格。* 注 本条规定的事业单位法人仅限于“为适应经济社会发展需要，提供公益服务设立的事业单位”，而现阶段，事业单位改革尚在进行当中，具有事业单位名义的法人，除从事公益服务的事业单位外，还有承担行政职能的事业单位和从事生产经营活动的事业单位。因此，在事业单位改革完成之前，审判实践中涉及其他法律关于事业单位法人的规范的，应当在区分其属性的基础上，据实处理。	**《民法通则》（已废止）第五十条第二款**　*具备法人条件的事业单位、社会团体，依法不需要办理法人登记的，从成立之日起，具有法人资格；依法需要办理法人登记的，经核准登记，取得法人资格。*
第八十九条　事业单位法人设理事会的，除法律另有规定外，理事会为其决策机构。事业单位法人的法定代表人依照法律、行政法规或者法人章程的规定产生。 注 事业单位法人的理事会成员不一定属于清算义务人。本条“事业单位法人设理事会的，除法律另有规定外，理事会为其决策机构”，即并非所有事业单位法人的理事会都是决策机构，有的事业单位法人的理事会仅是作为咨询、协商机构存在的。	

《民法典》及最新相关司法解释	相关内容
第九十条 *具备法人条件，基于会员共同意愿，为公益目的或者会员共同利益等非营利目的设立的社会团体，经依法登记成立，取得社会团体法人资格；依法不需要办理法人登记的，从成立之日起，具有社会团体法人资格。* **《最高人民法院关于产业工会、基层工会是否具备社会团体法人资格和工会经费集中户可否冻结划拨问题的批复》(2020)第一条** 根据《中华人民共和国工会法》(以下简称工会法)的规定，产业工会社会团体法人资格的取得是由工会法直接规定的，依法不需要办理法人登记。基层工会只要符合《中华人民共和国民法典》、工会法和《中国工会章程》规定的条件，报上一级工会批准成立，即具有社会团体法人资格。人民法院在审理案件中，应当严格按照法律规定的社会团体法人条件，审查基层工会社会团体法人的法律地位。产业工会、具有社会团体法人资格的基层工会与建立工会的营利法人是各自独立的法人主体。企业或企业工会对外发生的经济纠纷，各自承担民事责任。上级工会对基层工会是否具备法律规定的社会团体法人的条件审查不严或不实，应当承担与其过错相应的民事责任。	**《民法通则》(已废止)第五十条第二款** *具备法人条件的事业单位、社会团体，依法不需要办理法人登记的，从成立之日起，具有法人资格；依法需要办理法人登记的，经核准登记，取得法人资格。*
第九十一条　设立社会团体法人应当依法制定法人章程。 **社会团体法人应当设会员大会或者会员代表大会等权力机构。** **社会团体法人应当设理事会等执行机构。理事长或者会长等负责人按照法人章程的规定担任法定代表人。**	

《民法典》及最新相关司法解释	相关内容
第九十二条　具备法人条件，为公益目的以捐助财产设立的基金会、社会服务机构等，经依法登记成立，取得捐助法人资格。 **依法设立的宗教活动场所，具备法人条件的，可以申请法人登记，取得捐助法人资格。法律、行政法规对宗教活动场所有规定的，依照其规定。**	
第九十三条　设立捐助法人应当依法制定法人章程。 **捐助法人应当设理事会、民主管理组织等决策机构，并设执行机构。理事长等负责人按照法人章程的规定担任法定代表人。** **捐助法人应当设监事会等监督机构。** 注 需注意，捐助法人的理事会是作为决策机构存在的，在理事会之外，另设秘书处等执行机构。捐助法人的秘书处等执行机构成员不是清算义务人。	
第九十四条　捐助人有权向捐助法人查询捐助财产的使用、管理情况，并提出意见和建议，捐助法人应当及时、如实答复。 **捐助法人的决策机构、执行机构或者法定代表人作出决定的程序违反法律、行政法规、法人章程，或者决定内容违反法人章程的，捐助人等利害关系人或者主管机关可以请求人民法院撤销该决定。但是，捐助法人依据该决定与善意相对人形成的民事法律关系不受影响。** 注 决议可撤销制度针对的是不存在严重瑕疵的决议，比如会议表决程序、表决方式违反法律、行政法规和法人章程，或者决议内容违反法人章程。对于这类决议的效力，即维持其效力还是撤销该决议，交由捐助人等利害关系人或者主管机关决定。	

《民法典》及最新相关司法解释	相关内容
第九十五条　为公益目的成立的非营利法人终止时,不得向出资人、设立人或者会员分配剩余财产。剩余财产应当按照法人章程的规定或者权力机构的决议用于公益目的;无法按照法人章程的规定或者权力机构的决议处理的,由主管机关主持转给宗旨相同或者相近的法人,并向社会公告。 注 需注意本条针对的并非所有非营利法人,而是"为公益目的成立"的非营利法人,"为会员共同利益成立"的非营利法人不包括在内。	
第四节　特别法人	
第九十六条　本节规定的机关法人、农村集体经济组织法人、城镇农村的合作经济组织法人、基层群众性自治组织法人,为特别法人。 注 创设性地将机关法人、农村集体经济组织法人、城镇农村的合作经济组织法人、基层群众性自治组织法人归入"特别法人"的类别。	
第九十七条　有独立经费的机关和**承担行政职能的法定机构**从成立之日起,具有机关法人资格,**可以从事为履行职能所需要的民事活动**。 注 对机关法人赋予新内涵,将"承担行政职能的法定机构"也纳入机关法人的范围。此外,机关法人不得超出职能范围从事与一般民事主体相同的民事活动,如党政机关不得投资办企业。对机关法人超出职能范围所从事的民事活动,一般应认定为无效行为。	**《民法通则》(已废止)第五十条第一款**　有独立经费的机关从成立之日起,具有法人资格。

《民法典》及最新相关司法解释	相关内容
第九十八条　机关法人被撤销的，法人终止，其民事权利和义务由继任的机关法人享有和承担；没有继任的机关法人的，由作出撤销决定的机关法人享有和承担。 注 我国党政机关的上级机关往往是其设立机关，在机关法人终止后其上级机关承接其民事权利义务，理论上不存在障碍，且可有效解决目前立法中存在的“国有财产由国务院代表国家行使所有权，但各级国家机关和部门各自承担责任”的悖论。	
第九十九条　农村集体经济组织依法取得法人资格。 **法律、行政法规对农村集体经济组织有规定的，依照其规定。** 注 将农村集体经济组织取得法人资格规定在“特别法人”一节中，弥补了以往将法人绝对地划分为营利和非营利两类的不足，给农村集体经济组织参与必要民事活动提供了便利，有利于增强农村集体经济发展活力。另需注意，农村集体经济组织必须“依法”取得法人资格。“依法”首先应符合法人成立的条件；其次应符合法律法规关于农村集体经济组织取得法人资格的特别规定，如是否需要经过有关机关批准、是否需要向有关机关进行登记等。	
第一百条　城镇农村的合作经济组织依法取得法人资格。 **法律、行政法规对城镇农村的合作经济组织有规定的，依照其规定。** 注 “依法”首先应该符合《民法典》总则编规定的法人成立的条件。其次应该明确设立城镇农村的合作经济组织法人是否需要履行法定登记、报批手续。	《农民专业合作社法》第五条　农民专业合作社依照本法登记，取得法人资格。 农民专业合作社对由成员出资、公积金、国家财政直接补助、他人捐赠以及合法取得的其他资产所形成的财产，享有占有、使用和处分的权利，并以上述财产对债务承担责任。

《民法典》及最新相关司法解释	相关内容
第一百零一条　居民委员会、村民委员会具有基层群众性自治组织法人资格，可以从事为履行职能所需要的民事活动。 **未设立村集体经济组织的，村民委员会可以依法代行村集体经济组织的职能。** **民诉法解释(2020)第六十八条**　居民委员会、村民委员会或者村民小组与他人发生民事纠纷的，居民委员会、村民委员会或者有独立财产的村民小组为当事人。 注 明确赋予居民委员会和村民委员会独立法人地位，解决了两者在民事活动中主体地位不清的问题。就法律的角度而言，村民委员会是村民选举执行村民自治的常设机构，村集体经济组织的经营不属于村民自治的范畴且村集体经济组织由于历史的原因成立得很少，故《民法典》进行了补充。	
第四章　非法人组织 注 相较于《民法通则》（已废止），本章内容亦几乎为新增。	
第一百零二条　非法人组织是不具有法人资格，但是能够依法以自己的名义从事民事活动的组织。 **非法人组织包括个人独资企业、合伙企业、不具有法人资格的专业服务机构等。** 注 本条的重大意义在于明确了非法人组织的民事主体地位，即在自然人、法人之外的所谓“第三类”主体。且本条采取“概括＋列举”的方式对非法人组织进行了界定。	

《民法典》及最新相关司法解释	相关内容
第一百零三条　非法人组织应当依照法律的规定登记。 **设立非法人组织，法律、行政法规规定须经有关机关批准的，依照其规定。** 注 本条规定了非法人组织设立中的“登记”与“批准”，登记为必须程序，而批准则对需要的才适用。具体要求可参考《个人独资企业法》《合伙企业法》等的规定。	
第一百零四条　非法人组织的财产不足以清偿债务的，其出资人或者设立人承担无限责任。法律另有规定的，依照其规定。 **《最高人民法院关于民事执行中变更、追加当事人若干问题的规定》(2020)第十三条第一款**　作为被执行人的个人独资企业，不能清偿生效法律文书确定的债务，申请执行人申请变更、追加其出资人为被执行人的，人民法院应予支持。个人独资企业出资人作为被执行人的，人民法院可以直接执行该个人独资企业的财产。 注 非法人组织的财产因缺乏独立性或独立性较差，需承担的是一种团体的有限责任与其成员的无限责任相结合的责任形式，即如果非法人组织以自己所有的财产对外承担责任而不足清偿时，由其成员负连带责任或补充责任。	
第一百零五条　非法人组织可以确定一人或者数人代表该组织从事民事活动。	

《民法典》及最新相关司法解释	相关内容
第一百零六条　有下列情形之一的,非法人组织解散: **(一)章程规定的存续期间届满或者章程规定的其他解散事由出现;** **(二)出资人或者设立人决定解散;** **(三)法律规定的其他情形。**	
第一百零七条　非法人组织解散的,应当依法进行清算。	
第一百零八条　非法人组织除适用本章规定外,参照适用本编第三章第一节的有关规定。 注 (1)参照适用的前提是本编第4章关于非法人组织的规定和各非法人组织单行法没有规定的事项;(2)参照适用的基础是不涉及法人不同于非法人组织本质属性的规定(独立承担民事义务或者民事责任、破产清算),可以参照适用的条文范围是不涉及上述区别于法人本质属性的规定;(3)结合特定非法人组织的具体情形考察法人一般规定对非法人组织的可参照适用性。	
第五章　民事权利	
第一百零九条　自然人的人身自由、人格尊严受法律保护。 注 本条是对人格权具有基本指导意义的规定。该条文是总括性、包容性条文,在本法已明确人格权包含的诸多权利的基础上,若尚无其他法律可援引,在发生侵害人身自由和人格尊严的情形时,可考虑援引本条规定。	**原精神损害解释第一条第一款(本条内容已修正)** 自然人因下列人格权利遭受非法侵害,向人民法院起诉请求赔偿精神损害的,人民法院应当依法予以受理: …… (三)人格尊严权、人身自由权。

《民法典》及最新相关司法解释	相关内容
第一百一十条 *自然人享有生命权、身体权、健康权、姓名权、肖像权、名誉权、荣誉权、隐私权、婚姻自主权等权利。* *法人、非法人组织享有名称权、名誉权和荣誉权。* 注 本条对自然人和法人、非法人组织的具体人格权进行了概括性罗列,具体内容通过后续的《民法典》人格权编规定。	**《侵权责任法》(已废止)第二条** *侵害民事权益,应当依照本法承担侵权责任。* *本法所称民事权益,包括生命权、健康权、姓名权、名誉权、荣誉权、肖像权、隐私权、婚姻自主权、监护权、所有权、用益物权、担保物权、著作权、专利权、商标专用权、发现权、股权、继承权等人身、财产权益。*
第一百一十一条 自然人的个人信息受法律保护。任何组织或者个人需要获取他人个人信息的,应当依法取得并确保信息安全,不得非法收集、使用、加工、传输他人个人信息,不得非法买卖、提供或者公开他人个人信息。 注 个人信息权与隐私权的区分与界定是一个难点。	**原网络侵权规定第十二条(本条已失效)** 网络用户或者网络服务提供者利用网络公开自然人基因信息、病历资料、健康检查资料、犯罪记录、家庭住址、私人活动等个人隐私和其他个人信息,造成他人损害,被侵权人请求其承担侵权责任的,人民法院应予支持。但下列情形除外: (一)经自然人书面同意且在约定范围内公开; (二)为促进社会公共利益且在必要范围内; (三)学校、科研机构等基于公共利益为学术研究或者统计的目的,经自然人书面同意,且公开的方式不足以识别特定自然人; (四)自然人自行在网络上公开的信息或者其他已合法公开的个人信息; (五)以合法渠道获取的个人信息; (六)法律或者行政法规另有规定。 网络用户或者网络服务提供者以违反社会公共利益、社会公德的方式公开

《民法典》及最新相关司法解释	相关内容
	前款第四项、第五项规定的个人信息,或者公开该信息侵害权利人值得保护的重大利益,权利人请求网络用户或者网络服务提供者承担侵权责任的,人民法院应予支持。 国家机关行使职权公开个人信息的,不适用本条规定。
第一百一十二条　自然人因婚姻家庭关系等产生的人身权利受法律保护。 注 本条是关于自然人身份权的规定,一般来说,通说认为自然人的身份权主要包括配偶权、亲权、亲属权、监护权。	
第一百一十三条　民事主体的财产权利受法律平等保护。 注 "平等保护"中的"平等"是亮点。	
第一百一十四条　民事主体依法享有物权。 物权是权利人依法对特定的物享有直接支配和排他的权利,包括所有权、用益物权和担保物权。	**《物权法》(已废止)第二条第三款**　本法所称物权,是指权利人依法对特定的物享有直接支配和排他的权利,包括所有权、用益物权和担保物权。
第一百一十五条　物包括不动产和动产。法律规定权利作为物权客体的,依照其规定。	**《物权法》(已废止)第二条第二款**　本法所称物,包括不动产和动产。法律规定权利作为物权客体的,依照其规定。
第一百一十六条　物权的种类和内容,由法律规定。	**《物权法》(已废止)第五条**　物权的种类和内容,由法律规定。
第一百一十七条　为了公共利益的需要,依照法律规定的权限和程序征收、征用不动产或者动产的,应当给予公平、合理的补偿。 注 需注意本条规定的三个条件需同时满足。	

《民法典》及最新相关司法解释	相关内容
第一百一十八条　*民事主体依法享有债权。* *债权是因**合同、侵权行为、无因管理、不当得利**以及法律的其他规定，权利人请求特定义务人为或者不为一定行为的权利。* 注 本条第 2 款以“列举＋概括”的方式明确债权定义。	**《民法通则》（已废止）第八十四条**　*债是按照合同的约定或者依照法律的规定，在当事人之间产生的特定的权利和义务关系，享有权利的人是债权人，负有义务的人是债务人。* *债权人有权要求债务人按照合同的约定或者依照法律的规定履行义务。*
第一百一十九条　依法成立的合同，*对当事人具有法律约束力。*	**《民法通则》（已废止）第八十五条**　合同是当事人之间设立、变更、终止民事关系的协议。依法成立的合同，受法律保护。 **《合同法》（已废止）第四十四条**　依法成立的合同，自成立时生效。 法律、行政法规规定应当办理批准、登记等手续生效的，依照其规定。
第一百二十条　民事权益受到侵害的，被侵权人有权请求侵权人承担侵权责任。	
第一百二十一条　没有法定的或者约定的义务，为避免他人利益受损失而进行管理**的人**，有权*请求*受益人偿还由此支出的必要费用。	**《民法通则》（已废止）第九十三条**　没有法定的或者约定的义务，为避免他人利益受损失进行管理~~或者服务~~的，有权*要求*受益人偿付由此而支付的必要费用。 **民通意见（已废止）第 132 条**　民法通则第九十三条规定的管理人或者服务人可以要求受益人偿付的必要费用，包括在管理或者服务活动中直接支出的费用，以及在该活动中受到的实际损失。
第一百二十二条　*因他人没有法律根据*，取得不当利益，*受损失的人有权请求其返还不当利益*。	**《民法通则》（已废止）第九十二条**　*没有合法根据*，取得不当利益，*造成他人损失的，应当将取得的不当利益返还受损失的人。* **民通意见（已废止）第 131 条**　返还的不当利益，应当包括原物和原物所生的孳息。利用不当得利所取得的其他利益，扣除劳务管理费用后，应当予以收缴。

《民法典》及最新相关司法解释	相关内容
第一百二十三条 民事主体依法享有知识产权。 知识产权是权利人依法就下列客体享有的专有的权利： （一）作品； （二）发明、实用新型、外观设计； （三）商标； （四）地理标志； （五）商业秘密； （六）集成电路布图设计； （七）植物新品种； （八）法律规定的其他客体。 注 本条并没有直接规定什么是知识产权，也没有直接规定知识产权的权利特征，而是直接将知识产权与人身权利、财产权利等一同列为重要的民事权利，从权利客体的角度对知识产权予以概括性规定。由于《民法典》分编未纳入“知识产权编”，关于知识产权的具体规则可参考相应的单行法。	**《民法通则》（已废止）第九十四条** 公民、法人享有著作权（版权），依法有署名、发表、出版、获得报酬等权利。 **第九十五条** 公民、法人依法取得的专利权受法律保护。 **第九十六条** 法人、个体工商户、个人合伙依法取得的商标专用权受法律保护。 **第九十七条** 公民对自己的发现享有发现权。发现人有权申请领取发现证书、奖金或者其他奖励。 公民对自己的发明或者其他科技成果，有权申请领取荣誉证书、奖金或者其他奖励。 **民通意见（已废止）第133条** 作品不论是否发表，作者均享有著作权（版权）。 **第134条** 二人以上按照约定共同创作作品的，不论各人的创作成果在作品中被采用多少，应当认定该项作品为共同创作。 **第135条** 合著的作品，著作权（版权）应当认定为全体合著人共同享有；其中各组成部分可以分别独立存在的，各组成部分的著作权（版权）由各组成部分的作者分别享有。 **第136条** 作者死亡后，著作权（版权）中由继承人继承的财产权利在法律规定的保护期限内受到侵犯，继承人依法要求保护的，人民法院应当予以支持。 **第137条** 公民、法人通过申请专利取得的专利权，或者通过继承、受赠、受让等方式取得的专利权，应当予以保护。

《民法典》及最新相关司法解释	相关内容
	转让专利权应当由国家专利局登记并公告，专利权自国家专利局公告之日起转移。 **第 138 条**　法人、个体工商户、个人合伙通过申请商标注册或者受让等方式取得的商标专用权，除依法定程序撤销者外，应当予以保护。 转让商标专用权应当由国家工商行政管理局商标局核准，商标专用权自核准之日起转移。
第一百二十四条　*自然人*依法享有继承权。 **自然人合法的私有财产，可以依法继承。**	**《民法通则》（已废止）第七十六条**　*公民*依法享有~~财产~~继承权。
第一百二十五条　民事主体依法享有股权和其他投资性权利。 注 本条中的“其他投资性权利”主要包括信托权、各种期权、多种财产权组合的权利等。	
第一百二十六条　民事主体享有法律规定的其他民事权利和利益。 注 本条系民事权益的兜底性规定。民事权益包括民事权利和利益。权利是指为了保护主体和某种利益而赋予的法律上的力，它是利益与法律治理的结合；而民事利益则是指应由民法保护的，因缺乏必需的构成要件而尚未上升为权利的利益。	
第一百二十七条　法律对数据、网络虚拟财产的保护有规定的，依照其规定。 注 需注意区别“数据”与本法第 111 条规定的“个人信息”。	

《民法典》及最新相关司法解释	相关内容
第一百二十八条 *法律对未成年人、老年人、残疾人、妇女、消费者等的民事权利保护有特别规定的，依照其规定。*	**《民法通则》（已废止）第一百零四条** *婚姻、家庭、老人、母亲和儿童受法律保护。* *残疾人的合法权益受法律保护。*
第一百二十九条　民事权利可以依据民事法律行为、事实行为、法律规定的事件或者法律规定的其他方式取得。 注 本条明确了民事权利取得的四种方式：民事法律行为、事实行为、法律规定的事件、法律规定的其他方式。	
第一百三十条　民事主体按照自己的意愿依法行使民事权利，不受干涉。	
第一百三十一条　民事主体行使权利时，应当履行法律规定的和当事人约定的义务。 注 本条是关于权利与义务相统一的规定。权利与义务相统一是宣示性原则，当事人是否应当承担义务，应当承担何种义务，在什么条件下承担义务，都需要视具体的法律关系而定。	
第一百三十二条　民事主体不得滥用民事权利损害国家利益、社会公共利益或者他人合法权益。 注 本条是关于禁止权利滥用原则的规定。该原则具有指导民事主体行使权利，解释、评价和补充法律行为，解释法律和补充法律漏洞等功能。	

《民法典》及最新相关司法解释	相关内容
第六章　民事法律行为	
第一节　一般规定	
第一百三十三条　民事法律行为是*民事主体***通过意思表示**设立、变更、终止*民事法律关系*的行为。 注 删除了“合法”，表明民事法律行为不再强调“合法性”要件。此外，也不再使用“民事行为”这一概念。	**《民法通则》(已废止)第五十四条**　民事法律行为是公*民或者法人*设立、变更、终止*民事权利和民事义务*的~~合法~~行为。
第一百三十四条　民事法律行为可以基于双方或者多方的意思表示一致成立，也可以基于单方的意思表示成立。 **法人、非法人组织依照法律或者章程规定的议事方式和表决程序作出决议的，该决议行为成立。**	
第一百三十五条　民事法律行为可以采用书面形式、口头形式或者其他形式；法律、**行政法规**规定或者**当事人约定**采用特定形式的，应当采用特定形式。 **劳动争议解释一第四十三条　用人单位与劳动者协商一致变更劳动合同，虽未采用书面形式，但已经实际履行了口头变更的劳动合同超过一个月，变更后的劳动合同内容不违反法律、行政法规且不违背公序良俗，当事人以未采用书面形式为由主张劳动合同变更无效的，人民法院不予支持。**	**《民法通则》(已废止)第五十六条**　民事法律行为可以采取书面形式、口头形式或者其他形式。法律规定用特定形式的，应当依照法律规定。 **《合同法》(已废止)第十条**　当事人订立合同，有书面形式、口头形式和其他形式。 法律、行政法规规定采用书面形式的，应当采用书面形式。当事人约定采用书面形式的，应当采用书面形式。 **合同法解释二(已废止)第二条**　当事人未以书面形式或者口头形式订立合同，但从双方从事的民事行为能够推定双方有订立合同意愿的，人民法院可以认定是以合同法第十条第一款中的“其他形式”订立的合同。但法律另有规定的除外。

《民法典》及最新相关司法解释	相关内容
第一百三十六条　民事法律行为自成立时*生效*，**但是法律另有规定或者当事人另有约定的除外**。 行为人非依法律规定或者未经对方同意，不得擅自变更或者解除**民事法律行为**。	**《民法通则》(已废止)第五十七条**　民事法律行为从成立*时起具有法律约束力*。行为人非依法律规定或者取得对方同意，不得擅自变更或者解除。 **《合同法》(已废止)第四十四条**　依法成立的合同，自成立时生效。 法律、行政法规规定应当办理批准、登记等手续生效的，依照其规定。 **合同法解释一(已废止)第九条**　依照合同法第四十四条第二款的规定，法律、行政法规规定合同应当办理批准手续，或者办理批准、登记等手续才生效，在一审法庭辩论终结前当事人仍未办理批准手续的，或者仍未办理批准、登记等手续的，人民法院应当认定该合同未生效；法律、行政法规规定合同应当办理登记手续，但未规定登记后生效的，当事人未办理登记手续不影响合同的效力，合同标的物所有权及其他物权不能转移。 合同法第七十七条第二款、第八十七条、第九十六条第二款所列合同变更、转让、解除等情形，依照前款规定处理。
第二节　意思表示	
第一百三十七条　以对话方式作出的意思表示，相对人知道其内容时生效。 **以非对话方式作出的意思表示**，到达相对人时生效。以非对话方式作出的采用数据电文形式的意思表示，相对人指定特定系统接收数据电文的，该数据电文进入该特定系统时生效；未指定特定系统的，*相对人知道或者应当知道该*	**《合同法》(已废止)第十六条**　要约到达受要约人时生效。 采用数据电文形式订立合同，收件人指定特定系统接收数据电文的，该数据电文进入该特定系统的时间，视为到达时间；未指定特定系统的，*该数据电文进入收件人的任何系统的首次时间，视为到达时间*。

《民法典》及最新相关司法解释	相关内容
数据电文进入其系统时生效。**当事人对采用数据电文形式的意思表示的生效时间另有约定的，按照其约定。** 注 将有相对人的意思表示区分为对话、非对话类型，分别予以规定。	**第二十六条**　承诺通知到达要约人时生效。承诺不需要通知的，根据交易习惯或者要约的要求作出承诺的行为时生效。 采用数据电文形式订立合同的，承诺到达的时间适用本法第十六条第二款的规定。
第一百三十八条　无相对人的意思表示，表示完成时生效。法律另有规定的，依照其规定。 注 典型的无相对人的意思表示如遗嘱意思表示。但不能将单方行为等同于无相对人的意义表示，实践中很多单方行为都是有相对人的意思表示。	
第一百三十九条　以公告方式作出的意思表示，公告发布时生效。	
第一百四十条　行为人可以明示或者默示作出意思表示。 **沉默只有在有法律规定、当事人约定或者符合当事人之间的交易习惯时，才可以视为意思表示。** 注 明确了沉默视为意思表示的三种情形。	**民通意见（已废止）第66条**　一方当事人向对方当事人提出民事权利的要求，对方未用语言或者文字明确表示意见，但其行为表明已接受的，可以认定为默示。不作为的默示只有在法律有规定或者当事人双方有约定的情况下，才可以视为意思表示。 **《合同法》（已废止）第二十二条**　承诺应当以通知的方式作出，但根据交易习惯或者要约表明可以通过行为作出承诺的除外。 **合同法解释二（已废止）第七条**　下列情形，不违反法律、行政法规强制性规定的，人民法院可以认定为合同法所称"交易习惯"： （一）在交易行为当地或者某一领域、某一行业通常采用并为交易对方订立合

《民法典》及最新相关司法解释	相关内容
	同时所知道或者应当知道的做法; (二)当事人双方经常使用的习惯做法。 对于交易习惯,由提出主张的一方当事人承担举证责任。
第一百四十一条 行为人可以撤回*意思表示*。撤回*意思表示*的通知应当在*意思表示*到达*相对人*前或者与*意思表示*同时到达*相对人*。	**《合同法》(已废止)第十七条** *要约*可以撤回。撤回*要约*的通知应当在*要约*到达*受要约人*之前或者与*要约*同时到达*受要约人*。 **第二十七条** *承诺*可以撤回。撤回*承诺*的通知应当在承诺通知到达*要约人*之前或者与*承诺*通知同时到达*要约人*。
第一百四十二条 *有相对人的意思表示的解释*,应当按照所使用的词句,结合相关条款、*行为的性质和目的*、习惯以及诚信原则,*确定意思表示的含义*。 **无相对人的意思表示的解释,不能完全拘泥于所使用的词句,而应当结合相关条款、行为的性质和目的、习惯以及诚信原则,确定行为人的真实意思。** 注 按照有相对人、无相对人的意思表示,分别规定解释的方法。	**《合同法》(已废止)第一百二十五条** *当事人对合同条款的理解有争议的*,应当按照合同所使用的词句、*合同的有关条款*、*合同的目的*、交易习惯以及诚实信用原则,*确定该条款的真实意思*。 合同文本采用两种以上文字订立并约定具有同等效力的,对各文本使用的词句推定具有相同含义。各文本使用的词句不一致的,应当根据合同的目的予以解释。
第三节 民事法律行为的效力	
第一百四十三条 具备下列条件的民事法律行为有效: (一)行为人具有相应的民事行为能力; (二)意思表示真实; (三)不违反法律、**行政法规的强制性规定,不违背公序良俗**。 注 本条规定的仅为民事法律行为有效的必要条件,有的民事法律行为还需具备其他要件。	**《民法通则》(已废止)第五十五条** 民事法律行为*应当具备*下列条件: (一)行为人具有相应的民事行为能力; (二)意思表示真实; (三)不违反法律~~或者社会公共利益~~。

《民法典》及最新相关司法解释	相关内容
第一百四十四条　无民事行为能力人实施的*民事法律行为无效*。	**《民法通则》(已废止)第五十八条**　下列*民事行为*无效: (一)无民事行为能力人实施的……
第一百四十五条　限制民事行为能力人*实施的纯获利益的民事法律行为或者与其年龄、智力、精神健康状况相适应的民事法律行为有效;实施的其他民事法律行为经法定代理人同意或者追认后有效*。 相对人可以催告法定代理人自收到通知之日起*三十日内*予以追认。法定代理人未作表示的,视为拒绝追认。*民事法律行为*被追认前,善意相对人有撤销的权利。撤销应当以通知的方式作出。 注 “纯获利益”区别于“获利”在于获利须“纯粹”。收益多于付出,即可称为“获利”;仅当无须付出便可收益,方能谓之“纯获利益”。	**《民法通则》(已废止)第五十八条**　下列*民事行为*无效: …… (二)限制民事行为能力人依法不能独立实施的; …… **《合同法》(已废止)第四十七条**　*限制民事行为能力人订立的合同,经法定代理人追认后,该合同有效,但纯获利益的合同或者与其年龄、智力、精神健康状况相适应而订立的合同,不必经法定代理人追认*。 相对人可以催告法定代理人在*一个月内*予以追认。法定代理人未作表示的,视为拒绝追认。*合同*被追认之前,善意相对人有撤销的权利。撤销应当以通知的方式作出。
第一百四十六条　*行为人与相对人以虚假的意思表示实施的民事法律行为无效*。 *以虚假的意思表示隐藏的民事法律行为的效力,依照有关法律规定处理*。 注 一般情况下,不能以虚假(伪装)的无效对抗善意第三人,也不能以隐藏行为的有效对抗善意第三人。	**《合同法》(已废止)第五十二条**　*有下列情形之一的,合同无效*: …… *(二)恶意串通,损害国家、集体或者第三人利益;* *(三)以合法形式掩盖非法目的;* ……

《民法典》及最新相关司法解释	相关内容
第一百四十七条　基于重大误解实施的民事法律行为，行为人有权请求人民法院或者仲裁机构予以撤销。 **劳动争议解释一第三十五条　劳动者与用人单位就解除或者终止劳动合同办理相关手续、支付工资报酬、加班费、经济补偿或者赔偿金等达成的协议，不违反法律、行政法规的强制性规定，且不存在欺诈、胁迫或者乘人之危情形的，应当认定有效。** **前款协议存在重大误解或者显失公平情形，当事人请求撤销的，人民法院应予支持。** 注 对基于重大误解实施的民事法律行为，《民法典》第147条删除了"可变更"，但当事人私下协商变更的仍允许。	**《民法通则》（已废止）第五十九条**　下列民事行为，一方有权请求人民法院或者仲裁机关予以变更或者撤销： （一）行为人对行为内容有重大误解的； （二）显失公平的。 被撤销的民事行为从行为开始起无效。 **民通意见（已废止）第71条**　行为人因对行为的性质、对方当事人、标的物的品种、质量、规格和数量等的错误认识，使行为的后果与自己的意思相悖，并造成较大损失的，可以认定为重大误解。 **第73条第1款**　~~对于重大误解或者显失公平的民事行为，当事人请求变更的，人民法院应当予以变更；当事人请求撤销的，人民法院可以酌情予以变更或者撤销。~~
第一百四十八条　一方以欺诈手段，使对方在违背真实意思的情况下实施的民事法律行为，受欺诈方有权请求人民法院或者仲裁机构予以*撤销*。 **技术合同解释（2020）第九条**　当事人一方采取欺诈手段，就其现有技术成果作为研究开发标的与他人订立委托开发合同收取研究开发费用，或者就同一研究开发课题先后与两个或者两个以上的委托人分别订立委托开发合同重复收取研究开发费用，使对方在违背真实意思的情况下订立的合同，受损害方依照民法典第一百四十八条规定请求撤销合同的，人民法院应当予以支持。 注 将一方基于欺诈实施的民事法律行为的效力由"无效"改为"可撤销"，值得关注。	**《民法通则》（已废止）第五十八条**　下列民事行为*无效*： …… （三）一方以欺诈、胁迫的手段或者乘人之危，使对方在违背真实意思的情况下所为的； …… **民通意见（已废止）第68条**　一方当事人故意告知对方虚假情况，或者故意隐瞒真实情况，诱使对方当事人作出错误意思表示的，可以认定为欺诈行为。

《民法典》及最新相关司法解释	相关内容
第一百四十九条　第三人实施欺诈行为，使一方在违背真实意思的情况下实施的民事法律行为，对方知道或者应当知道该欺诈行为的，受欺诈方有权请求人民法院或者仲裁机构予以撤销。 注 明确了受第三人欺诈而实施的民事法律行为的“可撤销”。	
第一百五十条　一方或者**第三人**以胁迫手段，使对方在违背真实意思的情况下实施的民事法律行为，*受胁迫方有权请求人民法院或者仲裁机构予以撤销*。 注 本条统一了《民法通则》（已废止）、《合同法》（已废止）关于胁迫（包括一方、第三方实施的胁迫）情形下民事法律行为的效力为“可撤销”。	**《民法通则》（已废止）第五十八条**　下列民事行为*无效*： …… （三）一方以欺诈、胁迫的手段或者乘人之危，使对方在违背真实意思的情况下所为的； …… **《合同法》（已废止）第五十二条**　有下列情形之一的，合同*无效*： （一）一方以欺诈、胁迫的手段订立合同，损害国家利益； …… **第五十四条第二款**　一方以欺诈、胁迫的手段或者乘人之危，使对方在违背真实意思的情况下订立的合同，受损害方有权请求人民法院或者仲裁机构变更或者撤销。 **民通意见（已废止）第69条**　以给公民及其亲友的生命健康、荣誉、名誉、财产等造成损害，或者以给法人的荣誉、名誉、财产等造成损害为要挟，迫使对方作出违背真实的意思表示的，可以认定为胁迫行为。

《民法典》及最新相关司法解释	相关内容
第一百五十一条　一方利用对方处于危困状态、缺乏判断能力等情形，致使民事法律行为成立时显失公平的，受损害方有权请求人民法院或者仲裁机构予以撤销。 **劳动争议解释一第三十五条　劳动者与用人单位就解除或者终止劳动合同办理相关手续、支付工资报酬、加班费、经济补偿或者赔偿金等达成的协议，不违反法律、行政法规的强制性规定，且不存在欺诈、胁迫或者乘人之危情形的，应当认定有效。** **前款协议存在重大误解或者显失公平情形，当事人请求撤销的，人民法院应予支持。** 注 删除显失公平的“可变更”，仅保留“可撤销”。	**《民法通则》(已废止)第五十九条第一款**　下列民事行为，一方有权请求人民法院或者仲裁机关予以~~变更~~或者撤销： …… (二)显失公平的。 **《合同法》(已废止)第五十四条**　下列合同，当事人一方有权请求人民法院或者仲裁机构~~变更~~或者撤销： …… (二)在订立合同时显失公平的。 **民通意见(已废止)第72条**　一方当事人利用优势或者利用对方没有经验，致使双方的权利与义务明显违反公平、等价有偿原则的，可以认定为显失公平。 **第73条第1款**　对于重大误解或者显失公平的民事行为，~~当事人请求变更的，人民法院应当予以变更~~；当事人请求撤销的，人民法院可以酌情予以~~变更~~或者撤销。
第一百五十二条　有下列情形之一的，撤销权消灭： (一)当事人自知道或者应当知道撤销事由之日起一年内、**重大误解的当事人自知道或者应当知道撤销事由之日起九十日内**没有行使撤销权； **(二)当事人受胁迫，自胁迫行为终止之日起一年内没有行使撤销权；** (三)当事人知道撤销事由后明确表示或者以自己的行为表明放弃撤销权。 *当事人自民事法律行为发生之日*起五年内没有行使撤销权的，撤销权消灭。	**《合同法》(已废止)第五十五条**　有下列情形之一的，撤销权消灭： (一)具有撤销权的当事人自知道或者应当知道撤销事由之日起一年内没有行使撤销权； (二)具有撤销权的当事人知道撤销事由后明确表示或者以自己的行为放弃撤销权。 **第七十五条**　撤销权自债权人知道或者应当知道撤销事由之日起一年内行使。*自债务人的行为发生之日*起五年内没有行使撤销权的，该撤销权消灭。

《民法典》及最新相关司法解释	相关内容
注 撤销权为形成权。本条区分不同情形分别规定了除斥期间的起算和经过时间，且限定了撤销权行使的最长保护期，更为具体合理。	**民通意见（已废止）第73条第2款** 可变更或者可撤销的民事行为，自行为成立时起超过一年当事人才请求变更或者撤销的，人民法院不予保护。 **合同法解释一（已废止）第八条** 合同法第五十五条规定的“一年”、第七十五条和第一百零四条第二款规定的“五年”为不变期间，不适用诉讼时效中止、中断或者延长的规定。
第一百五十三条 违反法律、行政法规的强制性规定的民事法律行为无效。**但是，该强制性规定不导致该民事法律行为无效的除外。** **违背公序良俗的民事法律行为无效。** 注 本条将导致合同无效的法律形式的范围限定在全国人民代表大会及其常委会制定的法律和国务院制定的行政法规中的强制性规定，不过以除外的方式明确了不是所有法律和行政法规的强制性规定的违反都会导致合同无效，但没有明确吸纳效力性强制规定概念。此外，用“公序良俗”的概念取代了“社会公共利益”的概念，明确了违反公序良俗的民事法律行为无效。	**《合同法》（已废止）第五十二条** 有下列情形之一的，合同无效： …… （五）违反法律、行政法规的强制性规定。 **合同法解释一（已废止）第四条** 合同法实施以后，人民法院确认合同无效，应当以全国人大及其常委会制定的法律和国务院制定的行政法规为依据，不得以地方性法规、行政规章为依据。 **合同法解释二（已废止）第十四条** 合同法第五十二条第（五）项规定的“强制性规定”，是指效力性强制性规定。
第一百五十四条 行为人与相对人恶意串通，损害*他人合法权益*的民事法律行为无效。 注 将损害国家、集体、第三人利益改为损害他人合法权益。	**《民法通则》（已废止）第五十八条** 下列民事行为无效： …… （四）恶意串通，*损害国家、集体或者第三人利益的*； …… **《合同法》（已废止）第五十二条** 有下列情形之一的，合同无效： …… （二）恶意串通，*损害国家、集体或者第三人利益*； ……

《民法典》及最新相关司法解释	相关内容
第一百五十五条 无效的或者被撤销的民事法律行为*自始没有法律约束力*。	**《民法通则》(已废止)第五十八条第二款** 无效的民事行为,*从行为开始起就没有法律约束力*。 **第五十九条第二款** *被撤销的民事行为从行为开始起无效*。
第一百五十六条 民事法律行为部分无效,不影响其他部分效力的,其他部分仍然有效。	**《民法通则》(已废止)第六十条** 民事行为部分无效,不影响其他部分的效力的,其他部分仍然有效。
第一百五十七条 民事法律行为无效、被撤销或者**确定不发生效力**后,*行为人因该行为取得的财产,应当予以返还;不能返还或者没有必要返还的,应当折价补偿*。有过错的一方应当赔偿对方由此所受到的损失;各方都有过错的,应当各自承担相应的责任。**法律另有规定的,依照其规定**。	**《民法通则》(已废止)第六十一条** 民事行为被确认为无效或者被撤销后,*当事人*因该行为取得的财产,*应当返还给受损失的一方*。有过错的一方应当赔偿对方因此所受的损失,双方都有过错的,应当各自承担相应的责任。 ~~双方恶意串通,实施民事行为损害国家的、集体的或者第三人的利益的,应当追缴双方取得的财产,收归国家、集体所有或者返还第三人。~~ **《合同法》(已废止)第五十八条** 合同无效或者被撤销后,因该合同取得的财产,应当予以返还;不能返还或者没有必要返还的,应当折价补偿。有过错的一方应当赔偿对方因此所受到的损失,双方都有过错的,应当各自承担相应的责任。 **第五十九条** 当事人恶意串通,损害国家、集体或者第三人利益的,因此取得的财产收归国家所有或者返还集体、第三人。

《民法典》及最新相关司法解释	相关内容
第四节　民事法律行为的附条件和附期限	
第一百五十八条　民事法律行为可以附条件，**但是根据其性质不得附条件的除外**。附生效条件的民事法律行为，*自条件成就*时生效。附解除条件的*民事法律行为*，自条件成就时失效。 注 注意区分条件与负担。条件属于民事法律行为的特别生效要件，有控制民事法律行为效力的功能，而负担属于民事义务，必须得到履行，否则可以强制其履行。	**《民法通则》（已废止）第六十二条**　民事法律行为可以附条件，附条件的民事法律行为*在符合所附条件*时生效。 **《合同法》（已废止）第四十五条第一款**　当事人对*合同的效力*可以约定附条件。附生效条件的*合同*，自条件成就时生效。附解除条件的*合同*，自条件成就时失效。 **民通意见（已废止）第75条**　附条件的民事行为，如果所附的条件是违背法律规定或者不可能发生的，应当认定该民事行为无效。
第一百五十九条　附条件的民事法律行为，当事人为自己的利益不正当地阻止条件成就的，视为条件已经成就；不正当地促成条件成就的，视为条件不成就。	**《合同法》（已废止）第四十五条第二款**　当事人为自己的利益不正当地阻止条件成就的，视为条件已成就；不正当地促成条件成就的，视为条件不成就。
第一百六十条　*民事法律行为*可以附期限，**但是根据其性质不得附期限的除外**。附生效期限的*民事法律行为*，自期限届至时生效。附终止期限的*民事法律行为*，自期限届满时失效。 注 注意区分条件与期限。条件是不确定的偶然性事实，期限则是确定的必然性事实；条件之事实成就与否是不确定的，期限则是肯定会到来的。	**《合同法》（已废止）第四十六条**　当事人对*合同的效力*可以约定附期限。附生效期限的*合同*，自期限届至时生效。附终止期限的*合同*，自期限届满时失效。 **民通意见（已废止）第76条**　附期限的民事法律行为，在所附期限到来时生效或者解除。
第七章　代理	
第一节　一般规定	
第一百六十一条　*民事主体*可以通过代理人实施民事法律行为。 依照法律规定、当事人约定或者**民事法律行为的性质**，应当由本人亲自实	**《民法通则》（已废止）第六十三条第一款、第三款**　*公民、法人*可以通过代理人实施民事法律行为。 依照法律规定或者按照双方当事人

《民法典》及最新相关司法解释	相关内容
施的民事法律行为，不得代理。 注 代理适用的范围以民事法律行为为一般原则，但除此之外，实践中还存在大量可适用代理的情形，其中对于准民事法律行为，如要约邀请、撤回要约及撤回承诺等也可以代理。	约定，应当由本人实施的民事法律行为，不得代理。 **民通意见（已废止）第78条** 凡是依法或者依双方的约定必须由本人亲自实施的民事行为，本人未亲自实施的，应当认定行为无效。
第一百六十二条 代理人在代理权限内，以被代理人名义实施的民事法律行为，*对被代理人发生效力*。 注 使者区别于代理人的主要特征在于，使者无权决定意思表示的内容，因而不能决定法律行为是否成立。	**《民法通则》（已废止）第六十三条第二款** 代理人在代理权限内，以被代理人的名义实施民事法律行为。*被代理人对代理人的代理行为，承担民事责任*。
第一百六十三条 代理包括委托代理和法定代理。 委托代理人按照被代理人的委托行使代理权。法定代理人依照法律的规定行使代理权。 注 删除指定代理，主要在于与委托代理和法定代理相比，指定代理的发生面较为狭窄，适用的范围与委托代理和法定代理明显不能比。尤为重要的是，法院或其他有关机关在特定情形下指定代理在本质上也必须是依据法律规定而进行的指定，法律规定可以指定的情形才可以指定；与委托代理相比，指定代理也应属于法定代理的范畴，在逻辑层次上，不能与委托代理、法定代理处于同一位阶，而应是法定代理下面的一种类型。在法律适用上，指定代理除了依据有关法律关于指定代理的规定之外，还可以适用法定代理的一般规定。	**《民法通则》（已废止）第六十四条** 代理包括委托代理、法定代理和~~指定代理~~。 委托代理人按照被代理人的委托行使代理权，法定代理人依照法律的规定行使代理权~~，指定代理人按照人民法院或者指定单位的指定行使代理权~~。

《民法典》及最新相关司法解释	相关内容
第一百六十四条　代理人不履行**或者不完全履行**职责，造成被代理人损害的，应当承担民事责任。 代理人和*相对人*恶意串通，损害被代理人合法权益的，代理人和*相对人*应当承担连带责任。	**《民法通则》(已废止)第六十六条第二款、第三款**　代理人不履行职责而给被代理人造成损害的，应当承担民事责任。 代理人和*第三人*串通，损害被代理人的利益的，由代理人和*第三人*负连带责任。
第二节　委托代理	
第一百六十五条　*委托代理授权采用书面形式的*，授权委托书应当载明代理人的姓名或者名称、代理事项、权限和*期限*，并由*被代理人*签名或者盖章。 注 删除《民法通则》(已废止)第65条第3款的原因主要在于实践中对该款内容争议太大，且有对代理人要求过苛之嫌，需进一步研究。	**《民法通则》(已废止)第六十五条**　*民事法律行为的委托代理，可以用书面形式，也可以用口头形式。法律规定用书面形式的，应当用书面形式。* *书面委托代理的*授权委托书应当载明代理人的姓名或者名称、代理事项、权限和*期间*，并由*委托人*签名或者盖章。 ~~委托书授权不明的，被代理人应当向第三人承担民事责任，代理人负连带责任。~~
第一百六十六条　数人为同一代理事项的代理人的，应当共同行使代理权，但是当事人另有约定的除外。	**民通意见(已废止)第79条**　数个委托代理人共同行使代理权的，如果其中一人或者数人未与其他委托代理人协商，所实施的行为侵害被代理人权益的，由实施行为的委托代理人承担民事责任。 被代理人为数人时，其中一人或者数人未经其他被代理人同意而提出解除代理关系，因此造成损害的，由提出解除代理关系的被代理人承担。
第一百六十七条　代理人知道或者**应当知道**代理事项违法仍然*实施代理行为*，或者被代理人知道或者**应当知道**代理人的代理行为违法未作反对表示的，被代理人和代理人应当承担连带责任。	**《民法通则》(已废止)第六十七条**　代理人知道被委托代理的事项违法仍然*进行代理活动*的，或者被代理人知道代理人的代理行为违法不表示反对的，由被代理人和代理人负连带责任。

《民法典》及最新相关司法解释	相关内容
第一百六十八条　代理人不得以被代理人的名义与自己实施民事法律行为，但是被代理人同意或者追认的除外。 **代理人不得以被代理人的名义与自己同时代理的其他人实施民事法律行为，但是被代理的双方同意或者追认的除外。** 注 本条系关于禁止自己代理与双方代理的规定，但在当事人同意或追认的情况下仍有效。	
第一百六十九条　*代理人*需要转委托第三人代理的，应当取得被代理人的同意或者追认。 **转委托代理经被代理人同意或者追认的，被代理人可以就代理事务直接指示转委托的第三人，代理人仅就第三人的选任以及对第三人的指示承担责任。** *转委托代理未经被代理人同意或者追认的，代理人应当对转委托的第三人的行为承担责任；但是，在紧急情况下代理人为了维护被代理人的利益需要转委托第三人代理的除外。* 注 依照通说，复代理虽然主要适用于委托代理，但也可适用于法定代理。	《民法通则》(已废止)第六十八条　*委托代理人*~~为被代理人的利益~~需要转托他人代理的，应当~~事先~~取得被代理人的同意。*事先没有取得被代理人同意的，应当在事后及时告诉被代理人，如果被代理人不同意，由代理人对自己所转托的人的行为负民事责任，但在紧急情况下，为了保护被代理人的利益而转托他人代理的除外。*
第一百七十条　执行法人或者非法人组织工作任务的人员，就其职权范围内的事项，以法人或者非法人组织的名义实施的民事法律行为，对法人或者非法人组织发生效力。 法人或者非法人组织对执行其工作任务的人员职权范围的限制，不得对抗善意相对人。 注 本条系以《民法通则》（已废止）第43条及民通意见（已废止）第58条为基础新增的职务代理规定。	《民法通则》(已废止)第四十三条　企业法人对它的法定代表人和其他工作人员的经营活动，承担民事责任。 **民通意见(已废止)第58条**　企业法人的法定代表人和其他工作人员，以法人名义从事的经营活动，给他人造成经济损失的，企业法人应当承担民事责任。

《民法典》及最新相关司法解释	相关内容
第一百七十一条　行为人没有代理权、超越代理权或者代理权终止后，仍然实施代理行为，未经被代理人追认的，对被代理人不发生效力。 相对人可以催告被代理人自收到通知之日起三十日内予以追认。被代理人未作表示的，视为拒绝追认。行为人实施的行为被追认前，善意相对人有撤销的权利。撤销应当以通知的方式作出。 行为人实施的行为未被追认的，**善意相对人有权请求行为人履行债务或者就其受到的损害请求行为人赔偿。但是，赔偿的范围不得超过被代理人追认时相对人所能获得的利益。** *相对人知道或者应当知道行为人无权代理的，相对人和行为人按照各自的过错承担责任。* 注 无权代理规则是代理制度的重要内容，且内容较为复杂，本条系在《民法通则》（已废止）、《合同法》（已废止）相关规定基础上完善而来。	**《民法通则》（已废止）第六十六条第一款、第四款**　没有代理权、超越代理权或者代理权终止后的行为，*只有经过被代理人的追认，被代理人才承担民事责任*。未经追认的行为，*由行为人承担民事责任*。本人知道他人以本人名义实施民事行为而不作否认表示的，视为同意。 *第三人知道行为人没有代理权、超越代理权或者代理权已终止还与行为人实施民事行为给他人造成损害的，由第三人和行为人负连带责任。* **《合同法》（已废止）第四十八条**　行为人没有代理权、超越代理权或者代理权终止后以被代理人名义*订立的合同*，未经被代理人追认，对被代理人不发生效力，由行为人承担责任。 相对人可以催告被代理人在一个月内予以追认。被代理人未作表示的，视为拒绝追认。合同被追认之前，善意相对人有撤销的权利。撤销应当以通知的方式作出。
第一百七十二条　行为人没有代理权、超越代理权或者代理权终止后，*仍然实施代理行为*，相对人有理由相信行为人有代理权的，代理行为有效。 **期货纠纷解释（2020）第九条**　期货公司授权非本公司人员以本公司的名义从事期货交易行为的，期货公司应当承担由此产生的民事责任；非期货公司人员以期货公司名义从事期货交易行为，具备民法典第一百七十二条所规定的表见代理条件的，期货公司应当承担由此产生的民事责任。	**《合同法》（已废止）第四十九条**　行为人没有代理权、超越代理权或者代理权终止后*以被代理人名义订立合同*，相对人有理由相信行为人有代理权的，该代理行为有效。 **合同法解释二（已废止）第十三条**　被代理人依照合同法第四十九条的规定承担有效代理行为所产生的责任后，可以向无权代理人追偿因代理行为而遭受的损失。

《民法典》及最新相关司法解释	相关内容
《最高人民法院关于审理海上货运代理纠纷案件若干问题的规定》(2020)第六条 一方当事人根据双方的交易习惯,有理由相信行为人有权代表对方当事人订立海上货运代理合同,该方当事人依据民法典第一百七十二条的规定主张合同成立的,人民法院应予支持。 注 表见代理规则通过《民法典》总则编进行规定,科学地扩张了其适用范围。	
第三节 代理终止	
第一百七十三条 有下列情形之一的,委托代理终止: (一)代理*期限*届满或者代理事务完成; (二)被代理人取消委托或者代理人辞去委托; (三)代理人丧失民事行为能力; (四)代理人或者**被代理人**死亡; (五)作为代理人或者被代理人的法人、**非法人组织**终止。	**《民法通则》(已废止)第六十九条** 有下列情形之一的,委托代理终止: (一)代理*期间*届满或者代理事务完成; (二)被代理人取消委托或者代理人辞去委托; (三)代理人死亡; (四)代理人丧失民事行为能力; (五)作为被代理人或者代理人的法人终止。
第一百七十四条 被代理人死亡后,有下列情形之一的,委托代理人实施的代理行为有效: (一)代理人不知道**且不应当知道**被代理人死亡; (二)被代理人的继承人予以承认; (三)授权中明确代理权在代理事务完成时终止; (四)被代理人死亡前已经实施,为了被代理人的继承人的利益继续代理。 **作为被代理人的法人、非法人组织终止的,参照适用前款规定。**	**民通意见(已废止)第82条** 被代理人死亡后有下列情况之一的,委托代理人实施的代理行为有效:(1)代理人不知道被代理人死亡的;(2)被代理人的继承人均予承认的;(3)被代理人与代理人约定到代理事项完成时代理权终止的;(4)在被代理人死亡前已经进行、而在被代理人死亡后为了被代理人的继承人的利益继续完成的。

《民法典》及最新相关司法解释	相关内容
第一百七十五条　有下列情形之一的，法定代理终止： （一）被代理人取得或者恢复完全民事行为能力； （二）代理人丧失民事行为能力； （三）代理人或者被代理人死亡； （四）*法律规定的其他情形*。	**《民法通则》（已废止）第七十条**　有下列情形之一的，法定代理~~或者指定代理~~终止： （一）被代理人取得或者恢复民事行为能力； （二）被代理人或者代理人死亡； （三）代理人丧失民事行为能力； ~~（四）指定代理的人民法院或者指定单位取消指定~~； （五）*由其他原因引起的被代理人和代理人之间的监护关系消灭*。
第八章　民事责任	
第一百七十六条　*民事主体依照法律规定或者按照当事人约定，履行民事义务*，承担民事责任。 注 民事责任是民事主体违反民事义务所应承担的责任，民事义务基于法律规定、当事人约定而产生。	**《民法通则》（已废止）第一百零六条第一款**　*公民、法人违反合同或者不履行其他义务的*，应当承担民事责任。 **《合同法》（已废止）第六十条第一款**　当事人应当按照约定全面履行自己的义务。
第一百七十七条　二人以上依法承担按份责任，能够确定责任大小的，各自承担相应的责任；难以确定责任大小的，平均承担责任。 注 在总则编中完善了按份之债的规定。	**《民法通则》（已废止）第八十六条**　债权人为二人以上的，按照确定的份额分享权利。债务人为二人以上的，按照确定的份额分担义务。 **《侵权责任法》（已废止）第十二条**　二人以上分别实施侵权行为造成同一损害，能够确定责任大小的，各自承担相应的责任；难以确定责任大小的，平均承担赔偿责任。
第一百七十八条　二人以上依法承担连带责任的，*权利人*有权请求部分或者全部连带责任人承担责任。 连带责任人的责任份额根据各自责	**《民法通则》（已废止）第八十七条**　债权人或者债务人一方人数为二人以上的，依照法律的规定或者当事人的约定，享有连带权利的每个债权人，都有权要

《民法典》及最新相关司法解释	相关内容
任大小确定；难以确定责任大小的，平均承担责任。实际承担责任超过自己责任份额的连带责任人，有权向其他连带责任人追偿。 **连带责任，由法律规定或者当事人约定。** 注 在总则编中完善了连带之债的规定。	求债务人履行义务；负有连带义务的每个债务人，都负有清偿全部债务的义务，履行了义务的人，有权要求其他负有连带义务的人偿付他应当承担的份额。 **《侵权责任法》（已废止）第十三条** 法律规定承担连带责任的，被侵权人有权请求部分或者全部连带责任人承担责任。 **第十四条** 连带责任人根据各自责任大小确定相应的赔偿数额；难以确定责任大小的，平均承担赔偿责任。 支付超出自己赔偿数额的连带责任人，有权向其他连带责任人追偿。
第一百七十九条 承担民事责任的方式主要有： （一）停止侵害； （二）排除妨碍； （三）消除危险； （四）返还财产； （五）恢复原状； （六）修理、重作、更换； **（七）继续履行；** （八）赔偿损失； （九）支付违约金； （十）消除影响、恢复名誉； （十一）赔礼道歉。 **法律规定惩罚性赔偿的，依照其规定。** 本条规定的承担民事责任的方式，可以单独适用，也可以合并适用。 注 本条系关于民事责任形式的规定，该条增加了惩罚性赔偿的表述。惩罚性赔偿既可适用于侵权责任，也可适用于违约责任。	**《民法通则》（已废止）第一百三十四条** 承担民事责任的方式主要有： （一）停止侵害； （二）排除妨碍； （三）消除危险； （四）返还财产； （五）恢复原状； （六）修理、重作、更换； （七）赔偿损失； （八）支付违约金； （九）消除影响、恢复名誉； （十）赔礼道歉。 以上承担民事责任的方式，可以单独适用，也可以合并适用。 ~~人民法院审理民事案件，除适用上述规定外，还可以予以训诫、责令具结悔过、收缴进行非法活动的财物和非法所得，并可以依照法律规定处以罚款、拘留。~~ **《侵权责任法》（已废止）第四十七条** 明知产品存在缺陷仍然生产、销售，造成他人死亡或者健康严重损害的，被侵权人有权请求相应的惩罚性赔偿。

《民法典》及最新相关司法解释	相关内容
第一百八十条　因不可抗力不能履行民事义务的，不承担民事责任。*法律另有规定的，依照其规定。* 不可抗力是不能预见、不能避免且不能克服的客观情况。	**《民法通则》（已废止）第一百零七条**　因不可抗力不能履行合同或者造成他人损害的，不承担民事责任，*法律另有规定的除外*。 **第一百五十三条**　本法所称的“不可抗力”，是指不能预见、不能避免并不能克服的客观情况。 **《合同法》（已废止）第一百一十七条**　因不可抗力不能履行合同的，根据不可抗力的影响，部分或者全部免除责任，但法律另有规定的除外。当事人迟延履行后发生不可抗力的，不能免除责任。 本法所称不可抗力，是指不能预见、不能避免并不能克服的客观情况。 **《侵权责任法》（已废止）第二十九条**　因不可抗力造成他人损害的，不承担责任。法律另有规定的，依照其规定。
第一百八十一条　因正当防卫造成损害的，不承担民事责任。 正当防卫超过必要的限度，造成不应有的损害的，正当防卫人应当承担适当的民事责任。	**《民法通则》（已废止）第一百二十八条**　因正当防卫造成损害的，不承担民事责任。正当防卫超过必要的限度，造成不应有的损害的，应当承担适当的民事责任。 **《侵权责任法》（已废止）第三十条**　因正当防卫造成损害的，不承担责任。正当防卫超过必要的限度，造成不应有的损害的，正当防卫人应当承担适当的责任。
第一百八十二条　因紧急避险造成损害的，由引起险情发生的人承担民事责任。 危险由自然原因引起的，紧急避险人*不承担民事责任*，**可以给予适当补偿**。 紧急避险采取措施不当或者超过必要的限度，造成不应有的损害的，紧急避险人应当承担适当的民事责任。	**《民法通则》（已废止）第一百二十九条**　因紧急避险造成损害的，由引起险情发生的人承担民事责任。如果危险是由自然原因引起的，紧急避险人*不承担民事责任或者承担适当的民事责任*。因紧急避险采取措施不当或者超过必要的限度，造成不应有的损害的，紧急避险人应当承担适当的民事责任。

《民法典》及最新相关司法解释	相关内容
	《侵权责任法》(已废止)第三十一条 因紧急避险造成损害的,由引起险情发生的人承担责任。如果危险是由自然原因引起的,紧急避险人*不承担责任或者给予适当补偿*。紧急避险采取措施不当或者超过必要的限度,造成不应有的损害的,紧急避险人应当承担适当的责任。
第一百八十三条 *因保护他人民事权益*使自己受到损害的,由侵权人承担民事责任,受益人可以给予适当补偿。**没有侵权人**、侵权人逃逸或者无力承担民事责任,*受害人*请求补偿的,受益人应当给予适当补偿。 注 本条系关于"见义勇为者"特别请求权的规定。需注意区分见义勇为与无因管理。	**《民法通则》(已废止)第一百零九条** *因防止、制止国家的、集体的财产或者他人的财产、人身遭受侵害*而使自己受到损害的,由侵害人承担赔偿责任,受益人也可以给予适当的补偿。 **《侵权责任法》(已废止)第二十三条** *因防止、制止他人民事权益被侵害而*使自己受到损害的,由侵权人承担责任。侵权人逃逸或者无力承担责任,*被侵权人*请求补偿的,受益人应当给予适当补偿。
第一百八十四条 因自愿实施紧急救助行为造成受助人损害的,救助人不承担民事责任。	
第一百八十五条 侵害英雄烈士等的姓名、肖像、名誉、荣誉,损害社会公共利益的,应当承担民事责任。 **民法典时间效力规定第六条** 《中华人民共和国民法总则》施行前,侵害英雄烈士等的姓名、肖像、名誉、荣誉,损害社会公共利益引起的民事纠纷案件,适用民法典第一百八十五条的规定。 **《最高人民法院、最高人民检察院关于检察公益诉讼案件适用法律若干问题的解释》(2020)第十三条** 人民检察院在履行职责中发现破坏生态环境和资源	

《民法典》及最新相关司法解释	相关内容
保护，食品药品安全领域侵害众多消费者合法权益，侵害英雄烈士等的姓名、肖像、名誉、荣誉等损害社会公共利益的行为，拟提起公益诉讼的，应当依法公告，公告期间为三十日。 公告期满，法律规定的机关和有关组织、英雄烈士等的近亲属不提起诉讼的，人民检察院可以向人民法院提起诉讼。 人民检察院办理侵害英雄烈士等的姓名、肖像、名誉、荣誉等的民事公益诉讼案件，也可以直接征询英雄烈士等的近亲属的意见。	
第一百八十六条　因当事人一方的违约行为，损害对方人身权益、财产权益的，*受损害方有权选择请求其承担违约责任或者侵权责任*。	**《合同法》（已废止）第一百二十二条**　因当事人一方的违约行为，侵害对方人身、财产权益的，*受损害方有权选择依照本法要求其承担违约责任或者依照其他法律要求其承担侵权责任*。 **合同法解释一（已废止）第三十条**　债权人依照合同法第一百二十二条的规定向人民法院起诉时作出选择后，在一审开庭以前又变更诉讼请求的，人民法院应当准许。对方当事人提出管辖权异议，经审查异议成立的，人民法院应当驳回起诉。
第一百八十七条　*民事主体因同一行为应当承担民事责任*、行政责任和刑事责任的，承担行政责任或者刑事责任不影响承担*民事责任*；*民事主体的财产不足以支付的，优先用于承担民事责任*。 **食品药品规定（2020）第十四条**　生产、销售的食品、药品存在质量问题，生产者与销售者需同时承担民事责任、行	**《侵权责任法》（已废止）第四条**　*侵权人因同一行为应当*承担行政责任或者刑事责任的，不影响依法承担*侵权责任*。 *因同一行为应当承担侵权责任和行政责任、刑事责任，侵权人的财产不足以支付的，先承担侵权责任*。

《民法典》及最新相关司法解释	相关内容
政责任和刑事责任,其财产不足以支付,当事人依照民法典等有关法律规定,请求食品、药品的生产者、销售者首先承担民事责任的,人民法院应予支持。 注 明确了多种责任聚合情形下各种责任关系及民事责任的优先性。需要注意,民事责任优先以责任主体财产不足以全部支付为前提。	
第九章　诉讼时效	
第一百八十八条　向人民法院请求保护民事权利的诉讼时效期间为三年。法律另有规定的,依照其规定。 诉讼时效期间自权利人知道或者应当知道权利受到损害**以及义务人**之日起计算。**法律另有规定的,依照其规定**。但是,自权利受到损害之日起超过二十年的,人民法院不予保护,有特殊情况的,人民法院可以**根据权利人的申请**决定延长。 **诉讼时效规定(2020)第四条**　未约定履行期限的合同,依照民法典第五百一十条、第五百一十一条的规定,可以确定履行期限的,诉讼时效期间从履行期限届满之日起计算;不能确定履行期限的,诉讼时效期间从债权人要求债务人履行义务的宽限期届满之日起计算,但债务人在债权人第一次向其主张权利之时明确表示不履行义务的,诉讼时效期间从债务人明确表示不履行义务之日起计算。 **专利权纠纷解释二(2020)第二条**　权利人在专利侵权诉讼中主张的权利要	**《民法通则》(已废止)第一百三十五条**　向人民法院请求保护民事权利的诉讼时效期间为二年,法律另有规定的除外。 **第一百三十六条**　~~下列的诉讼时效期间为一年:~~ ~~(一)身体受到伤害要求赔偿的;~~ ~~(二)出售质量不合格的商品未声明的;~~ ~~(三)延付或者拒付租金的;~~ ~~(四)寄存财物被丢失或者损毁的。~~ **第一百三十七条**　诉讼时效期间从知道或者应当知道权利被侵害时起计算。但是,从权利被侵害之日起超过二十年的,人民法院不予保护。有特殊情况的,人民法院可以延长诉讼时效期间。 **民法总则诉讼时效解释(已废止)第一条**　民法总则施行后诉讼时效期间开始计算的,应当适用民法总则第一百八十八条关于三年诉讼时效期间的规定。当事人主张适用民法通则关于二年或者一年诉讼时效期间规定的,人民法院不予支持。

《民法典》及最新相关司法解释	相关内容
求被国务院专利行政部门宣告无效的，审理侵犯专利权纠纷案件的人民法院可以裁定驳回权利人基于该无效权利要求的起诉。 有证据证明宣告上述权利要求无效的决定被生效的行政判决撤销的，权利人可以另行起诉。 专利权人另行起诉的，诉讼时效期间从本条第二款所称行政判决书送达之日起计算。 **《最高人民法院关于审理专利纠纷案件适用法律问题的若干规定》**(2020)**第十七条**　侵犯专利权的诉讼时效为三年，自专利权人或者利害关系人知道或者应当知道权利受到损害以及义务人之日起计算。权利人超过三年起诉的，如果侵权行为在起诉时仍在继续，在该项专利权有效期内，人民法院应当判决被告停止侵权行为，侵权损害赔偿数额应当自权利人向人民法院起诉之日起向前推算三年计算。 **《最高人民法院关于审理商标民事纠纷案件适用法律若干问题的解释》**(2020)**第十八条**　侵犯注册商标专用权的诉讼时效为三年，自商标注册人或者利害权利人知道或者应当知道权利受到损害以及义务人之日起计算。商标注册人或者利害关系人超过三年起诉的，如果侵权行为在起诉时仍在持续，在该注册商标专用权有效期限内，人民法院应当判决被告停止侵权行为，侵权损害赔偿数额应当自权利人向人民法院起诉之日起向前推算三年计算。	**第二条**　民法总则施行之日，诉讼时效期间尚未满民法通则规定的二年或者一年，当事人主张适用民法总则关于三年诉讼时效期间规定的，人民法院应予支持。 **第三条**　民法总则施行前，民法通则规定的二年或者一年诉讼时效期间已经届满，当事人主张适用民法总则关于三年诉讼时效期间规定的，人民法院不予支持。

《民法典》及最新相关司法解释	相关内容
著作权纠纷解释(2020)第二十七条 侵害著作权的诉讼时效为三年，自著作权人知道或者应当知道权利受到损害以及义务人之日起计算。权利人超过三年起诉的，如果侵权行为在起诉时仍在持续，在该著作权保护期内，人民法院应当判决被告停止侵权行为；侵权损害赔偿数额应当自权利人向人民法院起诉之日起向前推算三年计算。 **垄断行为民事纠纷规定（2020）第十六条第一款** 因垄断行为产生的损害赔偿请求权诉讼时效期间，从原告知道或者应当知道权益受到损害以及义务人之日起计算。 **第十六条第三款** 原告知道或者应当知道权益受到损害以及义务人之日起超过三年，如果起诉时被诉垄断行为仍然持续，被告提出诉讼时效抗辩的，损害赔偿应当自原告向人民法院起诉之日起向前推算三年计算。自权利受到损害之日起超过二十年的，人民法院不予保护，有特殊情况的，人民法院可以根据权利人的申请决定延长。 注 关于诉讼时效期间及其起算、延长的规定，较《民法通则》（已废止）规定变动较多，值得关注。	
第一百八十九条　当事人约定同一债务分期履行的，诉讼时效期间自最后一期履行期限届满之日起计算。	

《民法典》及最新相关司法解释	相关内容
第一百九十条　无民事行为能力人或者限制民事行为能力人对其法定代理人的请求权的诉讼时效期间，自该法定代理终止之日起计算。	
第一百九十一条　未成年人遭受性侵害的损害赔偿请求权的诉讼时效期间，自受害人年满十八周岁之日起计算。 注 若受害人年满18周岁时仍不能辨认自己行为或不能完全辨认自己行为，不受本条限制，仍应以“权利人知道或者应当知道权利受侵害时起算”。	
第一百九十二条　诉讼时效期间届满的，义务人可以提出不履行义务的抗辩。 *诉讼时效期间届满后，义务人同意履行的，不得以诉讼时效期间届满为由抗辩；义务人已经自愿履行的，不得请求返还。* **民法典担保制度解释第三十五条　保证人知道或者应当知道主债权诉讼时效期间届满仍然提供保证或者承担保证责任，又以诉讼时效期间届满为由拒绝承担保证责任或者请求返还财产的，人民法院不予支持；保证人承担保证责任后向债务人追偿的，人民法院不予支持，但是债务人放弃诉讼时效抗辩的除外。** **诉讼时效规定(2020)第十九条**　诉讼时效期间届满，当事人一方向对方当事人作出同意履行义务的意思表示或者自愿履行义务后，又以诉讼时效期间届满为由进行抗辩的，人民法院不予支持。 当事人双方就原债务达成新的协议，债权人主张义务人放弃诉讼时效抗辩权的，人民法院应予支持。	**《民法通则》(已废止)第一百三十八条**　*超过诉讼时效期间，当事人自愿履行的，不受诉讼时效限制。* **民通意见(已废止)第171条**　过了诉讼时效期间，义务人履行义务后，又以超过诉讼时效为由翻悔的，不予支持。

《民法典》及最新相关司法解释	相关内容
超过诉讼时效期间，贷款人向借款人发出催收到期贷款通知单，债务人在通知单上签字或者盖章，能够认定借款人同意履行诉讼时效期间已经届满的义务的，对于贷款人关于借款人放弃诉讼时效抗辩权的主张，人民法院应予支持。	
第一百九十三条　人民法院不得主动适用诉讼时效的规定。 **诉讼时效规定(2020)第二条**　当事人未提出诉讼时效抗辩，人民法院不应对诉讼时效问题进行释明。	
第一百九十四条　在诉讼时效期间的最后六个月内，因下列障碍，不能行使请求权的，诉讼时效中止： (一)不可抗力； (二)无民事行为能力人或者限制民事行为能力人没有法定代理人，或者法定代理人死亡、丧失民事行为能力、丧失代理权； **(三)继承开始后未确定继承人或者遗产管理人；** **(四)权利人被义务人或者其他人控制；** **(五)其他导致权利人不能行使请求权的障碍。** *自中止时效的原因消除之日起满六个月，诉讼时效期间届满。* 注 本条对诉讼时效中止事由进行了系统列举，且将“中止事由消除后继续计算”变更为中止事由消除之日起满6个月时效届满。	**《民法通则》(已废止)第一百三十九条**　在诉讼时效期间的最后六个月内，因不可抗力或者其他障碍不能行使请求权的，诉讼时效中止。*从中止时效的原因消除之日起，诉讼时效期间继续计算。* **民通意见(已废止)第172条**　在诉讼时效期间的最后六个月内，权利被侵害的无民事行为能力人、限制民事行为能力人没有法定代理人，或者法定代理人死亡、丧失代理权，或者法定代理人本人丧失行为能力的，可以认定为因其他障碍不能行使请求权，适用诉讼时效中止。 **民法总则诉讼时效解释(已废止)第四条**　民法总则施行之日，中止时效的原因尚未消除的，应当适用民法总则关于诉讼时效中止的规定。

《民法典》及最新相关司法解释	相关内容
第一百九十五条　有下列情形之一的，诉讼时效中断，从中断、**有关程序终结**时起，诉讼时效期间重新计算： （一）权利人向义务人提出履行请求； （二）义务人同意履行义务； （三）权利人提起诉讼或者申请仲裁； （四）与提起诉讼或者申请仲裁具有同等效力的其他情形。 **诉讼时效规定（2020）第八条**　具有下列情形之一的，应当认定为民法典第一百九十五条规定的“权利人向义务人提出履行请求”，产生诉讼时效中断的效力： （一）当事人一方直接向对方当事人送交主张权利文书，对方当事人在文书上签名、盖章、按指印或者虽未签名、盖章、按指印但能够以其他方式证明该文书到达对方当事人的； （二）当事人一方以发送信件或者数据电文方式主张权利，信件或者数据电文到达或者应当到达对方当事人的； （三）当事人一方为金融机构，依照法律规定或者当事人约定从对方当事人账户中扣收欠款本息的； （四）当事人一方下落不明，对方当事人在国家级或者下落不明的当事人一方住所地的省级有影响的媒体上刊登具有主张权利内容的公告的，但法律和司法解释另有特别规定的，适用其规定。 前款第（一）项情形中，对方当事人为法人或者其他组织的，签收人可以是其法定代表人、主要负责人、负责收发信件的部门或者被授权主体；对方当事人	**《民法通则》（已废止）第一百四十条**　诉讼时效因提起诉讼、当事人一方提出要求或者同意履行义务而中断。从中断时起，诉讼时效期间重新计算。 **民通意见（已废止）第173条**　诉讼时效因权利人主张权利或者义务人同意履行义务而中断后，权利人在新的诉讼时效期间内，再次主张权利或者义务人再次同意履行义务的，可以认定为诉讼时效再次中断。 权利人向债务保证人、债务人的代理人或者财产代管人主张权利的，可以认定诉讼时效中断。 **第174条**　权利人向人民调解委员会或者有关单位提出保护民事权利的请求，从提出请求时起，诉讼时效中断。经调处达不成协议的，诉讼时效期间即重新起算；如调处达成协议，义务人未按协议所定期限履行义务的，诉讼时效期间应从期限届满时重新起算。

《民法典》及最新相关司法解释	相关内容
为自然人的,签收人可以是自然人本人、同住的具有完全行为能力的亲属或者被授权主体。 **第十一条** 下列事项之一,人民法院应当认定与提起诉讼具有同等诉讼时效中断的效力: (一)申请支付令; (二)申请破产、申报破产债权; (三)为主张权利而申请宣告义务人失踪或死亡; (四)申请诉前财产保全、诉前临时禁令等诉前措施; (五)申请强制执行; (六)申请追加当事人或者被通知参加诉讼; (七)在诉讼中主张抵销; (八)其他与提起诉讼具有同等诉讼时效中断效力的事项。 **第十四条** 义务人作出分期履行、部分履行、提供担保、请求延期履行、制定清偿债务计划等承诺或者行为的,应当认定为民法典第一百九十五条规定的"义务人同意履行义务"。 **垄断行为民事纠纷规定(2020)第十六条第二款** 原告向反垄断执法机构举报被诉垄断行为的,诉讼时效从其举报之日起中断。反垄断执法机构决定不立案、撤销案件或者决定终止调查的,诉讼时效期间从原告知道或者应当知道不立案、撤销案件或者终止调查之日起重新计算。反垄断执法机构调查后认定构成垄断行为的,诉讼时效期间从原告知道	

《民法典》及最新相关司法解释	相关内容
或者应当知道反垄断执法机构认定构成垄断行为的处理决定发生法律效力之日起重新计算。 注 完善了诉讼时效中断的规定。对中断事由系持续性的，明确了该持续性事由终结时而非发生时重新起算诉讼时效。	
第一百九十六条　下列请求权不适用诉讼时效的规定： **（一）请求停止侵害、排除妨碍、消除危险；** **（二）不动产物权和登记的动产物权的权利人请求返还财产；** **（三）请求支付抚养费、赡养费或者扶养费；** **（四）依法不适用诉讼时效的其他请求权。**	
第一百九十七条　诉讼时效的期间、计算方法以及中止、中断的事由由法律规定，当事人约定无效。 当事人对诉讼时效利益的预先放弃无效。	**原诉讼时效规定第二条（本条已失效）**　当事人违反法律规定，约定延长或者缩短诉讼时效期间、预先放弃诉讼时效利益的，人民法院不予认可。
第一百九十八条　法律对仲裁时效有规定的，依照其规定；没有规定的，适用诉讼时效的规定。	
第一百九十九条　法律规定或者当事人约定的撤销权、解除权等权利的存续期间，除法律另有规定外，自权利人知道或者应当知道*权利产生之日*起计算，**不适用有关诉讼时效中止、中断和延长的规定**。存续期间届满，撤销权、解除权	《合同法》（已废止）**第五十五条**　有下列情形之一的，撤销权消灭： （一）具有撤销权的当事人自知道或者应当知道撤销事由之日起一年内没有行使撤销权； （二）具有撤销权的当事人知道撤销

《民法典》及最新相关司法解释	相关内容
等权利消灭。 **诉讼时效规定(2020)第五条** 享有撤销权的当事人一方请求撤销合同的,应适用民法典关于除斥期间的规定。对方当事人对撤销合同请求权提出诉讼时效抗辩的,人民法院不予支持。 合同被撤销,返还财产、赔偿损失请求权的诉讼时效期间从合同被撤销之日起计算。 注 法律规定或当事人约定的撤销权、解除权等权利的存续期间为除斥期间。除斥期间为不变期间,也自然不会发生中止、中断、延长。	事由后明确表示或者以自己的行为放弃撤销权。 **第七十五条** 撤销权自债权人知道或者应当知道*撤销事由之日*起一年内行使。自债务人的行为发生之日起五年内没有行使撤销权的,该撤销权消灭。 **第九十五条** 法律规定或者当事人约定解除权行使期限,期限届满当事人不行使的,该权利消灭。 法律没有规定或者当事人没有约定解除权行使期限,经对方催告后在合理期限内不行使的,该权利消灭。
第十章 期间计算	
第二百条 民法所称的期间按照公历年、月、日、小时计算。	**《民法通则》(已废止)第一百五十四条第一款** 民法所称的期间按照公历年、月、日、小时计算。
第二百零一条 按照年、月、日计算期间的,开始的当日不计入,自下一日开始计算。 按照小时计算期间的,自法律规定或者**当事人约定**的时间开始计算。	**《民法通则》(已废止)第一百五十四条第二款** 规定按照小时计算期间的,从规定时开始计算。规定按照日、月、年计算期间的,开始的当天不算入,从下一天开始计算。
第二百零二条 *按照年、月计算期间的,到期月的对应日为期间的最后一日;没有对应日的,月末日为期间的最后一日。* 注 本条将民通意见(已废止)规定的"一个月为三十日,一年为三百六十五日"调整为"对应日",更科学灵活。	**民通意见(已废止)第198条第1款** 当事人约定的期间不是以月、年第一天起算的,一个月为三十日,一年为三百六十五日。

《民法典》及最新相关司法解释	相关内容
第二百零三条 期间的最后一*日*是法定休假日的，以法定休假日结束的次日为期间的最后一*日*。 期间的最后一*日*的截止时间为二十四*时*；有业务时间的，*停止业务活动的时间为截止时间*。	**《民法通则》（已废止）第一百五十四条第三款、第四款** 期间的最后一*天*是~~星期日~~或者其他法定休假日的，以休假日的次日为期间的最后一*天*。 期间的最后一*天*的截止时间为二十四*点*。有业务时间的，*到停止业务活动的时间截止*。 **民通意见（已废止）第198条第2款** 期间的最后一天是星期日或者其他法定休假日，而星期日或者其他法定休假日有变通的，以实际休假日的次日为期间的最后一天。
第二百零四条 *期间的计算方法依照本法的规定*，但是**法律另有规定**或者当事人另有约定的除外。	**民通意见（已废止）第199条** 按照日、月、年计算期间，当事人对起算时间有约定的，按约定办。

第二编　物　　权

《民法典》及最新相关司法解释	相关内容
第一分编　通则	
第一章　一般规定	
第二百零五条　*本编调整*因物的归属和利用产生的民事关系。	**《物权法》**（**已废止**）**第二条第一款**　因物的归属和利用而产生的民事关系，*适用本法*。 **《民法总则》**（**已废止**）**第一百一十四条**　民事主体依法享有物权。 物权是权利人依法对特定的物享有直接支配和排他的权利，包括所有权、用益物权和担保物权。 **第一百一十五条**　物包括不动产和动产。法律规定权利作为物权客体的，依照其规定。 **民通意见**（**已废止**）**第186条**　土地、附着于土地的建筑物及其他定着物、建筑物的固定附属设备为不动产。不动产的所有权、买卖、租赁、抵押、使用等民事关系，均应适用不动产所在地法律。
第二百零六条　国家坚持**和完善**公有制为主体、多种所有制经济共同发展，**按劳分配为主体、多种分配方式并存，社会主义市场经济体制等社会主义**基本经济制度。 国家巩固和发展公有制经济，鼓励、支持和引导非公有制经济的发展。 国家实行社会主义市场经济，保障一切市场主体的平等法律地位和发展权利。 注 结合党中央文件的最新表述，第1款对社会主义基本经济制度的表述有变化。	**《物权法》**（**已废止**）**第三条**　国家在~~社会主义初级阶段，~~坚持公有制为主体、多种所有制经济共同发展~~的~~基本经济制度。 国家巩固和发展公有制经济，鼓励、支持和引导非公有制经济的发展。 国家实行社会主义市场经济，保障一切市场主体的平等法律地位和发展权利。
第二百零七条　国家、集体、私人的物权和其他权利人的物权受法律**平等**保护，任何*组织*或者个人不得侵犯。 注 增加“平等”二字，重申与强调平等保护。	**《物权法》**（**已废止**）**第四条**　国家、集体、私人的物权和其他权利人的物权受法律保护，任何*单位*和个人不得侵犯。

《民法典》及最新相关司法解释	相关内容
第二百零八条 不动产物权的设立、变更、转让和消灭,应当依照法律规定登记。动产物权的设立和转让,应当依照法律规定交付。	**《物权法》(已废止)第六条** 不动产物权的设立、变更、转让和消灭,应当依照法律规定登记。动产物权的设立和转让,应当依照法律规定交付。
第二章 物权的设立、变更、转让和消灭	
第一节 不动产登记	
第二百零九条 不动产物权的设立、变更、转让和消灭,经依法登记,发生效力;未经登记,不发生效力,但是法律另有规定的除外。 依法属于国家所有的自然资源,所有权可以不登记。	**《物权法》(已废止)第九条** 不动产物权的设立、变更、转让和消灭,经依法登记,发生效力;未经登记,不发生效力,但法律另有规定的除外。 依法属于国家所有的自然资源,所有权可以不登记。
第二百一十条 不动产登记,由不动产所在地的登记机构办理。 国家对不动产实行统一登记制度。统一登记的范围、登记机构和登记办法,由法律、行政法规规定。	**《物权法》(已废止)第十条** 不动产登记,由不动产所在地的登记机构办理。 国家对不动产实行统一登记制度。统一登记的范围、登记机构和登记办法,由法律、行政法规规定。
第二百一十一条 当事人申请登记,应当根据不同登记事项提供权属证明和不动产界址、面积等必要材料。	**《物权法》(已废止)第十一条** 当事人申请登记,应当根据不同登记事项提供权属证明和不动产界址、面积等必要材料。
第二百一十二条 登记机构应当履行下列职责: (一)查验申请人提供的权属证明和其他必要材料; (二)就有关登记事项询问申请人; (三)如实、及时登记有关事项; (四)法律、行政法规规定的其他职责。 申请登记的不动产的有关情况需要进一步证明的,登记机构可以要求申请人补充材料,必要时可以实地查看。	**《物权法》(已废止)第十二条** 登记机构应当履行下列职责: (一)查验申请人提供的权属证明和其他必要材料; (二)就有关登记事项询问申请人; (三)如实、及时登记有关事项; (四)法律、行政法规规定的其他职责。 申请登记的不动产的有关情况需要进一步证明的,登记机构可以要求申请人补充材料,必要时可以实地查看。

《民法典》及最新相关司法解释	相关内容
第二百一十三条　登记机构不得有下列行为： （一）要求对不动产进行评估； （二）以年检等名义进行重复登记； （三）超出登记职责范围的其他行为。	《**物权法**》（**已废止**）**第十三条**　登记机构不得有下列行为： （一）要求对不动产进行评估； （二）以年检等名义进行重复登记； （三）超出登记职责范围的其他行为。
第二百一十四条　不动产物权的设立、变更、转让和消灭，依照法律规定应当登记的，自记载于不动产登记簿时发生效力。 注 本法第209条确立了不动产物权登记生效的原则，本条则具体明确了不动产物权设立、变更、转让和消灭登记生效的时间，即“自记载于不动产登记簿时发生效力”。不动产登记簿即是法律规定的不动产物权登记机构管理的不动产物权登记档案。	《**物权法**》（**已废止**）**第十四条**　不动产物权的设立、变更、转让和消灭，依照法律规定应当登记的，自记载于不动产登记簿时发生效力。 **《不动产登记暂行条例》第二十一条**　登记事项自记载于不动产登记簿时完成登记。 不动产登记机构完成登记，应当依法向申请人核发不动产权属证书或者登记证明。
第二百一十五条　当事人之间订立有关设立、变更、转让和消灭不动产物权的合同，除法律另有规定或者*当事人*另有约定外，自合同成立时生效；未办理物权登记的，不影响合同效力。 **民法典担保制度解释第六十三条　债权人与担保人订立担保合同，约定以法律、行政法规尚未规定可以担保的财产权利设立担保，当事人主张合同无效的，人民法院不予支持。当事人未在法定的登记机构依法进行登记，主张该担保具有物权效力的，人民法院不予支持。** 注《民法典》第215条延续了《物权法》（已废止）第15条不动产物权变动合同效力与物权效力区分的规定，即常说的“区分原则”。合同虽然是发生物权变动的主要原因，但它属于债权法律关系范畴，其成立以及生效应该依据合同法来判断，学界将这种合同看成物权变动的原因行为。	《**物权法**》（**已废止**）**第十五条**　当事人之间订立有关设立、变更、转让和消灭不动产物权的合同，除法律另有规定或者*合同*另有约定外，自合同成立时生效；未办理物权登记的，不影响合同效力。 《**合同法**》（**已废止**）**第四十四条**　依法成立的合同，自成立时生效。 法律、行政法规规定应当办理批准、登记等手续生效的，依照其规定。

《民法典》及最新相关司法解释	相关内容
而不动产物权的变动在登记时生效，依法成立生效的合同或许不能发生物权变动的结果。有关设立、变更、转让和消灭不动产物权的合同与物权的设立、变更、转让和消灭本身是两个应当加以区分的情况。 民法典担保制度解释第63条认可非典型担保的合同效力。但基于物权法定原则，因欠缺相关公示手段，不发生物权效力。	
第二百一十六条 不动产登记簿是物权归属和内容的根据。 不动产登记簿由登记机构管理。 **民法典担保制度解释第四十七条 不动产登记簿就抵押财产、被担保的债权范围等所作的记载与抵押合同约定不一致的，人民法院应当根据登记簿的记载确定抵押财产、被担保的债权范围等事项。** 注 不动产登记簿是物权归属与内容的最主要与最重要的根据，具有推定正确的效力，但也存在特定的例外情况。	**《物权法》(已废止)第十六条** 不动产登记簿是物权归属和内容的根据。不动产登记簿由登记机构管理。 **物权法解释一(已废止)第二条** 当事人有证据证明不动产登记簿的记载与真实权利状态不符、其为该不动产物权的真实权利人，请求确认其享有物权的，应予支持。 **担保法解释(已废止)第六十一条** 抵押物登记记载的内容与抵押合同约定的内容不一致的，以登记记载的内容为准。
第二百一十七条 不动产权属证书是权利人享有该不动产物权的证明。不动产权属证书记载的事项，应当与不动产登记簿一致；记载不一致的，除有证据证明不动产登记簿确有错误外，以不动产登记簿为准。 **民法典物权编解释一第二条 当事人有证据证明不动产登记簿的记载与真实权利状态不符、其为该不动产物权的真实权利人，请求确认其享有物权的，应予支持。** 注 不动产权属证书只是不动产登记簿所记载内容的外在表现形式，不动产权属证书与不动产登记簿记载不一致时，将“以不动产登记簿为准”作为原则，有利于增强不动产物权的公示性，保障交易安全。	**《物权法》(已废止)第十七条** 不动产权属证书是权利人享有该不动产物权的证明。不动产权属证书记载的事项，应当与不动产登记簿一致；记载不一致的，除有证据证明不动产登记簿确有错误外，以不动产登记簿为准。

《民法典》及最新相关司法解释	相关内容
第二百一十八条　权利人、利害关系人可以申请查询、复制**不动产**登记资料，登记机构应当提供。	**《物权法》(已废止)第十八条**　权利人、利害关系人可以申请查询、复制登记资料，登记机构应当提供。 **《不动产登记暂行条例》第二十七条**　权利人、利害关系人可以依法查询、复制不动产登记资料，不动产登记机构应当提供。 有关国家机关可以依照法律、行政法规的规定查询、复制与调查处理事项有关的不动产登记资料。
第二百一十九条　利害关系人不得公开、非法使用权利人的不动产登记资料。 注 借鉴《不动产登记暂行条例》的相关规定，总结实务经验，本条明确了利害关系人不得公开、非法使用不动产登记资料的义务。	**《不动产登记暂行条例》第二十八条**　查询不动产登记资料的单位、个人应当向不动产登记机构说明查询目的，不得将查询获得的不动产登记资料用于其他目的；未经权利人同意，不得泄露查询获得的不动产登记资料。
第二百二十条　权利人、利害关系人认为不动产登记簿记载的事项错误的，可以申请更正登记。不动产登记簿记载的权利人书面同意更正或者有证据证明登记确有错误的，登记机构应当予以更正。 不动产登记簿记载的权利人不同意更正的，利害关系人可以申请异议登记。登记机构予以异议登记，申请人自异议登记之日起十五日内不提起诉讼的，异议登记失效。异议登记不当，造成权利人损害的，权利人可以向申请人请求损害赔偿。 **民法典物权编解释一第三条　异议登记因民法典第二百二十条第二款规定的事由失效后，当事人提起民事诉讼，请求确认物权归属的，应当依法受理。异议登记失效不影响人民法院对案件的实体审理。** 注 延续了《物权法》（已废止）关于不动产更正登记和异议登记的内容。民法典物权编解释一第3条也明确了确权争议不受异议登记失效影响。	**《物权法》(已废止)第十九条**　权利人、利害关系人认为不动产登记簿记载的事项错误的，可以申请更正登记。不动产登记簿记载的权利人书面同意更正或者有证据证明登记确有错误的，登记机构应当予以更正。 不动产登记簿记载的权利人不同意更正的，利害关系人可以申请异议登记。登记机构予以异议登记的，申请人在异议登记之日起十五日内不起诉，异议登记失效。异议登记不当，造成权利人损害的，权利人可以向申请人请求损害赔偿。 **物权法解释一(已废止)第三条**　异议登记因物权法第十九条第二款规定的事由失效后，当事人提起民事诉讼，请求确认物权归属的，应当依法受理。异议登记失效不影响人民法院对案件的实体审理。

《民法典》及最新相关司法解释	相关内容
第二百二十一条 当事人签订买卖房屋**的协议**或者**签订**其他不动产物权的协议,为保障将来实现物权,按照约定可以向登记机构申请预告登记。预告登记后,未经预告登记的权利人同意,处分该不动产的,不发生物权效力。 预告登记后,债权消灭或者自能够进行不动产登记之日起*九十日*内未申请登记的,预告登记失效。	**《物权法》(已废止)第二十条** 当事人签订买卖房屋或者其他不动产物权的协议,为保障将来实现物权,按照约定可以向登记机构申请预告登记。预告登记后,未经预告登记的权利人同意,处分该不动产的,不发生物权效力。 预告登记后,债权消灭或者自能够进行不动产登记之日起*三个月*内未申请登记的,预告登记失效。
民法典物权编解释一第四条 未经预告登记的权利人同意,转让不动产所有权等物权,或者设立建设用地使用权、居住权、地役权、抵押权等其他物权的,应当依照民法典第二百二十一条第一款的规定,认定其不发生物权效力。 **第五条 预告登记的买卖不动产物权的协议被认定无效、被撤销,或者预告登记的权利人放弃债权的,应当认定为民法典第二百二十一条第二款所称的"债权消灭"。** **民法典担保制度解释第五十二条 当事人办理抵押预告登记后,预告登记权利人请求就抵押财产优先受偿,经审查存在尚未办理建筑物所有权首次登记、预告登记的财产与办理建筑物所有权首次登记时的财产不一致、抵押预告登记已经失效等情形,导致不具备办理抵押登记条件的,人民法院不予支持;经审查已经办理建筑物所有权首次登记,且不存在预告登记失效等情形的,人民法院应予支持,并应当认定抵押权自预告登记之日起设立。**	**物权法解释一(已废止)第四条** 未经预告登记的权利人同意,转移不动产所有权,或者设定建设用地使用权、地役权、抵押权等其他物权的,应当依照物权法第二十条第一款的规定,认定其不发生物权效力。 **第五条** 买卖不动产物权的协议被认定无效、被撤销、被解除,或者预告登记的权利人放弃债权的,应当认定为物权法第二十条第二款所称的"债权消灭"。

《民法典》及最新相关司法解释	相关内容
当事人办理了抵押预告登记，抵押人破产，经审查抵押财产属于破产财产，预告登记权利人主张就抵押财产优先受偿的，人民法院应当在受理破产申请时抵押财产的价值范围内予以支持，但是在人民法院受理破产申请前一年内，债务人对没有财产担保的债务设立抵押预告登记的除外。 注 预告登记对解决诸如商品房预售中“一房二卖”等问题有特殊作用，且预告登记不仅可以针对当事人签订房屋买卖协议的情况，还包括签订其他不动产物权协议的情况。可以说，预告登记制度具有广泛的保障债权实现的意义。 民法典担保制度解释第52条就抵押预告登记在一定条件下具有顺位上的优先性进行了明确。	
第二百二十二条　当事人提供虚假材料申请登记，造成他人损害的，应当承担赔偿责任。 因登记错误，造成他人损害的，登记机构应当承担赔偿责任。登记机构赔偿后，可以向造成登记错误的人追偿。 注 物权编是《民法典》的基本编，对登记错误责任问题，本条作出的只是原则性规定。本条第2款规定，因登记错误，给他人造成损害的，登记机构应当承担赔偿责任。这里造成登记错误的原因，既包括登记机构工作人员故意以及疏忽大意等过错，也包括当事人提供虚假材料欺骗登记机构等情形。登记错误的受害人处于相对弱势的地位，这样规定是为了对受害人提供更加充分的保护。登记机构赔偿后，可向造成登记错误的人追偿。	**《物权法》(已废止)第二十一条**　当事人提供虚假材料申请登记，给他人造成损害的，应当承担赔偿责任。 因登记错误，给他人造成损害的，登记机构应当承担赔偿责任。登记机构赔偿后，可以向造成登记错误的人追偿。 **《最高人民法院关于审理房屋登记案件若干问题的规定》第十二条**　申请人提供虚假材料办理房屋登记，给原告造成损害，房屋登记机构未尽合理审慎职责的，应当根据其过错程度及其在损害发生中所起作用承担相应的赔偿责任。 **第十三条**　房屋登记机构工作人员与第三人恶意串通违法登记，侵犯原告合法权益的，房屋登记机构与第三人承担连带赔偿责任。

《民法典》及最新相关司法解释	相关内容
第二百二十三条 不动产登记费按件收取，不得按照不动产的面积、体积或者价款的比例收取。 注 登记机构不是营利组织，尤其是房产登记机构，从事的登记工作一般也只是对登记申请人提供的有关材料是否符合规定的条件进行审核，在此基础上收取登记费，不宜与不动产的面积、体积或者价款等因素挂钩。	**《物权法》（已废止）第二十二条** 不动产登记费按件收取，不得按照不动产的面积、体积或者价款的比例收取。~~具体收费标准由国务院有关部门会同价格主管部门规定~~。
第二节 动产交付	
第二百二十四条 动产物权的设立和转让，自交付时发生效力，但是法律另有规定的除外。	**《物权法》（已废止）第二十三条** 动产物权的设立和转让，自交付时发生效力，但法律另有规定的除外。 **《合同法》（已废止）第一百三十三条** 标的物的所有权自标的物交付时起转移，但法律另有规定或者当事人另有约定的除外。
第二百二十五条 船舶、航空器和机动车等的物权的设立、变更、转让和消灭，未经登记，不得对抗善意第三人。 **民法典物权编解释一第六条 转让人转让船舶、航空器和机动车等所有权，受让人已经支付合理价款并取得占有，虽未经登记，但转让人的债权人主张其为民法典第二百二十五条所称的"善意第三人"的，不予支持，法律另有规定的除外。** 注 船舶、航空器和汽车价值超过一般动产，法律上视为准不动产，其物权变动应以登记为公示方法。但在登记的效力上不采用登记生效主义，这是考虑到船舶、航空器和机动车等本身有动产属性，其物权变动并非在登记时发生效力而是在交付时发生效力，其抵押	**《物权法》（已废止）第二十四条** 船舶、航空器和机动车等物权的设立、变更、转让和消灭，未经登记，不得对抗善意第三人。 **物权法解释一（已废止）第六条** 转让人转移船舶、航空器和机动车等所有权，受让人已经支付对价并取得占有，虽未经登记，但转让人的债权人主张其为物权法第二十四条所称的"善意第三人"的，不予支持，法律另有规定的除外。

《民法典》及最新相关司法解释	相关内容
权在抵押合同生效时设立。但法律对船舶、航空器和汽车等动产规定登记制度，其物权变动如未在登记部门登记，就不产生社会公信力，不能对抗善意第三人。所谓善意第三人，是指不知道也不应当知道物权发生了变动的物权关系相对人。	
第二百二十六条　动产物权设立和转让前，权利人已经占有该动产的，物权自民事法律行为生效时发生效力。 注 本条规定的是动产物权受让人先行占有的问题。在受让人已取得对动产的占有又依据法律行为取得其物权的情况下，其公示已事先完成，受让人已能够依物权排他性行使物权。故物权变动就在当事人间关于物权变动的协议生效时生效。	**《物权法》（已废止）第二十五条**　动产物权设立和转让前，权利人已经~~依法~~占有该动产的，物权自法律行为生效时发生效力。 **《合同法》（已废止）第一百四十条**　标的物在订立合同之前已为买受人占有的，合同生效的时间为交付时间。
第二百二十七条　动产物权设立和转让前，第三人占有该动产的，负有交付义务的人可以通过转让请求第三人返还原物的权利代替交付。 注 本条是关于动产物权指示交付的规定。指示交付又称返还请求权的让与，是指让与动产物权的时候，若让与人的动产由第三人占有，让与人可将其享有的对第三人的返还请求权让与受让人，以代替现实交付。	**《物权法》（已废止）第二十六条**　动产物权设立和转让前，第三人~~依法~~占有该动产的，负有交付义务的人可以通过转让请求第三人返还原物的权利代替交付。
第二百二十八条　动产物权转让时，当事人又约定由出让人继续占有该动产的，物权自该约定生效时发生效力。 注 本条是关于动产物权占有改定的规定。占有改定是出让人自己保留直接占有，而为受让人创设间接占有以代替现实交付的一种变通方法。需要注意的是，除去现实已存在的动产，占有改定还适用于将来可取得的动产。如甲向乙购买尚未生产出的机器，同时约定该机器生产出来后由乙暂时保管。一旦该机器生产完毕，则甲取得间接占有以代替交付。	**《物权法》（已废止）第二十七条**　动产物权转让时，双方又约定由出让人继续占有该动产的，物权自该约定生效时发生效力。

《民法典》及最新相关司法解释	相关内容
第三节　其他规定	
第二百二十九条　因人民法院、仲裁*机构*的法律文书或者人民政府的征收决定等，导致物权设立、变更、转让或者消灭的，自法律文书或者征收决定等生效时发生效力。 **民法典物权编解释一第七条　人民法院、仲裁机构在分割共有不动产或者动产等案件中作出并依法生效的改变原有物权关系的判决书、裁决书、调解书，以及人民法院在执行程序中作出的拍卖成交裁定书、变卖成交裁定书、以物抵债裁定书，应当认定为民法典第二百二十九条所称导致物权设立、变更、转让或者消灭的人民法院、仲裁机构的法律文书。** 注 非依民事法律行为进行的物权变动一般有如下几种：（1）因人民法院、仲裁委员会的法律文书或者人民政府的征收决定等而发生的物权变动；（2）因继承或者受遗赠而取得物权；（3）因合法建造、拆除房屋等事实行为设立和消灭物权。《民法典》第229条主要规定的是第一种情形，即基于公权力的行使而使物权发生变动的情形。	**《物权法》(已废止)第二十八条**　因人民法院、仲裁*委员*会的法律文书或者人民政府的征收决定等，导致物权设立、变更、转让或者消灭的，自法律文书或者~~人民政府的~~征收决定等生效时发生效力。 **物权法解释一(已废止)第七条**　人民法院、仲裁委员会在分割共有不动产或者动产等案件中作出并依法生效的改变原有物权关系的判决书、裁决书、调解书，以及人民法院在执行程序中作出的拍卖成交裁定书、以物抵债裁定书，应当认定为物权法第二十八条所称导致物权设立、变更、转让或者消灭的人民法院、仲裁委员会的法律文书。
第二百三十条　因继承取得物权的，自继承开始时发生效力。 注 本条删去“受遗赠”的表述，即不再对“受遗赠”开始时间进行规定。《继承法》(已废止)(包括《民法典》继承编)仅规定继承从被继承人死亡时开始，未规定受遗赠具体开始时间。	**《物权法》(已废止)第二十九条**　因继承~~或者受遗赠~~取得物权的，自继承~~或者受遗赠~~开始时发生效力。

《民法典》及最新相关司法解释	相关内容
第二百三十一条　因合法建造、拆除房屋等事实行为设立或者消灭物权的，自事实行为成就时发生效力。	**《物权法》（已废止）第三十条**　因合法建造、拆除房屋等事实行为设立或者消灭物权的，自事实行为成就时发生效力。
第二百三十二条　处分依照本节规定享有的不动产物权，依照法律规定需要办理登记的，未经登记，不发生物权效力。	**《物权法》（已废止）第三十一条**　依照*本法第二十八条至第三十条*规定享有不动产物权的，~~处分该物权时，~~依照法律规定需要办理登记的，未经登记，不发生物权效力。
第三章　物权的保护	
第二百三十三条　物权受到侵害的，权利人可以通过和解、调解、仲裁、诉讼等途径解决。	**《物权法》（已废止）第三十二条**　物权受到侵害的，权利人可以通过和解、调解、仲裁、诉讼等途径解决。
第二百三十四条　因物权的归属、内容发生争议的，利害关系人可以请求确认权利。	**《物权法》（已废止）第三十三条**　因物权的归属、内容发生争议的，利害关系人可以请求确认权利。 **物权法解释一（已废止）第二条**　当事人有证据证明不动产登记簿的记载与真实权利状态不符、其为该不动产物权的真实权利人，请求确认其享有物权的，应予支持。
第二百三十五条　无权占有不动产或者动产的，权利人可以请求返还原物。 **民法典物权编解释一第八条　依据民法典第二百二十九条至第二百三十一条规定享有物权，但尚未完成动产交付或者不动产登记的权利人，依据民法典第二百三十五条至第二百三十八条的规定，请求保护其物权的，应予支持。** 注《民法典》第235条规定的是“返还原物请求权”，需注意与后面的“占有物返还请求权”相区别。	**《物权法》（已废止）第三十四条**　无权占有不动产或者动产的，权利人可以请求返还原物。

《民法典》及最新相关司法解释	相关内容
第二百三十六条　妨害物权或者可能妨害物权的，权利人可以请求排除妨害或者消除危险。 **民法典物权编解释一第八条**（内容同上）。	**《物权法》（已废止）第三十五条**　妨害物权或者可能妨害物权的，权利人可以请求排除妨害或者消除危险。
第二百三十七条　造成不动产或者动产毁损的，权利人可以**依法**请求修理、重作、更换或者恢复原状。 **民法典物权编解释一第八条**（内容同上）。	**《物权法》（已废止）第三十六条**　造成不动产或者动产毁损的，权利人可以请求修理、重作、更换或者恢复原状。
第二百三十八条　侵害物权，造成权利人损害的，权利人可以**依法**请求损害赔偿，也可以**依法**请求承担其他民事责任。 **民法典物权编解释一第八条**（内容同上）。	**《物权法》（已废止）第三十七条**　侵害物权，造成权利人损害的，权利人可以请求损害赔偿，也可以请求承担其他民事责任。
第二百三十九条　本章规定的物权保护方式，可以单独适用，也可以根据权利被侵害的情形合并适用。	**《物权法》（已废止）第三十八条**　本章规定的物权保护方式，可以单独适用，也可以根据权利被侵害的情形合并适用。 ~~侵害物权，除承担民事责任外，违反行政管理规定的，依法承担行政责任；构成犯罪的，依法追究刑事责任~~。 **《民法总则》（已废止）第一百七十九条第三款**　本条规定的承担民事责任的方式，可以单独适用，也可以合并适用。
第二分编　所有权	
第四章　一般规定	
第二百四十条　所有权人对自己的不动产或者动产，依法享有占有、使用、收益和处分的权利。	**《物权法》（已废止）第三十九条**　所有权人对自己的不动产或者动产，依法享有占有、使用、收益和处分的权利。

《民法典》及最新相关司法解释	相关内容
第二百四十一条　所有权人有权在自己的不动产或者动产上设立用益物权和担保物权。用益物权人、担保物权人行使权利，不得损害所有权人的权益。 注 设定他物权，是所有权人行使所有权的结果。也正因如此，用益物权人、担保物权人行使权利必须依据法律与合同进行，不得损害所有权人的权益。	**《物权法》（已废止）第四十条**　所有权人有权在自己的不动产或者动产上设立用益物权和担保物权。用益物权人、担保物权人行使权利，不得损害所有权人的权益。
第二百四十二条　法律规定专属于国家所有的不动产和动产，任何*组织或者*个人不能取得所有权。	**《物权法》（已废止）第四十一条**　法律规定专属于国家所有的不动产和动产，任何*单位和*个人不能取得所有权。
第二百四十三条　为了公共利益的需要，依照法律规定的权限和程序可以征收集体所有的土地和*组织*、个人的房屋以及其他不动产。 征收集体所有的土地，应当依法**及时**足额支付土地补偿费、安置补助费**以及农村村民住宅、其他**地上附着物和青苗等的补偿费用，**并**安排被征地农民的社会保障费用，保障被征地农民的生活，维护被征地农民的合法权益。 征收*组织*、个人的房屋以及其他不动产，应当依法给予*征收*补偿，维护被征收人的合法权益；征收个人住宅的，还应当保障被征收人的居住条件。 任何*组织或者*个人不得贪污、挪用、私分、截留、拖欠征收补偿费等费用。 注 新增"及时"支付征收集体土地补偿款的要求，增强对集体经济组织权益的维护力度。将"农村村民住宅"明确纳入征收集体所有土地需要补偿的范围，切实保障被征地农民的合法权益。	**《物权法》（已废止）第四十二条**　为了公共利益的需要，依照法律规定的权限和程序可以征收集体所有的土地和*单位*、个人的房屋及其他不动产。 征收集体所有的土地，应当依法足额支付土地补偿费、安置补助费、地上附着物和青苗的补偿费等费用，安排被征地农民的社会保障费用，保障被征地农民的生活，维护被征地农民的合法权益。 征收*单位*、个人的房屋及其他不动产，应当依法给予*拆迁*补偿，维护被征收人的合法权益；征收个人住宅的，还应当保障被征收人的居住条件。 任何*单位和*个人不得贪污、挪用、私分、截留、拖欠征收补偿费等费用。 **《民法总则》（已废止）第一百一十七条**　为了公共利益的需要，依照法律规定的权限和程序征收、征用不动产或者动产的，应当给予公平、合理的补偿。

《民法典》及最新相关司法解释	相关内容
第二百四十四条 国家对耕地实行特殊保护,严格限制农用地转为建设用地,控制建设用地总量。不得违反法律规定的权限和程序征收集体所有的土地。	**《物权法》(已废止)第四十三条** 国家对耕地实行特殊保护,严格限制农用地转为建设用地,控制建设用地总量。不得违反法律规定的权限和程序征收集体所有的土地。
第二百四十五条 因抢险救灾、**疫情防控**等紧急需要,依照法律规定的权限和程序可以征用*组织*、个人的不动产或者动产。被征用的不动产或者动产使用后,应当返还被征用人。*组织*、个人的不动产或者动产被征用或者征用后毁损、灭失的,应当给予补偿。 注 将"疫情防控"作为紧急需要的一种明确列举出来。	**《物权法》(已废止)第四十四条** 因抢险、救灾等紧急需要,依照法律规定的权限和程序可以征用*单位*、个人的不动产或者动产。被征用的不动产或者动产使用后,应当返还被征用人。*单位*、个人的不动产或者动产被征用或者征用后毁损、灭失的,应当给予补偿。 **《民法总则》(已废止)第一百一十七条** 为了公共利益的需要,依照法律规定的权限和程序征收、征用不动产或者动产的,应当给予公平、合理的补偿。
第五章 国家所有权和集体所有权、私人所有权	
第二百四十六条 法律规定属于国家所有的财产,属于国家所有即全民所有。 国有财产由国务院代表国家行使所有权。法律另有规定的,依照其规定。	**《物权法》(已废止)第四十五条** 法律规定属于国家所有的财产,属于国家所有即全民所有。 国有财产由国务院代表国家行使所有权;法律另有规定的,依照其规定。
第二百四十七条 矿藏、水流、海域属于国家所有。	**《物权法》(已废止)第四十六条** 矿藏、水流、海域属于国家所有。
第二百四十八条 无居民海岛属于国家所有,国务院代表国家行使无居民海岛所有权。 注 本条为新增的"无居民海岛属于国有财产"条款。主要为解决对无居民海岛的非法开发利用甚至占为己有等乱象,且明确国家对海岛的开发利用、环境生态保护、国防等方面都至关重要,亦为"海洋强国"建设创设制度基础。	

《民法典》及最新相关司法解释	相关内容
第二百四十九条　城市的土地，属于国家所有。法律规定属于国家所有的农村和城市郊区的土地，属于国家所有。	**《物权法》(已废止)第四十七条**　城市的土地，属于国家所有。法律规定属于国家所有的农村和城市郊区的土地，属于国家所有。
第二百五十条　森林、山岭、草原、荒地、滩涂等自然资源，属于国家所有，但是法律规定属于集体所有的除外。	**《物权法》(已废止)第四十八条**　森林、山岭、草原、荒地、滩涂等自然资源，属于国家所有，但法律规定属于集体所有的除外。
第二百五十一条　法律规定属于国家所有的野生动植物资源，属于国家所有。	**《物权法》(已废止)第四十九条**　法律规定属于国家所有的野生动植物资源，属于国家所有。
第二百五十二条　无线电频谱资源属于国家所有。	**《物权法》(已废止)第五十条**　无线电频谱资源属于国家所有。
第二百五十三条　法律规定属于国家所有的文物，属于国家所有。	**《物权法》(已废止)第五十一条**　法律规定属于国家所有的文物，属于国家所有。
第二百五十四条　国防资产属于国家所有。 铁路、公路、电力设施、电信设施和油气管道等基础设施，依照法律规定为国家所有的，属于国家所有。	**《物权法》(已废止)第五十二条**　国防资产属于国家所有。 铁路、公路、电力设施、电信设施和油气管道等基础设施，依照法律规定为国家所有的，属于国家所有。
第二百五十五条　国家机关对其直接支配的不动产和动产，享有占有、使用以及依照法律和国务院的有关规定处分的权利。 注《民法典》总则编赋予“有独立经费的机关和承担行政职能的法定机构”机关法人资格，本条则进一步规定其有权为从事职能范围内的民事活动而处分其直接支配的不动产和动产。	**《物权法》(已废止)第五十三条**　国家机关对其直接支配的不动产和动产，享有占有、使用以及依照法律和国务院的有关规定处分的权利。 **《民法总则》(已废止)第九十七条**　有独立经费的机关和承担行政职能的法定机构从成立之日起，具有机关法人资格，可以从事为履行职能所需要的民事活动。

《民法典》及最新相关司法解释	相关内容
第二百五十六条 国家举办的事业单位对其直接支配的不动产和动产,享有占有、使用以及依照法律和国务院的有关规定收益、处分的权利。 注 同机关法人类似,事业单位被赋予事业单位法人资格(非营利法人的一种),本条进一步规定其对直接支配的不动产和动产享有占有、使用、收益、处分的权利。	**《物权法》(已废止)第五十四条** 国家举办的事业单位对其直接支配的不动产和动产,享有占有、使用以及依照法律和国务院的有关规定收益、处分的权利。 **《民法总则》(已废止)第八十八条** 具备法人条件,为适应经济社会发展需要,提供公益服务设立的事业单位,经依法登记成立,取得事业单位法人资格;依法不需要办理法人登记的,从成立之日起,具有事业单位法人资格。
第二百五十七条 国家出资的企业,由国务院、地方人民政府依照法律、行政法规规定分别代表国家履行出资人职责,享有出资人权益。 注 国家出资的企业,不仅包括国家出资兴办的企业,如国有独资公司,也包括国家控股、参股有限责任公司和股份有限公司等;不仅是以公司形式,也包括未进行公司制改造的其他企业。此外,中央政府和地方政府通过各自设立的国有资产管理委员会,代表国家享有《公司法》规定的资产收益、重大决策和选择管理者等出资人权益;对国有资产保值、防止国有资产流失负监管责任。需要注意的是,根据政企分开原则,中央和地方政府及其设立的国有资产管理机构不能干预企业的自主经营权。	**《物权法》(已废止)第五十五条** 国家出资的企业,由国务院、地方人民政府依照法律、行政法规规定分别代表国家履行出资人职责,享有出资人权益。 **《企业国有资产法》第五条** 本法所称国家出资企业,是指国家出资的国有独资企业、国有独资公司,以及国有资本控股公司、国有资本参股公司。 **第六条** 国务院和地方人民政府应当按照政企分开、社会公共管理职能与国有资产出资人职能分开、不干预企业依法自主经营的原则,依法履行出资人职责。
第二百五十八条 国家所有的财产受法律保护,禁止任何*组织或者*个人侵占、哄抢、私分、截留、破坏。	**《物权法》(已废止)第五十六条** 国家所有的财产受法律保护,禁止任何*单位和*个人侵占、哄抢、私分、截留、破坏。

《民法典》及最新相关司法解释	相关内容
第二百五十九条　履行国有财产管理、监督职责的机构及其工作人员，应当依法加强对国有财产的管理、监督，促进国有财产保值增值，防止国有财产损失；滥用职权，玩忽职守，造成国有财产损失的，应当依法承担法律责任。 违反国有财产管理规定，在企业改制、合并分立、关联交易等过程中，低价转让、合谋私分、擅自担保或者以其他方式造成国有财产损失的，应当依法承担法律责任。 注 本条第 1 款对履行国有财产管理、监督职责的机构及其工作人员切实履行职责做了规定，第 2 款针对现实中存在的国有财产流失的突出问题做了规定。	**《物权法》（已废止）第五十七条**　履行国有财产管理、监督职责的机构及其工作人员，应当依法加强对国有财产的管理、监督，促进国有财产保值增值，防止国有财产损失；滥用职权，玩忽职守，造成国有财产损失的，应当依法承担法律责任。 违反国有财产管理规定，在企业改制、合并分立、关联交易等过程中，低价转让、合谋私分、擅自担保或者以其他方式造成国有财产损失的，应当依法承担法律责任。
第二百六十条　集体所有的不动产和动产包括： （一）法律规定属于集体所有的土地和森林、山岭、草原、荒地、滩涂； （二）集体所有的建筑物、生产设施、农田水利设施； （三）集体所有的教育、科学、文化、卫生、体育等设施； （四）集体所有的其他不动产和动产。 注 集体所有和共有是不同的。共有是两个以上自然人、法人对一项财产共同享有占有、使用、收益和处分的权利。共有人均有权要求分割共有财产。集体所有是公有制的一部分，集体的成员不能独自对集体财产行使权利，离开集体时不能要求分割集体财产。	**《物权法》（已废止）第五十八条**　集体所有的不动产和动产包括： （一）法律规定属于集体所有的土地和森林、山岭、草原、荒地、滩涂； （二）集体所有的建筑物、生产设施、农田水利设施； （三）集体所有的教育、科学、文化、卫生、体育等设施； （四）集体所有的其他不动产和动产。 **《土地管理法》第十一条**　农民集体所有的土地依法属于村农民集体所有的，由村集体经济组织或者村民委员会经营、管理；已经分别属于村内两个以上农村集体经济组织的农民集体所有的，由村内各该农村集体经济组织或者村民小组经营、管理；已经属于乡（镇）农民集体所有的，由乡（镇）农村集体经济组织经营、管理。

《民法典》及最新相关司法解释	相关内容
第二百六十一条　农民集体所有的不动产和动产，属于本集体成员集体所有。 下列事项应当依照法定程序经本集体成员决定： （一）土地承包方案以及将土地发包给本集体以外的*组织*或者个人承包； （二）个别土地承包经营权人之间承包地的调整； （三）土地补偿费等费用的使用、分配办法； （四）集体出资的企业的所有权变动等事项； （五）法律规定的其他事项。 注 农村集体成员有两个特征：一是平等性。不分加入集体时间长短，不分出生先后，不分贡献大小，不分有无财产投入等，其成员资格一律平等。二是地域性和身份性。农村集体成员一般来说就是当地的村民，其子女自出生后自动取得该集体成员资格。此外，也有成员是通过婚姻、收养或移民迁入而取得成员资格。农村集体成员只能在一个集体内享有成员权利，不能同时享有两个或多个集体成员权利。	**《物权法》（已废止）第五十九条**　农民集体所有的不动产和动产，属于本集体成员集体所有。 下列事项应当依照法定程序经本集体成员决定： （一）土地承包方案以及将土地发包给本集体以外的*单位*或者个人承包； （二）个别土地承包经营权人之间承包地的调整； （三）土地补偿费等费用的使用、分配办法； （四）集体出资的企业的所有权变动等事项； （五）法律规定的其他事项。
第二百六十二条　对于集体所有的土地和森林、山岭、草原、荒地、滩涂等，依照下列规定行使所有权： （一）属于村农民集体所有的，由村集体经济组织或者村民委员会**依法**代表集体行使所有权； （二）分别属于村内两个以上农民集体所有的，由村内各该集体经济组织或者村民小组**依法**代表集体行使所有权； （三）属于乡镇农民集体所有的，由乡镇集体经济组织代表集体行使所有权。	**《物权法》（已废止）第六十条**　对于集体所有的土地和森林、山岭、草原、荒地、滩涂等，依照下列规定行使所有权： （一）属于村农民集体所有的，由村集体经济组织或者村民委员会代表集体行使所有权； （二）分别属于村内两个以上农民集体所有的，由村内各该集体经济组织或者村民小组代表集体行使所有权； （三）属于乡镇农民集体所有的，由乡镇集体经济组织代表集体行使所有权。

《民法典》及最新相关司法解释	相关内容
注 "行使所有权"的含义如下：（1）行使集体所有权的客体，不但包括集体所有的土地和森林、山岭、草原、荒地、滩涂，也包括集体所有的建筑物、生产设施、农田水利设施，集体所有的教育、科学、文化、卫生、体育等设施，以及集体所有的其他不动产和动产。（2）行使所有权的内容就是对集体所有的财产享有占有、使用、收益和处分的权利，如对集体所有的土地进行发包、分配宅基地。（3）农村集体经济组织、村委会和村民小组不是集体财产的所有人，只是依法代表集体行使所有权，并且向所属集体负责，接受其监督。	**《民法总则》（已废止）第九十九条**　农村集体经济组织依法取得法人资格。 法律、行政法规对农村集体经济组织有规定的，依照其规定。 **第一百条**　城镇农村的合作经济组织依法取得法人资格。 法律、行政法规对城镇农村的合作经济组织有规定的，依照其规定。 **第一百零一条**　居民委员会、村民委员会具有基层群众性自治组织法人资格，可以从事为履行职能所需要的民事活动。 未设立村集体经济组织的，村民委员会可以依法代行村集体经济组织的职能。
第二百六十三条　城镇集体所有的不动产和动产，依照法律、行政法规的规定由本集体享有占有、使用、收益和处分的权利。	**《物权法》（已废止）第六十一条**　城镇集体所有的不动产和动产，依照法律、行政法规的规定由本集体享有占有、使用、收益和处分的权利。 **《民法总则》（已废止）第一百条**　城镇农村的合作经济组织依法取得法人资格。 法律、行政法规对城镇农村的合作经济组织有规定的，依照其规定。
第二百六十四条　**农村**集体经济组织或者村民委员会、村民小组应当依照法律、行政法规以及章程、村规民约向本集体成员公布集体财产的状况。**集体成员有权查阅、复制相关资料**。 注 增加"集体成员有权查阅、复制相关资料"的内容，赋予集体成员对集体财产更多的监管权力，以期解决一些漠视集体经济组织成员利益的问题。	**《物权法》（已废止）第六十二条**　集体经济组织或者村民委员会、村民小组应当依照法律、行政法规以及章程、村规民约向本集体成员公布集体财产的状况。

《民法典》及最新相关司法解释	相关内容
第二百六十五条　集体所有的财产受法律保护，禁止任何*组织或者*个人侵占、哄抢、私分、破坏。 **农村**集体经济组织、村民委员会或者其负责人作出的决定侵害集体成员合法权益的，受侵害的集体成员可以请求人民法院予以撤销。 注 每个集体经济组织成员都有权针对集体经济组织、村民委员会或其负责人作出的损害其权益的决定，向法院请求撤销该决定。需注意，请求撤销的为“决定”而非“负责人”资格。本条的集体经济组织不仅包括农村集体经济组织，也包括城镇集体经济组织。	**《物权法》（已废止）第六十三条**　集体所有的财产受法律保护，禁止任何*单位和*个人侵占、哄抢、私分、破坏。 集体经济组织、村民委员会或者其负责人作出的决定侵害集体成员合法权益的，受侵害的集体成员可以请求人民法院予以撤销。
第二百六十六条　私人对其合法的收入、房屋、生活用品、生产工具、原材料等不动产和动产享有所有权。	**《物权法》（已废止）第六十四条**　私人对其合法的收入、房屋、生活用品、生产工具、原材料等不动产和动产享有所有权。 **《民法通则》（已废止）第七十五条第一款**　公民的个人财产，包括公民的合法收入、房屋、储蓄、生活用品、文物、图书资料、林木、牲畜和法律允许公民所有的生产资料以及其他合法财产。
第二百六十七条　私人的合法财产受法律保护，禁止任何*组织或者*个人侵占、哄抢、破坏。	**《物权法》（已废止）第六十六条**　私人的合法财产受法律保护，禁止任何*单位和*个人侵占、哄抢、破坏。 **《民法通则》（已废止）第七十五条第二款**　公民的合法财产受法律保护，禁止任何组织或者个人侵占、哄抢、破坏或者非法查封、扣押、冻结、没收。

《民法典》及最新相关司法解释	相关内容
第二百六十八条　国家、集体和私人依法可以出资设立有限责任公司、股份有限公司或者其他企业。国家、集体和私人所有的不动产或者动产投到企业的，由出资人按照约定或者出资比例享有资产收益、重大决策以及选择经营管理者等权利并履行义务。 注 以上只是出资人享有的主要权利，除此之外，出资人还享有其他权利。	**《物权法》（已废止）第六十七条**　国家、集体和私人依法可以出资设立有限责任公司、股份有限公司或者其他企业。国家、集体和私人所有的不动产或者动产，投到企业的，由出资人按照约定或者出资比例享有资产收益、重大决策以及选择经营管理者等权利并履行义务。 **《公司法》第四条**　公司股东依法享有资产收益、参与重大决策和选择管理者等权利。
第二百六十九条　*营利法人*对其不动产和动产依照法律、行政法规以及章程享有占有、使用、收益和处分的权利。 *营利法人*以外的法人，对其不动产和动产的权利，适用有关法律、行政法规以及章程的规定。 注《民法典》总则编采用了"营利法人"的概念，本条亦顺承该变化，用"营利法人"代替《物权法》（已废止）中的"企业法人"。	**《物权法》（已废止）第六十八条**　*企业法人*对其不动产和动产依照法律、行政法规以及章程享有占有、使用、收益和处分的权利。 *企业法人*以外的法人，对其不动产和动产的权利，适用有关法律、行政法规以及章程的规定。 **《民法总则》（已废止）第七十六条**　以取得利润并分配给股东等出资人为目的成立的法人，为营利法人。 营利法人包括有限责任公司、股份有限公司和其他企业法人等。
第二百七十条　社会团体法人、**捐助法人**依法所有的不动产和动产，受法律保护。 注《民法典》总则编已将法人划分为营利法人、非营利法人及特别法人，且规定社会团体法人、捐助法人属非营利法人范畴，本条亦用社会团体法人、捐助法人对《物权法》（已废止）中的"社会团体"做了变更。	**《物权法》（已废止）第六十九条**　社会团体依法所有的不动产和动产，受法律保护。 **《民法总则》（已废止）第九十条**　具备法人条件，基于会员共同意愿，为公益目的或者会员共同利益等非营利目的设立的社会团体，经依法登记成立，取得社会团体法人资格；依法不需要办理法人登记的，从成立之日起，具有社会团体法人资格。

《民法典》及最新相关司法解释	相关内容
	第九十二条 具备法人条件,为公益目的以捐助财产设立的基金会、社会服务机构等,经依法登记成立,取得捐助法人资格。 依法设立的宗教活动场所,具备法人条件的,可以申请法人登记,取得捐助法人资格。法律、行政法规对宗教活动场所有规定的,依照其规定。
第六章 业主的建筑物区分所有权	
第二百七十一条 业主对建筑物内的住宅、经营性用房等专有部分享有所有权,对专有部分以外的共有部分享有共有和共同管理的权利。	**《物权法》(已废止)第七十条** 业主对建筑物内的住宅、经营性用房等专有部分享有所有权,对专有部分以外的共有部分享有共有和共同管理的权利。 **原建筑物区分所有权解释第一条(本条内容已修正)** 依法登记取得或者根据物权法第二章第三节规定取得建筑物专有部分所有权的人,应当认定为物权法第六章所称的业主。 基于与建设单位之间的商品房买卖民事法律行为,已经合法占有建筑物专有部分,但尚未依法办理所有权登记的人,可以认定为物权法第六章所称的业主。 **第十六条** 建筑物区分所有权纠纷涉及专有部分的承租人、借用人等物业使用人的,参照本解释处理。 专有部分的承租人、借用人等物业使用人,根据法律、法规、管理规约、业主大会或者业主委员会依法作出的决定,以及其与业主的约定,享有相应权利,承担相应义务。 **第十七条** 本解释所称建设单位,包括包销期满,按照包销合同约定的包销价格购买尚未销售的物业后,以自己名义对外销售的包销人。

《民法典》及最新相关司法解释	相关内容
第二百七十二条　业主对其建筑物专有部分享有占有、使用、收益和处分的权利。业主行使权利不得危及建筑物的安全，不得损害其他业主的合法权益。	**《物权法》(已废止)第七十一条**　业主对其建筑物专有部分享有占有、使用、收益和处分的权利。业主行使权利不得危及建筑物的安全，不得损害其他业主的合法权益。 **原建筑物区分所有权解释第二条(本条内容已修正)**　建筑区划内符合下列条件的房屋，以及车位、摊位等特定空间，应当认定为物权法第六章所称的专有部分： (一)具有构造上的独立性，能够明确区分； (二)具有利用上的独立性，可以排他使用； (三)能够登记成为特定业主所有权的客体。 规划上专属于特定房屋，且建设单位销售时已经根据规划列入该特定房屋买卖合同中的露台等，应当认定为物权法第六章所称专有部分的组成部分。 本条第一款所称房屋，包括整栋建筑物。 **第四条**　业主基于对住宅、经营性用房等专有部分特定使用功能的合理需要，无偿利用屋顶以及与其专有部分相对应的外墙面等共有部分的，不应认定为侵权。但违反法律、法规、管理规约，损害他人合法权益的除外。
第二百七十三条　业主对建筑物专有部分以外的共有部分，享有权利，承担义务；不得以放弃权利**为由**不履行义务。 业主转让建筑物内的住宅、经营性	**《物权法》(已废止)第七十二条**　业主对建筑物专有部分以外的共有部分，享有权利，承担义务；不得以放弃权利不履行义务。

《民法典》及最新相关司法解释	相关内容
用房,其对共有部分享有的共有和共同管理的权利一并转让。	业主转让建筑物内的住宅、经营性用房,其对共有部分享有的共有和共同管理的权利一并转让。 **原建筑物区分所有权解释第三条(本条内容已修正)** 除法律、行政法规规定的共有部分外,建筑区划内的以下部分,也应当认定为物权法第六章所称的共有部分: (一)建筑物的基础、承重结构、外墙、屋顶等基本结构部分,通道、楼梯、大堂等公共通行部分,消防、公共照明等附属设施、设备,避难层、设备层或者设备间等结构部分; (二)其他不属于业主专有部分,也不属于市政公用部分或者其他权利人所有的场所及设施等。 建筑区划内的土地,依法由业主共同享有建设用地使用权,但属于业主专有的整栋建筑物的规划占地或者城镇公共道路、绿地占地除外。
第二百七十四条 建筑区划内的道路,属于业主共有,但是属于城镇公共道路的除外。建筑区划内的绿地,属于业主共有,但是属于城镇公共绿地或者明示属于个人的除外。建筑区划内的其他公共场所、公用设施和物业服务用房,属于业主共有。 注 需要说明的是,本条规定的绿地、道路归业主所有,不是说绿地、道路的土地所有权归业主所有,而是说绿地、道路作为土地上的附着物归业主所有。	**《物权法》(已废止)第七十三条** 建筑区划内的道路,属于业主共有,但属于城镇公共道路的除外。建筑区划内的绿地,属于业主共有,但属于城镇公共绿地或者明示属于个人的除外。建筑区划内的其他公共场所、公用设施和物业服务用房,属于业主共有。 **《物业管理条例》第三十七条** 物业管理用房的所有权依法属于业主。未经业主大会同意,物业服务企业不得改变物业管理用房的用途。

《民法典》及最新相关司法解释	相关内容
	第三十八条　物业服务合同终止时，物业服务企业应当将物业管理用房和本条例第二十九条第一款规定的资料交还给业主委员会。 物业服务合同终止时，业主大会选聘了新的物业服务企业的，物业服务企业之间应当做好交接工作。
第二百七十五条　建筑区划内，规划用于停放汽车的车位、车库的归属，由当事人通过出售、附赠或者出租等方式约定。 占用业主共有的道路或者其他场地用于停放汽车的车位，属于业主共有。	**《物权法》(已废止)第七十四条第二款、第三款**　建筑区划内，规划用于停放汽车的车位、车库的归属，由当事人通过出售、附赠或者出租等方式约定。 占用业主共有的道路或者其他场地用于停放汽车的车位，属于业主共有。 **原建筑物区分所有权解释第六条(本条内容已修正)**　建筑区划内在规划用于停放汽车的车位之外，占用业主共有道路或者其他场地增设的车位，应当认定为物权法第七十四条第三款所称的车位。
第二百七十六条　建筑区划内，规划用于停放汽车的车位、车库应当首先满足业主的需要。	**《物权法》(已废止)第七十四条第一款**　建筑区划内，规划用于停放汽车的车位、车库应当首先满足业主的需要。 **原建筑物区分所有权解释第五条(本条内容已修正)**　建设单位按照配置比例将车位、车库，以出售、附赠或者出租等方式处分给业主的，应当认定其行为符合物权法第七十四条第一款有关“应当首先满足业主的需要”的规定。 前款所称配置比例是指规划确定的建筑区划内规划用于停放汽车的车位、车库与房屋套数的比例。

《民法典》及最新相关司法解释	相关内容
第二百七十七条 业主可以设立业主大会，选举业主委员会。**业主大会、业主委员会成立的具体条件和程序，依照法律、法规的规定**。 地方人民政府有关部门、**居民委员会**应当对设立业主大会和选举业主委员会给予指导和协助。	**《物权法》（已废止）第七十五条** 业主可以设立业主大会，选举业主委员会。 地方人民政府有关部门应当对设立业主大会和选举业主委员会给予指导和协助。 **《物业管理条例》第八条** 物业管理区域内全体业主组成业主大会。 业主大会应当代表和维护物业管理区域内全体业主在物业管理活动中的合法权益。 **第九条** 一个物业管理区域成立一个业主大会。 物业管理区域的划分应当考虑物业的共用设施设备、建筑物规模、社区建设等因素。具体办法由省、自治区、直辖市制定。 **第十条** 同一个物业管理区域内的业主，应当在物业所在地的区、县人民政府房地产行政主管部门或者街道办事处、乡镇人民政府的指导下成立业主大会，并选举产生业主委员会。但是，只有一个业主的，或者业主人数较少且经全体业主一致同意，决定不成立业主大会的，由业主共同履行业主大会、业主委员会职责。
第二百七十八条 下列事项由业主共同决定： （一）制定和修改业主大会议事规则； （二）制定和修改管理规约； （三）选举业主委员会或者更换业主委员会成员； （四）选聘和解聘物业服务企业或者其他管理人；	**《物权法》（已废止）第七十六条** 下列事项由业主共同决定： （一）制定和修改业主大会议事规则； （二）制定和修改~~建筑物及其附属设施的~~管理规约； （三）选举业主委员会或者更换业主委员会成员； （四）选聘和解聘物业服务企业或者

《民法典》及最新相关司法解释	相关内容
（五）使用建筑物及其附属设施的维修资金； *（六）筹集建筑物及其附属设施的维修资金；* （七）改建、重建建筑物及其附属设施； **（八）改变共有部分的用途或者利用共有部分从事经营活动；** （九）有关共有和共同管理权利的其他重大事项。 **业主共同决定事项，应当由专有部分面积占比三分之二以上的业主且人数占比三分之二以上的业主参与表决。**决定前款*第六项至第八项*规定的事项，应当*经参与表决专有部分面积四分之三以上的业主且参与表决人数四分之三以上的业主同意*。决定前款其他事项，应当*经参与表决专有部分面积过半数的业主且参与表决人数过半数*的业主同意。 **建筑物区分所有权解释（2020）第七条**　处分共有部分，以及业主大会依法决定或者管理规约依法确定应由业主共同决定的事项，应当认定为民法典第二百七十八条第一款第（九）项规定的有关共有和共同管理权利的“其他重大事项”。 **第九条**　民法典第二百七十八条第二款规定的业主人数可以按照专有部分的数量计算，一个专有部分按一人计算。但建设单位尚未出售和虽已出售但尚未交付的部分，以及同一买受人拥有一个以上专有部分的，按一人计算。 注 物权编对业主决定建筑区划内重大事项的范围和表决事宜进行了重大修改，旨在增加	其他管理人； *（五）筹集和使用建筑物及其附属设施的维修资金；* （六）改建、重建建筑物及其附属设施； （七）有关共有和共同管理权利的其他重大事项。 决定前款*第五项和第六项*规定的事项，应当*经专有部分占建筑物总面积三分之二以上的业主且占总人数三分之二以上的业主同意*。决定前款其他事项，应当经*专有部分占建筑物总面积过半数的业主且占总人数过半数*的业主同意。 **原建筑物区分所有权解释第八条（本条内容已修正）**　物权法第七十六条第二款和第八十条规定的专有部分面积和建筑物总面积，可以按照下列方法认定： （一）专有部分面积，按照不动产登记簿记载的面积计算；尚未进行物权登记的，暂按测绘机构的实测面积计算；尚未进行实测的，暂按房屋买卖合同记载的面积计算； （二）建筑物总面积，按照前项的统计总和计算。

《民法典》及最新相关司法解释	相关内容
表决范围，降低权利行使条件。重大事项范围的改变：（1）删去了《物权法》（已废止）“管理规约”前“建筑物及其附属设施的”的表述；（2）将“筹集和使用”拆分为两项，且两项的表决方式不同；（3）增加一项表决范围，增强业主对共有部分的管理控制能力。重大事项表决方式的改变：由《物权法》（已废止）的“总面积、总人数”为计算基数，变为两步计算，满足参与人数要求，满足占专有部分面积人数要求。	
第二百七十九条 业主不得违反法律、法规以及管理规约，将住宅改变为经营性用房。业主将住宅改变为经营性用房的，除遵守法律、法规以及管理规约外，应当经有利害关系的业主一致同意。 注 本条要求“一致”同意，也就意味着，即使多数有利害关系业主同意，但只要有一人不同意，仍不可以。	**《物权法》（已废止）第七十七条** 业主不得违反法律、法规以及管理规约，将住宅改变为经营性用房。业主将住宅改变为经营性用房的，除遵守法律、法规以及管理规约外，应当经有利害关系的业主同意。 **原建筑物区分所有权解释第十条（本条内容已修正）** 业主将住宅改变为经营性用房，未按照物权法第七十七条的规定经有利害关系的业主同意，有利害关系的业主请求排除妨害、消除危险、恢复原状或者赔偿损失的，人民法院应予支持。 将住宅改变为经营性用房的业主以多数有利害关系的业主同意其行为进行抗辩的，人民法院不予支持。 **第十一条（本条内容已修正）** 业主将住宅改变为经营性用房，本栋建筑物内的其他业主，应当认定为物权法第七十七条所称“有利害关系的业主”。建筑区划内，本栋建筑物之外的业主，主张与自己有利害关系的，应证明其房屋价值、生活质量受到或者可能受到不利影响。

《民法典》及最新相关司法解释	相关内容
第二百八十条　业主大会或者业主委员会的决定，对业主具有法律约束力。 业主大会或者业主委员会作出的决定侵害业主合法权益的，受侵害的业主可以请求人民法院予以撤销。	《物权法》（已废止）**第七十八条**　业主大会或者业主委员会的决定，对业主具有约束力。 业主大会或者业主委员会作出的决定侵害业主合法权益的，受侵害的业主可以请求人民法院予以撤销。 **原建筑物区分所有权解释第十二条（本条内容已修正）**　业主以业主大会或者业主委员会作出的决定侵害其合法权益或者违反了法律规定的程序为由，依据物权法第七十八条第二款的规定请求人民法院撤销该决定的，应当在知道或者应当知道业主大会或者业主委员会作出决定之日起一年内行使。
第二百八十一条　建筑物及其附属设施的维修资金，属于业主共有。经业主共同决定，可以用于电梯、**屋顶**、**外墙**、**无障碍设施**等共有部分的维修、**更新和改造**。**建筑物及其附属设施的**维修资金的筹集、使用情况应当**定期**公布。 **紧急情况下需要维修建筑物及其附属设施的，业主大会或者业主委员会可以依法申请使用建筑物及其附属设施的维修资金。** 注 新增紧急情况下使用维修资金的规定。	《物权法》（已废止）**第七十九条**　建筑物及其附属设施的维修资金，属于业主共有。经业主共同决定，可以用于电梯~~、水箱~~等共有部分的维修。维修资金的筹集、使用情况应当公布。 **《物业管理条例》第五十三条**　住宅物业、住宅小区内的非住宅物业或者与单幢住宅楼结构相连的非住宅物业的业主，应当按照国家有关规定交纳专项维修资金。 专项维修资金属于业主所有，专项用于物业保修期满后物业共用部位、共用设施设备的维修和更新、改造，不得挪作他用。 专项维修资金收取、使用、管理的办法由国务院建设行政主管部门会同国务院财政部门制定。

《民法典》及最新相关司法解释	相关内容
第二百八十二条　建设单位、物业服务企业或者其他管理人等利用业主的共有部分产生的收入,在扣除合理成本之后,属于业主共有。 注 新增利用共有部分收入如何处理的条款,收入-合理费用=共有收入。	**《物业管理条例》第五十四条**　利用物业共用部位、共用设施设备进行经营的,应当在征得相关业主、业主大会、物业服务企业的同意后,按照规定办理有关手续。业主所得收益应当主要用于补充专项维修资金,也可以按照业主大会的决定使用。
第二百八十三条　建筑物及其附属设施的费用分摊、收益分配等事项,有约定的,按照约定;没有约定或者约定不明确的,按照业主专有部分*面积所占比例*确定。	**《物权法》(已废止)第八十条**　建筑物及其附属设施的费用分摊、收益分配等事项,有约定的,按照约定;没有约定或者约定不明确的,按照业主专有部分*占建筑物总面积的比例*确定。
第二百八十四条　业主可以自行管理建筑物及其附属设施,也可以委托物业服务企业或者其他管理人管理。 对建设单位聘请的物业服务企业或者其他管理人,业主有权依法更换。	**《物权法》(已废止)第八十一条**　业主可以自行管理建筑物及其附属设施,也可以委托物业服务企业或者其他管理人管理。 对建设单位聘请的物业服务企业或者其他管理人,业主有权依法更换。 **原物业服务解释第一条(本条已失效)**　建设单位依法与物业服务企业签订的前期物业服务合同,以及业主委员会与业主大会依法选聘的物业服务企业签订的物业服务合同,对业主具有约束力。业主以其并非合同当事人为由提出抗辩的,人民法院不予支持。 **第二条(本条已失效)**　符合下列情形之一,业主委员会或者业主请求确认合同或者合同相关条款无效的,人民法院应予支持: (一)物业服务企业将物业服务区域内的全部物业服务业务一并委托他人而签订的委托合同;

《民法典》及最新相关司法解释	相关内容
	（二）物业服务合同中免除物业服务企业责任、加重业主委员会或者业主责任、排除业主委员会或者业主主要权利的条款。 前款所称物业服务合同包括前期物业服务合同。
第二百八十五条　物业服务企业或者其他管理人根据业主的委托，**依照本法第三编有关物业服务合同的规定**管理建筑区划内的建筑物及其附属设施，接受业主的监督，**并及时答复业主对物业服务情况提出的询问**。 **物业服务企业或者其他管理人应当执行政府依法实施的应急处置措施和其他管理措施，积极配合开展相关工作。** 注 新增及时答复业主的条款。总结和吸纳《物权法》（已废止）实施十多年来我国物业管理现状，针对推诿拖延的状况，明确物业服务企业或者其他管理人应及时答复业主对物业服务情况的质询。新冠肺炎疫情期间，物业服务企业及管理人发挥了很大作用，本条第2款即来源于此。	**《物权法》（已废止）第八十二条**　物业服务企业或者其他管理人根据业主的委托管理建筑区划内的建筑物及其附属设施，并接受业主的监督。
第二百八十六条　业主应当遵守法律、法规以及管理规约，**相关行为应当符合节约资源、保护生态环境的要求。对于物业服务企业或者其他管理人执行政府依法实施的应急处置措施和其他管理措施，业主应当依法予以配合。** 业主大会或者业主委员会，对任意弃置垃圾、排放污染物或者噪声、违反规定饲养动物、违章搭建、侵占通道、拒付物业费等损害他人合法权益的行为，有权依照法律、法规以及管理规约，*请求*行	**《物权法》（已废止）第八十三条**　业主应当遵守法律、法规以及管理规约。 业主大会和业主委员会，对任意弃置垃圾、排放污染物或者噪声、违反规定饲养动物、违章搭建、侵占通道、拒付物业费等损害他人合法权益的行为，有权依照法律、法规以及管理规约，*要求*行为人停止侵害、消除危险、排除妨害、赔偿损失。~~业主对侵害自己合法权益的行为，可以依法向人民法院提起诉讼。~~

《民法典》及最新相关司法解释	相关内容
为人停止侵害、排除妨碍、消除危险、**恢复原状**、赔偿损失。 **业主或者其他行为人拒不履行相关义务的,有关当事人可以向有关行政主管部门报告或者投诉,有关行政主管部门应当依法处理。** 注 新增拒不履行义务时请求行政介入的条款。对不履行义务的业主,有关当事人可以请求行政部门处理,有利于保障大部分业主的合法权益。明确增加业主配合管理的义务,亦是新冠肺炎疫情防控经验的体现。	**原建筑物区分所有权解释第十五条(本条内容已修正)** 业主或者其他行为人违反法律、法规、国家相关强制性标准、管理规约,或者违反业主大会、业主委员会依法作出的决定,实施下列行为的,可以认定为物权法第八十三条第二款所称的其他"损害他人合法权益的行为": (一)损害房屋承重结构,损害或者违章使用电力、燃气、消防设施,在建筑物内放置危险、放射性物品等危及建筑物安全或者妨碍建筑物正常使用; (二)违反规定破坏、改变建筑物外墙面的形状、颜色等损害建筑物外观; (三)违反规定进行房屋装饰装修; (四)违章加建、改建,侵占、挖掘公共通道、道路、场地或者其他共有部分。
第二百八十七条 业主对**建设单位、物业服务企业或者其他管理人以及其他业主**侵害自己合法权益的行为,*有权请求其承担民事责任。* **建筑物区分所有权解释(2020)第十四条** 建设单位、物业服务企业或者其他管理人等擅自占用、处分业主共有部分、改变其使用功能或者进行经营性活动,权利人请求排除妨害、恢复原状、确认处分行为无效或者赔偿损失的,人民法院应予支持。 属于前款所称擅自进行经营性活动的情形,权利人请求建设单位、物业服务企业或者其他管理人等将扣除合理成本之后的收益用于补充专项维修资金或者业主共同决定的其他用途的,人民法院应予支持。行为人对成本的支出及其合理性承担举证责任。	**《物权法》(已废止)第八十三条第二款** ……业主对侵害自己合法权益的行为,*可以依法向人民法院提起诉讼。*

《民法典》及最新相关司法解释	相关内容
第七章　相邻关系	
第二百八十八条　不动产的相邻权利人应当按照有利生产、方便生活、团结互助、公平合理的原则，正确处理相邻关系。	**《物权法》(已废止)第八十四条**　不动产的相邻权利人应当按照有利生产、方便生活、团结互助、公平合理的原则，正确处理相邻关系。 **《民法通则》(已废止)第八十三条**　不动产的相邻各方，应当按照有利生产、方便生活、团结互助、公平合理的精神，正确处理截水、排水、通行、通风、采光等方面的相邻关系。给相邻方造成妨碍或者损失的，应当停止侵害，排除妨碍，赔偿损失。
第二百八十九条　法律、法规对处理相邻关系有规定的，依照其规定；法律、法规没有规定的，可以按照当地习惯。 注 按照《民法典》总则编第10条的规定，适用习惯时不能违背公序良俗。	**《物权法》(已废止)第八十五条**　法律、法规对处理相邻关系有规定的，依照其规定；法律、法规没有规定的，可以按照当地习惯。
第二百九十条　不动产权利人应当为相邻权利人用水、排水提供必要的便利。 对自然流水的利用，应当在不动产的相邻权利人之间合理分配。对自然流水的排放，应当尊重自然流向。	**《物权法》(已废止)第八十六条**　不动产权利人应当为相邻权利人用水、排水提供必要的便利。 对自然流水的利用，应当在不动产的相邻权利人之间合理分配。对自然流水的排放，应当尊重自然流向。 **民通意见(已废止)第98条**　一方擅自堵截或者独占自然流水，影响他方正常生产、生活的，他方有权请求排除妨碍；造成他方损失的，应负赔偿责任。 **第99条**　相邻一方必须使用另一方的土地排水的，应当予以准许；但应在必要限度内使用并采取适当的保护措施排水，如仍造成损失的，由受益人合理补偿。

《民法典》及最新相关司法解释	相关内容
	相邻一方可以采取其他合理的措施排水而未采取,向他方土地排水毁损或者可能毁损他方财产,他方要求致害人停止侵害、消除危险、恢复原状、赔偿损失的,应当予以支持。
第二百九十一条 不动产权利人对相邻权利人因通行等必须利用其土地的,应当提供必要的便利。 注 本条是关于相邻关系中通行权的规定。该条并没有明确规定不动产权利人在哪些情形之下不得阻止他人进入其土地,参考大陆法系一些国家或地区的法律规定,大致有以下两种情形:第一,依当地习惯,许可他人进入其未设围障的土地摘取杂草,采集枯枝、枯干,采集野生植物,或放牧牲畜等。第二,他人物品或者动物偶然失落于其土地时,应允许他人进入其土地取回。	**《物权法》(已废止)第八十七条** 不动产权利人对相邻权利人因通行等必须利用其土地的,应当提供必要的便利。 **民通意见(已废止)第100条** 一方必须在相邻一方使用的土地上通行的,应当予以准许;因此造成损失的,应当给予适当补偿。 **第101条** 对于一方所有的或者使用的建筑物范围内历史形成的必经通道,所有权人或者使用权人不得堵塞。因堵塞影响他人生产、生活,他人要求排除妨碍或者恢复原状的,应当予以支持。但有条件另开通道的,也可以另开通道。
第二百九十二条 不动产权利人因建造、修缮建筑物以及铺设电线、电缆、水管、暖气和燃气管线等必须利用相邻土地、建筑物的,该土地、建筑物的权利人应当提供必要的便利。 注 本条是就因修缮、安装管线等作业需要利用相邻他人土地的规定,与上一条规定的通行权不同。	**《物权法》(已废止)第八十八条** 不动产权利人因建造、修缮建筑物以及铺设电线、电缆、水管、暖气和燃气管线等必须利用相邻土地、建筑物的,该土地、建筑物的权利人应当提供必要的便利。 **民通意见(已废止)第97条** 相邻一方因施工临时占用他方使用的土地,占用的一方如未按照双方约定的范围、用途和期限使用的,应当责令其及时清理现场,排除妨碍,恢复原状,赔偿损失。
第二百九十三条 建造建筑物,不得违反国家有关工程建设标准,**不得**妨碍相邻建筑物的通风、采光和日照。	**《物权法》(已废止)第八十九条** 建造建筑物,不得违反国家有关工程建设标准,妨碍相邻建筑物的通风、采光和日照。

《民法典》及最新相关司法解释	相关内容
第二百九十四条　不动产权利人不得违反国家规定弃置固体废物，排放大气污染物、水污染物、**土壤污染物**、噪声、光**辐射**、电磁辐射等有害物质。 注 本条虽没有明确规定相邻不动产权利人之间排放污染物的容忍义务，但按照物权编第288条规定的处理相邻关系的“有利生产、方便生活、团结互助、公平合理”的原则，已经包含了相邻不动产权利人之间应当互负容忍义务。但容忍义务是有限度的，在国家规定的标准以内应当容忍，超过国家规定的标准，权利人有权要求侵害人停止侵害、消除危险、排除妨害以及赔偿损失。	**《物权法》(已废止)第九十条**　不动产权利人不得违反国家规定弃置固体废物，排放大气污染物、水污染物、噪声、光、电磁波辐射等有害物质。
第二百九十五条　不动产权利人挖掘土地、建造建筑物、铺设管线以及安装设备等，不得危及相邻不动产的安全。	**《物权法》(已废止)第九十一条**　不动产权利人挖掘土地、建造建筑物、铺设管线以及安装设备等，不得危及相邻不动产的安全。
第二百九十六条　不动产权利人因用水、排水、通行、铺设管线等利用相邻不动产的，应当尽量避免对相邻的不动产权利人造成损害。 注 本条相较于《物权法》(已废止)第92条，虽未再明文规定“造成损害的，应当给予赔偿”，但出现损害的，仍需进行赔偿或补偿。	**《物权法》(已废止)第九十二条**　不动产权利人因用水、排水、通行、铺设管线等利用相邻不动产的，应当尽量避免对相邻的不动产权利人造成损害~~；造成损害的，应当给予赔偿~~。 **民通意见(已废止)第102条**　处理相邻房屋滴水纠纷时，对有过错的一方造成他方损害的，应当责令其排除妨碍、赔偿损失。 **第103条**　相邻一方在自己使用的土地上挖水沟、水池、地窖等或者种植的竹木根枝伸延，危及另一方建筑物的安全和正常使用的，应当分别情况，责令其消除危险，恢复原状，赔偿损失。

《民法典》及最新相关司法解释	相关内容
第八章 共有	
第二百九十七条 不动产或者动产可以由两个以上*组织*、个人共有。共有包括按份共有和共同共有。	**《物权法》(已废止)第九十三条** 不动产或者动产可以由两个以上*单位*、个人共有。共有包括按份共有和共同共有。
第二百九十八条 按份共有人对共有的不动产或者动产按照其份额享有所有权。	**《物权法》(已废止)第九十四条** 按份共有人对共有的不动产或者动产按照其份额享有所有权。
第二百九十九条 共同共有人对共有的不动产或者动产共同享有所有权。	**《物权法》(已废止)第九十五条** 共同共有人对共有的不动产或者动产共同享有所有权。
第三百条 共有人按照约定管理共有的不动产或者动产;没有约定或者约定不明确的,各共有人都有管理的权利和义务。	**《物权法》(已废止)第九十六条** 共有人按照约定管理共有的不动产或者动产;没有约定或者约定不明确的,各共有人都有管理的权利和义务。 **民通意见(已废止)第89条** 共同共有人对共有财产享有共同的权利,承担共同的义务。在共同共有关系存续期间,部分共有人擅自处分共有财产的,一般认定无效。但第三人善意、有偿取得该项财产的,应当维护第三人的合法权益;对其他共有人的损失,由擅自处分共有财产的人赔偿。
第三百零一条 处分共有的不动产或者动产以及对共有的不动产或者动产作重大修缮、**变更性质或者用途**的,应当经占份额三分之二以上的按份共有人或者全体共同共有人同意,但是共有人之间另有约定的除外。 注 "变更性质或用途"也被纳入需"三分之二"以上同意的范围。	**《物权法》(已废止)第九十七条** 处分共有的不动产或者动产以及对共有的不动产或者动产作重大修缮的,应当经占份额三分之二以上的按份共有人或者全体共同共有人同意,但共有人之间另有约定的除外。

《民法典》及最新相关司法解释	相关内容
第三百零二条　共有人对共有物的管理费用以及其他负担，有约定的，按照其约定；没有约定或者约定不明确的，按份共有人按照其份额负担，共同共有人共同负担。 注 对共有物的管理费用，主要包括保存费用（如对共有的汽车在一年中支付的保险费、车船使用税、保养费、存放费），做简易修缮或者重大修缮所支出的费用（如修理共有的电视机所支付的修理费、装修共有的房屋所支付的费用）。对共有物的其他负担，包括因为共有物对共有人以外的人造成损害，而向受害人支付的赔偿金等，如共有的房屋倒塌造成他人损害而支付的医疗费、误工损失费。	**《物权法》(已废止)第九十八条**　对共有物的管理费用以及其他负担，有约定的，按照约定；没有约定或者约定不明确的，按份共有人按照其份额负担，共同共有人共同负担。
第三百零三条　共有人约定不得分割共有的不动产或者动产，以维持共有关系的，应当按照约定，但是共有人有重大理由需要分割的，可以请求分割；没有约定或者约定不明确的，按份共有人可以随时请求分割，共同共有人在共有的基础丧失或者有重大理由需要分割时可以请求分割。因分割造成其他共有人损害的，应当给予赔偿。	**《物权法》(已废止)第九十九条**　共有人约定不得分割共有的不动产或者动产，以维持共有关系的，应当按照约定，但共有人有重大理由需要分割的，可以请求分割；没有约定或者约定不明确的，按份共有人可以随时请求分割，共同共有人在共有的基础丧失或者有重大理由需要分割时可以请求分割。因分割对其他共有人造成损害的，应当给予赔偿。
第三百零四条　共有人可以协商确定分割方式。达不成协议，共有的不动产或者动产可以分割且不会因分割减损价值的，应当对实物予以分割；难以分割或者因分割会减损价值的，应当对折价或者拍卖、变卖取得的价款予以分割。 共有人分割所得的不动产或者动产有瑕疵的，其他共有人应当分担损失。	**《物权法》(已废止)第一百条**　共有人可以协商确定分割方式。达不成协议，共有的不动产或者动产可以分割并且不会因分割减损价值的，应当对实物予以分割；难以分割或者因分割会减损价值的，应当对折价或者拍卖、变卖取得的价款予以分割。 共有人分割所得的不动产或者动产

《民法典》及最新相关司法解释	相关内容
注 共有的不动产或者动产，可以采取各共有人协商确定的方式分割。协商的内容，由共有人决定，须共有人全体同意。当无法达成协议时，共有人可提请法院裁判分割。裁判分割应遵循本条关于实物分割、变价分割或者折价赔偿的原则规定。第2款规定的所谓瑕疵担保责任，包括权利的瑕疵担保责任和物的瑕疵担保责任。前者指共有人应担保第三人就其他共有人分得之物不得主张任何权利，后者指共有人对其他共有人应担保其分得部分于分割前未隐含瑕疵。本款规定是为了防止共有物分割后共有人发现权利或者利益受到侵害而得不到赔偿的情况。	有瑕疵的，其他共有人应当分担损失。 **民通意见（已废止）第90条** 在共同共有关系终止时，对共有财产的分割，有协议的，按协议处理；没有协议的，应当根据等分原则处理，并且考虑共有人对共有财产的贡献大小，适当照顾共有人生产、生活的实际需要等情况。但分割夫妻共有财产，应当根据婚姻法的有关规定处理。 **第91条** 共有财产是特定物，而且不能分割或者分割有损其价值的，可以折价处理。 **第92条** 共同共有财产分割后，一个或者数个原共有人出卖自己分得的财产时，如果出卖的财产与其他原共有人分得的财产属于一个整体或者配套使用，其他原共有人主张优先购买权的，应当予以支持。
第三百零五条 按份共有人可以转让其享有的共有的不动产或者动产份额。其他共有人在同等条件下享有优先购买的权利。 **民法典物权编解释一第九条 共有份额的权利主体因继承、遗赠等原因发生变化时，其他按份共有人主张优先购买的，不予支持，但按份共有人之间另有约定的除外。** **第十条 民法典第三百零五条所称的“同等条件”，应当综合共有份额的转让价格、价款履行方式及期限等因素确定。** **第十二条 按份共有人向共有人之外的人转让其份额，其他按份共有人根**	**《物权法》（已废止）第一百零一条** 按份共有人可以转让其享有的共有的不动产或者动产份额。其他共有人在同等条件下享有优先购买的权利。 **物权法解释一（已废止）第九条** 共有份额的权利主体因继承、遗赠等原因发生变化时，其他按份共有人主张优先购买的，不予支持，但按份共有人之间另有约定的除外。 **第十条** 物权法第一百零一条所称的“同等条件”，应当综合共有份额的转让价格、价款履行方式及期限等因素确定。

《民法典》及最新相关司法解释	相关内容
据法律、司法解释规定，请求按照同等条件优先购买该共有份额的，应予支持。其他按份共有人的请求具有下列情形之一的，不予支持： （一）未在本解释第十一条规定的期间内主张优先购买，或者虽主张优先购买，但提出减少转让价款、增加转让人负担等实质性变更要求； （二）以其优先购买权受到侵害为由，仅请求撤销共有份额转让合同或者认定该合同无效。 第十三条　按份共有人之间转让共有份额，其他按份共有人主张依据民法典第三百零五条规定优先购买的，不予支持，但按份共有人之间另有约定的除外。	
第三百零六条　按份共有人转让其享有的共有的不动产或者动产份额的，应当将转让条件及时通知其他共有人。其他共有人应当在合理期限内行使优先购买权。 **两个以上其他共有人主张行使优先购买权的，协商确定各自的购买比例；协商不成的，按照转让时各自的共有份额比例行使优先购买权。** **民法典物权编解释一第十一条**　优先购买权的行使期间，按份共有人之间有约定的，按照约定处理；没有约定或者约定不明的，按照下列情形确定： （一）转让人向其他按份共有人发出的包含同等条件内容的通知中载明行使期间的，以该期间为准； （二）通知中未载明行使期间，或者	**物权法解释一（已废止）第十一条** 优先购买权的行使期间，按份共有人之间有约定的，按照约定处理；没有约定或者约定不明的，按照下列情形确定： （一）转让人向其他按份共有人发出的包含同等条件内容的通知中载明行使期间的，以该期间为准； （二）通知中未载明行使期间，或者载明的期间短于通知送达之日起十五日的，为十五日； （三）转让人未通知的，为其他按份共有人知道或者应当知道最终确定的同等条件之日起十五日； （四）转让人未通知，且无法确定其他按份共有人知道或者应当知道最终确定的同等条件的，为共有份额权属转移之日起六个月。

《民法典》及最新相关司法解释	相关内容
载明的期间短于通知送达之日起十五日的，为十五日； **（三）转让人未通知的，为其他按份共有人知道或者应当知道最终确定的同等条件之日起十五日；** **（四）转让人未通知，且无法确定其他按份共有人知道或者应当知道最终确定的同等条件的，为共有份额权属转移之日起六个月。** 注《民法典》第306条为增加的按份共有人的通知义务与优先购买比例确定的规定。之所以增加该条，在于实务中存在大量的按份共有人转让份额时未通知其他共有人，导致共有人的优先购买权未充分行使，致第三人与共有人出现矛盾的情况。	**第十二条** 按份共有人向共有人之外的人转让其份额，其他按份共有人根据法律、司法解释规定，请求按照同等条件购买该共有份额的，应予支持。 其他按份共有人的请求具有下列情形之一的，不予支持： （一）未在本解释第十一条规定的期间内主张优先购买，或者虽主张优先购买，但提出减少转让价款、增加转让人负担等实质性变更要求； （二）以其优先购买权受到侵害为由，仅请求撤销共有份额转让合同或者认定该合同无效。 **第十三条** 按份共有人之间转让共有份额，其他按份共有人主张根据物权法第一百零一条规定优先购买的，不予支持，但按份共有人之间另有约定的除外。 **第十四条** 两个以上按份共有人主张优先购买且协商不成时，请求按照转让时各自份额比例行使优先购买权的，应予支持。
第三百零七条 因共有的不动产或者动产产生的债权债务，在对外关系上，共有人享有连带债权、承担连带债务，但是法律另有规定或者第三人知道共有人不具有连带债权债务关系的除外；在共有人内部关系上，除共有人另有约定外，按份共有人按照份额享有债权、承担债务，共同共有人共同享有债权、承担债务。偿还债务超过自己应当承担份额的按份共有人，有权向其他共有人追偿。 注 本条对因共有财产产生的债权债务关系的对外效力不区分按份共有和共同共有，是为了	**《物权法》（已废止）第一百零二条** 因共有的不动产或者动产产生的债权债务，在对外关系上，共有人享有连带债权、承担连带债务，但法律另有规定或者第三人知道共有人不具有连带债权债务关系的除外；在共有人内部关系上，除共有人另有约定外，按份共有人按照份额享有债权、承担债务，共同共有人共同享有债权、承担债务。偿还债务超过自己应当承担份额的按份共有人，有权向其他共有人追偿。

《民法典》及最新相关司法解释	相关内容
保护善意第三人的权益，对于第三人来说，很难获知共有人的共有关系的性质，此种情形下若不使各共有人承担连带义务，很容易发生共有人推托履行义务的可能，对债权人不利。	
第三百零八条　共有人对共有的不动产或者动产没有约定为按份共有或者共同共有，或者约定不明确的，除共有人具有家庭关系等外，视为按份共有。	**《物权法》(已废止)第一百零三条**　共有人对共有的不动产或者动产没有约定为按份共有或者共同共有，或者约定不明确的，除共有人具有家庭关系等外，视为按份共有。 **民通意见(已废止)第88条**　对于共有财产，部分共有人主张按份共有，部分共有人主张共同共有，如果不能证明财产是按份共有的，应当认定为共同共有。
第三百零九条　按份共有人对共有的不动产或者动产享有的份额，没有约定或者约定不明确的，按照出资额确定；不能确定出资额的，视为等额享有。 注 共有关系的成立是当事人意思自治的结果，那么各共有人应有份额也应贯彻同样的原则，即由当事人约定，当事人没有约定应有份额时则依出资比例确定共有份额，不能确定出资额的情况下推定为等额享有，易操作且能简化法律关系，符合公平正义要求。	**《物权法》(已废止)第一百零四条**　按份共有人对共有的不动产或者动产享有的份额，没有约定或者约定不明确的，按照出资额确定；不能确定出资额的，视为等额享有。
第三百一十条　两个以上*组织*、个人共同享有用益物权、担保物权的，参照*适用本章的有关*规定。	**《物权法》(已废止)第一百零五条**　两个以上*单位*、个人共同享有用益物权、担保物权的，参照*本章*规定。
第九章　所有权取得的特别规定	
第三百一十一条　无处分权人将不动产或者动产转让给受让人的，所有权人有权追回；除法律另有规定外，符合下列情形的，受让人取得该不动产或者动产的所有权：	**《物权法》(已废止)第一百零六条**　无处分权人将不动产或者动产转让给受让人的，所有权人有权追回；除法律另有规定外，符合下列情形的，受让人取得该不动产或者动产的所有权：

《民法典》及最新相关司法解释	相关内容
(一)受让人受让该不动产或者动产时是善意; (二)以合理的价格转让; (三)转让的不动产或者动产依照法律规定应当登记的已经登记,不需要登记的已经交付给受让人。 受让人依据前款规定取得不动产或者动产的所有权的,原所有权人有权向无处分权人请求*损害赔偿*。 当事人善意取得其他物权的,参照适用前两款规定。	(一)受让人受让该不动产或者动产时是善意的; (二)以合理的价格转让; (三)转让的不动产或者动产依照法律规定应当登记的已经登记,不需要登记的已经交付给受让人。 受让人依照前款规定取得不动产或者动产的所有权的,原所有权人有权向无处分权人请求*赔偿损失*。 当事人善意取得其他物权的,参照前两款规定。
民法典物权编解释一第十四条　受让人受让不动产或者动产时,不知道转让人无处分权,且无重大过失的,应当认定受让人为善意。 **真实权利人主张受让人不构成善意的,应当承担举证证明责任。** **第十五条　具有下列情形之一的,应当认定不动产受让人知道转让人无处分权:** **(一)登记簿上存在有效的异议登记;** **(二)预告登记有效期内,未经预告登记的权利人同意;** **(三)登记簿上已经记载司法机关或者行政机关依法裁定、决定查封或者以其他形式限制不动产权利的有关事项;** **(四)受让人知道登记簿上记载的权利主体错误;** **(五)受让人知道他人已经依法享有不动产物权。** **真实权利人有证据证明不动产受让人应当知道转让人无处分权的,应当认定受让人具有重大过失。**	**物权法解释一(已废止)第十五条**　受让人受让不动产或者动产时,不知道转让人无处分权,且无重大过失的,应当认定受让人为善意。 真实权利人主张受让人不构成善意的,应当承担举证证明责任。 **第十六条**　具有下列情形之一的,应当认定不动产受让人知道转让人无处分权: (一)登记簿上存在有效的异议登记; (二)预告登记有效期内,未经预告登记的权利人同意; (三)登记簿上已经记载司法机关或者行政机关依法裁定、决定查封或者以其他形式限制不动产权利的有关事项; (四)受让人知道登记簿上记载的权利主体错误; (五)受让人知道他人已经依法享有不动产物权。 真实权利人有证据证明不动产受让人应当知道转让人无处分权的,应当认定受让人具有重大过失。

《民法典》及最新相关司法解释	相关内容
第十六条 受让人受让动产时，交易的对象、场所或者时机等不符合交易习惯的，应当认定受让人具有重大过失。 **第十七条** 民法典第三百一十一条第一款第一项所称的“受让人受让该不动产或者动产时”，是指依法完成不动产物权转移登记或者动产交付之时。 当事人以民法典第二百二十六条规定的方式交付动产的，转让动产民事法律行为生效时为动产交付之时；当事人以民法典第二百二十七条规定的方式交付动产的，转让人与受让人之间有关转让返还原物请求权的协议生效时为动产交付之时。 法律对不动产、动产物权的设立另有规定的，应当按照法律规定的时间认定权利人是否为善意。 **第十八条** 民法典第三百一十一条第一款第二项所称“合理的价格”，应当根据转让标的物的性质、数量以及付款方式等具体情况，参考转让时交易地市场价格以及交易习惯等因素综合认定。 **第十九条** 转让人将民法典第二百二十五条规定的船舶、航空器和机动车等交付给受让人的，应当认定符合民法典第三百一十一条第一款第三项规定的善意取得的条件。 **第二十条** 具有下列情形之一，受让人主张依据民法典第三百一十一条规定取得所有权的，不予支持：	**第十七条** 受让人受让动产时，交易的对象、场所或者时机等不符合交易习惯的，应当认定受让人具有重大过失。 **第十八条** 物权法第一百零六条第一款第一项所称的“受让人受让该不动产或者动产时”，是指依法完成不动产物权转移登记或者动产交付之时。 当事人以物权法第二十五条规定的方式交付动产的，转让动产法律行为生效时为动产交付之时；当事人以物权法第二十六条规定的方式交付动产的，转让人与受让人之间有关转让返还原物请求权的协议生效时为动产交付之时。 法律对不动产、动产物权的设立另有规定的，应当按照法律规定的时间认定权利人是否为善意。 **第十九条** 物权法第一百零六条第一款第二项所称“合理的价格”，应当根据转让标的物的性质、数量以及付款方式等具体情况，参考转让时交易地市场价格以及交易习惯等因素综合认定。 **第二十条** 转让人将物权法第二十四条规定的船舶、航空器和机动车等交付给受让人的，应当认定符合物权法第一百零六条第一款第三项规定的善意取得的条件。 **第二十一条** 具有下列情形之一，受让人主张根据物权法第一百零六条规定取得所有权的，不予支持： （一）转让合同因违反合同法第五十二条规定被认定无效； （二）转让合同因受让人存在欺诈、胁迫或者乘人之危等法定事由被撤销。

《民法典》及最新相关司法解释	相关内容
(一)转让合同被认定无效; **(二)转让合同被撤销。** **公司法解释三(2020)第七条** 出资人以不享有处分权的财产出资,当事人之间对于出资行为效力产生争议的,人民法院可以参照民法典第三百一十一条的规定予以认定。 以贪污、受贿、侵占、挪用等违法犯罪所得的货币出资后取得股权的,对违法犯罪行为予以追究、处罚时,应当采取拍卖或者变卖的方式处置其股权。 **第二十五条** 名义股东将登记于其名下的股权转让、质押或者以其他方式处分,实际出资人以其对于股权享有实际权利为由,请求认定处分股权行为无效的,人民法院可以参照民法典第三百一十一条的规定处理。 名义股东处分股权造成实际出资人损失,实际出资人请求名义股东承担赔偿责任的,人民法院应予支持。 **第二十七条** 股权转让后尚未向公司登记机关办理变更登记,原股东将仍登记于其名下的股权转让、质押或者以其他方式处分,受让股东以其对于股权享有实际权利为由,请求认定处分股权行为无效的,人民法院可以参照民法典第三百一十一条的规定处理。 原股东处分股权造成受让股东损失,受让股东请求原股东承担赔偿责任、对于未及时办理变更登记有过错的董事、高级管理人员或者实际控制人承担相应责任的,人民法院应予支持;受让股东对于未及时办理变更登记也有过错的,可	**原买卖合同解释第三条(本条已失效)** 当事人一方以出卖人在缔约时对标的物没有所有权或者处分权为由主张合同无效的,人民法院不予支持。 出卖人因未取得所有权或者处分权致使标的物所有权不能转移,买受人要求出卖人承担违约责任或者要求解除合同并主张损害赔偿的,人民法院应予支持。

《民法典》及最新相关司法解释	相关内容
以适当减轻上述董事、高级管理人员或者实际控制人的责任。 注 “善意取得”在民法范畴尤其是物权、合同领域非常重要。善意取得制度常被认为仅适用于动产，其实不然，不动产也适用善意取得制度。当事人出于善意，从无处分权人手中购买了房屋并登记过户，善意人取得房屋所有权。也有观点认为善意取得对所有权人保护不利。善意取得对所有权人确实有一定限制，但善意取得基于占有的公信力，旨在维护交易安全，这项制度的存在是必要的。	
第三百一十二条　所有权人或者其他权利人有权追回遗失物。该遗失物通过转让被他人占有的，权利人有权向无处分权人请求损害赔偿，或者自知道或者应当知道受让人之日起二年内向受让人请求返还原物；但是，受让人通过拍卖或者向具有经营资格的经营者购得该遗失物的，权利人请求返还原物时应当支付受让人所付的费用。权利人向受让人支付所付费用后，有权向无处分权人追偿。 注 本条是关于遗失物善意取得的规定。有观点认为应规定盗赃物的善意取得，《民法典》物权编之所以不规定盗赃物的善意取得，主要是考虑到，对被盗、被抢的财物，所有权人主要通过司法机关依照《刑法》《刑事诉讼法》《治安管理处罚法》等有关法律的规定追缴后退回。在追赃过程中，如何保护善意受让人的权益，维护交易安全和社会经济秩序，可通过进一步完善有关法律规定解决，《民法典》物权编对此可不做规定。	**《物权法》（已废止）第一百零七条**　所有权人或者其他权利人有权追回遗失物。该遗失物通过转让被他人占有的，权利人有权向无处分权人请求损害赔偿，或者自知道或者应当知道受让人之日起二年内向受让人请求返还原物，但受让人通过拍卖或者向具有经营资格的经营者购得该遗失物的，权利人请求返还原物时应当支付受让人所付的费用。权利人向受让人支付所付费用后，有权向无处分权人追偿。

《民法典》及最新相关司法解释	相关内容
第三百一十三条　善意受让人取得动产后，该动产上的原有权利消灭。但是，善意受让人在受让时知道或者应当知道该权利的除外。	**《物权法》(已废止)第一百零八条**　善意受让人取得动产后，该动产上的原有权利消灭，但善意受让人在受让时知道或者应当知道该权利的除外。
第三百一十四条　拾得遗失物，应当返还权利人。拾得人应当及时通知权利人领取，或者送交公安等有关部门。	**《物权法》(已废止)第一百零九条**　拾得遗失物，应当返还权利人。拾得人应当及时通知权利人领取，或者送交公安等有关部门。 **《民法通则》(已废止)第七十九条第二款**　拾得遗失物、漂流物或者失散的饲养动物，应当归还失主，因此而支出的费用由失主偿还。
第三百一十五条　有关部门收到遗失物，知道权利人的，应当及时通知其领取；不知道的，应当及时发布招领公告。	**《物权法》(已废止)第一百一十条**　有关部门收到遗失物，知道权利人的，应当及时通知其领取；不知道的，应当及时发布招领公告。
第三百一十六条　拾得人在遗失物送交有关部门前，有关部门在遗失物被领取前，应当妥善保管遗失物。因故意或者重大过失致使遗失物毁损、灭失的，应当承担民事责任。 注 本条规定“故意”或“重大过失”造成遗失物毁损、灭失的，承担民事责任。	**《物权法》(已废止)第一百一十一条**　拾得人在遗失物送交有关部门前，有关部门在遗失物被领取前，应当妥善保管遗失物。因故意或者重大过失致使遗失物毁损、灭失的，应当承担民事责任。 **民通意见(已废止)第94条**　拾得物灭失、毁损，~~拾得人没有故意的，不承担民事责任~~。拾得人将拾得物据为己有，拒不返还而引起诉讼的，按照侵权之诉处理。
第三百一十七条　权利人领取遗失物时，应当向拾得人或者有关部门支付保管遗失物等支出的必要费用。 权利人悬赏寻找遗失物的，领取遗失物时应当按照承诺履行义务。 拾得人侵占遗失物的，无权请求保	**《物权法》(已废止)第一百一十二条**　权利人领取遗失物时，应当向拾得人或者有关部门支付保管遗失物等支出的必要费用。 权利人悬赏寻找遗失物的，领取遗失物时应当按照承诺履行义务。

《民法典》及最新相关司法解释	相关内容
管遗失物等支出的费用，也无权请求权利人按照承诺履行义务。 注 拾得人因拾得遗失物、寻找遗失物丢失人、保管遗失物而实际支付的费用，可按无因管理请求偿还。无人认领的，由有关部门在上缴国库前支付。	拾得人侵占遗失物的，无权请求保管遗失物等支出的费用，也无权请求权利人按照承诺履行义务。
第三百一十八条 遗失物自发布招领公告之日起一*年*内无人认领的，归国家所有。 注 将时限由“六个月”变为“一年”，以更好地保障遗失人利益。	**《物权法》（已废止）第一百一十三条** 遗失物自发布招领公告之日起*六个月*内无人认领的，归国家所有。
第三百一十九条 拾得漂流物、发现埋藏物或者隐藏物的，参照适用拾得遗失物的有关规定。法律另有规定的，依照其规定。	**《物权法》（已废止）第一百一十四条** 拾得漂流物、发现埋藏物或者隐藏物的，参照拾得遗失物的有关规定。~~文物保护法等~~法律另有规定的，依照其规定。 **民通意见（已废止）第93条** 公民、法人对于挖掘、发现的埋藏物、隐藏物，如果能够证明属其所有，而且根据现行的法律、政策又可以归其所有的，应当予以保护。
第三百二十条 主物转让的，从物随主物转让，但是当事人另有约定的除外。 注 要认识到主物、从物不同于物的整体与其重要成分之间的关系。物的重要成分是物的组成部分，而主物和从物在聚合之前分别为独立的物。	**《物权法》（已废止）第一百一十五条** 主物转让的，从物随主物转让，但当事人另有约定的除外。 **民通意见（已废止）第87条** 有附属物的财产，附属物随财产所有权的转移而转移。但当事人另有约定又不违法的，按约定处理。 **担保法解释（已废止）第六十三条** 抵押权设定前为抵押物的从物的，抵押权的效力及于抵押物的从物。但是，抵押物与其从物为两个以上的人分别所有时，抵押权的效力不及于抵押物的从物。

《民法典》及最新相关司法解释	相关内容
第三百二十一条 天然孳息，由所有权人取得；既有所有权人又有用益物权人的，由用益物权人取得。当事人另有约定的，按照其约定。 法定孳息，当事人有约定的，按照约定取得；没有约定或者约定不明确的，按照交易习惯取得。 注 天然孳息是指依物的自然属性所产生的物，主要存在于种植业和养殖业，如耕作土地获得粮食和其他出产物、种植果树产生果实、养殖牲畜获得各种子畜和奶产品。法定孳息主要存在于商业经营、金融活动中，如利息、租金。	**《物权法》(已废止)第一百一十六条** 天然孳息，由所有权人取得；既有所有权人又有用益物权人的，由用益物权人取得。当事人另有约定的，按照约定。 法定孳息，当事人有约定的，按照约定取得；没有约定或者约定不明确的，按照交易习惯取得。 **《合同法》(已废止)第一百零三条** 标的物提存后，毁损、灭失的风险由债权人承担。提存期间，标的物的孳息归债权人所有。提存费用由债权人负担。 **第一百六十三条** 标的物在交付之前产生的孳息，归出卖人所有，交付之后产生的孳息，归买受人所有。
第三百二十二条 因加工、附合、混合而产生的物的归属，有约定的，按照约定；没有约定或者约定不明确的，依照法律规定；法律没有规定的，按照充分发挥物的效用以及保护无过错当事人的原则确定。因一方当事人的过错或者确定物的归属造成另一方当事人损害的，应当给予赔偿或者补偿。 注 根据添附制度的法理与学理，添附包括附合、混合及加工三种法律事实，因其非民事法律行为，当事人因添附取得所有权，不以有完全民事行为能力为前提，也不需有取得所有权的意思。对归属无约定且法律没有规定的，本条确立了物尽其用及保护无过错方的原则。	**担保法解释(已废止)第六十二条** 抵押物因附合、混合或者加工使抵押物的所有权为第三人所有的，抵押权的效力及于补偿金；抵押物所有人为附合物、混合物或者加工物的所有人的，抵押权的效力及于附合物、混合物或者加工物；第三人与抵押物所有人为附合物、混合物或者加工物的共有人的，抵押权的效力及于抵押人对共有物享有的份额。

《民法典》及最新相关司法解释	相关内容
第三分编　用益物权	
第十章　一般规定	
第三百二十三条　用益物权人对他人所有的不动产或者动产，依法享有占有、使用和收益的权利。	**《物权法》（已废止）第一百一十七条**　用益物权人对他人所有的不动产或者动产，依法享有占有、使用和收益的权利。
第三百二十四条　国家所有或者国家所有由集体使用以及法律规定属于集体所有的自然资源，*组织*、个人依法可以占有、使用和收益。	**《物权法》（已废止）第一百一十八条**　国家所有或者国家所有由集体使用以及法律规定属于集体所有的自然资源，*单位*、个人依法可以占有、使用和收益。 **《土地管理法》第十条**　国有土地和农民集体所有的土地，可以依法确定给单位或者个人使用。使用土地的单位和个人，有保护、管理和合理利用土地的义务。
第三百二十五条　国家实行自然资源有偿使用制度，但是法律另有规定的除外。	**《物权法》（已废止）第一百一十九条**　国家实行自然资源有偿使用制度，但法律另有规定的除外。
第三百二十六条　用益物权人行使权利，应当遵守法律有关保护和合理开发利用资源、**保护生态环境**的规定。所有权人不得干涉用益物权人行使权利。	**《物权法》（已废止）第一百二十条**　用益物权人行使权利，应当遵守法律有关保护和合理开发利用资源的规定。所有权人不得干涉用益物权人行使权利。
第三百二十七条　因不动产或者动产被征收、征用致使用益物权消灭或者影响用益物权行使的，用益物权人有权*依据本法第二百四十三条*、*第二百四十五条*的规定获得相应补偿。 注 本条是关于用益物权人因征收、征用有权获得补偿的规定，但具体程序与补偿需参照本法第 243 条、第 245 条及《土地管理法》等相关法律的规定。	**《物权法》（已废止）第一百二十一条**　因不动产或者动产被征收、征用致使用益物权消灭或者影响用益物权行使的，用益物权人有权*依照本法第四十二条*、*第四十四条*的规定获得相应补偿。 **《农业法》第七十一条**　国家依法征收农民集体所有的土地，应当保护农民和农村集体经济组织的合法权益，依法给予农民和农村集体经济组织征地补偿，任何单位和个人不得截留、挪用征地补偿费用。

《民法典》及最新相关司法解释	相关内容
	原农地承包解释第二十二条(已变更为最新司法解释第二十条) 承包地被依法征收,承包方请求发包方给付已经收到的地上附着物和青苗的补偿费的,应予支持。 承包方已将土地承包经营权以转包、出租等方式流转给第三人的,除当事人另有约定外,青苗补偿费归实际投入人所有,地上附着物补偿费归附着物所有人所有。 **第二十三条(已变更为最新司法解释第二十一条)** 承包地被依法征收,放弃统一安置的家庭承包方,请求发包方给付已经收到的安置补助费的,应予支持。
第三百二十八条 依法取得的海域使用权受法律保护。	**《物权法》(已废止)第一百二十二条** 依法取得的海域使用权受法律保护。
第三百二十九条 依法取得的探矿权、采矿权、取水权和使用水域、滩涂从事养殖、捕捞的权利受法律保护。	**《物权法》(已废止)第一百二十三条** 依法取得的探矿权、采矿权、取水权和使用水域、滩涂从事养殖、捕捞的权利受法律保护。
第十一章 土地承包经营权	
第三百三十条 农村集体经济组织实行家庭承包经营为基础、统分结合的双层经营体制。 农民集体所有和国家所有由农民集体使用的耕地、林地、草地以及其他用于农业的土地,依法实行土地承包经营制度。 注 相较于《物权法》(已废止)第124条,本条未出现变动,但本章对《物权法》(已废止)"土地承包经营权"一章做了多处修改,即是为了确认我国农村土地改革的成果,在"三权分置"的基础上,对土地经营权作出了系统规定。"三权"简单来说是指所有权、承包权、经营权。	**《物权法》(已废止)第一百二十四条** 农村集体经济组织实行家庭承包经营为基础、统分结合的双层经营体制。 农民集体所有和国家所有由农民集体使用的耕地、林地、草地以及其他用于农业的土地,依法实行土地承包经营制度。

《民法典》及最新相关司法解释	相关内容
第三百三十一条　土地承包经营权人依法对其承包经营的耕地、林地、草地等享有占有、使用和收益的权利，有权从事种植业、林业、畜牧业等农业生产。 **注** 本条规定了承包人对承包地享有的占有、使用和收益这几项最基本、最重要的权利。这些权利都是法定权利，即使在承包合同中没有约定，承包人也依法享有这些权利，任何组织和个人不得剥夺和侵害。	**《物权法》（已废止）第一百二十五条**　土地承包经营权人依法对其承包经营的耕地、林地、草地等享有占有、使用和收益的权利，有权从事种植业、林业、畜牧业等农业生产。 **《农村土地承包法》第十七条**　承包方享有下列权利： （一）依法享有承包地使用、收益的权利，有权自主组织生产经营和处置产品； （二）依法互换、转让土地承包经营权； （三）依法流转土地经营权； （四）承包地被依法征收、征用、占用的，有权依法获得相应的补偿； （五）法律、行政法规规定的其他权利。 **原农地承包解释第八条（本条内容已修正）**　承包方违反农村土地承包法第十七条规定，将承包地用于非农建设或者对承包地造成永久性损害，发包方请求承包方停止侵害、恢复原状或者赔偿损失的，应予支持。
第三百三十二条　耕地的承包期为三十年。草地的承包期为三十年至五十年。林地的承包期为三十年至七十年。 前款规定的承包期限届满，由土地承包经营权人*依照农村土地承包的法律规定*继续承包。 **注** 本条删除了与《农村土地承包法》不一致的特殊林木承包期的延长规定。	**《物权法》（已废止）第一百二十六条**　耕地的承包期为三十年。草地的承包期为三十年至五十年。林地的承包期为三十年至七十年~~；特殊林木的林地承包期，经国务院林业行政主管部门批准可以延长~~。 前款规定的承包期届满，由土地承包经营权人*按照国家有关规定*继续承包。

《民法典》及最新相关司法解释	相关内容
第三百三十三条　土地承包经营权自土地承包经营权合同生效时设立。 *登记机构*应当向土地承包经营权人发放土地承包经营权证、林权证等*证书*，并登记造册，确认土地承包经营权。 **农地承包解释（2020）第二十九条**　发包方就同一土地签订两个以上承包合同，承包方均主张取得土地经营权的，按照下列情形，分别处理： （一）已经依法登记的承包方，取得土地经营权； （二）均未依法登记的，生效在先合同的承包方取得土地经营权； （三）依前两项规定无法确定的，已经根据承包合同合法占有使用承包地的人取得土地经营权，但争议发生后一方强行先占承包地的行为和事实，不得作为确定土地经营权的依据。	**《物权法》（已废止）第一百二十七条**　土地承包经营权自土地承包经营权合同生效时设立。 *县级以上地方人民政府*应当向土地承包经营权人发放土地承包经营权证、林权证、*草原使用权证*，并登记造册，确认土地承包经营权。 **《农村土地承包法》第二十三条**　承包合同自成立之日起生效。承包方自承包合同生效时取得土地承包经营权。 **第二十四条**　国家对耕地、林地和草地等实行统一登记，登记机构应当向承包方颁发土地承包经营权证或者林权证等证书，并登记造册，确认土地承包经营权。 土地承包经营权证或者林权证等证书应当将具有土地承包经营权的全部家庭成员列入。 登记机构除按规定收取证书工本费外，不得收取其他费用。
第三百三十四条　土地承包经营权人依照*法律*规定，有权将土地承包经营权互换、转让。未经依法批准，不得将承包地用于非农建设。 **农地承包解释（2020）第八条**　承包方违反农村土地承包法第十八条规定，未经依法批准将承包地用于非农建设或者对承包地造成永久性损害，发包方请求承包方停止侵害、恢复原状或者赔偿损失的，应予支持。 注《民法典》第334条删除了流转期限的规定，但删除流转期限并不意味着没有了约束，而是此内容规定在《农村土地承包法》中。	**《物权法》（已废止）第一百二十八条**　土地承包经营权人依照*农村土地承包法的*规定，有权将土地承包经营权~~采取转包、~~互换、转让~~等方式流转~~。~~流转的期限不得超过承包期的剩余期限。~~未经依法批准，不得将承包地用于非农建设。 **《农村土地承包法》第三十八条**　土地经营权流转应当遵循以下原则： （一）依法、自愿、有偿，任何组织和个人不得强迫或者阻碍土地经营权流转； （二）不得改变土地所有权的性质和土地的农业用途，不得破坏农业综合生产能力和农业生态环境；

《民法典》及最新相关司法解释	相关内容
	（三）流转期限不得超过承包期的剩余期限； （四）受让方须有农业经营能力或者资质； （五）在同等条件下，本集体经济组织成员享有优先权。
第三百三十五条　土地承包经营权互换、转让的，*当事人可以向登记机构申请登记*；未经登记，不得对抗善意第三人。 注 流转有转包、出租、互换、转让等方式，但本条只涉及互换与转让两种形式。互换与转让，是将土地承包经营权换由或者转给他人行使，承包经营权的主体发生了变更；而转包和出租，原有的承包人与发包人的承包关系不变，承包人仍享有原来的承包经营权。变更登记的主要目的是向社会公示权利主体的变化，以保护善意第三人，而转包和出租不发生权利主体的更迭，故不要求变更登记。	**《物权法》（已废止）第一百二十九条**　~~土地承包经营权人将~~土地承包经营权互换、转让，*当事人要求登记的，应当向县级以上地方人民政府申请土地承包经营权变更登记*；未经登记，不得对抗善意第三人。
第三百三十六条　承包期内发包人不得调整承包地。 因自然灾害严重毁损承包地等特殊情形，需要适当调整承包的耕地和草地的，应当依照农村土地承包*的法律规定*办理。 **农地承包解释（2020）第五条**　承包合同中有关收回、调整承包地的约定违反农村土地承包法第二十七条、第二十八条、第三十一条规定的，应当认定该约定无效。 注 只有在自然灾害严重毁损等特殊情形下，才可适当调整承包地，一般情形下不应当采取	**《物权法》（已废止）第一百三十条**　承包期内发包人不得调整承包地。 因自然灾害严重毁损承包地等特殊情形，需要适当调整承包的耕地和草地的，应当依照农村土地承包*法等法律规定*办理。 **《农村土地承包法》第二十八条**　承包期内，发包方不得调整承包地。 承包期内，因自然灾害严重毁损承包地等特殊情形对个别农户之间承包的耕地和草地需要适当调整的，必须经本集体经济组织成员的村民会议三分之二以上成员或者三分之二以上村民代表的同意，

《民法典》及最新相关司法解释	相关内容
调整承包地的方法,而主要通过流转以及发展第二、第三产业等途径解决。能否调整,也要看2/3以上村民或村民代表是否同意调整,不同意也不能调整。另注意:(1)调整是对个别农户之间承包的土地进行小范围适当调整,只限于个别农户,不对所有农户普遍调整。(2)特殊情形需调整时并不必然发生对个别农户之间承包的耕地和草地进行调整,若预留了机动地或有开垦等增加的土地,或有承包人依法、自愿交回土地,应先用这些土地解决问题。(3)允许进行调整的土地仅限于耕地和草地,对林地即使在特殊情形下也不允许调整。因林地承包经营与耕地、草地相比有特殊性。林业生产经营周期长、收益慢、风险大,承包期也较长。稳定林地承包经营权,有利于调动承包人植树造林的积极性,鼓励对林地的长期投入,防止乱砍滥伐,保护生态环境。林地一般作为农民增收的手段,不像耕地那样,属于农民基本的生活保障。	并报乡(镇)人民政府和县级人民政府农业农村、林业和草原等主管部门批准。承包合同中约定不得调整的,按照其约定。 **原农地承包解释第六条** 因发包方违法收回、调整承包地,或者因发包方收回承包方弃耕、撂荒的承包地产生的纠纷,按照下列情形,分别处理: (一)发包方未将承包地另行发包,承包方请求返还承包地的,应予支持; (二)发包方已将承包地另行发包给第三人,承包方以发包方和第三人为共同被告,请求确认其所签订的承包合同无效、返还承包地并赔偿损失的,应予支持。但属于承包方弃耕、撂荒情形的,对其赔偿损失的诉讼请求,不予支持。 前款第(二)项所称的第三人,请求受益方补偿其在承包地上的合理投入的,应予支持。
第三百三十七条 承包期内发包人不得收回承包地。*法律*另有规定的,依照其规定。 **农地承包解释(2020)第五条** 承包合同中有关收回、调整承包地的约定违反农村土地承包法第二十七条、第二十八条、第三十一条规定的,应当认定该约定无效。 注 需说明,承包人应当交回的承包地仅指耕地和草地,并不包括林地,原因同上一条文评注所述。	**《物权法》(已废止)第一百三十一条** 承包期内发包人不得收回承包地。*农村土地承包法等法律*另有规定的,依照其规定。 **《农村土地承包法》第二十七条** 承包期内,发包方不得收回承包地。 国家保护进城农户的土地承包经营权。不得以退出土地承包经营权作为农户进城落户的条件。 承包期内,承包农户进城落户的,引导支持其按照自愿有偿原则依法在本集体经济组织内转让土地承包经营权或者将承包地交回发包方,也可以鼓励其流转土地经营权。

《民法典》及最新相关司法解释	相关内容
	承包期内，承包方交回承包地或者发包方依法收回承包地时，承包方对其在承包地上投入而提高土地生产能力的，有权获得相应的补偿。 **第三十一条**　承包期内，妇女结婚，在新居住地未取得承包地的，发包方不得收回其原承包地；妇女离婚或者丧偶，仍在原居住地生活或者不在原居住地生活但在新居住地未取得承包地的，发包方不得收回其原承包地。
第三百三十八条　承包地被征收的，土地承包经营权人有权依据本法*第二百四十三条*的规定获得相应补偿。	**《物权法》（已废止）第一百三十二条**　承包地被征收的，土地承包经营权人有权依照本法*第四十二条第二款*的规定获得相应补偿。 **《土地管理法》第四十八条**　征收土地应当给予公平、合理的补偿，保障被征地农民原有生活水平不降低、长远生计有保障。 征收土地应当依法及时足额支付土地补偿费、安置补助费以及农村村民住宅、其他地上附着物和青苗等的补偿费用，并安排被征地农民的社会保障费用。 征收农用地的土地补偿费、安置补助费标准由省、自治区、直辖市通过制定公布区片综合地价确定。制定区片综合地价应当综合考虑土地原用途、土地资源条件、土地产值、土地区位、土地供求关系、人口以及经济社会发展水平等因素，并至少每三年调整或者重新公布一次。 征收农用地以外的其他土地、地上附着物和青苗等的补偿标准，由省、自治

《民法典》及最新相关司法解释	相关内容
	区、直辖市制定。对其中的农村村民住宅，应当按照先补偿后搬迁、居住条件有改善的原则，尊重农村村民意愿，采取重新安排宅基地建房、提供安置房或者货币补偿等方式给予公平、合理的补偿，并对因征收造成的搬迁、临时安置等费用予以补偿，保障农村村民居住的权利和合法的住房财产权益。 县级以上地方人民政府应当将被征地农民纳入相应的养老等社会保障体系。被征地农民的社会保障费用主要用于符合条件的被征地农民的养老保险等社会保险缴费补贴。被征地农民社会保障费用的筹集、管理和使用办法，由省、自治区、直辖市制定。 **原农地承包解释第二十二条（已变更为最新司法解释第二十条）** 承包地被依法征收，承包方请求发包方给付已经收到的地上附着物和青苗的补偿费的，应予支持。 承包方已将土地承包经营权以转包、出租等方式流转给第三人的，除当事人另有约定外，青苗补偿费归实际投入人所有，地上附着物补偿费归附着物所有人所有。 **第二十三条（已变更为最新司法解释第二十一条）** 承包地被依法征收，放弃统一安置的家庭承包方，请求发包方给付已经收到的安置补助费的，应予支持。 **第二十四条（已变更为最新司法解释第二十二条）** 农村集体经济组织或者村民委员会、村民小组，可以依照法律规定的民主议定程序，决定在本集体经济

《民法典》及最新相关司法解释	相关内容
	组织内部分配已经收到的土地补偿费。征地补偿安置方案确定时已经具有本集体经济组织成员资格的人，请求支付相应份额的，应予支持。但已报全国人大常委会、国务院备案的地方性法规、自治条例和单行条例、地方政府规章对土地补偿费在农村集体经济组织内部的分配办法另有规定的除外。
第三百三十九条　土地承包经营权人可以自主决定依法采取出租、入股或者其他方式向他人流转土地经营权。 **农地承包解释(2020)第九条**　发包方根据农村土地承包法第二十七条规定收回承包地前，承包方已经以出租、入股或者其他形式将其土地经营权流转给第三人，且流转期限尚未届满，因流转价款收取产生的纠纷，按照下列情形，分别处理： (一)承包方已经一次性收取了流转价款，发包方请求承包方返还剩余流转期限的流转价款的，应予支持； (二)流转价款为分期支付，发包方请求第三人按照流转合同的约定支付流转价款的，应予支持。 **第十一条**　土地经营权流转中，本集体经济组织成员在流转价款、流转期限等主要内容相同的条件下主张优先权的，应予支持。但下列情形除外： (一)在书面公示的合理期限内未提出优先权主张的； (二)未经书面公示，在本集体经济组织以外的人开始使用承包地两个月内未提出优先权主张的。	**《农村土地承包法》第三十六条**　承包方可以自主决定依法采取出租(转包)、入股或者其他方式向他人流转土地经营权，并向发包方备案。

《民法典》及最新相关司法解释	相关内容
第十二条 发包方胁迫承包方将土地经营权流转给第三人,承包方请求撤销其与第三人签订的流转合同的,应予支持。 发包方阻碍承包方依法流转土地经营权,承包方请求排除妨碍、赔偿损失的,应予支持。 注 以《农村土地承包法》的相关内容为基础,《民法典》第339条就土地经营权流转方式做了规定,完善了土地经营权的内涵,表明国家保护承包权人依法、自愿、有偿流转土地经营权。	
第三百四十条 土地经营权人有权在合同约定的期限内占有农村土地,自主开展农业生产经营并取得收益。 注 以《农村土地承包法》相关内容为基础,本条就经营权人在流转期限内占有、经营、收益权进行了明确。	**《农村土地承包法》第三十七条** 土地经营权人有权在合同约定的期限内占有农村土地,自主开展农业生产经营并取得收益。
第三百四十一条 流转期限为五年以上的土地经营权,**自流转合同生效时设立**。当事人可以向登记机构申请土地经营权登记;未经登记,不得对抗善意第三人。 **农地承包解释(2020)第十四条** 承包方依法采取出租、入股或者其他方式流转土地经营权,发包方仅以该土地经营权流转合同未报其备案为由,请求确认合同无效的,不予支持。 **第十六条** 当事人对出租地流转期限没有约定或者约定不明的,参照民法典第七百三十条规定处理。除当事人另有约定或者属于林地承包经营外,承包	**《农村土地承包法》第四十一条** 土地经营权流转期限为五年以上的,当事人可以向登记机构申请土地经营权登记。未经登记,不得对抗善意第三人。

《民法典》及最新相关司法解释	相关内容
地交回的时间应当在农作物收获期结束后或者下一耕种期开始前。 对提高土地生产能力的投入，对方当事人请求承包方给予相应补偿的，应予支持。 注 以《农村土地承包法》相关内容为基础，《民法典》第341条就5年以上的土地经营权流转规定了登记制度，赋予土地经营权人选择权，通过登记颁证制度，合理平衡各方权利义务。	
第三百四十二条　通过招标、拍卖、公开协商等方式承包农村土地，**经依法登记取得权属证书的**，*可以依法采取出租、入股、抵押或者其他方式流转土地经营权*。 注 本条删除了《物权法》（已废止）第133条中"荒地等"的限制，并明确了需"依法登记取得权属证书"的条件。且需注意，公开协商与一般的协商不同。公开协商要求公开进行，包括与谁协商公开，协商的内容公开，协商议定的结果如承包的期限、承包费的数额及支付方式等都要公开，以此接受集体经济组织成员的监督，避免"暗箱操作"，保证公开、公平、公正地发包承包。	**《物权法》(已废止)第一百三十三条**　通过招标、拍卖、公开协商等方式承包荒地等农村土地，*依照农村土地承包法等法律和国务院的有关规定，其土地承包经营权可以转让、入股、抵押或者以其他方式流转*。 **《农村土地承包法》第四十八条**　不宜采取家庭承包方式的荒山、荒沟、荒丘、荒滩等农村土地，通过招标、拍卖、公开协商等方式承包的，适用本章规定。 **第四十九条**　以其他方式承包农村土地的，应当签订承包合同，承包方取得土地经营权。当事人的权利和义务、承包期限等，由双方协商确定。以招标、拍卖方式承包的，承包费通过公开竞标、竞价确定；以公开协商等方式承包的，承包费由双方议定。 **第五十条**　荒山、荒沟、荒丘、荒滩等可以直接通过招标、拍卖、公开协商等方式实行承包经营，也可以将土地经营权折股分给本集体经济组织成员后，再实行承包经营或者股份合作经营。

《民法典》及最新相关司法解释	相关内容
	承包荒山、荒沟、荒丘、荒滩的,应当遵守有关法律、行政法规的规定,防止水土流失,保护生态环境。 **第五十一条** 以其他方式承包农村土地,在同等条件下,本集体经济组织成员有权优先承包。 **第五十三条** 通过招标、拍卖、公开协商等方式承包农村土地,经依法登记取得权属证书的,可以依法采取出租、入股、抵押或者其他方式流转土地经营权。 **原农地承包解释第二十一条(本条已失效)** 承包方未依法登记取得土地承包经营权证等证书,即以转让、出租、入股、抵押等方式流转土地承包经营权,发包方请求确认该流转无效的,应予支持。但非因承包方原因未登记取得土地承包经营权证等证书的除外。 承包方流转土地承包经营权,除法律或者本解释有特殊规定外,按照有关家庭承包土地承包经营权流转的规定处理。
第三百四十三条 国家所有的农用地实行承包经营的,参照适用*本编*的有关规定。 注 国家所有用于农业的土地,有的由农民集体长期使用,实行农村土地承包经营制度;有的由单位或个人承包经营;有的通过组建国有农场、林场等生产经营;有的还没有完全开发。对交由农民集体使用以外的国有农用地实行承包经营的,可根据实际情况,在承包方式、承包期限、承包的权利义务等方面参照本法有关规定执行,以促进国有农用地资源的合理开发利用,维护承包人的合法权益。	**《物权法》(已废止)第一百三十四条** 国家所有的农用地实行承包经营的,参照*本法*的有关规定。

《民法典》及最新相关司法解释	相关内容
第十二章　建设用地使用权	
第三百四十四条　建设用地使用权人依法对国家所有的土地享有占有、使用和收益的权利，有权利用该土地建造建筑物、构筑物及其附属设施。 注 建设用地使用权是用益物权中的一项重要权利，是建设用地使用权人对国家所有的土地享有的占有、使用和收益的权利。建设用地包括住宅用地、公共设施用地、工矿用地、交通水利设施用地、旅游用地、军事设施用地等。本条中的建筑物主要是指住宅、写字楼、厂房等；构筑物主要是指不具有居住或生产经营功能的人工建造物，比如道路、桥梁、隧道、水池、水塔、纪念碑；附属设施主要是指附属于建筑物、构筑物的一些设施。	**《物权法》(已废止)第一百三十五条**　建设用地使用权人依法对国家所有的土地享有占有、使用和收益的权利，有权利用该土地建造建筑物、构筑物及其附属设施。
第三百四十五条　建设用地使用权可以在土地的地表、地上或者地下分别设立。	**《物权法》(已废止)第一百三十六条**　建设用地使用权可以在土地的地表、地上或者地下分别设立。……
第三百四十六条　设立建设用地使用权，**应当符合节约资源、保护生态环境的要求，遵守法律、行政法规关于土地用途的规定**，不得损害已经设立的用益物权。 注 此处新增内容是从保护生态环境、节约资源的角度作出的，并且也是对《民法典》总则编绿色原则的重申或运用。	**《物权法》(已废止)第一百三十六条**　……新设立的建设用地使用权，不得损害已设立的用益物权。
第三百四十七条　设立建设用地使用权，可以采取出让或者划拨等方式。 工业、商业、旅游、娱乐和商品住宅等经营性用地以及同一土地有两个以上意向用地者的，应当采取招标、拍卖等公	**《物权法》(已废止)第一百三十七条**　设立建设用地使用权，可以采取出让或者划拨等方式。 工业、商业、旅游、娱乐和商品住宅等经营性用地以及同一土地有两个以上

《民法典》及最新相关司法解释	相关内容
开竞价的方式出让。 严格限制以划拨方式设立建设用地使用权。 注 删除《物权法》(已废止)"采取划拨方式的，应当遵守法律、行政法规关于土地用途的规定"，保留"严格限制以划拨方式设立建设用地使用权"的内容以严格限制划拨方式设立建设用地使用权。	意向用地者的，应当采取招标、拍卖等公开竞价的方式出让。 严格限制以划拨方式设立建设用地使用权。~~采取划拨方式的，应当遵守法律、行政法规关于土地用途的规定~~。 **《土地管理法》第五十四条** 建设单位使用国有土地，应当以出让等有偿使用方式取得；但是，下列建设用地，经县级以上人民政府依法批准，可以以划拨方式取得： (一)国家机关用地和军事用地； (二)城市基础设施用地和公益事业用地； (三)国家重点扶持的能源、交通、水利等基础设施用地； (四)法律、行政法规规定的其他用地。
第三百四十八条 *通过*招标、拍卖、协议等出让方式设立建设用地使用权的，当事人应当采用书面形式订立建设用地使用权出让合同。 建设用地使用权出让合同一般包括下列条款： (一)当事人的名称和住所； (二)土地界址、面积等； (三)建筑物、构筑物及其附属设施占用的空间； (四)土地用途、**规划条件**； (五)**建设用地**使用**权**期限； (六)出让金等费用及其支付方式； (七)解决争议的方法。	**《物权法》(已废止)第一百三十八条** *采取*招标、拍卖、协议等出让方式设立建设用地使用权的，当事人应当采取书面形式订立建设用地使用权出让合同。 建设用地使用权出让合同一般包括下列条款： (一)当事人的名称和住所； (二)土地界址、面积等； (三)建筑物、构筑物及其附属设施占用的空间； (四)土地用途； (五)使用期限； (六)出让金等费用及其支付方式； (七)解决争议的方法。

《民法典》及最新相关司法解释	相关内容
国有土地使用权合同解释(2020)第一条 本解释所称的土地使用权出让合同,是指市、县人民政府自然资源主管部门作为出让方将国有土地使用权在一定年限内让与受让方,受让方支付土地使用权出让金的合同。 **第二条** 开发区管理委员会作为出让方与受让方订立的土地使用权出让合同,应当认定无效。 本解释实施前,开发区管理委员会作为出让方与受让方订立的土地使用权出让合同,起诉前经市、县人民政府自然资源主管部门追认的,可以认定合同有效。 注 将“规划条件”明确作为出让合同一般包括的条款,更契合《城乡规划法》第38条“先规划、后出让”的规定。实践中,建设用地使用权出让合同,一般是房地产开发商和国土资源局签署的,规划局一直不是合同主体(机构改革后,职能合并,情况有所好转)。但经常发生合同签署后,发现规划变更或者发现签署时规划根本没确定的情况,此时开发商的建设成本大大增加。故新增“规划条件”,以针对性地解决实践中的问题。	
第三百四十九条 设立建设用地使用权的,应当向登记机构申请建设用地使用权登记。建设用地使用权自登记时设立。登记机构应当向建设用地使用权人发放*权属证书*。	**《物权法》(已废止)第一百三十九条** 设立建设用地使用权的,应当向登记机构申请建设用地使用权登记。建设用地使用权自登记时设立。登记机构应当向建设用地使用权人发放*建设用地使用权证书*。

《民法典》及最新相关司法解释	相关内容
第三百五十条 建设用地使用权人应当合理利用土地，不得改变土地用途；需要改变土地用途的，应当依法经有关行政主管部门批准。 注 建设用地使用权出让合同中对土地用途都需要作出明确的规定，擅自改变约定的土地用途既是违法行为，也是违约行为。擅自改变出让合同约定的土地用途的，出让方有权解除合同。	**《物权法》（已废止）第一百四十条** 建设用地使用权人应当合理利用土地，不得改变土地用途；需要改变土地用途的，应当依法经有关行政主管部门批准。 **《土地管理法》第四条** 国家实行土地用途管制制度。 国家编制土地利用总体规划，规定土地用途，将土地分为农用地、建设用地和未利用地。严格限制农用地转为建设用地，控制建设用地总量，对耕地实行特殊保护。 前款所称农用地是指直接用于农业生产的土地，包括耕地、林地、草地、农田水利用地、养殖水面等；建设用地是指建造建筑物、构筑物的土地，包括城乡住宅和公共设施用地、工矿用地、交通水利设施用地、旅游用地、军事设施用地等；未利用地是指农用地和建设用地以外的土地。 使用土地的单位和个人必须严格按照土地利用总体规划确定的用途使用土地。 **第五十六条** 建设单位使用国有土地的，应当按照土地使用权出让等有偿使用合同的约定或者土地使用权划拨批准文件的规定使用土地；确需改变该幅土地建设用途的，应当经有关人民政府自然资源主管部门同意，报原批准用地的人民政府批准。其中，在城市规划区内改变土地用途的，在报批前，应当先经有关城市规划行政主管部门同意。 **原国有土地使用权合同解释第五条** 受让方经出让方和市、县人民政府城市规划行政主管部门同意，改变土地使用权出让合同约定的土地用途，当事人请求

《民法典》及最新相关司法解释	相关内容
	按照起诉时同种用途的土地出让金标准调整土地出让金的，应予支持。 **第六条**　受让方擅自改变土地使用权出让合同约定的土地用途，出让方请求解除合同的，应予支持。
第三百五十一条　建设用地使用权人应当依照法律规定以及合同约定支付出让金等费用。 注 本条规定虽然简单，但是内涵较多：从经济意义来说，国家收取土地出让金等费用是国家所有权在经济上的体现；从法律角度来看，建设用地使用权人支付土地出让金等费用既是法定义务，又是建设用地使用权合同规定的合同义务。	**《物权法》（已废止）第一百四十一条**　建设用地使用权人应当依照法律规定以及合同约定支付出让金等费用。 **原国有土地使用权合同解释第三条**　经市、县人民政府批准同意以协议方式出让的土地使用权，土地使用权出让金低于订立合同时当地政府按照国家规定确定的最低价的，应当认定土地使用权出让合同约定的价格条款无效。 当事人请求按照订立合同时的市场评估价格交纳土地使用权出让金的，应予支持；受让方不同意按照市场评估价格补足，请求解除合同的，应予支持。因此造成的损失，由当事人按照过错承担责任。
第三百五十二条　建设用地使用权人建造的建筑物、构筑物及其附属设施的所有权属于建设用地使用权人，但是有相反证据证明的除外。 注 例外条款主要针对下面的情况：城市房地产建设中，一部分市政公共设施是通过开发商和有关部门约定，由开发商在房地产项目开发中配套建设，但是所有权归国家。这部分设施，其性质属于市政公用，其归属就应当按照有充分的证据证明的事先约定来确定，而不是当然地归建设用地使用权人。后续通	**《物权法》（已废止）第一百四十二条**　建设用地使用权人建造的建筑物、构筑物及其附属设施的所有权属于建设用地使用权人，但有相反证据证明的除外。

《民法典》及最新相关司法解释	相关内容
过房地产交易成为建设用地使用权人的权利人也应当尊重这种权属划分。需注意，这里的建筑物、构筑物及其附属设施必须是合法建造产生的。违章建筑是要被没收和强制拆除的，不会产生合法的所有权。因此，不在本条的调整范围内。	
第三百五十三条　建设用地使用权人有权将建设用地使用权转让、互换、出资、赠与或者抵押，但是法律另有规定的除外。 注 本条包括三个层次：（1）权利人有权流转建设用地使用权；（2）流转建设用地使用权的方式有转让、互换、出资、赠与或者抵押；（3）流转时须遵循法律规定，特别是有关限制性规定。其中，第三个层次涉及的规定不仅有《民法典》物权编，还有《土地管理法》《城市房地产管理法》《城镇国有土地使用权出让和转让暂行条例》等其他法律法规。	**《物权法》（已废止）第一百四十三条**　建设用地使用权人有权将建设用地使用权转让、互换、出资、赠与或者抵押，但法律另有规定的除外。
第三百五十四条　建设用地使用权转让、互换、出资、赠与或者抵押的，当事人应当采用书面形式订立相应的合同。使用期限由当事人约定，但是不得超过建设用地使用权的剩余期限。 注 本条主要包括三项内容：（1）采用书面形式订立相应合同；（2）可约定建设用地使用权流转后的使用期限；（3）期限不得超过建设用地使用权的剩余期限。其中，合同须采用书面形式及使用期限限于建设用地使用权的剩余期限的规定，属法律的强制性规定。	**《物权法》（已废止）第一百四十四条**　建设用地使用权转让、互换、出资、赠与或者抵押的，当事人应当采取书面形式订立相应的合同。使用期限由当事人约定，但不得超过建设用地使用权的剩余期限。 **《城市房地产管理法》第四十三条**　以出让方式取得土地使用权的，转让房地产后，其土地使用权的使用年限为原土地使用权出让合同约定的使用年限减去原土地使用者已经使用年限后的剩余年限。

《民法典》及最新相关司法解释	相关内容
第三百五十五条　建设用地使用权转让、互换、出资或者赠与的，应当向登记机构申请变更登记。 **国有土地使用权合同解释（2020）第九条**　土地使用权人作为转让方就同一出让土地使用权订立数个转让合同，在转让合同有效的情况下，受让方均要求履行合同的，按照以下情形分别处理： （一）已经办理土地使用权变更登记手续的受让方，请求转让方履行交付土地等合同义务的，应予支持； （二）均未办理土地使用权变更登记手续，已先行合法占有投资开发土地的受让方请求转让方履行土地使用权变更登记等合同义务的，应予支持； （三）均未办理土地使用权变更登记手续，又未合法占有投资开发土地，先行支付土地转让款的受让方请求转让方履行交付土地和办理土地使用权变更登记等合同义务的，应予支持； （四）合同均未履行，依法成立在先的合同受让方请求履行合同的，应予支持。 未能取得土地使用权的受让方请求解除合同、赔偿损失的，依照民法典的有关规定处理。	**《物权法》（已废止）第一百四十五条**　建设用地使用权转让、互换、出资或者赠与的，应当向登记机构申请变更登记。
第三百五十六条　建设用地使用权转让、互换、出资或者赠与的，附着于该土地上的建筑物、构筑物及其附属设施一并处分。 注 本条即通常所说的“房随地走”。这一规定与已有法律制度是一致的，也符合社会生活常识。	**《物权法》（已废止）第一百四十六条**　建设用地使用权转让、互换、出资或者赠与的，附着于该土地上的建筑物、构筑物及其附属设施一并处分。

《民法典》及最新相关司法解释	相关内容
第三百五十七条 建筑物、构筑物及其附属设施转让、互换、出资或者赠与的，该建筑物、构筑物及其附属设施占用范围内的建设用地使用权一并处分。 注 本条即通常所说的“地随房走”，和上一条规定几乎是“一个硬币的两面”。这两条实际上是一个整体，只要建设用地使用权和地上房屋等有一个发生了转让，另外一个就要相应转让。从法律后果上说，不可能也不允许把“房”和“地”分别转让给不同的主体。	**《物权法》（已废止）第一百四十七条** 建筑物、构筑物及其附属设施转让、互换、出资或者赠与的，该建筑物、构筑物及其附属设施占用范围内的建设用地使用权一并处分。 **《城市房地产管理法》第三十二条** 房地产转让、抵押时，房屋的所有权和该房屋占用范围内的土地使用权同时转让、抵押。
第三百五十八条 建设用地使用权期限届满前，因公共利益需要提前收回该土地的，应当依据*本法第二百四十三条*的规定对该土地上的房屋以及其他不动产给予补偿，并退还相应的出让金。 注 对本条的理解，需注意：（1）对于建设用地上的房屋及其他不动产，应依据征收的规定给予补偿。（2）对于房屋所占用的建设用地，不适用征收的规定。征收是国家把集体所有的土地、单位和个人的不动产变为国有的财产，是一种改变所有权的法律行为。我国城市的土地属于国家所有，建设用地使用权人取得的是对土地使用的权利，国家收回本来就属于自己的建设用地，不适用有关征收的规定。但为了公共利益的需要，国家可以提前收回建设用地使用权。由于建设用地使用权人是按照建设用地的使用期限交纳出让金的，故提前收回建设用地使用权的，出让人还应当向建设用地使用权人退还相应的出让金。	**《物权法》（已废止）第一百四十八条** 建设用地使用权期间届满前，因公共利益需要提前收回该土地的，应当依照*本法第四十二条*的规定对该土地上的房屋及其他不动产给予补偿，并退还相应的出让金。 **《土地管理法》第五十八条** 有下列情形之一的，由有关人民政府自然资源主管部门报经原批准用地的人民政府或者有批准权的人民政府批准，可以收回国有土地使用权： （一）为实施城市规划进行旧城区改建以及其他公共利益需要，确需使用土地的； （二）土地出让等有偿使用合同约定的使用期限届满，土地使用者未申请续期或者申请续期未获批准的； （三）因单位撤销、迁移等原因，停止使用原划拨的国有土地的； （四）公路、铁路、机场、矿场等经核准报废的。

《民法典》及最新相关司法解释	相关内容
	依照前款第(一)项的规定收回国有土地使用权的,对土地使用权人应当给予适当补偿。 **第六十六条** 有下列情形之一的,农村集体经济组织报经原批准用地的人民政府批准,可以收回土地使用权: (一)为乡(镇)村公共设施和公益事业建设,需要使用土地的; (二)不按照批准的用途使用土地的; (三)因撤销、迁移等原因而停止使用土地的。 依照前款第(一)项规定收回农民集体所有的土地的,对土地使用权人应当给予适当补偿。 收回集体经营性建设用地使用权,依照双方签订的书面合同办理,法律、行政法规另有规定的除外。 **《城市房地产管理法》第二十条** 国家对土地使用者依法取得的土地使用权,在出让合同约定的使用年限届满前不收回;在特殊情况下,根据社会公共利益的需要,可以依照法律程序提前收回,并根据土地使用者使用土地的实际年限和开发土地的实际情况给予相应的补偿。
第三百五十九条 住宅建设用地使用权期限届满的,自动续期。**续期费用的缴纳或者减免,依照法律、行政法规的规定办理**。 非住宅建设用地使用权期限届满后的续期,依照法律规定办理。该土地上的房屋以及其他不动产的归属,有约定的,按照约定;没有约定或者约定不明确	**《物权法》(已废止)第一百四十九条** 住宅建设用地使用权期间届满的,自动续期。 非住宅建设用地使用权期间届满后的续期,依照法律规定办理。该土地上的房屋及其他不动产的归属,有约定的,按照约定;没有约定或者约定不明确的,依照法律、行政法规的规定办理。

《民法典》及最新相关司法解释	相关内容
的,依照法律、行政法规的规定办理。 注 本条新增关于住宅建设用地使用权期间届满“续期费用的缴纳或者减免,依照法律、行政法规的规定办理”的内容。另需注意,本条第1款规定的自动续期仅针对“住宅”性质,并不包括“非住宅”。	**《城市房地产管理法》第二十二条** 土地使用权出让合同约定的使用年限届满,土地使用者需要继续使用土地的,应当至迟于届满前一年申请续期,除根据社会公共利益需要收回该幅土地的,应当予以批准。经批准准予续期的,应当重新签订土地使用权出让合同,依照规定支付土地使用权出让金。 土地使用权出让合同约定的使用年限届满,土地使用者未申请续期或者虽申请续期但依照前款规定未获批准的,土地使用权由国家无偿收回。
第三百六十条 建设用地使用权消灭的,出让人应当及时办理注销登记。登记机构应当收回*权属证书*。	**《物权法》(已废止)第一百五十条** 建设用地使用权消灭的,出让人应当及时办理注销登记。登记机构应当收回*建设用地使用权证书*。
第三百六十一条 集体所有的土地作为建设用地的,应当依照土地管理*的*法律规定办理。	**《物权法》(已废止)第一百五十一条** 集体所有的土地作为建设用地的,应当依照土地管理*法等*法律规定办理。
第十三章 宅基地使用权	
第三百六十二条 宅基地使用权人依法对集体所有的土地享有占有和使用的权利,有权依法利用该土地建造住宅及其附属设施。 注 宅基地归集体所有,集体成员的农民享有使用权,这是宅基地使用权能够成为用益物权的根本。	**《物权法》(已废止)第一百五十二条** 宅基地使用权人依法对集体所有的土地享有占有和使用的权利,有权依法利用该土地建造住宅及其附属设施。
第三百六十三条 宅基地使用权的取得、行使和转让,适用土地管理*的*法律和国家有关规定。	**《物权法》(已废止)第一百五十三条** 宅基地使用权的取得、行使和转让,适用土地管理*法等*法律和国家有关规定。

《民法典》及最新相关司法解释	相关内容
	《土地管理法》第六十二条　农村村民一户只能拥有一处宅基地，其宅基地的面积不得超过省、自治区、直辖市规定的标准。 人均土地少、不能保障一户拥有一处宅基地的地区，县级人民政府在充分尊重农村村民意愿的基础上，可以采取措施，按照省、自治区、直辖市规定的标准保障农村村民实现户有所居。 农村村民建住宅，应当符合乡（镇）土地利用总体规划、村庄规划，不得占用永久基本农田，并尽量使用原有的宅基地和村内空闲地。编制乡（镇）土地利用总体规划、村庄规划应当统筹并合理安排宅基地用地，改善农村村民居住环境和条件。 农村村民住宅用地，由乡（镇）人民政府审核批准；其中，涉及占用农用地的，依照本法第四十四条的规定办理审批手续。 农村村民出卖、出租、赠与住宅后，再申请宅基地的，不予批准。 国家允许进城落户的农村村民依法自愿有偿退出宅基地，鼓励农村集体经济组织及其成员盘活利用闲置宅基地和闲置住宅。 国务院农业农村主管部门负责全国农村宅基地改革和管理有关工作。
第三百六十四条　宅基地因自然灾害等原因灭失的，宅基地使用权消灭。对失去宅基地的村民，应当依法重新分配宅基地。	**《物权法》（已废止）第一百五十四条**　宅基地因自然灾害等原因灭失的，宅基地使用权消灭。对失去宅基地的村民，应当重新分配宅基地。

《民法典》及最新相关司法解释	相关内容
第三百六十五条　已经登记的宅基地使用权转让或者消灭的,应当及时办理变更登记或者注销登记。	《物权法》(已废止)第一百五十五条　已经登记的宅基地使用权转让或者消灭的,应当及时办理变更登记或者注销登记。
第十四章　居住权 注 本章关于“居住权”的规定,可以说是《民法典》物权编最大的亮点。《民法典》物权编新增居住权并设专章对居住权涉及的问题进行了明确规定,值得关注。	
第三百六十六条　居住权人有权按照合同约定,对他人的住宅享有占有、使用的用益物权,以满足生活居住的需要。 注 明确了居住权属用益物权,其可基于合同而设立。	
第三百六十七条　设立居住权,当事人应当采用书面形式订立居住权合同。 **居住权合同一般包括下列条款:** **(一)当事人的姓名或者名称和住所;** **(二)住宅的位置;** **(三)居住的条件和要求;** **(四)居住权期限;** **(五)解决争议的方法。** 注 本条规定了居住权合同的书面形式及一般条款包括的内容,对居住权高效正确设立具有指导意义。	
第三百六十八条　居住权无偿设立,但是当事人另有约定的除外。设立居住权的,应当向登记机构申请居住权登记。居住权自登记时设立。 注 明确了居住权设立的无偿性原则及登记要件,并明确居住权自登记时设立。	

《民法典》及最新相关司法解释	相关内容
第三百六十九条　居住权不得转让、继承。设立居住权的住宅不得出租，但是当事人另有约定的除外。 注 明确了居住权的人身属性，不可转让、不得继承，原则上也不得出租（另有约定时除外），系对居住权的一种限制。	
第三百七十条　居住权期限届满或者居住权人死亡的，居住权消灭。居住权消灭的，应当及时办理注销登记。 注 与居住权设立不同，居住权的消灭虽然也要办理登记，但其消灭并非以注销登记时间为消灭时间，而是以期间届满或居住权人死亡为消灭时间。	
第三百七十一条　以遗嘱方式设立居住权的，参照适用本章的有关规定。 注 居住权一般基于合同而设立，对以非属合同的遗嘱方式设立的居住权，参照适用本章有关规定。	
第十五章　地役权	
第三百七十二条　地役权人有权按照合同约定，利用他人的不动产，以提高自己的不动产的效益。 前款所称他人的不动产为供役地，自己的不动产为需役地。 注 与相邻关系不同，地役权是通过合同设定的，更具有地尽其利、物尽其用、人得其需的功效。设定地役权，需役地人使自己的地产充分增值，供役地人也乐得以闲置的不动产资源获得租金收益，双赢互利，各得其所。一方面最大限度满足了各方之需，另一方面充分发挥土地资源的社会经济效益。	**《物权法》（已废止）第一百五十六条**　地役权人有权按照合同约定，利用他人的不动产，以提高自己的不动产的效益。 前款所称他人的不动产为供役地，自己的不动产为需役地。

《民法典》及最新相关司法解释	相关内容
第三百七十三条 设立地役权，当事人应当采用书面形式订立地役权合同。 地役权合同一般包括下列条款： (一)当事人的姓名或者名称和住所； (二)供役地和需役地的位置； (三)利用目的和方法； (四)*地役权*期限； (五)费用及其支付方式； (六)解决争议的方法。	**《物权法》(已废止)第一百五十七条** 设立地役权，当事人应当采取书面形式订立地役权合同。 地役权合同一般包括下列条款： (一)当事人的姓名或者名称和住所； (二)供役地和需役地的位置； (三)利用目的和方法； (四)*利用*期限； (五)费用及其支付方式； (六)解决争议的方法。
第三百七十四条 地役权自地役权合同生效时设立。当事人要求登记的，可以向登记机构申请地役权登记；未经登记，不得对抗善意第三人。 注 明确了地役权自合同生效时设立，登记只是对抗要件而非生效要件。	**《物权法》(已废止)第一百五十八条** 地役权自地役权合同生效时设立。当事人要求登记的，可以向登记机构申请地役权登记；未经登记，不得对抗善意第三人。
第三百七十五条 供役地权利人应当按照合同约定，允许地役权人利用其不动产，不得妨害地役权人行使权利。	**《物权法》(已废止)第一百五十九条** 供役地权利人应当按照合同约定，允许地役权人利用其土地，不得妨害地役权人行使权利。
第三百七十六条 地役权人应当按照合同约定的利用目的和方法利用供役地，尽量减少对供役地权利人物权的限制。	**《物权法》(已废止)第一百六十条** 地役权人应当按照合同约定的利用目的和方法利用供役地，尽量减少对供役地权利人物权的限制。
第三百七十七条 地役权期限由当事人约定；但是，不得超过土地承包经营权、建设用地使用权等用益物权的剩余期限。	**《物权法》(已废止)第一百六十一条** 地役权的期限由当事人约定，但不得超过土地承包经营权、建设用地使用权等用益物权的剩余期限。

《民法典》及最新相关司法解释	相关内容
第三百七十八条 土地所有权人享有地役权或者负担地役权的，设立土地承包经营权、宅基地使用权**等用益物权**时，该*用益物权人*继续享有或者负担已经设立的地役权。 注 本条增加了“等用益物权”，较《物权法》（已废止）扩大了可设立的用益物权范围。	**《物权法》（已废止）第一百六十二条** 土地所有权人享有地役权或者负担地役权的，设立土地承包经营权、宅基地使用权时，该*土地承包经营权人、宅基地使用权人*继续享有或者负担已设立的地役权。
第三百七十九条 土地上已经设立土地承包经营权、建设用地使用权、宅基地使用权等*用益物权*的，未经用益物权人同意，土地所有权人不得设立地役权。 注 用益物权一旦被设立，用益物权人便独立地对标的物享有占有、使用和收益的权利，且可排除包括土地所有权人在内的人的干涉。	**《物权法》（已废止）第一百六十三条** 土地上已设立土地承包经营权、建设用地使用权、宅基地使用权等*权利*的，未经用益物权人同意，土地所有权人不得设立地役权。
第三百八十条 地役权不得单独转让。土地承包经营权、建设用地使用权等转让的，地役权一并转让，但是合同另有约定的除外。 注 地役权具有从属性，主要表现在：（1）地役权人不得自己保留需役地的使用权而单独将地役权转让；（2）地役权人不得自己保留地役权而单独将需役地的使用权转让；（3）地役权人也不得将需役地的使用权与地役权分别让与不同的人。总之，地役权只能随需役地使用权的转让而转让，如果违反了地役权的从属性就被认为行为无效。	**《物权法》（已废止）第一百六十四条** 地役权不得单独转让。土地承包经营权、建设用地使用权等转让的，地役权一并转让，但合同另有约定的除外。
第三百八十一条 地役权不得单独抵押。土地经营权、建设用地使用权等抵押的，在实现抵押权时，地役权一并转让。 注 基于“三权分置”的原因，本条用“土地经营权”代替了原来的“土地承包经营权”。	**《物权法》（已废止）第一百六十五条** 地役权不得单独抵押。土地承包经营权、建设用地使用权等抵押的，在实现抵押权时，地役权一并转让。

《民法典》及最新相关司法解释	相关内容
第三百八十二条 需役地以及需役地上的土地承包经营权、建设用地使用权等部分转让时,转让部分涉及地役权的,受让人同时享有地役权。 注 地役权的不可分性指地役权存在于需役地和供役地的全部,不能分割为各个部分或仅以一部分而存在。即使供役地或者需役地被分割,地役权在被实际分割后的需役地和供役地的各个部分上仍然存在。但是,若需役地以及需役地上的土地承包经营权、建设用地使用权被部分转让后,地役权在其性质上只与部分转让后的地块有关系时,那么地役权就只在其有关部分上继续存在。	**《物权法》(已废止)第一百六十六条** 需役地以及需役地上的土地承包经营权、建设用地使用权部分转让时,转让部分涉及地役权的,受让人同时享有地役权。
第三百八十三条 供役地以及供役地上的土地承包经营权、建设用地使用权等部分转让时,转让部分涉及地役权的,地役权对受让人具有法律约束力。 注 与上一条类似,供役地以及供役地上的土地承包经营权、建设用地使用权的转让,会产生分属不同权利人的两个或者多个用益物权,地役权在转让后的供役地的各个部分上继续存在。但是,如果供役地以及供役地上的土地承包经营权、建设用地使用权转让后,地役权在其性质上只对某部分转让后的供役地有关时,那么,地役权仅对被转让土地受让人具有约束力,这也是本条规定的内容。	**《物权法》(已废止)第一百六十七条** 供役地以及供役地上的土地承包经营权、建设用地使用权部分转让时,转让部分涉及地役权的,地役权对受让人具有约束力。
第三百八十四条 地役权人有下列情形之一的,供役地权利人有权解除地役权合同,地役权消灭: (一)违反法律规定或者合同约定,滥用地役权;	**《物权法》(已废止)第一百六十八条** 地役权人有下列情形之一的,供役地权利人有权解除地役权合同,地役权消灭: (一)违反法律规定或者合同约定,滥用地役权;

《民法典》及最新相关司法解释	相关内容
（二）有偿利用供役地，约定的付款期限届满后在合理期限内经两次催告未支付费用。	（二）有偿利用供役地，约定的付款期间届满后在合理期限内经两次催告未支付费用。
第三百八十五条　已经登记的地役权变更、转让或者消灭的，应当及时办理变更登记或者注销登记。	**《物权法》（已废止）第一百六十九条**　已经登记的地役权变更、转让或者消灭的，应当及时办理变更登记或者注销登记。
第四分编　担保物权	
第十六章　一般规定	
第三百八十六条　担保物权人在债务人不履行到期债务或者发生当事人约定的实现担保物权的情形，依法享有就担保财产优先受偿的权利，但是法律另有规定的除外。 注 本条规定了两种情况下可实现担保物权：一是债务履行期届满时债务人不履行债务的，二是发生当事人约定的可以实现担保物权情形的。	**《物权法》（已废止）第一百七十条**　担保物权人在债务人不履行到期债务或者发生当事人约定的实现担保物权的情形，依法享有就担保财产优先受偿的权利，但法律另有规定的除外。
第三百八十七条　债权人在借贷、买卖等民事活动中，为保障实现其债权，需要担保的，可以依照本法和其他法律的规定设立担保物权。 第三人为债务人向债权人提供担保的，可以要求债务人提供反担保。反担保适用本法和其他法律的规定。 **民法典担保制度解释第一条**　**因抵押、质押、留置、保证等担保发生的纠纷，适用本解释。所有权保留买卖、融资租赁、保理等涉及担保功能发生的纠纷，适用本解释的有关规定。** **第十九条**　**担保合同无效，承担了**	**《物权法》（已废止）第一百七十一条**　债权人在借贷、买卖等民事活动中，为保障实现其债权，需要担保的，可以依照本法和其他法律的规定设立担保物权。 第三人为债务人向债权人提供担保的，可以要求债务人提供反担保。反担保适用本法和其他法律的规定。 **《担保法》（已废止）第二条**　在借贷、买卖、货物运输、加工承揽等经济活动中，债权人需要以担保方式保障其债权实现的，可以依照本法规定设定担保。 本法规定的担保方式为保证、抵押、质押、留置和定金。

《民法典》及最新相关司法解释	相关内容
赔偿责任的担保人按照反担保合同的约定,在其承担赔偿责任的范围内请求反担保人承担担保责任的,人民法院应予支持。 **反担保合同无效的,依照本解释第十七条的有关规定处理。当事人仅以担保合同无效为由主张反担保合同无效的,人民法院不予支持。** 注 传统的典型担保如保证、抵押、质押已不能完全适应经济社会发展的需要,民法典担保制度解释为此扩大了担保合同范围,增加规定了所有权保留买卖、融资租赁、保理等具有担保功能的合同。	**第四条** 第三人为债务人向债权人提供担保时,可以要求债务人提供反担保。 反担保适用本法担保的规定。 **担保法解释(已废止)第一条** 当事人对由民事关系产生的债权,在不违反法律、法规强制性规定的情况下,以担保法规定的方式设定担保的,可以认定为有效。 **第二条** 反担保人可以是债务人,也可以是债务人之外的其他人。 反担保方式可以是债务人提供的抵押或者质押,也可以是其他人提供的保证、抵押或者质押。
第三百八十八条 设立担保物权,应当依照本法和其他法律的规定订立担保合同。**担保合同包括抵押合同、质押合同和其他具有担保功能的合同**。担保合同是主债权债务合同的从合同。主债权债务合同无效**的**,担保合同无效,但是法律另有规定的除外。 担保合同被确认无效后,债务人、担保人、债权人有过错的,应当根据其过错各自承担相应的民事责任。 **民法典担保制度解释第二条 当事人在担保合同中约定担保合同的效力独立于主合同,或者约定担保人对主合同无效的法律后果承担担保责任,该有关担保独立性的约定无效。主合同有效的,有关担保独立性的约定无效不影响担保合同的效力;主合同无效的,人民法院应当认定担保合同无效,但是法律另有规定的除外。**	**《物权法》(已废止)第一百七十二条** 设立担保物权,应当依照本法和其他法律的规定订立担保合同。担保合同是主债权债务合同的从合同。主债权债务合同无效,担保合同无效,但法律另有规定的除外。 担保合同被确认无效后,债务人、担保人、债权人有过错的,应当根据其过错各自承担相应的民事责任。 **《担保法》(已废止)第五条** 担保合同是主合同的从合同,主合同无效,担保合同无效。担保合同另有约定的,按照约定。 担保合同被确认无效后,债务人、担保人、债权人有过错的,应当根据其过错各自承担相应的民事责任。 **担保法解释(已废止)第五条** 以法律、法规禁止流通的财产或者不可转让的财产设定担保的,担保合同无效。

《民法典》及最新相关司法解释	相关内容
因金融机构开立的独立保函发生的纠纷，适用《最高人民法院关于审理独立保函纠纷案件若干问题的规定》。 **第十七条 主合同有效而第三人提供的担保合同无效，人民法院应当区分不同情形确定担保人的赔偿责任：** **（一）债权人与担保人均有过错的，担保人承担的赔偿责任不应超过债务人不能清偿部分的二分之一；** **（二）担保人有过错而债权人无过错的，担保人对债务人不能清偿的部分承担赔偿责任；** **（三）债权人有过错而担保人无过错的，担保人不承担赔偿责任。** **主合同无效导致第三人提供的担保合同无效，担保人无过错的，不承担赔偿责任；担保人有过错的，其承担的赔偿责任不应超过债务人不能清偿部分的三分之一。** **第三十三条 保证合同无效，债权人未在约定或者法定的保证期间内依法行使权利，保证人主张不承担赔偿责任的，人民法院应予支持。** 注《民法典》第388条是关于担保合同从属性以及担保合同无效后法律责任的规定。需要注意的是，导致担保合同无效的原因很多，主债权债务合同无效导致担保合同无效只是原因之一。在主债权债务合同有效的情况下，担保合同也有可能无效。例如，担保合同因违反社会公共利益或者国家利益无效，担保合同因债权人与债务人的恶意串通而无效等。本条对担保合同具体包括的类型进行了列举式说明。	以法律、法规限制流通的财产设定担保的，在实现债权时，人民法院应当按照有关法律、法规的规定对该财产进行处理。 **第六条** 有下列情形之一的，对外担保合同无效： （一）未经国家有关主管部门批准或者登记对外担保的； （二）未经国家有关主管部门批准或者登记，为境外机构向境内债权人提供担保的； （三）为外商投资企业注册资本、外商投资企业中的外方投资部分的对外债务提供担保的； （四）无权经营外汇担保业务的金融机构、无外汇收入的非金融性质的企业法人提供外汇担保的； （五）主合同变更或者债权人将对外担保合同项下的权利转让，未经担保人同意和国家有关主管部门批准的，担保人不再承担担保责任。但法律、法规另有规定的除外。 **第七条** 主合同有效而担保合同无效，债权人无过错的，担保人与债务人对主合同债权人的经济损失，承担连带赔偿责任；债权人、担保人有过错的，担保人承担民事责任的部分，不应超过债务人不能清偿部分的二分之一。 **第八条** 主合同无效而导致担保合同无效，担保人无过错的，担保人不承担民事责任；担保人有过错的，担保人承担民事责任的部分，不应超过债务人不能清偿部分的三分之一。

《民法典》及最新相关司法解释	相关内容
	第九条 担保人因无效担保合同向债权人承担赔偿责任后,可以向债务人追偿,或者在承担赔偿责任的范围内,要求有过错的反担保人承担赔偿责任。 担保人可以根据承担赔偿责任的事实对债务人或者反担保人另行提起诉讼。 **第十条** 主合同解除后,担保人对债务人应当承担的民事责任仍应承担担保责任。但是,担保合同另有约定的除外。
第三百八十九条 担保物权的担保范围包括主债权及其利息、违约金、损害赔偿金、保管担保财产和实现担保物权的费用。当事人另有约定的,按照其约定。 **民法典担保制度解释第三条 当事人对担保责任的承担约定专门的违约责任,或者约定的担保责任范围超出债务人应当承担的责任范围,担保人主张仅在债务人应当承担的责任范围内承担责任的,人民法院应予支持。** **担保人承担的责任超出债务人应当承担的责任范围,担保人向债务人追偿,债务人主张仅在其应当承担的责任范围内承担责任的,人民法院应予支持;担保人请求债权人返还超出部分的,人民法院依法予以支持。** 注 担保物权所担保的债权范围,当事人可依照自己的意思进行约定。此处的担保范围属于法定担保债权范围,当事人约定的效力优先于此处法定担保债权范围的规定。	**《物权法》(已废止)第一百七十三条** 担保物权的担保范围包括主债权及其利息、违约金、损害赔偿金、保管担保财产和实现担保物权的费用。当事人另有约定的,按照约定。 **《担保法》(已废止)第四十六条** 抵押担保的范围包括主债权及利息、违约金、损害赔偿金和实现抵押权的费用。抵押合同另有约定的,按照约定。 **第六十七条** 质押担保的范围包括主债权及利息、违约金、损害赔偿金、质物保管费用和实现质权的费用。质押合同另有约定的,按照约定。 **第八十一条** 权利质押除适用本节规定外,适用本章第一节的规定。 **第八十三条** 留置担保的范围包括主债权及利息、违约金、损害赔偿金,留置物保管费用和实现留置权的费用。

《民法典》及最新相关司法解释	相关内容
也就是说，当事人约定的担保物权的担保范围可以与前面规定的范围不同，如当事人可以约定抵押权的担保范围只限于主债权，损害赔偿金、实现担保物权的费用不包括利息。这也是意思自治原则在担保物权中的体现。	
第三百九十条　担保期间，担保财产毁损、灭失或者被征收等，担保物权人可以就获得的保险金、赔偿金或者补偿金等优先受偿。被担保债权的履行*期限*未届满的，也可以提存该保险金、赔偿金或者补偿金等。 **民法典担保制度解释第四十二条　抵押权依法设立后，抵押财产毁损、灭失或者被征收等，抵押权人请求按照原抵押权的顺位就保险金、赔偿金或者补偿金等优先受偿的，人民法院应予支持。** **给付义务人已经向抵押人给付了保险金、赔偿金或者补偿金，抵押权人请求给付义务人向其给付保险金、赔偿金或者补偿金的，人民法院不予支持，但是给付义务人接到抵押权人要求向其给付的通知后仍然向抵押人给付的除外。** **抵押权人请求给付义务人向其给付保险金、赔偿金或者补偿金的，人民法院可以通知抵押人作为第三人参加诉讼。** 注《民法典》第390条是关于担保物权物上代位性的规定。在担保财产毁损、灭失或被征收时，可能出现两种情况：一是担保物权人的债权已经到期或出现当事人约定的可以实现担保物权的情形。此时，担保物权人可立即在代位物上实现优先受偿权。二是担保物权人的债权还没有到期。此时代位物虽说是特定的，但毕竟已经货币化，担保物权人对其进行控制的可	**《物权法》(已废止)第一百七十四条**　担保期间，担保财产毁损、灭失或者被征收等，担保物权人可以就获得的保险金、赔偿金或者补偿金等优先受偿。被担保债权的履行*期*未届满的，也可以提存该保险金、赔偿金或者补偿金等。 **《担保法》(已废止)第五十八条**　抵押权因抵押物灭失而消灭。因灭失所得的赔偿金，应当作为抵押财产。 **第七十三条**　质权因质物灭失而消灭。因灭失所得的赔偿金，应当作为出质财产。 **担保法解释(已废止)第八十条**　在抵押物灭失、毁损或者被征用的情况下，抵押权人可以就该抵押物的保险金、赔偿金或者补偿金优先受偿。 抵押物灭失、毁损或者被征用的情况下，抵押权所担保的债权未届清偿期的，抵押权人可以请求人民法院对保险金、赔偿金或补偿金等采取保全措施。 **第九十六条**　本解释第五十七条、第六十二条、第六十四条、第七十一条、第七十二条、第七十三条、第七十四条、第八十条之规定，适用于动产质押。

《民法典》及最新相关司法解释	相关内容
能性降低，其到期实现债权的可能性也会降低，为保障担保物权人的债权得以实现，担保物权人可提前在代位物上实现自己的债权；如果担保物权人希望保留期限利益，也可不立即在代位物上实现担保物权，而等到债权履行期届满债务人不履行债务时再在代位物上优先受偿。担保人可以自己或应担保物权人的要求向提存机构提存该保险金、赔偿金或者补偿金等。	
第三百九十一条 第三人提供担保，未经其书面同意，债权人允许债务人转移全部或者部分债务的，担保人不再承担相应的担保责任。	**《物权法》（已废止）第一百七十五条** 第三人提供担保，未经其书面同意，债权人允许债务人转移全部或者部分债务的，担保人不再承担相应的担保责任。
第三百九十二条 被担保的债权既有物的担保又有人的担保的，债务人不履行到期债务或者发生当事人约定的实现担保物权的情形，债权人应当按照约定实现债权；没有约定或者约定不明确，债务人自己提供物的担保的，债权人应当先就该物的担保实现债权；第三人提供物的担保的，债权人可以就物的担保实现债权，也可以*请求*保证人承担保证责任。提供担保的第三人承担担保责任后，有权向债务人追偿。 **民法典担保制度解释第十八条 承担了担保责任或者赔偿责任的担保人，在其承担责任的范围内向债务人追偿的，人民法院应予支持。** **同一债权既有债务人自己提供的物的担保，又有第三人提供的担保，承担了担保责任或者赔偿责任的第三人，主张行使债权人对债务人享有的担保物权的，人民法院应予支持。**	**《物权法》（已废止）第一百七十六条** 被担保的债权既有物的担保又有人的担保的，债务人不履行到期债务或者发生当事人约定的实现担保物权的情形，债权人应当按照约定实现债权；没有约定或者约定不明确，债务人自己提供物的担保的，债权人应当先就该物的担保实现债权；第三人提供物的担保的，债权人可以就物的担保实现债权，也可以*要求*保证人承担保证责任。提供担保的第三人承担担保责任后，有权向债务人追偿。 **《担保法》（已废止）第二十八条** 同一债权既有保证又有物的担保的，保证人对物的担保以外的债权承担保证责任。 债权人放弃物的担保的，保证人在债权人放弃权利的范围内免除保证责任。 **第五十七条** 为债务人抵押担保的第三人，在抵押权人实现抵押权后，有权向债务人追偿。

《民法典》及最新相关司法解释	相关内容
民诉法解释(2020)第三百六十五条 依照民法典第三百九十二条的规定，被担保的债权既有物的担保又有人的担保，当事人对实现担保物权的顺序有约定，实现担保物权的申请违反该约定的，人民法院裁定不予受理；没有约定或者约定不明的，人民法院应当受理。 注《民法典》第392条是关于物的担保和人的担保的关系的规定。实践中，对同一债权，还可能出现债务人和第三人均提供了物的担保，还有第三人提供人的担保的情形。在这种情况下，是否要求债权人先行使债务人的物的担保？无论是从公平的角度，还是从防止日后追索权的烦琐、节约成本的角度，债权人应当先行使债务人提供的物的担保，再行使第三人提供的物的担保，否则保证人可以有抗辩权。 在物保与人保并存的情况下，债权人直接通过人保实现债权，债务人是否构成不当得利？根据民法典担保制度解释第18条第2款，不属于不当得利，而是按照第三人代为履行处理，赋予第三人债权人地位。	**第七十二条**　为债务人质押担保的第三人，在质权人实现质权后，有权向债务人追偿。 **担保法解释（已废止）第三十八条** 同一债权既有保证又有第三人提供物的担保的，债权人可以请求保证人或者物的担保人承担担保责任。当事人对保证担保的范围或者物的担保的范围没有约定或者约定不明的，承担了担保责任的担保人，可以向债务人追偿，也可以要求其他担保人清偿其应当分担的份额。 同一债权既有保证又有物的担保的，物的担保合同被确认无效或者被撤销，或者担保物因不可抗力的原因灭失而没有代位物的，保证人仍应当按合同的约定或者法律的规定承担保证责任。 债权人在主合同履行期届满后怠于行使担保物权，致使担保物的价值减少或者毁损、灭失的，视为债权人放弃部分或者全部物的担保。保证人在债权人放弃权利的范围内减轻或者免除保证责任。
第三百九十三条　有下列情形之一的，担保物权消灭： （一）主债权消灭； （二）担保物权实现； （三）债权人放弃担保物权； （四）法律规定担保物权消灭的其他情形。	**《物权法》（已废止）第一百七十七条** 有下列情形之一的，担保物权消灭： （一）主债权消灭； （二）担保物权实现； （三）债权人放弃担保物权； （四）法律规定担保物权消灭的其他情形。

《民法典》及最新相关司法解释	相关内容
第十七章　抵押权	
第一节　一般抵押权	
第三百九十四条　为担保债务的履行,债务人或者第三人不转移财产的占有,将该财产抵押给债权人的,债务人不履行到期债务或者发生当事人约定的实现抵押权的情形,债权人有权就该财产优先受偿。 前款规定的债务人或者第三人为抵押人,债权人为抵押权人,提供担保的财产为抵押财产。 注 实现抵押权应当具备以下条件之一:(1)债务清偿期满债务人不履行义务。清偿期未满,抵押权人无权拍卖抵押财产优先受偿。(2)发生当事人约定的实现抵押权的情形,比如,债权人与债务人约定贷款只能用于教学大楼建设,但债务人改变贷款用途的,其应归还已贷出款项;不能归还的,债权人可以拍卖债务人的抵押财产,就卖得的价款优先受偿。当双方约定的实现抵押权的条件成就,即使债务清偿期没有届满,抵押权人也有权拍卖、变卖抵押财产优先受偿。	**《物权法》(已废止)第一百七十九条**　为担保债务的履行,债务人或者第三人不转移财产的占有,将该财产抵押给债权人的,债务人不履行到期债务或者发生当事人约定的实现抵押权的情形,债权人有权就该财产优先受偿。 前款规定的债务人或者第三人为抵押人,债权人为抵押权人,提供担保的财产为抵押财产。 **《担保法》(已废止)第三十三条**　本法所称抵押,是指债务人或者第三人不转移对本法第三十四条所列财产的占有,将该财产作为债权的担保。债务人不履行债务时,债权人有权依照本法规定以该财产折价或者以拍卖、变卖该财产的价款优先受偿。 前款规定的债务人或者第三人为抵押人,债权人为抵押权人,提供担保的财产为抵押物。 **担保法解释(已废止)第五十一条**　抵押人所担保的债权超出其抵押物价值的,超出的部分不具有优先受偿的效力。 **第六十二条**　抵押物因附合、混合或者加工使抵押物的所有权为第三人所有的,抵押权的效力及于补偿金;抵押物所有人为附合物、混合物或者加工物的所有人的,抵押权的效力及于附合物、混合物或者加工物;第三人与抵押物所有人为附合物、混合物或者加工物的共有人的,抵押权的效力及于抵押人对共有物享有的份额。

《民法典》及最新相关司法解释	相关内容
	第六十三条　抵押权设定前为抵押物的从物的，抵押权的效力及于抵押物的从物。但是，抵押物与其从物为两个以上的人分别所有时，抵押权的效力不及于抵押物的从物。 **第七十九条**　同一财产法定登记的抵押权与质权并存时，抵押权人优先于质权人受偿。 同一财产抵押权与留置权并存时，留置权人优先于抵押权人受偿。
第三百九十五条　债务人或者第三人有权处分的下列财产可以抵押： （一）建筑物和其他土地附着物； （二）建设用地使用权； （三）**海域使用权**； （四）生产设备、原材料、半成品、产品； （五）正在建造的建筑物、船舶、航空器； （六）交通运输工具； （七）法律、行政法规未禁止抵押的其他财产。 抵押人可以将前款所列财产一并抵押。	**《物权法》（已废止）第一百八十条**　债务人或者第三人有权处分的下列财产可以抵押： （一）建筑物和其他土地附着物； （二）建设用地使用权； （三）~~以招标、拍卖、公开协商等方式取得的荒地等土地承包经营权~~； （四）生产设备、原材料、半成品、产品； （五）正在建造的建筑物、船舶、航空器； （六）交通运输工具； （七）法律、行政法规未禁止抵押的其他财产。 抵押人可以将前款所列财产一并抵押。 **《担保法》（已废止）第三十四条**　下列财产可以抵押： （一）抵押人所有的房屋和其他地上定着物； （二）抵押人所有的机器、交通运输工具和其他财产； （三）抵押人依法有权处分的国有的土地使用权、房屋和其他地上定着物；

《民法典》及最新相关司法解释	相关内容
	(四)抵押人依法有权处分的国有的机器、交通运输工具和其他财产; (五)抵押人依法承包并经发包方同意抵押的荒山、荒沟、荒丘、荒滩等荒地的土地使用权; (六)依法可以抵押的其他财产。 抵押人可以将前款所列财产一并抵押。
第三百九十六条 企业、个体工商户、农业生产经营者可以将现有的以及将有的生产设备、原材料、半成品、产品抵押,债务人不履行到期债务或者发生当事人约定的实现抵押权的情形,债权人有权就*抵押财产确定时*的动产优先受偿。 注 就浮动抵押财产范围的确定,本条将《物权法》(已废止)规定的"实现抵押时"改为"抵押财产确定时",值得关注。	**《物权法》(已废止)第一百八十一条** ~~经当事人书面协议,~~企业、个体工商户、农业生产经营者可以将现有的以及将有的生产设备、原材料、半成品、产品抵押,债务人不履行到期债务或者发生当事人约定的实现抵押权的情形,债权人有权就*实现抵押权时*的动产优先受偿。
第三百九十七条 以建筑物抵押的,该建筑物占用范围内的建设用地使用权一并抵押。以建设用地使用权抵押的,该土地上的建筑物一并抵押。 抵押人未依据前款规定一并抵押的,未抵押的财产视为一并抵押。 **民法典担保制度解释第五十一条 当事人仅以建设用地使用权抵押,债权人主张抵押权的效力及于土地上已有的建筑物以及正在建造的建筑物已完成部分的,人民法院应予支持。债权人主张抵押权的效力及于正在建造的建筑物的续建部分以及新增建筑物的,人民法院不予支持。**	**《物权法》(已废止)第一百八十二条** 以建筑物抵押的,该建筑物占用范围内的建设用地使用权一并抵押。以建设用地使用权抵押的,该土地上的建筑物一并抵押。 抵押人未依照前款规定一并抵押的,未抵押的财产视为一并抵押。 **《担保法》(已废止)第三十六条第一款、第二款** 以依法取得的国有土地上的房屋抵押的,该房屋占用范围内的国有土地使用权同时抵押。 以出让方式取得的国有土地使用权抵押的,应当将抵押时该国有土地上的房屋同时抵押。

《民法典》及最新相关司法解释	相关内容
当事人以正在建造的建筑物抵押，抵押权的效力范围限于已办理抵押登记的部分。当事人按照担保合同的约定，主张抵押权的效力及于续建部分、新增建筑物以及规划中尚未建造的建筑物的，人民法院不予支持。 **抵押人将建设用地使用权、土地上的建筑物或者正在建造的建筑物分别抵押给不同债权人的，人民法院应当根据抵押登记的时间先后确定清偿顺序。**	
第三百九十八条　乡镇、村企业的建设用地使用权不得单独抵押。以乡镇、村企业的厂房等建筑物抵押的，其占用范围内的建设用地使用权一并抵押。 注 虽允许乡镇、村企业的建设用地使用权随厂房等建筑物一并抵押，但对实现抵押权后土地的性质和用途做了限制。本法第418条规定，以集体所有土地的使用权依法抵押的，实现抵押权后，未经法定程序，不得改变土地所有权的性质和土地用途。也就是说，即使乡镇、村企业的建设用地使用权随其厂房等建筑物被拍卖了，受让的土地仍然属于农村集体所有。如果该土地原为工业用途，未经有关部门批准，买受人不能将该土地用于商业、旅游和住宅建设。	**《物权法》(已废止)第一百八十三条**　乡镇、村企业的建设用地使用权不得单独抵押。以乡镇、村企业的厂房等建筑物抵押的，其占用范围内的建设用地使用权一并抵押。 **《担保法》(已废止)第三十六条第三款**　乡(镇)、村企业的土地使用权不得单独抵押。以乡(镇)、村企业的厂房等建筑物抵押的，其占用范围内的土地使用权同时抵押。
第三百九十九条　下列财产不得抵押： (一)土地所有权； (二)宅基地、自留地、自留山等集体所有土地的使用权，但是法律规定可以抵押的除外； (三)学校、幼儿园、医疗**机构**等为公	**《物权法》(已废止)第一百八十四条**　下列财产不得抵押： (一)土地所有权； (二)~~耕地、~~宅基地、自留地、自留山等集体所有的土地使用权，但法律规定可以抵押的除外；

《民法典》及最新相关司法解释	相关内容
益目的*成立的非营利法人*的教育设施、医疗卫生设施和其他公益设施； （四）所有权、使用权不明或者有争议的财产； （五）依法被查封、扣押、监管的财产； （六）法律、行政法规规定不得抵押的其他财产。 **民法典担保制度解释第三十七条　当事人以所有权、使用权不明或者有争议的财产抵押，经审查构成无权处分的，人民法院应当依照民法典第三百一十一条的规定处理。** **当事人以依法被查封或者扣押的财产抵押，抵押权人请求行使抵押权，经审查查封或者扣押措施已经解除的，人民法院应予支持。抵押人以抵押权设立时财产被查封或者扣押为由主张抵押合同无效的，人民法院不予支持。** **以依法被监管的财产抵押的，适用前款规定。** **第四十九条　以违法的建筑物抵押的，抵押合同无效，但是一审法庭辩论终结前已经办理合法手续的除外。抵押合同无效的法律后果，依照本解释第十七条的有关规定处理。** **当事人以建设用地使用权依法设立抵押，抵押人以土地上存在违法的建筑物为由主张抵押合同无效的，人民法院不予支持。** **第五十条　抵押人以划拨建设用地上的建筑物抵押，当事人以该建设用地使用权不能抵押或者未办理批准手续为由主张抵押合同无效或者不生效的，人**	（三）学校、幼儿园、医院等*以*公益为目的的*事业单位*、*社会团体*的教育设施、医疗卫生设施和其他~~社会~~公益设施； （四）所有权、使用权不明或者有争议的财产； （五）依法被查封、扣押、监管的财产； （六）法律、行政法规规定不得抵押的其他财产。

《民法典》及最新相关司法解释	相关内容
民法院不予支持。抵押权依法实现时，拍卖、变卖建筑物所得的价款，应当优先用于补缴建设用地使用权出让金。 **当事人以划拨方式取得的建设用地使用权抵押，抵押人以未办理批准手续为由主张抵押合同无效或者不生效的，人民法院不予支持。已经依法办理抵押登记，抵押权人主张行使抵押权的，人民法院应予支持。抵押权依法实现时所得的价款，参照前款有关规定处理。** 注《民法典》第399条删去《物权法》（已废止）中的“耕地”的土地使用权不得抵押的规定，是为了与土地经营权流转规定相一致。民法典担保制度解释第49条一方面依循旧规，将违法建筑抵押合同认定为无效，同时给予事后补正机会；另一方面，明确土地上存在违法建筑的，不影响以建设用地使用权设立抵押合同的效力。	
第四百条　设立抵押权，当事人应当采用书面形式订立抵押合同。 抵押合同一般包括下列条款： （一）被担保债权的种类和数额； （二）债务人履行债务的期限； （三）抵押财产的名称、数量等*情况*； （四）担保的范围。	**《物权法》（已废止）第一百八十五条**　设立抵押权，当事人应当采取书面形式订立抵押合同。 抵押合同一般包括下列条款： （一）被担保债权的种类和数额； （二）债务人履行债务的期限； （三）抵押财产的名称、数量、*质量、状况、所在地、所有权归属或者使用权归属*； （四）担保的范围。 **《担保法》（已废止）第三十八条**　抵押人和抵押权人应当以书面形式订立抵押合同。 **第三十九条**　抵押合同应当包括以下内容： （一）被担保的主债权种类、数额； （二）债务人履行债务的期限； （三）抵押物的名称、数量、质量、状况、所在地、所有权权属或者使用权权属；

《民法典》及最新相关司法解释	相关内容
	（四）抵押担保的范围； （五）当事人认为需要约定的其他事项。 抵押合同不完全具备前款规定内容的，可以补正。 **担保法解释（已废止）第五十六条** 抵押合同对被担保的主债权种类、抵押财产没有约定或者约定不明，根据主合同和抵押合同不能补正或者无法推定的，抵押不成立。 法律规定登记生效的抵押合同签订后，抵押人违背诚实信用原则拒绝办理抵押登记致使债权人受到损失的，抵押人应当承担赔偿责任。
第四百零一条 抵押权人在债务履行期限届满前，*与抵押人约定债务人不履行到期债务时抵押财产归债权人所有的，只能依法就抵押财产优先受偿。* **民法典时间效力规定第七条 民法典施行前，当事人在债务履行期限届满前约定债务人不履行到期债务时抵押财产或者质押财产归债权人所有的，适用民法典第四百零一条和第四百二十八条的规定。** 注 相较于《物权法》（已废止）就“禁止流押”做的“不得……”规定，本条并未直接规定“不得……”，而是规定“……只能依法就抵押财产优先受偿”。这样规定，既可以表明不鼓励甚至禁止的意义，同时也在借鉴担保法解释（已废止）的基础上言明了法律后果。另需说明，本条规定的禁止流押约定只限定在债务履行期间届满前，债务履行期届满债务人不履行债务的，抵押权人可以与抵押人协议将抵押财产折价归抵押权人所有。	**《物权法》（已废止）第一百八十六条** 抵押权人在债务履行期届满前，*不得与抵押人约定债务人不履行到期债务时抵押财产归债权人所有。* **《担保法》（已废止）第四十条** 订立抵押合同时，抵押权人和抵押人在合同中不得约定在债务履行期届满抵押权人未受清偿时，抵押物的所有权转移为债权人所有。 **担保法解释（已废止）第五十七条** 当事人在抵押合同中约定，债务履行期届满抵押权人未受清偿时，抵押物的所有权转移为债权人所有的内容无效。该内容的无效不影响抵押合同其他部分内容的效力。 债务履行期届满后抵押权人未受清偿时，抵押权人和抵押人可以协议以抵押物折价取得抵押物。但是，损害顺序在后的担保物权人和其他债权人利益的，人民法院可以适用合同法第七十四条、第七十五条的有关规定。

《民法典》及最新相关司法解释	相关内容
第四百零二条　以*本法第三百九十五条*第一款第一项至第三项规定的财产或者第五项规定的正在建造的建筑物抵押的，应当办理抵押登记。抵押权自登记时设立。	**《物权法》(已废止)第一百八十七条**　以*本法第一百八十条*第一款第一项至第三项规定的财产或者第五项规定的正在建造的建筑物抵押的，应当办理抵押登记。抵押权自登记时设立。 **担保法解释(已废止)第五十八条**　当事人同一天在不同的法定登记部门办理抵押物登记的，视为顺序相同。 因登记部门的原因致使抵押物进行连续登记的，抵押物第一次登记的日期，视为抵押登记的日期，并依此确定抵押权的顺序。 **第五十九条**　当事人办理抵押物登记手续时，因登记部门的原因致使其无法办理抵押物登记，抵押人向债权人交付权利凭证的，可以认定债权人对该财产有优先受偿权。但是，未办理抵押物登记的，不得对抗第三人。 **第六十条**　以担保法第四十二条第(二)项规定的不动产抵押的，县级以上地方人民政府对登记部门未作规定，当事人在土地管理部门或者房产管理部门办理了抵押物登记手续，人民法院可以确认其登记的效力。 **第六十一条**　抵押物登记记载的内容与抵押合同约定的内容不一致的，以登记记载的内容为准。
第四百零三条　以*动产*抵押的，抵押权自抵押合同生效时设立；未经登记，不得对抗善意第三人。 **《国务院关于实施动产和权利担保统一登记的决定》**　**一、自2021年1月1日起，在全国范围内实施动产和权利担保统一登记。**	**《物权法》(已废止)第一百八十八条**　以*本法第一百八十条第一款第四项、第六项规定的财产或者第五项规定的正在建造的船舶、航空器*抵押的，抵押权自抵押合同生效时设立；未经登记，不得对抗善意第三人。

《民法典》及最新相关司法解释	相关内容
二、纳入动产和权利担保统一登记范围的担保类型包括: (一)生产设备、原材料、半成品、产品抵押; (二)应收账款质押; (三)存款单、仓单、提单质押; (四)融资租赁; (五)保理; (六)所有权保留; (七)其他可以登记的动产和权利担保,但机动车抵押、船舶抵押、航空器抵押、债券质押、基金份额质押、股权质押、知识产权中的财产权质押除外。 三、纳入统一登记范围的动产和权利担保,由当事人通过中国人民银行征信中心(以下简称征信中心)动产融资统一登记公示系统自主办理登记,并对登记内容的真实性、完整性和合法性负责。登记机构不对登记内容进行实质审查。 民法典担保制度解释第五十四条　动产抵押合同订立后未办理抵押登记,动产抵押权的效力按照下列情形分别处理: (一)抵押人转让抵押财产,受让人占有抵押财产后,抵押权人向受让人请求行使抵押权的,人民法院不予支持,但是抵押权人能够举证证明受让人知道或者应当知道已经订立抵押合同的除外; (二)抵押人将抵押财产出租给他人并移转占有,抵押权人行使抵押权的,租赁关系不受影响,但是抵押权人能够举证证明承租人知道或者应当知道已经订立抵押合同的除外;	

《民法典》及最新相关司法解释	相关内容
（三）抵押人的其他债权人向人民法院申请保全或者执行抵押财产，人民法院已经作出财产保全裁定或者采取执行措施，抵押权人主张对抵押财产优先受偿的，人民法院不予支持； **（四）抵押人破产，抵押权人主张对抵押财产优先受偿的，人民法院不予支持。** 注《民法典》第403条将《物权法》（已废止）第188条规定的“以本法第一百八十条第一款第四项、第六项规定的财产或者第五项规定的正在建造的船舶、航空器”统一为“动产”，值得注意。据此，动产抵押不以登记为生效条件，而是自抵押合同生效时设立。但办理与不办理抵押登记的法律后果是不同的，未办理抵押登记的，不得对抗善意第三人。 民法典担保制度解释第54条规定的第一种和第二种情形属于不得对抗善意第三人的应有之义，改变了以往司法解释的态度。另外，第三种和第四种情形分别针对法院已作出财产保全裁定或采取执行措施、抵押人破产的情形，为保护司法的权威性或债权人受偿的公平性，此时需否认抵押权人的优先受偿权。	
第四百零四条　以*动产*抵押的，不得对抗正常经营活动中已经支付合理价款并取得抵押财产的买受人。 注 为保持与上一条内容的统一，本条删除了《物权法》（已废止）第189条第1款的内容。	**《物权法》（已废止）第一百八十九条**　~~企业、个体工商户、农业生产经营者以本法第一百八十一条规定的动产抵押的，应当向抵押人住所地的工商行政管理部门办理登记。抵押权自抵押合同生效时设立；未经登记，不得对抗善意第三人。~~ 依照*本法第一百八十一条规定*抵押的，不得对抗正常经营活动中已支付合理价款并取得抵押财产的买受人。

《民法典》及最新相关司法解释	相关内容
第四百零五条　*抵押权设立*前，抵押财产已经出租**并转移占有**的，原租赁关系不受该抵押权的影响。 注 相较于《物权法》(已废止)第190条，本条将“订立抵押合同”变为“抵押权设立”，增加“转移占有”的内容，同时删除后半部分内容。如此变动，可以说对抵押权方和租赁方的要求都更加严格了。	**《物权法》(已废止)第一百九十条**　*订立抵押合同*前抵押财产已出租的，原租赁关系不受该抵押权的影响。~~抵押权设立后抵押财产出租的，该租赁关系不得对抗已登记的抵押权~~。 **《担保法》(已废止)第四十八条**　抵押人将已出租的财产抵押的，应当书面告知承租人，原租赁合同继续有效。 **担保法解释(已废止)第六十五条**　抵押人将已出租的财产抵押的，抵押权实现后，租赁合同在有效期内对抵押物的受让人继续有效。 **第六十六条**　抵押人将已抵押的财产出租的，抵押权实现后，租赁合同对受让人不具有约束力。 抵押人将已抵押的财产出租时，如果抵押人未书面告知承租人该财产已抵押的，抵押人对出租抵押物造成承租人的损失承担赔偿责任；如果抵押人已书面告知承租人该财产已抵押的，抵押权实现造成承租人的损失，由承租人自己承担。
第四百零六条　抵押期间，**抵押人可以转让抵押财产。当事人另有约定的，按照其约定。抵押财产转让的，抵押权不受影响。** 抵押人转让抵押财产的，**应当及时通知抵押权人**。*抵押权人能够证明抵押*	**《物权法》(已废止)第一百九十一条**　抵押期间，抵押人~~经抵押权人同意~~转让抵押财产的，*应当将转让所得的价款向抵押权人提前清偿债务或者提存*。转让的价款超过债权数额的部分归抵押人所有，不足部分由债务人清偿。

《民法典》及最新相关司法解释	相关内容
*财产转让可能损害抵押权的，可以请求抵押人将转让所得的价款向抵押权人提前清偿债务或者提存。*转让的价款超过债权数额的部分归抵押人所有，不足部分由债务人清偿。 **民法典担保制度解释第四十三条　当事人约定禁止或者限制转让抵押财产但是未将约定登记，抵押人违反约定转让抵押财产，抵押权人请求确认转让合同无效的，人民法院不予支持；抵押财产已经交付或者登记，抵押权人请求确认转让不发生物权效力的，人民法院不予支持，但是抵押权人有证据证明受让人知道的除外；抵押权人请求抵押人承担违约责任的，人民法院依法予以支持。** **当事人约定禁止或者限制转让抵押财产且已经将约定登记，抵押人违反约定转让抵押财产，抵押权人请求确认转让合同无效的，人民法院不予支持；抵押财产已经交付或者登记，抵押权人主张转让不发生物权效力的，人民法院应予支持，但是因受让人代替债务人清偿债务导致抵押权消灭的除外。** 注《民法典》物权编更改了抵押期间转让抵押财产的规则，由“经抵押权人同意”变为“通知抵押人”。此项修改使抵押财产的流通更为便捷。但对于抵押权人而言，其权益保护并不如原规定周全。（1）《物权法》（已废止）规定抵押期间抵押人拟转让抵押财产需要经抵押权人同意，否则不得转让，并且需要将所得价款向抵押权人提前清偿债务或者提存。（2）《民法典》物权编则不要求经抵押权人同意，仅需通知即可；抵押财产转让的，抵押权不受影响，	~~抵押期间，抵押人未经抵押权人同意，不得转让抵押财产，但受让人代为清偿债务消灭抵押权的除外~~。 **担保法解释（已废止）第六十七条**　抵押权存续期间，抵押人转让抵押物未通知抵押权人或者未告知受让人的，如果抵押物已经登记的，抵押权人仍可以行使抵押权；取得抵押物所有权的受让人，可以代替债务人清偿其全部债务，使抵押权消灭。受让人清偿债务后可以向抵押人追偿。 如果抵押物未经登记的，抵押权不得对抗受让人，因此给抵押权人造成损失的，由抵押人承担赔偿责任。 **第六十八条**　抵押物依法被继承或者赠与的，抵押权不受影响。

《民法典》及最新相关司法解释	相关内容
但如抵押权人能够证明抵押财产转让可能损害抵押权的，可要求抵押人将转让所得的价款向抵押权人提前清偿债务或提存。	
第四百零七条 抵押权不得与债权分离而单独转让或者作为其他债权的担保。债权转让的，担保该债权的抵押权一并转让，但是法律另有规定或者当事人另有约定的除外。 注 此处所讲的抵押权不得与债权分离而单独转让，是指抵押权人不得将抵押权单独让与他人而自己保留债权。	**《物权法》（已废止）第一百九十二条** 抵押权不得与债权分离而单独转让或者作为其他债权的担保。债权转让的，担保该债权的抵押权一并转让，但法律另有规定或者当事人另有约定的除外。 **《担保法》（已废止）第五十条** 抵押权不得与债权分离而单独转让或者作为其他债权的担保。 **担保法解释（已废止）第七十一条** 主债权未受全部清偿的，抵押权人可以就抵押物的全部行使其抵押权。 抵押物被分割或者部分转让的，抵押权人可以就分割或者转让后的抵押物行使抵押权。 **第七十二条** 主债权被分割或者部分转让的，各债权人可以就其享有的债权份额行使抵押权。 主债务被分割或者部分转让的，抵押人仍以其抵押物担保数个债务人履行债务。但是，第三人提供抵押的，债权人许可债务人转让债务未经抵押人书面同意的，抵押人对未经其同意转让的债务，不再承担担保责任。
第四百零八条 抵押人的行为足以使抵押财产价值减少的，抵押权人有权请求抵押人停止其行为；抵押财产价值减少的，抵押权人有权*请求*恢复抵押财产的价值，或者提供与减少的价值相应的担保。抵押人不恢复抵押财产的价值，也不提供担保的，抵押权人有权*请求*债务人提前清偿债务。	**《物权法》（已废止）第一百九十三条** 抵押人的行为足以使抵押财产价值减少的，抵押权人有权要求抵押人停止其行为。抵押财产价值减少的，抵押权人有权*要求*恢复抵押财产的价值，或者提供与减少的价值相应的担保。抵押人不恢复抵押财产的价值也不提供担保的，抵押权人有权*要求*债务人提前清偿债务。

《民法典》及最新相关司法解释	相关内容
民法典时间效力规定第七条　民法典施行前，当事人在债务履行期限届满前约定债务人不履行到期债务时抵押财产或者质押财产归债权人所有的，适用民法典第四百零一条和第四百二十八条的规定。	**《担保法》（已废止）第五十一条**　抵押人的行为足以使抵押物价值减少的，抵押权人有权要求抵押人停止其行为。抵押物价值减少时，抵押权人有权要求抵押人恢复抵押物的价值，或者提供与减少的价值相当的担保。 抵押人对抵押物价值减少无过错的，抵押权人只能在抵押人因损害而得到的赔偿范围内要求提供担保。抵押物价值未减少的部分，仍作为债权的担保。
第四百零九条　抵押权人可以放弃抵押权或者抵押权的顺位。抵押权人与抵押人可以协议变更抵押权顺位以及被担保的债权数额等内容。但是，抵押权的变更未经其他抵押权人书面同意的，不得对其他抵押权人产生不利影响。 债务人以自己的财产设定抵押，抵押权人放弃该抵押权、抵押权顺位或者变更抵押权的，其他担保人在抵押权人丧失优先受偿权益的范围内免除担保责任，但是其他担保人承诺仍然提供担保的除外。	**《物权法》（已废止）第一百九十四条**　抵押权人可以放弃抵押权或者抵押权的顺位。抵押权人与抵押人可以协议变更抵押权顺位以及被担保的债权数额等内容，但抵押权的变更，未经其他抵押权人书面同意，不得对其他抵押权人产生不利影响。 债务人以自己的财产设定抵押，抵押权人放弃该抵押权、抵押权顺位或者变更抵押权的，其他担保人在抵押权人丧失优先受偿权益的范围内免除担保责任，但其他担保人承诺仍然提供担保的除外。 **《担保法》（已废止）第二十八条**　同一债权既有保证又有物的担保的，保证人对物的担保以外的债权承担保证责任。 债权人放弃物的担保的，保证人在债权人放弃权利的范围内免除保证责任。 **担保法解释（已废止）第三十八条第三款**　债权人在主合同履行期届满后怠于行使担保物权，致使担保物的价值减少或者毁损、灭失的，视为债权人放弃部分或者全部物的担保。保证人在债权人放弃权利的范围内减轻或者免除保证责任。

《民法典》及最新相关司法解释	相关内容
	第七十五条第一款 同一债权有两个以上抵押人的,债权人放弃债务人提供的抵押担保的,其他抵押人可以请求人民法院减轻或者免除其应当承担的担保责任。 **第七十七条** 同一财产向两个以上债权人抵押的,顺序在先的抵押权与该财产的所有权归属一人时,该财产的所有权人可以以其抵押权对抗顺序在后的抵押权。 **第一百二十三条** 同一债权上数个担保物权并存时,债权人放弃债务人提供的物的担保的,其他担保人在其放弃权利的范围内减轻或者免除担保责任。
第四百一十条 债务人不履行到期债务或者发生当事人约定的实现抵押权的情形,抵押权人可以与抵押人协议以抵押财产折价或者以拍卖、变卖该抵押财产所得的价款优先受偿。协议损害其他债权人利益的,其他债权人可以请求人民法院撤销该协议。 抵押权人与抵押人未就抵押权实现方式达成协议的,抵押权人可以请求人民法院拍卖、变卖抵押财产。 抵押财产折价或者变卖的,应当参照市场价格。 **民法典担保制度解释第四十五条 当事人约定当债务人不履行到期债务或者发生当事人约定的实现担保物权的情形,担保物权人有权将担保财产自行拍卖、变卖并就所得的价款优先受偿的,该约定有效。因担保人的原因导致担保物权人无法自行对担保财产进行拍卖、变**	**《物权法》(已废止)第一百九十五条** 债务人不履行到期债务或者发生当事人约定的实现抵押权的情形,抵押权人可以与抵押人协议以抵押财产折价或者以拍卖、变卖该抵押财产所得的价款优先受偿。协议损害其他债权人利益的,其他债权人可以~~在知道或者应当知道撤销事由之日起一年内~~请求人民法院撤销该协议。 抵押权人与抵押人未就抵押权实现方式达成协议的,抵押权人可以请求人民法院拍卖、变卖抵押财产。 抵押财产折价或者变卖的,应当参照市场价格。 **《担保法》(已废止)第五十三条** 债务履行期届满抵押权人未受清偿的,可以与抵押人协议以抵押物折价或者以拍卖、变卖该抵押物所得的价款受偿;协议不成的,抵押权人可以向人民法院提起诉讼。

《民法典》及最新相关司法解释	相关内容
卖，担保物权人请求担保人承担因此增加的费用的，人民法院应予支持。 **当事人依照民事诉讼法有关"实现担保物权案件"的规定，申请拍卖、变卖担保财产，被申请人以担保合同约定仲裁条款为由主张驳回申请的，人民法院经审查后，应当按照以下情形分别处理：** **（一）当事人对担保物权无实质性争议且实现担保物权条件已经成就的，应当裁定准许拍卖、变卖担保财产；** **（二）当事人对实现担保物权有部分实质性争议的，可以就无争议的部分裁定准许拍卖、变卖担保财产，并告知可以就有争议的部分申请仲裁；** **（三）当事人对实现担保物权有实质性争议的，裁定驳回申请，并告知可以向仲裁机构申请仲裁。** **债权人以诉讼方式行使担保物权的，应当以债务人和担保人作为共同被告。** 注《民法典》第410条删除了《物权法》（已废止）"在知道或者应当知道撤销事由之日起一年内"的规定，因《民法典》总则编对撤销权的行使已有详细规定。 民法典担保制度解释第45条明确了当事人间约定由担保物权人自行拍卖、变卖并就所得的价款优先受偿的有效性。	抵押物折价或者拍卖、变卖后，其价款超过债权数额的部分归抵押人所有，不足部分由债务人清偿。
第四百一十一条 *依据本法第三百九十六条*规定设定抵押的，抵押财产自下列情形之一发生时确定： （一）债务履行期限届满，债权未实现； （二）抵押人被宣告破产或者*解散*； （三）当事人约定的实现抵押权的情形； （四）严重影响债权实现的其他情形。	**《物权法》（已废止）第一百九十六条** *依照本法第一百八十一条*规定设定抵押的，抵押财产自下列情形之一发生时确定： （一）债务履行期届满，债权未实现； （二）抵押人被宣告破产或者*被撤销*； （三）当事人约定的实现抵押权的情形； （四）严重影响债权实现的其他情形。

《民法典》及最新相关司法解释	相关内容
第四百一十二条 债务人不履行到期债务或者发生当事人约定的实现抵押权的情形,致使抵押财产被人民法院依法扣押的,自扣押之日起,抵押权人有权收取该抵押财产的天然孳息或者法定孳息,但是抵押权人未通知应当清偿法定孳息义务人的除外。 前款规定的孳息应当先充抵收取孳息的费用。 注 抵押权的效力及于抵押财产的孳息必须具备两个条件:(1)必须是抵押财产被扣押后,抵押权人才能收取其孳息;(2)抵押财产被扣押后,抵押权人已经通知应当给付法定孳息的义务人。因法定孳息如租金的取得取决于义务人的给付行为,通常情况下义务人负有向抵押人给付孳息的义务,如果抵押权人未将扣押事实通知义务人,义务人就无法将孳息交付给抵押权人,抵押权的效力也就无法及于该孳息。	**《物权法》(已废止)第一百九十七条** 债务人不履行到期债务或者发生当事人约定的实现抵押权的情形,致使抵押财产被人民法院依法扣押的,自扣押之日起抵押权人有权收取该抵押财产的天然孳息或者法定孳息,但抵押权人未通知应当清偿法定孳息的义务人的除外。 前款规定的孳息应当先充抵收取孳息的费用。 **《担保法》(已废止)第四十七条** 债务履行期届满,债务人不履行债务致使抵押物被人民法院依法扣押的,自扣押之日起抵押权人有权收取由抵押物分离的天然孳息以及抵押人就抵押物可以收取的法定孳息。抵押权人未将扣押抵押物的事实通知应当清偿法定孳息的义务人的,抵押权的效力不及于该孳息。 前款孳息应当先充抵收取孳息的费用。 **担保法解释(已废止)第六十四条** 债务履行期届满,债务人不履行债务致使抵押物被人民法院依法扣押的,自扣押之日起抵押权人收取的由抵押物分离的天然孳息和法定孳息,按照下列顺序清偿: (一)收取孳息的费用; (二)主债权的利息; (三)主债权。
第四百一十三条 抵押财产折价或者拍卖、变卖后,其价款超过债权数额的部分归抵押人所有,不足部分由债务人清偿。	**《物权法》(已废止)第一百九十八条** 抵押财产折价或者拍卖、变卖后,其价款超过债权数额的部分归抵押人所有,不足部分由债务人清偿。 **《担保法》(已废止)第五十三条第二款** 抵押物折价或者拍卖、变卖后,其价款超过债权数额的部分归抵押人所有,不足部分由债务人清偿。

《民法典》及最新相关司法解释	相关内容
第四百一十四条　同一财产向两个以上债权人抵押的，拍卖、变卖抵押财产所得的价款依照下列规定清偿： （一）抵押权已经登记的，按照登记的**时间**先后*确定清偿顺序*； （二）抵押权已经登记的先于未登记的受偿； （三）抵押权未登记的，按照债权比例清偿。 **其他可以登记的担保物权，清偿顺序参照适用前款规定。** **《最高人民法院关于执行担保若干问题的规定》**（2020）**第七条第一款**　被执行人或者他人提供财产担保，可以依照民法典规定办理登记等担保物权公示手续；已经办理公示手续的，申请执行人可以依法主张优先受偿权。 注 相较于《物权法》（已废止），《民法典》第414条删除了登记的抵押权“顺序相同的，按照债权比例清偿”的规定，如此修改可能是基于实践中对于登记的顺序将具体到时分，不存在顺序相同的情形。此外，新增参照适用条款，明确其他担保物权的清偿顺序参照抵押权的规定。	**《物权法》（已废止）第一百九十九条**　同一财产向两个以上债权人抵押的，拍卖、变卖抵押财产所得的价款依照下列规定清偿： （一）抵押权已登记的，按照登记的先后*顺序清偿*~~；顺序相同的，按照债权比例清偿~~； （二）抵押权已登记的先于未登记的受偿； （三）抵押权未登记的，按照债权比例清偿。 **《担保法》（已废止）第五十四条**　同一财产向两个以上债权人抵押的，拍卖、变卖抵押物所得的价款按照以下规定清偿： （一）抵押合同以登记生效的，按照抵押物登记的先后顺序清偿；顺序相同的，按照债权比例清偿； （二）抵押合同自签订之日起生效的，该抵押物已登记的，按照本条第（一）项规定清偿；未登记的，按照合同生效时间的先后顺序清偿，顺序相同的，按照债权比例清偿。抵押物已登记的先于未登记的受偿。 **担保法解释（已废止）第七十六条**　同一动产向两个以上债权人抵押的，当事人未办理抵押物登记，实现抵押权时，各抵押权人按照债权比例受偿。 **第七十七条**　同一财产向两个以上债权人抵押的，顺序在先的抵押权与该财产的所有权归属一人时，该财产的所有权人可以以其抵押权对抗顺序在后的抵押权。

《民法典》及最新相关司法解释	相关内容
	第七十八条　同一财产向两个以上债权人抵押的，顺序在后的抵押权所担保的债权先到期的，抵押权人只能就抵押物价值超出顺序在先的抵押担保债权的部分受偿。 顺序在先的抵押权所担保的债权先到期的，抵押权实现后的剩余价款应予提存，留待清偿顺序在后的抵押担保债权。
第四百一十五条　同一财产既设立抵押权又设立质权的，拍卖、变卖该财产所得的价款按照登记、交付的时间先后确定清偿顺序。 注 本条为新增内容，明确了同一财产同时设立抵押权和质权的，按照登记、交付的时间先后确定清偿顺序，改变了担保法解释（已废止）第79条的规定。	**担保法解释（已废止）第七十九条**　同一财产法定登记的抵押权与质权并存时，抵押权人优先于质权人受偿。 同一财产抵押权与留置权并存时，留置权人优先于抵押权人受偿。
第四百一十六条　动产抵押担保的主债权是抵押物的价款，标的物交付后十日内办理抵押登记的，该抵押权人优先于抵押物买受人的其他担保物权人受偿，但是留置权人除外。 **民法典担保制度解释第五十七条**　担保人在设立动产浮动抵押并办理抵押登记后又购入或者以融资租赁方式承租新的动产，下列权利人为担保价款债权或者租金的实现而订立担保合同，并在该动产交付后十日内办理登记，主张其权利优先于在先设立的浮动抵押权的，人民法院应予支持： （一）在该动产上设立抵押权或者保留所有权的出卖人； （二）为价款支付提供融资而在该动产上设立抵押权的债权人；	

《民法典》及最新相关司法解释	相关内容
（三）以融资租赁方式出租该动产的出租人。 **买受人取得动产但未付清价款或者承租人以融资租赁方式占有租赁物但是未付清全部租金，又以标的物为他人设立担保物权，前款所列权利人为担保价款债权或者租金的实现而订立担保合同，并在该动产交付后十日内办理登记，主张其权利优先于买受人为他人设立的担保物权的，人民法院应予支持。** **同一动产上存在多个价款优先权的，人民法院应当按照登记的时间先后确定清偿顺序。** 注《民法典》第416条亦是新增条款，规定了动产抵押中交付的特殊对抗作用：交付后10日内办理抵押登记的优先受偿性。 民法典担保制度解释第57条认可了非典型担保。为解决交织非典型担保的优先效力问题，从平衡利益角度出发，对担保财产来源设立且在规定期限内登记的非典型担保的优先保护进行了明确。	
第四百一十七条　建设用地使用权抵押后，该土地上新增的建筑物不属于抵押财产。该建设用地使用权实现抵押权时，应当将该土地上新增的建筑物与建设用地使用权一并处分。但是，新增建筑物所得的价款，抵押权人无权优先受偿。 **民法典担保制度解释第五十一条　当事人仅以建设用地使用权抵押，债权人主张抵押权的效力及于土地上已有的建筑物以及正在建造的建筑物已完成部分的，人民法院应予支持。债权人主张抵押权的效力及于正在建造的建筑物的续建部分以及新增建筑物的，人民法院不予支持。**	**《物权法》（已废止）第二百条**　建设用地使用权抵押后，该土地上新增的建筑物不属于抵押财产。该建设用地使用权实现抵押权时，应当将该土地上新增的建筑物与建设用地使用权一并处分，但新增建筑物所得的价款，抵押权人无权优先受偿。 **《担保法》（已废止）第五十五条**　城市房地产抵押合同签订后，土地上新增的房屋不属于抵押物。需要拍卖该抵押的房地产时，可以依法将该土地上新增的房屋与抵押物一同拍卖，但对拍卖新增房屋所得，抵押权人无权优先受偿。 依照本法规定以承包的荒地的土地

《民法典》及最新相关司法解释	相关内容
当事人以正在建造的建筑物抵押，抵押权的效力范围限于已办理抵押登记的部分。当事人按照担保合同的约定，主张抵押权的效力及于续建部分、新增建筑物以及规划中尚未建造的建筑物的，人民法院不予支持。 **抵押人将建设用地使用权、土地上的建筑物或者正在建造的建筑物分别抵押给不同债权人的，人民法院应当根据抵押登记的时间先后确定清偿顺序。**	使用权抵押的，或者以乡(镇)、村企业的厂房等建筑物占用范围内的土地使用权抵押的，在实现抵押权后，未经法定程序不得改变土地集体所有和土地用途。
第四百一十八条 *以集体所有土地的使用权依法*抵押的，实现抵押权后，未经法定程序，不得改变土地所有权的性质和土地用途。 注 将《物权法》(已废止)第201条规定的范围统一为“以集体所有土地的使用权依法抵押的”，变得更加明确。	**《物权法》(已废止)第二百零一条** *依照本法第一百八十条第一款第三项规定的土地承包经营权抵押的，或者依照本法第一百八十三条规定以乡镇、村企业的厂房等建筑物占用范围内的建设用地使用权一并*抵押的，实现抵押权后，未经法定程序，不得改变土地所有权的性质和土地用途。
第四百一十九条 抵押权人应当在主债权诉讼时效期间行使抵押权；未行使的，人民法院不予保护。 **民法典担保制度解释第四十四条第一款 主债权诉讼时效期间届满后，抵押权人主张行使抵押权的，人民法院不予支持；抵押人以主债权诉讼时效期间届满为由，主张不承担担保责任的，人民法院应予支持。主债权诉讼时效期间届满前，债权人仅对债务人提起诉讼，经人民法院判决或者调解后未在民事诉讼法规定的申请执行时效期间内对债务人申请强制执行，其向抵押人主张行使抵押权的，人民法院不予支持。**	**《物权法》(已废止)第二百零二条** 抵押权人应当在主债权诉讼时效期间行使抵押权；未行使的，人民法院不予保护。

《民法典》及最新相关司法解释	相关内容
第二节　最高额抵押权	
第四百二十条　为担保债务的履行，债务人或者第三人对一定期间内将要连续发生的债权提供担保财产的，债务人不履行到期债务或者发生当事人约定的实现抵押权的情形，抵押权人有权在最高债权额限度内就该担保财产优先受偿。 最高额抵押权设立前已经存在的债权，经当事人同意，可以转入最高额抵押担保的债权范围。 **民法典担保制度解释第十五条　最高额担保中的最高债权额，是指包括主债权及其利息、违约金、损害赔偿金、保管担保财产的费用、实现债权或者实现担保物权的费用等在内的全部债权，但是当事人另有约定的除外。** **登记的最高债权额与当事人约定的最高债权额不一致的，人民法院应当依据登记的最高债权额确定债权人优先受偿的范围。** 注 最高额抵押权的本质特征不在于其所担保的债权为将来的债权，而在于所担保的债权为不特定债权，且具有最高限额。因此，只要最终实际发生的债权总额不超过双方约定的最高债权额，即使该债权发生在最高额抵押权设立前，也应当被允许增补到最高额抵押所担保的债权范围内。而且，是否将已经存在的债权转入最高额抵押担保的债权范围，是当事人自己的权利，只要双方协商同意，法律应当允许。《民法典》第420条第2款对此进行了明确。 民法典担保制度解释第15条第2款进一步明确最高额担保的最高债权额的范围，采取登记优先主义，以保护公示的公信力。	**《物权法》(已废止)第二百零三条**　为担保债务的履行，债务人或者第三人对一定期间内将要连续发生的债权提供担保财产的，债务人不履行到期债务或者发生当事人约定的实现抵押权的情形，抵押权人有权在最高债权额限度内就该担保财产优先受偿。 最高额抵押权设立前已经存在的债权，经当事人同意，可以转入最高额抵押担保的债权范围。 **《担保法》(已废止)第五十九条**　本法所称最高额抵押，是指抵押人与抵押权人协议，在最高债权额限度内，以抵押物对一定期间内连续发生的债权作担保。 **第六十条**　借款合同可以附最高额抵押合同。 债权人与债务人就某项商品在一定期间内连续发生交易而签订的合同，可以附最高额抵押合同。 **担保法解释(已废止)第八十一条**　最高额抵押权所担保的债权范围，不包括抵押物因财产保全或者执行程序被查封后或债务人、抵押人破产后发生的债权。

《民法典》及最新相关司法解释	相关内容
第四百二十一条 最高额抵押担保的债权确定前,部分债权转让的,最高额抵押权不得转让,但是当事人另有约定的除外。	**《物权法》(已废止)第二百零四条** 最高额抵押担保的债权确定前,部分债权转让的,最高额抵押权不得转让,但当事人另有约定的除外。
第四百二十二条 最高额抵押担保的债权确定前,抵押权人与抵押人可以通过协议变更债权确定的期间、债权范围以及最高债权额。但是,变更的内容不得对其他抵押权人产生不利影响。 **民法典担保制度解释第十五条 最高额担保中的最高债权额,是指包括主债权及其利息、违约金、损害赔偿金、保管担保财产的费用、实现债权或者实现担保物权的费用等在内的全部债权,但是当事人另有约定的除外。** **登记的最高债权额与当事人约定的最高债权额不一致的,人民法院应当依据登记的最高债权额确定债权人优先受偿的范围。** **第四十八条 当事人申请办理抵押登记手续时,因登记机构的过错致使其不能办理抵押登记,当事人请求登记机构承担赔偿责任的,人民法院依法予以支持。** 注 是否变更债权确定的期间、范围及最高债权额,取决于当事人的协商一致,但在同一抵押财产上还有其他抵押权人特别是后顺位的抵押权人时,变更内容可能损害他们的合法权益。为防止抵押权人与抵押人的变更损害其他抵押权人利益,《民法典》第422条以但书形式特别规定:变更的内容不得对其他抵押权人产生不利影响。据此规定,抵押权人与抵押人的变更对其他抵押权人产生不利影响的,该变更无效。	**《物权法》(已废止)第二百零五条** 最高额抵押担保的债权确定前,抵押权人与抵押人可以通过协议变更债权确定的期间、债权范围以及最高债权额,但变更的内容不得对其他抵押权人产生不利影响。 **担保法解释(已废止)第八十二条** 当事人对最高额抵押合同的最高限额、最高额抵押期间进行变更,以其变更对抗顺序在后的抵押权人的,人民法院不予支持。

《民法典》及最新相关司法解释	相关内容
第四百二十三条　有下列情形之一的，抵押权人的债权确定： （一）约定的债权确定期间届满； （二）没有约定债权确定期间或者约定不明确，抵押权人或者抵押人自最高额抵押权设立之日起满二年后请求确定债权； （三）新的债权不可能发生； （四）**抵押权人知道或者应当知道**抵押财产被查封、扣押； （五）债务人、抵押人被宣告破产或者*解散*； （六）法律规定债权确定的其他情形。 注 相较于《物权法》（已废止），本条调整了最高额抵押中担保债权的确定事由，“抵押财产被查封、扣押”变为“抵押权人知道或者应当知道抵押财产被查封、扣押”。这一变化有助于债权确定时间提前，有利于保护抵押权人的利益。	**《物权法》（已废止）第二百零六条**　有下列情形之一的，抵押权人的债权确定： （一）约定的债权确定期间届满； （二）没有约定债权确定期间或者约定不明确，抵押权人或者抵押人自最高额抵押权设立之日起满二年后请求确定债权； （三）新的债权不可能发生； （四）抵押财产被查封、扣押； （五）债务人、抵押人被宣告破产或者*被撤销*； （六）法律规定债权确定的其他情形。 **担保法解释（已废止）第八十一条**　最高额抵押权所担保的债权范围，不包括抵押物因财产保全或者执行程序被查封后或债务人、抵押人破产后发生的债权。 **第八十三条**　最高额抵押权所担保的不特定债权，在特定后，债权已届清偿期的，最高额抵押权人可以根据普通抵押权的规定行使其抵押权。 抵押权人实现最高额抵押权时，如果实际发生的债权余额高于最高限额的，以最高限额为限，超过部分不具有优先受偿的效力；如果实际发生的债权余额低于最高限额的，以实际发生的债权余额为限对抵押物优先受偿。
第四百二十四条　最高额抵押权除适用本节规定外，适用*本章第一节*的有关规定。	**《物权法》（已废止）第二百零七条**　最高额抵押权除适用本节规定外，适用*本章第一节一般抵押权*的规定。

《民法典》及最新相关司法解释	相关内容
第十八章　质权	
第一节　动产质权	
第四百二十五条　为担保债务的履行,债务人或者第三人将其动产出质给债权人占有的,债务人不履行到期债务或者发生当事人约定的实现质权的情形,债权人有权就该动产优先受偿。 前款规定的债务人或者第三人为出质人,债权人为质权人,交付的动产为质押财产。	**《物权法》(已废止)第二百零八条**　为担保债务的履行,债务人或者第三人将其动产出质给债权人占有的,债务人不履行到期债务或者发生当事人约定的实现质权的情形,债权人有权就该动产优先受偿。 前款规定的债务人或者第三人为出质人,债权人为质权人,交付的动产为质押财产。
第四百二十六条　法律、行政法规禁止转让的动产不得出质。 注 设定动产质权是一种民事权利。禁止性民事权利的限定应是十分严格的,禁止转让动产的依据只能是全国人大及其常委会制定的法律及国务院制定的行政法规。	**《物权法》(已废止)第二百零九条**　法律、行政法规禁止转让的动产不得出质。
第四百二十七条　设立质权,当事人应当采用书面形式订立*质押*合同。 *质押*合同一般包括下列条款: (一)被担保债权的种类和数额; (二)债务人履行债务的期限; (三)质押财产的名称、数量等*情况*; (四)担保的范围; (五)质押财产交付的时间、**方式**。 注 将“质权合同”变更为“质押合同”表述。另需说明,本条关于质押合同内容的规定,是提示性、指导性、非要式的。本条将《担保法》(已废止)规定的“应当包括”改为“一般包括”,主要基于:一方面,合同内容是当事人双方真实意思的表示,应由当事人自己确定;另	**《物权法》(已废止)第二百一十条**　设立质权,当事人应当采取书面形式订立*质权*合同。 *质权*合同一般包括下列条款: (一)被担保债权的种类和数额; (二)债务人履行债务的期限; (三)质押财产的名称、数量、*质量*、*状况*; (四)担保的范围; (五)质押财产交付的时间。 **《担保法》(已废止)第六十四条**　出质人和质权人应当以书面形式订立质押合同。 质押合同自质物移交于质权人占有时生效。

<table>
<tr><th>《民法典》及最新相关司法解释</th><th>相关内容</th></tr>
<tr><td>一方面，由于《担保法》（已废止）规定“应当包括”，司法实践中经常出现不符合规定内容的质押合同被确认为无效致当事人权益得不到保护的情况。</td><td>第六十五条　质押合同应当包括以下内容：
（一）被担保的主债权种类、数额；
（二）债务人履行债务的期限；
（三）质物的名称、数量、质量、状况；
（四）质押担保的范围；
（五）质物移交的时间；
（六）当事人认为需要约定的其他事项。
质押合同不完全具备前款规定内容的，可以补正。</td></tr>
<tr><td>第四百二十八条　质权人在债务履行期限届满前，与出质人约定债务人不履行到期债务时质押财产归债权人所有的，只能依法就质押财产优先受偿。
民法典担保制度解释第六十八条　债务人或者第三人与债权人约定将财产形式上转移至债权人名下，债务人不履行到期债务，债权人有权对财产折价或者以拍卖、变卖该财产所得价款偿还债务的，人民法院应当认定该约定有效。当事人已经完成财产权利变动的公示，债务人不履行到期债务，债权人请求参照民法典关于担保物权的有关规定就该财产优先受偿的，人民法院应予支持。
债务人或者第三人与债权人约定将财产形式上转移至债权人名下，债务人不履行到期债务，财产归债权人所有的，人民法院应当认定该约定无效，但是不影响当事人有关提供担保的意思表示的效力。当事人已经完成财产权利变动的公示，债务人不履行到期债务，债权人请求对该财产享有所有权的，人民法院不</td><td>《物权法》（已废止）第二百一十一条　质权人在债务履行期届满前，不得与出质人约定债务人不履行到期债务时质押财产归债权人所有。
《担保法》（已废止）第六十六条　出质人和质权人在合同中不得约定在债务履行期届满质权人未受清偿时，质物的所有权转移为质权人所有。
担保法解释（已废止）第五十七条　当事人在抵押合同中约定，债务履行期届满抵押权人未受清偿时，抵押物的所有权转移为债权人所有的内容无效。该内容的无效不影响抵押合同其他部分内容的效力。
债务履行期届满后抵押权人未受清偿时，抵押权人和抵押人可以协议以抵押物折价取得抵押物。但是，损害顺序在后的担保物权人和其他债权人利益的，人民法院可以适用合同法第七十四条、第七十五条的有关规定。
第九十六条　本解释第五十七条、第六十二条、第六十四条、第七十一条、</td></tr>
</table>

《民法典》及最新相关司法解释	相关内容
予支持;债权人请求参照民法典关于担保物权的规定对财产折价或者以拍卖、变卖该财产所得的价款优先受偿的,人民法院应予支持;债务人履行债务后请求返还财产,或者请求对财产折价或者以拍卖、变卖所得的价款清偿债务的,人民法院应予支持。 **债务人与债权人约定将财产转移至债权人名下,在一定期间后再由债务人或者其指定的第三人以交易本金加上溢价款回购,债务人到期不履行回购义务,财产归债权人所有的,人民法院应当参照第二款规定处理。回购对象自始不存在的,人民法院应当依照民法典第一百四十六条第二款的规定,按照其实际构成的法律关系处理。** 注 相较于《物权法》(已废止)对"禁止流质"做的"不得……"规定,《民法典》第428条并未直接规定"不得……",而是规定"……只能依法就质押财产优先受偿"。这样规定可以表明不鼓励甚至禁止的意义,也为相关司法解释明确特定情形的法律后果留下了空间。	第七十二条、第七十三条、第七十四条、第八十条之规定,适用于动产质押。
第四百二十九条 质权自出质人交付质押财产时设立。 **民法典担保制度解释第五十五条 债权人、出质人与监管人订立三方协议,出质人以通过一定数量、品种等概括描述能够确定范围的货物为债务的履行提供担保,当事人有证据证明监管人系受债权人的委托监管并实际控制该货物的,人民法院应当认定质权于监管人实际控制货物之日起设立。监管人违反约定向**	**《物权法》(已废止)第二百一十二条** 质权自出质人交付质押财产时设立。 **《担保法》(已废止)第六十四条第二款** 质押合同自质物移交于质权人占有时生效。 **担保法解释(已废止)第八十七条第一款** 出质人代质权人占有质物的,质押合同不生效;质权人将质物返还于出质人后,以其质权对抗第三人的,人民法院不予支持。

《民法典》及最新相关司法解释	相关内容
出质人或者其他人放货、因保管不善导致货物毁损灭失，债权人请求监管人承担违约责任的，人民法院依法予以支持。 在前款规定情形下，当事人有证据证明监管人系受出质人委托监管该货物，或者虽然受债权人委托但是未实际履行监管职责，导致货物仍由出质人实际控制的，人民法院应当认定质权未设立。债权人可以基于质押合同的约定请求出质人承担违约责任，但是不得超过质权有效设立时出质人应当承担的责任范围。监管人未履行监管职责，债权人请求监管人承担责任的，人民法院依法予以支持。	**第八十八条** 出质人以间接占有的财产出质的，质押合同自书面通知送达占有人时视为移交。占有人收到出质通知后，仍接受出质人的指示处分出质财产的，该行为无效。 **第八十九条** 质押合同中对质押的财产约定不明，或者约定的出质财产与实际移交的财产不一致的，以实际交付占有的财产为准。
第四百三十条 质权人有权收取质押财产的孳息，但是合同另有约定的除外。 前款规定的孳息应当先充抵收取孳息的费用。	**《物权法》(已废止)第二百一十三条** 质权人有权收取质押财产的孳息，但合同另有约定的除外。 前款规定的孳息应当先充抵收取孳息的费用。 **《担保法》(已废止)第六十八条** 质权人有权收取质物所生的孳息。质押合同另有约定的，按照约定。 前款孳息应当先充抵收取孳息的费用。
第四百三十一条 质权人在质权存续期间，未经出质人同意，擅自使用、处分质押财产，*造成出质人损害的*，应当承担赔偿责任。	**《物权法》(已废止)第二百一十四条** 质权人在质权存续期间，未经出质人同意，擅自使用、处分质押财产，*给出质人造成损害的*，应当承担赔偿责任。 **担保法解释(已废止)第九十三条** 质权人在质权存续期间，未经出质人同意，擅自使用、出租、处分质物，因此给出质人造成损失的，由质权人承担赔偿责任。

《民法典》及最新相关司法解释	相关内容
第四百三十二条 质权人负有妥善保管质押财产的义务；因保管不善致使质押财产毁损、灭失的，应当承担赔偿责任。 质权人的行为可能使质押财产毁损、灭失的，出质人可以请求质权人将质押财产提存，或者*请求*提前清偿债务并返还质押财产。 注 妥善保管，即以善良管理人的注意义务加以保管。善良管理人的注意，是指依照一般交易上的观念，认为有相当的知识经验及诚意的人所具有的注意，即以一种善良的心和应当具备的知识来保管质物。例如，对字画的保管应当注意防潮、防虫蛀、防灰尘，对贵重珠宝的保管应当注意防盗窃、防碎裂。	**《物权法》(已废止)第二百一十五条** 质权人负有妥善保管质押财产的义务；因保管不善致使质押财产毁损、灭失的，应当承担赔偿责任。 质权人的行为可能使质押财产毁损、灭失的，出质人可以要求质权人将质押财产提存，或者*要求*提前清偿债务并返还质押财产。 **《担保法》(已废止)第六十九条** 质权人负有妥善保管质物的义务。因保管不善致使质物灭失或者毁损的，质权人应当承担民事责任。 质权人不能妥善保管质物可能致使其灭失或者毁损的，出质人可以要求质权人将质物提存，或者要求提前清偿债权而返还质物。 **担保法解释(已废止)第九十二条** 按照担保法第六十九条的规定将质物提存的，质物提存费用由质权人负担；出质人提前清偿债权的，应当扣除未到期部分的利息。
第四百三十三条 因*不可*归责于质权人的事由可能使质押财产毁损或者价值明显减少，足以危害质权人权利的，质权人有权*请求*出质人提供相应的担保；出质人不提供的，质权人可以拍卖、变卖质押财产，并与出质人协议将拍卖、变卖所得的价款提前清偿债务或者提存。 注 “不可归责于质权人的事由可能使质押财产毁损或者价值明显减少”，是指质物毁损或者价值明显减少不是由于质权人的保管不善所致，而是由于自然原因等导致质物的毁	**《物权法》(已废止)第二百一十六条** 因*不能*归责于质权人的事由可能使质押财产毁损或者价值明显减少，足以危害质权人权利的，质权人有权*要求*出质人提供相应的担保；出质人不提供的，质权人可以拍卖、变卖质押财产，并与出质人~~通过~~协议将拍卖、变卖所得的价款提前清偿债务或者提存。 **《担保法》(已废止)第七十条** 质物有损坏或者价值明显减少的可能，足以危害质权人权利的，质权人可以要求出

《民法典》及最新相关司法解释	相关内容
损或者价值减少。价值减少的状态应当是明显的，因为一般的物都存在价值减少的可能性，尤其是随着市场变化及其他原因导致价值减少都是很正常的事情，正常的价值减少，应当在质权人的预想之内。	质人提供相应的担保。出质人不提供的，质权人可以拍卖或者变卖质物，并与出质人协议将拍卖或者变卖所得的价款用于提前清偿所担保的债权或者向与出质人约定的第三人提存。 **担保法解释(已废止)第九十条**　质物有隐蔽瑕疵造成质权人其他财产损害的，应由出质人承担赔偿责任。但是，质权人在质物移交时明知质物有瑕疵而予以接受的除外。
第四百三十四条　质权人在质权存续期间，未经出质人同意转质，造成质押财产毁损、灭失的，应当承担赔偿责任。 注《民法典》物权编不提倡转质，但也没有禁止转质。为保护出质人的利益，法律规定的原则是，未经出质人同意，质权人对转质要承担赔偿责任。	**《物权法》(已废止)第二百一十七条**　质权人在质权存续期间，未经出质人同意转质，造成质押财产毁损、灭失的，应当~~向出质人~~承担赔偿责任。 **担保法解释(已废止)第九十四条第二款**　质权人在质权存续期间，未经出质人同意，为担保自己的债务，在其所占有的质物上为第三人设定质权的无效。质权人对因转质而发生的损害承担赔偿责任。
第四百三十五条　质权人可以放弃质权。债务人以自己的财产出质，质权人放弃该质权的，其他担保人在质权人丧失优先受偿权益的范围内免除担保责任，但是其他担保人承诺仍然提供担保的除外。 注质权人放弃质权，是指放弃因享有质权而优先于普通债权人就质物受清偿的权利的行为。质权人有权处分自己的质权，当其以放弃质权的方式处分质权时，应符合法律规定。质权人放弃质权应明示，质权人不行使质权或怠于行使质权的，不能推定为放弃质权。放弃质权，原因可能是多方面的，是质权人单方的意思表示，无须取得出质人的同意。质权因质权人放弃而消灭。	**《物权法》(已废止)第二百一十八条**　质权人可以放弃质权。债务人以自己的财产出质，质权人放弃该质权的，其他担保人在质权人丧失优先受偿权益的范围内免除担保责任，但其他担保人承诺仍然提供担保的除外。 **担保法解释(已废止)第三十八条第三款**　债权人在主合同履行期届满后怠于行使担保物权，致使担保物的价值减少或者毁损、灭失的，视为债权人放弃部分或者全部物的担保。保证人在债权人放弃权利的范围内减轻或者免除保证责任。 **第一百二十三条**　同一债权上数个担保物权并存时，债权人放弃债务人提供的物的担保的，其他担保人在其放弃权利的范围内减轻或者免除担保责任。

《民法典》及最新相关司法解释	相关内容
第四百三十六条　债务人履行债务或者出质人提前清偿所担保的债权的，质权人应当返还质押财产。 债务人不履行到期债务或者发生当事人约定的实现质权的情形，质权人可以与出质人协议以质押财产折价，也可以就拍卖、变卖质押财产所得的价款优先受偿。 质押财产折价或者变卖的，应当参照市场价格。 注 借此区分一下折价、流质、拍卖、变卖。折价是指债务人在履行期限届满未履行其债务时，经出质人与质权人协议，按照质物的品质，参考市场价格，把质物的所有权由出质人转移给质权人。流质与折价不同，折价是在债务履行期届满，债务人不履行债务，质权人实现质权时；而流质是在质权合同设定时。拍卖是指按照拍卖程序，以公开竞价的方式将质物卖给出价最高者。变卖是指直接将质物变价卖出的行为，变卖没有公开竞价等形式与程序上的限制，方便、快捷、变价成本小，变卖必须参考市场价格。	**《物权法》(已废止)第二百一十九条**　债务人履行债务或者出质人提前清偿所担保的债权的，质权人应当返还质押财产。 债务人不履行到期债务或者发生当事人约定的实现质权的情形，质权人可以与出质人协议以质押财产折价，也可以就拍卖、变卖质押财产所得的价款优先受偿。 质押财产折价或者变卖的，应当参照市场价格。 **《担保法》(已废止)第七十一条**　债务履行期届满债务人履行债务的，或者出质人提前清偿所担保的债权的，质权人应当返还质物。 债务履行期届满质权人未受清偿的，可以与出质人协议以质物折价，也可以依法拍卖、变卖质物。 质物折价或者拍卖、变卖后，其价款超过债权数额的部分归出质人所有，不足部分由债务人清偿。
第四百三十七条　出质人可以请求质权人在债务履行期限届满后及时行使质权；质权人不行使的，出质人可以请求人民法院拍卖、变卖质押财产。 出质人请求质权人及时行使质权，因质权人怠于行使权利造成**出质人**损害的，由质权人承担赔偿责任。	**《物权法》(已废止)第二百二十条**　出质人可以请求质权人在债务履行期届满后及时行使质权；质权人不行使的，出质人可以请求人民法院拍卖、变卖质押财产。 出质人请求质权人及时行使质权，因质权人怠于行使权利造成损害的，由

《民法典》及最新相关司法解释	相关内容
民法典担保制度解释第四十四条第三款　主债权诉讼时效期间届满的法律后果，以登记作为公示方式的权利质权，参照适用第一款的规定；动产质权、以交付权利凭证作为公示方式的权利质权，参照适用第二款的规定。	质权人承担赔偿责任。 **担保法解释（已废止）第九十五条**　债务履行期届满质权人未受清偿的，质权人可以继续留置质物，并以质物的全部行使权利。出质人清偿所担保的债权后，质权人应当返还质物。 债务履行期届满，出质人请求质权人及时行使权利，而质权人怠于行使权利致使质物价格下跌的，由此造成的损失，质权人应当承担赔偿责任。
第四百三十八条　质押财产折价或者拍卖、变卖后，其价款超过债权数额的部分归出质人所有，不足部分由债务人清偿。	**《物权法》（已废止）第二百二十一条**　质押财产折价或者拍卖、变卖后，其价款超过债权数额的部分归出质人所有，不足部分由债务人清偿。 **《担保法》（已废止）第七十一条第三款**　质物折价或者拍卖、变卖后，其价款超过债权数额的部分归出质人所有，不足部分由债务人清偿。
第四百三十九条　出质人与质权人可以协议设立最高额质权。 最高额质权除适用本节有关规定外，参照适用*本编第十七章第二节*的有关规定。	**《物权法》（已废止）第二百二十二条**　出质人与质权人可以协议设立最高额质权。 最高额质权除适用本节有关规定外，参照*本法第十六章第二节最高额抵押权*的规定。
第二节　权利质权	
第四百四十条　债务人或者第三人有权处分的下列权利可以出质： （一）汇票、本票、支票； （二）债券、存款单； （三）仓单、提单； （四）可以转让的基金份额、股权； （五）可以转让的注册商标专用权、专利权、著作权等知识产权中的财产权；	**《物权法》（已废止）第二百二十三条**　债务人或者第三人有权处分的下列权利可以出质： （一）汇票、支票、本票； （二）债券、存款单； （三）仓单、提单； （四）可以转让的基金份额、股权；

《民法典》及最新相关司法解释	相关内容
（六）**现有的以及将有的**应收账款； （七）法律、行政法规规定可以出质的其他财产权利。 注 明确了应收账款包括现有的和将有的应收账款。	（五）可以转让的注册商标专用权、专利权、著作权等知识产权中的财产权； （六）应收账款； （七）法律、行政法规规定可以出质的其他财产权利。 **《担保法》（已废止）第七十五条**　下列权利可以质押： （一）汇票、支票、本票、债券、存款单、仓单、提单； （二）依法可以转让的股份、股票； （三）依法可以转让的商标专用权，专利权、著作权中的财产权； （四）依法可以质押的其他权利。 **担保法解释（已废止）第九十七条**　以公路桥梁、公路隧道或者公路渡口等不动产收益权出质的，按照担保法第七十五条第（四）项的规定处理。
第四百四十一条　以汇票、本票、支票、债券、存款单、仓单、提单出质的，质权自权利凭证交付质权人时设立；没有权利凭证的，质权自办理出质登记时设立。**法律另有规定的，依照其规定**。 **《国务院关于实施动产和权利担保统一登记的决定》　二、纳入动产和权利担保统一登记范围的担保类型包括：** **（一）生产设备、原材料、半成品、产品抵押；** **（二）应收账款质押；**	**《物权法》（已废止）第二百二十四条**　以汇票、支票、本票、债券、存款单、仓单、提单出质的，~~当事人应当订立书面合同。~~质权自权利凭证交付质权人时设立；没有权利凭证的，质权自~~有关部门~~办理出质登记时设立。 **《担保法》（已废止）第七十六条**　以汇票、支票、本票、债券、存款单、仓单、提单出质的，应当在合同约定的期限内将权利凭证交付质权人。质押合同自权利凭证交付之日起生效。

《民法典》及最新相关司法解释	相关内容
（三）存款单、仓单、提单质押； （四）融资租赁； （五）保理； （六）所有权保留； （七）其他可以登记的动产和权利担保，但机动车抵押、船舶抵押、航空器抵押、债券质押、基金份额质押、股权质押、知识产权中的财产权质押除外。 三、纳入统一登记范围的动产和权利担保，由当事人通过中国人民银行征信中心（以下简称征信中心）动产融资统一登记公示系统自主办理登记，并对登记内容的真实性、完整性和合法性负责。登记机构不对登记内容进行实质审查。 **民法典担保制度解释第五十八条**　以汇票出质，当事人以背书记载"质押"字样并在汇票上签章，汇票已经交付质权人的，人民法院应当认定质权自汇票交付质权人时设立。 **第五十九条第一款**　存货人或者仓单持有人在仓单上以背书记载"质押"字样，并经保管人签章，仓单已经交付质权人的，人民法院应当认定质权自仓单交付质权人时设立。没有权利凭证的仓单，依法可以办理出质登记的，仓单质权自办理出质登记时设立。 **第六十条第一款**　在跟单信用证交易中，开证行与开证申请人之间约定以提单作为担保的，人民法院应当依照民法典关于质权的有关规定处理。	**担保法解释（已废止）第九十八条**　以汇票、支票、本票出质，出质人与质权人没有背书记载"质押"字样，以票据出质对抗善意第三人的，人民法院不予支持。 **第九十九条**　以公司债券出质的，出质人与质权人没有背书记载"质押"字样，以债券出质对抗公司和第三人的，人民法院不予支持。 **第一百条**　以存款单出质的，签发银行核押后又受理挂失并造成存款流失的，应当承担民事责任。 **第一百零一条**　以票据、债券、存款单、仓单、提单出质的，质权人再转让或者质押的无效。

《民法典》及最新相关司法解释	相关内容
第四百四十二条 汇票、本票、支票、债券、存款单、仓单、提单的兑现日期或者提货日期先于主债权到期的,质权人可以兑现或者提货,并与出质人协议将兑现的价款或者提取的货物提前清偿债务或者提存。 **民法典担保制度解释第五十九条第二款、第三款、第四款** 出质人既以仓单出质,又以仓储物设立担保,按照公示的先后确定清偿顺序;难以确定先后的,按照债权比例清偿。 保管人为同一货物签发多份仓单,出质人在多份仓单上设立多个质权,按照公示的先后确定清偿顺序;难以确定先后的,按照债权比例受偿。 存在第二款、第三款规定的情形,债权人举证证明其损失系由出质人与保管人的共同行为所致,请求出质人与保管人承担连带赔偿责任的,人民法院应予支持。 **第六十条第二款、第三款、第四款** 在跟单信用证交易中,开证行依据其与开证申请人之间的约定或者跟单信用证的惯例持有提单,开证申请人未按照约定付款赎单,开证行主张对提单项下货物优先受偿的,人民法院应予支持;开证行主张对提单项下货物享有所有权的,人民法院不予支持。 在跟单信用证交易中,开证行依据其与开证申请人之间的约定或者跟单信用证的惯例,通过转让提单或者提单项	**《物权法》(已废止)第二百二十五条** 汇票、支票、本票、债券、存款单、仓单、提单的兑现日期或者提货日期先于主债权到期的,质权人可以兑现或者提货,并与出质人协议将兑现的价款或者提取的货物提前清偿债务或者提存。 **《担保法》(已废止)第七十七条** 以载明兑现或者提货日期的汇票、支票、本票、债券、存款单、仓单、提单出质的,汇票、支票、本票、债券、存款单、仓单、提单兑现或者提货日期先于债务履行期的,质权人可以在债务履行期届满前兑现或者提货,并与出质人协议将兑现的价款或者提取的货物用于提前清偿所担保的债权或者向与出质人约定的第三人提存。 **担保法解释(已废止)第一百零二条** 以载明兑现或者提货日期的汇票、支票、本票、债券、存款单、仓单、提单出质的,其兑现或者提货日期后于债务履行期的,质权人只能在兑现或者提货日期届满时兑现款项或者提取货物。 **第一百零六条** 质权人向出质人、出质债权的债务人行使质权时,出质人、出质债权的债务人拒绝的,质权人可以起诉出质人和出质债权的债务人,也可以单独起诉出质债权的债务人。

《民法典》及最新相关司法解释	相关内容
下货物取得价款，开证申请人请求返还超出债权部分的，人民法院应予支持。 **前三款规定不影响合法持有提单的开证行以提单持有人身份主张运输合同项下的权利。**	
第四百四十三条　以基金份额、股权出质的，*质权自办理出质登记时设立*。 基金份额、股权出质后，不得转让，但是出质人与质权人协商同意的除外。出质人转让基金份额、股权所得的价款，应当向质权人提前清偿债务或者提存。 **《最高人民法院关于审理外商投资企业纠纷案件若干问题的规定（一）》**(2020)**第十三条**　外商投资企业股东与债权人订立的股权质押合同，除法律、行政法规另有规定或者合同另有约定外，自成立时生效。未办理质权登记的，不影响股权质押合同的效力。 当事人仅以股权质押合同未经外商投资企业审批机关批准为由主张合同无效或未生效的，人民法院不予支持。 股权质押合同依照民法典的相关规定办理了出质登记的，股权质权自登记时设立。 注 质权多样的情况下，不再分别具体表述各质权的设立时间，而是统一表述为“自办理出质登记时设立”，简洁明了，也更适应发展需要。	**《物权法》（已废止）第二百二十六条** 以基金份额、股权出质的，~~当事人应当订立书面合同。~~*以基金份额、证券登记结算机构登记的股权出质的，质权自证券登记结算机构办理出质登记时设立；以其他股权出质的，质权自工商行政管理部门办理出质登记时设立。* 基金份额、股权出质后，不得转让，但经出质人与质权人协商同意的除外。出质人转让基金份额、股权所得的价款，应当向质权人提前清偿债务或者提存。 **《担保法》（已废止）第七十八条**　以依法可以转让的股票出质的，出质人与质权人应当订立书面合同，并向证券登记机构办理出质登记。质押合同自登记之日起生效。 股票出质后，不得转让，但经出质人与质权人协商同意的可以转让。出质人转让股票所得的价款应当向质权人提前清偿所担保的债权或者向与质权人约定的第三人提存。 以有限责任公司的股份出质的，适用公司法股份转让的有关规定。质押合同自股份出质记载于股东名册之日起生效。

《民法典》及最新相关司法解释	相关内容
	担保法解释(已废止)第一百零三条 以股份有限公司的股份出质的,适用《中华人民共和国公司法》有关股份转让的规定。 以上市公司的股份出质的,质押合同自股份出质向证券登记机构办理出质登记之日起生效。 以非上市公司的股份出质的,质押合同自股份出质记载于股东名册之日起生效。 **第一百零四条** 以依法可以转让的股份、股票出质的,质权的效力及于股份、股票的法定孳息。
第四百四十四条 以注册商标专用权、专利权、著作权等知识产权中的财产权出质的,质权自办理出质登记时设立。 知识产权中的财产权出质后,出质人不得转让或者许可他人使用,但是出质人与质权人协商同意的除外。出质人转让或者许可他人使用出质的知识产权中的财产权所得的价款,应当向质权人提前清偿债务或者提存。	**《物权法》(已废止)第二百二十七条** 以注册商标专用权、专利权、著作权等知识产权中的财产权出质的,~~当事人应当订立书面合同。~~质权自~~有关主管部门~~办理出质登记时设立。 知识产权中的财产权出质后,出质人不得转让或者许可他人使用,但经出质人与质权人协商同意的除外。出质人转让或者许可他人使用出质的知识产权中的财产权所得的价款,应当向质权人提前清偿债务或者提存。 **《担保法》(已废止)第七十九条** 以依法可以转让的商标专用权,专利权、著作权中的财产权出质的,出质人与质权人应当订立书面合同,并向其管理部门办理出质登记。质押合同自登记之日起生效。 **第八十条** 本法第七十九条规定的权利出质后,出质人不得转让或者许可

《民法典》及最新相关司法解释	相关内容
	他人使用，但经出质人与质权人协商同意的可以转让或者许可他人使用。出质人所得的转让费、许可费应当向质权人提前清偿所担保的债权或者向与质权人约定的第三人提存。 **担保法解释（已废止）第一百零五条** 以依法可以转让的商标专用权，专利权、著作权中的财产权出质的，出质人未经质权人同意而转让或者许可他人使用已出质权利的，应当认定为无效。因此给质权人或者第三人造成损失的，由出质人承担民事责任。
第四百四十五条　以应收账款出质的，质权自办理出质登记时设立。 应收账款出质后，不得转让，但是出质人与质权人协商同意的除外。出质人转让应收账款所得的价款，应当向质权人提前清偿债务或者提存。 **《国务院关于实施动产和权利担保统一登记的决定》** 二、纳入动产和权利担保统一登记范围的担保类型包括： （一）生产设备、原材料、半成品、产品抵押； （二）应收账款质押； （三）存款单、仓单、提单质押； （四）融资租赁； （五）保理； （六）所有权保留； （七）其他可以登记的动产和权利担保，但机动车抵押、船舶抵押、航空器抵押、债券质押、基金份额质押、股权质押、知识产权中的财产权质押除外。	**《物权法》（已废止）第二百二十八条** 以应收账款出质的，~~当事人应当订立书面合同。~~质权自~~信贷征信机构~~办理出质登记时设立。 应收账款出质后，不得转让，但经出质人与质权人协商同意的除外。出质人转让应收账款所得的价款，应当向质权人提前清偿债务或者提存。

《民法典》及最新相关司法解释	相关内容
民法典担保制度解释第六十一条 以现有的应收账款出质，应收账款债务人向质权人确认应收账款的真实性后，又以应收账款不存在或者已经消灭为由主张不承担责任的，人民法院不予支持。 **以现有的应收账款出质，应收账款债务人未确认应收账款的真实性，质权人以应收账款债务人为被告，请求就应收账款优先受偿，能够举证证明办理出质登记时应收账款真实存在的，人民法院应予支持；质权人不能举证证明办理出质登记时应收账款真实存在，仅以已经办理出质登记为由，请求就应收账款优先受偿的，人民法院不予支持。** **以现有的应收账款出质，应收账款债务人已经向应收账款债权人履行了债务，质权人请求应收账款债务人履行债务的，人民法院不予支持，但是应收账款债务人接到质权人要求向其履行的通知后，仍然向应收账款债权人履行的除外。** **以基础设施和公用事业项目收益权、提供服务或者劳务产生的债权以及其他将有的应收账款出质，当事人为应收账款设立特定账户，发生法定或者约定的质权实现事由时，质权人请求就该特定账户内的款项优先受偿的，人民法院应予支持；特定账户内的款项不足以清偿债务或者未设立特定账户，质权人请求折价或者拍卖、变卖项目收益权等将有的应收账款，并以所得的价款优先受偿的，人民法院依法予以支持。** ㊟ 应收账款涉及第三人，其真实性事关重要。民法典担保制度解释第61条旨在平衡担保权人与第三人的利益，明确担保权人负有一定的谨慎义务。该条第4款是对现有及将有应收账款实现担保物权的解释。	

《民法典》及最新相关司法解释	相关内容
第四百四十六条 权利*质权*除适用*本节*规定外，适用*本章第一节*的有关规定。	**《担保法》（已废止）第八十一条** 权利*质押*除适用*本节*规定外，适用*本章第一节*的规定。
第十九章 留置权	
第四百四十七条 债务人不履行到期债务，债权人可以留置已经合法占有的债务人的动产，并有权就该动产优先受偿。 前款规定的债权人为留置权人，占有的动产为留置财产。 注 成立留置权，必须具备以下要件：（1）债权人已经合法占有债务人的动产。这个要件又包含三层意思：第一，必须是动产。第二，必须债权人占有动产。第三，必须债权人合法占有动产。（2）债权人占有的动产，应当与债权属于同一法律关系，但企业之间留置的除外。（3）债务人不履行到期债务。如果债权未到期，那么债务人仍处于自觉履行的状态中，还不能判断债务人到期能否履行债务，这时留置权还不能成立。只有在债务履行期限届满，债务人仍不履行债务时，债权人才可以将其合法占有的债务人的动产留置。	**《物权法》（已废止）第二百三十条** 债务人不履行到期债务，债权人可以留置已经合法占有的债务人的动产，并有权就该动产优先受偿。 前款规定的债权人为留置权人，占有的动产为留置财产。 **《担保法》（已废止）第八十二条** 本法所称留置，是指依照本法第八十四条的规定，债权人按照合同约定占有债务人的动产，债务人不按照合同约定的期限履行债务的，债权人有权依照本法规定留置该财产，以该财产折价或者以拍卖、变卖该财产的价款优先受偿。 **第八十四条** 因保管合同、运输合同、加工承揽合同发生的债权，债务人不履行债务的，债权人有留置权。 法律规定可以留置的其他合同，适用前款规定。 当事人可以在合同中约定不得留置的物。 **担保法解释（已废止）第八十七条** 出质人代质权人占有质物的，质押合同不生效；质权人将质物返还于出质人后，以其质权对抗第三人的，人民法院不予支持。 因不可归责于质权人的事由而丧失对质物的占有，质权人可以向不当占有人请求停止侵害、恢复原状、返还质物。

《民法典》及最新相关司法解释	相关内容
	第一百零八条 债权人合法占有债务人交付的动产时,不知债务人无处分该动产的权利,债权人可以按照担保法第八十二条的规定行使留置权。 **第一百一十条** 留置权人在债权未受全部清偿前,留置物为不可分物的,留置权人可以就其留置物的全部行使留置权。 **第一百一十二条** 债权人的债权未届清偿期,其交付占有标的物的义务已届履行期的,不能行使留置权。但是,债权人能够证明债务人无支付能力的除外。 **第一百一十四条** 本解释第六十四条、第八十条、第八十七条、第九十一条、第九十三条的规定,适用于留置。
第四百四十八条 债权人留置的动产,应当与债权属于同一法律关系,但是企业之间留置的除外。 **民法典担保制度解释第六十二条** 债务人不履行到期债务,债权人因同一法律关系留置合法占有的第三人的动产,并主张就该留置财产优先受偿的,人民法院应予支持。第三人以该留置财产并非债务人的财产为由请求返还的,人民法院不予支持。 企业之间留置的动产与债权并非同一法律关系,债务人以该债权不属于企业持续经营中发生的债权为由请求债权人返还留置财产的,人民法院应予支持。 企业之间留置的动产与债权并非同一法律关系,债权人留置第三人的财产,第三人请求债权人返还留置财产的,人	**《物权法》(已废止)第二百三十一条** 债权人留置的动产,应当与债权属于同一法律关系,但企业之间留置的除外。 **担保法解释(已废止)第一百零九条** 债权人的债权已届清偿期,债权人对动产的占有与其债权的发生有牵连关系,债权人可以留置其所占有的动产。

《民法典》及最新相关司法解释	相关内容
民法院应予支持。 注《民法典》物权编的规定实际上放弃了担保法解释（已废止）第109条规定的“牵连关系”的概念，而是明确规定留置财产应当与债权属于同一法律关系。 作为例外，企业间的留置可以为非同一法律关系，俗称“商事留置”。企业之间的经营往来频繁，留置权的限制有必要放宽。	
第四百四十九条 法律规定或者当事人约定不得留置的动产，不得留置。	**《物权法》（已废止）第二百三十二条** 法律规定或者当事人约定不得留置的动产，不得留置。 **担保法解释（已废止）第一百零七条** 当事人在合同中约定排除留置权，债务履行期届满，债权人行使留置权的，人民法院不予支持。
第四百五十条 留置财产为可分物的，留置财产的价值应当相当于债务的金额。 注 可分物是指经分割而不损害其经济用途或者失去其价值的物。本条对于留置权的不可分性做了一定程度的缓和，明确规定留置财产为可分物的，留置财产的价值应当相当于债务的金额。但如果留置财产为不可分物，由于该物的分割会减损其价值，不适用本条的规定。	**《物权法》（已废止）第二百三十三条** 留置财产为可分物的，留置财产的价值应当相当于债务的金额。 **《担保法》（已废止）第八十五条** 留置的财产为可分物的，留置物的价值应当相当于债务的金额。 **担保法解释（已废止）第一百一十条** 留置权人在债权未受全部清偿前，留置物为不可分物的，留置权人可以就其留置物的全部行使留置权。
第四百五十一条 留置权人负有妥善保管留置财产的义务；因保管不善致使留置财产毁损、灭失的，应当承担赔偿责任。	**《物权法》（已废止）第二百三十四条** 留置权人负有妥善保管留置财产的义务；因保管不善致使留置财产毁损、灭失的，应当承担赔偿责任。 **《担保法》（已废止）第八十六条** 留置权人负有妥善保管留置物的义务。因保管不善致使留置物灭失或者毁损的，留置权人应当承担民事责任。

《民法典》及最新相关司法解释	相关内容
第四百五十二条 留置权人有权收取留置财产的孳息。 前款规定的孳息应当先充抵收取孳息的费用。 注 留置权人对收取的孳息只享有留置权，不享有所有权。	**《物权法》（已废止）第二百三十五条** 留置权人有权收取留置财产的孳息。 前款规定的孳息应当先充抵收取孳息的费用。
第四百五十三条 留置权人与债务人应当约定留置财产后的债务履行*期限*；没有约定或者约定不明确的，留置权人应当给债务人*六十日*以上履行债务的*期限*，但是鲜活易腐等不易保管的动产除外。债务人逾期未履行的，留置权人可以与债务人协议以留置财产折价，也可以就拍卖、变卖留置财产所得的价款优先受偿。 留置财产折价或者变卖的，应当参照市场价格。	**《物权法》（已废止）第二百三十六条** 留置权人与债务人应当约定留置财产后的债务履行*期间*；没有约定或者约定不明确的，留置权人应当给债务人*两个月*以上履行债务的*期间*，但鲜活易腐等不易保管的动产除外。债务人逾期未履行的，留置权人可以与债务人协议以留置财产折价，也可以就拍卖、变卖留置财产所得的价款优先受偿。 留置财产折价或者变卖的，应当参照市场价格。 **《担保法》（已废止）第八十七条第一款、第二款** 债权人与债务人应当在合同中约定，债权人留置财产后，债务人应当在不少于两个月的期限内履行债务。债权人与债务人在合同中未约定的，债权人留置债务人财产后，应当确定两个月以上的期限，通知债务人在该期限内履行债务。 债务人逾期仍不履行的，债权人可以与债务人协议以留置物折价，也可以依法拍卖、变卖留置物。 **担保法解释（已废止）第一百一十二条** 债权人的债权未届清偿期，其交付占有标的物的义务已届履行期的，不能行使留置权。但是，债权人能够证明债务人无支付能力的除外。

《民法典》及最新相关司法解释	相关内容
	第一百一十三条　债权人未按担保法第八十七条规定的期限通知债务人履行义务，直接变价处分留置物的，应当对此造成的损失承担赔偿责任。债权人与债务人按照担保法第八十七条的规定在合同中约定宽限期的，债权人可以不经通知，直接行使留置权。
第四百五十四条　债务人可以请求留置权人在债务履行期限届满后行使留置权；留置权人不行使的，债务人可以请求人民法院拍卖、变卖留置财产。 **民法典担保制度解释第四十四条第二款　主债权诉讼时效期间届满后，财产被留置的债务人或者对留置财产享有所有权的第三人请求债权人返还留置财产的，人民法院不予支持；债务人或者第三人请求拍卖、变卖留置财产并以所得价款清偿债务的，人民法院应予支持。** 注 理论上说，留置权行使并无时间限制。若留置权人长期占有留置财产而不实现，不符合“物尽其用”原则，对经济活动与社会发展将产生不利影响。因此，不能让留置权人无限期地留置财产而不行使留置权，故有了《民法典》第454条的规定。	**《物权法》(已废止)第二百三十七条**　债务人可以请求留置权人在债务履行期届满后行使留置权；留置权人不行使的，债务人可以请求人民法院拍卖、变卖留置财产。
第四百五十五条　留置财产折价或者拍卖、变卖后，其价款超过债权数额的部分归债务人所有，不足部分由债务人清偿。	**《物权法》(已废止)第二百三十八条**　留置财产折价或者拍卖、变卖后，其价款超过债权数额的部分归债务人所有，不足部分由债务人清偿。 **《担保法》(已废止)第八十七条第三款**　留置物折价或者拍卖、变卖后，其价款超过债权数额的部分归债务人所有，不足部分由债务人清偿。

《民法典》及最新相关司法解释	相关内容
第四百五十六条 同一动产上已经设立抵押权或者质权,该动产又被留置的,留置权人优先受偿。 注 本条是关于留置权与抵押权或者质权关系的规定。需注意,本条并没有强调留置权优先于抵押权或者质权的效力以留置权人善意作为前提。当然,若留置权人与债务人恶意串通成立留置权,其目的就是排除在动产上的抵押权或者质权的,已超出“恶意和善意”范畴,属严重违反诚实信用原则的恶意串通行为,应为无效,留置权也应不存在。	**《物权法》(已废止)第二百三十九条** 同一动产上已设立抵押权或者质权,该动产又被留置的,留置权人优先受偿。 **担保法解释(已废止)第七十九条第二款** 同一财产抵押权与留置权并存时,留置权人优先于抵押权人受偿。
第四百五十七条 留置权人对留置财产丧失占有或者留置权人接受债务人另行提供担保的,留置权消灭。 注 需注意,留置权人非依自己的意愿暂时丧失对留置财产占有的,留置权消灭,但这种消灭并不是终局性的消灭,留置权人可要求非法占有人返还留置物,随之重新获得留置权。	**《物权法》(已废止)第二百四十条** 留置权人对留置财产丧失占有或者留置权人接受债务人另行提供担保的,留置权消灭。 **《担保法》(已废止)第八十八条** 留置权因下列原因消灭: (一)债权消灭的; (二)债务人另行提供担保并被债权人接受的。
第五分编 占有	
第二十章 占有	
第四百五十八条 基于合同关系等产生的占有,有关不动产或者动产的使用、收益、违约责任等,按照合同约定;合同没有约定或者约定不明确的,依照有关法律规定。	**《物权法》(已废止)第二百四十一条** 基于合同关系等产生的占有,有关不动产或者动产的使用、收益、违约责任等,按照合同约定;合同没有约定或者约定不明确的,依照有关法律规定。

《民法典》及最新相关司法解释	相关内容
第四百五十九条　占有人因使用占有的不动产或者动产，致使该不动产或者动产受到损害的，恶意占有人应当承担赔偿责任。 注 需要说明的是，本条中的不动产或者动产受到的损害，指的是不动产或者动产因正常使用而发生的正常损耗和折旧。	**《物权法》（已废止）第二百四十二条**　占有人因使用占有的不动产或者动产，致使该不动产或者动产受到损害的，恶意占有人应当承担赔偿责任。
第四百六十条　不动产或者动产被占有人占有的，权利人可以请求返还原物及其孳息；但是，应当支付善意占有人因维护该不动产或者动产支出的必要费用。 注 本条主要明确了两层意思：（1）无论是善意还是恶意占有人，对权利人都负有返还原物及孳息的义务；（2）返还原物及其孳息后，善意占有人对因维护该不动产或动产而支出的必要费用，可请求权利人返还，而恶意占有人无此项请求权。	**《物权法》（已废止）第二百四十三条**　不动产或者动产被占有人占有的，权利人可以请求返还原物及其孳息，但应当支付善意占有人因维护该不动产或者动产支出的必要费用。
第四百六十一条　占有的不动产或者动产毁损、灭失，该不动产或者动产的权利人请求赔偿的，占有人应当将因毁损、灭失取得的保险金、赔偿金或者补偿金等返还给权利人；权利人的损害未得到足够弥补的，恶意占有人还应当赔偿损失。 注 权利人因被占有物的毁损、灭失所受的损害，因权利种类的不同而有差别。当权利人为所有权人时，赔偿范围应为物的价额；当权利人为运送人、质权人或者租赁人时，对于占有物仅有限定的利益，其赔偿应以其限定的利益为限。例如，因占有物的灭失而不能恢复所生之损害，质权人只能请求赔偿质权的价额，运送人只能请求赔偿与其运费相当的金额，其残余之额，应为所有权人保留。	**《物权法》（已废止）第二百四十四条**　占有的不动产或者动产毁损、灭失，该不动产或者动产的权利人请求赔偿的，占有人应当将因毁损、灭失取得的保险金、赔偿金或者补偿金等返还给权利人；权利人的损害未得到足够弥补的，恶意占有人还应当赔偿损失。

《民法典》及最新相关司法解释	相关内容
第四百六十二条　占有的不动产或者动产被侵占的，占有人有权请求返还原物；对妨害占有的行为，占有人有权请求排除妨害或者消除危险；因侵占或者妨害造成损害的，占有人有权**依法**请求损害赔偿。 占有人返还原物的请求权，自侵占发生之日起一年内未行使的，该请求权消灭。 注 占有保护请求权作为一种物权请求权，根据占有受侵害的不同情形，分别发生占有物返还请求权、占有妨害排除请求权和占有危险消除请求权。	**《物权法》（已废止）第二百四十五条**　占有的不动产或者动产被侵占的，占有人有权请求返还原物；对妨害占有的行为，占有人有权请求排除妨害或者消除危险；因侵占或者妨害造成损害的，占有人有权请求损害赔偿。 占有人返还原物的请求权，自侵占发生之日起一年内未行使的，该请求权消灭。

第三编　合　　同

《民法典》及最新相关司法解释	相关内容
注 合同编的通则相较于《合同法》（已废止）而言，少了一些对应内容（尤其是关于合同的效力部分），主要在于《民法典》总则编已有了相关规定，为保持法典的体系性，故合同编通则部分未再规定。	
第一分编　通则	
第一章　一般规定	
第四百六十三条　本编调整因合同产生的民事关系。	
第四百六十四条　合同是*民事*主体之间设立、变更、终止民事法律关系的协议。 婚姻、收养、监护等有关身份关系的协议，适用*有关该身份关系的*法律规定；**没有规定的，可以根据其性质参照适用本编规定。** 注 相较于《合同法》（已废止）第2条的规定，本条第1款对合同的定义更简练精准。“民事主体”在《民法典》总则编已有详细规定，包括自然人、法人、非法人组织等。需注意，本条第2款明确了身份关系在没有其他法律规定的情况下可参照适用合同编。另需说明，《合同法》（已废止）第3~7条规定的原则，因总则编已有规定，故合同编不再规定。	**《合同法》（已废止）第二条**　~~本法所~~称合同是*平等*主体~~的自然人、法人、其他组织~~之间设立、变更、终止民事权利义务关系的协议。 婚姻、收养、监护等有关身份关系的协议，适用*其他*法律的规定。
第四百六十五条　依法成立的合同，受法律保护。 依法成立的合同，**仅**对当事人具有法律约束力，**但是法律另有规定的除外**。 注 本条是对依合同履行义务的规定，表述较《合同法》（已废止）有一定变动。	**《合同法》（已废止）第八条**　依法成立的合同，对当事人具有法律约束力。~~当事人应当按照约定履行自己的义务，不得擅自变更或者解除合同~~。 依法成立的合同，受法律保护。 **《民法总则》（已废止）第一百一十九条**　依法成立的合同，对当事人具有法律约束力。

《民法典》及最新相关司法解释	相关内容
	第一百三十六条　民事法律行为自成立时生效，但是法律另有规定或者当事人另有约定的除外。 行为人非依法律规定或者未经对方同意，不得擅自变更或者解除民事法律行为。
第四百六十六条　当事人对合同条款的理解有争议的，应当*依据本法第一百四十二条第一款的规定，确定争议条款的含义*。 合同文本采用两种以上文字订立并约定具有同等效力的，对各文本使用的词句推定具有相同含义。各文本使用的词句不一致的，应当根据合同的**相关条款、性质**、目的**以及诚信原则等**予以解释。 注《民法典》总则编对意思表示的解释已有具体规定，故关于合同条款的解释，本条规定依据总则编的相关内容确定。	**《合同法》（已废止）第一百二十五条**　当事人对合同条款的理解有争议的，应当*按照合同所使用的词句、合同的有关条款、合同的目的、交易习惯以及诚实信用原则，确定该条款的真实意思*。 合同文本采用两种以上文字订立并约定具有同等效力的，对各文本使用的词句推定具有相同含义。各文本使用的词句不一致的，应当根据合同的目的予以解释。 **《民法总则》（已废止）第一百四十二条第一款**　相对人的意思表示的解释，应当按照所使用的词句，结合相关条款、行为的性质和目的、习惯以及诚信原则，确定意思表示的含义。
第四百六十七条　本法或者其他法律没有明文规定的合同，适用*本编通则*的规定，并可以参照适用*本编*或者其他法律最相类似**合同**的规定。 在中华人民共和国境内履行的中外合资经营企业合同、中外合作经营企业合同、中外合作勘探开发自然资源合同，适用中华人民共和国法律。	**《合同法》（已废止）第一百二十四条**　本法分则或者其他法律没有明文规定的合同，适用*本法总则*的规定，并可以参照*本法分则*或者其他法律最相类似的规定。 **第一百二十六条第二款**　在中华人民共和国境内履行的中外合资经营企业合同、中外合作经营企业合同、中外合作勘探开发自然资源合同，适用中华人民共和国法律。
第四百六十八条　非因合同产生的债权债务关系，适用有关该债权债务关系的法律规定；没有规定的，适用本编通则的有关规定，但是根据其性质不能适用的除外。 注本条明确了“非因合同产生的债权债务关系”的法律适用规则。	

《民法典》及最新相关司法解释	相关内容
第二章　合同的订立	
第四百六十九条　当事人订立合同，*可以采用*书面形式、口头形式*或者*其他形式。 书面形式是合同书、信件、*电报*、*电传*、*传真*等可以有形地表现所载内容的形式。 **以电子数据交换、电子邮件等方式能够有形地表现所载内容，并可以随时调取查用的数据电文，视为书面形式。** 注 本条对合同形式的规定更为精练，且明确了数据电文“可以随时调取查用”的特点。	**《合同法》（已废止）第十条**　当事人订立合同，*有*书面形式、口头形式*和*其他形式。 ~~法律、行政法规规定采用书面形式的，应当采用书面形式。当事人约定采用书面形式的，应当采用书面形式。~~ **第十一条**　书面形式是指合同书、信件*和数据电文（包括电报、电传、传真、电子数据交换和电子邮件）*等可以有形地表现所载内容的形式。 **《民法总则》（已废止）第一百三十五条**　民事法律行为可以采用书面形式、口头形式或者其他形式；法律、行政法规规定或者当事人约定采用特定形式的，应当采用特定形式。
第四百七十条　合同的内容由当事人约定，一般包括下列条款： （一）当事人的姓名或者名称和住所； （二）标的； （三）数量； （四）质量； （五）价款或者报酬； （六）履行期限、地点和方式； （七）违约责任； （八）解决争议的方法。 当事人可以参照各类合同的示范文本订立合同。	**《合同法》（已废止）第十二条**　合同的内容由当事人约定，一般包括以下条款： （一）当事人的名称或者姓名和住所； （二）标的； （三）数量； （四）质量； （五）价款或者报酬； （六）履行期限、地点和方式； （七）违约责任； （八）解决争议的方法。 当事人可以参照各类合同的示范文本订立合同。 **合同法解释二（已废止）第一条**　当事人对合同是否成立存在争议，人民法院能够确定当事人名称或者姓名、标的和数量的，一般应当认定合同成立。但法律另有规定或者当事人另有约定的除外。

《民法典》及最新相关司法解释	相关内容
	对合同欠缺的前款规定以外的其他内容，当事人达不成协议的，人民法院依照合同法第六十一条、第六十二条、第一百二十五条等有关规定予以确定。
第四百七十一条　当事人订立合同，**可以**采取要约、承诺方式**或者其他方式**。 注 明确合同订立方式不再限于要约、承诺，增加“可以……其他方式”的内容。	**《合同法》（已废止）第十三条**　当事人订立合同，采取要约、承诺方式。
第四百七十二条　要约是希望与他人订立合同的意思表示，该意思表示应当符合下列*条件*： （一）内容具体确定； （二）表明经受要约人承诺，要约人即受该意思表示约束。	**《合同法》（已废止）第十四条**　要约是希望*和*他人订立合同的意思表示，该意思表示应当符合下列*规定*： （一）内容具体确定； （二）表明经受要约人承诺，要约人即受该意思表示约束。
第四百七十三条　要约邀请是希望他人向自己发出要约的表示。拍卖公告、招标公告、招股说明书、**债券募集办法**、**基金招募说明书**、商业广告和**宣传**、寄送的价目表等为要约邀请。 商业广告**和宣传**的内容符合要约*条件*的，构成要约。 **商品房买卖合同解释（2020）第三条**　商品房的销售广告和宣传资料为要约邀请，但是出卖人就商品房开发规划范围内的房屋及相关设施所作的说明和允诺具体确定，并对商品房买卖合同的订立以及房屋价格的确定有重大影响的，构成要约。该说明和允诺即使未载入商品房买卖合同，亦应当为合同内容，当事人违反的，应当承担违约责任。 注 对邀约邀请形式的举例进行了增加；以发生频次为主要参考，调整了表述顺序，以适应经济社会的发展。	**《合同法》（已废止）第十五条**　要约邀请是希望他人向自己发出要约的意思表示。寄送的价目表、拍卖公告、招标公告、招股说明书、商业广告等为要约邀请。 商业广告的内容符合要约*规定*的，视为要约。

《民法典》及最新相关司法解释	相关内容
第四百七十四条　*要约生效的时间适用本法第一百三十七条的规定。* 注《民法典》总则编对意思表示的生效时间已有具体规定，要约属于意思表示，故关于要约生效的时间，适用总则编的相关规定即可。	**《合同法》（已废止）第十六条**　*要约到达受要约人时生效。* *采用数据电文形式订立合同，收件人指定特定系统接收数据电文的，该数据电文进入该特定系统的时间，视为到达时间；未指定特定系统的，该数据电文进入收件人的任何系统的首次时间，视为到达时间。* **《民法总则》（已废止）第一百三十七条**　以对话方式作出的意思表示，相对人知道其内容时生效。 以非对话方式作出的意思表示，到达相对人时生效。以非对话方式作出的采用数据电文形式的意思表示，相对人指定特定系统接收数据电文的，该数据电文进入该特定系统时生效；未指定特定系统的，相对人知道或者应当知道该数据电文进入其系统时生效。当事人对采用数据电文形式的意思表示的生效时间另有约定的，按照其约定。
第四百七十五条　要约可以撤回。*要约的撤回适用本法第一百四十一条的规定。* 注适用《民法典》总则编有关意思表示撤回的规定。	**《合同法》（已废止）第十七条**　要约可以撤回。*撤回要约的通知应当在要约到达受要约人之前或者与要约同时到达受要约人。* **《民法总则》（已废止）第一百四十一条**　行为人可以撤回意思表示。撤回意思表示的通知应当在意思表示到达相对人前或者与意思表示同时到达相对人。
第四百七十六条　要约可以撤销，但是有下列情形之一的除外： （一）要约人以确定承诺期限或者其他形式明示要约不可撤销；	**《合同法》（已废止）第十八条**　要约可以撤销。~~撤销要约的通知应当在受要约人发出承诺通知之前到达受要约人~~。 **第十九条**　有下列情形之一的，要

《民法典》及最新相关司法解释	相关内容
(二)受要约人有理由认为要约是不可撤销的,并已经为履行合同做了合理准备工作。 注 要约的撤销时间在下一条单独规定。	约不得撤销: (一)要约人确定了承诺期限或者以其他形式明示要约不可撤销; (二)受要约人有理由认为要约是不可撤销的,并已经为履行合同作了准备工作。
第四百七十七条　撤销要约的意思表示以对话方式作出的,该意思表示的内容应当在受要约人作出承诺之前为受要约人所知道;撤销要约的意思表示以非对话方式作出的,应当在受要约人作出承诺之前到达受要约人。 注 对要约的撤销时间基于对话、非对话的不同做了不同规定。	
第四百七十八条　有下列情形之一的,要约失效: (一)*要约被拒绝*; (二)*要约被依法撤销*; (三)承诺期限届满,受要约人未作出承诺; (四)受要约人对要约的内容作出实质性变更。 注 对要约失效前两种情形的表述进行了简化。	**《合同法》(已废止)第二十条**　有下列情形之一的,要约失效: (一)*拒绝要约的通知到达要约人*; (二)*要约人依法撤销要约*; (三)承诺期限届满,受要约人未作出承诺; (四)受要约人对要约的内容作出实质性变更。
第四百七十九条　承诺是受要约人同意要约的意思表示。	**《合同法》(已废止)第二十一条**　承诺是受要约人同意要约的意思表示。
第四百八十条　承诺应当以通知的方式作出;但是,根据交易习惯或者要约表明可以通过行为作出承诺的除外。	**《合同法》(已废止)第二十二条**　承诺应当以通知的方式作出,但根据交易习惯或者要约表明可以通过行为作出承诺的除外。 **合同法解释二(已废止)第七条**　下列情形,不违反法律、行政法规强制性规

《民法典》及最新相关司法解释	相关内容
	定的，人民法院可以认定为合同法所称"交易习惯"： （一）在交易行为当地或者某一领域、某一行业通常采用并为交易对方订立合同时所知道或者应当知道的做法； （二）当事人双方经常使用的习惯做法。 对于交易习惯，由提出主张的一方当事人承担举证责任。
第四百八十一条　承诺应当在要约确定的期限内到达要约人。 要约没有确定承诺期限的，承诺应当依照下列规定到达： （一）要约以对话方式作出的，应当即时作出承诺； （二）要约以非对话方式作出的，承诺应当在合理期限内到达。 注 在有确定的承诺期限的情况下，超过要约确定期限到达的承诺属承诺迟到或逾期承诺，此类承诺在民法上一般被视为一项新的要约。	**《合同法》（已废止）第二十三条**　承诺应当在要约确定的期限内到达要约人。 要约没有确定承诺期限的，承诺应当依照下列规定到达： （一）要约以对话方式作出的，应当即时作出承诺~~，但当事人另有约定的除外~~； （二）要约以非对话方式作出的，承诺应当在合理期限内到达。
第四百八十二条　要约以信件或者电报作出的，承诺期限自信件载明的日期或者电报交发之日开始计算。信件未载明日期的，自投寄该信件的邮戳日期开始计算。要约以电话、传真、**电子邮件**等快速通讯方式作出的，承诺期限自要约到达受要约人时开始计算。	**《合同法》（已废止）第二十四条**　要约以信件或者电报作出的，承诺期限自信件载明的日期或者电报交发之日开始计算。信件未载明日期的，自投寄该信件的邮戳日期开始计算。要约以电话、传真等快速通讯方式作出的，承诺期限自要约到达受要约人时开始计算。
第四百八十三条　承诺生效时合同成立，**但是法律另有规定或者当事人另有约定的除外**。 注 需注意，增加的但书规定不仅包括"法律另有规定的"，也包括"当事人另有约定的"。	**《合同法》（已废止）第二十五条**　承诺生效时合同成立。

《民法典》及最新相关司法解释	相关内容
第四百八十四条 *以通知方式作出的承诺,生效的时间适用本法第一百三十七条的规定。* **承诺不需要通知的,根据交易习惯或者要约的要求作出承诺的行为时生效。** 注 承诺也属意思表示,故以通知方式作出的承诺的生效时间,需适用对话方式的意思表示的生效时间。另需注意,不需要通知的承诺时间,本条第2款单独进行了规定,承诺行为作出时生效。	**《合同法》(已废止)第二十六条** *承诺通知到达要约人时生效。承诺不需要通知的,根据交易习惯或者要约的要求作出承诺的行为时生效。* *采用数据电文形式订立合同的,承诺到达的时间适用本法第十六条第二款的规定。* **《民法总则》(已废止)第一百三十七条** 以对话方式作出的意思表示,相对人知道其内容时生效。 以非对话方式作出的意思表示,到达相对人时生效。以非对话方式作出的采用数据电文形式的意思表示,相对人指定特定系统接收数据电文的,该数据电文进入该特定系统时生效;未指定特定系统的,相对人知道或者应当知道该数据电文进入其系统时生效。当事人对采用数据电文形式的意思表示的生效时间另有约定的,按照其约定。
第四百八十五条 承诺可以撤回。*承诺的撤回适用本法第一百四十一条的规定。* 注 表述有变,但意思并未改变。	**《合同法》(已废止)第二十七条** 承诺可以撤回。*撤回承诺的通知应当在承诺通知到达要约人之前或者与承诺通知同时到达要约人。* **《民法总则》(已废止)第一百四十一条** 行为人可以撤回意思表示。撤回意思表示的通知应当在意思表示到达相对人前或者与意思表示同时到达相对人。
第四百八十六条 受要约人超过承诺期限发出承诺,**或者在承诺期限内发出承诺,按照通常情形不能及时到达要约人的,**为新要约;*但是,要约人及时通知受要约人该承诺有效的除外。*	**《合同法》(已废止)第二十八条** 受要约人超过承诺期限发出承诺的,*除要约人及时通知受要约人该承诺有效的以外,为新要约。*

《民法典》及最新相关司法解释	相关内容
注 增加了期内承诺但通常情形下不能及时到达视为新要约的内容。另需注意，本条的“承诺期限”，既包括要约人在要约中规定的承诺期限，也包括要约人在要约中未规定而需要根据实际情况确定的合理的承诺期限。	
第四百八十七条　受要约人在承诺期限内发出承诺，按照通常情形能够及时到达要约人，但是因其他原因**致使**承诺到达要约人时超过承诺期限的，除要约人及时通知受要约人因承诺超过期限不接受该承诺外，该承诺有效。 注 本条是关于迟到承诺的规定。需注意，迟到承诺不同于延迟承诺，延迟承诺是超过期限发出承诺，而迟到承诺是发出时并未超期，因而迟到承诺以有效为原则（特殊情形下除外），而延迟承诺以无效为原则（特殊情形下除外）。	《合同法》（已废止）**第二十九条**　受要约人在承诺期限内发出承诺，按照通常情形能够及时到达要约人，但因其他原因承诺到达要约人时超过承诺期限的，除要约人及时通知受要约人因承诺超过期限不接受该承诺~~的以~~外，该承诺有效。
第四百八十八条　承诺的内容应当与要约的内容一致。受要约人对要约的内容作出实质性变更的，为新要约。有关合同标的、数量、质量、价款或者报酬、履行期限、履行地点和方式、违约责任和解决争议方法等的变更，是对要约内容的实质性变更。 注 “实质性变更”所列事项后的“等”，表明构成实质性变更的非仅限于前面几项，如涉外合同中对法律的选择适用也属实质性变更。	《合同法》（已废止）**第三十条**　承诺的内容应当与要约的内容一致。受要约人对要约的内容作出实质性变更的，为新要约。有关合同标的、数量、质量、价款或者报酬、履行期限、履行地点和方式、违约责任和解决争议方法等的变更，是对要约内容的实质性变更。
第四百八十九条　承诺对要约的内容作出非实质性变更的，除要约人及时表示反对或者要约表明承诺不得对要约的内容作出任何变更外，该承诺有效，合同的内容以承诺的内容为准。	《合同法》（已废止）**第三十一条**　承诺对要约的内容作出非实质性变更的，除要约人及时表示反对或者要约表明承诺不得对要约的内容作出任何变更~~的以~~外，该承诺有效，合同的内容以承诺的内容为准。

《民法典》及最新相关司法解释	相关内容
第四百九十条 当事人采用合同书形式订立合同的,自当事人**均**签名、盖章**或者按指印**时合同成立。在签名、盖章**或者按指印**之前,当事人一方已经履行主要义务,对方接受时,该合同成立。 法律、行政法规规定或者当事人约定合同应当采用书面形式订立,当事人未采用书面形式但是一方已经履行主要义务,对方接受时,该合同成立。 **著作权纠纷解释(2020)第二十二条** 著作权转让合同未采取书面形式的,人民法院依据民法典第四百九十条的规定审查合同是否成立。 注 本条系在吸收《合同法》(已废止)三个条文的基础上完善而来。另明确了“按指印”的形式。	**《合同法》(已废止)第三十二条** 当事人采用合同书形式订立合同的,自双方当事人签字或者盖章时合同成立。 **第三十六条** 法律、行政法规规定或者当事人约定采用书面形式订立合同,当事人未采用书面形式但一方已经履行主要义务,对方接受的,该合同成立。 **第三十七条** 采用合同书形式订立合同,在签字或者盖章之前,当事人一方已经履行主要义务,对方接受的,该合同成立。 **合同法解释二(已废止)第五条** 当事人采用合同书形式订立合同的,应当签字或者盖章。当事人在合同书上摁手印的,人民法院应当认定其具有与签字或者盖章同等的法律效力。
第四百九十一条 当事人采用信件、数据电文等形式订立合同*要求签订确认书的*,签订确认书时合同成立。 **当事人一方通过互联网等信息网络发布的商品或者服务信息符合要约条件的,对方选择该商品或者服务并提交订单成功时合同成立,但是当事人另有约定的除外。** 注 适应网络交易的发展,增加互联网交易合同成立时间的内容。	**《合同法》(已废止)第三十三条** 当事人采用信件、数据电文等形式订立合同的,*可以在合同成立之前要求签订确认书。*签订确认书时合同成立。 **原买卖合同解释第一条** 当事人之间没有书面合同,一方以送货单、收货单、结算单、发票等主张存在买卖合同关系的,人民法院应当结合当事人之间的交易方式、交易习惯以及其他相关证据,对买卖合同是否成立作出认定。 对账确认函、债权确认书等函件、凭证没有记载债权人名称,买卖合同当事人一方以此证明存在买卖合同关系的,人民法院应予支持,但有相反证据足以推翻的除外。

《民法典》及最新相关司法解释	相关内容
第四百九十二条　承诺生效的地点为合同成立的地点。 采用数据电文形式订立合同的，收件人的主营业地为合同成立的地点；没有主营业地的，其*住所地*为合同成立的地点。当事人另有约定的，按照其约定。	**《合同法》(已废止)第三十四条**　承诺生效的地点为合同成立的地点。 采用数据电文形式订立合同的，收件人的主营业地为合同成立的地点；没有主营业地的，其*经常居住地*为合同成立的地点。当事人另有约定的，按照其约定。
第四百九十三条　当事人采用合同书形式订立合同的，最后*签名*、盖章**或者按指印**的地点为合同成立的地点，**但是当事人另有约定的除外**。 注 与合同成立时间类似，合同成立地点也增加了“按指印”。此外，本条也明确了合同成立地点的可约定性。	**《合同法》(已废止)第三十五条**　当事人采用合同书形式订立合同的，双方当事人*签名*或者盖章的地点为合同成立的地点。 **合同法解释二(已废止)第四条**　采用书面形式订立合同，合同约定的签订地与实际签字或者盖章地点不符的，人民法院应当认定约定的签订地为合同签订地；合同没有约定签订地，双方当事人签字或者盖章不在同一地点的，人民法院应当认定最后签字或者盖章的地点为合同签订地。
第四百九十四条　国家根据**抢险救灾、疫情防控或者其他**需要下达国家订货**任务、指令性**任务的，有关*民事主体*之间应当依照有关法律、行政法规规定的权利和义务订立合同。 **依照法律、行政法规的规定负有发出要约义务的当事人，应当及时发出合理的要约。** **依照法律、行政法规的规定负有作出承诺义务的当事人，不得拒绝对方合理的订立合同要求。** 注 结合新冠肺炎疫情防控工作，完善国家订货合同制度。且就依照国家计划订立合同新增两点：及时发出合理要约的义务、不得拒绝合理订立要求的义务。	**《合同法》(已废止)第三十八条**　国家根据需要下达~~指令性任务或者~~国家订货任务的，有关*法人、其他组织*之间应当依照有关法律、行政法规规定的权利和义务订立合同。

《民法典》及最新相关司法解释	相关内容
第四百九十五条 当事人约定在将来一定期限内订立合同的认购书、订购书、预订书等,构成预约合同。 当事人一方不履行预约合同约定的订立合同义务的,对方可以请求其承担预约合同的违约责任。 注 本条肯定了预约作为一种合同形式并明确了预约合同可产生违约责任,值得关注。	**原买卖合同解释第二条(本条已失效)** 当事人签订认购书、订购书、预订书、意向书、备忘录等预约合同,约定在将来一定期限内订立买卖合同,一方不履行订立买卖合同的义务,对方请求其承担预约合同违约责任或者要求解除预约合同并主张损害赔偿的,人民法院应予支持。
第四百九十六条 格式条款是当事人为了重复使用而预先拟定,并在订立合同时未与对方协商的条款。 采用格式条款订立合同的,提供格式条款的一方应当遵循公平原则确定当事人之间的权利和义务,并采取合理的方式提示对方注意免除或者*减轻*其责任**等与对方有重大利害关系**的条款,按照对方的要求,对该条款予以说明。**提供格式条款的一方未履行提示或者说明义务,致使对方没有注意或者理解与其有重大利害关系的条款的,对方可以主张该条款不成为合同的内容。** **民法典时间效力规定第九条 民法典施行前订立的合同,提供格式条款一方未履行提示或者说明义务,涉及格式条款效力认定的,适用民法典第四百九十六条的规定。** **《最高人民法院关于适用〈中华人民共和国保险法〉若干问题的解释(二)》(2020)第十条** 保险人将法律、行政法规中的禁止性规定情形作为保险合同免责条款的免责事由,保险人对该条款作出提示后,投保人、被保险人或者受益人以	**《合同法》(已废止)第三十九条** 采用格式条款订立合同的,提供格式条款的一方应当遵循公平原则确定当事人之间的权利和义务,并采取合理的方式提请对方注意免除或者*限制*其责任的条款,按照对方的要求,对该条款予以说明。 格式条款是当事人为了重复使用而预先拟定,并在订立合同时未与对方协商的条款。 **合同法解释二(已废止)第六条** 提供格式条款的一方对格式条款中免除或者限制其责任的内容,在合同订立时采用足以引起对方注意的文字、符号、字体等特别标识,并按照对方的要求对该格式条款予以说明的,人民法院应当认定符合合同法第三十九条所称"采取合理的方式"。 提供格式条款一方对已尽合理提示及说明义务承担举证责任。

《民法典》及最新相关司法解释	相关内容
保险人未履行明确说明义务为由主张该条款不成为合同内容的，人民法院不予支持。 **《最高人民法院关于适用〈中华人民共和国保险法〉若干问题的解释（四）》（2020）第二条** 保险人已向投保人履行了保险法规定的提示和明确说明义务，保险标的受让人以保险标的转让后保险人未向其提示或者明确说明为由，主张免除保险人责任的条款不成为合同内容的，人民法院不予支持。 注 关于格式合同订立人的说明义务，增加了与对方有重大利害关系的内容。另明确赋予了对方在订立人未履行提示或说明义务下主张相关条款不成为合同内容的权利。	
第四百九十七条 有下列情形之一的，该格式条款无效： *（一）具有本法第一编第六章第三节和本法第五百零六条规定的无效情形；* *（二）提供格式条款一方**不合理地**免除或者**减轻其责任**、加重对方责任、**限制对方主要权利**；* *（三）提供格式条款一方排除对方主要权利。* 注 就格式条款的无效，分项列出无效的情形，更为系统、更加完善。	**《合同法》（已废止）第四十条** 格式*条款具有本法第五十二条和第五十三条规定情形的，或者提供格式条款一方免除其责任、加重对方责任、排除对方主要权利的，*该条款无效。 **合同法解释二（已废止）第十条** 提供格式条款的一方当事人违反合同法第三十九条第一款的规定，并具有合同法第四十条规定的情形之一的，人民法院应当认定该格式条款无效。
第四百九十八条 对格式条款的理解发生争议的，应当按照通常理解予以解释。对格式条款有两种以上解释的，应当作出不利于提供格式条款一方的解释。格式条款和非格式条款不一致的，应当采用非格式条款。	**《合同法》（已废止）第四十一条** 对格式条款的理解发生争议的，应当按照通常理解予以解释。对格式条款有两种以上解释的，应当作出不利于提供格式条款一方的解释。格式条款和非格式条款不一致的，应当采用非格式条款。

《民法典》及最新相关司法解释	相关内容
注 需说明的是，本条所谓的“非格式条款”，既可以是当事人在格式条款以外另行协商约定的条款，也可以是经过协商对原格式条款进行修改形成的条款。	
第四百九十九条 悬赏人以公开方式声明对完成特定行为的人支付报酬的，完成该行为的人可以请求其支付。	**合同法解释二（已废止）第三条** 悬赏人以公开方式声明对完成一定行为的人支付报酬，完成特定行为的人请求悬赏人支付报酬的，人民法院依法予以支持。但悬赏有合同法第五十二条规定情形的除外。
第五百条 当事人在订立合同过程中有下列情形之一，造成对方损失的，应当承担赔偿责任： （一）假借订立合同，恶意进行磋商； （二）故意隐瞒与订立合同有关的重要事实或者提供虚假情况； （三）有其他违背诚信原则的行为。 **期货纠纷解释（2020）第十六条** 期货公司在与客户订立期货经纪合同时，未提示客户注意《期货交易风险说明书》内容，并由客户签字或者盖章，对于客户在交易中的损失，应当依据民法典第五百条第三项的规定承担相应的赔偿责任。但是，根据以往交易结果记载，证明客户已有交易经历的，应当免除期货公司的责任。 注 此处是对“缔约过失责任”的规定。以往主流观点认为，承担缔约过失责任的一个前提条件便是“合同不成立、被确认无效或者被撤销”，但笔者认为并非如此，合同成立的情况下也有可能承担缔约过失责任。例如，甲依约飞赴北京与乙签合同，到北京后发现乙不在北京而在海南，甲随后飞往海南签下合同。此时合同已成立，但甲依然可要求乙承担缔约过失责任（多产生的路费等）。	**《合同法》（已废止）第四十二条** 当事人在订立合同过程中有下列情形之一，给对方造成损失的，应当承担损害赔偿责任： （一）假借订立合同，恶意进行磋商； （二）故意隐瞒与订立合同有关的重要事实或者提供虚假情况； （三）有其他违背诚实信用原则的行为。 **合同法解释二（已废止）第八条** 依照法律、行政法规的规定经批准或者登记才能生效的合同成立后，有义务办理申请批准或者申请登记等手续的一方当事人未按照法律规定或者合同约定办理申请批准或者未申请登记的，属于合同法第四十二条第三项规定的“其他违背诚实信用原则的行为”，人民法院可以根据案件的具体情况和相对人的请求，判决相对人自己办理有关手续；对方当事人对由此产生的费用和给相对人造成的实际损失，应当承担损害赔偿责任。

《民法典》及最新相关司法解释	相关内容
第五百零一条　当事人在订立合同过程中知悉的商业秘密**或者其他应当保密的信息**，无论合同是否成立，不得泄露或者不正当地使用；泄露、不正当地使用该商业秘密**或者信息**，造成对方损失的，应当承担赔偿责任。 注 适应社会发展需要，本条明确了保密义务的范围不再限于“商业秘密”，也包括其他应当保密的信息。	**《合同法》（已废止）第四十三条**　当事人在订立合同过程中知悉的商业秘密，无论合同是否成立，不得泄露或者不正当地使用。泄露或者不正当地使用该商业秘密给对方造成损失的，应当承担损害赔偿责任。 **《反不正当竞争法》第九条第四款**　本法所称的商业秘密，是指不为公众所知悉、具有商业价值并经权利人采取相应保密措施的技术信息、经营信息等商业信息。
第三章　合同的效力	
第五百零二条　依法成立的合同，自成立时生效，**但是法律另有规定或者当事人另有约定的除外。** **依照**法律、行政法规**的**规定，**合同**应当办理批准等手续的，依照其规定。**未办理批准等手续影响合同生效的，不影响合同中履行报批等义务条款以及相关条款的效力。应当办理申请批准等手续的当事人未履行义务的，对方可以请求其承担违反该义务的责任。** **依照法律、行政法规的规定，合同的变更、转让、解除等情形应当办理批准等手续的，适用前款规定。** **民法典时间效力规定第八条**　**民法典施行前成立的合同，适用当时的法律、司法解释的规定合同无效而适用民法典的规定合同有效的，适用民法典的相关规定。** 注《民法典》第502条是关于合同生效的规定。相较于《合同法》（已废止），本条规定更加细致，增加了法律另有规定或当事人另有约定除外的但书条款。此外，第2款还明确了未报批不生效合同中报批条款的效力。	**《合同法》（已废止）第四十四条**　依法成立的合同，自成立时生效。 法律、行政法规规定应当办理批准~~、登记~~等手续~~生效~~的，依照其规定。 **合同法解释一（已废止）第九条**　依照合同法第四十四条第二款的规定，法律、行政法规规定合同应当办理批准手续，或者办理批准、登记等手续才生效，在一审法庭辩论终结前当事人仍未办理批准手续的，或者仍未办理批准、登记等手续的，人民法院应当认定该合同未生效；法律、行政法规规定合同应当办理登记手续，但未规定登记后生效的，当事人未办理登记手续不影响合同的效力，合同标的物所有权及其他物权不能转移。 合同法第七十七条第二款、第八十七条、第九十六条第二款所列合同变更、转让、解除等情形，依照前款规定处理。 **原融资租赁合同解释第三条（本条已失效）**　根据法律、行政法规规定，承租人对于租赁物的经营使用应当取得行

《民法典》及最新相关司法解释	相关内容
	政许可的，人民法院不应仅以出租人未取得行政许可为由认定融资租赁合同无效。 **原城镇房屋租赁合同解释第四条（本条已失效）** 当事人以房屋租赁合同未按照法律、行政法规规定办理登记备案手续为由，请求确认合同无效的，人民法院不予支持。 当事人约定以办理登记备案手续为房屋租赁合同生效条件的，从其约定。但当事人一方已经履行主要义务，对方接受的除外。 **原买卖合同解释第六条（已变更为最新司法解释第三条）** 根据合同法第一百六十二条的规定，买受人拒绝接收多交部分标的物的，可以代为保管多交部分标的物。买受人主张出卖人负担代为保管期间的合理费用的，人民法院应予支持。 买受人主张出卖人承担代为保管期间非因买受人故意或者重大过失造成的损失的，人民法院应予支持。 **原技术合同解释第八条** 生产产品或者提供服务依法须经有关部门审批或者取得行政许可，而未经审批或者许可的，不影响当事人订立的相关技术合同的效力。 当事人对办理前款所称审批或者许可的义务没有约定或者约定不明确的，人民法院应当判令由实施技术的一方负责办理，但法律、行政法规另有规定的除外。
第五百零三条 无权代理人以被代理人的名义订立合同，被代理人已经开始履行合同义务**或者接受相对人履行的**，视为对合同的追认。	**合同法解释二（已废止）第十二条** 无权代理人以被代理人的名义订立合同，被代理人已经开始履行合同义务的，视为对合同的追认。

《民法典》及最新相关司法解释	相关内容
第五百零四条 *法人的法定代表人或者非法人组织的负责人*超越权限订立的合同，除相对人知道或者应当知道其超越权限外，*该代表行为有效，订立的合同对法人或者非法人组织发生效力。* **民法典担保制度解释第七条 公司的法定代表人违反公司法关于公司对外担保决议程序的规定，超越权限代表公司与相对人订立担保合同，人民法院应当依照民法典第六十一条和第五百零四条等规定处理：** **（一）相对人善意的，担保合同对公司发生效力；相对人请求公司承担担保责任的，人民法院应予支持。** **（二）相对人非善意的，担保合同对公司不发生效力；相对人请求公司承担赔偿责任的，参照适用本解释第十七条的有关规定。** **法定代表人超越权限提供担保造成公司损失，公司请求法定代表人承担赔偿责任的，人民法院应予支持。** **第一款所称善意，是指相对人在订立担保合同时不知道且不应当知道法定代表人超越权限。相对人有证据证明已对公司决议进行了合理审查，人民法院应当认定其构成善意，但是公司有证据证明相对人知道或者应当知道决议系伪造、变造的除外。** 注 就法定代表人或负责人越权行为的效力，《民法典》本条表述更为准确，与总则编部分也保持了一致。 公司法定代表人越权担保下，九民纪要区分相对人是否善意，来判断合同效力。民法典担保制度解释第7条系依照《民法典》第61条、第504条等规定，将九民纪要相关内容转化而来。	**《合同法》（已废止）第五十条** *法人或者其他组织的法定代表人、负责人*超越权限订立的合同，除相对人知道或者应当知道其超越权限~~的以~~外，*该代表行为有效。* **担保法解释（已废止）第十一条** 法人或者其他组织的法定代表人、负责人超越权限订立的担保合同，除相对人知道或者应当知道其超越权限的以外，该代表行为有效。

《民法典》及最新相关司法解释	相关内容
第五百零五条 当事人超越经营范围订立的合同的效力，**应当依照本法第一编第六章第三节和本编的有关规定确定**，不得仅以超越经营范围确认合同无效。 注 依照本条的规定，“超越经营范围”并非认定合同无效的事由。	**合同法解释一(已废止)第十条** 当事人超越经营范围订立合同，人民法院不因此认定合同无效。但违反国家限制经营、特许经营以及法律、行政法规禁止经营规定的除外。
第五百零六条 合同中的下列免责条款无效： (一)造成对方人身*损害*的； (二)因故意或者重大过失造成对方财产损失的。 注 对当事人经充分协商确定的免责条款，只要是完全建立在当事人自愿的基础上，且不违反社会公共利益，应承认免责条款效力。只是对于严重违反诚实信用原则和社会公共利益的免责条款，法律是禁止的。	**《合同法》(已废止)第五十三条** 合同中的下列免责条款无效： (一)造成对方人身*伤害*的； (二)因故意或者重大过失造成对方财产损失的。
第五百零七条 合同不生效、无效、被撤销或者终止的，不影响合同中有关解决争议方法的条款的效力。	**《合同法》(已废止)第五十七条** 合同无效、被撤销或者终止的，不影响合同中~~独立存在的~~有关解决争议方法的条款的效力。
第五百零八条 本编对合同的效力没有规定的，适用本法第一编第六章的有关规定。 **民法典时间效力规定第二十条 民法典施行前成立的合同，依照法律规定或者当事人约定该合同的履行持续至民法典施行后，因民法典施行前履行合同发生争议的，适用当时的法律、司法解释的规定；因民法典施行后履行合同发生争议的，适用民法典第三编第四章和第五章的相关规定。** 注 第一编第六章是“民事法律行为”。	

《民法典》及最新相关司法解释	相关内容
第四章　合同的履行	
第五百零九条　当事人应当按照约定全面履行自己的义务。 当事人应当遵循诚信原则，根据合同的性质、目的和交易习惯履行通知、协助、保密等义务。 **当事人在履行合同过程中，应当避免浪费资源、污染环境和破坏生态。** 注 履行合同也要注意资源、环境和生态。	**《合同法》（已废止）第六十条**　当事人应当按照约定全面履行自己的义务。 当事人应当遵循诚实信用原则，根据合同的性质、目的和交易习惯履行通知、协助、保密等义务。
第五百一十条　合同生效后，当事人就质量、价款或者报酬、履行地点等内容没有约定或者约定不明确的，可以协议补充；不能达成补充协议的，按照合同*相关*条款或者交易习惯确定。	**《合同法》（已废止）第六十一条**　合同生效后，当事人就质量、价款或者报酬、履行地点等内容没有约定或者约定不明确的，可以协议补充；不能达成补充协议的，按照合同*有关*条款或者交易习惯确定。
第五百一十一条　当事人就有关合同内容约定不明确，依据*前条*规定仍不能确定的，适用下列规定： （一）质量要求不明确的，*按照**强制性**国家标准履行；没有强制性国家标准的，按照**推荐性**国家标准履行；没有推荐性国家标准的，按照行业标准履行*；没有国家标准、行业标准的，按照通常标准或者符合合同目的的特定标准履行。 （二）价款或者报酬不明确的，按照订立合同时履行地的市场价格履行；依法应当执行政府定价或者政府指导价的，*依照*规定履行。 （三）履行地点不明确，给付货币的，在接受货币一方所在地履行；交付不动产的，在不动产所在地履行；其他标的，在履行义务一方所在地履行。	**《合同法》（已废止）第六十二条**　当事人就有关合同内容约定不明确，依照*本法第六十一条的*规定仍不能确定的，适用下列规定： （一）质量要求不明确的，*按照国家标准、行业标准履行*；没有国家标准、行业标准的，按照通常标准或者符合合同目的的特定标准履行。 （二）价款或者报酬不明确的，按照订立合同时履行地的市场价格履行；依法应当执行政府定价或者政府指导价的，*按照*规定履行。 （三）履行地点不明确，给付货币的，在接受货币一方所在地履行；交付不动产的，在不动产所在地履行；其他标的，在履行义务一方所在地履行。 （四）履行期限不明确的，债务人可

《民法典》及最新相关司法解释	相关内容
（四）履行期限不明确的，债务人可以随时履行，债权人也可以随时*请求*履行，但是应当给对方必要的准备时间。 （五）履行方式不明确的，按照有利于实现合同目的的方式履行。 （六）履行费用的负担不明确的，由履行义务一方负担；**因债权人原因增加的履行费用，由债权人负担**。 注 本条就约定不明时合同的履行进行了完善。质量方面将国家标准进一步分为强制性国家标准和推荐性国家标准，并确定了强制性国家标准、推荐性国家标准、行业标准的一般顺序。此外，在费用负担方面增加“因债权人原因增加的履行费用，由债权人负担”的规定。	以随时履行，债权人也可以随时*要求*履行，但应当给对方必要的准备时间。 （五）履行方式不明确的，按照有利于实现合同目的的方式履行。 （六）履行费用的负担不明确的，由履行义务一方负担。
第五百一十二条　通过互联网等信息网络订立的电子合同的标的为交付商品并采用快递物流方式交付的，收货人的签收时间为交付时间。电子合同的标的为提供服务的，生成的电子凭证或者实物凭证中载明的时间为提供服务时间；前述凭证没有载明时间或者载明时间与实际提供服务时间不一致的，以实际提供服务的时间为准。 **电子合同的标的物为采用在线传输方式交付的，合同标的物进入对方当事人指定的特定系统且能够检索识别的时间为交付时间。** **电子合同当事人对交付商品或者提供服务的方式、时间另有约定的，按照其约定。** 注 新增条文，结合目前非常常见的网购，针对性地规定了电子合同的履行规则。	

《民法典》及最新相关司法解释	相关内容
第五百一十三条　执行政府定价或者政府指导价的，在合同约定的交付期限内政府价格调整时，按照交付时的价格计价。逾期交付标的物的，遇价格上涨时，按照原价格执行；价格下降时，按照新价格执行。逾期提取标的物或者逾期付款的，遇价格上涨时，按照新价格执行；价格下降时，按照原价格执行。	**《合同法》（已废止）第六十三条**　执行政府定价或者政府指导价的，在合同约定的交付期限内政府价格调整时，按照交付时的价格计价。逾期交付标的物的，遇价格上涨时，按照原价格执行；价格下降时，按照新价格执行。逾期提取标的物或者逾期付款的，遇价格上涨时，按照新价格执行；价格下降时，按照原价格执行。
第五百一十四条　以支付金钱为内容的债，除法律另有规定或者当事人另有约定外，债权人可以请求债务人以实际履行地的法定货币履行。 注 新增内容，明确了“以支付金钱为内容”的债原则上以实际履行地的法定货币履行。	
第五百一十五条　标的有多项而债务人只需履行其中一项的，债务人享有选择权；但是，法律另有规定、当事人另有约定或者另有交易习惯的除外。 **享有选择权的当事人在约定期限内或者履行期限届满未作选择，经催告后在合理期限内仍未选择的，选择权转移至对方。** 注 新增内容，明确了多项债务标的中债务人的选择权及选择权的转移，值得关注。	
第五百一十六条　当事人行使选择权应当及时通知对方，通知到达对方时，标的确定。标的确定后不得变更，但是经对方同意的除外。 **可选择的标的发生不能履行情形的，享有选择权的当事人不得选择不能履行的标的，但是该不能履行的情形是由对**	

《民法典》及最新相关司法解释	相关内容
方造成的除外。 注 新增内容，承接上一条，规定了通知到达对方时债务标的确定及原则上不得选择不能履行的标的。	
第五百一十七条　债权人为二人以上，标的可分，按照份额各自享有债权的，为按份债权；债务人为二人以上，标的可分，按照份额各自负担债务的，为按份债务。 **按份债权人或者按份债务人的份额难以确定的，视为份额相同。** 注 本条规定了“按份债权”“按份债务”。	**《民法总则》（已废止）第一百七十七条**　二人以上依法承担按份责任，能够确定责任大小的，各自承担相应的责任；难以确定责任大小的，平均承担责任。
第五百一十八条　债权人为二人以上，部分或者全部债权人均可以请求债务人履行债务的，为连带债权；债务人为二人以上，债权人可以请求部分或者全部债务人履行全部债务的，为连带债务。 **连带债权或者连带债务，由法律规定或者当事人约定。** 注 本条规定了“连带债权”“连带债务”。	**《民法总则》（已废止）第一百七十八条第一款、第三款**　二人以上依法承担连带责任的，权利人有权请求部分或者全部连带责任人承担责任。 连带责任，由法律规定或者当事人约定。
第五百一十九条　连带债务人之间的份额难以确定的，视为份额相同。 **实际承担债务超过自己份额的连带债务人，有权就超出部分在其他连带债务人未履行的份额范围内向其追偿，并相应地享有债权人的权利，但是不得损害债权人的利益。其他连带债务人对债权人的抗辩，可以向该债务人主张。**	**《民法总则》（已废止）第一百七十八条第二款**　连带责任人的责任份额根据各自责任大小确定；难以确定责任大小的，平均承担责任。实际承担责任超过自己责任份额的连带责任人，有权向其他连带责任人追偿。

《民法典》及最新相关司法解释	相关内容
被追偿的连带债务人不能履行其应分担份额的，其他连带债务人应当在相应范围内按比例分担。 注 本条是对连带债务份额确定的规定。本条第 3 款另对实践中经常遇到的被追偿连带债务人不能履行其份额时，由其他连带债务人在相应范围内按比例分担予以明确。	
第五百二十条　部分连带债务人履行、抵销债务或者提存标的物的，其他债务人对债权人的债务在相应范围内消灭；该债务人可以依据前条规定向其他债务人追偿。 **部分连带债务人的债务被债权人免除的，在该连带债务人应当承担的份额范围内，其他债务人对债权人的债务消灭。** **部分连带债务人的债务与债权人的债权同归于一人的，在扣除该债务人应当承担的份额后，债权人对其他债务人的债权继续存在。** **债权人对部分连带债务人的给付受领迟延的，对其他连带债务人发生效力。** 注 本条对连带债务的履行与消灭做了较为细致与相对完善的规定，值得关注。	
第五百二十一条　连带债权人之间的份额难以确定的，视为份额相同。 **实际受领债权的连带债权人，应当按比例向其他连带债权人返还。** **连带债权参照适用本章连带债务的有关规定。** 注 本条是对连带债权份额确定的规定，规定了实际受领人按比例返还其他连带债权人的义务。	

《民法典》及最新相关司法解释	相关内容
第五百二十二条　当事人约定由债务人向第三人履行债务，债务人未向第三人履行债务或者履行债务不符合约定**的**，应当向债权人承担违约责任。 **法律规定或者当事人约定第三人可以直接请求债务人向其履行债务，第三人未在合理期限内明确拒绝，债务人未向第三人履行债务或者履行债务不符合约定的，第三人可以请求债务人承担违约责任；债务人对债权人的抗辩，可以向第三人主张。** 注 在向第三人履行合同规则中，本条增加了第2款，系真正的利益第三人合同，此时第三人的地位类似债权人。	**《合同法》（已废止）第六十四条**　当事人约定由债务人向第三人履行债务的，债务人未向第三人履行债务或者履行债务不符合约定，应当向债权人承担违约责任。
第五百二十三条　当事人约定由第三人向债权人履行债务，第三人不履行债务或者履行债务不符合约定**的**，债务人应当向债权人承担违约责任。 注 本条系关于由第三人履行合同的规定，注意与上一条向第三人履行区分。	**《合同法》（已废止）第六十五条**　当事人约定由第三人向债权人履行债务的，第三人不履行债务或者履行债务不符合约定，债务人应当向债权人承担违约责任。
第五百二十四条　债务人不履行债务，第三人对履行该债务具有合法利益的，第三人有权向债权人代为履行；但是，根据债务性质、按照当事人约定或者依照法律规定只能由债务人履行的除外。 **债权人接受第三人履行后，其对债务人的债权转让给第三人，但是债务人和第三人另有约定的除外。** 注 上一条系基于当事人的约定产生的由第三人履行的合同，而本条则是第三人基于自己利益的代为履行，本质上更像赋予第三人的一种权利。	

《民法典》及最新相关司法解释	相关内容
第五百二十五条　当事人互负债务，没有先后履行顺序的，应当同时履行。一方在对方履行之前有权拒绝其履行*请求*。一方在对方履行债务不符合约定时，有权拒绝其相应的履行*请求*。 注 同时履行抗辩权属延期的抗辩权，只是暂时阻止对方当事人请求权的行使，非永久的抗辩权。对方当事人完全履行了合同义务，同时履行抗辩权消灭，当事人应当履行自己的义务。当事人行使同时履行抗辩权致使合同迟延履行的，迟延履行责任由对方当事人承担。	**《合同法》(已废止)第六十六条**　当事人互负债务，没有先后履行顺序的，应当同时履行。一方在对方履行之前有权拒绝其履行*要求*。一方在对方履行债务不符合约定时，有权拒绝其相应的履行*要求*。
第五百二十六条　当事人互负债务，有先后履行顺序，**应当**先履行债务一方未履行的，后履行一方有权拒绝其履行*请求*。先履行一方履行债务不符合约定的，后履行一方有权拒绝其相应的履行*请求*。 注 与同时履行抗辩权一样，后履行抗辩权也属延期的抗辩权，只是暂时阻止对方当事人请求权的行使，非永久的抗辩权。	**《合同法》(已废止)第六十七条**　当事人互负债务，有先后履行顺序，先履行一方未履行的，后履行一方有权拒绝其履行*要求*。先履行一方履行债务不符合约定的，后履行一方有权拒绝其相应的履行*要求*。
第五百二十七条　应当先履行债务的当事人，有确切证据证明对方有下列情形之一的，可以中止履行： (一)经营状况严重恶化； (二)转移财产、抽逃资金，以逃避债务； (三)丧失商业信誉； (四)有丧失或者可能丧失履行债务能力的其他情形。 当事人没有确切证据中止履行的，应当承担违约责任。	**《合同法》(已废止)第六十八条**　应当先履行债务的当事人，有确切证据证明对方有下列情形之一的，可以中止履行： (一)经营状况严重恶化； (二)转移财产、抽逃资金，以逃避债务； (三)丧失商业信誉； (四)有丧失或者可能丧失履行债务能力的其他情形。 当事人没有确切证据中止履行的，应当承担违约责任。

《民法典》及最新相关司法解释	相关内容
第五百二十八条 当事人依据*前条*规定中止履行的,应当及时通知对方。对方提供适当担保的,应当恢复履行。中止履行后,对方在合理期限内未恢复履行能力且未提供适当担保的,**视为以自己的行为表明不履行主要债务**,中止履行的一方可以解除合同**并可以请求对方承担违约责任**。 注 在不安抗辩权的行使规定中,明确了预期违约的构成,以及构成预期违约后可行使合同解除权并主张违约责任。	**《合同法》(已废止)第六十九条** 当事人依照*本法第六十八条的*规定中止履行的,应当及时通知对方。对方提供适当担保时,应当恢复履行。中止履行后,对方在合理期限内未恢复履行能力并且未提供适当担保的,中止履行的一方可以解除合同。
第五百二十九条 债权人分立、合并或者变更住所没有通知债务人,致使履行债务发生困难的,债务人可以中止履行或者将标的物提存。 注 本条是关于因债权人原因致债务履行困难的处理的规定。需说明的是,中止履行只是暂停履行或者延期履行,但履行义务仍然存在。	**《合同法》(已废止)第七十条** 债权人分立、合并或者变更住所没有通知债务人,致使履行债务发生困难的,债务人可以中止履行或者将标的物提存。
第五百三十条 债权人可以拒绝债务人提前履行债务,但是提前履行不损害债权人利益的除外。 债务人提前履行债务给债权人增加的费用,由债务人负担。	**《合同法》(已废止)第七十一条** 债权人可以拒绝债务人提前履行债务,但提前履行不损害债权人利益的除外。 债务人提前履行债务给债权人增加的费用,由债务人负担。
第五百三十一条 债权人可以拒绝债务人部分履行债务,但是部分履行不损害债权人利益的除外。 债务人部分履行债务给债权人增加的费用,由债务人负担。	**《合同法》(已废止)第七十二条** 债权人可以拒绝债务人部分履行债务,但部分履行不损害债权人利益的除外。 债务人部分履行债务给债权人增加的费用,由债务人负担。

《民法典》及最新相关司法解释	相关内容
第五百三十二条　合同生效后，当事人不得因姓名、名称的变更或者法定代表人、负责人、承办人的变动而不履行合同义务。 注 需说明的是，本条规定事项的变化不同于当事人的合并和分立等。合并、分立，主体地位发生变化，权利义务也将发生相应的变更或承继，这对于合同义务的履行会有一定影响。当事人姓名、名称等的变化则不会带来上述影响。	**《合同法》（已废止）第七十六条**　合同生效后，当事人不得因姓名、名称的变更或者法定代表人、负责人、承办人的变动而不履行合同义务。
第五百三十三条　合同成立后，合同的*基础条件*发生了当事人在订立合同时无法预见的、不属于商业风险的重大变化，继续履行合同对于当事人一方明显不公平的，**受不利影响的当事人可以与对方重新协商；在合理期限内协商不成的，**当事人可以请求人民法院**或者仲裁机构**变更或者解除合同。 人民法院**或者仲裁机构**应当结合案件的实际情况，根据公平原则变更或者解除合同。	**合同法解释二（已废止）第二十六条**　合同成立以后客观情况发生了当事人在订立合同时无法预见的、~~非不可抗力造成的~~不属于商业风险的重大变化，继续履行合同对于一方当事人明显不公平~~或者不能实现合同目的~~，当事人请求人民法院变更或者解除合同的，人民法院应当根据公平原则，并结合案件的实际情况确定是否变更或者解除。
第五百三十四条　*对当事人利用合同实施危害国家利益、社会公共利益行为的，市场监督管理和其他有关行政主管部门依照法律、行政法规的规定负责监督处理。*	**《合同法》（已废止）第一百二十七条**　*工商行政管理部门和其他有关行政主管部门在各自的职权范围内，依照法律、行政法规的规定，对利用合同危害国家利益、社会公共利益的违法行为，负责监督处理；构成犯罪的，依法追究刑事责任。*
第五章　合同的保全	
第五百三十五条　因债务人怠于行使其债权**或者与该债权有关的从权利**，*影响债权人的到期债权实现的*，债权人可以向人民法院请求以自己的名义代位	**《合同法》（已废止）第七十三条**　因债务人怠于行使其~~到期~~债权，*对债权人造成损害的*，债权人可以向人民法院请求以自己的名义代位行使债务人*的债权*，

《民法典》及最新相关司法解释	相关内容
行使债务人*对相对人的权利*，但是该权利专属于债务人自身的除外。 代位权的行使范围以债权人的**到期**债权为限。债权人行使代位权的必要费用，由债务人负担。 **相对人对债务人的抗辩，可以向债权人主张。** **建设工程合同解释一第四十四条 实际施工人依据民法典第五百三十五条规定，以转包人或者违法分包人怠于向发包人行使到期债权或者与该债权有关的从权利，影响其到期债权实现，提起代位权诉讼的，人民法院应予支持。** 注《民法典》第535条对“债权人的代位权”表述更加规范、更为准确，同时明确了相对人的抗辩权。	但该债权专属于债务人自身的除外。 代位权的行使范围以债权人的债权为限。债权人行使代位权的必要费用，由债务人负担。 **合同法解释一（已废止）第十一条** 债权人依照合同法第七十三条的规定提起代位权诉讼，应当符合下列条件： （一）债权人对债务人的债权合法； （二）债务人怠于行使其到期债权，对债权人造成损害； （三）债务人的债权已到期； （四）债务人的债权不是专属于债务人自身的债权。 **第十二条** 合同法第七十三条第一款规定的专属于债务人自身的债权，是指基于扶养关系、抚养关系、赡养关系、继承关系产生的给付请求权和劳动报酬、退休金、养老金、抚恤金、安置费、人寿保险、人身伤害赔偿请求权等权利。 **第十三条** 合同法第七十三条规定的“债务人怠于行使其到期债权，对债权人造成损害的”，是指债务人不履行其对债权人的到期债务，又不以诉讼方式或者仲裁方式向其债务人主张其享有的具有金钱给付内容的到期债权，致使债权人的到期债权未能实现。 次债务人（即债务人的债务人）不认为债务人有怠于行使其到期债权情况的，应当承担举证责任。 **第十四条** 债权人依照合同法第七十三条的规定提起代位权诉讼的，由被告住所地人民法院管辖。 **原诉讼时效规定第十八条（已变更为最新司法解释第十六条）** 债权人提起代位权诉讼的，应当认定对债权人的债权和债务人的债权均发生诉讼时效中断的效力。

《民法典》及最新相关司法解释	相关内容
第五百三十六条　债权人的债权到期前，债务人的债权或者与该债权有关的从权利存在诉讼时效期间即将届满或者未及时申报破产债权等情形，影响债权人的债权实现的，债权人可以代位向债务人的相对人请求其向债务人履行、向破产管理人申报或者作出其他必要的行为。 注 本条系增加的债权到期前的债权人代位权的规定，有利于最大限度地保障债权人合法权益的实现。	
第五百三十七条　人民法院认定代位权成立的，由债务人的相对人向债权人履行义务，债权人接受履行后，债权人与债务人、债务人与相对人之间相应的权利义务终止。债务人对相对人的债权或者与该债权有关的从权利被采取保全、执行措施，或者债务人破产的，依照相关法律的规定处理。	**合同法解释一（已废止）第二十条**　债权人向次债务人提起的代位权诉讼经人民法院审理后认定代位权成立的，由次债务人向债权人履行清偿义务，债权人与债务人、债务人与次债务人之间相应的债权债务关系即予消灭。
第五百三十八条　*债务人以放弃其债权、**放弃债权担保**、无偿转让财产等方式无偿处分财产权益，**或者恶意延长其到期债权的履行期限**，影响债权人的债权实现的*，债权人可以请求人民法院撤销债务人的行为。 **第五百三十九条**　债务人以明显不合理的低价转让财产、**以明显不合理的高价受让他人财产或者为他人的债务提供担保**，*影响债权人的债权实现，债务人的相对人***知道或者应当知道**该情形的，债权人可以请求人民法院撤销债务人的行为。 注 在吸收借鉴原合同法解释二（已废止）相	**《合同法》（已废止）第七十四条第一款**　*因债务人放弃其~~到期~~债权或者无偿转让财产，对债权人造成损害的*，债权人可以请求人民法院撤销债务人的行为。债务人以明显不合理的低价转让财产，*对债权人造成损害，并且受让人*知道该情形的，债权人也可以请求人民法院撤销债务人的行为。 **合同法解释二（已废止）第十八条**　债务人放弃其未到期的债权或者放弃债权担保，或者恶意延长到期债权的履行期，对债权人造成损害，债权人依照合同法第七十四条的规定提起撤销权诉讼的，人民法院应当支持。

《民法典》及最新相关司法解释	相关内容
关规定的基础上，《民法典》合同编用了两个条文，对《合同法》（已废止）第74条第1款规定的内容进行了细化完善，增加几种债权人可行使撤销权的情形：放弃债权担保、恶意延长到期债权、明显不合理高价受让他人财产或为他人提供担保。	**第十九条** 对于合同法第七十四条规定的“明显不合理的低价”，人民法院应当以交易当地一般经营者的判断，并参考交易当时交易地的物价部门指导价或者市场交易价，结合其他相关因素综合考虑予以确认。 转让价格达不到交易时交易地的指导价或者市场交易价百分之七十的，一般可以视为明显不合理的低价；对转让价格高于当地指导价或者市场交易价百分之三十的，一般可以视为明显不合理的高价。 债务人以明显不合理的高价收购他人财产，人民法院可以根据债权人的申请，参照合同法第七十四条的规定予以撤销。
第五百四十条 撤销权的行使范围以债权人的债权为限。债权人行使撤销权的必要费用，由债务人负担。	**《合同法》（已废止）第七十四条第二款** 撤销权的行使范围以债权人的债权为限。债权人行使撤销权的必要费用，由债务人负担。
第五百四十一条 撤销权自债权人知道或者应当知道撤销事由之日起一年内行使。自债务人的行为发生之日起五年内没有行使撤销权的，该撤销权消灭。	**《合同法》（已废止）第七十五条** 撤销权自债权人知道或者应当知道撤销事由之日起一年内行使。自债务人的行为发生之日起五年内没有行使撤销权的，该撤销权消灭。 **《民法总则》（已废止）第一百五十二条** 有下列情形之一的，撤销权消灭： （一）当事人自知道或者应当知道撤销事由之日起一年内、重大误解的当事人自知道或者应当知道撤销事由之日起三个月内没有行使撤销权； ……

《民法典》及最新相关司法解释	相关内容
	当事人自民事法律行为发生之日起五年内没有行使撤销权的，撤销权消灭。 **第一百九十九条**　法律规定或者当事人约定的撤销权、解除权等权利的存续期间，除法律另有规定外，自权利人知道或者应当知道权利产生之日起计算，不适用有关诉讼时效中止、中断和延长的规定。存续期间届满，撤销权、解除权等权利消灭。
第五百四十二条　债务人影响债权人的债权实现的行为被撤销的，自始没有法律约束力。 注 本条明确了被撤销行为自始没有法律约束力的效果。	
第六章　合同的变更和转让	
第五百四十三条　当事人协商一致，可以变更合同。 注《合同法》（已废止）第77条第2款的内容被《民法典》合同编第502条所吸收。	**《合同法》（已废止）第七十七条**　当事人协商一致，可以变更合同。 ~~法律、行政法规规定变更合同应当办理批准、登记等手续的，依照其规定。~~
第五百四十四条　当事人对合同变更的内容约定不明确的，推定为未变更。	**《合同法》（已废止）第七十八条**　当事人对合同变更的内容约定不明确的，推定为未变更。
第五百四十五条　债权人可以将*债权的*全部或者部分转让给第三人，但是有下列情形之一的除外： （一）根据*债权*性质不得转让； （二）按照当事人约定不得转让； （三）依照法律规定不得转让。 **当事人约定非金钱债权不得转让的，不得对抗善意第三人。当事人约定金钱债权不得转让的，不得对抗第三人。** 注 本条需注意增加的第2款：非金钱债权，不得对抗善意第三人；金钱债权，不得对抗第三人。	**《合同法》（已废止）第七十九条**　债权人可以将*合同的权利*全部或者部分转让给第三人，但有下列情形之一的除外： （一）根据*合同*性质不得转让； （二）按照当事人约定不得转让； （三）依照法律规定不得转让。

《民法典》及最新相关司法解释	相关内容
第五百四十六条　债权人转让*债权*，*未*通知债务人*的*，该转让对债务人不发生效力。 债权转让的通知不得撤销，但是经受让人同意的除外。	**《合同法》（已废止）第八十条**　债权人转让*权利的*，*应当*通知债务人。*未经通知*，该转让对债务人不发生效力。 债权~~人~~转让~~权利~~的通知不得撤销，但经受让人同意的除外。
第五百四十七条　债权人转让*债权*的，受让人取得与债权有关的从权利，但是该从权利专属于债权人自身的除外。 **受让人取得从权利不因该从权利未办理转移登记手续或者未转移占有而受到影响。** 注 本条第2款明确了受让人取得从权利不因未进行转移登记或转移占有而受影响。	**《合同法》（已废止）第八十一条**　债权人转让*权利*的，受让人取得与债权有关的从权利，但该从权利专属于债权人自身的除外。
第五百四十八条　债务人接到债权转让通知后，债务人对让与人的抗辩，可以向受让人主张。	**《合同法》（已废止）第八十二条**　债务人接到债权转让通知后，债务人对让与人的抗辩，可以向受让人主张。 **合同法解释一（已废止）第二十七条**　债权人转让合同权利后，债务人与受让人之间因履行合同发生纠纷诉至人民法院，债务人对债权人的权利提出抗辩的，可以将债权人列为第三人。
第五百四十九条　有下列情形之一的，债务人可以向受让人主张抵销： （一）债务人接到债权转让通知时，债务人对让与人享有债权，且债务人的债权先于转让的债权到期或者同时到期； **（二）债务人的债权与转让的债权是基于同一合同产生。** 注 本条增加了债务人行使抵销权的另一情形：债务人的债权与转让的债权基于同一合同产生，且该情形下没有附加条件。	**《合同法》（已废止）第八十三条**　债务人接到债权转让通知时，债务人对让与人享有债权，并且债务人的债权先于转让的债权到期或者同时到期的，债务人可以向受让人主张抵销。

《民法典》及最新相关司法解释	相关内容
第五百五十条　因债权转让增加的履行费用，由让与人负担。	
第五百五十一条　债务人将*债务的*全部或者部分转移给第三人的，应当经债权人同意。 **债务人或者第三人可以催告债权人在合理期限内予以同意，债权人未作表示的，视为不同意。** 注 增加债务转让中债务人催告权的规定。	**《合同法》(已废止)第八十四条**　债务人将*合同的义务*全部或者部分转移给第三人的，应当经债权人同意。
第五百五十二条　第三人与债务人约定加入债务并通知债权人，或者第三人向债权人表示愿意加入债务，债权人未在合理期限内明确拒绝的，债权人可以请求第三人在其愿意承担的债务范围内和债务人承担连带债务。 **民法典担保制度解释第十二条　法定代表人依照民法典第五百五十二条的规定以公司名义加入债务的，人民法院在认定该行为的效力时，可以参照本解释关于公司为他人提供担保的有关规则处理。** 注《民法典》第552条系增加的“并存的债务承担”规则，填补了债务承担体系的相应空白，值得关注。	
第五百五十三条　债务人转移*债务*的，新债务人可以主张原债务人对债权人的抗辩；**原债务人对债权人享有债权的，新债务人不得向债权人主张抵销。** 注 原债务人对债权人享有的抗辩权包括同时履行抗辩权、债权无效的抗辩权、时效已过的抗辩权等。本条另增加新债务人不得以原债务人的债权向债权人主张抵销的规定。	**《合同法》(已废止)第八十五条**　债务人转移*义务*的，新债务人可以主张原债务人对债权人的抗辩。

《民法典》及最新相关司法解释	相关内容
第五百五十四条　债务人转移*债务*的，新债务人应当承担与主债务有关的从债务，但是该从债务专属于原债务人自身的除外。	**《合同法》（已废止）第八十六条**　债务人转移*义务*的，新债务人应当承担与主债务有关的从债务，但该从债务专属于原债务人自身的除外。
第五百五十五条　当事人一方经对方同意，可以将自己在合同中的权利和义务一并转让给第三人。	**《合同法》（已废止）第八十八条**　当事人一方经对方同意，可以将自己在合同中的权利和义务一并转让给第三人。
第五百五十六条　合同的权利和义务一并转让的，适用*债权转让、债务转移的有关*规定。	**《合同法》（已废止）第八十九条**　权利和义务一并转让的，适用*本法第七十九条、第八十一条至第八十三条、第八十五条至第八十七条的*规定。
第七章　合同的权利义务终止	
第五百五十七条　有下列情形之一的，*债权债务*终止： （一）债务已经履行； （二）债务相互抵销； （三）债务人依法将标的物提存； （四）债权人免除债务； （五）债权债务同归于一人； （六）法律规定或者当事人约定终止的其他情形。 **合同解除的，该合同的权利义务关系终止。** 注 相较于《合同法》（已废止）第91条，本条将“合同解除”从并列的7项中拿出，单独作为合同权利、义务终止的一款。	**《合同法》（已废止）第九十一条**　有下列情形之一的，*合同的权利义务*终止： （一）债务已经~~按照约定~~履行； （二）~~合同解除~~； （三）债务相互抵销； （四）债务人依法将标的物提存； （五）债权人免除债务； （六）债权债务同归于一人； （七）法律规定或者当事人约定终止的其他情形。
第五百五十八条　*债权债务*终止后，当事人应当遵循*诚信***等**原则，根据交易习惯履行通知、协助、保密、**旧物回收**等义务。	**《合同法》（已废止）第九十二条**　*合同的权利义务*终止后，当事人应当遵循*诚实信用*原则，根据交易习惯履行通知、协助、保密等义务。

《民法典》及最新相关司法解释	相关内容
注 增加“旧物回收”的义务，落实《民法典》总则编绿色原则的要求。	**合同法解释二（已废止）第二十二条** 当事人一方违反合同法第九十二条规定的义务，给对方当事人造成损失，对方当事人请求赔偿实际损失的，人民法院应当支持。
第五百五十九条　债权债务终止时，债权的从权利同时消灭，但是法律另有规定或者当事人另有约定的除外。	
第五百六十条　债务人对同一债权人负担的数项债务种类相同，债务人的给付不足以清偿全部债务的，除当事人另有约定外，由债务人在清偿时指定其履行的债务。 债务人未作指定的，应当优先履行已经到期的债务；数项债务均到期的，优先履行对债权人缺乏担保或者担保最少的债务；均无担保或者担保相等的，优先履行债务人负担较重的债务；负担相同的，按照债务到期的先后顺序履行；到期时间相同的，按照债务比例履行。 注 本条就清偿抵充规则进行了较为细致的规定。需注意，当事人约定的清偿抵充顺序优先。	**合同法解释二（已废止）第二十条** 债务人的给付不足以清偿其对同一债权人所负的数笔相同种类的全部债务，应当优先抵充已到期的债务；几项债务均到期的，优先抵充对债权人缺乏担保或者担保数额最少的债务；担保数额相同的，优先抵充债务负担较重的债务；负担相同的，按照债务到期的先后顺序抵充；到期时间相同的，按比例抵充。但是，债权人与债务人对清偿的债务或者清偿抵充顺序有约定的除外。
第五百六十一条　债务人在履行主债务外还应当支付利息和实现债权的有关费用，其给付不足以清偿全部债务的，除当事人另有约定外，应当按照下列顺序履行： （一）实现债权的有关费用； （二）利息； （三）主债务。 注 本条明确了实现债权的有关费用、利息、主债务的履行顺序。	**合同法解释二（已废止）第二十一条** 债务人除主债务之外还应当支付利息和费用，当其给付不足以清偿全部债务时，并且当事人没有约定的，人民法院应当按照下列顺序抵充： （一）实现债权的有关费用； （二）利息； （三）主债务。

《民法典》及最新相关司法解释	相关内容
第五百六十二条 当事人协商一致，可以解除合同。 当事人可以约定一方解除合同的*事由*。解除合同的*事由发生*时，解除权人可以解除合同。	**《合同法》(已废止)第九十三条** 当事人协商一致，可以解除合同。 当事人可以约定一方解除合同的*条件*。解除合同的*条件成就*时，解除权人可以解除合同。
第五百六十三条 有下列情形之一的，当事人可以解除合同： (一)因不可抗力致使不能实现合同目的； (二)在履行期限届满前，当事人一方明确表示或者以自己的行为表明不履行主要债务； (三)当事人一方迟延履行主要债务，经催告后在合理期限内仍未履行； (四)当事人一方迟延履行债务或者有其他违约行为致使不能实现合同目的； (五)法律规定的其他情形。 **以持续履行的债务为内容的不定期合同，当事人可以随时解除合同，但是应当在合理期限之前通知对方。** **买卖合同解释(2020)第十九条** 出卖人没有履行或者不当履行从给付义务，致使买受人不能实现合同目的，买受人主张解除合同的，人民法院应当根据民法典第五百六十三条第一款第四项的规定，予以支持。 **商品房买卖合同解释(2020)第十一条** 根据民法典第五百六十三条的规定，出卖人迟延交付房屋或者买受人迟延支付购房款，经催告后在三个月的合理期限内仍未履行，解除权人请求解除合同的，应予支持，但当事人另有约定的除外。	**《合同法》(已废止)第九十四条** 有下列情形之一的，当事人可以解除合同： (一)因不可抗力致使不能实现合同目的； (二)在履行期限届满之前，当事人一方明确表示或者以自己的行为表明不履行主要债务； (三)当事人一方迟延履行主要债务，经催告后在合理期限内仍未履行； (四)当事人一方迟延履行债务或者有其他违约行为致使不能实现合同目的； (五)法律规定的其他情形。 **合同法解释二(已废止)第二十六条** 合同成立以后客观情况发生了当事人在订立合同时无法预见的、非不可抗力造成的不属于商业风险的重大变化，继续履行合同对于一方当事人明显不公平或者不能实现合同目的，当事人请求人民法院变更或者解除合同的，人民法院应当根据公平原则，并结合案件的实际情况确定是否变更或者解除。

《民法典》及最新相关司法解释	相关内容
法律没有规定或者当事人没有约定，经对方当事人催告后，解除权行使的合理期限为三个月。对方当事人没有催告的，解除权人自知道或者应当知道解除事由之日起一年内行使。逾期不行使的，解除权消灭。 **期货纠纷解释（2020）第四十四条** 在交割日，卖方期货公司未向期货交易所交付标准仓单，或者买方期货公司未向期货交易所账户交付足额货款，构成交割违约。 构成交割违约的，违约方应当承担违约责任；具有民法典第五百六十三条第一款第四项规定情形的，对方有权要求终止交割或者要求违约方继续交割。 征购或者竞卖失败的，应当由违约方按照交易所有关赔偿办法的规定承担赔偿责任。 **技术合同解释（2020）第十五条** 技术合同当事人一方迟延履行主要债务，经催告后在30日内仍未履行，另一方依据民法典第五百六十三条第一款第（三）项的规定主张解除合同的，人民法院应当予以支持。 当事人在催告通知中附有履行期限且该期限超过30日的，人民法院应当认定该履行期限为民法典第五百六十三条第一款第（三）项规定的合理期限。 **第二十三条** 专利申请权转让合同当事人以专利申请被驳回或者被视为撤回为由请求解除合同，该事实发生在依照专利法第十条第三款的规定办理专利申请权转让登记之前的，人民法院应当	

《民法典》及最新相关司法解释	相关内容
予以支持；发生在转让登记之后的，不予支持，但当事人另有约定的除外。 专利申请因专利申请权转让合同成立时即存在尚未公开的同样发明创造的在先专利申请被驳回，当事人依据民法典第五百六十三条第一款第(四)项的规定请求解除合同的，人民法院应当予以支持。 注《民法典》第563条第2款就持续履行的不定期合同的通知解除做了规定。	
第五百六十四条 法律规定或者当事人约定解除权行使期限，期限届满当事人不行使的，该权利消灭。 法律没有规定或者当事人没有约定解除权行使期限，**自解除权人知道或者应当知道解除事由之日起一年内不行使，或者**经对方催告后在合理期限内不行使的，该权利消灭。 **民法典时间效力规定第二十五条 民法典施行前成立的合同，当时的法律、司法解释没有规定且当事人没有约定解除权行使期限，对方当事人也未催告的，解除权人在民法典施行前知道或者应当知道解除事由，自民法典施行之日起一年内不行使的，人民法院应当依法认定该解除权消灭；解除权人在民法典施行后知道或者应当知道解除事由的，适用民法典第五百六十四条第二款关于解除权行使期限的规定。** 注明确了在无法律规定也无当事人约定时，解除权行使的期限为自“知道或应当知道解除事由之日起一年内”或“对方催告后的合理期限内”。需注意，当事人解除权的消灭，并不意味着该当事人以后不能再享有解除权。若当事人此后又约定了解除权或发生了新的法定情形而使该当事人享有了解除权，依然可依法行使解除权。	**《合同法》(已废止)第九十五条** 法律规定或者当事人约定解除权行使期限，期限届满当事人不行使的，该权利消灭。 法律没有规定或者当事人没有约定解除权行使期限，经对方催告后在合理期限内不行使的，该权利消灭。 **《民法总则》(已废止)第一百九十九条** 法律规定或者当事人约定的撤销权、解除权等权利的存续期间，除法律另有规定外，自权利人知道或者应当知道权利产生之日起计算，不适用有关诉讼时效中止、中断和延长的规定。存续期间届满，撤销权、解除权等权利消灭。 **原商品房买卖合同解释第十五条(已变更为最新司法解释第十一条)** 根据《合同法》第九十四条的规定，出卖人迟延交付房屋或者买受人迟延支付购房款，经催告后在三个月的合理期限内仍未履行，当事人一方请求解除合同的，应予支持，但当事人另有约定的除外。 法律没有规定或者当事人没有约定，经对方当事人催告后，解除权行使的合理期限为三个月。对方当事人没有催告的，解除权应当在解除权发生之日起一年内行使；逾期不行使的，解除权消灭。

《民法典》及最新相关司法解释	相关内容
第五百六十五条　当事人一方*依法*主张解除合同的，应当通知对方。合同自通知到达对方时解除；**通知载明债务人在一定期限内不履行债务则合同自动解除，债务人在该期限内未履行债务的，合同自通知载明的期限届满时解除**。对方**对解除合同**有异议的，**任何一方当事人均**可以请求人民法院或者仲裁机构确认解除行为的效力。 **当事人一方未通知对方，直接以提起诉讼或者申请仲裁的方式依法主张解除合同，人民法院或者仲裁机构确认该主张的，合同自起诉状副本或者仲裁申请书副本送达对方时解除。** **民法典时间效力规定第十条　民法典施行前，当事人一方未通知对方而直接以提起诉讼方式依法主张解除合同的，适用民法典第五百六十五条第二款的规定。** 注 合同解除情形中增加附期限自动解除的情形，增加直接通过诉讼、仲裁解除合同的情形。	**《合同法》（已废止）第九十六条**　当事人一方*依照本法第九十三条第二款、第九十四条的规定*主张解除合同的，应当通知对方。合同自通知到达对方时解除。对方有异议的，可以请求人民法院或者仲裁机构确认解除合同的效力。 ~~法律、行政法规规定解除合同应当办理批准、登记等手续的，依照其规定~~。 **合同法解释二（已废止）第二十四条**　当事人对合同法第九十六条、第九十九条规定的合同解除或者债务抵销虽有异议，但在约定的异议期限届满后才提出异议并向人民法院起诉的，人民法院不予支持；当事人没有约定异议期间，在解除合同或者债务抵销通知到达之日起三个月以后才向人民法院起诉的，人民法院不予支持。
第五百六十六条　合同解除后，尚未履行的，终止履行；已经履行的，根据履行情况和合同性质，当事人可以*请求*恢复原状或者采取其他补救措施，并有权请求赔偿损失。 **合同因违约解除的，解除权人可以请求违约方承担违约责任，但是当事人另有约定的除外。** **主合同解除后，担保人对债务人应当承担的民事责任仍应当承担担保责任，但是担保合同另有约定的除外。** 注 本条第2款、第3款分别规定了合同解除后的违约责任与担保责任。	**《合同法》（已废止）第九十七条**　合同解除后，尚未履行的，终止履行；已经履行的，根据履行情况和合同性质，当事人可以*要求*恢复原状、采取其他补救措施，并有权要求赔偿损失。 **《民法通则》（已废止）第一百一十五条**　合同的变更或者解除，不影响当事人要求赔偿损失的权利。

《民法典》及最新相关司法解释	相关内容
第五百六十七条 合同的权利义务**关系**终止,不影响合同中结算和清理条款的效力。	**《合同法》(已废止)第九十八条** 合同的权利义务终止,不影响合同中结算和清理条款的效力。
第五百六十八条 当事人互负债务,该债务的标的物种类、品质相同的,任何一方可以将自己的债务与对方的**到期**债务抵销;但是,根据*债务*性质、**按照当事人约定**或者依照法律规定不得抵销的除外。 当事人主张抵销的,应当通知对方。通知自到达对方时生效。抵销不得附条件或者附期限。	**《合同法》(已废止)第九十九条** 当事人互负~~到期~~债务,该债务的标的物种类、品质相同的,任何一方可以将自己的债务与对方的债务抵销,但依照法律规定或者按照*合同*性质不得抵销的除外。 当事人主张抵销的,应当通知对方。通知自到达对方时生效。抵销不得附条件或者附期限。 **合同法解释二(已废止)第二十三条** 对于依照合同法第九十九条的规定可以抵销的到期债权,当事人约定不得抵销的,人民法院可以认定该约定有效。 **第二十四条** 当事人对合同法第九十六条、第九十九条规定的合同解除或者债务抵销虽有异议,但在约定的异议期限届满后才提出异议并向人民法院起诉的,人民法院不予支持;当事人没有约定异议期间,在解除合同或者债务抵销通知到达之日起三个月以后才向人民法院起诉的,人民法院不予支持。
第五百六十九条 当事人互负债务,标的物种类、品质不相同的,经协商一致,也可以抵销。 注 约定抵销作为当事人经协商一致的抵销,实际上是当事人自愿约定以抵销终止原合同的权利义务。因此,约定抵销也不存在法定的专门程序,只要当事人双方对抵销达成了一致的意见,当事人互负的债务就抵销了。	**《合同法》(已废止)第一百条** 当事人互负债务,标的物种类、品质不相同的,经~~双方~~协商一致,也可以抵销。

《民法典》及最新相关司法解释	相关内容
第五百七十条 有下列情形之一，难以履行债务的，债务人可以将标的物提存： （一）债权人无正当理由拒绝受领； （二）债权人下落不明； （三）债权人死亡未确定继承人、**遗产管理人**，或者丧失民事行为能力未确定监护人； （四）法律规定的其他情形。 标的物不适于提存或者提存费用过高的，债务人依法可以拍卖或者变卖标的物，提存所得的价款。 **执行和解规定（2020）第七条** 执行和解协议履行过程中，符合民法典第五百七十条规定情形的，债务人可以依法向有关机构申请提存；执行和解协议约定给付金钱的，债务人也可以向执行法院申请提存。	**《合同法》（已废止）第一百零一条** 有下列情形之一，难以履行债务的，债务人可以将标的物提存： （一）债权人无正当理由拒绝受领； （二）债权人下落不明； （三）债权人死亡未确定继承人或者丧失民事行为能力未确定监护人； （四）法律规定的其他情形。 标的物不适于提存或者提存费用过高的，债务人依法可以拍卖或者变卖标的物，提存所得的价款。
第五百七十一条 债务人将标的物或者将标的物依法拍卖、变卖所得价款交付提存部门时，提存成立。 提存成立的，视为债务人在其提存范围内已经交付标的物。	**合同法解释二（已废止）第二十五条** 依照合同法第一百零一条的规定，债务人将合同标的物或者标的物拍卖、变卖所得价款交付提存部门时，人民法院应当认定提存成立。 提存成立的，视为债务人在其提存范围内已经履行债务。
第五百七十二条 标的物提存后，债务人应当及时通知债权人或者债权人的继承人、**遗产管理人**、监护人、**财产代管人**。 注《民法典》总则编增加了遗产管理人与财产代管人，故本条亦增加相应内容。另由于有了财产代管人，也没必要再规定“债权人下落不明”的除外内容了。	**《合同法》（已废止）第一百零二条** 标的物提存后，~~除债权人下落不明的以外，~~债务人应当及时通知债权人或者债权人的继承人、监护人。

《民法典》及最新相关司法解释	相关内容
第五百七十三条 标的物提存后，毁损、灭失的风险由债权人承担。提存期间，标的物的孳息归债权人所有。提存费用由债权人负担。	**《合同法》(已废止)第一百零三条** 标的物提存后，毁损、灭失的风险由债权人承担。提存期间，标的物的孳息归债权人所有。提存费用由债权人负担。
第五百七十四条 债权人可以随时领取提存物。但是，债权人对债务人负有到期债务的，在债权人未履行债务或者提供担保之前，提存部门根据债务人的要求应当拒绝其领取提存物。 债权人领取提存物的权利，自提存之日起五年内不行使而消灭，提存物扣除提存费用后归国家所有。**但是，债权人未履行对债务人的到期债务，或者债权人向提存部门书面表示放弃领取提存物权利的，债务人负担提存费用后有权取回提存物。** 注 本条新增了债务人对提存物的“取回权”，以灵活适应多样化的现实情况。	**《合同法》(已废止)第一百零四条** 债权人可以随时领取提存物，但债权人对债务人负有到期债务的，在债权人未履行债务或者提供担保之前，提存部门根据债务人的要求应当拒绝其领取提存物。 债权人领取提存物的权利，自提存之日起五年内不行使而消灭，提存物扣除提存费用后归国家所有。
第五百七十五条 债权人免除债务人部分或者全部债务的，*债权债务*部分或者全部终止，**但是债务人在合理期限内拒绝的除外。** 注 本条的但书规定实际上赋予了债务人对债权人的免除在合理期限内的“拒绝权”，意味着债务免除行为不再是一个单纯的单方民事法律行为。	**《合同法》(已废止)第一百零五条** 债权人免除债务人部分或者全部债务的，*合同的权利义务*部分或者全部终止。
第五百七十六条 债权和债务同归于一人的，*债权债务*终止，但*是损害*第三人利益的除外。 注 将“涉及”改为“损害”，表述更加准确。	**《合同法》(已废止)第一百零六条** 债权和债务同归于一人的，*合同的权利义务*终止，但*涉及*第三人利益的除外。

《民法典》及最新相关司法解释	相关内容
第八章　违约责任	
第五百七十七条　当事人一方不履行合同义务或者履行合同义务不符合约定的，应当承担继续履行、采取补救措施或者赔偿损失等违约责任。	**《合同法》（已废止）第一百零七条**　当事人一方不履行合同义务或者履行合同义务不符合约定的，应当承担继续履行、采取补救措施或者赔偿损失等违约责任。 **《民法通则》（已废止）第一百一十一条**　当事人一方不履行合同义务或者履行合同义务不符合约定条件的，另一方有权要求履行或者采取补救措施，并有权要求赔偿损失。
第五百七十八条　当事人一方明确表示或者以自己的行为表明不履行合同义务的，对方可以在履行期限届满前*请求*其承担违约责任。 **执行和解规定（2020）第十一条**　申请执行人以被执行人一方不履行执行和解协议为由申请恢复执行，人民法院经审查，理由成立的，裁定恢复执行；有下列情形之一的，裁定不予恢复执行： （一）执行和解协议履行完毕后申请恢复执行的； （二）执行和解协议约定的履行期限尚未届至或者履行条件尚未成就的，但符合民法典第五百七十八条规定情形的除外； （三）被执行人一方正在按照执行和解协议约定履行义务的； （四）其他不符合恢复执行条件的情形。	**《合同法》（已废止）第一百零八条**　当事人一方明确表示或者以自己的行为表明不履行合同义务的，对方可以在履行期限届满之前*要求*其承担违约责任。

《民法典》及最新相关司法解释	相关内容
第十九条 执行过程中,被执行人根据当事人自行达成但未提交人民法院的和解协议,或者一方当事人提交人民法院但其他当事人不予认可的和解协议,依照民事诉讼法第二百二十五条规定提出异议的,人民法院按照下列情形,分别处理: (一)和解协议履行完毕的,裁定终结原生效法律文书的执行; (二)和解协议约定的履行期限尚未届至或者履行条件尚未成就的,裁定中止执行,但符合民法典第五百七十八条规定情形的除外; (三)被执行人一方正在按照和解协议约定履行义务的,裁定中止执行; (四)被执行人不履行和解协议的,裁定驳回异议; (五)和解协议不成立、未生效或者无效的,裁定驳回异议。 注《民法典》第578条是关于预期违约及其责任承担的规定。“明确表示”即为明示预期违约,“以自己行为表明”即为默示预期违约。	
第五百七十九条 当事人一方未支付价款、报酬、**租金、利息,或者不履行其他金钱债务**的,对方可以*请求*其支付。	**《合同法》(已废止)第一百零九条** 当事人一方未支付价款或者报酬的,对方可以*要求*其支付~~价款或者报酬~~。
第五百八十条 当事人一方不履行非金钱债务或者履行非金钱债务不符合约定的,对方可以*请求*履行,但是有下列情形之一的除外: (一)法律上或者事实上不能履行; (二)债务的标的不适于强制履行或者履行费用过高; (三)债权人在合理期限内未*请求*履行。	**《合同法》(已废止)第一百一十条** 当事人一方不履行非金钱债务或者履行非金钱债务不符合约定的,对方可以*要求*履行,但有下列情形之一的除外: (一)法律上或者事实上不能履行; (二)债务的标的不适于强制履行或者履行费用过高; (三)债权人在合理期限内未*要求*履行。

《民法典》及最新相关司法解释	相关内容
有前款规定的除外情形之一，致使不能实现合同目的的，人民法院或者仲裁机构可以根据当事人的请求终止合同权利义务关系，但是不影响违约责任的承担。 **民法典时间效力规定第十一条**　民法典施行前成立的合同，当事人一方不履行非金钱债务或者履行非金钱债务不符合约定，对方可以请求履行，但是有民法典第五百八十条第一款第一项、第二项、第三项除外情形之一，致使不能实现合同目的，当事人请求终止合同权利义务关系的，适用民法典第五百八十条第二款的规定。 注《民法典》第580条新增第2款有观点认为其实质是规定了违约方的合同解除权。	
第五百八十一条　当事人一方不履行债务或者履行债务不符合约定，根据债务的性质不得强制履行的，对方可以请求其负担由第三人替代履行的费用。 注 新增的非违约方救济途径——第三人替代履行费用请求权。	
第五百八十二条　*履行*不符合约定的，应当按照当事人的约定承担违约责任。对违约责任没有约定或者约定不明确，依据*本法第五百一十条*的规定仍不能确定的，受损害方根据标的的性质以及损失的大小，可以合理选择*请求*对方承担修理、重作、更换、退货、减少价款或者报酬等违约责任。	**《合同法》（已废止）第一百一十一条**　*质量*不符合约定的，应当按照当事人的约定承担违约责任。对违约责任没有约定或者约定不明确，依照*本法第六十一条*的规定仍不能确定的，受损害方根据标的的性质以及损失的大小，可以合理选择*要求*对方承担修理、更换、重作、退货、减少价款或者报酬等违约责任。 **原买卖合同解释第二十一条（已变更为最新司法解释第十五条）**　买受人依约保留部分价款作为质量保证金，出卖

《民法典》及最新相关司法解释	相关内容
	人在质量保证期间未及时解决质量问题而影响标的物的价值或者使用效果,出卖人主张支付该部分价款的,人民法院不予支持。 **第二十二条(已变更为最新司法解释第十六条)** 买受人在检验期间、质量保证期间、合理期间内提出质量异议,出卖人未按要求予以修理或者因情况紧急,买受人自行或者通过第三人修理标的物后,主张出卖人负担因此发生的合理费用的,人民法院应予支持。 **第二十三条(已变更为最新司法解释第十七条)** 标的物质量不符合约定,买受人依照合同法第一百一十一条的规定要求减少价款的,人民法院应予支持。当事人主张以符合约定的标的物和实际交付的标的物按交付时的市场价值计算差价的,人民法院应予支持。 价款已经支付,买受人主张返还减价后多出部分价款的,人民法院应予支持。
第五百八十三条 当事人一方不履行合同义务或者履行合同义务不符合约定的,在履行义务或者采取补救措施后,对方还有其他损失的,应当赔偿损失。	**《合同法》(已废止)第一百一十二条** 当事人一方不履行合同义务或者履行合同义务不符合约定的,在履行义务或者采取补救措施后,对方还有其他损失的,应当赔偿损失。
第五百八十四条 当事人一方不履行合同义务或者履行合同义务不符合约定,*造成对方损失的*,损失赔偿额应当相当于因违约所造成的损失,包括合同履行后可以获得的利益;但是,不得超过*违约*一方订立合同时预见到或者应当预见到的因*违约*可能造成的损失。	**《合同法》(已废止)第一百一十三条** 当事人一方不履行合同义务或者履行合同义务不符合约定,*给对方造成损失的*,损失赔偿额应当相当于因违约所造成的损失,包括合同履行后可以获得的利益,但不得超过*违反合同*一方订立合同时预见到或者应当预见到的因违反合同可能

《民法典》及最新相关司法解释	相关内容
	造成的损失。 经营者对消费者提供商品或者服务有欺诈行为的，依照《中华人民共和国消费者权益保护法》的规定承担损害赔偿责任。 **原买卖合同解释第二十九条（已变更为最新司法解释第二十二条）** 买卖合同当事人一方违约造成对方损失，对方主张赔偿可得利益损失的，人民法院应当根据当事人的主张，依据合同法第一百一十三条、第一百一十九条、本解释第三十条、第三十一条等规定进行认定。 **第三十条（本条已失效）** 买卖合同当事人一方违约造成对方损失，对方对损失的发生也有过错，违约方主张扣减相应的损失赔偿额的，人民法院应予支持。 **第三十一条（已变更为最新司法解释第二十三条）** 买卖合同当事人一方因对方违约而获有利益，违约方主张从损失赔偿额中扣除该部分利益的，人民法院应予支持。 **原商品房买卖合同解释第八条（本条已失效）** 具有下列情形之一，导致商品房买卖合同目的不能实现的，无法取得房屋的买受人可以请求解除合同、返还已付购房款及利息、赔偿损失，并可以请求出卖人承担不超过已付购房款一倍的赔偿责任： （一）商品房买卖合同订立后，出卖人未告知买受人又将该房屋抵押给第三人； （二）商品房买卖合同订立后，出卖人又将该房屋出卖给第三人。

《民法典》及最新相关司法解释	相关内容
	第九条(本条已失效) 出卖人订立商品房买卖合同时,具有下列情形之一,导致合同无效或者被撤销、解除的,买受人可以请求返还已付购房款及利息、赔偿损失,并可以请求出卖人承担不超过已付购房款一倍的赔偿责任: (一)故意隐瞒没有取得商品房预售许可证明的事实或者提供虚假商品房预售许可证明; (二)故意隐瞒所售房屋已经抵押的事实; (三)故意隐瞒所售房屋已经出卖给第三人或者为拆迁补偿安置房屋的事实。
第五百八十五条 当事人可以约定一方违约时应当根据违约情况向对方支付一定数额的违约金,也可以约定因违约产生的损失赔偿额的计算方法。 约定的违约金低于造成的损失的,*人民法院或者仲裁机构可以根据当事人的请求予以增加*;约定的违约金过分高于造成的损失的,*人民法院或者仲裁机构可以根据当事人的请求予以适当减少*。 当事人就迟延履行约定违约金的,违约方支付违约金后,还应当履行债务。 **民间借贷规定(2020.12)第二十九条** 出借人与借款人既约定了逾期利率,又约定了违约金或者其他费用,出借人可以选择主张逾期利息、违约金或者其他费用,也可以一并主张,但是总计超过合同成立时一年期贷款市场报价利率四倍的部分,人民法院不予支持。	**《合同法》(已废止)第一百一十四条** 当事人可以约定一方违约时应当根据违约情况向对方支付一定数额的违约金,也可以约定因违约产生的损失赔偿额的计算方法。 约定的违约金低于造成的损失的,*当事人可以请求人民法院或者仲裁机构予以增加*;约定的违约金过分高于造成的损失的,*当事人可以请求人民法院或者仲裁机构予以适当减少*。 当事人就迟延履行约定违约金的,违约方支付违约金后,还应当履行债务。 **合同法解释二(已废止)第二十八条** 当事人依照合同法第一百一十四条第二款的规定,请求人民法院增加违约金的,增加后的违约金数额以不超过实际损失额为限。增加违约金以后,当事人又请求对方赔偿损失的,人民法院不予支持。

《民法典》及最新相关司法解释	相关内容
	第二十九条　当事人主张约定的违约金过高请求予以适当减少的，人民法院应当以实际损失为基础，兼顾合同的履行情况、当事人的过错程度以及预期利益等综合因素，根据公平原则和诚实信用原则予以衡量，并作出裁决。 当事人约定的违约金超过造成损失的百分之三十的，一般可以认定为合同法第一百一十四条第二款规定的"过分高于造成的损失"。 **原买卖合同解释第二十四条（已变更为最新司法解释第十八条）**　买卖合同对付款期限作出的变更，不影响当事人关于逾期付款违约金的约定，但该违约金的起算点应当随之变更。 买卖合同约定逾期付款违约金，买受人以出卖人接受价款时未主张逾期付款违约金为由拒绝支付该违约金的，人民法院不予支持。 买卖合同约定逾期付款违约金，但对账单、还款协议等未涉及逾期付款责任，出卖人根据对账单、还款协议等主张欠款时请求买受人依约支付逾期付款违约金的，人民法院应予支持，但对账单、还款协议等明确载有本金及逾期付款利息数额或者已经变更买卖合同中关于本金、利息等约定内容的除外。 买卖合同没有约定逾期付款违约金或者该违约金的计算方法，出卖人以买受人违约为由主张赔偿逾期付款损失的，人民法院可以中国人民银行同期同类人民币贷款基准利率为基础，参照逾期罚息利率标准计算。

《民法典》及最新相关司法解释	相关内容
	第二十六条 买卖合同因违约而解除后,守约方主张继续适用违约金条款的,人民法院应予支持;但约定的违约金过分高于造成的损失的,人民法院可以参照合同法第一百一十四条第二款的规定处理。 **第二十七条** 买卖合同当事人一方以对方违约为由主张支付违约金,对方以合同不成立、合同未生效、合同无效或者不构成违约等为由进行免责抗辩而未主张调整过高的违约金的,人民法院应当就法院若不支持免责抗辩,当事人是否需要主张调整违约金进行释明。 一审法院认为免责抗辩成立且未予释明,二审法院认为应当判决支付违约金的,可以直接释明并改判。 **民间借贷规定(2015)第三十条(已变更为最新司法解释第二十九条)** 出借人与借款人既约定了逾期利率,又约定了违约金或者其他费用,出借人可以选择主张逾期利息、违约金或者其他费用,也可以一并主张,但总计超过年利率24%的部分,人民法院不予支持。
第五百八十六条 当事人可以约定一方向对方给付定金作为债权的担保。**定金合同自实际交付定金时成立。** 定金的数额由当事人约定;但是,不得超过主合同标的额的百分之二十,**超过部分不产生定金的效力。实际交付的定金数额多于或者少于约定数额的,视为变更约定的定金数额。**	**《合同法》(已废止)第一百一十五条** 当事人可以~~依照《中华人民共和国担保法》~~约定一方向对方给付定金作为债权的担保。债务人履行债务后,定金应当抵作价款或者收回。给付定金的一方不履行约定的债务的,无权要求返还定金;收受定金的一方不履行约定的债务的,应当双倍返还定金。

《民法典》及最新相关司法解释	相关内容
第五百八十七条　债务人履行债务的，定金应当抵作价款或者收回。给付定金的一方不履行债务**或者履行债务不符合约定，致使不能实现合同目的的**，无权请求返还定金；收受定金的一方不履行债务**或者履行债务不符合约定，致使不能实现合同目的的**，应当双倍返还定金。 注 相较于《合同法》（已废止）第115条的规定，《民法典》合同编的上述两条虽有新增内容，但大多来源于《担保法》（已废止）及原担保法解释（已废止）等的相关规定。由于《民法典》生效后，《担保法》已被废止，将其有关定金的规定整合到《民法典》合同编中，符合《民法典》的体系要求。	《担保法》（已废止）**第八十九条**　当事人可以约定一方向对方给付定金作为债权的担保。债务人履行债务后，定金应当抵作价款或者收回。给付定金的一方不履行约定的债务的，无权要求返还定金；收受定金的一方不履行约定的债务的，应当双倍返还定金。 **第九十条**　定金应当以书面形式约定。当事人在定金合同中应当约定交付定金的期限。定金合同从实际交付定金之日起生效。 **第九十一条**　定金的数额由当事人约定，但不得超过主合同标的额的百分之二十。 **担保法解释（已废止）第一百一十五条**　当事人约定以交付定金作为订立主合同担保的，给付定金的一方拒绝订立主合同的，无权要求返还定金；收受定金的一方拒绝订立合同的，应当双倍返还定金。 **第一百一十六条**　当事人约定以交付定金作为主合同成立或者生效要件的，给付定金的一方未支付定金，但主合同已经履行或者已经履行主要部分的，不影响主合同的成立或者生效。 **第一百一十七条**　定金交付后，交付定金的一方可以按照合同的约定以丧失定金为代价而解除主合同，收受定金的一方可以双倍返还定金为代价而解除主合同。对解除主合同后责任的处理，适用《中华人民共和国合同法》的规定。 **第一百一十八条**　当事人交付留置金、担保金、保证金、订约金、押金或者订金等，但没有约定定金性质的，当事人主张定金权利的，人民法院不予支持。

《民法典》及最新相关司法解释	相关内容
	第一百一十九条　实际交付的定金数额多于或者少于约定数额，视为变更定金合同；收受定金一方提出异议并拒绝接受定金的，定金合同不生效。 **第一百二十条**　因当事人一方迟延履行或者其他违约行为，致使合同目的不能实现，可以适用定金罚则。但法律另有规定或者当事人另有约定的除外。 当事人一方不完全履行合同的，应当按照未履行部分所占合同约定内容的比例，适用定金罚则。 **第一百二十一条**　当事人约定的定金数额超过主合同标的额百分之二十的，超过的部分，人民法院不予支持。 **第一百二十二条**　因不可抗力、意外事件致使主合同不能履行的，不适用定金罚则。因合同关系以外第三人的过错，致使主合同不能履行的，适用定金罚则。受定金处罚的一方当事人，可以依法向第三人追偿。
第五百八十八条　当事人既约定违约金，又约定定金的，一方违约时，对方可以选择适用违约金或者定金条款。 定金不足以弥补一方违约造成的损失的，对方可以请求赔偿超过定金数额的损失。 注 本条属于合同编的通则部分，意味着定金不足以弥补损失时可请求继续赔偿不仅适用买卖合同，其他一般合同也可适用。	**《合同法》（已废止）第一百一十六条**　当事人既约定违约金，又约定定金的，一方违约时，对方可以选择适用违约金或者定金条款。 **原买卖合同解释第二十八条（本条已失效）**　买卖合同约定的定金不足以弥补一方违约造成的损失，对方请求赔偿超过定金部分的损失的，人民法院可以并处，但定金和损失赔偿的数额总和不应高于因违约造成的损失。

《民法典》及最新相关司法解释	相关内容
第五百八十九条　债务人按照约定履行债务，债权人无正当理由拒绝受领的，债务人可以请求债权人赔偿增加的费用。 **在债权人受领迟延期间，债务人无须支付利息。** 注 本条为新增条文，明确了债权人拒绝受领时债务人的费用赔偿请求权。	
第五百九十条　当事人一方因不可抗力不能履行合同的，根据不可抗力的影响，部分或者全部免除责任，但是法律另有规定的除外。因不可抗力不能履行合同的，应当及时通知对方，以减轻可能给对方造成的损失，并应当在合理期限内提供证明。 当事人迟延履行后发生不可抗力的，不免除其违约责任。 注 本条将《合同法》（已废止）第117条、第118条两条合成一条。	**《合同法》（已废止）第一百一十七条**　因不可抗力不能履行合同的，根据不可抗力的影响，部分或者全部免除责任，但法律另有规定的除外。当事人迟延履行后发生不可抗力的，不能免除责任。 ~~本法所称不可抗力，是指不能预见、不能避免并不能克服的客观情况~~。 **第一百一十八条**　~~当事人一方~~因不可抗力不能履行合同的，应当及时通知对方，以减轻可能给对方造成的损失，并应当在合理期限内提供证明。 **《民法总则》（已废止）第一百八十条第二款**　不可抗力是指不能预见、不能避免且不能克服的客观情况。
第五百九十一条　当事人一方违约后，对方应当采取适当措施防止损失的扩大；没有采取适当措施致使损失扩大的，不得就扩大的损失*请求*赔偿。 当事人因防止损失扩大而支出的合理费用，由违约方负担。 注 守约方防止损失扩大义务，具体来讲，一是在对方当事人出现违约行为以后，守约方应采取措施，将损失控制住。二是在违约行为发生后，守约方不应怠于取得能够取得的	**《合同法》（已废止）第一百一十九条**　当事人一方违约后，对方应当采取适当措施防止损失的扩大；没有采取适当措施致使损失扩大的，不得就扩大的损失*要求*赔偿。 当事人因防止损失扩大而支出的合理费用，由违约方承担。 **《民法通则》（已废止）第一百一十四条**　当事人一方因另一方违反合同受到损失的，应当及时采取措施防止损失的

《民法典》及最新相关司法解释	相关内容
利益。例如，甲乙双方签订了甲从乙处收购黄桃的合同，后因某种原因，甲取消合同，答应按照合同约定的收购价格的20%赔偿。此时乙方积极想办法，将黄桃销售到其他地方，获得了一定的收益。如果此时乙方不采取措施，任由黄桃烂掉，然后要求甲方赔偿烂掉黄桃的损失，就属于没有采取措施防止损失的扩大，违背了诚实信用的原则，无权要求甲方赔偿烂掉黄桃的损失。	扩大；没有及时采取措施致使损失扩大的，无权就扩大的损失要求赔偿。 **原买卖合同解释第二十九条（已变更为最新司法解释第二十二条）** 买卖合同当事人一方违约造成对方损失，对方主张赔偿可得利益损失的，人民法院应当根据当事人的主张，依据合同法第一百一十三条、第一百一十九条、本解释第三十条、第三十一条等规定进行认定。 **第三十条（本条已失效）** 买卖合同当事人一方违约造成对方损失，对方对损失的发生也有过错，违约方主张扣减相应的损失赔偿额的，人民法院应予支持。
第五百九十二条 当事人都违反合同的，应当各自承担相应的责任。 **当事人一方违约造成对方损失，对方对损失的发生有过错的，可以减少相应的损失赔偿额。**	**《合同法》（已废止）第一百二十条** 当事人~~双方~~都违反合同的，应当各自承担相应的责任。
第五百九十三条 当事人一方因第三人的原因造成违约的，应当**依法**向对方承担违约责任。当事人一方和第三人之间的纠纷，依照法律规定或者按照约定*处理*。	**《合同法》（已废止）第一百二十一条** 当事人一方因第三人的原因造成违约的，应当向对方承担违约责任。当事人一方和第三人之间的纠纷，依照法律规定或者按照约定*解决*。
第五百九十四条 因国际货物买卖合同和技术进出口合同争议提起诉讼或者申请仲裁的时效期间为四年。 注 四年的特殊时效，时效起算点按照总则编有关诉讼时效起算点的规定计算。	**《合同法》（已废止）第一百二十九条** 因国际货物买卖合同和技术进出口合同争议提起诉讼或者申请仲裁的期限为四年~~，自当事人知道或者应当知道其权利受到侵害之日起计算。因其他合同争议提起诉讼或者申请仲裁的期限，依照有关法律的规定~~。

《民法典》及最新相关司法解释	相关内容
第二分编　典型合同	
第九章　买卖合同	
第五百九十五条　买卖合同是出卖人转移标的物的所有权于买受人，买受人支付价款的合同。	**《合同法》（已废止）第一百三十条**　买卖合同是出卖人转移标的物的所有权于买受人，买受人支付价款的合同。
第五百九十六条　买卖合同的内容*一般包括***标的物的名称、数量、质量、价款、履行期限、履行地点和方式**、包装方式、检验标准和方法、结算方式、合同使用的文字及其效力等条款。 注 就买卖合同一般包括的内容增加了列举。	**《合同法》（已废止）第一百三十一条**　买卖合同的内容*除依照本法第十二条的规定以外，还可以包括*包装方式、检验标准和方法、结算方式、合同使用的文字及其效力等条款。
第五百九十七条　因出卖人未取得处分权致使标的物所有权不能转移的，买受人可以解除合同并请求出卖人承担违约责任。 法律、行政法规禁止或者限制转让的标的物，依照其规定。 注 本条肯定了无权处分下的买卖合同的效力，明确了无权处分中买受人"解除合同并主张违约责任的救济方式"。但需注意两点：（1）本条第2款范围内的标的物有例外；（2）肯定合同效力不意味着物权发生转移，合同效力与物权效力应分开。	**《合同法》（已废止）第一百三十二条**　~~出卖的标的物，应当属于出卖人所有或者出卖人有权处分~~。 法律、行政法规禁止或者限制转让的标的物，依照其规定。 **《物权法》（已废止）第四十一条**　法律规定专属于国家所有的不动产和动产，任何单位和个人不能取得所有权。 **原买卖合同解释第三条（本条已失效）**　当事人一方以出卖人在缔约时对标的物没有所有权或者处分权为由主张合同无效的，人民法院不予支持。 出卖人因未取得所有权或者处分权致使标的物所有权不能转移，买受人要求出卖人承担违约责任或者要求解除合同并主张损害赔偿的，人民法院应予支持。

《民法典》及最新相关司法解释	相关内容
第五百九十八条 出卖人应当履行向买受人交付标的物或者交付提取标的物的单证,并转移标的物所有权的义务。	**《合同法》(已废止)第一百三十五条** 出卖人应当履行向买受人交付标的物或者交付提取标的物的单证,并转移标的物所有权的义务。 **原买卖合同解释第五条(已变更为最新司法解释第二条)** 标的物为无需以有形载体交付的电子信息产品,当事人对交付方式约定不明确,且依照合同法第六十一条的规定仍不能确定的,买受人收到约定的电子信息产品或者权利凭证即为交付。 **第八条(已变更为最新司法解释第五条)** 出卖人仅以增值税专用发票及税款抵扣资料证明其已履行交付标的物义务,买受人不认可的,出卖人应当提供其他证据证明交付标的物的事实。 合同约定或者当事人之间习惯以普通发票作为付款凭证,买受人以普通发票证明已经履行付款义务的,人民法院应予支持,但有相反证据足以推翻的除外。
第五百九十九条 出卖人应当按照约定或者交易习惯向买受人交付提取标的物单证以外的有关单证和资料。	**《合同法》(已废止)第一百三十六条** 出卖人应当按照约定或者交易习惯向买受人交付提取标的物单证以外的有关单证和资料。 **原买卖合同解释第七条(已变更为最新司法解释第四条)** 合同法第一百三十六条规定的“提取标的物单证以外的有关单证和资料”,主要应当包括保险单、保修单、普通发票、增值税专用发票、产品合格证、质量保证书、质量鉴定书、品质检验证书、产品进出口检疫书、原产地证明书、使用说明书、装箱单等。

《民法典》及最新相关司法解释	相关内容
第六百条　出卖具有知识产权的标的物的，除法律另有规定或者当事人另有约定外，该标的物的知识产权不属于买受人。 注 知识产权载体的买卖与知识产权买卖是不同的。知识产权的买卖是权利买卖的一种，一般称为权利的转让。作为买卖对象的权利，尽管也有一定的载体，但买卖当事人看重的不是该载体本身，而是通过它表现的一定技术以及对这一技术享有支配的权利而能带来的利益。知识产权作为一种独立的无形权利，虽然必须通过一定的物质载体才能表现出来，但它与标的物的所有权是可以分离的，两者是同属一个标的物上的两个独立权利。	**《合同法》(已废止)第一百三十七条**　出卖具有知识产权的~~计算机软件等~~标的物的，除法律另有规定或者当事人另有约定的以外，该标的物的知识产权不属于买受人。
第六百零一条　出卖人应当按照约定的*时间*交付标的物。约定交付*期限*的，出卖人可以在该交付*期限*内的任何时间交付。 **商品房买卖合同解释(2020)第十四条**　由于出卖人的原因，买受人在下列期限届满未能取得不动产权属证书的，除当事人有特殊约定外，出卖人应当承担违约责任： (一)商品房买卖合同约定的办理不动产登记的期限； (二)商品房买卖合同的标的物为尚未建成房屋的，自房屋交付使用之日起90日； (三)商品房买卖合同的标的物为已竣工房屋的，自合同订立之日起90日。 合同没有约定违约金或者损失数额难以确定的，可以按照已付购房款总额，参照中国人民银行规定的金融机构计收逾期贷款利息的标准计算。	**《合同法》(已废止)第一百三十八条**　出卖人应当按照约定的*期限*交付标的物。约定交付*期间*的，出卖人可以在该交付*期间*内的任何时间交付。

《民法典》及最新相关司法解释	相关内容
第六百零二条 当事人没有约定标的物的交付期限或者约定不明确的,适用*本法第五百一十条、第五百一十一条第四项*的规定。	**《合同法》(已废止)第一百三十九条** 当事人没有约定标的物的交付期限或者约定不明确的,适用*本法第六十一条、第六十二条第四项*的规定。
第六百零三条 出卖人应当按照约定的地点交付标的物。 当事人没有约定交付地点或者约定不明确,*依据本法第五百一十条*的规定仍不能确定的,适用下列规定: (一)标的物需要运输的,出卖人应当将标的物交付给第一承运人以运交给买受人; (二)标的物不需要运输,出卖人和买受人订立合同时知道标的物在某一地点的,出卖人应当在该地点交付标的物;不知道标的物在某一地点的,应当在出卖人订立合同时的营业地交付标的物。	**《合同法》(已废止)第一百四十一条** 出卖人应当按照约定的地点交付标的物。 当事人没有约定交付地点或者约定不明确,*依照本法第六十一条*的规定仍不能确定的,适用下列规定: (一)标的物需要运输的,出卖人应当将标的物交付给第一承运人以运交给买受人; (二)标的物不需要运输,出卖人和买受人订立合同时知道标的物在某一地点的,出卖人应当在该地点交付标的物;不知道标的物在某一地点的,应当在出卖人订立合同时的营业地交付标的物。 **原买卖合同解释第十一条(已变更为最新司法解释第八条)** 合同法第一百四十一条第二款第(一)项规定的"标的物需要运输的",是指标的物由出卖人负责办理托运,承运人系独立于买卖合同当事人之外的运输业者的情形。标的物毁损、灭失的风险负担,按照合同法第一百四十五条的规定处理。
第六百零四条 标的物毁损、灭失的风险,在标的物交付之前由出卖人承担,交付之后由买受人承担,但是法律另有规定或者当事人另有约定的除外。	**《合同法》(已废止)第一百四十二条** 标的物毁损、灭失的风险,在标的物交付之前由出卖人承担,交付之后由买受人承担,但法律另有规定或者当事人另有约定的除外。

《民法典》及最新相关司法解释	相关内容
第六百零五条　因买受人的原因致使标的物未按照约定的期限交付的，买受人应当自违反约定时起承担标的物毁损、灭失的风险。 注 本条是标的物因买受人过错致交付迟延时风险转移的规定。一般来说，标的物的风险自交付时起由出卖人转移至买受人。但在合同履行中发生交付迟延的情况，就要根据不同情况区别对待。出卖人迟延交付，逾期占有标的物，由其继续承担标的物毁损、灭失的风险是合理的；但在标的物迟延交付是由买受人过错造成的情况下，如果仍然坚持标的物的风险自交付起转移，对出卖人显然是不公平的。故有本条规定。	**《合同法》（已废止）第一百四十三条**　因买受人的原因致使标的物不能按照约定的期限交付的，买受人应当自违反约定之日起承担标的物毁损、灭失的风险。 **原商品房买卖合同解释第十一条（已变更为最新司法解释第八条）**　对房屋的转移占有，视为房屋的交付使用，但当事人另有约定的除外。 房屋毁损、灭失的风险，在交付使用前由出卖人承担，交付使用后由买受人承担；买受人接到出卖人的书面交房通知，无正当理由拒绝接收的，房屋毁损、灭失的风险自书面交房通知确定的交付使用之日起由买受人承担，但法律另有规定或者当事人另有约定的除外。
第六百零六条　出卖人出卖交由承运人运输的在途标的物，除当事人另有约定外，毁损、灭失的风险自合同成立时起由买受人承担。	**《合同法》（已废止）第一百四十四条**　出卖人出卖交由承运人运输的在途标的物，除当事人另有约定~~的以~~外，毁损、灭失的风险自合同成立时起由买受人承担。 **原买卖合同解释第十三条（已变更为最新司法解释第十条）**　出卖人出卖交由承运人运输的在途标的物，在合同成立时知道或者应当知道标的物已经毁损、灭失却未告知买受人，买受人主张出卖人负担标的物毁损、灭失的风险的，人民法院应予支持。
第六百零七条　出卖人按照约定将标的物运送至买受人指定地点并交付给承运人后，标的物毁损、灭失的风险由买受人承担。 当事人没有约定交付地点或者约定不明确，依据*本法第六百零三条第二款*	**《合同法》（已废止）第一百四十五条**　当事人没有约定交付地点或者约定不明确，依照*本法第一百四十一条第二款第一项*的规定标的物需要运输的，出卖人将标的物交付给第一承运人后，标的物毁损、灭失的风险由买受人承担。

《民法典》及最新相关司法解释	相关内容
*第一项*的规定标的物需要运输的，出卖人将标的物交付给第一承运人后，标的物毁损、灭失的风险由买受人承担。 注 标的物交付给第一承运人风险转移至买受人的前提是“当事人没有约定交付地点或者约定不明确”。	**原买卖合同解释第十二条（已变更为最新司法解释第九条）** 出卖人根据合同约定将标的物运送至买受人指定地点并交付给承运人后，标的物毁损、灭失的风险由买受人负担，但当事人另有约定的除外。 **第十四条（已变更为最新司法解释第十一条）** 当事人对风险负担没有约定，标的物为种类物，出卖人未以装运单据、加盖标记、通知买受人等可识别的方式清楚地将标的物特定于买卖合同，买受人主张不负担标的物毁损、灭失的风险的，人民法院应予支持。
第六百零八条 出卖人按照约定或者依据*本法第六百零三条第二款第二项*的规定将标的物置于交付地点，买受人违反约定没有收取的，标的物毁损、灭失的风险自违反约定时起由买受人承担。	**《合同法》（已废止）第一百四十六条** 出卖人按照约定或者依照*本法第一百四十一条第二款第二项*的规定将标的物置于交付地点，买受人违反约定没有收取的，标的物毁损、灭失的风险自违反约定之日起由买受人承担。
第六百零九条 出卖人按照约定未交付有关标的物的单证和资料的，不影响标的物毁损、灭失风险的转移。 注 标的物风险转移与所有权转移并不一致。标的物风险转移，除当事人另有约定以外，是以标的物的交付作为标准，与标的物所有权的转移无关。	**《合同法》（已废止）第一百四十七条** 出卖人按照约定未交付有关标的物的单证和资料的，不影响标的物毁损、灭失风险的转移。
第六百一十条 因标的物不符合质量要求，致使不能实现合同目的的，买受人可以拒绝接受标的物或者解除合同。买受人拒绝接受标的物或者解除合同的，标的物毁损、灭失的风险由出卖人承担。 注 标的物不符合质量要求致使不能实现合同	**《合同法》（已废止）第一百四十八条** 因标的物~~质量~~不符合质量要求，致使不能实现合同目的的，买受人可以拒绝接受标的物或者解除合同。买受人拒绝接受标的物或者解除合同的，标的物毁损、灭失的风险由出卖人承担。

《民法典》及最新相关司法解释	相关内容
目的的，构成根本违约，买受人有权拒收货物或者解除买卖合同。由于出卖人构成根本违约，此时标的物毁损、灭失的风险应由出卖人承担。需说明的是，这里的“接受”指对货物的认可。	
第六百一十一条　标的物毁损、灭失的风险由买受人承担的，不影响因出卖人履行*义务*不符合约定，买受人*请求*其承担违约责任的权利。 注 买受人承担标的物毁损、灭失的风险与出卖人的违约责任间并没有直接关系。在出卖人违约的情况下，买受人虽然按照规定承担了标的物毁损、灭失的风险，但并不影响因出卖人违约，买受人请求其承担违约责任的权利。	**《合同法》(已废止)第一百四十九条**　标的物毁损、灭失的风险由买受人承担的，不影响因出卖人履行*债务*不符合约定，买受人*要求*其承担违约责任的权利。
第六百一十二条　出卖人就交付的标的物，负有保证第三人*对该标的物不享有任何权利的义务*，但是法律另有规定的除外。 注 将“不得向买受人主张任何权利”变为“对该标的物不享有任何权利”，明确受让人取得标的物权利的完整性。	**《合同法》(已废止)第一百五十条**　出卖人就交付的标的物，负有保证第三人*不得向买受人主张任何权利的义务*，但法律另有规定的除外。
第六百一十三条　买受人订立合同时知道或者应当知道第三人对买卖的标的物享有权利的，出卖人不承担*前条*规定的义务。	**《合同法》(已废止)第一百五十一条**　买受人订立合同时知道或者应当知道第三人对买卖的标的物享有权利的，出卖人不承担*本法第一百五十条*规定的义务。
第六百一十四条　买受人有确切证据证明第三人*对标的物享有权利的*，可以中止支付相应的价款，但是出卖人提供适当担保的除外。	**《合同法》(已废止)第一百五十二条**　买受人有确切证据证明第三人*可能就标的物主张权利的*，可以中止支付相应的价款，但出卖人提供适当担保的除外。

《民法典》及最新相关司法解释	相关内容
第六百一十五条 出卖人应当按照约定的质量要求交付标的物。出卖人提供有关标的物质量说明的，交付的标的物应当符合该说明的质量要求。	**《合同法》（已废止）第一百五十三条** 出卖人应当按照约定的质量要求交付标的物。出卖人提供有关标的物质量说明的，交付的标的物应当符合该说明的质量要求。 **原买卖合同解释第三十二条（本条已失效）** 合同约定减轻或者免除出卖人对标的物的瑕疵担保责任，但出卖人故意或者因重大过失不告知买受人标的物的瑕疵，出卖人主张依约减轻或者免除瑕疵担保责任的，人民法院不予支持。 **第三十三条（已变更为最新司法解释第二十四条）** 买受人在缔约时知道或者应当知道标的物质量存在瑕疵，主张出卖人承担瑕疵担保责任的，人民法院不予支持，但买受人在缔约时不知道该瑕疵会导致标的物的基本效用显著降低的除外。
第六百一十六条 当事人对标的物的质量要求没有约定或者约定不明确，依据*本法第五百一十条*的规定仍不能确定的，适用*本法第五百一十一条第一项*的规定。	**《合同法》（已废止）第一百五十四条** 当事人对标的物的质量要求没有约定或者约定不明确，依照*本法第六十一条*的规定仍不能确定的，适用*本法第六十二条第一项*的规定。
第六百一十七条 出卖人交付的标的物不符合质量要求的，买受人可以依据*本法第五百八十二条至第五百八十四条*的规定请求承担违约责任。	**《合同法》（已废止）第一百五十五条** 出卖人交付的标的物不符合质量要求的，买受人可以依照*本法第一百一十一条*的规定要求承担违约责任。
第六百一十八条 当事人约定减轻或者免除出卖人对标的物瑕疵承担的责任，因出卖人故意或者重大过失不告知	**原买卖合同解释第三十二条（本条已失效）** 合同约定减轻或者免除出卖人对标的物的瑕疵担保责任，但出卖人故

《民法典》及最新相关司法解释	相关内容
买受人标的物瑕疵的，出卖人无权主张减轻或者免除责任。 注 本条规定了瑕疵担保责任减免特约之效力，简言之便是，出卖人故意或重大过失不告知标的物瑕疵的，无权主张减免责任。	意或者因重大过失不告知买受人标的物的瑕疵，出卖人主张依约减轻或者免除瑕疵担保责任的，人民法院不予支持。
第六百一十九条　出卖人应当按照约定的包装方式交付标的物。对包装方式没有约定或者约定不明确，*依据本法第五百一十条*的规定仍不能确定的，应当按照通用的方式包装；没有通用方式的，应当采取足以保护标的物**且有利于节约资源、保护生态环境**的包装方式。	**《合同法》(已废止)第一百五十六条**　出卖人应当按照约定的包装方式交付标的物。对包装方式没有约定或者约定不明确，*依照本法第六十一条*的规定仍不能确定的，应当按照通用的方式包装，没有通用方式的，应当采取足以保护标的物的包装方式。
第六百二十条　买受人收到标的物时应当在约定的检验*期限*内检验。没有约定检验*期限*的，应当及时检验。	**《合同法》(已废止)第一百五十七条**　买受人收到标的物时应当在约定的检验*期间*内检验。没有约定检验*期间*的，应当及时检验。 **原买卖合同解释第十五条(本条已失效)**　当事人对标的物的检验期间未作约定，买受人签收的送货单、确认单等载明标的物数量、型号、规格的，人民法院应当根据合同法第一百五十七条的规定，认定买受人已对数量和外观瑕疵进行了检验，但有相反证据足以推翻的除外。 **第十六条(本条已失效)**　出卖人依照买受人的指示向第三人交付标的物，出卖人和买受人之间约定的检验标准与买受人和第三人之间约定的检验标准不一致的，人民法院应当根据合同法第六十四条的规定，以出卖人和买受人之间约定的检验标准为标的物的检验标准。

《民法典》及最新相关司法解释	相关内容
第六百二十一条 当事人约定检验*期限*的,买受人应当在检验*期限*内将标的物的数量或者质量不符合约定的情形通知出卖人。买受人怠于通知的,视为标的物的数量或者质量符合约定。 当事人没有约定检验*期限*的,买受人应当在发现或者应当发现标的物的数量或者质量不符合约定的合理*期限*内通知出卖人。买受人在合理*期限*内未通知或者自收到标的物之日起二年内未通知出卖人的,视为标的物的数量或者质量符合约定;但是,对标的物有质量保证期的,适用质量保证期,不适用该二年的规定。 出卖人知道或者应当知道提供的标的物不符合约定的,买受人不受前两款规定的通知时间的限制。	**《合同法》(已废止)第一百五十八条** 当事人约定检验*期间*的,买受人应当在检验*期间*内将标的物的数量或者质量不符合约定的情形通知出卖人。买受人怠于通知的,视为标的物的数量或者质量符合约定。 当事人没有约定检验*期间*的,买受人应当在发现或者应当发现标的物的数量或者质量不符合约定的合理*期间*内通知出卖人。买受人在合理*期间*内未通知或者自标的物收到之日起两年内未通知出卖人的,视为标的物的数量或者质量符合约定,但对标的物有质量保证期的,适用质量保证期,不适用该两年的规定。 出卖人知道或者应当知道提供的标的物不符合约定的,买受人不受前两款规定的通知时间的限制。 **原买卖合同解释第十七条(已变更为最新司法解释第十二条)** 人民法院具体认定合同法第一百五十八条第二款规定的“合理期间”时,应当综合当事人之间的交易性质、交易目的、交易方式、交易习惯、标的物的种类、数量、性质、安装和使用情况、瑕疵的性质、买受人应尽的合理注意义务、检验方法和难易程度、买受人或者检验人所处的具体环境、自身技能以及其他合理因素,依据诚实信用原则进行判断。 合同法第一百五十八条第二款规定的“两年”是最长的合理期间。该期间为不变期间,不适用诉讼时效中止、中断或者延长的规定。

《民法典》及最新相关司法解释	相关内容
	第十九条（已变更为最新司法解释第十三条） 买受人在合理期间内提出异议，出卖人以买受人已经支付价款、确认欠款数额、使用标的物等为由，主张买受人放弃异议的，人民法院不予支持，但当事人另有约定的除外。 **第二十条（已变更为最新司法解释第十四条）** 合同法第一百五十八条规定的检验期间、合理期间、两年期间经过后，买受人主张标的物的数量或者质量不符合约定的，人民法院不予支持。 出卖人自愿承担违约责任后，又以上述期间经过为由翻悔的，人民法院不予支持。
第六百二十二条 当事人约定的检验期限过短，根据标的物的性质和交易习惯，买受人在检验期限内难以完成全面检验的，该期限仅视为买受人对标的物的外观瑕疵提出异议的期限。 约定的检验期限或者质量保证期短于法律、行政法规规定期限的，应当以法律、行政法规规定的期限为准。 注 本条对标的物检验期间约定过短问题的处理进行了明确。	**原买卖合同解释第十八条（本条已失效）** 约定的检验期间过短，依照标的物的性质和交易习惯，买受人在检验期间内难以完成全面检验的，人民法院应当认定该期间为买受人对外观瑕疵提出异议的期间，并根据本解释第十七条第一款的规定确定买受人对隐蔽瑕疵提出异议的合理期间。 约定的检验期间或者质量保证期间短于法律、行政法规规定的检验期间或者质量保证期间的，人民法院应当以法律、行政法规规定的检验期间或者质量保证期间为准。
第六百二十三条 当事人对检验期限未作约定，买受人签收的送货单、确认单等载明标的物数量、型号、规格的，推定买受人已经对数量和外观瑕疵进行检验，但是有相关证据足以推翻的除外。 注 本条对依据相关单证来推定已对标的物数量和外观瑕疵进行检验做了明确。	**原买卖合同解释第十五条（本条已失效）** 当事人对标的物的检验期间未作约定，买受人签收的送货单、确认单等载明标的物数量、型号、规格的，人民法院应当根据合同法第一百五十七条的规定，认定买受人已对数量和外观瑕疵进行了检验，但有相反证据足以推翻的除外。

《民法典》及最新相关司法解释	相关内容
第六百二十四条 出卖人依照买受人的指示向第三人交付标的物，出卖人和买受人约定的检验标准与买受人和第三人约定的检验标准不一致的，以出卖人和买受人约定的检验标准为准。 注 本条对向第三人履行情形下检验标准的确定进行了明确。	**原买卖合同解释第十六条（本条已失效）** 出卖人依照买受人的指示向第三人交付标的物，出卖人和买受人之间约定的检验标准与买受人和第三人之间约定的检验标准不一致的，人民法院应当根据合同法第六十四条的规定，以出卖人和买受人之间约定的检验标准为标的物的检验标准。
第六百二十五条 依照法律、行政法规的规定或者按照当事人的约定，标的物在有效使用年限届满后应予回收的，出卖人负有自行或者委托第三人对标的物予以回收的义务。 注 彰显《民法典》的绿色原则，贯彻环保理念，本条为新增的出卖人对特定标的物的回收义务之规定。	
第六百二十六条 买受人应当按照约定的数额**和支付方式**支付价款。对价款**的数额和支付方式**没有约定或者约定不明确的，适用*本法第五百一十条、第五百一十一条第二项和第五项*的规定。	**《合同法》（已废止）第一百五十九条** 买受人应当按照约定的数额支付价款。对价款没有约定或者约定不明确的，适用*本法第六十一条、第六十二条第二项*的规定。
第六百二十七条 买受人应当按照约定的地点支付价款。对支付地点没有约定或者约定不明确，依据*本法第五百一十条*的规定仍不能确定的，买受人应当在出卖人的营业地支付；但是，约定支付价款以交付标的物或者交付提取标的物单证为条件的，在交付标的物或者交付提取标的物单证的所在地支付。	**《合同法》（已废止）第一百六十条** 买受人应当按照约定的地点支付价款。对支付地点没有约定或者约定不明确，依照*本法第六十一条*的规定仍不能确定的，买受人应当在出卖人的营业地支付，但约定支付价款以交付标的物或者交付提取标的物单证为条件的，在交付标的物或者交付提取标的物单证的所在地支付。

《民法典》及最新相关司法解释	相关内容
第六百二十八条　买受人应当按照约定的时间支付价款。对支付时间没有约定或者约定不明确，依据*本法第五百一十条*的规定仍不能确定的，买受人应当在收到标的物或者提取标的物单证的同时支付。	**《合同法》（已废止）第一百六十一条**　买受人应当按照约定的时间支付价款。对支付时间没有约定或者约定不明确，依照*本法第六十一条*的规定仍不能确定的，买受人应当在收到标的物或者提取标的物单证的同时支付。
第六百二十九条　出卖人多交标的物的，买受人可以接收或者拒绝接收多交的部分。买受人接收多交部分的，按照*约定的价格*支付价款；买受人拒绝接收多交部分的，应当及时通知出卖人。 注 用“约定的价格”代替“合同的价格”，表述更加灵活合理。	**《合同法》（已废止）第一百六十二条**　出卖人多交标的物的，买受人可以接收或者拒绝接收多交的部分。买受人接收多交部分的，按照*合同的价格*支付价款；买受人拒绝接收多交部分的，应当及时通知出卖人。 **原买卖合同解释第六条（已变更为最新司法解释第三条）**　根据合同法第一百六十二条的规定，买受人拒绝接收多交部分标的物的，可以代为保管多交部分标的物。买受人主张出卖人负担代为保管期间的合理费用的，人民法院应予支持。 买受人主张出卖人承担代为保管期间非因买受人故意或者重大过失造成的损失的，人民法院应予支持。
第六百三十条　标的物在交付之前产生的孳息，归出卖人所有；交付之后产生的孳息，归买受人所有。**但是，当事人另有约定的除外。** 注 孳息的产生与原物占有人的照料关系密切，故本条规定标的物的孳息归属也自交付时转移，这里的孳息包括天然孳息和法定孳息。	**《合同法》（已废止）第一百六十三条**　标的物在交付之前产生的孳息，归出卖人所有，交付之后产生的孳息，归买受人所有。
第六百三十一条　因标的物的主物不符合约定而解除合同的，解除合同的效力及于从物。因标的物的从物不符合约定被解除的，解除的效力不及于主物。	**《合同法》（已废止）第一百六十四条**　因标的物的主物不符合约定而解除合同的，解除合同的效力及于从物。因标的物的从物不符合约定被解除的，解除的效力不及于主物。

《民法典》及最新相关司法解释	相关内容
第六百三十二条 标的物为数物，其中一物不符合约定的，买受人可以就该物解除。但是，该物与他物分离使标的物的价值显受损害的，*买受人*可以就数物解除合同。	**《合同法》（已废止）第一百六十五条** 标的物为数物，其中一物不符合约定的，买受人可以就该物解除，但该物与他物分离使标的物的价值显受损害的，*当事人*可以就数物解除合同。
第六百三十三条 出卖人分批交付标的物的，出卖人对其中一批标的物不交付或者交付不符合约定，致使该批标的物不能实现合同目的的，买受人可以就该批标的物解除。 出卖人不交付其中一批标的物或者交付不符合约定，致使*之后*其他各批标的物的交付不能实现合同目的的，买受人可以就该批以及*之后*其他各批标的物解除。 买受人如果就其中一批标的物解除，该批标的物与其他各批标的物相互依存的，可以就已经交付和未交付的各批标的物解除。	**《合同法》（已废止）第一百六十六条** 出卖人分批交付标的物的，出卖人对其中一批标的物不交付或者交付不符合约定，致使该批标的物不能实现合同目的的，买受人可以就该批标的物解除。 出卖人不交付其中一批标的物或者交付不符合约定，致使*今后*其他各批标的物的交付不能实现合同目的的，买受人可以就该批以及*今后*其他各批标的物解除。 买受人如果就其中一批标的物解除，该批标的物与其他各批标的物相互依存的，可以就已经交付和未交付的各批标的物解除。
第六百三十四条 分期付款的买受人未支付到期价款的*数额*达到全部价款的五分之一，**经催告后在合理期限内仍未支付到期价款的，**出卖人可以*请求*买受人支付全部价款或者解除合同。 出卖人解除合同的，可以向买受人*请求*支付该标的物的使用费。 注 本条就分期付款买卖合同的解除做了规定，相较于《合同法》（已废止）第167条，本条增加了“催告后在合理期限内仍未支付到期价款”的条件。	**《合同法》（已废止）第一百六十七条** 分期付款的买受人未支付到期价款的*金额*达到全部价款的五分之一的，出卖人可以*要求*买受人支付全部价款或者解除合同。 出卖人解除合同的，可以向买受人*要求*支付该标的物的使用费。 **原买卖合同解释第三十八条（已变更为最新司法解释第二十七条）** 合同法第一百六十七条第一款规定的“分期付款”，系指买受人将应付的总价款在一定期间内至少分三次向出卖人支付。

《民法典》及最新相关司法解释	相关内容
	分期付款买卖合同的约定违反合同法第一百六十七条第一款的规定，损害买受人利益，买受人主张该约定无效的，人民法院应予支持。 **第三十九条（已变更为最新司法解释第二十八条）** 分期付款买卖合同约定出卖人在解除合同时可以扣留已受领价金，出卖人扣留的金额超过标的物使用费以及标的物受损赔偿额，买受人请求返还超过部分的，人民法院应予支持。 当事人对标的物的使用费没有约定的，人民法院可以参照当地同类标的物的租金标准确定。
第六百三十五条 凭样品买卖的当事人应当封存样品，并可以对样品质量予以说明。出卖人交付的标的物应当与样品及其说明的质量相同。	**《合同法》（已废止）第一百六十八条** 凭样品买卖的当事人应当封存样品，并可以对样品质量予以说明。出卖人交付的标的物应当与样品及其说明的质量相同。 **原买卖合同解释第四十条（已变更为最新司法解释第二十九条）** 合同约定的样品质量与文字说明不一致且发生纠纷时当事人不能达成合意，样品封存后外观和内在品质没有发生变化的，人民法院应当以样品为准；外观和内在品质发生变化，或者当事人对是否发生变化有争议而又无法查明的，人民法院应当以文字说明为准。
第六百三十六条 凭样品买卖的买受人不知道样品有隐蔽瑕疵的，即使交付的标的物与样品相同，出卖人交付的标的物的质量仍然应当符合同种物的通常标准。 注 本条所称的隐蔽瑕疵指的是质量瑕疵，即标的物存在不符合规定或者通用质量要求的缺陷，或者影响使用效果等方面的情况。	**《合同法》（已废止）第一百六十九条** 凭样品买卖的买受人不知道样品有隐蔽瑕疵的，即使交付的标的物与样品相同，出卖人交付的标的物的质量仍然应当符合同种物的通常标准。

《民法典》及最新相关司法解释	相关内容
第六百三十七条 试用买卖的当事人可以约定标的物的试用*期限*。对试用*期限*没有约定或者约定不明确，*依据本法第五百一十条*的规定仍不能确定的，由出卖人确定。 注 试用买卖以买受人认可标的物为生效条件的买卖。如果买受人经试用或者检验对标的物不认可，则买卖合同不发生法律效力。可见，买受人认可标的物，为条件成就，买卖合同生效；买受人不认可标的物，则为条件不成就，买卖合同不生效。	**《合同法》（已废止）第一百七十条** 试用买卖的当事人可以约定标的物的试用*期间*。对试用*期间*没有约定或者约定不明确，*依照本法第六十一条*的规定仍不能确定的，由出卖人确定。 **原买卖合同解释第四十二条（已变更为最新司法解释第三十条）** 买卖合同存在下列约定内容之一的，不属于试用买卖。买受人主张属于试用买卖的，人民法院不予支持： （一）约定标的物经过试用或者检验符合一定要求时，买受人应当购买标的物； （二）约定第三人经试验对标的物认可时，买受人应当购买标的物； （三）约定买受人在一定期间内可以调换标的物； （四）约定买受人在一定期间内可以退还标的物。 **第四十三条（本条已失效）** 试用买卖的当事人没有约定使用费或者约定不明确，出卖人主张买受人支付使用费的，人民法院不予支持。
第六百三十八条 试用买卖的买受人在试用期内可以购买标的物，也可以拒绝购买。试用*期限*届满，买受人对是否购买标的物未作表示的，视为购买。 试用买卖的买受人在试用期内已经支付部分价款或者对标的物实施出卖、出租、设立担保物权等行为的，视为同意购买。 注 本条就试用买卖同意购买的推定进行了明确。	**《合同法》（已废止）第一百七十一条** 试用买卖的买受人在试用期内可以购买标的物，也可以拒绝购买。试用*期间*届满，买受人对是否购买标的物未作表示的，视为购买。 **原买卖合同解释第四十一条（本条已失效）** 试用买卖的买受人在试用期内已经支付一部分价款的，人民法院应当认定买受人同意购买，但合同另有约定的除外。 在试用期内，买受人对标的物实施了出卖、出租、设定担保物权等非试用行为的，人民法院应当认定买受人同意购买。

《民法典》及最新相关司法解释	相关内容
第六百三十九条　试用买卖的当事人对标的物使用费没有约定或者约定不明确的，出卖人无权请求买受人支付。 注 本条就试用买卖的使用费进行了规定。	**原买卖合同解释第四十三条（本条已失效）**　试用买卖的当事人没有约定使用费或者约定不明确，出卖人主张买受人支付使用费的，人民法院不予支持。
第六百四十条　标的物在试用期内毁损、灭失的风险由出卖人承担。 注 新增条文，规定了试用期内的风险承担。	
第六百四十一条　当事人可以在买卖合同中约定买受人未履行支付价款或者其他义务的，标的物的所有权属于出卖人。 **出卖人对标的物保留的所有权，未经登记，不得对抗善意第三人。** **《国务院关于实施动产和权利担保统一登记的决定》**二、纳入动产和权利担保统一登记范围的担保类型包括： （一）生产设备、原材料、半成品、产品抵押； （二）应收账款质押； （三）存款单、仓单、提单质押； （四）融资租赁； （五）保理； （六）所有权保留； （七）其他可以登记的动产和权利担保，但机动车抵押、船舶抵押、航空器抵押、债券质押、基金份额质押、股权质押、知识产权中的财产权质押除外。 **民法典担保制度解释第六十七条**　在所有权保留买卖、融资租赁等合同中，出卖人、出租人的所有权未经登记不得对抗的“善意第三人”的范围及其效力，参照本解释第五十四条的规定处理。 注《民法典》第641条第2款明确了未经登记的所有权保留不得对抗善意第三人。	**《合同法》（已废止）第一百三十四条**　当事人可以在买卖合同中约定买受人未履行支付价款或者其他义务的，标的物的所有权属于出卖人。 **原买卖合同解释第三十四条（已变更为最新司法解释第二十五条）**　买卖合同当事人主张合同法第一百三十四条关于标的物所有权保留的规定适用于不动产的，人民法院不予支持。

《民法典》及最新相关司法解释	相关内容
第六百四十二条 当事人约定出卖人保留合同标的物的所有权,在标的物所有权转移前,买受人有下列情形之一,造成出卖人损害的,除当事人另有约定外,出卖人有权取回标的物: (一)未按照约定支付价款,**经催告后在合理期限内仍未支付**; (二)未按照约定完成特定条件; (三)将标的物出卖、出质或者作出其他不当处分。 **出卖人可以与买受人协商取回标的物;协商不成的,可以参照适用担保物权的实现程序。** **民法典担保制度解释第六十四条 在所有权保留买卖中,出卖人依法有权取回标的物,但是与买受人协商不成,当事人请求参照民事诉讼法"实现担保物权案件"的有关规定,拍卖、变卖标的物的,人民法院应予准许。** **出卖人请求取回标的物,符合民法典第六百四十二条规定的,人民法院应予支持;买受人以抗辩或者反诉的方式主张拍卖、变卖标的物,并在扣除买受人未支付的价款以及必要费用后返还剩余款项的,人民法院应当一并处理。** **买卖合同解释(2020)第二十六条** 买受人已经支付标的物总价款的百分之七十五以上,出卖人主张取回标的物的,人民法院不予支持。 在民法典第六百四十二条第一款第三项情形下,第三人依据民法典第三百一十一条的规定已经善意取得标的物所有权或者其他物权,出卖人主张取回标的物的,人民法院不予支持。 注《民法典》第642条规定了所有权保留买卖合同中出卖人的取回权。民法典担保制度解释第64条则规定了两种例外情形。	**原买卖合同解释第三十五条(本条已失效)** 当事人约定所有权保留,在标的物所有权转移前,买受人有下列情形之一,对出卖人造成损害,出卖人主张取回标的物的,人民法院应予支持: (一)未按约定支付价款的; (二)未按约定完成特定条件的; (三)将标的物出卖、出质或者作出其他不当处分的。 取回的标的物价值显著减少,出卖人要求买受人赔偿损失的,人民法院应予支持。

《民法典》及最新相关司法解释	相关内容
第六百四十三条　出卖人依据前条第一款的规定取回标的物后，买受人在双方约定或者出卖人指定的合理回赎期限内，消除出卖人取回标的物的事由的，可以请求回赎标的物。 买受人在回赎期限内没有回赎标的物，出卖人可以以合理价格将标的物出卖给第三人，出卖所得价款扣除买受人未支付的价款以及必要费用后仍有剩余的，应当返还买受人；不足部分由买受人清偿。 注 本条就买受人赎回、出卖人的再出卖做了较为明确的规定。	**原买卖合同解释第三十七条（本条已失效）**　出卖人取回标的物后，买受人在双方约定的或者出卖人指定的回赎期间内，消除出卖人取回标的物的事由，主张回赎标的物的，人民法院应予支持。 买受人在回赎期间内没有回赎标的物的，出卖人可以另行出卖标的物。 出卖人另行出卖标的物的，出卖所得价款依次扣除取回和保管费用、再交易费用、利息、未清偿的价金后仍有剩余的，应返还原买受人；如有不足，出卖人要求原买受人清偿的，人民法院应予支持，但原买受人有证据证明出卖人另行出卖的价格明显低于市场价格的除外。
第六百四十四条　招标投标买卖的当事人的权利和义务以及招标投标程序等，依照有关法律、行政法规的规定。	**《合同法》（已废止）第一百七十二条**　招标投标买卖的当事人的权利和义务以及招标投标程序等，依照有关法律、行政法规的规定。
第六百四十五条　拍卖的当事人的权利和义务以及拍卖程序等，依照有关法律、行政法规的规定。	**《合同法》（已废止）第一百七十三条**　拍卖的当事人的权利和义务以及拍卖程序等，依照有关法律、行政法规的规定。
第六百四十六条　法律对其他有偿合同有规定的，依照其规定；没有规定的，参照**适用**买卖合同的有关规定。 注 大多数合同都是有偿合同。有偿合同中，以买卖合同最为典型。《民法典》合同编买卖合同一章的规定也最为完整、详细，其中的一些规定属于有偿合同共性的规则。其他有偿合同章节没有规定的，可直接参照适用买卖合同的相关规定。	**《合同法》（已废止）第一百七十四条**　法律对其他有偿合同有规定的，依照其规定；没有规定的，参照买卖合同的有关规定。

《民法典》及最新相关司法解释	相关内容
第六百四十七条　当事人约定易货交易，转移标的物的所有权的，参照适用买卖合同的有关规定。 注 互易合同是物物交换的法律形式，是早期商品交换的合同形态，现今只有少量的易货交易。互易合同与买卖合同最为相似，都属双务、有偿合同，可参照适用买卖合同的有关规定。	**《合同法》（已废止）第一百七十五条**　当事人约定易货交易，转移标的物的所有权的，参照买卖合同的有关规定。
第十章　供用电、水、气、热力合同	
第六百四十八条　供用电合同是供电人向用电人供电，用电人支付电费的合同。 **向社会公众供电的供电人，不得拒绝用电人合理的订立合同要求。** 注 用电需求是现代社会的基本需求，向社会供电具有公共服务性质，本条第2款明确了供电人"不得拒绝用电人合理的订立合同要求"的义务。	**《合同法》（已废止）第一百七十六条**　供用电合同是供电人向用电人供电，用电人支付电费的合同。
第六百四十九条　供用电合同的内容**一般**包括供电的方式、质量、时间，用电容量、地址、性质，计量方式，电价、电费的结算方式，供用电设施的维护责任等条款。	**《合同法》（已废止）第一百七十七条**　供用电合同的内容包括供电的方式、质量、时间，用电容量、地址、性质，计量方式，电价、电费的结算方式，供用电设施的维护责任等条款。
第六百五十条　供用电合同的履行地点，按照当事人约定；当事人没有约定或者约定不明确的，供电设施的产权分界处为履行地点。 注 供用电合同的履行地点，是指供电人将电力的所有权转移于用电人的转移点。	**《合同法》（已废止）第一百七十八条**　供用电合同的履行地点，按照当事人约定；当事人没有约定或者约定不明确的，供电设施的产权分界处为履行地点。
第六百五十一条　供电人应当按照国家规定的供电质量标准和约定安全供电。供电人未按照国家规定的供电质量标准和约定安全供电，造成用电人损失的，应当承担赔偿责任。	**《合同法》（已废止）第一百七十九条**　供电人应当按照国家规定的供电质量标准和约定安全供电。供电人未按照国家规定的供电质量标准和约定安全供电，造成用电人损失的，应当承担~~损害~~赔偿责任。

《民法典》及最新相关司法解释	相关内容
第六百五十二条　供电人因供电设施计划检修、临时检修、依法限电或者用电人违法用电等原因，需要中断供电时，应当按照国家有关规定事先通知用电人；未事先通知用电人中断供电，造成用电人损失的，应当承担赔偿责任。 注 本条规定的是供电人中断供电的通知义务，通知义务的具体内容（提前多久通知）可参考《电力供应与使用条例》第28条的规定。	**《合同法》（已废止）第一百八十条**　供电人因供电设施计划检修、临时检修、依法限电或者用电人违法用电等原因，需要中断供电时，应当按照国家有关规定事先通知用电人。未事先通知用电人中断供电，造成用电人损失的，应当承担损害赔偿责任。 **《电力供应与使用条例》第二十八条**　除本条例另有规定外，在发电、供电系统正常运行的情况下，供电企业应当连续向用户供电；因故需要停止供电时，应当按照下列要求事先通知用户或者进行公告： （一）因供电设施计划检修需要停电时，供电企业应当提前7天通知用户或者进行公告； （二）因供电设施临时检修需要停止供电时，供电企业应当提前24小时通知重要用户； （三）因发电、供电系统发生故障需要停电、限电时，供电企业应当按照事先确定的限电序位进行停电或者限电。引起停电或者限电的原因消除后，供电企业应当尽快恢复供电。
第六百五十三条　因自然灾害等原因断电，供电人应当按照国家有关规定及时抢修；未及时抢修，造成用电人损失的，应当承担赔偿责任。 注 不可抗力虽是合同的免责事由，但不可抗力发生后，当事人仍应以诚实善意的态度去克服，以最大限度地减少因不可抗力所造成的损失，这是合同诚实信用原则的要求。故而，在因自然灾害等断电后，供电人应按照国家有关规定及时抢修，减少用电人损失。	**《合同法》（已废止）第一百八十一条**　因自然灾害等原因断电，供电人应当按照国家有关规定及时抢修。未及时抢修，造成用电人损失的，应当承担损害赔偿责任。

《民法典》及最新相关司法解释	相关内容
第六百五十四条 用电人应当按照国家有关规定和当事人的约定及时*支付*电费。用电人逾期不*支付*电费的,应当按照约定支付违约金。经催告用电人在合理期限内仍不支付电费和违约金的,供电人可以按照国家规定的程序中止供电。 **供电人依据前款规定中止供电的,应当事先通知用电人。** 注 支付电费是用电人的义务,对经催告仍不支付电费和违约金的,供电人可中止供电,但应事先通知。	**《合同法》(已废止)第一百八十二条** 用电人应当按照国家有关规定和当事人的约定及时*交付*电费。用电人逾期不*交付*电费的,应当按照约定支付违约金。经催告用电人在合理期限内仍不交付电费和违约金的,供电人可以按照国家规定的程序中止供电。
第六百五十五条 用电人应当按照国家有关规定和当事人的约定安全、**节约和计划**用电。用电人未按照国家有关规定和当事人的约定用电,造成供电人损失的,应当承担赔偿责任。 注 增加"节约和计划",符合《民法典》总则编确定的绿色原则的要求。	**《合同法》(已废止)第一百八十三条** 用电人应当按照国家有关规定和当事人的约定安全用电。用电人未按照国家有关规定和当事人的约定~~安全~~用电,造成供电人损失的,应当承担损害赔偿责任。
第六百五十六条 供用水、供用气、供用热力合同,参照适用供用电合同的有关规定。 注 供用水、供用气、供用热力合同在本质上都属于特殊类型的买卖合同,它们与供用电合同具有很多的共同点。鉴于此,供用水、供用气、供用热力合同可参照适用供用电合同的有关规定。	**《合同法》(已废止)第一百八十四条** 供用水、供用气、供用热力合同,参照供用电合同的有关规定。
第十一章 赠与合同	
第六百五十七条 赠与合同是赠与人将自己的财产无偿给予受赠人,受赠人表示接受赠与的合同。 注 由于赠与合同为纯获利益的合同,故受赠人可以是完全民事行为能力人,也可以是限制民事行为能力人或者无民事行为能力人。	**《合同法》(已废止)第一百八十五条** 赠与合同是赠与人将自己的财产无偿给予受赠人,受赠人表示接受赠与的合同。

《民法典》及最新相关司法解释	相关内容
第六百五十八条　赠与人在赠与财产的权利转移之前可以撤销赠与。 经过公证的赠与合同或者**依法不得撤销的**具有救灾、扶贫、**助残**等公益、道德义务性质的赠与合同，不适用前款规定。 **民法典婚姻家庭编解释一第三十二条　婚前或者婚姻关系存续期间，当事人约定将一方所有的房产赠与另一方或者共有，赠与方在赠与房产变更登记之前撤销赠与，另一方请求判令继续履行的，人民法院可以按照民法典第六百五十八条的规定处理。** 注 有些赠与合同的订立，是因赠与人一时冲动而欠周全考虑，若绝对不允许赠与人撤销，过于严厉。故《民法典》规定，赠与人在赠与财产权利转移前可撤销。但赠与合同经公证的，不得任意撤销。这是因为赠与合同订立后进行公证，表明赠与意愿的表达已十分慎重，故赠与人此时不得任意撤销。 夫妻依据《民法典》第1065条签订财产协议，仅在“将一方所有的财产约定为另一方所有”但房产未办理过户登记的情况下，可撤销赠与，其他均属有效的财产约定，不可任意撤销。但是，民法典婚姻家庭编解释一第32条另“将一方所有的财产约定为共有”也纳入可任意撤销情形，系新增内容，值得关注。这也提醒相对方要及时将协议公证或办理房产变更登记。	**《合同法》(已废止)第一百八十六条**　赠与人在赠与财产的权利转移之前可以撤销赠与。 具有救灾、扶贫等~~社会~~公益、道德义务性质的赠与合同或者经过公证的赠与合同，不适用前款规定。
第六百五十九条　赠与的财产依法需要办理登记**或者其他手续**的，应当办理有关手续。	**《合同法》(已废止)第一百八十七条**　赠与的财产依法需要办理登记等手续的，应当办理有关手续。
第六百六十条　经过公证的赠与合同或者**依法不得撤销的**具有救灾、扶贫、**助残**等公益、道德义务性质的赠与合同，	**《合同法》(已废止)第一百八十八条**　具有救灾、扶贫等~~社会~~公益、道德义务性质的赠与合同或者经过公证的赠与合同，

《民法典》及最新相关司法解释	相关内容
赠与人不交付赠与财产的，受赠人可以*请求*交付。 依据前款规定应当交付的赠与财产因赠与人故意或者重大过失致使毁损、灭失的，赠与人应当承担赔偿责任。 注 本条将《合同法》（已废止）第188条、第189条的规定合为一条，对受赠人的交付请求权及赠与人责任进行了规定。	赠与人不交付赠与的财产的，受赠人可以*要求*交付。 **第一百八十九条** 因赠与人故意或者重大过失致使赠与的财产毁损、灭失的，赠与人应当承担损害赔偿责任。
第六百六十一条 赠与可以附义务。 赠与附义务的，受赠人应当按照约定履行义务。 注 附义务的赠与属于一种特殊的赠与。一般赠与，受赠人仅享有取得赠与财产的权利，不承担任何义务。而附义务的赠与，赠与人对其赠与附加一定的条件。当然，附义务的赠与所附义务并不是赠与行为的对价，而是有一定的限度，通常会低于赠与财产的价值，受赠人也仅在赠与财产的价值限度内有履行其义务的责任。赠与本为无偿合同，其目的在于使受赠人获益。所附义务如果超出赠与财产的价值，则使受赠人遭受不利，也与赠与的本旨不符。	**《合同法》（已废止）第一百九十条** 赠与可以附义务。 赠与附义务的，受赠人应当按照约定履行义务。
第六百六十二条 赠与的财产有瑕疵的，赠与人不承担责任。附义务的赠与，赠与的财产有瑕疵的，赠与人在附义务的限度内承担与出卖人相同的责任。 赠与人故意不告知瑕疵或者保证无瑕疵，造成受赠人损失的，应当承担赔偿责任。 注 本条所说的“瑕疵”既包括质量瑕疵也包括权利瑕疵。	**《合同法》（已废止）第一百九十一条** 赠与的财产有瑕疵的，赠与人不承担责任。附义务的赠与，赠与的财产有瑕疵的，赠与人在附义务的限度内承担与出卖人相同的责任。 赠与人故意不告知瑕疵或者保证无瑕疵，造成受赠人损失的，应当承担损害赔偿责任。
第六百六十三条 受赠人有下列情形之一的，赠与人可以撤销赠与： （一）严重侵害赠与人或者赠与人近亲属**的合法权益**；	**《合同法》（已废止）第一百九十二条** 受赠人有下列情形之一的，赠与人可以撤销赠与： （一）严重侵害赠与人或者赠与人的

《民法典》及最新相关司法解释	相关内容
（二）对赠与人有扶养义务而不履行； （三）不履行赠与合同约定的义务。 赠与人的撤销权，自知道或者应当知道撤销*事由*之日起一年内行使。 注 为了尽早确定当事人之间的赠与关系，撤销权人应当依法及时行使撤销权。撤销权在性质上属于形成权，受除斥期间的约束。	近亲属； （二）对赠与人有扶养义务而不履行； （三）不履行赠与合同约定的义务。 赠与人的撤销权，自知道或者应当知道撤销*原因*之日起一年内行使。
第六百六十四条　因受赠人的违法行为致使赠与人死亡或者丧失民事行为能力的，赠与人的继承人或者法定代理人可以撤销赠与。 赠与人的继承人或者法定代理人的撤销权，自知道或者应当知道撤销事由之日起六个月内行使。 注 赠与的撤销权本应属于赠与人，但因受赠人的违法行为致使赠与人死亡或者丧失民事行为能力时，赠与人事实上已无法行使撤销权。此时，由赠与人的继承人或法定代理人行使撤销权，以实现赠与人撤销赠与的权利与意愿。	**《合同法》（已废止）第一百九十三条**　因受赠人的违法行为致使赠与人死亡或者丧失民事行为能力的，赠与人的继承人或者法定代理人可以撤销赠与。 赠与人的继承人或者法定代理人的撤销权，自知道或者应当知道撤销原因之日起六个月内行使。
第六百六十五条　撤销权人撤销赠与的，可以向受赠人*请求*返还赠与的财产。	**《合同法》（已废止）第一百九十四条**　撤销权人撤销赠与的，可以向受赠人*要求*返还赠与的财产。
第六百六十六条　赠与人的经济状况显著恶化，严重影响其生产经营或者家庭生活的，可以不再履行赠与义务。 注 本条是对赠与人可不再履行赠与义务的法定情形的规定。但需注意的是，本条主要是针对附义务的赠与，经过公证的赠与，和具有公益、道德义务性质的赠与。若为一般的赠与，赠与人在履行全部或者部分义务之前就可以撤销赠与，无须适用本条规定。	**《合同法》（已废止）第一百九十五条**　赠与人的经济状况显著恶化，严重影响其生产经营或者家庭生活的，可以不再履行赠与义务。
第十二章　借款合同	
第六百六十七条　借款合同是借款人向贷款人借款，到期返还借款并支付	**《合同法》（已废止）第一百九十六条**　借款合同是借款人向贷款人借款，到期

《民法典》及最新相关司法解释	相关内容
利息的合同。 **民间借贷规定(2020.12)第十条** 法人之间、非法人组织之间以及它们相互之间为生产、经营需要订立的民间借贷合同,除存在民法典第一百四十六条、第一百五十三条、第一百五十四条以及本规定第十三条规定的情形外,当事人主张民间借贷合同有效的,人民法院应予支持。 **第十一条** 法人或者非法人组织在本单位内部通过借款形式向职工筹集资金,用于本单位生产、经营,且不存在民法典第一百四十四条、第一百四十六条、第一百五十三条、第一百五十四条以及本规定第十三条规定的情形,当事人主张民间借贷合同有效的,人民法院应予支持。 **第十二条** 借款人或者出借人的借贷行为涉嫌犯罪,或者已经生效的裁判认定构成犯罪,当事人提起民事诉讼的,民间借贷合同并不当然无效。人民法院应当依据民法典第一百四十四条、第一百四十六条、第一百五十三条、第一百五十四条以及本规定第十三条之规定,认定民间借贷合同的效力。 担保人以借款人或者出借人的借贷行为涉嫌犯罪或者已经生效的裁判认定构成犯罪为由,主张不承担民事责任的,人民法院应当依据民间借贷合同与担保合同的效力、当事人的过错程度,依法确定担保人的民事责任。 **第十三条** 具有下列情形之一的,人民法院应当认定民间借贷合同无效:	返还借款并支付利息的合同。

《民法典》及最新相关司法解释	相关内容
（一）套取金融机构贷款转贷的； （二）以向其他营利法人借贷、向本单位职工集资，或者以向公众非法吸收存款等方式取得的资金转贷的； （三）未依法取得放贷资格的出借人，以营利为目的向社会不特定对象提供借款的； （四）出借人事先知道或者应当知道借款人借款用于违法犯罪活动仍然提供借款的； （五）违反法律、行政法规强制性规定的； （六）违背公序良俗的。 **第三十一条**　本规定施行后，人民法院新受理的一审民间借贷纠纷案件，适用本规定。 2020年8月20日之后新受理的一审民间借贷案件，借贷合同成立于2020年8月20日之前，当事人请求适用当时的司法解释计算自合同成立到2020年8月19日的利息部分的，人民法院应予支持；对于自2020年8月20日到借款返还之日的利息部分，适用起诉时本规定的利率保护标准计算。 本规定施行后，最高人民法院以前作出的相关司法解释与本规定不一致的，以本规定为准。 注 借款合同主要包括两类：一是金融机构与自然人、法人和其他组织的借款合同关系；二是非金融机构主体的自然人、法人、非法人组织间的借款合同关系，即民间借贷合同关系。	

《民法典》及最新相关司法解释	相关内容
第六百六十八条 借款合同**应当**采用书面形式,但**是**自然人之间借款另有约定的除外。 借款合同的内容**一般**包括借款种类、币种、用途、数额、利率、期限和还款方式等条款。 **民间借贷规定(2020.12)第一条** 本规定所称的民间借贷,是指自然人、法人和非法人组织之间进行资金融通的行为。 经金融监管部门批准设立的从事贷款业务的金融机构及其分支机构,因发放贷款等相关金融业务引发的纠纷,不适用本规定。	**《合同法》(已废止)第一百九十七条** 借款合同采用书面形式,但自然人之间借款另有约定的除外。 借款合同的内容包括借款种类、币种、用途、数额、利率、期限和还款方式等条款。 **民间借贷规定(2015)第一条(本条内容已修正)** 本规定所称的民间借贷,是指自然人、法人、其他组织之间及其相互之间进行资金融通的行为。 经金融监管部门批准设立的从事贷款业务的金融机构及其分支机构,因发放贷款等相关金融业务引发的纠纷,不适用本规定。
第六百六十九条 订立借款合同,借款人应当按照贷款人的要求提供与借款有关的业务活动和财务状况的真实情况。	**《合同法》(已废止)第一百九十九条** 订立借款合同,借款人应当按照贷款人的要求提供与借款有关的业务活动和财务状况的真实情况。
第六百七十条 借款的利息不得预先在本金中扣除。利息预先在本金中扣除的,应当按照实际借款数额返还借款并计算利息。	**《合同法》(已废止)第二百条** 借款的利息不得预先在本金中扣除。利息预先在本金中扣除的,应当按照实际借款数额返还借款并计算利息。 **民间借贷规定(2015)第二十七条(已变更为最新司法解释第二十六条)** 借据、收据、欠条等债权凭证载明的借款金额,一般认定为本金。预先在本金中扣除利息的,人民法院应当将实际出借的金额认定为本金。
第六百七十一条 贷款人未按照约定的日期、数额提供借款,造成借款人损失的,应当赔偿损失。 借款人未按照约定的日期、数额收取借款的,应当按照约定的日期、数额支付利息。	**《合同法》(已废止)第二百零一条** 贷款人未按照约定的日期、数额提供借款,造成借款人损失的,应当赔偿损失。 借款人未按照约定的日期、数额收取借款的,应当按照约定的日期、数额支付利息。

《民法典》及最新相关司法解释	相关内容
注 本条是关于借贷双方违约责任的规定。具体来看，本条明确了贷款人未按照约定提供借款、借款人未按照约定收取借款均属违约，应承担违约责任。	
第六百七十二条　贷款人按照约定可以检查、监督借款的使用情况。借款人应当按照约定向贷款人定期提供有关财务会计报表**或者其他资料**。	**《合同法》(已废止)第二百零二条**　贷款人按照约定可以检查、监督借款的使用情况。借款人应当按照约定向贷款人定期提供有关财务会计报表等资料。
第六百七十三条　借款人未按照约定的借款用途使用借款的，贷款人可以停止发放借款、提前收回借款或者解除合同。 注 用途是借款合同的主要内容之一，是贷款人决定是否放贷、利息、期限等的重要考量因素。借款人擅自改变借款用途，就会使当事人预期收益变得不确定，增加了贷款人风险，动摇了借款合同成立的基础，属重大违约，故有了本条规定。	**《合同法》(已废止)第二百零三条**　借款人未按照约定的借款用途使用借款的，贷款人可以停止发放借款、提前收回借款或者解除合同。
第六百七十四条　借款人应当按照约定的期限支付利息。对支付利息的期限没有约定或者约定不明确，*依据本法第五百一十条*的规定仍不能确定，借款期间不满一年的，应当在返还借款时一并支付；借款期间一年以上的，应当在每届满一年时支付，剩余期间不满一年的，应当在返还借款时一并支付。	**《合同法》(已废止)第二百零五条**　借款人应当按照约定的期限支付利息。对支付利息的期限没有约定或者约定不明确，*依照本法第六十一条*的规定仍不能确定，借款期间不满一年的，应当在返还借款时一并支付；借款期间一年以上的，应当在每届满一年时支付，剩余期间不满一年的，应当在返还借款时一并支付。
第六百七十五条　借款人应当按照约定的期限返还借款。对借款期限没有约定或者约定不明确，*依据本法第五百一十条*的规定仍不能确定的，借款人可以随时返还；贷款人可以催告借款人在合理期限内返还。 注 “合理期限”到底为多长时间，本条没有作出明确规定，可由贷款人根据具体情况来确定。	**《合同法》(已废止)第二百零六条**　借款人应当按照约定的期限返还借款。对借款期限没有约定或者约定不明确，*依照本法第六十一条*的规定仍不能确定的，借款人可以随时返还；贷款人可以催告借款人在合理期限内返还。

《民法典》及最新相关司法解释	相关内容
第六百七十六条 借款人未按照约定的期限返还借款的，应当按照约定或者国家有关规定支付逾期利息。 **民间借贷（2020.12）第二十八条** 借贷双方对逾期利率有约定的，从其约定，但是*以不超过合同成立时一年期贷款市场报价利率四倍*为限。 未约定逾期利率或者约定不明的，人民法院可以区分不同情况处理： （一）既未约定借期内利率，也未约定逾期利率，出借人主张借款人自逾期还款之日起参照当时一年期贷款市场报价利率标准计算的利息承担逾期还款违约责任的，人民法院应予支持； （二）约定了借期内利率但是未约定逾期利率，出借人主张借款人自逾期还款之日起按照借期内利率支付资金占用期间利息的，人民法院应予支持。 **第二十九条** 出借人与借款人既约定了逾期利率，又约定了违约金或者其他费用，出借人可以选择主张逾期利息、违约金或者其他费用，也可以一并主张，但是总计超过合同成立时一年期贷款市场报价利率四倍的部分，人民法院不予支持。	**《合同法》（已废止）第二百零七条** 借款人未按照约定的期限返还借款的，应当按照约定或者国家有关规定支付逾期利息。 **民间借贷规定（2015）第二十九条（已变更为最新司法解释第二十八条）** 借贷双方对逾期利率有约定的，从其约定，但以不超过年利率24%为限。 未约定逾期利率或者约定不明的，人民法院可以区分不同情况处理： （一）既未约定借期内的利率，也未约定逾期利率，出借人主张借款人自逾期还款之日起按照年利率6%支付资金占用期间利息的，人民法院应予支持； （二）约定了借期内的利率但未约定逾期利率，出借人主张借款人自逾期还款之日起按照借期内的利率支付资金占用期间利息的，人民法院应予支持。 **第三十条（已变更为最新司法解释第二十九条）** 出借人与借款人既约定了逾期利率，又约定了违约金或者其他费用，出借人可以选择主张逾期利息、违约金或者其他费用，也可以一并主张，但总计超过年利率24%的部分，人民法院不予支持。
第六百七十七条 借款人提前*返还*借款的，除当事人另有约定外，应当按照实际借款的期间计算利息。 **民间借贷（2020.12）第三十条** 借款人可以提前偿还借款，但是当事人另有约定的除外。 借款人提前偿还借款并主张按照实际借款期限计算利息的，人民法院应予支持。	**《合同法》（已废止）第二百零八条** 借款人提前*偿还*借款的，除当事人另有约定的以外，应当按照实际借款的期间计算利息。 **民间借贷规定（2015）第三十二条（本条已失效）** 借款人可以提前偿还借款，但当事人另有约定的除外。 借款人提前偿还借款并主张按照实际借款期间计算利息的，人民法院应予支持。

《民法典》及最新相关司法解释	相关内容
注《民法典》第677条规定了提前返还借款的利息计算。在合同对提前还款没有约定时，提前还款是否需要贷款人的同意，本条并未规定。据《贷款通则》的规定，提前还贷应在借款合同中约定，并按合同约定执行。事先未约定的，应征得贷款人同意。据此，提前还款损害贷款人利益的，其有权拒绝提前还款；不损害其利益的，贷款人应同意提前还款。	
第六百七十八条　借款人可以在还款期限届满前向贷款人申请展期；贷款人同意的，可以展期。 **民间借贷规定（2020.12）第二十七条**　借贷双方对前期借款本息结算后将利息计入后期借款本金并重新出具债权凭证，如果前期利率没有超过合同成立时一年期贷款市场报价利率四倍，重新出具的债权凭证载明的金额可认定为后期借款本金。超过部分的利息，不应认定为后期借款本金。 按前款计算，借款人在借款期间届满后应当支付的本息之和，超过以最初借款本金与以最初借款本金为基数、以合同成立时一年期贷款市场报价利率四倍计算的整个借款期间的利息之和的，人民法院不予支持。 注《民法典》第678条规定的展期与民间借贷规定（2020.12）第27条规定的内容本质上是不同的概念，但仍有一定相关性，故放在此处。	**《合同法》（已废止）第二百零九条** 借款人可以在还款期限届满之前向贷款人申请展期。贷款人同意的，可以展期。
第六百七十九条　自然人之间的借款合同，自贷款人提供借款时成立。 注 自然人间的借款合同是实践合同，仅有双方当事人的合意还不行，还要有实际的交付行为。本条以“成立”取代“生效”，对出借人的要求有所提高。	**《合同法》（已废止）第二百一十条** 自然人之间的借款合同，自贷款人提供借款时*生效*。

《民法典》及最新相关司法解释	相关内容
第六百八十条　禁止高利放贷，借款的利率不得违反国家有关规定。 借款合同对支付利息没有约定的，视为*没有*利息。 **借款合同对支付利息约定不明确，当事人不能达成补充协议的，按照当地或者当事人的交易方式、交易习惯、市场利率等因素确定利息；自然人之间借款的，视为没有利息。** **民间借贷规定（2020.12）第二十四条**　借贷双方没有约定利息，出借人主张支付利息的，人民法院不予支持。 自然人之间借贷对利息约定不明，出借人主张支付利息的，人民法院不予支持。除自然人之间借贷的外，借贷双方对借贷利息约定不明，出借人主张利息的，人民法院应当结合民间借贷合同的内容，并根据当地或者当事人的交易方式、交易习惯、市场报价利率等因素确定利息。 **第二十五条**　出借人请求借款人按照合同约定利率支付利息的，人民法院应予支持，但是双方约定的利率超过合同成立时一年期贷款市场报价利率四倍的除外。 前款所称“一年期贷款市场报价利率”，是指中国人民银行授权全国银行间同业拆借中心自2019年8月20日起每月发布的一年期贷款市场报价利率。 注 本条需要注意之处较多：（1）新增“禁止高利放贷，借款的利率不得违反国家有关规定”的内容。（2）对借款利息没有约定的，统一为没有利息。而约定不明的，分类处理	**《合同法》（已废止）第二百一十一条**　~~自然人之间的~~借款合同对支付利息没有约定~~或者约定不明确~~的，视为*不支付*利息。 ~~自然人之间的借款合同约定支付利息的，借款的利率不得违反国家有关限制借款利率的规定。~~ **民间借贷规定（2015）第二十五条（已变更为最新司法解释第二十四条）**　借贷双方没有约定利息，出借人主张支付借期内利息的，人民法院不予支持。 自然人之间借贷对利息约定不明，出借人主张支付利息的，人民法院不予支持。除自然人之间借贷的外，借贷双方对借贷利息约定不明，出借人主张利息的，人民法院应当结合民间借贷合同的内容，并根据当地或者当事人的交易方式、交易习惯、市场利率等因素确定利息。 **第二十六条（已变更为最新司法解释第二十五条）**　借贷双方约定的利率未超过年利率24%，出借人请求借款人按照约定的利率支付利息的，人民法院应予支持。 借贷双方约定的利率超过年利率36%，超过部分的利息约定无效。借款人请求出借人返还已支付的超过年利率36%部分的利息的，人民法院应予支持。 **第三十条（已变更为最新司法解释第二十九条）**　~~出借人与借款人既约定了逾期利率，又约定了违约金或者其他费用，出借人可以选择主张逾期利息、违约金或者其他费用，也可以一并主张，但总计超过年利率24%的部分，人民法院不予支持。~~ **第三十一条（本条已失效）**　没有约

《民法典》及最新相关司法解释	相关内容
（自然人间的借款约定不明的，视为无利息；其他借款，补充确定，达不成补充协议的，结合相关因素确定）。	定利息但借款人自愿支付，或者超过约定的利率自愿支付利息或违约金，且没有损害国家、集体和第三人利益，借款人又以不当得利为由要求出借人返还的，人民法院不予支持，但借款人要求返还超过年利率36%部分的利息除外。
第十三章　保证合同 注 因《担保法》的存在，《合同法》未再单独规定保证合同。《民法典》施行后，《合同法》《担保法》等单行法将不再有效，故在《民法典》合同编中吸收借鉴《担保法》及司法解释的相关内容，单独作为合同编的一章予以规定。	
第一节　一般规定	
第六百八十一条　保证合同是为保障债权的实现，保证人和债权人约定，当债务人不履行到期债务或者发生当事人约定的情形时，保证人履行债务或者承担责任的合同。 **民法典担保制度解释第三十六条**　第三人向债权人提供差额补足、流动性支持等类似承诺文件作为增信措施，具有提供担保的意思表示，债权人请求第三人承担保证责任的，人民法院应当依照保证的有关规定处理。 第三人向债权人提供的承诺文件，具有加入债务或者与债务人共同承担债务等意思表示的，人民法院应当认定为民法典第五百五十二条规定的债务加入。 前两款中第三人提供的承诺文件难以确定是保证还是债务加入的，人民法院应当将其认定为保证。	

《民法典》及最新相关司法解释	相关内容
第三人向债权人提供的承诺文件不符合前三款规定的情形,债权人请求第三人承担保证责任或者连带责任的,人民法院不予支持,但是不影响其依据承诺文件请求第三人履行约定的义务或者承担相应的民事责任。 注《民法典》第681条对保证合同的定义进行了较为明确的规定。 基于民法典担保制度解释第36条,应探究意思表示的真意,进而判断是保证还是债务加入。难以确定时,应认定为保证。即使不构成保证或债务加入,相关承诺文件依然有效,据文件内容确定。	
第六百八十二条 *保证*合同是主**债权债务**合同的从合同。主**债权债务**合同无效**的**,保证合同无效,*但是法律另有规定的除外*。 *保证*合同被确认无效后,债务人、保证人、债权人有过错的,应当根据其过错各自承担相应的民事责任。 **民法典担保制度解释第二条　当事人在担保合同中约定担保合同的效力独立于主合同,或者约定担保人对主合同无效的法律后果承担担保责任,该有关担保独立性的约定无效。主合同有效的,有关担保独立性的约定无效不影响担保合同的效力;主合同无效的,人民法院应当认定担保合同无效,但是法律另有规定的除外。** **因金融机构开立的独立保函发生的纠纷,适用《最高人民法院关于审理独立保函纠纷案件若干问题的规定》。** **第十七条　主合同有效而第三人提供的担保合同无效,人民法院应当区分不同情形确定担保人的赔偿责任:** **(一)债权人与担保人均有过错的,**	**《担保法》(已废止)第五条** *担保*合同是主合同的从合同,主合同无效,担保合同无效。*担保合同另有约定的,按照约定*。 *担保*合同被确认无效后,债务人、担保人、债权人有过错的,应当根据其过错各自承担相应的民事责任。 **担保法解释(已废止)第七条**　主合同有效而担保合同无效,债权人无过错的,担保人与债务人对主合同债权人的经济损失,承担连带赔偿责任;债权人、担保人有过错的,担保人承担民事责任的部分,不应超过债务人不能清偿部分的二分之一。 **第八条**　主合同无效而导致担保合同无效,担保人无过错的,担保人不承担民事责任;担保人有过错的,担保人承担民事责任的部分,不应超过债务人不能清偿部分的三分之一。 **第九条**　担保人因无效担保合同向债权人承担赔偿责任后,可以向债务人追偿,或者在承担赔偿责任的范围内,要求有过错的反担保人承担赔偿责任。 担保人可以根据承担赔偿责任的事实对债务人或者反担保人另行提起诉讼。

《民法典》及最新相关司法解释	相关内容
担保人承担的赔偿责任不应超过债务人不能清偿部分的二分之一； **（二）担保人有过错而债权人无过错的，担保人对债务人不能清偿的部分承担赔偿责任；** **（三）债权人有过错而担保人无过错的，担保人不承担赔偿责任。** **主合同无效导致第三人提供的担保合同无效，担保人无过错的，不承担赔偿责任；担保人有过错的，其承担的赔偿责任不应超过债务人不能清偿部分的三分之一。** 注《民法典》第682条是关于保证合同与主债权债务合同的关系以及保证合同无效后的法律后果的规定。相较于《担保法》（已废止）第5条，本条将“担保合同”变为“保证合同”，“主合同”变为“主债权债务合同”，表述更加准确。 相较于担保法解释（已废止），民法典担保制度解释第17条第1款更加强调责任与过错之间的关系，责任分配也做了较大调整。	**第十条**　主合同解除后，担保人对债务人应当承担的民事责任仍应承担担保责任。但是，担保合同另有约定的除外。
第六百八十三条　*机关法人*不得为保证人，但是经国务院批准为使用外国政府或者国际经济组织贷款进行转贷的除外。 **以公益为目的的非营利法人、非法人组织不得为保证人。** **民法典担保制度解释第五条　机关法人提供担保的，人民法院应当认定担保合同无效，但是经国务院批准为使用外国政府或者国际经济组织贷款进行转贷的除外。** **居民委员会、村民委员会提供担保的，人民法院应当认定担保合同无效，但是依法代行村集体经济组织职能的村民委员会，依照村民委员会组织法规定的讨论决定程序对外提供担保的除外。**	**《担保法》（已废止）第八条**　*国家机关*不得为保证人，但经国务院批准为使用外国政府或者国际经济组织贷款进行转贷的除外。

《民法典》及最新相关司法解释	相关内容
第六条　以公益为目的的非营利性学校、幼儿园、医疗机构、养老机构等提供担保的，人民法院应当认定担保合同无效，但是有下列情形之一的除外： **（一）在购入或者以融资租赁方式承租教育设施、医疗卫生设施、养老服务设施和其他公益设施时，出卖人、出租人为担保价款或者租金实现而在该公益设施上保留所有权；** **（二）以教育设施、医疗卫生设施、养老服务设施和其他公益设施以外的不动产、动产或者财产权利设立担保物权。** **登记为营利法人的学校、幼儿园、医疗机构、养老机构等提供担保，当事人以其不具有担保资格为由主张担保合同无效的，人民法院不予支持。** 注 《民法典》第683条明确了机关法人作为保证人的禁止与例外，同时规定了以公益为目的的非营利法人、非法人组织禁止为保证人。另须注意，“机关法人”“非营利法人”“非法人组织”的表述，均基于《民法典》总则编的规定。 私立医院、幼儿园、养老机构等一般为营利性机构，与一般民事主体无异，并不禁止其抵押。	
第六百八十四条　保证合同的内容*一般*包括*被保证的主债权的种类、数额，债务人履行债务的期限，保证的方式、范围和期间等条款。* 注 本条明确了保证合同条款一般包括的内容。	**《担保法》（已废止）第十五条**　保证合同*应当*包括*以下内容：* *（一）被保证的主债权种类、数额；* *（二）债务人履行债务的期限；* *（三）保证的方式；* *（四）保证担保的范围；* *（五）保证的期间；* *（六）双方认为需要约定的其他事项。* ~~保证合同不完全具备前款规定内容的，可以补正。~~

《民法典》及最新相关司法解释	相关内容
第六百八十五条　保证合同可以是单独订立的书面合同，也可以是主债权债务合同中的保证条款。 第三人单方以书面形式向债权人作出保证，债权人接收且未提出异议的，保证合同成立。 注 本条明确了保证合同既可是单独的书面合同，也可是主债权债务合同中的相关条款。	**《担保法》（已废止）第十三条**　保证人与债权人应当以书面形式订立保证合同。 **担保法解释（已废止）第二十二条**　第三人单方以书面形式向债权人出具担保书，债权人接受且未提出异议的，保证合同成立。 主合同中虽然没有保证条款，但是，保证人在主合同上以保证人的身份签字或者盖章的，保证合同成立。
第六百八十六条　保证的方式包括一般保证和连带责任保证。 当事人在保证合同中对保证方式没有约定或者约定不明确的，按照*一般保证*承担保证责任。 注 需要特别注意，本条第2款对《担保法》（已废止）第19条进行了颠覆性变更，保证方式没有约定或约定不明时，不再推定为连带责任保证，而是推定为一般保证。保证人利益得到更大维护。	**《担保法》（已废止）第十六条**　保证的方式有： （一）一般保证； （二）连带责任保证。 **第十九条**　当事人对保证方式没有约定或者约定不明确的，*按照连带责任保证*承担保证责任。 **担保法解释（已废止）第三十二条**　保证合同约定的保证期间早于或者等于主债务履行期限的，视为没有约定…… 保证合同约定保证人承担保证责任直至主债务本息还清时为止等类似内容的，视为约定不明……
第六百八十七条　当事人在保证合同中约定，债务人不能履行债务时，由保证人承担保证责任的，为一般保证。 一般保证的保证人在主合同纠纷未经审判或者仲裁，并就债务人财产依法强制执行仍不能履行债务前，*有权拒绝向债权人*承担保证责任，*但是有下列情形之一的除外*：	**《担保法》（已废止）第十七条**　当事人在保证合同中约定，债务人不能履行债务时，由保证人承担保证责任的，为一般保证。 一般保证的保证人在主合同纠纷未经审判或者仲裁，并就债务人财产依法强制执行仍不能履行债务前，*对债权人可以拒绝*承担保证责任。

《民法典》及最新相关司法解释	相关内容
(一)债务人*下落不明*,**且无财产可供执行**; (二)人民法院**已经**受理债务人破产案件; **(三)债权人有证据证明债务人的财产不足以履行全部债务或者丧失履行债务能力;** (四)保证人书面*表示*放弃本款规定的权利。 **民法典担保制度解释第二十五条第一款　当事人在保证合同中约定了保证人在债务人不能履行债务或者无力偿还债务时才承担保证责任等类似内容,具有债务人应当先承担责任的意思表示的,人民法院应当将其认定为一般保证。** **第二十六条　一般保证中,债权人以债务人为被告提起诉讼的,人民法院应予受理。债权人未就主合同纠纷提起诉讼或者申请仲裁,仅起诉一般保证人的,人民法院应当驳回起诉。** **一般保证中,债权人一并起诉债务人和保证人的,人民法院可以受理,但是在作出判决时,除有民法典第六百八十七条第二款但书规定的情形外,应当在判决书主文中明确,保证人仅对债务人财产依法强制执行后仍不能履行的部分承担保证责任。** **债权人未对债务人的财产申请保全,或者保全的债务人的财产足以清偿债务,债权人申请对一般保证人的财产进行保全的,人民法院不予准许。** 注《民法典》第687条是关于一般保证及先诉抗辩权的规定,相较于《担保法》(已废止)第17条,本条对一般保证人先诉抗辩权例外情形的表述更加准确与完善。	*有下列情形之一的,保证人不得行使前款规定的权利:* (一)债务人*住所变更,致使债权人要求其履行债务发生重大困难的*; (二)人民法院受理债务人破产案件,~~中止执行程序的~~; (三)保证人以书面*形式*放弃前款规定的权利的。 **担保法解释(已废止)第二十五条**　担保法第十七条第三款第(一)项规定的债权人要求债务人履行债务发生的重大困难情形,包括债务人下落不明、移居境外,且无财产可供执行。 **第二十六条**　第三人向债权人保证监督支付专款专用的,在履行了监督支付专款专用的义务后,不再承担责任。未尽监督义务造成资金流失的,应当对流失的资金承担补充赔偿责任。

《民法典》及最新相关司法解释	相关内容
第六百八十八条　当事人在保证合同中约定保证人和债务人对债务承担连带责任的，为连带责任保证。 连带责任保证的债务人*不履行到期债务*或者**发生当事人约定的情形***时*，债权人可以*请求*债务人履行债务，也可以*请求*保证人在其保证范围内承担保证责任。 **民法典担保制度解释第二十五条第二款**　**当事人在保证合同中约定了保证人在债务人不履行债务或者未偿还债务时即承担保证责任、无条件承担保证责任等类似内容，不具有债务人应当先承担责任的意思表示的，人民法院应当将其认定为连带责任保证。** 注 连带责任保证不具有保证的补充性，即连带责任保证人无一般保证人的先诉抗辩权。债权人可自主选择由债务人来履行债务还是由保证人在其保证范围内承担保证责任，无论选择谁，债务人或保证人都无权拒绝。	**《担保法》(已废止)第十八条**　当事人在保证合同中约定保证人与债务人对债务承担连带责任的，为连带责任保证。 连带责任保证的债务人*在主合同规定的债务履行期届满没有履行债务的*，债权人可以*要求*债务人履行债务，也可以*要求*保证人在其保证范围内承担保证责任。 **担保法解释(已废止)第二十七条**　保证人对债务人的注册资金提供保证的，债务人的实际投资与注册资金不符，或者抽逃转移注册资金的，保证人在注册资金不足或者抽逃转移注册资金的范围内承担连带保证责任。
第六百八十九条　*保证人可以要求债务人提供反担保。* **民法典担保制度解释第十九条**　**担保合同无效，承担了赔偿责任的担保人按照反担保合同的约定，在其承担赔偿责任的范围内请求反担保人承担担保责任的，人民法院应予支持。** **反担保合同无效的，依照本解释第十七条的有关规定处理。当事人仅以担保合同无效为由主张反担保合同无效的，人民法院不予支持。** 注《民法典》第689条规定了反担保，反担保也是一种保证，在无特别规定的情况下，应适用《民法典》合同编关于保证合同的规定。担保合同无效的情况下，民法典担保制度解释	**《担保法》(已废止)第四条**　*第三人为债务人向债权人提供担保时，可以要求债务人提供反担保。* ~~反担保适用本法担保的规定。~~ **担保法解释(已废止)第二条**　反担保人可以是债务人，也可以是债务人之外的其他人。 反担保方式可以是债务人提供的抵押或者质押，也可以是其他人提供的保证、抵押或者质押。 **第九条**　担保人因无效担保合同向债权人承担赔偿责任后，可以向债务人追偿，或者在承担赔偿责任的范围内，要求有过错的反担保人承担赔偿责任。 担保人可以根据承担赔偿责任的事实对债务人或者反担保人另行提起诉讼。

《民法典》及最新相关司法解释	相关内容
第 19 条第 1 款相较于担保法解释（已废止），放宽了担保人向反担保人主张责任的限制，不再要求其具有过错。第 2 款则对反担保合同的从属性做了限制，不以担保合同无效直接认定反担保合同无效。	
第六百九十条 *保证人与债权人可以协商订立最高额保证的合同，约定在最高债权额限度内就一定期间连续发生的债权提供保证。* **最高额保证除适用本章规定外，参照适用本法第二编最高额抵押权的有关规定。** 注 本条规定了最高额保证合同，并明确了最高额保证合同可参照《民法典》物权编最高额抵押权的有关规定。	**《担保法》（已废止）第十四条** *保证人与债权人可以~~就单个主合同分别订立保证合同，也可以~~协议在最高债权额限度内就一定期间连续发生的借款合同或者某项商品交易合同订立一个保证合同。* **担保法解释（已废止）第二十三条** 最高额保证合同的不特定债权确定后，保证人应当对在最高债权额限度内就一定期间连续发生的债权余额承担保证责任。
第二节　保证责任	
第六百九十一条 保证的范围包括主债权及其利息、违约金、损害赔偿金和实现债权的费用。*当事人*另有约定的，按照其约定。 **民法典担保制度解释第三条 当事人对担保责任的承担约定专门的违约责任，或者约定的担保责任范围超出债务人应当承担的责任范围，担保人主张仅在债务人应当承担的责任范围内承担责任的，人民法院应予支持。** **担保人承担的责任超出债务人应当承担的责任范围，担保人向债务人追偿，债务人主张仅在其应当承担的责任范围内承担责任的，人民法院应予支持；担保人请求债权人返还超出部分的，人民法院依法予以支持。** 注 约定保证范围优先于法定保证范围。法定保证范围为保证合同当事人约定保证范围提供指导和范本，约定保证范围则是对法律规定的保证范围的明晰化和具体化。	**《担保法》（已废止）第二十一条第一款** 保证担保的范围包括主债权及利息、违约金、损害赔偿金和实现债权的费用。*保证合同*另有约定的，按照约定。

《民法典》及最新相关司法解释	相关内容
第六百九十二条　保证期间是确定保证人承担保证责任的期间，不发生中止、中断和延长。 债权人与保证人可以约定保证期间，但是约定的保证期间早于主债务履行期限或者与主债务履行期限同时届满的，视为没有约定；***没有约定或者约定不明确的，保证期间为主债务履行期限届满之日起六个月***。 债权人与债务人对主债务履行期限没有约定或者约定不明确的，保证期间自债权人请求债务人履行债务的宽限期届满之日起计算。 **民法典时间效力规定第二十七条**　民法典施行前成立的保证合同，当事人对保证期间约定不明确，主债务履行期限届满至民法典施行之日不满二年，当事人主张保证期间为主债务履行期限届满之日起二年的，人民法院依法予以支持；当事人对保证期间没有约定，主债务履行期限届满至民法典施行之日不满六个月，当事人主张保证期间为主债务履行期限届满之日起六个月的，人民法院依法予以支持。 **民法典担保制度解释第三十条**　最高额保证合同对保证期间的计算方式、起算时间等有约定的，按照其约定。 最高额保证合同对保证期间的计算方式、起算时间等没有约定或者约定不明，被担保债权的履行期限均已届满的，保证期间自债权确定之日起开始计算；被担保债权的履行期限尚未届满的，保证期间自最后到期债权的履行期限届满	**担保法解释（已废止）第三十一条**　保证期间不因任何事由发生中断、中止、延长的法律后果。 **第三十二条**　保证合同约定的保证期间早于或者等于主债务履行期限的，视为没有约定，*保证期间为主债务履行期届满之日起六个月*。 保证合同约定保证人承担保证责任直至主债务本息还清时为止等类似内容的，视为约定不明，*保证期间为主债务履行期届满之日起二年*。 **第三十三条**　*主合同对主债务履行期限没有约定或者约定不明的，保证期间自债权人要求债务人履行义务的宽限期届满之日起计算*。

《民法典》及最新相关司法解释	相关内容
之日起开始计算。 **前款所称债权确定之日，依照民法典第四百二十三条的规定认定。** **第三十二条　保证合同约定保证人承担保证责任直至主债务本息还清时为止等类似内容的，视为约定不明，保证期间为主债务履行期限届满之日起六个月。** 注《民法典》第692条第2款将“没有约定或者约定不明确”情形下保证期间统一为主债务履行期限届满之日起六个月，改变了原来“没有约定，六个月；约定不明，二年”的规定，非常值得关注。	
第六百九十三条　一般保证的债权人未在保证期间对债务人提起诉讼或者申请仲裁的，保证人*不再承担*保证责任。 *连带责任保证的债权人未在保证期间请求保证人承担保证责任的*，保证人*不再承担*保证责任。 **民法典担保制度解释第二十七条　一般保证的债权人取得对债务人赋予强制执行效力的公证债权文书后，在保证期间内向人民法院申请强制执行，保证人以债权人未在保证期间内对债务人提起诉讼或者申请仲裁为由主张不承担保证责任的，人民法院不予支持。** **第三十三条　保证合同无效，债权人未在约定或者法定的保证期间内依法行使权利，保证人主张不承担赔偿责任的，人民法院应予支持。** **第三十四条　人民法院在审理保证合同纠纷案件时，应当将保证期间是否届满、债权人是否在保证期间内依法行**	**《担保法》（已废止）第二十五条**　一般保证的保证人与债权人未约定保证期间的，保证期间为主债务履行期届满之日起六个月。 在合同约定的保证期间和前款规定的保证期间，债权人未对债务人提起诉讼或者申请仲裁的，保证人*免除*保证责任；债权人已提起诉讼或者申请仲裁的，保证期间适用诉讼时效中断的规定。 **第二十六条**　连带责任保证的保证人与债权人未约定保证期间的，债权人有权自主债务履行期届满之日起六个月内要求保证人承担保证责任。 *在合同约定的保证期间和前款规定的保证期间，债权人未要求保证人承担保证责任的*，保证人*免除*保证责任。

《民法典》及最新相关司法解释	相关内容
使权利等事实作为案件基本事实予以查明。 **债权人在保证期间内未依法行使权利的，保证责任消灭。保证责任消灭后，债权人书面通知保证人要求承担保证责任，保证人在通知书上签字、盖章或者按指印，债权人请求保证人继续承担保证责任的，人民法院不予支持，但是债权人有证据证明成立了新的保证合同的除外。** 注 根据民法典担保制度解释第27条，具备强制执行力的公证文书，无须经过诉讼或仲裁即可向法院申请执行。保证期间属于除斥期间，除斥期间经过，当事人权利即告终结。民法典担保制度解释第34条第1款规定了法院的查明义务，第2款则延续了《最高人民法院关于人民法院应当如何认定保证人在保证期间届满后又在催款通知书上签字问题的批复》（已废止）的立场。	
第六百九十四条　一般保证的债权人在保证期间届满前对债务人提起诉讼或者申请仲裁的，从*保证人拒绝承担保证责任的权利消灭之日*起，开始计算保证债务的诉讼时效。 连带责任保证的债权人在保证期间届满前请求保证人承担保证责任的，从债权人请求保证人承担保证责任之日起，开始计算保证债务的诉讼时效。 **民法典担保制度解释第二十八条　一般保证中，债权人依据生效法律文书对债务人的财产依法申请强制执行，保证债务诉讼时效的起算时间按照下列规则确定：** **（一）人民法院作出终结本次执行**	**担保法解释（已废止）第三十四条**　一般保证的债权人在保证期间届满前对债务人提起诉讼或者申请仲裁的，从*判决或者仲裁裁决生效之日*起，开始计算保证合同的诉讼时效。 连带责任保证的债权人在保证期间届满前要求保证人承担保证责任的，从债权人要求保证人承担保证责任之日起，开始计算保证合同的诉讼时效。

《民法典》及最新相关司法解释	相关内容
程序裁定,或者依照民事诉讼法第二百五十七条第三项、第五项的规定作出终结执行裁定的,自裁定送达债权人之日起开始计算; **(二)人民法院自收到申请执行书之日起一年内未作出前项裁定的,自人民法院收到申请执行书满一年之日起开始计算,但是保证人有证据证明债务人仍有财产可供执行的除外。** **一般保证的债权人在保证期间届满前对债务人提起诉讼或者申请仲裁,债权人举证证明存在民法典第六百八十七条第二款但书规定情形的,保证债务的诉讼时效自债权人知道或者应当知道该情形之日起开始计算。** **第三十一条　一般保证的债权人在保证期间内对债务人提起诉讼或者申请仲裁后,又撤回起诉或者仲裁申请,债权人在保证期间届满前未再行提起诉讼或者申请仲裁,保证人主张不再承担保证责任的,人民法院应予支持。** **连带责任保证的债权人在保证期间内对保证人提起诉讼或者申请仲裁后,又撤回起诉或者仲裁申请,起诉状副本或者仲裁申请书副本已经送达保证人的,人民法院应当认定债权人已经在保证期间内向保证人行使了权利。** 注 《民法典》第694条对一般保证、连带责任保证的保证债务诉讼时效起算做了规定。须注意的是,本条第1款将一般保证诉讼时效的起算由“判决或仲裁裁决生效之日”改为“保证人拒绝承担保证责任的权利消灭之日”。	

《民法典》及最新相关司法解释	相关内容
民法典担保制度解释第28条改变了担保法解释（已废止）关于一般保证中保证合同诉讼时效起算点的规定。本条以执行终结或法院收到执行申请一年内未作出裁定，以满一年之日起计算诉讼时效，保证人有证据证明债务人仍有财产可供执行的除外。另外，保证人在保证期间对债务人提起诉讼或仲裁，若有法定特殊情形，一般保证人不享有先诉抗辩权，自债权人知道或应当知道该情形之日起开始计算诉讼时效。	
第六百九十五条　债权人和债务人未经保证人书面同意，协商变更主债权债务合同内容，减轻债务的，保证人仍对变更后的债务承担保证责任；加重债务的，保证人对加重的部分不承担保证责任。 债权人和债务人变更主债权债务合同的履行期限，未经保证人书面同意的，保证期间不受影响。 **民法典担保制度解释第十六条　主合同当事人协议以新贷偿还旧贷，债权人请求旧贷的担保人承担担保责任的，人民法院不予支持；债权人请求新贷的担保人承担担保责任的，按照下列情形处理：** **（一）新贷与旧贷的担保人相同的，人民法院应予支持；** **（二）新贷与旧贷的担保人不同，或者旧贷无担保新贷有担保的，人民法院不予支持，但是债权人有证据证明新贷的担保人提供担保时对以新贷偿还旧贷的事实知道或者应当知道的除外。** **主合同当事人协议以新贷偿还旧贷，旧贷的物的担保人在登记尚未注销的情**	**担保法解释（已废止）第三十条**　保证期间，债权人与债务人对主合同数量、价款、币种、利率等内容作了变动，未经保证人同意的，如果减轻债务人的债务的，保证人仍应当对变更后的合同承担保证责任；如果加重债务人的债务的，保证人对加重的部分不承担保证责任。 债权人与债务人对主合同履行期限作了变动，未经保证人书面同意的，保证期间为原合同约定的或者法律规定的期间。 债权人与债务人协议变动主合同内容，但并未实际履行的，保证人仍应当承担保证责任。

《民法典》及最新相关司法解释	相关内容
形下同意继续为新贷提供担保,在订立新的贷款合同前又以该担保财产为其他债权人设立担保物权,其他债权人主张其担保物权顺位优先于新贷债权人的,人民法院不予支持。 注《民法典》第695条就主债权债务合同内容变动对保证人的影响分不同情况进行规定。民法典担保制度解释第16条确认了旧贷的物的担保人,在登记尚未注销的情形下同意继续为新贷提供担保的,新贷债权人享有的担保权优先性不以订立新的贷款合同为条件。	
第六百九十六条 *债权人转让全部或者部分债权,未**通知保证人的,该转让对保证人不发生效力**。* 保证人与债权人约定禁止债权转让,债权人未经保证人书面同意转让债权的,保证人对受让人不再承担保证责任。 注《民法典》第696条是关于债权转让对保证责任影响的规定。第1款明确了"未通知保证人的,该转让对保证人不发生效力";第2款在吸收原担保法解释(已废止)相关内容的基础上,明确了"保证人与债权人约定禁止债权转让,债权人未经保证人书面同意……保证人对受让人不再承担保证责任"。	**《担保法》(已废止)第二十二条** *保~~证期间,~~债权人依法将主债权转让给第三人的,保证人在原保证担保的范围内继续承担保证责任。保证合同另有约定的,按照约定。* **担保法解释(已废止)第二十八条** 保证期间,债权人依法将主债权转让给第三人的,保证债权同时转让,保证人在原保证担保的范围内对受让人承担保证责任。但是保证人与债权人事先约定仅对特定的债权人承担保证责任或者禁止债权转让的,保证人不再承担保证责任。
第六百九十七条 *债权人未经保证人书面同意,允许债务人转移全部或者部分债务,保证人对未经其同意转移的债务不再承担保证责任,***但是债权人和保证人另有约定的除外。** **第三人加入债务的,保证人的保证责任不受影响。** 注关于债务承担对保证责任影响的规定。由	**《担保法》(已废止)第二十三条** 保~~证期间,~~*债权人许可债务人转让债务的,应当取得保证人书面同意,保证人对未经其同意转让的债务,不再承担保证责任。* **担保法解释(已废止)第二十九条** 保证期间,债权人许可债务人转让部分债务未经保证人书面同意的,保证人对

《民法典》及最新相关司法解释	相关内容
于第三人加入债务对保证人是有利的，故本条第2款新增了此时保证人责任不受影响的规定。	未经其同意转让部分的债务，不再承担保证责任。但是，保证人仍应当对未转让部分的债务承担保证责任。
第六百九十八条　一般保证的保证人在主债务履行期限届满后，向债权人提供债务人可供执行财产的真实情况，债权人放弃或者怠于行使权利致使该财产不能被执行的，保证人在其提供可供执行财产的价值范围内不再承担保证责任。	**担保法解释（已废止）第二十四条**　一般保证的保证人在主债权履行期间届满后，向债权人提供了债务人可供执行财产的真实情况的，债权人放弃或者怠于行使权利致使该财产不能被执行，保证人可以请求人民法院在其提供可供执行财产的实际价值范围内免除保证责任。
第六百九十九条　同一债务有两个以上保证人的，保证人应当按照保证合同约定的保证份额，承担保证责任；没有约定保证份额的，*债权人可以请求任何一个保证人在其保证范围内承担保证责任*。 **民法典担保制度解释第十三条　同一债务有两个以上第三人提供担保，担保人之间约定相互追偿及分担份额，承担了担保责任的担保人请求其他担保人按照约定分担份额的，人民法院应予支持；担保人之间约定承担连带共同担保，或者约定相互追偿但是未约定分担份额的，各担保人按照比例分担向债务人不能追偿的部分。** **同一债务有两个以上第三人提供担保，担保人之间未对相互追偿作出约定且未约定承担连带共同担保，但是各担保人在同一份合同书上签字、盖章或者按指印，承担了担保责任的担保人请求其他担保人按照比例分担向债务人不能追偿部分的，人民法院应予支持。**	**《担保法》（已废止）第十二条**　同一债务有两个以上保证人的，保证人应当按照保证合同约定的保证份额，承担保证责任。没有约定保证份额的，~~保证人承担连带责任~~，*债权人可以要求任何一个保证人承担全部保证责任，保证人都负有担保全部债权实现的义务*。~~已经承担保证责任的保证人，有权向债务人追偿，或者要求承担连带责任的其他保证人清偿其应当承担的份额。~~ **担保法解释（已废止）第十九条**　两个以上保证人对同一债务同时或者分别提供保证时，各保证人与债权人没有约定保证份额的，应当认定为连带共同保证。 连带共同保证的保证人以其相互之间约定各自承担的份额对抗债权人的，人民法院不予支持。 **第二十条**　连带共同保证的债务人在主合同规定的债务履行期届满没有履行债务的，债权人可以要求债务人履行债务，也可以要求任何一个保证人承担全部保证责任。

《民法典》及最新相关司法解释	相关内容
除前两款规定的情形外，承担了担保责任的担保人请求其他担保人分担向债务人不能追偿部分的，人民法院不予支持。 注 关于共同保证的规定。须注意的是，共同保证与连带责任保证是不同的：（1）共同保证中共同保证人对同一债务承担连带保证责任，这里的“连带”仅指共同保证人间的连带，而不是指共同保证人与主债务人间的连带保证。而连带责任保证中的连带是保证人与主债务人之间的连带。（2）共同保证中，保证债务具有从属性和补充性，共同保证人均可向主债权人行使先诉抗辩权。连带责任保证人在任何情况下都不得享有先诉抗辩权。	连带共同保证的保证人承担保证责任后，向债务人不能追偿的部分，由各连带保证人按其内部约定的比例分担。没有约定的，平均分担。 **第二十一条** 按份共同保证的保证人按照保证合同约定的保证份额承担保证责任后，在其履行保证责任的范围内对债务人行使追偿权。
第七百条 保证人承担保证责任后，**除当事人另有约定外**，有权**在其承担保证责任的范围内**向债务人追偿，**享有债权人对债务人的权利，但是不得损害债权人的利益**。 **民法典担保制度解释第十三条（内容同上）。** **第十四条　同一债务有两个以上第三人提供担保，担保人受让债权的，人民法院应当认定该行为系承担担保责任。受让债权的担保人作为债权人请求其他担保人承担担保责任的，人民法院不予支持；该担保人请求其他担保人分担相应份额的，依照本解释第十三条的规定处理。** **第十八条　承担了担保责任或者赔偿责任的担保人，在其承担责任的范围内向债务人追偿的，人民法院应予支持。**	**《担保法》（已废止）第三十一条** 保证人承担保证责任后，有权向债务人追偿。 **担保法解释（已废止）第四十二条** 人民法院判决保证人承担保证责任或者赔偿责任的，应当在判决书主文中明确保证人享有担保法第三十一条规定的权利。判决书中未予明确追偿权的，保证人只能按照承担责任的事实，另行提起诉讼。 保证人对债务人行使追偿权的诉讼时效，自保证人向债权人承担责任之日起开始计算。 **第四十三条** 保证人自行履行保证责任时，其实际清偿额大于主债权范围的，保证人只能在主债权范围内对债务人行使追偿权。

《民法典》及最新相关司法解释	相关内容
同一债权既有债务人自己提供的物的担保，又有第三人提供的担保，承担了担保责任或者赔偿责任的第三人，主张行使债权人对债务人享有的担保物权的，人民法院应予支持。 注《民法典》第700条明确了保证人行使债权人对债务人的权利时不得损害债权人的利益。基于民法的意思自治，民法典担保制度解释第13条明确当事人间另有约定的以其约定优先。当事人可约定相互追偿或承担连带共同担保。对各担保人在同一份合同书上签字、盖章或按指印的，推定为连带共同担保。民法典担保制度解释第14条为新增内容，基于该规定，无论是一般保证还是连带责任保证，也无论担保人间是否为连带共同担保，担保人受让债权直接认定为承担了担保责任，这样简化了法律关系的处理，而能否追偿及如何追偿则适用追偿的条款。	
第七百零一条　*保证人可以主张债务人对债权人的抗辩。债务人放弃抗辩的，保证人仍有权向债权人主张抗辩。*	**《担保法》(已废止)第二十条第一款** *一般保证和连带责任保证的保证人享有债务人的抗辩权。债务人放弃对债务的抗辩权的，保证人仍有权抗辩。*
第七百零二条　债务人对债权人享有抵销权或者撤销权的，保证人可以在相应范围内拒绝承担保证责任。 注本条明确了保证人在债务人对债权人享有抵销权或者撤销权范围内拒绝承担保证责任的权利。	
第十四章　租赁合同	
第七百零三条　租赁合同是出租人将租赁物交付承租人使用、收益，承租人支付租金的合同。	**《合同法》(已废止)第二百一十二条** 租赁合同是出租人将租赁物交付承租人使用、收益，承租人支付租金的合同。

《民法典》及最新相关司法解释	相关内容
第七百零四条 租赁合同的内容一般包括租赁物的名称、数量、用途、租赁期限、租金及其支付期限和方式、租赁物维修等条款。 注 本条是关于租赁合同条款一般包括的内容的规定。	**《合同法》（已废止）第二百一十三条** 租赁合同的内容包括租赁物的名称、数量、用途、租赁期限、租金及其支付期限和方式、租赁物维修等条款。
第七百零五条 租赁期限不得超过二十年。超过二十年的，超过部分无效。 租赁*期限*届满，当事人可以续订租赁合同；但是，约定的租赁期限自续订之日起不得超过二十年。 注 续订的租赁合同也受法定最高期限的限制，自续订之日起超过20年的，超过部分无效。本条并未对续订次数进行限制。	**《合同法》（已废止）第二百一十四条** 租赁期限不得超过二十年。超过二十年的，超过部分无效。 租赁*期间*届满，当事人可以续订租赁合同，但约定的租赁期限自续订之日起不得超过二十年。
第七百零六条　当事人未依照法律、行政法规规定办理租赁合同登记备案手续的，不影响合同的效力。 **城镇房屋租赁合同解释（2020）第五条** 出租人就同一房屋订立数份租赁合同，在合同均有效的情况下，承租人均主张履行合同的，人民法院按照下列顺序确定履行合同的承租人： （一）已经合法占有租赁房屋的； （二）已经办理登记备案手续的； （三）合同成立在先的。 不能取得租赁房屋的承租人请求解除合同、赔偿损失的，依照民法典的有关规定处理。 注 明确了租赁合同效力的独立性。	

《民法典》及最新相关司法解释	相关内容
第七百零七条 租赁期限六个月以上的，应当采用书面形式。当事人未采用书面形式，**无法确定租赁期限**的，视为不定期租赁。	《合同法》（已废止）第二百一十五条 租赁期限六个月以上的，应当采用书面形式。当事人未采用书面形式的，视为不定期租赁。 **原城镇房屋租赁合同解释第四条（本条已失效）** 当事人以房屋租赁合同未按照法律、行政法规规定办理登记备案手续为由，请求确认合同无效的，人民法院不予支持。 当事人约定以办理登记备案手续为房屋租赁合同生效条件的，从其约定。但当事人一方已经履行主要义务，对方接受的除外。
第七百零八条 出租人应当按照约定将租赁物交付承租人，并在租赁*期限*内保持租赁物符合约定的用途。	《合同法》（已废止）第二百一十六条 出租人应当按照约定将租赁物交付承租人，并在租赁*期间*保持租赁物符合约定的用途。
第七百零九条 承租人应当按照约定的方法使用租赁物。对租赁物的使用方法没有约定或者约定不明确，依据*本法第五百一十条*的规定仍不能确定的，应当根据租赁物的性质使用。	《合同法》（已废止）第二百一十七条 承租人应当按照约定的方法使用租赁物。对租赁物的使用方法没有约定或者约定不明确，依照*本法第六十一条*的规定仍不能确定的，应当按照租赁物的性质使用。
第七百一十条 承租人按照约定的方法或者**根据**租赁物的性质使用租赁物，致使租赁物受到损耗的，不承担赔偿责任。 注 约定了使用方法，说明出租人知道以该种方法使用租赁物会对租赁物造成什么样及多大程度损耗，并认可了产生的损耗且据此将该损耗计入租金。也就是说，承租人已支付了其因使用租赁物而产生损耗的费用，不应当再承担赔偿责任。	《合同法》（已废止）第二百一十八条 承租人按照约定的方法或者租赁物的性质使用租赁物，致使租赁物受到损耗的，不承担~~损害~~赔偿责任。

<table>
<tr><th>《民法典》及最新相关司法解释</th><th>相关内容</th></tr>
<tr><td>第七百一十一条　承租人未按照约定的方法或者未根据租赁物的性质使用租赁物,致使租赁物受到损失的,出租人可以解除合同并请求赔偿损失。
注 本条虽规定出租人可解除合同;但需注意,无论出租人是否要求解除合同,其都有权要求承租人赔偿租赁物所受到的损失。</td><td>《合同法》(已废止)第二百一十九条　承租人未按照约定的方法或者租赁物的性质使用租赁物,致使租赁物受到损失的,出租人可以解除合同并要求赔偿损失。
原城镇房屋租赁合同解释第七条(已变更为最新司法解释第六条)　承租人擅自变动房屋建筑主体和承重结构或者扩建,在出租人要求的合理期限内仍不予恢复原状,出租人请求解除合同并要求赔偿损失的,人民法院依照合同法第二百一十九条的规定处理。</td></tr>
<tr><td>第七百一十二条　出租人应当履行租赁物的维修义务,但是当事人另有约定的除外。
注 作为租赁物的所有人,出租人要对自己的财产负责。维护和修理,可延长租赁物的使用期,维护的是出租人的利益。同时,承租人支付租金是为了使用租赁物,承租人已为自己获取财产使用权支付了租金,若租赁物不能或难以使用,承租人订立合同的目的就不能实现,再让承租人维修租赁物显然有失公平。故有本条规定。</td><td>《合同法》(已废止)第二百二十条　出租人应当履行租赁物的维修义务,但当事人另有约定的除外。</td></tr>
<tr><td>第七百一十三条　承租人在租赁物需要维修时可以请求出租人在合理期限内维修。出租人未履行维修义务的,承租人可以自行维修,维修费用由出租人负担。因维修租赁物影响承租人使用的,应当相应减少租金或者延长租期。
因承租人的过错致使租赁物需要维修的,出租人不承担前款规定的维修义务。
注 本条明确了因承租人过错需维修租赁物的,出租人不再承担本条第1款的义务。</td><td>《合同法》(已废止)第二百二十一条　承租人在租赁物需要维修时可以要求出租人在合理期限内维修。出租人未履行维修义务的,承租人可以自行维修,维修费用由出租人负担。因维修租赁物影响承租人使用的,应当相应减少租金或者延长租期。</td></tr>
</table>

《民法典》及最新相关司法解释	相关内容
第七百一十四条　承租人应当妥善保管租赁物，因保管不善造成租赁物毁损、灭失的，应当承担赔偿责任。	**《合同法》(已废止) 第二百二十二条**　承租人应当妥善保管租赁物，因保管不善造成租赁物毁损、灭失的，应当承担损害赔偿责任。
第七百一十五条　承租人经出租人同意，可以对租赁物进行改善或者增设他物。 承租人未经出租人同意，对租赁物进行改善或者增设他物的，出租人可以*请求*承租人恢复原状或者赔偿损失。 注 本条是关于租赁物改善的规定。由于租赁物的改善情形在房屋租赁中较多出现，城镇房屋租赁合同解释对此有较多规定，可参考。	**《合同法》(已废止) 第二百二十三条**　承租人经出租人同意，可以对租赁物进行改善或者增设他物。 承租人未经出租人同意，对租赁物进行改善或者增设他物的，出租人可以*要求*承租人恢复原状或者赔偿损失。 **原城镇房屋租赁合同解释第九条(已变更为最新司法解释第七条)**　承租人经出租人同意装饰装修，租赁合同无效时，未形成附合的装饰装修物，出租人同意利用的，可折价归出租人所有；不同意利用的，可由承租人拆除。因拆除造成房屋毁损的，承租人应当恢复原状。 已形成附合的装饰装修物，出租人同意利用的，可折价归出租人所有；不同意利用的，由双方各自按照导致合同无效的过错分担现值损失。 **第十条(已变更为最新司法解释第八条)**　承租人经出租人同意装饰装修，租赁期间届满或者合同解除时，除当事人另有约定外，未形成附合的装饰装修物，可由承租人拆除。因拆除造成房屋毁损的，承租人应当恢复原状。 **第十一条(已变更为最新司法解释第九条)**　承租人经出租人同意装饰装修，合同解除时，双方对已形成附合的装饰装修物的处理没有约定的，人民法院按照下列情形分别处理：

《民法典》及最新相关司法解释	相关内容
	(一)因出租人违约导致合同解除,承租人请求出租人赔偿剩余租赁期内装饰装修残值损失的,应予支持; (二)因承租人违约导致合同解除,承租人请求出租人赔偿剩余租赁期内装饰装修残值损失的,不予支持。但出租人同意利用的,应在利用价值范围内予以适当补偿; (三)因双方违约导致合同解除,剩余租赁期内的装饰装修残值损失,由双方根据各自的过错承担相应的责任; (四)因不可归责于双方的事由导致合同解除的,剩余租赁期内的装饰装修残值损失,由双方按照公平原则分担。法律另有规定的,适用其规定。 **第十二条(已变更为最新司法解释第十条)** 承租人经出租人同意装饰装修,租赁期间届满时,承租人请求出租人补偿附合装饰装修费用的,不予支持。但当事人另有约定的除外。 **第十三条(已变更为最新司法解释第十一条)** 承租人未经出租人同意装饰装修或者扩建发生的费用,由承租人负担。出租人请求承租人恢复原状或者赔偿损失的,人民法院应予支持。 **第十四条(已变更为最新司法解释第十二条)** 承租人经出租人同意扩建,但双方对扩建费用的处理没有约定的,人民法院按照下列情形分别处理: (一)办理合法建设手续的,扩建造价费用由出租人负担; (二)未办理合法建设手续的,扩建造价费用由双方按照过错分担。

《民法典》及最新相关司法解释	相关内容
第七百一十六条 承租人经出租人同意，可以将租赁物转租给第三人。承租人转租的，承租人与出租人之间的租赁合同继续有效；第三人造成租赁物损失的，承租人应当赔偿损失。 承租人未经出租人同意转租的，出租人可以解除合同。 注 本条是关于“转租”的规定，城镇房屋租赁合同解释对此较多涉及，可参考。	**《合同法》（已废止）第二百二十四条** 承租人经出租人同意，可以将租赁物转租给第三人。承租人转租的，承租人与出租人之间的租赁合同继续有效，第三人对租赁物造成损失的，承租人应当赔偿损失。 承租人未经出租人同意转租的，出租人可以解除合同。 **原城镇房屋租赁合同解释第十六条（本条已失效）** 出租人知道或者应当知道承租人转租，但在六个月内未提出异议，其以承租人未经同意为由请求解除合同或者认定转租合同无效的，人民法院不予支持。 因租赁合同产生的纠纷案件，人民法院可以通知次承租人作为第三人参加诉讼。 **第十八条（已变更为最新司法解释第十三条）** 房屋租赁合同无效、履行期限届满或者解除，出租人请求负有腾房义务的次承租人支付逾期腾房占有使用费的，人民法院应予支持。
第七百一十七条 承租人经出租人同意将租赁物转租给第三人，转租期限超过承租人剩余租赁期限的，超过部分的约定对出租人不具有法律约束力，但是出租人与承租人另有约定的除外。 注 本条就承租人转租超出其剩余期限的效力进行了规定。	**原城镇房屋租赁合同解释第十五条（本条已失效）** 承租人经出租人同意将租赁房屋转租给第三人时，转租期限超过承租人剩余租赁期限的，人民法院应当认定超过部分的约定无效。但出租人与承租人另有约定的除外。
第七百一十八条 出租人知道或者应当知道承租人转租，但是在六个月内未提出异议的，视为出租人同意转租。 注 本条明确了转租情形下出租人六个月的异议期间。	**原城镇房屋租赁合同解释第十六条（本条已失效）** 出租人知道或者应当知道承租人转租，但在六个月内未提出异议，其以承租人未经同意为由请求解除合同或者认定转租合同无效的，人民法院

《民法典》及最新相关司法解释	相关内容
	院不予支持。 因租赁合同产生的纠纷案件,人民法院可以通知次承租人作为第三人参加诉讼。
第七百一十九条 承租人拖欠租金的,次承租人可以代承租人支付其欠付的租金和违约金,但是转租合同对出租人不具有法律约束力的除外。 次承租人代为支付的租金和违约金,可以充抵次承租人应当向承租人支付的租金;超出其应付的租金数额的,可以向承租人追偿。 注 本条就次承租人代承租人支付的问题进行了规定。	**原城镇房屋租赁合同解释第十七条(本条已失效)** 因承租人拖欠租金,出租人请求解除合同时,次承租人请求代承租人支付欠付的租金和违约金以抗辩出租人合同解除权的,人民法院应予支持。但转租合同无效的除外。 次承租人代为支付的租金和违约金超出其应付的租金数额,可以折抵租金或者向承租人追偿。
第七百二十条 在租赁*期限*内因占有、使用租赁物获得的收益,归承租人所有,但是当事人另有约定的除外。	**《合同法》(已废止)第二百二十五条** 在租赁*期间*因占有、使用租赁物获得的收益,归承租人所有,但当事人另有约定的除外。
第七百二十一条 承租人应当按照约定的期限支付租金。对支付租金的期限没有约定或者约定不明确,依据*本法第五百一十条*的规定仍不能确定,租赁*期限*不满一年的,应当在租赁*期限*届满时支付;租赁*期限*一年以上的,应当在每届满一年时支付,剩余*期限*不满一年的,应当在租赁*期限*届满时支付。	**《合同法》(已废止)第二百二十六条** 承租人应当按照约定的期限支付租金。对支付期限没有约定或者约定不明确,依照*本法第六十一条*的规定仍不能确定,租赁*期间*不满一年的,应当在租赁*期间*届满时支付;租赁*期间*一年以上的,应当在每届满一年时支付,剩余*期间*不满一年的,应当在租赁*期间*届满时支付。
第七百二十二条 承租人无正当理由未支付或者迟延支付租金的,出租人可以*请求*承租人在合理期限内支付;承租人逾期不支付的,出租人可以解除合同。	**《合同法》(已废止)第二百二十七条** 承租人无正当理由未支付或者迟延支付租金的,出租人可以*要求*承租人在合理期限内支付。承租人逾期不支付的,出租人可以解除合同。

《民法典》及最新相关司法解释	相关内容
第七百二十三条　因第三人主张权利，致使承租人不能对租赁物使用、收益的，承租人可以*请求*减少租金或者不支付租金。 第三人主张权利的，承租人应当及时通知出租人。 注 出租人的权利瑕疵担保，是指出租人担保承租人按照合同约定对租赁物使用、收益的权利，不因任何第三人对租赁物主张权利而受影响。租赁合同订立的目的是对租赁物使用、收益，如果第三人对租赁物主张权利，承租人订立租赁合同的目的就难以实现。因此，出租人有义务保证租赁物在租赁期间不被第三人追索，从而使承租人安全、有效地使用租赁物。	**《合同法》(已废止)第二百二十八条**　因第三人主张权利，致使承租人不能对租赁物使用、收益的，承租人可以*要求*减少租金或者不支付租金。 第三人主张权利的，承租人应当及时通知出租人。
第七百二十四条　有下列情形之一，非因承租人原因致使租赁物无法使用的，承租人可以解除合同： （一）租赁物被司法机关或者行政机关依法查封、扣押； （二）租赁物权属有争议； （三）租赁物具有违反法律、行政法规关于使用条件的强制性规定情形。 注 本条就非因承租人原因造成承租人解除合同的情形进行了规定。	**原城镇房屋租赁合同解释第八条（本条已失效）**　因下列情形之一，导致租赁房屋无法使用，承租人请求解除合同的，人民法院应予支持： （一）租赁房屋被司法机关或者行政机关依法查封的； （二）租赁房屋权属有争议的； （三）租赁房屋具有违反法律、行政法规关于房屋使用条件强制性规定情况的。
第七百二十五条　租赁物在**承租人按照**租赁**合同占有***期限*内发生所有权变动的，不影响租赁合同的效力。 注 本条是关于租赁物所有权发生变动时租赁合同效力的规定，即常说的“买卖不破租赁”。	**《合同法》(已废止)第二百二十九条**　租赁物在租赁*期间*发生所有权变动的，不影响租赁合同的效力。 **原城镇房屋租赁合同解释第二十条（已变更为最新司法解释第十四条）**　租赁房屋在租赁期间发生所有权变动，承租人请求房屋受让人继续履行原租赁合同的，人民法院应予支持。但租赁房屋具有下列情形或者当事人另有约定的除外：

《民法典》及最新相关司法解释	相关内容
	（一）房屋在出租前已设立抵押权，因抵押权人实现抵押权发生所有权变动的； （二）房屋在出租前已被人民法院依法查封的。
第七百二十六条 出租人出卖租赁房屋的，应当在出卖之前的合理期限内通知承租人，承租人享有以同等条件优先购买的权利；但是，房屋按份共有人行使优先购买权或者出租人将房屋出卖给近亲属的除外。 出租人履行通知义务后，承租人在十五日内未明确表示购买的，视为承租人放弃优先购买权。 注 本条是关于承租人的优先购买权的规定。本条明确了承租人优先购买权在房屋共有权人购买时或出租人近亲属购买时的例外，同时也明确了承租人行使优先购买权15日的期限。	**《合同法》（已废止）第二百三十条** 出租人出卖租赁房屋的，应当在出卖之前的合理期限内通知承租人，承租人享有以同等条件优先购买的权利。 **原城镇房屋租赁合同解释第二十一条（本条已失效）** 出租人出卖租赁房屋未在合理期限内通知承租人或者存在其他侵害承租人优先购买权情形，承租人请求出租人承担赔偿责任的，人民法院应予支持。但请求确认出租人与第三人签订的房屋买卖合同无效的，人民法院不予支持。 **第二十二条（已变更为最新司法解释第十五条）** 出租人与抵押权人协议折价、变卖租赁房屋偿还债务，应当在合理期限内通知承租人。承租人请求以同等条件优先购买房屋的，人民法院应予支持。 **第二十四条（本条已失效）** 具有下列情形之一，承租人主张优先购买房屋的，人民法院不予支持： （一）房屋共有人行使优先购买权的； （二）出租人将房屋出卖给近亲属，包括配偶、父母、子女、兄弟姐妹、祖父母、外祖父母、孙子女、外孙子女的； （三）出租人履行通知义务后，承租人在十五日内未明确表示购买的； （四）第三人善意购买租赁房屋并已经办理登记手续的。

《民法典》及最新相关司法解释	相关内容
第七百二十七条　出租人委托拍卖人拍卖租赁房屋的，应当在拍卖五日前通知承租人。承租人未参加拍卖的，视为放弃优先购买权。 注 本条明确了承租人在拍卖中优先购买权的行使。	**原城镇房屋租赁合同解释第二十三条（本条已失效）**　出租人委托拍卖人拍卖租赁房屋，应当在拍卖5日前通知承租人。承租人未参加拍卖的，人民法院应当认定承租人放弃优先购买权。
第七百二十八条　出租人未通知承租人或者有其他妨害承租人行使优先购买权情形的，承租人可以请求出租人承担赔偿责任。但是，出租人与第三人订立的房屋买卖合同的效力不受影响。 注 本条明确了出租人违反通知义务的后果。此外，也明确了出租人与第三人订立的房屋买卖合同效力不受影响。须注意，此处规定的是“房屋”买卖合同。	**原城镇房屋租赁合同解释第二十一条（本条已失效）**　出租人出卖租赁房屋未在合理期限内通知承租人或者存在其他侵害承租人优先购买权情形，承租人请求出租人承担赔偿责任的，人民法院应予支持。但请求确认出租人与第三人签订的房屋买卖合同无效的，人民法院不予支持。
第七百二十九条　因不可归责于承租人的事由，致使租赁物部分或者全部毁损、灭失的，承租人可以*请求*减少租金或者不支付租金；因租赁物部分或者全部毁损、灭失，致使不能实现合同目的的，承租人可以解除合同。	**《合同法》（已废止）第二百三十一条**　因不可归责于承租人的事由，致使租赁物部分或者全部毁损、灭失的，承租人可以*要求*减少租金或者不支付租金；因租赁物部分或者全部毁损、灭失，致使不能实现合同目的的，承租人可以解除合同。
第七百三十条　当事人对租赁期限没有约定或者约定不明确，*依据本法第五百一十条*的规定仍不能确定的，视为不定期租赁；当事人可以随时解除合同，但是应当在合理期限之前通知*对方*。 注 明确了租期不明时双方均可随时解除。同时也明确了无论哪一方为解除方，均需在合理期限前通知对方。	**《合同法》（已废止）第二百三十二条**　当事人对租赁期限没有约定或者约定不明确，*依照本法第六十一条*的规定仍不能确定的，视为不定期租赁。当事人可以随时解除合同，但~~出租人解除合同~~应当在合理期限之前通知*承租人*。

《民法典》及最新相关司法解释	相关内容
第七百三十一条 租赁物危及承租人的安全或者健康的,即使承租人订立合同时明知该租赁物质量不合格,承租人仍然可以随时解除合同。 注 本条涉及租赁物的瑕疵担保。租赁物危及承租人的安全或者健康,是指租赁物存在严重缺陷,有给承租人的人身安全和身体健康造成危害的可能。	《合同法》(已废止)第二百三十三条 租赁物危及承租人的安全或者健康的,即使承租人订立合同时明知该租赁物质量不合格,承租人仍然可以随时解除合同。
第七百三十二条 承租人在房屋租赁*期限*内死亡的,与其生前共同居住的人**或者共同经营人**可以按照原租赁合同租赁该房屋。 注 本条规定了共同居住人(经营人)对租赁房屋的居住权。根据本条,承租人死亡的,与其生前共同居住(共同经营)的人可按照原租赁合同租赁该房屋。这时,与承租人生前共同居住(共同经营)的人,就应当将自己变更为承租人,按照原租赁合同的内容办理续租。	《合同法》(已废止)第二百三十四条 承租人在房屋租赁*期间*死亡的,与其生前共同居住的人可以按照原租赁合同租赁该房屋。 **原城镇房屋租赁合同解释第十九条(本条已失效)** 承租人租赁房屋用于以个体工商户或者个人合伙方式从事经营活动,承租人在租赁期间死亡、宣告失踪或者宣告死亡,其共同经营人或者其他合伙人请求按照原租赁合同租赁该房屋的,人民法院应予支持。
第七百三十三条 租赁*期限*届满,承租人应当返还租赁物。返还的租赁物应当符合按照约定或者根据租赁物的性质使用后的状态。	《合同法》(已废止)第二百三十五条 租赁*期间*届满,承租人应当返还租赁物。返还的租赁物应当符合按照约定或者租赁物的性质使用后的状态。
第七百三十四条 租赁*期限*届满,承租人继续使用租赁物,出租人没有提出异议的,原租赁合同继续有效,但是租赁期限为不定期。 **租赁期限届满,房屋承租人享有以同等条件优先承租的权利。** **民法典时间效力规定第二十一条** 民法典施行前租赁期限届满,当事人主张适用民法典第七百三十四条第二款规	《合同法》(已废止)第二百三十六条 租赁*期间*届满,承租人继续使用租赁物,出租人没有提出异议的,原租赁合同继续有效,但租赁期限为不定期。

《民法典》及最新相关司法解释	相关内容
定的，人民法院不予支持；租赁期限在民法典施行后届满，当事人主张适用民法典第七百三十四条第二款规定的，人民法院依法予以支持。 注《民法典》第734条是关于"续租"的规定，本条第2款系增加的房屋承租人优先承租权，体现了对党中央建立"租购同权住房制度"要求的回应。	
第十五章　融资租赁合同	
第七百三十五条　融资租赁合同是出租人根据承租人对出卖人、租赁物的选择，向出卖人购买租赁物，提供给承租人使用，承租人支付租金的合同。	**《合同法》(已废止)第二百三十七条**　融资租赁合同是出租人根据承租人对出卖人、租赁物的选择，向出卖人购买租赁物，提供给承租人使用，承租人支付租金的合同。
第七百三十六条　融资租赁合同的内容**一般**包括租赁物**的**名称、数量、规格、技术性能、检验方法，租赁期限，租金构成及其支付期限和方式、币种，租赁*期限*届满租赁物的归属等条款。 融资租赁合同应当采用书面形式。	**《合同法》(已废止)第二百三十八条**　融资租赁合同的内容包括租赁物名称、数量、规格、技术性能、检验方法、租赁期限、租金构成及其支付期限和方式、币种、租赁*期间*届满租赁物的归属等条款。 融资租赁合同应当采用书面形式。
第七百三十七条　当事人以虚构租赁物方式订立的融资租赁合同无效。 注本条明确了以虚构租赁物方式订立的融资租赁合同无效。	
第七百三十八条　依照法律、行政法规的规定，对于租赁物的经营使用应当取得行政许可的，出租人未取得行政许可不影响融资租赁合同的效力。 注本条确立了融资租赁合同效力的独立性。	**原融资租赁合同解释第三条(本条已失效)**　根据法律、行政法规规定，承租人对于租赁物的经营使用应当取得行政许可的，人民法院不应仅以出租人未取得行政许可为由认定融资租赁合同无效。

《民法典》及最新相关司法解释	相关内容
第七百三十九条 出租人根据承租人对出卖人、租赁物的选择订立的买卖合同,出卖人应当按照约定向承租人交付标的物,承租人享有与受领标的物有关的买受人的权利。 注 承租人享有与受领标的物有关的买受人的权利,是融资租赁与传统租赁的一个重要区别。传统租赁合同与买卖合同没有直接关系,但在融资租赁关系中,融资租赁合同的租赁物即是买卖合同的标的物,融资租赁合同与买卖合同直接相关,而买卖合同是出租人根据承租人对出卖人、租赁物的选择订立的,买卖合同的标的物由承租人决定并由承租人使用。因此,虽然承租人不是买卖合同的当事人,法律也规定承租人与出卖人直接发生关系。	**《合同法》(已废止)第二百三十九条** 出租人根据承租人对出卖人、租赁物的选择订立的买卖合同,出卖人应当按照约定向承租人交付标的物,承租人享有与受领标的物有关的买受人的权利。 **原融资租赁合同解释第五条(已变更为最新司法解释第三条)** 出卖人违反合同约定的向承租人交付标的物的义务,承租人因下列情形之一拒绝受领租赁物的,人民法院应予支持: (一)租赁物严重不符合约定的; (二)出卖人未在约定的交付期间或者合理期间内交付租赁物,经承租人或者出租人催告,在催告期满后仍未交付的。 承租人拒绝受领租赁物,未及时通知出租人,或者无正当理由拒绝受领租赁物,造成出租人损失,出租人向承租人主张损害赔偿的,人民法院应予支持。
第七百四十条 出卖人违反向承租人交付标的物的义务,有下列情形之一的,承租人可以拒绝受领出卖人向其交付的标的物: (一)标的物严重不符合约定; (二)未按照约定交付标的物,经承租人或者出租人催告后在合理期限内仍未交付。 承租人拒绝受领标的物的,应当及时通知出租人。	**原融资租赁合同解释第五条(已变更为最新司法解释第三条)** 出卖人违反合同约定的向承租人交付标的物的义务,承租人因下列情形之一拒绝受领租赁物的,人民法院应予支持: (一)租赁物严重不符合约定的; (二)出卖人未在约定的交付期间或者合理期间内交付租赁物,经承租人或者出租人催告,在催告期满后仍未交付的。 承租人拒绝受领租赁物,未及时通知出租人,或者无正当理由拒绝受领租赁物,造成出租人损失,出租人向承租人主张损害赔偿的,人民法院应予支持。

《民法典》及最新相关司法解释	相关内容
第七百四十一条　出租人、出卖人、承租人可以约定，出卖人不履行买卖合同义务的，由承租人行使索赔的权利。承租人行使索赔权利的，出租人应当协助。 注 由于融资租赁合同的特殊性，出租人是根据承租人对出卖人、租赁物的选择而购买租赁物的，作为买卖合同当事人的出租人，对买卖合同标的物的性能和生产要求等，往往缺乏了解，很难对出卖人提供的租赁物进行检验和判断，而出卖人又是向承租人交付标的物，故一般由承租人在受领标的物时对标的物进行检验查收。因此，规定由承租人行使索赔权，不仅可以保证买卖合同的标的物符合承租人的要求，也便于合同纠纷的解决。	**《合同法》(已废止)第二百四十条**　出租人、出卖人、承租人可以约定，出卖人不履行买卖合同义务的，由承租人行使索赔的权利。承租人行使索赔权利的，出租人应当协助。
第七百四十二条　承租人对出卖人行使索赔权利，不影响其履行支付租金的义务。但是，承租人依赖出租人的技能确定租赁物或者出租人干预选择租赁物的，承租人可以请求减免相应租金。 注 本条明确了融资租赁中承租人行使索赔权不影响其支付租金的义务，但其可基于特定原因请求减免租金。	**原融资租赁合同解释第六条(本条已失效)**　承租人对出卖人行使索赔权，不影响其履行融资租赁合同项下支付租金的义务，但承租人以依赖出租人的技能确定租赁物或者出租人干预选择租赁物为由，主张减轻或者免除相应租金支付义务的除外。
第七百四十三条　出租人有下列情形之一，致使承租人对出卖人行使索赔权利失败的，承租人有权请求出租人承担相应的责任： （一）明知租赁物有质量瑕疵而不告知承租人； （二）承租人行使索赔权利时，未及时提供必要协助。 出租人怠于行使只能由其对出卖人	**原融资租赁合同解释第十八条(本条已失效)**　出租人有下列情形之一，导致承租人对出卖人索赔逾期或者索赔失败，承租人要求出租人承担相应责任的，人民法院应予支持： （一）明知租赁物有质量瑕疵而不告知承租人的； （二）承租人行使索赔权时，未及时提供必要协助的；

《民法典》及最新相关司法解释	相关内容
行使的索赔权利，造成承租人损失的，承租人有权请求出租人承担赔偿责任。 注 本条明确并完善了融资租赁中出租人应承担的法定责任情形。	（三）怠于行使融资租赁合同中约定的只能由出租人行使对出卖人的索赔权的； （四）怠于行使买卖合同中约定的只能由出租人行使对出卖人的索赔权的。
第七百四十四条 出租人根据承租人对出卖人、租赁物的选择订立的买卖合同，未经承租人同意，出租人不得变更与承租人有关的合同内容。 注 出租人购买租赁物，是融资租赁关系成立的前提条件。与一般的买卖合同不同，融资租赁中买卖合同的条件是由承租人确定而不是由出租人自主决定的。出租人不仅在订立买卖合同时应按照承租人对租赁物名称、数量、技术性能等要求与承租人选择的出卖人订立，而且在买卖合同订立后，也不得擅自变更与承租人有关的合同内容。	**《合同法》（已废止）第二百四十一条** 出租人根据承租人对出卖人、租赁物的选择订立的买卖合同，未经承租人同意，出租人不得变更与承租人有关的合同内容。 **原融资租赁合同解释第八条（已变更为最新司法解释第四条）** 出租人转让其在融资租赁合同项下的部分或者全部权利，受让方以此为由请求解除或者变更融资租赁合同的，人民法院不予支持。
第七百四十五条 出租人*对租赁物享有的所有权*，**未经登记，不得对抗善意第三人。** **民法典担保制度解释第六十七条** **在所有权保留买卖、融资租赁等合同中，出卖人、出租人的所有权未经登记不得对抗的“善意第三人”的范围及其效力，参照本解释第五十四条的规定处理。** **《国务院关于实施动产和权利担保统一登记的决定》** **二、纳入动产和权利担保统一登记范围的担保类型包括：** **（一）生产设备、原材料、半成品、产品抵押；** **（二）应收账款质押；** **（三）存款单、仓单、提单质押；**	**《合同法》（已废止）第二百四十二条** 出租人*享有租赁物的所有权*。~~承租人破产的，租赁物不属于破产财产。~~ **原融资租赁合同解释第七条（本条已失效）** 承租人占有租赁物期间，租赁物毁损、灭失的风险由承租人承担，出租人要求承租人继续支付租金的，人民法院应予支持。但当事人另有约定或者法律另有规定的除外。 **第九条（本条已失效）** 承租人或者租赁物的实际使用人，未经出租人同意转让租赁物或者在租赁物上设立其他物权，第三人依据物权法第一百零六条的规定取得租赁物的所有权或者其他物权，出租人主张第三人物权权利不成立的，人民法院不予支持，但有下列情形之一的除外：

《民法典》及最新相关司法解释	相关内容
（四）融资租赁； **（五）保理；** **（六）所有权保留；** **（七）其他可以登记的动产和权利担保，但机动车抵押、船舶抵押、航空器抵押、债券质押、基金份额质押、股权质押、知识产权中的财产权质押除外。** 注 规定了融资租赁中租赁物的所有权由出租人享有，并明确了登记的对抗效力，未登记不得对抗善意第三人。	（一）出租人已在租赁物的显著位置作出标识，第三人在与承租人交易时知道或者应当知道该物为租赁物的； （二）出租人授权承租人将租赁物抵押给出租人并在登记机关依法办理抵押权登记的； （三）第三人与承租人交易时，未按照法律、行政法规、行业或者地区主管部门的规定在相应机构进行融资租赁交易查询的； （四）出租人有证据证明第三人知道或者应当知道交易标的物为租赁物的其他情形。 **第十条（本条已失效）** 当事人约定租赁期间届满后租赁物归出租人的，因租赁物毁损、灭失或者附合、混同于他物导致承租人不能返还，出租人要求其给予合理补偿的，人民法院应予支持。
第七百四十六条 融资租赁合同的租金，除当事人另有约定外，应当根据购买租赁物的大部分或者全部成本以及出租人的合理利润确定。	**《合同法》（已废止）第二百四十三条** 融资租赁合同的租金，除当事人另有约定的以外，应当根据购买租赁物的大部分或者全部成本以及出租人的合理利润确定。
第七百四十七条 租赁物不符合约定或者不符合使用目的的，出租人不承担责任。但是，承租人依赖出租人的技能确定租赁物或者出租人干预选择租赁物的除外。 注 传统的租赁合同中，出租人对租赁物负有质量瑕疵担保责任。而融资租赁合同与传统租赁合同不同，出租人对租赁物并不承担质量瑕疵担保责任，但有例外。	**《合同法》（已废止）第二百四十四条** 租赁物不符合约定或者不符合使用目的的，出租人不承担责任，但承租人依赖出租人的技能确定租赁物或者出租人干预选择租赁物的除外。 **原融资租赁合同解释第十九条（已变更为最新司法解释第八条）** 租赁物不符合融资租赁合同的约定且出租人实施了下列行为之一，承租人依照合同法第

《民法典》及最新相关司法解释	相关内容
	二百四十一条、第二百四十四条的规定,要求出租人承担相应责任的,人民法院应予支持: (一)出租人在承租人选择出卖人、租赁物时,对租赁物的选定起决定作用的; (二)出租人干预或者要求承租人按照出租人意愿选择出卖人或者租赁物的; (三)出租人擅自变更承租人已经选定的出卖人或者租赁物的。 承租人主张其系依赖出租人的技能确定租赁物或者出租人干预选择租赁物的,对上述事实承担举证责任。
第七百四十八条 出租人应当保证承租人对租赁物的占有和使用。 出租人有下列情形之一的,承租人有权请求其赔偿损失: (一)无正当理由收回租赁物; (二)无正当理由妨碍、干扰承租人对租赁物的占有和使用; (三)因出租人的原因致使第三人对租赁物主张权利; (四)不当影响承租人对租赁物占有和使用的其他情形。 注 本条第2款明确规定,出租人不当影响承租人的占有使用,承租人有权请求赔偿损失。	**《合同法》(已废止)第二百四十五条** 出租人应当保证承租人对租赁物的占有和使用。 **原融资租赁合同解释第十七条(本条已失效)** 出租人有下列情形之一,影响承租人对租赁物的占有和使用,承租人依照合同法第二百四十五条的规定,要求出租人赔偿相应损失的,人民法院应予支持: (一)无正当理由收回租赁物; (二)无正当理由妨碍、干扰承租人对租赁物的占有和使用; (三)因出租人的原因导致第三人对租赁物主张权利; (四)不当影响承租人对租赁物占有、使用的其他情形。
第七百四十九条 承租人占有租赁物期间,租赁物造成第三人人身*损害*或者财产*损失*的,出租人不承担责任。	**《合同法》(已废止)第二百四十六条** 承租人占有租赁物期间,租赁物造成第三人的人身*伤害*或者财产*损害*的,出租人不承担责任。

《民法典》及最新相关司法解释	相关内容
第七百五十条 承租人应当妥善保管、使用租赁物。 承租人应当履行占有租赁物期间的维修义务。	**《合同法》(已废止)第二百四十七条** 承租人应当妥善保管、使用租赁物。 承租人应当履行占有租赁物期间的维修义务。
第七百五十一条 承租人占有租赁物期间,租赁物毁损、灭失的,出租人有权请求承租人继续支付租金,但是法律另有规定或者当事人另有约定的除外。 注 本条就租赁物毁损、灭失后承租人仍需继续支付租金进行了明确。	**原融资租赁合同解释第七条(本条已失效)** 承租人占有租赁物期间,租赁物毁损、灭失的风险由承租人承担,出租人要求承租人继续支付租金的,人民法院应予支持。但当事人另有约定或者法律另有规定的除外。
第七百五十二条 承租人应当按照约定支付租金。承租人经催告后在合理期限内仍不支付租金的,出租人可以*请求*支付全部租金;也可以解除合同,收回租赁物。	**《合同法》(已废止)第二百四十八条** 承租人应当按照约定支付租金。承租人经催告后在合理期限内仍不支付租金的,出租人可以*要求*支付全部租金;也可以解除合同,收回租赁物。 **原融资租赁合同解释第十二条(已变更为最新司法解释第五条)** 有下列情形之一,出租人请求解除融资租赁合同的,人民法院应予支持: (一)承租人未经出租人同意,将租赁物转让、转租、抵押、质押、投资入股或者以其他方式处分租赁物的; (二)承租人未按照合同约定的期限和数额支付租金,符合合同约定的解除条件,经出租人催告后在合理期限内仍不支付的; (三)合同对于欠付租金解除合同的情形没有明确约定,但承租人欠付租金达到两期以上,或者数额达到全部租金百分之十五以上,经出租人催告后在合理期限内仍不支付的;

《民法典》及最新相关司法解释	相关内容
	（四）承租人违反合同约定，致使合同目的不能实现的其他情形。 **第二十条（已变更为最新司法解释第九条）** 承租人逾期履行支付租金义务或者迟延履行其他付款义务，出租人按照融资租赁合同的约定要求承租人支付逾期利息、相应违约金的，人民法院应予支持。 **第二十一条（已变更为最新司法解释第十条）** 出租人既请求承租人支付合同约定的全部未付租金又请求解除融资租赁合同的，人民法院应告知其依照合同法第二百四十八条的规定作出选择。 出租人请求承租人支付合同约定的全部未付租金，人民法院判决后承租人未予履行，出租人再行起诉请求解除融资租赁合同、收回租赁物的，人民法院应予受理。
第七百五十三条 承租人未经出租人同意，将租赁物转让、抵押、质押、投资入股或者以其他方式处分的，出租人可以解除融资租赁合同。 注 本条明确了在承租人未经出租人同意所为的几种行为下，出租人可以解除融资租赁合同。	**原融资租赁合同解释第十二条（已变更为最新司法解释第五条）** 有下列情形之一，出租人请求解除融资租赁合同的，人民法院应予支持： （一）承租人未经出租人同意，将租赁物转让、转租、抵押、质押、投资入股或者以其他方式处分租赁物的……
第七百五十四条 有下列情形之一的，出租人或者承租人可以解除融资租赁合同： （一）出租人与出卖人订立的买卖合同解除、被确认无效或者被撤销，且未能重新订立买卖合同；	**原融资租赁合同解释第十一条（本条已失效）** 有下列情形之一，出租人或者承租人请求解除融资租赁合同的，人民法院应予支持： （一）出租人与出卖人订立的买卖合同解除、被确认无效或者被撤销，且双方

《民法典》及最新相关司法解释	相关内容
（二）租赁物因不可归责于当事人的原因毁损、灭失，且不能修复或者确定替代物； （三）因出卖人的原因致使融资租赁合同的目的不能实现。	未能重新订立买卖合同的； （二）租赁物因不可归责于双方的原因意外毁损、灭失，且不能修复或者确定替代物的； （三）因出卖人的原因致使融资租赁合同的目的不能实现的。
第七百五十五条　融资租赁合同因买卖合同解除、被确认无效或者被撤销而解除，出卖人、租赁物系由承租人选择的，出租人有权请求承租人赔偿相应损失；但是，因出租人原因致使买卖合同解除、被确认无效或者被撤销的除外。 出租人的损失已经在买卖合同解除、被确认无效或者被撤销时获得赔偿的，承租人不再承担相应的赔偿责任。 **融资租赁合同解释（2020）第十一条**　出租人依照本解释第五条的规定请求解除融资租赁合同，同时请求收回租赁物并赔偿损失的，人民法院应予支持。 前款规定的损失赔偿范围为承租人全部未付租金及其他费用与收回租赁物价值的差额。合同约定租赁期间届满后租赁物归出租人所有的，损失赔偿范围还应包括融资租赁合同到期后租赁物的残值。 注 明确了融资租赁合同因买卖合同的原因而解除的情况下出租人有权请求承租人赔偿损失，并规定了例外情况。	**原融资租赁合同解释第十六条（本条已失效）**　融资租赁合同因买卖合同被解除、被确认无效或者被撤销而解除，出租人根据融资租赁合同约定，或者以融资租赁合同虽未约定或约定不明，但出卖人及租赁物系由承租人选择为由，主张承租人赔偿相应损失的，人民法院应予支持。 出租人的损失已经在买卖合同被解除、被确认无效或者被撤销时获得赔偿的，应当免除承租人相应的赔偿责任。

《民法典》及最新相关司法解释	相关内容
第七百五十六条 融资租赁合同因租赁物交付承租人后意外毁损、灭失等不可归责于当事人的原因解除的,出租人可以请求承租人按照租赁物折旧情况给予补偿。	**原融资租赁合同解释第十五条(本条已失效)** 融资租赁合同因租赁物交付承租人后意外毁损、灭失等不可归责于当事人的原因而解除,出租人要求承租人按照租赁物折旧情况给予补偿的,人民法院应予支持。
第七百五十七条 出租人和承租人可以约定租赁*期限*届满租赁物的归属;对租赁物的归属没有约定或者约定不明确,*依据本法第五百一十条*的规定仍不能确定的,租赁物的所有权归出租人。 注 租赁期满租赁物归属可约定;无约定或约定不明又不能补充约定的,归出租人。	**《合同法》(已废止)第二百五十条** 出租人和承租人可以约定租赁*期间*届满租赁物的归属。对租赁物的归属没有约定或者约定不明确,*依照本法第六十一条*的规定仍不能确定的,租赁物的所有权归出租人。 **原融资租赁合同解释第十条(本条已失效)** 当事人约定租赁期间届满后租赁物归出租人的,因租赁物毁损、灭失或者附合、混同于他物导致承租人不能返还,出租人要求其给予合理补偿的,人民法院应予支持。
第七百五十八条 当事人约定租赁*期限*届满租赁物归承租人所有,承租人已经支付大部分租金,但是无力支付剩余租金,出租人因此解除合同收回租赁物,收回的租赁物的价值超过承租人欠付的租金以及其他费用的,承租人可以请求*相应*返还。 当事人约定租赁期限届满租赁物归出租人所有,因租赁物毁损、灭失或者附合、混合于他物致使承租人不能返还的,出租人有权请求承租人给予合理补偿。 **民法典担保制度解释第六十五条 在融资租赁合同中,承租人未按照约定**	**《合同法》(已废止)第二百四十九条** 当事人约定租赁*期间*届满租赁物归承租人所有,承租人已经支付大部分租金,但无力支付剩余租金,出租人因此解除合同收回租赁物的,收回的租赁物的价值超过承租人欠付的租金以及其他费用的,承租人可以要求*部分*返还。 **原融资租赁合同解释第十条(本条已失效)** 当事人约定租赁期间届满后租赁物归出租人的,因租赁物毁损、灭失或者附合、混同于他物导致承租人不能返还,出租人要求其给予合理补偿的,人民法院应予支持。

《民法典》及最新相关司法解释	相关内容
支付租金，经催告后在合理期限内仍不支付，出租人请求承租人支付全部剩余租金，并以拍卖、变卖租赁物所得的价款受偿的，人民法院应予支持；当事人请求参照民事诉讼法"实现担保物权案件"的有关规定，以拍卖、变卖租赁物所得价款支付租金的，人民法院应予准许。 出租人请求解除融资租赁合同并收回租赁物，承租人以抗辩或者反诉的方式主张返还租赁物价值超过欠付租金以及其他费用的，人民法院应当一并处理。当事人对租赁物的价值有争议的，应当按照下列规则确定租赁物的价值： （一）融资租赁合同有约定的，按照其约定； （二）融资租赁合同未约定或者约定不明的，根据约定的租赁物折旧以及合同到期后租赁物的残值来确定； （三）根据前两项规定的方法仍然难以确定，或者当事人认为根据前两项规定的方法确定的价值严重偏离租赁物实际价值的，根据当事人的申请委托有资质的机构评估。 注《民法典》第758条就租赁物价值的部分返还权做了规定；此外，该条第2款在吸收原融资租赁合同解释第10条的基础上，明确了毁损灭失下出租人可请求承租人进行合理补偿。	
第七百五十九条　当事人约定租赁期限届满，承租人仅需向出租人支付象征性价款的，视为约定的租金义务履行完毕后租赁物的所有权归承租人。 注 象征性费用更接近于无费用，其本质可以说是无对价而取得。	

《民法典》及最新相关司法解释	相关内容
第七百六十条 融资租赁合同无效,当事人就该情形下租赁物的归属有约定的,按照其约定;没有约定或者约定不明确的,租赁物应当返还出租人。但是,因承租人原因致使合同无效,出租人不请求返还或者返还后会显著降低租赁物效用的,租赁物的所有权归承租人,由承租人给予出租人合理补偿。 注 在吸收原融资租赁合同解释第4条的基础上,本条就合同无效时租赁物的归属进行了明确。	**原融资租赁合同解释第四条(本条已失效)** 融资租赁合同被认定无效,当事人就合同无效情形下租赁物归属有约定的,从其约定;未约定或者约定不明,且当事人协商不成的,租赁物应当返还出租人。但因承租人原因导致合同无效,出租人不要求返还租赁物,或者租赁物正在使用,返还出租人后会显著降低租赁物价值和效用的,人民法院可以判决租赁物所有权归承租人,并根据合同履行情况和租金支付情况,由承租人就租赁物进行折价补偿。
第十六章 保理合同 注 保理合同整章都系新增,属适应经济社会发展而增的内容。	
第七百六十一条 保理合同是应收账款债权人将现有的或者将有的应收账款转让给保理人,保理人提供资金融通、应收账款管理或者催收、应收账款债务人付款担保等服务的合同。 《国务院关于实施动产和权利担保统一登记的决定》二、纳入动产和权利担保统一登记范围的担保类型包括: (一)生产设备、原材料、半成品、产品抵押; (二)应收账款质押; (三)存款单、仓单、提单质押; (四)融资租赁; (五)保理; (六)所有权保留;	

《民法典》及最新相关司法解释	相关内容
（七）其他可以登记的动产和权利担保，但机动车抵押、船舶抵押、航空器抵押、债券质押、基金份额质押、股权质押、知识产权中的财产权质押除外。 民法典时间效力规定第十二条　民法典施行前订立的保理合同发生争议的，适用民法典第三编第十六章的规定。 注《民法典》第761条对保理合同下了定义，明确了保理合同的主体为应收账款债权人与保理人。	
第七百六十二条　保理合同的内容一般包括业务类型、服务范围、服务期限、基础交易合同情况、应收账款信息、保理融资款或者服务报酬及其支付方式等条款。 保理合同应当采用书面形式。 注本条就保理合同一般包括的内容进行了明确，并规定保理合同的书面性。	
第七百六十三条　应收账款债权人与债务人虚构应收账款作为转让标的，与保理人订立保理合同的，应收账款债务人不得以应收账款不存在为由对抗保理人，但是保理人明知虚构的除外。 注虚构应收账款不作为对抗保理人的理由，但保理人明知虚构的除外。	
第七百六十四条　保理人向应收账款债务人发出应收账款转让通知的，应当表明保理人身份并附有必要凭证。 注保理人有向应收账款债务人表明身份的义务。	

《民法典》及最新相关司法解释	相关内容
第七百六十五条　应收账款债务人接到应收账款转让通知后，应收账款债权人与债务人无正当理由协商变更或者终止基础交易合同，对保理人产生不利影响的，对保理人不发生效力。 注 为保障保理人的合法权益，本条规定了应收账款债权人与债务人不当变更或终止基础交易合同，对保理人不利的，对保理人不发生效力。	
第七百六十六条　当事人约定有追索权保理的，保理人可以向应收账款债权人主张返还保理融资款本息或者回购应收账款债权，也可以向应收账款债务人主张应收账款债权。保理人向应收账款债务人主张应收账款债权，在扣除保理融资款本息和相关费用后有剩余的，剩余部分应当返还给应收账款债权人。 注 本条规定了有追索权保理下保理人的选择权及剩余款项返还应收账款债权人义务。	
第七百六十七条　当事人约定无追索权保理的，保理人应当向应收账款债务人主张应收账款债权，保理人取得超过保理融资款本息和相关费用的部分，无需向应收账款债权人返还。 注 无追索权保理下，保理人无剩余款项返还应收账款债权人义务。	

《民法典》及最新相关司法解释	相关内容
第七百六十八条　应收账款债权人就同一应收账款订立多个保理合同，致使多个保理人主张权利的，已经登记的先于未登记的取得应收账款；均已经登记的，按照登记时间的先后顺序取得应收账款；均未登记的，由最先到达应收账款债务人的转让通知中载明的保理人取得应收账款；既未登记也未通知的，按照保理融资款或者服务报酬的比例取得应收账款。 民法典担保制度解释第六十六条　同一应收账款同时存在保理、应收账款质押和债权转让，当事人主张参照民法典第七百六十八条的规定确定优先顺序的，人民法院应予支持。 在有追索权的保理中，保理人以应收账款债权人或者应收账款债务人为被告提起诉讼，人民法院应予受理；保理人一并起诉应收账款债权人和应收账款债务人的，人民法院可以受理。 应收账款债权人向保理人返还保理融资款本息或者回购应收账款债权后，请求应收账款债务人向其履行应收账款债务的，人民法院应予支持。 注《民法典》第768条就多个保理合同下各保理人受偿顺序的确定进行了明确。	
第七百六十九条　本章没有规定的，适用本编第六章债权转让的有关规定。 注明确了本章无规定时适用债权转让的有关规定。	

《民法典》及最新相关司法解释	相关内容
第十七章　承揽合同	
第七百七十条　承揽合同是承揽人按照定作人的要求完成工作,交付工作成果,定作人*支付*报酬的合同。 承揽包括加工、定作、修理、复制、测试、检验等工作。 注 随着社会分工越来越细,越来越多的工作都不再亲力亲为,而是交由他人完成。交由他人的工作,许多是通过承揽合同完成的。可以说,承揽合同在人们的生产、生活和经济活动中发挥重要作用。	**《合同法》(已废止)第二百五十一条**　承揽合同是承揽人按照定作人的要求完成工作,交付工作成果,定作人*给付*报酬的合同。 承揽包括加工、定作、修理、复制、测试、检验等工作。
第七百七十一条　承揽合同的内容**一般**包括承揽的标的、数量、质量、报酬,承揽方式,材料的提供,履行期限,验收标准和方法等条款。	**《合同法》(已废止)第二百五十二条**　承揽合同的内容包括承揽的标的、数量、质量、报酬、承揽方式、材料的提供、履行期限、验收标准和方法等条款。
第七百七十二条　承揽人应当以自己的设备、技术和劳力,完成主要工作,但是当事人另有约定的除外。 承揽人将其承揽的主要工作交由第三人完成的,应当就该第三人完成的工作成果向定作人负责;未经定作人同意的,定作人也可以解除合同。 注 承揽人将其承揽的主要工作交由第三人完成,但承揽合同的当事人仍然是定作人与承揽人,义务人依然是承揽人。故承揽人应当对义务履行的情况向定作人负责,即就该第三人完成的工作成果向定作人负责。	**《合同法》(已废止)第二百五十三条**　承揽人应当以自己的设备、技术和劳力,完成主要工作,但当事人另有约定的除外。 承揽人将其承揽的主要工作交由第三人完成的,应当就该第三人完成的工作成果向定作人负责;未经定作人同意的,定作人也可以解除合同。
第七百七十三条　承揽人可以将其承揽的辅助工作交由第三人完成。承揽人将其承揽的辅助工作交由第三人完成的,应当就该第三人完成的工作成果向定作人负责。 注 承揽人对辅助性工作也要负责。	**《合同法》(已废止)第二百五十四条**　承揽人可以将其承揽的辅助工作交由第三人完成。承揽人将其承揽的辅助工作交由第三人完成的,应当就该第三人完成的工作成果向定作人负责。

《民法典》及最新相关司法解释	相关内容
第七百七十四条　承揽人提供材料的，应当按照约定选用材料，并接受定作人检验。 注 定作人经检验，认为承揽人选用的材料符合约定的，承揽人用此材料完成定作人所要求的工作后，不对因材料而造成的工作成果不符合约定承担责任；定作人检验后，认为承揽人选用的材料不符合约定的，则承揽人应当根据不符合的情况，采取补齐数量、更换材料等措施，达到约定要求。	**《合同法》(已废止)第二百五十五条**　承揽人提供材料的，~~承揽人~~应当按照约定选用材料，并接受定作人检验。
第七百七十五条　定作人提供材料的，应当按照约定提供材料。承揽人对定作人提供的材料应当及时检验，发现不符合约定时，应当及时通知定作人更换、补齐或者采取其他补救措施。 承揽人不得擅自更换定作人提供的材料，不得更换不需要修理的零部件。 注 由定作人提供材料的，具体进行承揽工作的承揽人对材料的规格、型号、数量、质量等不能直接控制，但它们又直接关系到完成工作后工作成果的数量、质量等，故本条对定作人提供材料下双方所负的义务作出了明确规定。	**《合同法》(已废止)第二百五十六条**　定作人提供材料的，~~定作人~~应当按照约定提供材料。承揽人对定作人提供的材料，应当及时检验，发现不符合约定时，应当及时通知定作人更换、补齐或者采取其他补救措施。 承揽人不得擅自更换定作人提供的材料，不得更换不需要修理的零部件。
第七百七十六条　承揽人发现定作人提供的图纸或者技术要求不合理的，应当及时通知定作人。因定作人怠于答复等原因造成承揽人损失的，应当赔偿损失。 注 本条规定了定作人提供的图纸或者技术要求不合理时双方的义务。	**《合同法》(已废止)第二百五十七条**　承揽人发现定作人提供的图纸或者技术要求不合理的，应当及时通知定作人。因定作人怠于答复等原因造成承揽人损失的，应当赔偿损失。
第七百七十七条　定作人中途变更承揽工作的要求，造成承揽人损失的，应当赔偿损失。	**《合同法》(已废止)第二百五十八条**　定作人中途变更承揽工作的要求，造成承揽人损失的，应当赔偿损失。

《民法典》及最新相关司法解释	相关内容
第七百七十八条　承揽工作需要定作人协助的,定作人有协助的义务。定作人不履行协助义务致使承揽工作不能完成的,承揽人可以催告定作人在合理期限内履行义务,并可以顺延履行期限;定作人逾期不履行的,承揽人可以解除合同。	**《合同法》(已废止)第二百五十九条**　承揽工作需要定作人协助的,定作人有协助的义务。定作人不履行协助义务致使承揽工作不能完成的,承揽人可以催告定作人在合理期限内履行义务,并可以顺延履行期限;定作人逾期不履行的,承揽人可以解除合同。
第七百七十九条　承揽人在工作期间,应当接受定作人必要的监督检验。定作人不得因监督检验妨碍承揽人的正常工作。	**《合同法》(已废止)第二百六十条**　承揽人在工作期间,应当接受定作人必要的监督检验。定作人不得因监督检验妨碍承揽人的正常工作。
第七百八十条　承揽人完成工作的,应当向定作人交付工作成果,并提交必要的技术资料和有关质量证明。定作人应当验收该工作成果。	**《合同法》(已废止)第二百六十一条**　承揽人完成工作的,应当向定作人交付工作成果,并提交必要的技术资料和有关质量证明。定作人应当验收该工作成果。
第七百八十一条　承揽人交付的工作成果不符合质量要求的,定作人可以**合理选择**请求承揽人承担修理、重作、减少报酬、赔偿损失等违约责任。	**《合同法》(已废止)第二百六十二条**　承揽人交付的工作成果不符合质量要求的,定作人可以要求承揽人承担修理、重作、减少报酬、赔偿损失等违约责任。
第七百八十二条　定作人应当按照约定的期限支付报酬。对支付报酬的期限没有约定或者约定不明确,*依据本法第五百一十条*的规定仍不能确定的,定作人应当在承揽人交付工作成果时支付;工作成果部分交付的,定作人应当相应支付。	**《合同法》(已废止)第二百六十三条**　定作人应当按照约定的期限支付报酬。对支付报酬的期限没有约定或者约定不明确,*依照本法第六十一条*的规定仍不能确定的,定作人应当在承揽人交付工作成果时支付;工作成果部分交付的,定作人应当相应支付。

《民法典》及最新相关司法解释	相关内容
第七百八十三条　定作人未向承揽人支付报酬或者材料费等价款的，承揽人对完成的工作成果享有留置权**或者有权拒绝交付**，但是当事人另有约定的除外。 注 定作人未支付价款的，承揽人就完成的工作成果享有留置权。此外，本条增加规定了“拒绝交付”的权利。	**《合同法》（已废止）第二百六十四条**　定作人未向承揽人支付报酬或者材料费等价款的，承揽人对完成的工作成果享有留置权，但当事人另有约定的除外。 **《担保法》（已废止）第八十四条第一款**　因保管合同、运输合同、加工承揽合同发生的债权，债务人不履行债务的，债权人有留置权。
第七百八十四条　承揽人应当妥善保管定作人提供的材料以及完成的工作成果，因保管不善造成毁损、灭失的，应当承担赔偿责任。	**《合同法》（已废止）第二百六十五条**　承揽人应当妥善保管定作人提供的材料以及完成的工作成果，因保管不善造成毁损、灭失的，应当承担损害赔偿责任。
第七百八十五条　承揽人应当按照定作人的要求保守秘密，未经定作人许可，不得留存复制品或者技术资料。	**《合同法》（已废止）第二百六十六条**　承揽人应当按照定作人的要求保守秘密，未经定作人许可，不得留存复制品或者技术资料。
第七百八十六条　共同承揽人对定作人承担连带责任，但是当事人另有约定的除外。 注 本条明确了共同承揽人的连带责任，但有例外。	**《合同法》（已废止）第二百六十七条**　共同承揽人对定作人承担连带责任，但当事人另有约定的除外。
第七百八十七条　定作人**在承揽人完成工作前**可以随时解除合同，造成承揽人损失的，应当赔偿损失。 注 相较于《合同法》（已废止）第268条，为更好地保障承揽人的合法权益，本条将定作人随时解除合同的权利限定在“承揽人完成工作前”，值得注意。	**《合同法》（已废止）第二百六十八条**　定作人可以随时解除承揽合同，造成承揽人损失的，应当赔偿损失。

《民法典》及最新相关司法解释	相关内容
第十八章　建设工程合同	
第七百八十八条　建设工程合同是承包人进行工程建设,发包人支付价款的合同。 建设工程合同包括工程勘察、设计、施工合同。	**《合同法》(已废止)第二百六十九条**　建设工程合同是承包人进行工程建设,发包人支付价款的合同。 建设工程合同包括工程勘察、设计、施工合同。
第七百八十九条　建设工程合同应当采用书面形式。 注 当事人在进行工程建设时尚未订立书面建设工程合同的,应当在完工结算前尽早以书面形式订立合同。未订立书面建设工程合同的,除法律另有规定外,若当事人已经履行了主要的义务,则该建设工程合同依然有效。	**《合同法》(已废止)第二百七十条**　建设工程合同应当采用书面形式。
第七百九十条　建设工程的招标投标活动,应当依照有关法律的规定公开、公平、公正进行。 **建设工程合同解释一第一条第一款　建设工程施工合同具有下列情形之一的,应当依据民法典第一百五十三条第一款的规定,认定无效:** **(一)承包人未取得建筑业企业资质或者超越资质等级的;** **(二)没有资质的实际施工人借用有资质的建筑施工企业名义的;** **(三)建设工程必须进行招标而未招标或者中标无效的。** **第二条　招标人和中标人另行签订的建设工程施工合同约定的工程范围、建设工期、工程质量、工程价款等实质性内容,与中标合同不一致,一方当事人请求按照中标合同确定权利义务的,人民法院应予支持。**	**《合同法》(已废止)第二百七十一条**　建设工程的招标投标活动,应当依照有关法律的规定公开、公平、公正进行。 **《招标投标法》第三条**　在中华人民共和国境内进行下列工程建设项目包括项目的勘察、设计、施工、监理以及与工程建设有关的重要设备、材料等的采购,必须进行招标: (一)大型基础设施、公用事业等关系社会公共利益、公众安全的项目; (二)全部或者部分使用国有资金投资或者国家融资的项目; (三)使用国际组织或者外国政府贷款、援助资金的项目。 前款所列项目的具体范围和规模标准,由国务院发展计划部门会同国务院有关部门制订,报国务院批准。

《民法典》及最新相关司法解释	相关内容
招标人和中标人在中标合同之外就明显高于市场价格购买承建房产、无偿建设住房配套设施、让利、向建设单位捐赠财物等另行签订合同，变相降低工程价款，一方当事人以该合同背离中标合同实质性内容为由请求确认无效的，人民法院应予支持。 注 招标是指依法提出招标项目、进行招标的法人或者其他组织，以招标公告的方式邀请不特定的法人或者其他组织投标，或者以投标邀请书的方式邀请特定的法人或者其他组织投标。前者称为公开招标，后者称为邀请招标。所谓投标，是指响应招标、参加竞争以获得招标项目。	
第七百九十一条　发包人可以与总承包人订立建设工程合同，也可以分别与勘察人、设计人、施工人订立勘察、设计、施工承包合同。发包人不得将应当由一个承包人完成的建设工程*支解*成若干部分发包给数个承包人。 总承包人或者勘察、设计、施工承包人经发包人同意，可以将自己承包的部分工作交由第三人完成。第三人就其完成的工作成果与总承包人或者勘察、设计、施工承包人向发包人承担连带责任。承包人不得将其承包的全部建设工程转包给第三人或者将其承包的全部建设工程*支解*以后以分包的名义分别转包给第三人。 禁止承包人将工程分包给不具备相应资质条件的单位。禁止分包单位将其承包的工程再分包。建设工程主体结构的施工必须由承包人自行完成。	**《合同法》（已废止）第二百七十二条**　发包人可以与总承包人订立建设工程合同，也可以分别与勘察人、设计人、施工人订立勘察、设计、施工承包合同。发包人不得将应当由一个承包人完成的建设工程*肢解*成若干部分发包给几个承包人。 总承包人或者勘察、设计、施工承包人经发包人同意，可以将自己承包的部分工作交由第三人完成。第三人就其完成的工作成果与总承包人或者勘察、设计、施工承包人向发包人承担连带责任。承包人不得将其承包的全部建设工程转包给第三人或者将其承包的全部建设工程*肢解*以后以分包的名义分别转包给第三人。 禁止承包人将工程分包给不具备相应资质条件的单位。禁止分包单位将其承包的工程再分包。建设工程主体结构的施工必须由承包人自行完成。

《民法典》及最新相关司法解释	相关内容
建设工程合同解释一第一条第二款　承包人因转包、违法分包建设工程与他人签订的建设工程施工合同，应当依据民法典第一百五十三条第一款及第七百九十一条第二款、第三款的规定，认定无效。 **第五条　具有劳务作业法定资质的承包人与总承包人、分包人签订的劳务分包合同，当事人请求确认无效的，人民法院依法不予支持。** **第七条　缺乏资质的单位或者个人借用有资质的建筑施工企业名义签订建设工程施工合同，发包人请求出借方与借用方对建设工程质量不合格等因出借资质造成的损失承担连带赔偿责任的，人民法院应予支持。** 注《民法典》第791条是关于建设工程发包、承包、分包的规定。发包人不得将应由一承包人完成的工程支解后发包，承包人不得将全部工程支解后转包或以分包名义转包第三人，分包人不得再行分包。但劳动分包除外。	**建工合同解释(已废止)第四条**　承包人非法转包、违法分包建设工程或者没有资质的实际施工人借用有资质的建筑施工企业名义与他人签订建设工程施工合同的行为无效。人民法院可以根据民法通则第一百三十四条规定，收缴当事人已经取得的非法所得。
第七百九十二条　国家重大建设工程合同，应当按照国家规定的程序和国家批准的投资计划、可行性研究报告等文件订立。	**《合同法》(已废止)第二百七十三条**　国家重大建设工程合同，应当按照国家规定的程序和国家批准的投资计划、可行性研究报告等文件订立。
第七百九十三条　建设工程施工合同无效，但是建设工程经验收合格的，可以参照合同关于工程价款的约定*折价补偿*承包人。 建设工程施工合同无效，且建设工程经验收不合格的，按照以下情形处理： (一)修复后的建设工程经验收合格	**建工合同解释(已废止)第二条**　建设工程施工合同无效，但建设工程经竣工验收合格，承包人请求参照合同约定支付工程价款的，应予支持。 **第三条**　建设工程施工合同无效，且建设工程经竣工验收不合格的，按照以下情形分别处理：

《民法典》及最新相关司法解释	相关内容
的，发包人可以请求承包人承担修复费用； （二）修复后的建设工程经验收不合格的，承包人无权请求参照合同关于工程价款的约定折价补偿。 发包人对因建设工程不合格造成的损失有过错的，应当承担相应的责任。 **建设工程合同解释一第六条　建设工程施工合同无效，一方当事人请求对方赔偿损失的，应当就对方过错、损失大小、过错与损失之间的因果关系承担举证责任。** **损失大小无法确定，一方当事人请求参照合同约定的质量标准、建设工期、工程价款支付时间等内容确定损失大小的，人民法院可以结合双方过错程度、过错与损失之间的因果关系等因素作出裁判。** **第十三条　发包人具有下列情形之一，造成建设工程质量缺陷，应当承担过错责任：** **（一）提供的设计有缺陷；** **（二）提供或者指定购买的建筑材料、建筑构配件、设备不符合强制性标准；** **（三）直接指定分包人分包专业工程。** **承包人有过错的，也应当承担相应的过错责任。** **第二十四条　当事人就同一建设工程订立的数份建设工程施工合同均无效，但建设工程质量合格，一方当事人请求参照实际履行的合同关于工程价款的约定折价补偿承包人的，人民法院应予支持。**	（一）修复后的建设工程经竣工验收合格，发包人请求承包人承担修复费用的，应予支持； （二）修复后的建设工程经竣工验收不合格，承包人请求支付工程价款的，不予支持。 因建设工程不合格造成的损失，发包人有过错的，也应承担相应的民事责任。 **建工合同解释二（已废止）第三条**　建设工程施工合同无效，一方当事人请求对方赔偿损失的，应当就对方过错、损失大小、过错与损失之间的因果关系承担举证责任。 损失大小无法确定，一方当事人请求参照合同约定的质量标准、建设工期、工程价款支付时间等内容确定损失大小的，人民法院可以结合双方过错程度、过错与损失之间的因果关系等因素作出裁判。

《民法典》及最新相关司法解释	相关内容
实际履行的合同难以确定,当事人请求参照最后签订的合同关于工程价款的约定折价补偿承包人的,人民法院应予支持。 注《民法典》第793条就建设工程施工合同无效后工程款的支付进行了规定。验收合格的,参照约定折价补偿;验收不合格的,根据修复情况再行确定。	
第七百九十四条 勘察、设计合同的内容**一般**包括提交有关基础资料和*概预算等文件*的期限、质量要求、费用以及其他协作条件等条款。	**《合同法》(已废止)第二百七十四条** 勘察、设计合同的内容包括提交有关基础资料和*文件(包括概预算)*的期限、质量要求、费用以及其他协作条件等条款。
第七百九十五条 施工合同的内容**一般**包括工程范围、建设工期、中间交工工程的开工和竣工时间、工程质量、工程造价、技术资料交付时间、材料和设备供应责任、拨款和结算、竣工验收、质量保修范围和质量保证期、相互协作等条款。 **建设工程合同解释一第八条** **当事人对建设工程开工日期有争议的,人民法院应当分别按照以下情形予以认定:** **(一)开工日期为发包人或者监理人发出的开工通知载明的开工日期;开工通知发出后,尚不具备开工条件的,以开工条件具备的时间为开工日期;因承包人原因导致开工时间推迟的,以开工通知载明的时间为开工日期。** **(二)承包人经发包人同意已经实际进场施工的,以实际进场施工时间为开工日期。** **(三)发包人或者监理人未发出开工通知,亦无相关证据证明实际开工日期的,应当综合考虑开工报告、合同、施工**	**《合同法》(已废止)第二百七十五条** 施工合同的内容包括工程范围、建设工期、中间交工工程的开工和竣工时间、工程质量、工程造价、技术资料交付时间、材料和设备供应责任、拨款和结算、竣工验收、质量保修范围和质量保证期、~~双方~~相互协作等条款。

《民法典》及最新相关司法解释	相关内容
许可证、竣工验收报告或者竣工验收备案表等载明的时间，并结合是否具备开工条件的事实，认定开工日期。 注 施工合同相较于勘察、设计合同，工程量、时间、费用等相对更大，且内容有本质区别，故就合同条款的一般内容分别规定。	
第七百九十六条 建设工程实行监理的，发包人应当与监理人采用书面形式订立委托监理合同。发包人与监理人的权利和义务以及法律责任，应当依照*本编*委托合同以及其他有关法律、行政法规的规定。 注 建设工程监理是建设工程的发包人为了保证工程质量、控制工程造价和工期，以维护自身利益而采取的措施，因此对建设工程是否实行监理，原则上应由发包人自行决定。但法律法规规定必须实行监理的，发包人须实行监理。此外，发包人与工程监理人之间的关系在性质上是平等主体间的委托合同关系，因此发包人与监理人的权利义务关系及法律责任，应遵守本法委托合同的相关规定。	**《合同法》(已废止)第二百七十六条** 建设工程实行监理的，发包人应当与监理人采用书面形式订立委托监理合同。发包人与监理人的权利和义务以及法律责任，应当依照*本法*委托合同以及其他有关法律、行政法规的规定。
第七百九十七条 发包人在不妨碍承包人正常作业的情况下，可以随时对作业进度、质量进行检查。 注 发包人可随时检查，但前提是不妨碍承包人正常作业。	**《合同法》(已废止)第二百七十七条** 发包人在不妨碍承包人正常作业的情况下，可以随时对作业进度、质量进行检查。
第七百九十八条 隐蔽工程在隐蔽以前，承包人应当通知发包人检查。发包人没有及时检查的，承包人可以顺延工程日期，并有权*请求*赔偿停工、窝工等损失。 注 隐蔽工程，一般是指工程建设过程中需覆盖、掩盖，完工后表面上无法看到的工程，	**《合同法》(已废止)第二百七十八条** 隐蔽工程在隐蔽以前，承包人应当通知发包人检查。发包人没有及时检查的，承包人可以顺延工程日期，并有权*要求*赔偿停工、窝工等损失。

《民法典》及最新相关司法解释	相关内容
包括地基与基础、电气管线、网络综合布线线缆、供水供热管线、煤气管道、雨水污水管道、保温层、隔热层、防水层等。	
第七百九十九条 建设工程竣工后,发包人应当根据施工图纸及说明书、国家颁发的施工验收规范和质量检验标准及时进行验收。验收合格的,发包人应当按照约定支付价款,并接收该建设工程。 建设工程竣工经验收合格后,方可交付使用;未经验收或者验收不合格的,不得交付使用。 **建设工程合同解释一第九条 当事人对建设工程实际竣工日期有争议的,人民法院应当分别按照以下情形予以认定:** **(一)建设工程经竣工验收合格的,以竣工验收合格之日为竣工日期;** **(二)承包人已经提交竣工验收报告,发包人拖延验收的,以承包人提交验收报告之日为竣工日期;** **(三)建设工程未经竣工验收,发包人擅自使用的,以转移占有建设工程之日为竣工日期。** **第十条 当事人约定顺延工期应当经发包人或者监理人签证等方式确认,承包人虽未取得工期顺延的确认,但能够证明在合同约定的期限内向发包人或者监理人申请过工期顺延且顺延事由符合合同约定,承包人以此为由主张工期顺延的,人民法院应予支持。**	**《合同法》(已废止)第二百七十九条** 建设工程竣工后,发包人应当根据施工图纸及说明书、国家颁发的施工验收规范和质量检验标准及时进行验收。验收合格的,发包人应当按照约定支付价款,并接收该建设工程。建设工程竣工经验收合格后,方可交付使用;未经验收或者验收不合格的,不得交付使用。 **建工合同解释(已废止)第十三条** 建设工程未经竣工验收,发包人擅自使用后,又以使用部分质量不符合约定为由主张权利的,不予支持;但是承包人应当在建设工程的合理使用寿命内对地基基础工程和主体结构质量承担民事责任。 **第十四条** 当事人对建设工程实际竣工日期有争议的,按照以下情形分别处理: (一)建设工程经竣工验收合格的,以竣工验收合格之日为竣工日期; (二)承包人已经提交竣工验收报告,发包人拖延验收的,以承包人提交验收报告之日为竣工日期; (三)建设工程未经竣工验收,发包人擅自使用的,以转移占有建设工程之日为竣工日期。 **第十五条** 建设工程竣工前,当事人对工程质量发生争议,工程质量经鉴定合格的,鉴定期间为顺延工期期间。

《民法典》及最新相关司法解释	相关内容
当事人约定承包人未在约定期限内提出工期顺延申请视为工期不顺延的，按照约定处理，但发包人在约定期限后同意工期顺延或者承包人提出合理抗辩的除外。 **第十一条　建设工程竣工前，当事人对工程质量发生争议，工程质量经鉴定合格的，鉴定期间为顺延工期期间。** **第十四条　建设工程未经竣工验收，发包人擅自使用后，又以使用部分质量不符合约定为由主张权利的，人民法院不予支持；但是承包人应当在建设工程的合理使用寿命内对地基基础工程和主体结构质量承担民事责任。** 注 建设工程验收的主要内容一般包括：是否完成建设工程设计和合同约定的各项内容，是否有完整的技术档案和施工管理资料，是否有工程使用的主要建筑材料、建筑构配件和设备的进场试验报告，是否有勘察人、设计人、施工人、监理人等分别签署的质量合格文件，是否有施工人签署的工程保修书等。	
第八百条　勘察、设计的质量不符合要求或者未按照期限提交勘察、设计文件拖延工期，造成发包人损失的，勘察人、设计人应当继续完善勘察、设计，减收或者免收勘察、设计费并赔偿损失。 注 勘察、设计是整个建设工程的基础，如果勘察、设计的质量存在问题，整个建设工程质量也就没有保障。勘察、设计文件的提交日期决定了开始工程建设的日期，如果勘察、设计文件没有按照约定的期限交付，工程建	**《合同法》（已废止）第二百八十条**　勘察、设计的质量不符合要求或者未按照期限提交勘察、设计文件拖延工期，造成发包人损失的，勘察人、设计人应当继续完善勘察、设计，减收或者免收勘察、设计费并赔偿损失。

《民法典》及最新相关司法解释	相关内容
设就无法如期开工，就会对工程的完工日期造成影响。因此，工程的勘察、设计应当符合质量要求，勘察、设计文件应当如期提交。	
第八百零一条 因施工人的原因致使建设工程质量不符合约定的，发包人有权*请求*施工人在合理期限内无偿修理或者返工、改建。经过修理或者返工、改建后，造成逾期交付的，施工人应当承担违约责任。 **建设工程合同解释一第十二条 因承包人的原因造成建设工程质量不符合约定，承包人拒绝修理、返工或者改建，发包人请求减少支付工程价款的，人民法院应予支持。**	**《合同法》（已废止）第二百八十一条** 因施工人的原因致使建设工程质量不符合约定的，发包人有权*要求*施工人在合理期限内无偿修理或者返工、改建。经过修理或者返工、改建后，造成逾期交付的，施工人应当承担违约责任。 **建工合同解释（已废止）第十一条** 因承包人的过错造成建设工程质量不符合约定，承包人拒绝修理、返工或者改建，发包人请求减少支付工程价款的，应予支持。
第八百零二条 因承包人的原因致使建设工程在合理使用期限内造成人身损害和财产损失的，承包人应当承担赔偿责任。 **建设工程合同解释一第十八条 因保修人未及时履行保修义务，导致建筑物毁损或者造成人身损害、财产损失的，保修人应当承担赔偿责任。** **保修人与建筑物所有人或者发包人对建筑物毁损均有过错的，各自承担相应的责任。**	**《合同法》（已废止）第二百八十二条** 因承包人的原因致使建设工程在合理使用期限内造成人身和财产损害的，承包人应当承担~~损害~~赔偿责任。
第八百零三条 发包人未按照约定的时间和要求提供原材料、设备、场地、资金、技术资料的，承包人可以顺延工程日期，并有权*请求*赔偿停工、窝工等损失。 注 本条是关于发包人未按照约定履行有关提供义务应当承担相关责任之规定。	**《合同法》（已废止）第二百八十三条** 发包人未按照约定的时间和要求提供原材料、设备、场地、资金、技术资料的，承包人可以顺延工程日期，并有权*要求*赔偿停工、窝工等损失。 **建工合同解释（已废止）第九条** 发包人具有下列情形之一，致使承包人无

《民法典》及最新相关司法解释	相关内容
	法施工，且在催告的合理期限内仍未履行相应义务，承包人请求解除建设工程施工合同的，应予支持： （一）未按约定支付工程价款的； （二）提供的主要建筑材料、建筑构配件和设备不符合强制性标准的； （三）不履行合同约定的协助义务的。
第八百零四条　因发包人的原因致使工程中途停建、缓建的，发包人应当采取措施弥补或者减少损失，赔偿承包人因此造成的停工、窝工、倒运、机械设备调迁、材料和构件积压等损失和实际费用。 注 本条是关于发包人原因致工程停建、缓建的责任之规定，注意与前一条发包人不履行提供义务承担责任相区别。	**《合同法》（已废止）第二百八十四条**　因发包人的原因致使工程中途停建、缓建的，发包人应当采取措施弥补或者减少损失，赔偿承包人因此造成的停工、窝工、倒运、机械设备调迁、材料和构件积压等损失和实际费用。 **建工合同解释（已废止）第十二条**　发包人具有下列情形之一，造成建设工程质量缺陷，应当承担过错责任： （一）提供的设计有缺陷； （二）提供或者指定购买的建筑材料、建筑构配件、设备不符合强制性标准； （三）直接指定分包人分包专业工程。 承包人有过错的，也应当承担相应的过错责任。
第八百零五条　因发包人变更计划，提供的资料不准确，或者未按照期限提供必需的勘察、设计工作条件而造成勘察、设计的返工、停工或者修改设计，发包人应当按照勘察人、设计人实际消耗的工作量增付费用。 注 本条是关于发包人的原因致勘察、设计出现返工、停工或修改设计的责任之规定。勘察、设计工作需要发包人的密切配合，若因发包人原因导致勘察、设计增加工作量，发包人需增付费用。	**《合同法》（已废止）第二百八十五条**　因发包人变更计划，提供的资料不准确，或者未按照期限提供必需的勘察、设计工作条件而造成勘察、设计的返工、停工或者修改设计，发包人应当按照勘察人、设计人实际消耗的工作量增付费用。

《民法典》及最新相关司法解释	相关内容
第八百零六条 承包人将建设工程转包、违法分包的,发包人可以解除合同。 发包人提供的主要建筑材料、建筑构配件和设备不符合强制性标准或者不履行协助义务,致使承包人无法施工,经催告后在合理期限内仍未履行相应义务的,承包人可以解除合同。 合同解除后,已经完成的建设工程质量合格的,发包人应当按照约定支付相应的工程价款;已经完成的建设工程质量不合格的,参照本法第七百九十三条的规定处理。 注 本条规定了特定情形下的施工合同解除,并明确了合同解除后工程价款的支付。	**建工合同解释(已废止)第八条** 承包人具有下列情形之一,发包人请求解除建设工程施工合同的,应予支持: (一)明确表示或者以行为表明不履行合同主要义务的; (二)合同约定的期限内没有完工,且在发包人催告的合理期限内仍未完工的; (三)已经完成的建设工程质量不合格,并拒绝修复的; (四)将承包的建设工程非法转包、违法分包的。 **第十条第一款** 建设工程施工合同解除后,已经完成的建设工程质量合格的,发包人应当按照约定支付相应的工程价款;已经完成的建设工程质量不合格的,参照本解释第三条规定处理。 **第三条** 建设工程施工合同无效,且建设工程经竣工验收不合格的,按照以下情形分别处理: (一)修复后的建设工程经竣工验收合格,发包人请求承包人承担修复费用的,应予支持; (二)修复后的建设工程经竣工验收不合格,承包人请求支付工程价款的,不予支持。 因建设工程不合格造成的损失,发包人有过错的,也应承担相应的民事责任。
第八百零七条 发包人未按照约定支付价款的,承包人可以催告发包人在合理期限内支付价款。发包人逾期不支付的,除根据建设工程的性质不宜折价、	**《合同法》(已废止)第二百八十六条** 发包人未按照约定支付价款的,承包人可以催告发包人在合理期限内支付价款。发包人逾期不支付的,除按照建设工程

《民法典》及最新相关司法解释	相关内容
拍卖外，承包人可以与发包人协议将该工程折价，也可以*请求*人民法院将该工程依法拍卖。建设工程的价款就该工程折价或者拍卖的价款优先受偿。 **建设工程合同解释一第二十一条** 当事人约定，发包人收到竣工结算文件后，在约定期限内不予答复，视为认可竣工结算文件的，按照约定处理。承包人请求按照竣工结算文件结算工程价款的，人民法院应予支持。 **第二十二条** 当事人签订的建设工程施工合同与招标文件、投标文件、中标通知书载明的工程范围、建设工期、工程质量、工程价款不一致，一方当事人请求将招标文件、投标文件、中标通知书作为结算工程价款的依据的，人民法院应予支持。 **第二十六条** 当事人对欠付工程价款利息计付标准有约定的，按照约定处理。没有约定的，按照同期同类贷款利率或者同期贷款市场报价利率计息。 **第二十七条** 利息从应付工程价款之日开始计付。当事人对付款时间没有约定或者约定不明的，下列时间视为应付款时间： （一）建设工程已实际交付的，为交付之日； （二）建设工程没有交付的，为提交竣工结算文件之日； （三）建设工程未交付，工程价款也未结算的，为当事人起诉之日。 **第三十五条** 与发包人订立建设工程施工合同的承包人，依据民法典第八百零七条的规定请求其承建工程的价款就	的性质不宜折价、拍卖的~~的以~~外，承包人可以与发包人协议将该工程折价，也可以*申请*人民法院将该工程依法拍卖。建设工程的价款就该工程折价或者拍卖的价款优先受偿。 **建工合同解释（已废止）第十九条** 当事人对工程量有争议的，按照施工过程中形成的签证等书面文件确认。承包人能够证明发包人同意其施工，但未能提供签证文件证明工程量发生的，可以按照当事人提供的其他证据确认实际发生的工程量。 **第二十条** 当事人约定，发包人收到竣工结算文件后，在约定期限内不予答复，视为认可竣工结算文件的，按照约定处理。承包人请求按照竣工结算文件结算工程价款的，应予支持。 **第二十一条** 当事人就同一建设工程另行订立的建设工程施工合同与经过备案的中标合同实质性内容不一致的，应当以备案的中标合同作为结算工程价款的根据。 **第二十二条** 当事人约定按照固定价结算工程价款，一方当事人请求对建设工程造价进行鉴定的，不予支持。 **建工合同解释二（已废止）第二十条** 未竣工的建设工程质量合格，承包人请求其承建工程的价款就其承建工程部分折价或者拍卖的价款优先受偿的，人民法院应予支持。 **第二十一条** 承包人建设工程价款优先受偿的范围依照国务院有关行政主管部门关于建设工程价款范围的规定确定。

《民法典》及最新相关司法解释	相关内容
工程折价或者拍卖的价款优先受偿的，人民法院应予支持。 第三十六条　承包人根据民法典第八百零七条规定享有的建设工程价款优先受偿权优于抵押权和其他债权。 第三十七条　装饰装修工程具备折价或者拍卖条件，装饰装修工程的承包人请求工程价款就该装饰装修工程折价或者拍卖的价款优先受偿的，人民法院应予支持。 第三十八条　建设工程质量合格，承包人请求其承建工程的价款就工程折价或者拍卖的价款优先受偿的，人民法院应予支持。 第三十九条　未竣工的建设工程质量合格，承包人请求其承建工程的价款就其承建工程部分折价或者拍卖的价款优先受偿的，人民法院应予支持。 第四十条　承包人建设工程价款优先受偿的范围依照国务院有关行政主管部门关于建设工程价款范围的规定确定。 承包人就逾期支付建设工程价款的利息、违约金、损害赔偿金等主张优先受偿的，人民法院不予支持。 第四十一条　承包人应当在合理期限内行使建设工程价款优先受偿权，但最长不得超过十八个月，自发包人应当给付建设工程价款之日起算。 第四十二条　发包人与承包人约定放弃或者限制建设工程价款优先受偿权，损害建筑工人利益，发包人根据该约定主张承包人不享有建设工程价款优先受偿权的，人民法院不予支持。	承包人就逾期支付建设工程价款的利息、违约金、损害赔偿金等主张优先受偿的，人民法院不予支持。 **第二十二条**　承包人行使建设工程价款优先受偿权的期限为六个月，自发包人应当给付建设工程价款之日起算。 **第二十三条**　发包人与承包人约定放弃或者限制建设工程价款优先受偿权，损害建筑工人利益，发包人根据该约定主张承包人不享有建设工程价款优先受偿权的，人民法院不予支持。

《民法典》及最新相关司法解释	相关内容
注 只有发包人在承包人催告后的合理期限内仍没有支付价款的，承包人才能将该工程折价或拍卖以优先受偿。若发包人在承包人催告后的合理期限内支付了全部价款，承包人只能要求发包人承担支付约定的违约金或支付逾期利息、赔偿其他损失等违约责任，而不能将该工程折价或拍卖以优先受偿。此外，按照建设工程的性质不宜折价、拍卖的，承包人不能将该工程折价或拍卖，如发包方无所有权的工程、国防设施、国家重点工程、公共设施工程。	
第八百零八条　本章没有规定的，适用承揽合同的有关规定。 注 承揽合同是承揽人按照定作人的要求完成工作，交付工作成果，定作人给付报酬的合同；建设工程合同是承包人进行工程建设，发包人支付价款的合同。本质上说，建设工程合同是一种特殊的承揽合同。本章没有规定而承揽合同一章有规定的，可根据建设工程合同的性质适用承揽合同的有关规定。	**《合同法》(已废止)第二百八十七条**　本章没有规定的，适用承揽合同的有关规定。
第十九章　运输合同	
第一节　一般规定	
第八百零九条　运输合同是承运人将旅客或者货物从起运地点运输到约定地点，旅客、托运人或者收货人支付票款或者运输费用的合同。 注 《民法典》合同编有关运输合同的规定，属于一般性的法律规定。在现有我国的法律当中，还存在一些规定运输行为的特别法，如《海商法》《铁路法》《民用航空法》。按照特别法优先于普通法的原则，只有在特别法没有规定的情况下，才适用本章的一般规定。	**《合同法》(已废止)第二百八十八条**　运输合同是承运人将旅客或者货物从起运地点运输到约定地点，旅客、托运人或者收货人支付票款或者运输费用的合同。

《民法典》及最新相关司法解释	相关内容
第八百一十条 从事公共运输的承运人不得拒绝旅客、托运人通常、合理的运输要求。 注 本条规定是一项义务性规定,即规定的是从事公共运输的承运人依法负有强制缔约的义务。	**《合同法》(已废止)第二百八十九条** 从事公共运输的承运人不得拒绝旅客、托运人通常、合理的运输要求。
第八百一十一条 承运人应当在约定*期限*或者合理*期限*内将旅客、货物安全运输到约定地点。 注 承运人义务:一是合理时间,二是安全到达。	**《合同法》(已废止)第二百九十条** 承运人应当在约定*期间*或者合理*期间*内将旅客、货物安全运输到约定地点。
第八百一十二条 承运人应当按照约定的或者通常的运输路线将旅客、货物运输到约定地点。 注 承运人义务再加一点:按约定或通常路线运输。但须注意,必要时也允许合理绕行。	**《合同法》(已废止)第二百九十一条** 承运人应当按照约定的或者通常的运输路线将旅客、货物运输到约定地点。
第八百一十三条 旅客、托运人或者收货人应当支付票款或者运输费用。承运人未按照约定路线或者通常路线运输增加票款或者运输费用的,旅客、托运人或者收货人可以拒绝支付增加部分的票款或者运输费用。 注 对旅客、托运人、收货人而言,本条有两项内容:一项是义务性规定,支付票款或运费;另一项是权利性规定,在法定情况下可拒绝支付增加部分的票款或运费。	**《合同法》(已废止)第二百九十二条** 旅客、托运人或者收货人应当支付票款或者运输费用。承运人未按照约定路线或者通常路线运输增加票款或者运输费用的,旅客、托运人或者收货人可以拒绝支付增加部分的票款或者运输费用。
第二节 客运合同	
第八百一十四条 客运合同自承运人向旅客*出具*客票时成立,但是当事人另有约定或者另有交易习惯的除外。	**《合同法》(已废止)第二百九十三条** 客运合同自承运人向旅客*交付*客票时成立,但当事人另有约定或者另有交易习惯的除外。

《民法典》及最新相关司法解释	相关内容
第八百一十五条　旅客应当**按照**有效客票**记载的时间、班次和座位号***乘坐*。旅客无票*乘坐*、超程*乘坐*、越级*乘坐*或者持*不符合减价条件的优惠*客票*乘坐*的，应当补交票款，承运人可以按照规定加收票款；旅客不*支付*票款的，承运人可以拒绝运输。 **实名制客运合同的旅客丢失客票的，可以请求承运人挂失补办，承运人不得再次收取票款和其他不合理费用。** 注 本条第1款完善了旅客持有效客票乘坐的相关义务，第2款系增加了挂失补票的内容。	**《合同法》(已废止)第二百九十四条**　旅客应当持有效客票*乘运*。旅客无票*乘运*、超程*乘运*、越级*乘运*或者持*失效*客票*乘运*的，应当补交票款，承运人可以按照规定加收票款。旅客不*交付*票款的，承运人可以拒绝运输。
第八百一十六条　旅客因自己的原因不能按照客票记载的时间乘坐的，应当在约定的*期限*内办理退票或者变更手续；逾期办理的，承运人可以不退票款，并不再承担运输义务。	**《合同法》(已废止)第二百九十五条**　旅客因自己的原因不能按照客票记载的时间乘坐的，应当在约定的*时间*内办理退票或者变更手续。逾期办理的，承运人可以不退票款，并不再承担运输义务。
第八百一十七条　旅客**随身**携带行李应当符合约定的限量**和品类要求；**超过限量**或者违反品类要求**携带行李的，应当办理托运手续。 注 增加“品类要求”，更好地保障运输安全与运输秩序。	**《合同法》(已废止)第二百九十六条**　旅客在运输中应当按照约定的限量携带行李。超过限量携带行李的，应当办理托运手续。
第八百一十八条　旅客不得随身携带或者在行李中夹带易燃、易爆、有毒、有腐蚀性、有放射性以及可能危及运输工具上人身和财产安全的危险物品或者违禁物品。 旅客违反前款规定的，承运人可以将**危险物品或者**违禁物品卸下、销毁或者送交有关部门。旅客坚持携带或者夹带**危险物品或者**违禁物品的，承运人应	**《合同法》(已废止)第二百九十七条**　旅客不得随身携带或者在行李中夹带易燃、易爆、有毒、有腐蚀性、有放射性以及有可能危及运输工具上人身和财产安全的危险物品或者其他违禁物品。 旅客违反前款规定的，承运人可以将违禁物品卸下、销毁或者送交有关部门。旅客坚持携带或者夹带违禁物品的，承运人应当拒绝运输。

《民法典》及最新相关司法解释	相关内容
当拒绝运输。 注 人的流动性越发加大，维护运输安全不仅是承运人的义务，也是旅客的义务。	
第八百一十九条　承运人应当**严格履行安全运输义务**，及时告知旅客安全运输应当注意的事项。**旅客对承运人为安全运输所作的合理安排应当积极协助和配合**。 注 除告知重要事项义务外，本条明确了承运人的安全运输义务、旅客的协助配合义务。	**《合同法》（已废止）第二百九十八条**　承运人应当向旅客及时告知~~有关不能正常运输的重要事由和~~安全运输应当注意的事项。
第八百二十条　承运人应当按照**有效**客票*记载*的时间、班次**和座位号**运输旅客。承运人迟延运输**或者有其他不能正常运输情形**的，应当**及时告知和提醒旅客，采取必要的安置措施，并**根据旅客的要求安排改乘其他班次或者退票；**由此造成旅客损失的，承运人应当承担赔偿责任，但是不可归责于承运人的除外**。 注 相较于《合同法》（已废止）第299条的规定，本条增加了客票的“有效”和“座位号”要求，并明确了迟延运输中承运人的告知、提醒义务及赔偿责任。	**《合同法》（已废止）第二百九十九条**　承运人应当按照客票*载明*的时间和班次运输旅客。承运人迟延运输的，应当根据旅客的要求安排改乘其他班次或者退票。
第八百二十一条　承运人擅自降低服务标准的，应当根据旅客的*请求*退票或者减收票款；提高服务标准的，不得加收票款。 注 删除了“变更运输工具”的限定。换言之，只要擅自降低服务标准，无论是否变更运输工具，承运人均需承担退票或减收责任。	**《合同法》（已废止）第三百条**　承运人擅自~~变更运输工具而~~降低服务标准的，应当根据旅客的*要求*退票或者减收票款；提高服务标准的，不应当加收票款。
第八百二十二条　承运人在运输过程中，应当尽力救助患有急病、分娩、遇险的旅客。	**《合同法》（已废止）第三百零一条**　承运人在运输过程中，应当尽力救助患有急病、分娩、遇险的旅客。

《民法典》及最新相关司法解释	相关内容
第八百二十三条　承运人应当对运输过程中旅客的伤亡承担赔偿责任；但是，伤亡是旅客自身健康原因造成的或者承运人证明伤亡是旅客故意、重大过失造成的除外。 前款规定适用于按照规定免票、持优待票或者经承运人许可搭乘的无票旅客。	**《合同法》（已废止）第三百零二条**　承运人应当对运输过程中旅客的伤亡承担损害赔偿责任，但伤亡是旅客自身健康原因造成的或者承运人证明伤亡是旅客故意、重大过失造成的除外。 前款规定适用于按照规定免票、持优待票或者经承运人许可搭乘的无票旅客。
第八百二十四条　在运输过程中旅客*随身携带*物品毁损、灭失，承运人有过错的，应当承担赔偿责任。 旅客托运的行李毁损、灭失的，适用货物运输的有关规定。 注 随身携带的物品，旅客、承运人均有义务保护和看管，故对此类物品，承运人承担过错责任。而托运的行李毁损、灭失的，适用货物运输的有关规定处理。之所以如此，在于托运的行李已经脱离了旅客自身能够看管注意的范围，本质上属于货物运输。	**《合同法》（已废止）第三百零三条**　在运输过程中旅客*自带*物品毁损、灭失，承运人有过错的，应当承担~~损害~~赔偿责任。 旅客托运的行李毁损、灭失的，适用货物运输的有关规定。
第三节　货运合同	
第八百二十五条　托运人办理货物运输，应当向承运人准确表明收货人的姓名、名称或者凭指示的收货人，货物的名称、性质、重量、数量，收货地点等有关货物运输的必要情况。 因托运人申报不实或者遗漏重要情况，造成承运人损失的，托运人应当承担赔偿责任。 注 本条是关于货运合同中托运人办理托运手续有关义务的规定，包括如实申报情况以及不如实申报导致的法律后果之规定。	**《合同法》（已废止）第三百零四条**　托运人办理货物运输，应当向承运人准确表明收货人的名称或者姓名或者凭指示的收货人，货物的名称、性质、重量、数量，收货地点等有关货物运输的必要情况。 因托运人申报不实或者遗漏重要情况，造成承运人损失的，托运人应当承担损害赔偿责任。

《民法典》及最新相关司法解释	相关内容
第八百二十六条 货物运输需要办理审批、检验等手续的,托运人应当将办理完有关手续的文件提交承运人。 注 本条中仅列举了审批、检验两种,实际上托运人在货物运输前应当办理的手续不限于这两种,如申报所运输物品的详细情况、动植物检疫、港口准入。对于某些危险物品的运输,还需要办理危险运输许可证等。	**《合同法》(已废止)第三百零五条** 货物运输需要办理审批、检验等手续的,托运人应当将办理完有关手续的文件提交承运人。
第八百二十七条 托运人应当按照约定的方式包装货物。对包装方式没有约定或者约定不明确的,适用*本法第六百一十九条*的规定。 托运人违反前款规定的,承运人可以拒绝运输。	**《合同法》(已废止)第三百零六条** 托运人应当按照约定的方式包装货物。对包装方式没有约定或者约定不明确的,适用*本法第一百五十六条*的规定。 托运人违反前款规定的,承运人可以拒绝运输。
第八百二十八条 托运人托运易燃、易爆、有毒、有腐蚀性、有放射性等危险物品的,应当按照国家有关危险物品运输的规定对危险物品妥善包装,*做出*危险物品标志和标签,并将有关危险物品的名称、性质和防范措施的书面材料提交承运人。 托运人违反前款规定的,承运人可以拒绝运输,也可以采取相应措施以避免损失的发生,因此产生的费用由托运人*负担*。 注 对危险品托运,托运人有向承运人提供书面材料的义务。之所以这样规定,在于一方面让承运人了解危险物品,决定是否进行运输;另一方面便于承运人采取措施安全运输。	**《合同法》(已废止)第三百零七条** 托运人托运易燃、易爆、有毒、有腐蚀性、有放射性等危险物品的,应当按照国家有关危险物品运输的规定对危险物品妥善包装,*作出*危险物标志和标签,并将有关危险物品的名称、性质和防范措施的书面材料提交承运人。 托运人违反前款规定的,承运人可以拒绝运输,也可以采取相应措施以避免损失的发生,因此产生的费用由托运人*承担*。
第八百二十九条 在承运人将货物交付收货人之前,托运人可以要求承运人中止运输、返还货物、变更到达地或者将货物交给其他收货人,但是应当赔偿	**《合同法》(已废止)第三百零八条** 在承运人将货物交付收货人之前,托运人可以要求承运人中止运输、返还货物、变更到达地或者将货物交给其他收货人,

《民法典》及最新相关司法解释	相关内容
承运人因此受到的损失。 注 本条赋予托运人可变更或者解除运输合同的权利。如此规定，主要是考虑货物运输特别是国际贸易中的特征与实际，保护托运人的利益，以及方便商业交易。	但应当赔偿承运人因此受到的损失。
第八百三十条　货物运输到达后，承运人知道收货人的，应当及时通知收货人，收货人应当及时提货。收货人逾期提货的，应当向承运人支付保管费等费用。	**《合同法》（已废止）第三百零九条**　货物运输到达后，承运人知道收货人的，应当及时通知收货人，收货人应当及时提货。收货人逾期提货的，应当向承运人支付保管费等费用。
第八百三十一条　收货人提货时应当按照约定的期限检验货物。对检验货物的期限没有约定或者约定不明确，*依据本法第五百一十条*的规定仍不能确定的，应当在合理期限内检验货物。收货人在约定的期限或者合理期限内对货物的数量、毁损等未提出异议的，视为承运人已经按照运输单证的记载交付的初步证据。	**《合同法》（已废止）第三百一十条**　收货人提货时应当按照约定的期限检验货物。对检验货物的期限没有约定或者约定不明确，*依照本法第六十一条*的规定仍不能确定的，应当在合理期限内检验货物。收货人在约定的期限或者合理期限内对货物的数量、毁损等未提出异议的，视为承运人已经按照运输单证的记载交付的初步证据。
第八百三十二条　承运人对运输过程中货物的毁损、灭失承担赔偿责任。但是，承运人证明货物的毁损、灭失是因不可抗力、货物本身的自然性质或者合理损耗以及托运人、收货人的过错造成的，不承担赔偿责任。 注 运输是风险作业，运输中损害发生原因也极其复杂。在强调对托运人或者收货人利益保护的同时，也必须对承运人利益做适当保护，以体现公平原则。对承运人的保护就体现在免责事由上。本条规定了三类免责事由：（1）不可抗力；（2）货物自然性质或合理损耗；（3）托运人、收货人的过错。	**《合同法》（已废止）第三百一十一条**　承运人对运输过程中货物的毁损、灭失承担损害赔偿责任，但承运人证明货物的毁损、灭失是因不可抗力、货物本身的自然性质或者合理损耗以及托运人、收货人的过错造成的，不承担损害赔偿责任。

《民法典》及最新相关司法解释	相关内容
第八百三十三条　货物的毁损、灭失的赔偿额，当事人有约定的，按照其约定；没有约定或者约定不明确，*依据本法第五百一十条*的规定仍不能确定的，按照交付或者应当交付时货物到达地的市场价格计算。法律、行政法规对赔偿额的计算方法和赔偿限额另有规定的，依照其规定。 注 本条涉及的确定价格的时间，为“交付或者应当交付时”；确定价格的地点和方法，为“货物到达地的市场价格”。之所以这样规定，在于使托运人或者收货人获得与货物安全及时到达时同等的收益，从而维护托运人或者收货人利益。	**《合同法》（已废止）第三百一十二条** 货物的毁损、灭失的赔偿额，当事人有约定的，按照其约定；没有约定或者约定不明确，*依照本法第六十一条*的规定仍不能确定的，按照交付或者应当交付时货物到达地的市场价格计算。法律、行政法规对赔偿额的计算方法和赔偿限额另有规定的，依照其规定。
第八百三十四条　两个以上承运人以同一运输方式联运的，与托运人订立合同的承运人应当对全程运输承担责任；损失发生在某一运输区段的，与托运人订立合同的承运人和该区段的承运人承担连带责任。 注 本条是关于相继运输责任承担的规定。须注意的是，相继运输是两个以上承运人以同一种方式运输；不同运输方式运输，则为多式联运。	**《合同法》（已废止）第三百一十三条** 两个以上承运人以同一运输方式联运的，与托运人订立合同的承运人应当对全程运输承担责任。损失发生在某一运输区段的，与托运人订立合同的承运人和该区段的承运人承担连带责任。
第八百三十五条　货物在运输过程中因不可抗力灭失，未收取运费的，承运人不得请求支付运费；已经收取运费的，托运人可以请求返还。**法律另有规定的，依照其规定**。 注 为更好地保护托运人的利益，避免托运人承担货物灭失和运费的双重风险，本条规定了不可抗力下的货物灭失，托运人无须支付运费。	**《合同法》（已废止）第三百一十四条** 货物在运输过程中因不可抗力灭失，未收取运费的，承运人不得要求支付运费；已收取运费的，托运人可以要求返还。

《民法典》及最新相关司法解释	相关内容
第八百三十六条　托运人或者收货人不支付运费、保管费*或者*其他费用的，承运人对相应的运输货物享有留置权，但是当事人另有约定的除外。 注 按照行使留置权的原理，行使留置权的一个前提是债权已至清偿期。如果托运人或者收货人交付运费、保管费以及其他运输费用的期限尚未届满，那么承运人不得提前行使留置权，承运人更不得以托运人未交运费为由留置货物，不予运输。	**《合同法》（已废止）第三百一十五条**　托运人或者收货人不支付运费、保管费*以及*其他运输费用的，承运人对相应的运输货物享有留置权，但当事人另有约定的除外。 **《担保法》（已废止）第八十四条**　因保管合同、运输合同、加工承揽合同发生的债权，债务人不履行债务的，债权人有留置权。 法律规定可以留置的其他合同，适用前款规定。 当事人可以在合同中约定不得留置的物。
第八百三十七条　收货人不明或者收货人无正当理由拒绝受领货物的，承运人**依法**可以提存货物。	**《合同法》（已废止）第三百一十六条**　收货人不明或者收货人无正当理由拒绝受领货物的，~~依照本法第一百零一条的规定，~~承运人可以提存货物。
第四节　多式联运合同	
第八百三十八条　多式联运经营人负责履行或者组织履行多式联运合同，对全程运输享有承运人的权利，承担承运人的义务。 注 多式联运合同是联运合同中的一种，指多式联运经营人以两种以上的不同的运输方式，将托运人的货物从接收地运至目的地并交付收货人，并收取全程运输费用的合同。	**《合同法》（已废止）第三百一十七条**　多式联运经营人负责履行或者组织履行多式联运合同，对全程运输享有承运人的权利，承担承运人的义务。
第八百三十九条　多式联运经营人可以与参加多式联运的各区段承运人就多式联运合同的各区段运输约定相互之间的责任；但是，该约定不影响多式联运经营人对全程运输承担的义务。 注 承运人间的约定不影响经营人对托运人承担全程义务。	**《合同法》（已废止）第三百一十八条**　多式联运经营人可以与参加多式联运的各区段承运人就多式联运合同的各区段运输约定相互之间的责任，但该约定不影响多式联运经营人对全程运输承担的义务。

《民法典》及最新相关司法解释	相关内容
第八百四十条 多式联运经营人收到托运人交付的货物时,应当签发多式联运单据。按照托运人的要求,多式联运单据可以是可转让单据,也可以是不可转让单据。 注 签发多式联运单据是联运经营人的义务,也是托运人的一项权利。实际运输中,多式联运单据通常为格式文本,但当事人也可以自行协商确定具体内容。	**《合同法》(已废止)第三百一十九条** 多式联运经营人收到托运人交付的货物时,应当签发多式联运单据。按照托运人的要求,多式联运单据可以是可转让单据,也可以是不可转让单据。
第八百四十一条 因托运人托运货物时的过错造成多式联运经营人损失的,即使托运人已经转让多式联运单据,托运人仍然应当承担赔偿责任。 注 托运人的过错赔偿责任不随多式联运单据的转让而转移。无论单据在谁手中,只要托运人有过错,经营人都可向其要求赔偿,而不能向持票人或收货人要求赔偿。	**《合同法》(已废止)第三百二十条** 因托运人托运货物时的过错造成多式联运经营人损失的,即使托运人已经转让多式联运单据,托运人仍然应当承担~~损害~~赔偿责任。
第八百四十二条 货物的毁损、灭失发生于多式联运的某一运输区段的,多式联运经营人的赔偿责任和责任限额,适用调整该区段运输方式的有关法律规定;货物毁损、灭失发生的运输区段不能确定的,依照本章规定承担赔偿责任。 注 为何要对不同运输区段适用何种法律作出区分?主要是考虑到,在多式联运中,各个运输区段运输方式不同,而我国有关的专门运输法律法规对不同运输方式中的赔偿责任和赔偿限额的规定是不相同的,须区分适用。	**《合同法》(已废止)第三百二十一条** 货物的毁损、灭失发生于多式联运的某一运输区段的,多式联运经营人的赔偿责任和责任限额,适用调整该区段运输方式的有关法律规定。货物毁损、灭失发生的运输区段不能确定的,依照本章规定承担~~损害~~赔偿责任。

《民法典》及最新相关司法解释	相关内容
第二十章　技术合同	
第一节　一般规定	
第八百四十三条　技术合同是当事人就技术开发、转让、许可、咨询或者服务订立的确立相互之间权利和义务的合同。 **技术合同解释（2020）第四十六条**　计算机软件开发等合同争议，著作权法以及其他法律、行政法规另有规定的，依照其规定；没有规定的，适用民法典第三编第一分编的规定，并可以参照民法典第三编第二分编第二十章和本解释的有关规定处理。 注《民法典》本章关于技术合同的规定不仅适用于国内技术合同，也适用于相关的涉外技术合同。	**《合同法》（已废止）第三百二十二条**　技术合同是当事人就技术开发、转让、咨询或者服务订立的确立相互之间权利和义务的合同。
第八百四十四条　订立技术合同，应当有利于**知识产权的保护和**科学技术的进步，*促进*科学技术成果的**研发**、转化、应用和推广。 注 增加了知识产权保护的内容，以适应社会发展，提升开放水平。	**《合同法》（已废止）第三百二十三条**　订立技术合同，应当有利于科学技术的进步，*加速*科学技术成果的转化、应用和推广。
第八百四十五条　技术合同的内容一般包括项目的名称，标的的内容、范围和要求，履行的计划、地点和方式，技术*信息*和资料的保密，技术成果的归属和收益的*分配*办法，验收标准和方法，名词和术语的解释等条款。 与履行合同有关的技术背景资料、可行性论证和技术评价报告、项目任务书和计划书、技术标准、技术规范、原始设计和工艺文件，以及其他技术文档，按照当事人的约定可以作为合同的组成部分。	**《合同法》（已废止）第三百二十四条**　技术合同的内容~~由当事人约定，~~一般包括以下条款： （一）项目名称； （二）标的的内容、范围和要求； （三）履行的计划、~~进度、期限、~~地点、~~地域~~和方式； （四）技术*情报*和资料的保密； （五）~~风险责任的承担~~； （六）技术成果的归属和收益的*分成*办法；

《民法典》及最新相关司法解释	相关内容
技术合同涉及专利的,应当注明发明创造的名称、专利申请人和专利权人、申请日期、申请号、专利号以及专利权的有效期限。 注 相较于《合同法》(已废止)第324条,本条在表述上减少了列举,增加了“等”。技术合同条款一般由当事人协商约定,不需要法律作出具体规定。但考虑技术合同的内容比较复杂,有必要在法律中做一些规定,以指导当事人订立。因此,合同编做了如此规定。	(七)验收标准和方法; (八)~~价款、报酬或者使用费及其支付方式~~; (九)~~违约金或者损失赔偿的计算方法~~; (十)~~解决争议的方法~~; (十一)名词和术语的解释。 与履行合同有关的技术背景资料、可行性论证和技术评价报告、项目任务书和计划书、技术标准、技术规范、原始设计和工艺文件,以及其他技术文档,按照当事人的约定可以作为合同的组成部分。 技术合同涉及专利的,应当注明发明创造的名称、专利申请人和专利权人、申请日期、申请号、专利号以及专利权的有效期限。
第八百四十六条 技术合同价款、报酬或者使用费的支付方式由当事人约定,可以采取一次总算、一次总付或者一次总算、分期支付,也可以采取提成支付或者提成支付附加预付入门费的方式。 约定提成支付的,可以按照产品价格、实施专利和使用技术秘密后新增的产值、利润或者产品销售额的一定比例提成,也可以按照约定的其他方式计算。提成支付的比例可以采取固定比例、逐年递增比例或者逐年递减比例。 约定提成支付的,当事人*可以*约定查阅有关会计*账目*的办法。	**《合同法》(已废止)第三百二十五条** 技术合同价款、报酬或者使用费的支付方式由当事人约定,可以采取一次总算、一次总付或者一次总算、分期支付,也可以采取提成支付或者提成支付附加预付入门费的方式。 约定提成支付的,可以按照产品价格、实施专利和使用技术秘密后新增的产值、利润或者产品销售额的一定比例提成,也可以按照约定的其他方式计算。提成支付的比例可以采取固定比例、逐年递增比例或者逐年递减比例。 约定提成支付的,当事人*应当*在合同中约定查阅有关会计*帐目*的办法。

《民法典》及最新相关司法解释	相关内容
	原技术合同解释第十四条（本条内容已修正）　对技术合同的价款、报酬和使用费，当事人没有约定或者约定不明确的，人民法院可以按照以下原则处理： （一）对于技术开发合同和技术转让合同，根据有关技术成果的研究开发成本、先进性、实施转化和应用的程度，当事人享有的权益和承担的责任，以及技术成果的经济效益等合理确定； （二）对于技术咨询合同和技术服务合同，根据有关咨询服务工作的技术含量、质量和数量，以及已经产生和预期产生的经济效益等合理确定。 技术合同价款、报酬、使用费中包含非技术性款项的，应当分项计算。
第八百四十七条　职务技术成果的使用权、转让权属于法人或者*非法人*组织的，法人或者*非法人*组织可以就该项职务技术成果订立技术合同。法人或者*非法人组织*订立技术合同转让职务技术成果时，职务技术成果的完成人享有以同等条件优先受让的权利。 职务技术成果是执行法人或者*非法人组织*的工作任务，或者主要是利用法人或者*非法人组织*的物质技术条件所完成的技术成果。 **技术合同解释（2020）第四条**　民法典第八百四十七条第二款所称“主要是利用法人或者非法人组织的物质技术条件”，包括职工在技术成果的研究开发过程中，全部或者大部分利用了法人或者非法人组织的资金、设备、器材或者原材	**《合同法》（已废止）第三百二十六条**　职务技术成果的使用权、转让权属于法人或者*其他*组织的，法人或者*其他*组织可以就该项职务技术成果订立技术合同。~~法人或者其他组织应当从使用和转让该项职务技术成果所取得的收益中提取一定比例，对完成该项职务技术成果的个人给予奖励或者报酬~~。法人或者*其他组织*订立技术合同转让职务技术成果时，职务技术成果的完成人享有以同等条件优先受让的权利。 职务技术成果是执行法人或者*其他组织*的工作任务，或者主要是利用法人或者*其他组织*的物质技术条件所完成的技术成果。 **原技术合同解释第二条（本条内容已修正）**　合同法第三百二十六条第二款

《民法典》及最新相关司法解释	相关内容
料等物质条件，并且这些物质条件对形成该技术成果具有实质性的影响；还包括该技术成果实质性内容是在法人或者非法人组织尚未公开的技术成果、阶段性技术成果基础上完成的情形。但下列情况除外： （一）对利用法人或者非法人组织提供的物质技术条件，约定返还资金或者交纳使用费的； （二）在技术成果完成后利用法人或者非法人组织的物质技术条件对技术方案进行验证、测试的。 注《民法典》第847条是关于职务技术成果及职务技术成果财产权归属的规定，条文明确了职务技术成果的两种情形：一是执行法人或者非法人组织的工作任务，二是主要是利用法人或者非法人组织的物质技术条件。	所称“执行法人或者其他组织的工作任务”，包括： （一）履行法人或者其他组织的岗位职责或者承担其交付的其他技术开发任务； （二）离职后一年内继续从事与其原所在法人或者其他组织的岗位职责或者交付的任务有关的技术开发工作，但法律、行政法规另有规定的除外。 法人或者其他组织与其职工就职工在职期间或者离职以后所完成的技术成果的权益有约定的，人民法院应当依约定确认。 **第三条（本条内容已修正）** 合同法第三百二十六条第二款所称“物质技术条件”，包括资金、设备、器材、原材料、未公开的技术信息和资料等。 **第十六条** 当事人以技术成果向企业出资但未明确约定权属，接受出资的企业主张该技术成果归其享有的，人民法院一般应当予以支持，但是该技术成果价值与该技术成果所占出资额比例明显不合理损害出资人利益的除外。 当事人对技术成果的权属约定有比例的，视为共同所有，其权利使用和利益分配，按共有技术成果的有关规定处理，但当事人另有约定的，从其约定。 当事人对技术成果的使用权约定有比例的，人民法院可以视为当事人对实施该项技术成果所获收益的分配比例，但当事人另有约定的，从其约定。

《民法典》及最新相关司法解释	相关内容
第八百四十八条　非职务技术成果的使用权、转让权属于完成技术成果的个人,完成技术成果的个人可以就该项非职务技术成果订立技术合同。	**《合同法》(已废止)第三百二十七条**　非职务技术成果的使用权、转让权属于完成技术成果的个人,完成技术成果的个人可以就该项非职务技术成果订立技术合同。 **原技术合同解释第五条(本条内容已修正)**　个人完成的技术成果,属于执行原所在法人或者其他组织的工作任务,又主要利用了现所在法人或者其他组织的物质技术条件的,应当按照该自然人原所在和现所在法人或者其他组织达成的协议确认权益。不能达成协议的,根据对完成该项技术成果的贡献大小由双方合理分享。 **第六条(本条内容已修正)**　合同法第三百二十六条、第三百二十七条所称完成技术成果的"个人",包括对技术成果单独或者共同作出创造性贡献的人,也即技术成果的发明人或者设计人。人民法院在对创造性贡献进行认定时,应当分解所涉及技术成果的实质性技术构成。提出实质性技术构成并由此实现技术方案的人,是作出创造性贡献的人。 提供资金、设备、材料、试验条件,进行组织管理,协助绘制图纸、整理资料、翻译文献等人员,不属于完成技术成果的个人。
第八百四十九条　完成技术成果的个人享有在有关技术成果文件上写明自己是技术成果完成者的权利和取得荣誉证书、奖励的权利。 注 本条是关于技术成果人身权的规定。本条中所称的完成技术成果的个人,是指对技术	**《合同法》(已废止)第三百二十八条**　完成技术成果的个人有在有关技术成果文件上写明自己是技术成果完成者的权利和取得荣誉证书、奖励的权利。

《民法典》及最新相关司法解释	相关内容
成果单独作出或者共同作出创造性贡献的人，不包括仅提供资金、设备、材料、试验条件的人员，进行组织管理的人员，以及协助绘制图纸、整理资料、翻译文献等辅助服务人员。	
第八百五十条　非法垄断技术或者侵害他人技术成果的技术合同无效。	**《合同法》(已废止)第三百二十九条**　非法垄断技术~~、妨碍技术进步~~或者侵害他人技术成果的技术合同无效。 **原技术合同解释第十条(本条内容已修正)**　下列情形，属于合同法第三百二十九条所称的“非法垄断技术、妨碍技术进步”： (一)限制当事人一方在合同标的技术基础上进行新的研究开发或者限制其使用所改进的技术，或者双方交换改进技术的条件不对等，包括要求一方将其自行改进的技术无偿提供给对方、非互惠性转让给对方、无偿独占或者共享该改进技术的知识产权； (二)限制当事人一方从其他来源获得与技术提供方类似技术或者与其竞争的技术； (三)阻碍当事人一方根据市场需求，按照合理方式充分实施合同标的技术，包括明显不合理地限制技术接受方实施合同标的技术生产产品或者提供服务的数量、品种、价格、销售渠道和出口市场； (四)要求技术接受方接受并非实施技术必不可少的附带条件，包括购买非必需的技术、原材料、产品、设备、服务以及接收非必需的人员等； (五)不合理地限制技术接受方购买原材料、零部件、产品或者设备等的渠道或者来源；

《民法典》及最新相关司法解释	相关内容
	（六）禁止技术接受方对合同标的技术知识产权的有效性提出异议或者对提出异议附加条件。 **第十一条（本条内容已修正）** 技术合同无效或者被撤销后，技术开发合同研究开发人、技术转让合同让与人、技术咨询合同和技术服务合同的受托人已经履行或者部分履行了约定的义务，并且造成合同无效或者被撤销的过错在对方的，对其已履行部分应当收取的研究开发经费、技术使用费、提供咨询服务的报酬，人民法院可以认定为因对方原因导致合同无效或者被撤销给其造成的损失。 技术合同无效或者被撤销后，因履行合同所完成新的技术成果或者在他人技术成果基础上完成后续改进技术成果的权利归属和利益分享，当事人不能重新协议确定的，人民法院可以判决由完成技术成果的一方享有。 **第十二条（本条内容已修正）** 根据合同法第三百二十九条的规定，侵害他人技术秘密的技术合同被确认无效后，除法律、行政法规另有规定的以外，善意取得该技术秘密的一方当事人可以在其取得时的范围内继续使用该技术秘密，但应当向权利人支付合理的使用费并承担保密义务。 当事人双方恶意串通或者一方知道或者应当知道另一方侵权仍与其订立或者履行合同的，属于共同侵权，人民法院应当判令侵权人承担连带赔偿责任和保密义务，因此取得技术秘密的当事人不得继续使用该技术秘密。

《民法典》及最新相关司法解释	相关内容
	第十三条（本条内容已修正） 依照前条第一款规定可以继续使用技术秘密的人与权利人就使用费支付发生纠纷的，当事人任何一方都可以请求人民法院予以处理。继续使用技术秘密但又拒不支付使用费的，人民法院可以根据权利人的请求判令使用人停止使用。 人民法院在确定使用费时，可以根据权利人通常对外许可该技术秘密的使用费或者使用人取得该技术秘密所支付的使用费，并考虑该技术秘密的研究开发成本、成果转化和应用程度以及使用人的使用规模、经济效益等因素合理确定。 不论使用人是否继续使用技术秘密，人民法院均应当判令其向权利人支付已使用期间的使用费。使用人已向无效合同的让与人支付的使用费应当由让与人负责返还。
第二节　技术开发合同	
第八百五十一条　技术开发合同是当事人之间就新技术、新产品、新工艺、**新品种**或者新材料及其系统的研究开发所订立的合同。 技术开发合同包括委托开发合同和合作开发合同。 技术开发合同应当采用书面形式。 当事人之间就具有*实用*价值的科技成果实施转化订立的合同，参照适用技术开发合同的**有关**规定。	**《合同法》（已废止）第三百三十条**　技术开发合同是指当事人之间就新技术、新产品、新工艺或者新材料及其系统的研究开发所订立的合同。 技术开发合同包括委托开发合同和合作开发合同。 技术开发合同应当采用书面形式。 当事人之间就具有*产业应用*价值的科技成果实施转化订立的合同，参照技术开发合同的规定。

《民法典》及最新相关司法解释	相关内容
	原技术合同解释第十七条(本条内容已修正)　合同法第三百三十条所称"新技术、新产品、新工艺、新材料及其系统",包括当事人在订立技术合同时尚未掌握的产品、工艺、材料及其系统等技术方案,但对技术上没有创新的现有产品的改型、工艺变更、材料配方调整以及对技术成果的验证、测试和使用除外。 **第十八条(本条内容已修正)**　合同法第三百三十条第四款规定的"当事人之间就具有产业应用价值的科技成果实施转化订立的"技术转化合同,是指当事人之间就具有实用价值但尚未实现工业化应用的科技成果包括阶段性技术成果,以实现该科技成果工业化应用为目标,约定后续试验、开发和应用等内容的合同。
第八百五十二条　委托开发合同的委托人应当按照约定支付研究开发经费和报酬,提供技术资料,**提出研究开发要求**,完成协作事项,接受研究开发成果。 注 "提要求"表面上看属于一种权利,但明确研究开发的要求有助于提高委托开发的效率,故作为规定委托人义务条款的本条增加了"提出研究开发要求"的内容。	**《合同法》(已废止)第三百三十一条**　委托开发合同的委托人应当按照约定支付研究开发经费和报酬;提供技术资料、~~原始数据~~;完成协作事项;接受研究开发成果。
第八百五十三条　委托开发合同的研究开发人应当按照约定制定和实施研究开发计划,合理使用研究开发经费,按期完成研究开发工作,交付研究开发成果,提供有关的技术资料和必要的技术指导,帮助委托人掌握研究开发成果。	**《合同法》(已废止)第三百三十二条**　委托开发合同的研究开发人应当按照约定制定和实施研究开发计划;合理使用研究开发经费;按期完成研究开发工作,交付研究开发成果,提供有关的技术资料和必要的技术指导,帮助委托人掌握研究开发成果。

《民法典》及最新相关司法解释	相关内容
第八百五十四条 *委托开发合同的当事人*违反约定造成研究开发工作停滞、延误或者失败的,应当承担违约责任。 注 将委托开发合同中的"委托人违约责任""受托人违约责任"两条合并为一条,统称为"委托开发合同的当事人"。	**《合同法》(已废止)第三百三十三条** *委托人*违反约定造成研究开发工作停滞、延误或者失败的,应当承担违约责任。 **第三百三十四条** *研究开发人*违反约定造成研究开发工作停滞、延误或者失败的,应当承担违约责任。
第八百五十五条 合作开发合同的当事人应当按照约定进行投资,包括以技术进行投资,分工参与研究开发工作,协作配合研究开发工作。	**《合同法》(已废止)第三百三十五条** 合作开发合同的当事人应当按照约定进行投资,包括以技术进行投资;分工参与研究开发工作;协作配合研究开发工作。 **原技术合同解释第十九条(本条内容已修正)** 合同法第三百三十五条所称"分工参与研究开发工作",包括当事人按照约定的计划和分工,共同或者分别承担设计、工艺、试验、试制等工作。 技术开发合同当事人一方仅提供资金、设备、材料等物质条件或者承担辅助协作事项,另一方进行研究开发工作的,属于委托开发合同。
第八百五十六条 合作开发合同的当事人违反约定造成研究开发工作停滞、延误或者失败的,应当承担违约责任。 注 本条虽与第854条的内容相似,但本条针对的是"合作开发合同",而非"委托开发合同"。	**《合同法》(已废止)第三百三十六条** 合作开发合同的当事人违反约定造成研究开发工作停滞、延误或者失败的,应当承担违约责任。
第八百五十七条 作为技术开发合同标的的技术已经由他人公开,致使技术开发合同的履行没有意义的,当事人可以解除合同。	**《合同法》(已废止)第三百三十七条** ~~因~~作为技术开发合同标的的技术已经由他人公开,致使技术开发合同的履行没有意义的,当事人可以解除合同。

《民法典》及最新相关司法解释	相关内容
第八百五十八条　技术开发合同履行过程中，因出现无法克服的技术困难，致使研究开发失败或者部分失败的，该风险由当事人约定；没有约定或者约定不明确，*依据本法第五百一十条*的规定仍不能确定的，风险由当事人合理分担。 当事人一方发现前款规定的可能致使研究开发失败或者部分失败的情形时，应当及时通知另一方并采取适当措施减少损失；没有及时通知并采取适当措施，致使损失扩大的，应当就扩大的损失承担责任。 注 技术开发是一项探索性活动，蕴藏开发不出来的危险。开发过程中，如果当事人一方或双方已尽最大努力，但仍因科技知识、认识水平或试验条件等客观因素限制，出现无法克服的技术困难，致使研究开发全部或部分失败，未能取得合同约定的预期目的，即为技术开发合同的风险。本条即规定了相关的风险负担与通知义务。	**《合同法》（已废止）第三百三十八条**　~~在~~技术开发合同履行过程中，因出现无法克服的技术困难，致使研究开发失败或者部分失败的，该风险~~责任~~由当事人约定。没有约定或者约定不明确，*依照本法第六十一条*的规定仍不能确定的，风险责任由当事人合理分担。 当事人一方发现前款规定的可能致使研究开发失败或者部分失败的情形时，应当及时通知另一方并采取适当措施减少损失。没有及时通知并采取适当措施，致使损失扩大的，应当就扩大的损失承担责任。
第八百五十九条　委托开发完成的发明创造，除**法律另有规定或者**当事人另有约定外，申请专利的权利属于研究开发人。研究开发人取得专利权的，委托人可以*依法*实施该专利。 研究开发人转让专利申请权的，委托人享有以同等条件优先受让的权利。	**《合同法》（已废止）第三百三十九条**　委托开发完成的发明创造，除当事人另有约定的以外，申请专利的权利属于研究开发人。研究开发人取得专利权的，委托人可以*免费*实施该专利。 研究开发人转让专利申请权的，委托人享有以同等条件优先受让的权利。
第八百六十条　合作开发完成的发明创造，申请专利的权利属于合作开发的当事人共有；当事人一方转让其共有的专利申请权的，其他各方享有以同等条件优先受让的权利。**但是，当事人另有约定的除外**。	**《合同法》（已废止）第三百四十条**　合作开发完成的发明创造~~，除当事人另有约定的以外~~，申请专利的权利属于合作开发的当事人共有。当事人一方转让其共有的专利申请权的，其他各方享有以同等条件优先受让的权利。

《民法典》及最新相关司法解释	相关内容
合作开发的当事人一方声明放弃其共有的专利申请权的,**除当事人另有约定外**,可以由另一方单独申请或者由其他各方共同申请。申请人取得专利权的,放弃专利申请权的一方可以免费实施该专利。 合作开发的当事人一方不同意申请专利的,另一方或者其他各方不得申请专利。	合作开发的当事人一方声明放弃其共有的专利申请权的,可以由另一方单独申请或者由其他各方共同申请。申请人取得专利权的,放弃专利申请权的一方可以免费实施该专利。 合作开发的当事人一方不同意申请专利的,另一方或者其他各方不得申请专利。
第八百六十一条　委托开发或者合作开发完成的技术秘密成果的使用权、转让权以及*收益*的分配办法,由当事人约定;没有约定或者约定不明确,*依据本法第五百一十条*的规定仍不能确定的,**在没有相同技术方案被授予专利权前,**当事人均有使用和转让的权利。但是,委托开发的研究开发人不得在向委托人交付研究开发成果之前,将研究开发成果转让给第三人。	**《合同法》(已废止)第三百四十一条**　委托开发或者合作开发完成的技术秘密成果的使用权、转让权以及*利益*的分配办法,由当事人约定。没有约定或者约定不明确,*依照本法第六十一条*的规定仍不能确定的,当事人均有使用和转让的权利,但委托开发的研究开发人不得在向委托人交付研究开发成果之前,将研究开发成果转让给第三人。 **原技术合同解释第二十条(本条内容已修正)**　合同法第三百四十一条所称"当事人均有使用和转让的权利",包括当事人均有不经对方同意而自己使用或者以普通使用许可的方式许可他人使用技术秘密,并独占由此所获利益的权利。当事人一方将技术秘密成果的转让权让与他人,或者以独占或者排他使用许可的方式许可他人使用技术秘密,未经对方当事人同意或者追认的,应当认定该让与或者许可行为无效。 **第二十一条(本条内容已修正)**　技术开发合同当事人依照合同法的规定或者约定自行实施专利或使用技术秘密,但因其不具备独立实施专利或者使用技术秘密的条件,以一个普通许可方式许可他人实施或者使用的,可以准许。

《民法典》及最新相关司法解释	相关内容
第三节　技术转让合同和技术许可合同	
第八百六十二条　技术转让合同是合法拥有技术的权利人，将现有特定的专利、专利申请、技术秘密的相关权利让与他人所订立的合同。 **技术许可合同是合法拥有技术的权利人，将现有特定的专利、技术秘密的相关权利许可他人实施、使用所订立的合同。** **技术转让合同和技术许可合同中关于提供实施技术的专用设备、原材料或者提供有关的技术咨询、技术服务的约定，属于合同的组成部分。** 注 本条明确了技术转让合同、技术许可合同的定义，并规定了提供专用设备、原材料、技术咨询、技术服务的约定属相关合同的组成部分。	**原技术合同解释第二十二条（本条内容已修正）** 合同法第三百四十二条规定的“技术转让合同”，是指合法拥有技术的权利人，包括其他有权对外转让技术的人，将现有特定的专利、专利申请、技术秘密的相关权利让与他人，或者许可他人实施、使用所订立的合同。但就尚待研究开发的技术成果或者不涉及专利、专利申请或者技术秘密的知识、技术、经验和信息所订立的合同除外。 技术转让合同中关于让与人向受让人提供实施技术的专用设备、原材料或者提供有关的技术咨询、技术服务的约定，属于技术转让合同的组成部分。因此发生的纠纷，按照技术转让合同处理。 当事人以技术入股方式订立联营合同，但技术入股人不参与联营体的经营管理，并且以保底条款形式约定联营体或者联营对方支付其技术价款或者使用费的，视为技术转让合同。
第八百六十三条　技术转让合同包括专利权转让、专利申请权转让、技术秘密转让等合同。 **技术许可合同包括专利实施许可、技术秘密使用许可等合同。** 技术转让合同和**技术许可合同**应当采用书面形式。 注 将技术许可合同从技术转让合同中拆分出来，并明确了专利实施许可、技术秘密使用许可合同属技术许可合同范畴。	**《合同法》（已废止）第三百四十二条** 技术转让合同包括专利权转让、专利申请权转让、技术秘密转让~~、专利实施许可~~合同。 技术转让合同应当采用书面形式。 **原技术合同解释第二十五条（本条内容已修正）** 专利实施许可包括以下方式： （一）独占实施许可，是指让与人在约定许可实施专利的范围内，将该专利仅许可一个受让人实施，让与人依约定不得实施该专利；

《民法典》及最新相关司法解释	相关内容
	(二)排他实施许可,是指让与人在约定许可实施专利的范围内,将该专利仅许可一个受让人实施,但让与人依约定可以自行实施该专利; (三)普通实施许可,是指让与人在约定许可实施专利的范围内许可他人实施该专利,并且可以自行实施该专利。 当事人对专利实施许可方式没有约定或者约定不明确的,认定为普通实施许可。专利实施许可合同约定受让人可以再许可他人实施专利的,认定该再许可为普通实施许可,但当事人另有约定的除外。 技术秘密的许可使用方式,参照本条第一、二款的规定确定。
第八百六十四条 技术转让合同**和技术许可合同**可以约定实施专利或者使用技术秘密的范围,但是不得限制技术竞争和技术发展。	**《合同法》(已废止)第三百四十三条** 技术转让合同可以约定~~让与人和受让人~~实施专利或者使用技术秘密的范围,但不得限制技术竞争和技术发展。 **原技术合同解释第二十八条(本条内容已修正)** 合同法第三百四十三条所称"实施专利或者使用技术秘密的范围",包括实施专利或者使用技术秘密的期限、地域、方式以及接触技术秘密的人员等。 当事人对实施专利或者使用技术秘密的期限没有约定或者约定不明确的,受让人实施专利或者使用技术秘密不受期限限制。
第八百六十五条 专利实施许可合同仅在该专利权的存续期限内有效。专利权有效期限届满或者专利权被宣告无效的,专利权人不得就该专利与他人订立专利实施许可合同。	**《合同法》(已废止)第三百四十四条** 专利实施许可合同只在该专利权的存续期间内有效。专利权有效期限届满或者专利权被宣布无效的,专利权人不得就该专利与他人订立专利实施许可合同。

《民法典》及最新相关司法解释	相关内容
注 专利实施许可合同的让与人应当在合同有效期内维持专利的有效性。合同有效期内，专利权被终止的，合同同时终止，让与人应当支付违约金或赔偿损失。专利权被宣布无效的，让与人应当赔偿由此给受让人造成的损失。	
第八百六十六条　专利实施许可合同的*许可人*应当按照约定许可*被许可人*实施专利，交付实施专利有关的技术资料，提供必要的技术指导。 注 名称的变化，本质内容未变。	**《合同法》(已废止)第三百四十五条**　专利实施许可合同的*让与人*应当按照约定许可*受让人*实施专利，交付实施专利有关的技术资料，提供必要的技术指导。
第八百六十七条　专利实施许可合同的*被许可人*应当按照约定实施专利，不得许可约定以外的第三人实施该专利，并按照约定支付使用费。	**《合同法》(已废止)第三百四十六条**　专利实施许可合同的*受让人*应当按照约定实施专利，不得许可约定以外的第三人实施该专利；并按照约定支付使用费。
第八百六十八条　技术秘密转让合同的让与人**和技术秘密使用许可合同的许可人**应当按照约定提供技术资料，进行技术指导，保证技术的实用性、可靠性，承担保密义务。 **前款规定的保密义务，不限制许可人申请专利，但是当事人另有约定的除外。** 注 由于《民法典》合同编将技术许可合同从技术转让合同中拆分出来，故本条第1款涉及的义务主体增加了许可人。另值得注意的是，本条第2款规定不限制许可人申请专利。	**《合同法》(已废止)第三百四十七条**　技术秘密转让合同的让与人应当按照约定提供技术资料，进行技术指导，保证技术的实用性、可靠性，承担保密义务。 **原技术合同解释第二十九条(本条内容已修正)**　合同法第三百四十七条规定技术秘密转让合同让与人承担的“保密义务”，不限制其申请专利，但当事人约定让与人不得申请专利的除外。 当事人之间就申请专利的技术成果所订立的许可使用合同，专利申请公开以前，适用技术秘密转让合同的有关规定；发明专利申请公开以后、授权以前，参照适用专利实施许可合同的有关规定；授权以后，原合同即为专利实施许可合同，适用专利实施许可合同的有关规定。 人民法院不以当事人就已经申请专利但尚未授权的技术订立专利实施许可合同为由，认定合同无效。

《民法典》及最新相关司法解释	相关内容
第八百六十九条 技术秘密转让合同的受让人**和技术秘密使用许可合同的被许可人**应当按照约定使用技术，支付**转让费**、使用费，承担保密义务。	**《合同法》（已废止）第三百四十八条** 技术秘密转让合同的受让人应当按照约定使用技术，支付使用费，承担保密义务。
第八百七十条 技术转让合同的让与人**和技术许可合同的许可人**应当保证自己是所提供的技术的合法拥有者，并保证所提供的技术完整、无误、有效，能够达到约定的目标。 注 相对人使用让与人、许可人转让或者许可的技术生产或者销售产品，如果被第三人指控侵权且指控的侵权成立，相对人的经济损失由让与人、许可人承担。	**《合同法》（已废止）第三百四十九条** 技术转让合同的让与人应当保证自己是所提供的技术的合法拥有者，并保证所提供的技术完整、无误、有效，能够达到约定的目标。
第八百七十一条 技术转让合同的受让人**和技术许可合同的被许可人**应当按照约定的范围和期限，对让与人、**许可人**提供的技术中尚未公开的秘密部分，承担保密义务。	**《合同法》（已废止）第三百五十条** 技术转让合同的受让人应当按照约定的范围和期限，对让与人提供的技术中尚未公开的秘密部分，承担保密义务。
第八百七十二条 *许可*人未按照约定*许可*技术的，应当返还部分或者全部使用费，并应当承担违约责任；实施专利或者使用技术秘密超越约定的范围的，违反约定擅自许可第三人实施该项专利或者使用该项技术秘密的，应当停止违约行为，承担违约责任；违反约定的保密义务的，应当承担违约责任。 **让与人承担违约责任，参照适用前款规定。** 注 以许可人违约责任作为第1款，第2款的让与人违约责任参照第1款适用。	**《合同法》（已废止）第三百五十一条** *让与*人未按照约定*转让*技术的，应当返还部分或者全部使用费，并应当承担违约责任；实施专利或者使用技术秘密超越约定的范围的，违反约定擅自许可第三人实施该项专利或者使用该项技术秘密的，应当停止违约行为，承担违约责任；违反约定的保密义务的，应当承担违约责任。

《民法典》及最新相关司法解释	相关内容
第八百七十三条　*被许可人*未按照约定支付使用费的，应当补交使用费并按照约定支付违约金；不补交使用费或者支付违约金的，应当停止实施专利或者使用技术秘密，交还技术资料，承担违约责任；实施专利或者使用技术秘密超越约定的范围的，未经*许可人*同意擅自许可第三人实施该专利或者使用该技术秘密的，应当停止违约行为，承担违约责任；违反约定的保密义务的，应当承担违约责任。 **受让人承担违约责任，参照适用前款规定。** 注 以被许可人违约责任作为第1款，第2款受让人违约责任参照第1款适用。	**《合同法》（已废止）第三百五十二条**　*受让人*未按照约定支付使用费的，应当补交使用费并按照约定支付违约金；不补交使用费或者支付违约金的，应当停止实施专利或者使用技术秘密，交还技术资料，承担违约责任；实施专利或者使用技术秘密超越约定的范围的，未经*让与人*同意擅自许可第三人实施该专利或者使用该技术秘密的，应当停止违约行为，承担违约责任；违反约定的保密义务的，应当承担违约责任。
第八百七十四条　受让人**或者被许可人**按照约定实施专利、使用技术秘密侵害他人合法权益的，由让与人**或者许可人**承担责任，但是当事人另有约定的除外。	**《合同法》（已废止）第三百五十三条**　受让人按照约定实施专利、使用技术秘密侵害他人合法权益的，由让与人承担责任，但当事人另有约定的除外。
第八百七十五条　当事人可以按照互利的原则，在合同中约定实施专利、使用技术秘密后续改进的技术成果的分享办法；没有约定或者约定不明确，*依据本法第五百一十条*的规定仍不能确定的，一方后续改进的技术成果，其他各方无权分享。 注 后续改进，是指在合同有效期内一方或双方对作为合同标的的技术或技术秘密成果等所做的革新和改良。合同的订立和履行，不仅实现了现有技术的转移、推广和应用，而且也是当事人进行改良、革新和新的研究开发的基础。当事人一方或双方在技术转让合同标的技术的基础上作出创新和改良是常见的现象，这种创新和改良推动了科学技术的迅速发展。	**《合同法》（已废止）第三百五十四条**　当事人可以按照互利的原则，在~~技术转让~~合同中约定实施专利、使用技术秘密后续改进的技术成果的分享办法。没有约定或者约定不明确，*依照本法第六十一条*的规定仍不能确定的，一方后续改进的技术成果，其他各方无权分享。

《民法典》及最新相关司法解释	相关内容
第八百七十六条　集成电路布图设计专有权、植物新品种权、计算机软件著作权等其他知识产权的转让和许可,参照适用本节的有关规定。 注 需注意,条文规定的是参照“本节”而非“本章”。	**原技术合同解释第四十六条(本条内容已修正)** 集成电路布图设计、植物新品种许可使用和转让等合同争议,相关行政法规另有规定的,适用其规定;没有规定的,适用合同法总则的规定,并可以参照合同法第十八章和本解释的有关规定处理。 计算机软件开发、许可使用和转让等合同争议,著作权法以及其他法律、行政法规另有规定的,依照其规定;没有规定的,适用合同法总则的规定,并可以参照合同法第十八章和本解释的有关规定处理。
第八百七十七条　法律、行政法规对技术进出口合同或者专利、专利申请合同另有规定的,依照其规定。	**《合同法》(已废止)第三百五十五条** 法律、行政法规对技术进出口合同或者专利、专利申请合同另有规定的,依照其规定。
第四节　技术咨询合同和技术服务合同	
第八百七十八条　技术咨询合同*是***当事人一方以技术知识为对方**就特定技术项目提供可行性论证、技术预测、专题技术调查、分析评价报告等**所订立的**合同。 技术服务合同是当事人一方以技术知识为*对方*解决特定技术问题所订立的合同,不包括*承揽合同和建设工程合同*。 **技术合同解释(2020)第三十条**　民法典第八百七十八条第一款所称“特定技术项目”,包括有关科学技术与经济社会协调发展的软科学研究项目,促进科技进步和管理现代化、提高经济效益和社会效益等运用科学知识和技术手段进	**《合同法》(已废止)第三百五十六条** 技术咨询合同*包括*就特定技术项目提供可行性论证、技术预测、专题技术调查、分析评价报告等合同。 技术服务合同是指当事人一方以技术知识为*另一方*解决特定技术问题所订立的合同,不包括*建设工程合同和承揽合同*。 **原技术合同解释第三十条(本条内容已修正)** 合同法第三百五十六条第一款所称“特定技术项目”,包括有关科学技术与经济社会协调发展的软科学研究项目,促进科技进步和管理现代化、提高

《民法典》及最新相关司法解释	相关内容
行调查、分析、论证、评价、预测的专业性技术项目。 注《民法典》第878条明确了承揽合同、建设工程合同不属于技术服务合同。下列合同也不属于技术服务合同：（1）以常规手段或者为生产经营目的进行一般加工、定作、修理、修缮、广告、印刷、测绘、标准化测试等订立的加工承揽合同和建设工程的勘察、设计、安装、施工合同。但以非常规技术手段，解决复杂、特殊技术问题而单独订立的合同除外。（2）就描晒复印图纸、翻译资料、摄影摄像和体验等所订立的合同。（3）计量检定单位就强制性计量检定所订立的合同。（4）理化测试分析单位就仪器设备的购销、租赁及用户服务所订立的合同。	经济效益和社会效益等运用科学知识和技术手段进行调查、分析、论证、评价、预测的专业性技术项目。 **第三十三条（本条内容已修正）** 合同法第三百五十六条第二款所称“特定技术问题”，包括需要运用专业技术知识、经验和信息解决的有关改进产品结构、改良工艺流程、提高产品质量、降低产品成本、节约资源能耗、保护资源环境、实现安全操作、提高经济效益和社会效益等专业技术问题。
第八百七十九条 技术咨询合同的委托人应当按照约定阐明咨询的问题，提供技术背景材料及有关技术资料，接受受托人的工作成果，支付报酬。	**《合同法》（已废止）第三百五十七条** 技术咨询合同的委托人应当按照约定阐明咨询的问题，提供技术背景材料及有关技术资料、数据；接受受托人的工作成果，支付报酬。
第八百八十条 技术咨询合同的受托人应当按照约定的期限完成咨询报告或者解答问题，提出的咨询报告应当达到约定的要求。	**《合同法》（已废止）第三百五十八条** 技术咨询合同的受托人应当按照约定的期限完成咨询报告或者解答问题；提出的咨询报告应当达到约定的要求。 **原技术合同解释第三十一条第一款（本款已失效）** 当事人对技术咨询合同受托人进行调查研究、分析论证、试验测定等所需费用的负担没有约定或者约定不明确的，由受托人承担。 **第三十一条第二款** 当事人对技术咨询合同委托人提供的技术资料和数据或者受托人提出的咨询报告和意见未约

《民法典》及最新相关司法解释	相关内容
	定保密义务，当事人一方引用、发表或者向第三人提供的，不认定为违约行为，但侵害对方当事人对此享有的合法权益的，应当依法承担民事责任。 **第三十二条** 技术咨询合同受托人发现委托人提供的资料、数据等有明显错误或者缺陷，未在合理期限内通知委托人的，视为其对委托人提供的技术资料、数据等予以认可。委托人在接到受托人的补正通知后未在合理期限内答复并予补正的，发生的损失由委托人承担。
第八百八十一条 技术咨询合同的委托人未按照约定提供必要的资料，影响工作进度和质量，不接受或者逾期接受工作成果的，支付的报酬不得追回，未支付的报酬应当支付。 技术咨询合同的受托人未按期提出咨询报告或者提出的咨询报告不符合约定的，应当承担减收或者免收报酬等违约责任。 技术咨询合同的委托人按照受托人符合约定要求的咨询报告和意见作出决策所造成的损失，由委托人承担，但是当事人另有约定的除外。 注 本条是关于技术咨询合同涉及的决策责任的规定，目的是鼓励受托人积极向委托人提供咨询意见，但是受托人不能因此对委托人委托的技术项目不做调查研究，对咨询报告和意见不负责。如果受托人提供的咨询报告和意见没有科学依据，或有明显缺陷甚至错误，应承担违约责任。	**《合同法》（已废止）第三百五十九条** 技术咨询合同的委托人未按照约定提供必要的资料和数据，影响工作进度和质量，不接受或者逾期接受工作成果的，支付的报酬不得追回，未支付的报酬应当支付。 技术咨询合同的受托人未按期提出咨询报告或者提出的咨询报告不符合约定的，应当承担减收或者免收报酬等违约责任。 技术咨询合同的委托人按照受托人符合约定要求的咨询报告和意见作出决策所造成的损失，由委托人承担，但当事人另有约定的除外。

《民法典》及最新相关司法解释	相关内容
第八百八十二条　技术服务合同的委托人应当按照约定提供工作条件，完成配合事项，接受工作成果并支付报酬。	**《合同法》（已废止）第三百六十条**　技术服务合同的委托人应当按照约定提供工作条件，完成配合事项；接受工作成果并支付报酬。
第八百八十三条　技术服务合同的受托人应当按照约定完成服务项目，解决技术问题，保证工作质量，并传授解决技术问题的知识。	**《合同法》（已废止）第三百六十一条**　技术服务合同的受托人应当按照约定完成服务项目，解决技术问题，保证工作质量，并传授解决技术问题的知识。 **原技术合同解释第三十四条（本条内容已修正）**　当事人一方以技术转让的名义提供已进入公有领域的技术，或者在技术转让合同履行过程中合同标的技术进入公有领域，但是技术提供方进行技术指导、传授技术知识，为对方解决特定技术问题符合约定条件的，按照技术服务合同处理，约定的技术转让费可以视为提供技术服务的报酬和费用，但是法律、行政法规另有规定的除外。 依照前款规定，技术转让费视为提供技术服务的报酬和费用明显不合理的，人民法院可以根据当事人的请求合理确定。 **第三十五条第一款（本款已失效）**　当事人对技术服务合同受托人提供服务所需费用的负担没有约定或者约定不明确的，由受托人承担。 **第三十五条第二款**　技术服务合同受托人发现委托人提供的资料、数据、样品、材料、场地等工作条件不符合约定，未在合理期限内通知委托人的，视为其对委托人提供的工作条件予以认可。委托人在接到受托人的补正通知后未在合理期限内答复并予补正的，发生的损失由委托人承担。

《民法典》及最新相关司法解释	相关内容
第八百八十四条 技术服务合同的委托人不履行合同义务或者履行合同义务不符合约定,影响工作进度和质量,不接受或者逾期接受工作成果的,支付的报酬不得追回,未支付的报酬应当支付。 技术服务合同的受托人未按照约定完成服务工作的,应当承担免收报酬等违约责任。 注 现实中,有些技术服务合同的工作成果、服务质量在短期内难以发现缺陷,需经过较长时期的实践检验。对此,当事人可以在合同中约定保证期。保证期内发现服务质量缺陷的,受托人应负责返工或采取补救措施。但因委托人使用、保管不当引起的除外。	**《合同法》(已废止)第三百六十二条** 技术服务合同的委托人不履行合同义务或者履行合同义务不符合约定,影响工作进度和质量,不接受或者逾期接受工作成果的,支付的报酬不得追回,未支付的报酬应当支付。 技术服务合同的受托人未按照合同约定完成服务工作的,应当承担免收报酬等违约责任。
第八百八十五条 技术咨询合同、技术服务合同履行过程中,受托人利用委托人提供的技术资料和工作条件完成的新的技术成果,属于受托人。委托人利用受托人的工作成果完成的新的技术成果,属于委托人。当事人另有约定的,按照其约定。 注 新的技术成果,是指技术咨询合同或技术服务合同的当事人在履行合同义务之外派生完成的或者后续发展的技术成果。处理这类技术成果的归属和分享的基本原则是,谁完成谁拥有、允许当事人做特别约定。	**《合同法》(已废止)第三百六十三条** 在技术咨询合同、技术服务合同履行过程中,受托人利用委托人提供的技术资料和工作条件完成的新的技术成果,属于受托人。委托人利用受托人的工作成果完成的新的技术成果,属于委托人。当事人另有约定的,按照其约定。
第八百八十六条 技术咨询合同和技术服务合同对受托人正常开展工作所需费用的负担没有约定或者约定不明确的,由受托人负担。 注 明确了无约定或约定不明时受托人负担费用的原则。	

《民法典》及最新相关司法解释	相关内容
第八百八十七条　法律、行政法规对技术中介合同、技术培训合同另有规定的，依照其规定。	**《合同法》（已废止）第三百六十四条**　法律、行政法规对技术中介合同、技术培训合同另有规定的，依照其规定。 **原技术合同解释第三十六条（本条内容已修正）**　合同法第三百六十四条规定的“技术培训合同”，是指当事人一方委托另一方对指定的学员进行特定项目的专业技术训练和技术指导所订立的合同，不包括职业培训、文化学习和按照行业、法人或者其他组织的计划进行的职工业余教育。 **第三十八条（本条内容已修正）**　合同法第三百六十四条规定的“技术中介合同”，是指当事人一方以知识、技术、经验和信息为另一方与第三人订立技术合同进行联系、介绍以及对履行合同提供专门服务所订立的合同。
第二十一章　保管合同	
第八百八十八条　保管合同是保管人保管寄存人交付的保管物，并返还该物的合同。 **寄存人到保管人处从事购物、就餐、住宿等活动，将物品存放在指定场所的，视为保管，但是当事人另有约定或者另有交易习惯的除外。** **旅游纠纷规定（2020）第十九条**　旅游经营者或者旅游辅助服务者为旅游者代管的行李物品损毁、灭失，旅游者请求赔偿损失的，人民法院应予支持，但下列情形除外：	**《合同法》（已废止）第三百六十五条**　保管合同是保管人保管寄存人交付的保管物，并返还该物的合同。

《民法典》及最新相关司法解释	相关内容
(一)损失是由于旅游者未听从旅游经营者或者旅游辅助服务者的事先声明或者提示,未将现金、有价证券、贵重物品由其随身携带而造成的; (二)损失是由于不可抗力造成的; (三)损失是由于旅游者的过错造成的; (四)损失是由于物品的自然属性造成的。 注《民法典》第888条增加的第2款明确了购物、就餐、住宿时的寄存视为保管。另需说明,本条并未将保管物局限为动产,现实中保管不动产的例子也有很多,如房屋、果园、池塘。	
第八百八十九条 寄存人应当按照约定向保管人支付保管费。 当事人对保管费没有约定或者约定不明确,*依据本法第五百一十条*的规定仍不能确定的,*视为无偿保管*。	**《合同法》(已废止)第三百六十六条** 寄存人应当按照约定向保管人支付保管费。 当事人对保管费没有约定或者约定不明确,*依照本法第六十一条*的规定仍不能确定的,*保管是无偿的*。
第八百九十条 保管合同自保管物交付时成立,但是当事人另有约定的除外。	**《合同法》(已废止)第三百六十七条** 保管合同自保管物交付时成立,但当事人另有约定的除外。
第八百九十一条 寄存人向保管人交付保管物的,保管人应当*出具*保管凭证,但是另有交易习惯的除外。	**《合同法》(已废止)第三百六十八条** 寄存人向保管人交付保管物的,保管人应当*给付*保管凭证,但另有交易习惯的除外。
第八百九十二条 保管人应当妥善保管保管物。 当事人可以约定保管场所或者方法。除紧急情况或者为维护寄存人利益外,不得擅自改变保管场所或者方法。	**《合同法》(已废止)第三百六十九条** 保管人应当妥善保管保管物。 当事人可以约定保管场所或者方法。除紧急情况或者为了维护寄存人利益的以外,不得擅自改变保管场所或者方法。

《民法典》及最新相关司法解释	相关内容
第八百九十三条　寄存人交付的保管物有瑕疵或者根据保管物的性质需要采取特殊保管措施的，寄存人应当将有关情况告知保管人。寄存人未告知，致使保管物受损失的，保管人不承担赔偿责任；保管人因此受损失的，除保管人知道或者应当知道且未采取补救措施外，寄存人应当承担赔偿责任。 注 所谓“保管物的性质”，如保管物属于易燃、易爆、有毒、有腐蚀性、有放射性等危险物品或者易变质物品。	**《合同法》（已废止）第三百七十条**　寄存人交付的保管物有瑕疵或者按照保管物的性质需要采取特殊保管措施的，寄存人应当将有关情况告知保管人。寄存人未告知，致使保管物受损失的，保管人不承担损害赔偿责任；保管人因此受损失的，除保管人知道或者应当知道并且未采取补救措施的以外，寄存人应当承担损害赔偿责任。
第八百九十四条　保管人不得将保管物转交第三人保管，但是当事人另有约定的除外。 保管人违反前款规定，将保管物转交第三人保管，造成保管物损失的，应当承担赔偿责任。 注 本条第2款涉及的对保管物造成的损害强调的是基于保管人转保管的过错造成的损害，即“保管人不将保管物转交第三人保管，而是自己亲自保管，就不会发生这种损害”的情况。	**《合同法》（已废止）第三百七十一条**　保管人不得将保管物转交第三人保管，但当事人另有约定的除外。 保管人违反前款规定，将保管物转交第三人保管，对保管物造成损失的，应当承担损害赔偿责任。
第八百九十五条　保管人不得使用或者许可第三人使用保管物，但是当事人另有约定的除外。 注 保管合同的目的是为寄存人保管保管物，一般要求是维持保管物的现状，虽没有使保管物升值的义务，但却负有尽量避免减损其价值的义务。故法律禁止保管人使用或许可第三人使用保管物。当事人另有约定的不在此限。	**《合同法》（已废止）第三百七十二条**　保管人不得使用或者许可第三人使用保管物，但当事人另有约定的除外。

《民法典》及最新相关司法解释	相关内容
第八百九十六条 第三人对保管物主张权利的，除依法对保管物采取保全或者执行**措施**外，保管人应当履行向寄存人返还保管物的义务。 第三人对保管人提起诉讼或者对保管物申请扣押的，保管人应当及时通知寄存人。	**《合同法》（已废止）第三百七十三条** 第三人对保管物主张权利的，除依法对保管物采取保全或者执行~~的以~~外，保管人应当履行向寄存人返还保管物的义务。 第三人对保管人提起诉讼或者对保管物申请扣押的，保管人应当及时通知寄存人。
第八百九十七条 保管期内，因保管人保管不善造成保管物毁损、灭失的，保管人应当承担赔偿责任。但是，*无偿保管人证明自己没有**故意或者**重大过失的，*不承担赔偿责任。 注 无偿保管与有偿保管下的保管人责任有区别：有偿情况下，无论保管人是故意还是过失，保管人都应对保管物的毁损、灭失负责；无偿情况下，保管人只对故意或者重大过失造成保管物毁损、灭失的后果负责，一般过失不负责。二者相同点：凡是因不可归责于保管人的事由造成保管物毁损、灭失的，保管人都不负损害赔偿责任。	**《合同法》（已废止）第三百七十四条** 保管期间，因保管人保管不善造成保管物毁损、灭失的，保管人应当承担~~损害~~赔偿责任，但*保管是无偿的，保管人证明自己没有重大过失的，*不承担损害赔偿责任。
第八百九十八条 寄存人寄存货币、有价证券或者其他贵重物品的，应当向保管人声明，由保管人验收或者封存；寄存人未声明的，该物品毁损、灭失后，保管人可以按照一般物品予以赔偿。	**《合同法》（已废止）第三百七十五条** 寄存人寄存货币、有价证券或者其他贵重物品的，应当向保管人声明，由保管人验收或者封存。寄存人未声明的，该物品毁损、灭失后，保管人可以按照一般物品予以赔偿。
第八百九十九条 寄存人可以随时领取保管物。 当事人对保管*期限*没有约定或者约定不明确的，保管人可以随时*请求*寄存人领取保管物；约定保管*期限*的，保管人无特别事由，不得请求寄存人提前领取保管物。	**《合同法》（已废止）第三百七十六条** 寄存人可以随时领取保管物。 当事人对保管*期间*没有约定或者约定不明确的，保管人可以随时*要求*寄存人领取保管物；约定保管*期间*的，保管人无特别事由，不得要求寄存人提前领取保管物。

《民法典》及最新相关司法解释	相关内容
第九百条　保管*期限*届满或者寄存人提前领取保管物的，保管人应当将原物及其孳息归还寄存人。 注 此处的孳息包括天然孳息和法定孳息。	**《合同法》（已废止）第三百七十七条**　保管*期间*届满或者寄存人提前领取保管物的，保管人应当将原物及其孳息归还寄存人。
第九百零一条　保管人保管货币的，可以返还相同种类、数量的货币；保管其他可替代物的，可以按照约定返还相同种类、品质、数量的物品。	**《合同法》（已废止）第三百七十八条**　保管人保管货币的，可以返还相同种类、数量的货币。保管其他可替代物的，可以按照约定返还相同种类、品质、数量的物品。
第九百零二条　有偿的保管合同，寄存人应当按照约定的期限向保管人支付保管费。 当事人对支付期限没有约定或者约定不明确，*依据本法第五百一十条*的规定仍不能确定的，应当在领取保管物的同时支付。	**《合同法》（已废止）第三百七十九条**　有偿的保管合同，寄存人应当按照约定的期限向保管人支付保管费。 当事人对支付期限没有约定或者约定不明确，*依照本法第六十一条*的规定仍不能确定的，应当在领取保管物的同时支付。
第九百零三条　寄存人未按照约定支付保管费*或者*其他费用的，保管人对保管物享有留置权，但是当事人另有约定的除外。 注 本条是关于保管人留置权的规定。本条所称“其他费用”是指保管人为保管保管物而实际支出的必要费用。（1）有偿保管下，保管人为保管保管物而实际支出的费用已经包括于报酬（保管费）之内；（2）虽约定无偿保管，但可约定寄存人应支付为保管而支出的实际费用。如有此约定，寄存人应依约定行事。即使无此约定，按公平原则，寄存人也应支付为保管而支出的实际费用。	**《合同法》（已废止）第三百八十条**　寄存人未按照约定支付保管费*以及*其他费用的，保管人对保管物享有留置权，但当事人另有约定的除外。 **《担保法》（已废止）第八十四条**　因保管合同、运输合同、加工承揽合同发生的债权，债务人不履行债务的，债权人有留置权。 法律规定可以留置的其他合同，适用前款规定。 当事人可以在合同中约定不得留置的物。

《民法典》及最新相关司法解释	相关内容
第二十二章　仓储合同	
第九百零四条　仓储合同是保管人储存存货人交付的仓储物,存货人支付仓储费的合同。 注 仓储业是随着商品经济的发展,从保管业中发展、壮大起来的特殊行业。仓储合同不再作为一般的保管合同来对待,而是作为一种独立的有名合同在合同编中规定。其具有以下特征:(1)保管人必须是具有仓库营业资质的人;(2)仓储合同的对象仅为动产;(3)仓储合同为诺成合同;(4)仓储合同为双务、有偿合同;(5)仓单是仓储合同的重要特征。	**《合同法》(已废止)第三百八十一条**　仓储合同是保管人储存存货人交付的仓储物,存货人支付仓储费的合同。
第九百零五条　仓储合同自保管人和存货人意思表示一致时成立。 注 本条明确了仓储合同的成立时间,即保管人和存货人意思表示一致时仓储合同成立。	
第九百零六条　储存易燃、易爆、有毒、有腐蚀性、有放射性等危险物品或者易变质物品的,存货人应当说明该物品的性质,提供有关资料。 存货人违反前款规定的,保管人可以拒收仓储物,也可以采取相应措施以避免损失的发生,因此产生的费用由存货人负担。 保管人储存易燃、易爆、有毒、有腐蚀性、有放射性等危险物品的,应当具备相应的保管条件。 注 本条所谓的"说明",应当是在合同订立时予以说明,并在合同中注明,这是诚实信用原则的必然要求。若在订立合同后或在交付仓储物时才说明,那么保管人根据自身的保管条件和技术能力不能保管的,可拒收仓储物或解除合同。	**《合同法》(已废止)第三百八十三条**　储存易燃、易爆、有毒、有腐蚀性、有放射性等危险物品或者易变质物品,存货人应当说明该物品的性质,提供有关资料。 存货人违反前款规定的,保管人可以拒收仓储物,也可以采取相应措施以避免损失的发生,因此产生的费用由存货人承担。 保管人储存易燃、易爆、有毒、有腐蚀性、有放射性等危险物品的,应当具备相应的保管条件。

《民法典》及最新相关司法解释	相关内容
第九百零七条　保管人应当按照约定对入库仓储物进行验收。保管人验收时发现入库仓储物与约定不符合的，应当及时通知存货人。保管人验收后，发生仓储物的品种、数量、质量不符合约定的，保管人应当承担赔偿责任。	**《合同法》（已废止）第三百八十四条**　保管人应当按照约定对入库仓储物进行验收。保管人验收时发现入库仓储物与约定不符合的，应当及时通知存货人。保管人验收后，发生仓储物的品种、数量、质量不符合约定的，保管人应当承担损害赔偿责任。
第九百零八条　存货人交付仓储物的，保管人应当*出具*仓单、**入库单等凭证**。	**《合同法》（已废止）第三百八十五条**　存货人交付仓储物的，保管人应当*给付*仓单。
第九百零九条　保管人应当在仓单上签*名*或者盖章。仓单包括下列事项： （一）存货人的姓名或者名称和住所； （二）仓储物的品种、数量、质量、包装**及其**件数和标记； （三）仓储物的损耗标准； （四）储存场所； （五）储存*期限*； （六）仓储费； （七）仓储物已经办理保险的，其保险金额、期间以及保险人的名称； （八）填发人、填发地和填发日期。 注 仓单是收取仓储物的凭证和提取仓储物的凭证，可背书转让或出质，故应具备一定的形式。无论仓单是转让还是出质，受让人和质权人并不了解存货人和保管人间的合同的具体内容，因此法律规定了仓单应记载的事项。	**《合同法》（已废止）第三百八十六条**　保管人应当在仓单上签字或者盖章。仓单包括下列事项： （一）存货人的名称或者姓名和住所； （二）仓储物的品种、数量、质量、包装、件数和标记； （三）仓储物的损耗标准； （四）储存场所； （五）储存*期间*； （六）仓储费； （七）仓储物已经办理保险的，其保险金额、期间以及保险人的名称； （八）填发人、填发地和填发日期。
第九百一十条　仓单是提取仓储物的凭证。存货人或者仓单持有人在仓单上背书并经保管人*签名*或者盖章的，可以转让提取仓储物的权利。 注 转让仓单为什么要经保管人签字或盖章？因为保管人是仓储物的合法占有人，而仓储	**《合同法》（已废止）第三百八十七条**　仓单是提取仓储物的凭证。存货人或者仓单持有人在仓单上背书并经保管人签字或者盖章的，可以转让提取仓储物的权利。

《民法典》及最新相关司法解释	相关内容
物的所有权仍归存货人，为保护存货人的所有权，防止他人以不法途径获得仓单，防止损害存货人的利益，也使保管人免于承担不应有的责任，存货人转让仓单的，除存货人应当在仓单上背书外，还应由保管人在仓单上签字或者盖章，转让才发生效力。	
第九百一十一条 保管人根据存货人或者仓单持有人的要求，应当同意其检查仓储物或者提取样品。	**《合同法》(已废止)第三百八十八条** 保管人根据存货人或者仓单持有人的要求，应当同意其检查仓储物或者提取样品。
第九百一十二条 保管人发现入库仓储物有变质或者其他损坏的，应当及时通知存货人或者仓单持有人。 注 本条是关于保管人在仓储物变质或其他损坏情况下的通知义务的规定，简称为“保管人的通知义务”。	**《合同法》(已废止)第三百八十九条** 保管人对入库仓储物发现有变质或者其他损坏的，应当及时通知存货人或者仓单持有人。
第九百一十三条 保管人*发现入库仓储物*有变质或者其他损坏，危及其他仓储物的安全和正常保管的，应当催告存货人或者仓单持有人作出必要的处置。因情况紧急，保管人可以作出必要的处置；但是，事后应当将该情况及时通知存货人或者仓单持有人。 注 本条是关于保管人对有变质或者其他损坏的仓储物如何处理的规定。本条涉及的“变质或者其他损坏”，是指非可归责于保管人的原因造成的，如因仓储物的性质、包装不符合约定造成仓储物本身的变质或损坏。	**《合同法》(已废止)第三百九十条** 保管人*对入库仓储物发现*有变质或者其他损坏，危及其他仓储物的安全和正常保管的，应当催告存货人或者仓单持有人作出必要的处置。因情况紧急，保管人可以作出必要的处置，但事后应当将该情况及时通知存货人或者仓单持有人。
第九百一十四条 当事人对储*存期限*没有约定或者约定不明确的，存货人或者仓单持有人可以随时提取仓储物，	**《合同法》(已废止)第三百九十一条** 当事人对储*存期间*没有约定或者约定不明确的，存货人或者仓单持有人可以随

《民法典》及最新相关司法解释	相关内容
保管人也可以随时*请求*存货人或者仓单持有人提取仓储物，但是应当给予必要的准备时间。 注 本条所谓“给予必要的准备时间”，是指保管人预先通知提货，然后确定一个合理的期限，以给存货人或者仓单持有人留出必要的准备时间，在期限届至前提货即可，并不是在通知的当时就必须提取仓储物。	时提取仓储物，保管人也可以随时*要求*存货人或者仓单持有人提取仓储物，但应当给予必要的准备时间。
第九百一十五条　储*存期限*届满，存货人或者仓单持有人应当凭仓单、**入库单等**提取仓储物。存货人或者仓单持有人逾期提取的，应当加收仓储费；提前提取的，不减收仓储费。 注 相较于《合同法》（已废止），本条明确了“入库单等”可提取仓储物。	**《合同法》（已废止）第三百九十二条**　储*存期间*届满，存货人或者仓单持有人应当凭仓单提取仓储物。存货人或者仓单持有人逾期提取的，应当加收仓储费；提前提取的，不减收仓储费。
第九百一十六条　储*存期限*届满，存货人或者仓单持有人不提取仓储物的，保管人可以催告其在合理期限内提取；逾期不提取的，保管人可以提存仓储物。 注 提取仓储物，既是存货人或仓单持有人的权利，也是其义务。对经催告逾期不提取的，保管人可依法提存。	**《合同法》（已废止）第三百九十三条**　储*存期间*届满，存货人或者仓单持有人不提取仓储物的，保管人可以催告其在合理期限内提取，逾期不提取的，保管人可以提存仓储物。
第九百一十七条　储*存期内*，因保管不善造成仓储物毁损、灭失的，保管人应当承担赔偿责任。因仓储物**本身**的**自然**性质、包装不符合约定或者超过有效储存期造成仓储物变质、损坏的，保管人不承担赔偿责任。	**《合同法》（已废止）第三百九十四条**　储*存期间*，因~~保管人~~保管不善造成仓储物毁损、灭失的，保管人应当承担~~损害~~赔偿责任。因仓储物的性质、包装不符合约定或者超过有效储存期造成仓储物变质、损坏的，保管人不承担~~损害~~赔偿责任。
第九百一十八条　本章没有规定的，适用保管合同的有关规定。 注 仓储合同与保管合同虽然有重要区别，但本质仍是相似的，都是为他人保管财物。也	**《合同法》（已废止）第三百九十五条**　本章没有规定的，适用保管合同的有关规定。

《民法典》及最新相关司法解释	相关内容
有人认为仓储合同就是特殊的保管合同。故本章没有特别规定的,适用保管合同的有关规定。如保管人不得将仓储物转交第三人保管、保管人不得使用或者许可第三人使用仓储物。	
第二十三章　委托合同	
第九百一十九条　委托合同是委托人和受托人约定,由受托人处理委托人事务的合同。 注 委托合同的标的是劳务,委托合同是诺成、非要式、双务合同,委托合同可以是有偿的,也可以是无偿的。	**《合同法》(已废止)第三百九十六条**　委托合同是委托人和受托人约定,由受托人处理委托人事务的合同。
第九百二十条　委托人可以特别委托受托人处理一项或者数项事务,也可以概括委托受托人处理一切事务。 注 以受托人权限范围为标准划分为两类,即特别委托和概括委托。特别委托指双方当事人约定受托人为委托人处理一项或数项事务的委托,概括委托指双方当事人约定受托人为委托人处理一切事务的协议。划分的意义在于,使受托人能够明确自己可以从事哪些代理活动,也使第三人知道受托人的身份和权限,使之有目的、有选择地订立民事合同,以防止因代理权限不明确而引起不必要的纠纷,如果发生了纠纷,也便于根据代理权限确定当事人间的相互责任。	**《合同法》(已废止)第三百九十七条**　委托人可以特别委托受托人处理一项或者数项事务,也可以概括委托受托人处理一切事务。
第九百二十一条　委托人应当预付处理委托事务的费用。受托人为处理委托事务垫付的必要费用,委托人应当偿还该费用*并支付*利息。 注 无论委托合同是否有偿,委托人都有义务事先提供处理委托事务的费用或补偿受托人为处理委托事务所垫付的必要费用。	**《合同法》(已废止)第三百九十八条**　委托人应当预付处理委托事务的费用。受托人为处理委托事务垫付的必要费用,委托人应当偿还该费用*及其*利息。

《民法典》及最新相关司法解释	相关内容
第九百二十二条　受托人应当按照委托人的指示处理委托事务。需要变更委托人指示的，应当经委托人同意；因情况紧急，难以和委托人取得联系的，受托人应当妥善处理委托事务，但是事后应当将该情况及时报告委托人。	**《合同法》（已废止）第三百九十九条**　受托人应当按照委托人的指示处理委托事务。需要变更委托人指示的，应当经委托人同意；因情况紧急，难以和委托人取得联系的，受托人应当妥善处理委托事务，但事后应当将该情况及时报告委托人。 **民通意见（已废止）第80条**　由于急病、通讯联络中断等特殊原因，委托代理人自己不能办理代理事项，又不能与被代理人及时取得联系，如不及时转托他人代理，会给被代理人的利益造成损失或者扩大损失的，属于民法通则第六十八条中的"紧急情况"。 **第81条**　委托代理人转托他人代理的，比照民法通则第六十五条规定的条件办理转托手续。因委托代理人转托不明，给第三人造成损失的，第三人可以直接要求被代理人赔偿损失；被代理人承担民事责任后，可以要求委托代理人赔偿损失，转托代理人有过错的，应当负连带责任。
第九百二十三条　受托人应当亲自处理委托事务。经委托人同意，受托人可以转委托。转委托经同意**或者追认**的，委托人可以就委托事务直接指示转委托的第三人，受托人仅就第三人的选任及其对第三人的指示承担责任。转委托未经同意**或者追认**的，受托人应当对转委托的第三人的行为承担责任；但是，在紧急情况下受托人为了维护委托人的利益需要转委托**第三人**的除外。 注 本条是关于受托人亲自处理及转委托的规定，与《民法典》总则编代理章的相关规定相似。	**《合同法》（已废止）第四百条**　受托人应当亲自处理委托事务。经委托人同意，受托人可以转委托。转委托经同意的，委托人可以就委托事务直接指示转委托的第三人，受托人仅就第三人的选任及其对第三人的指示承担责任。转委托未经同意的，受托人应当对转委托的第三人的行为承担责任，但在紧急情况下受托人为维护委托人的利益需要转委托的除外。 **《民法总则》（已废止）第一百六十九条**　代理人需要转委托第三人代理的，应当取得被代理人的同意或者追认。

《民法典》及最新相关司法解释	相关内容
	转委托代理经被代理人同意或者追认的,被代理人可以就代理事务直接指示转委托的第三人,代理人仅就第三人的选任以及对第三人的指示承担责任。 转委托代理未经被代理人同意或者追认的,代理人应当对转委托的第三人的行为承担责任,但是在紧急情况下代理人为了维护被代理人的利益需要转委托第三人代理的除外。
第九百二十四条 受托人应当按照委托人的要求,报告委托事务的处理情况。委托合同终止时,受托人应当报告委托事务的结果。	**《合同法》(已废止)第四百零一条** 受托人应当按照委托人的要求,报告委托事务的处理情况。委托合同终止时,受托人应当报告委托事务的结果。
第九百二十五条 受托人以自己的名义,在委托人的授权范围内与第三人订立的合同,第三人在订立合同时知道受托人与委托人之间的代理关系的,该合同直接约束委托人和第三人;但是,有确切证据证明该合同只约束受托人和第三人的除外。	**《合同法》(已废止)第四百零二条** 受托人以自己的名义,在委托人的授权范围内与第三人订立的合同,第三人在订立合同时知道受托人与委托人之间的代理关系的,该合同直接约束委托人和第三人,但有确切证据证明该合同只约束受托人和第三人的除外。
第九百二十六条 受托人以自己的名义与第三人订立合同时,第三人不知道受托人与委托人之间的代理关系的,受托人因第三人的原因对委托人不履行义务,受托人应当向委托人披露第三人,委托人因此可以行使受托人对第三人的权利。但是,第三人与受托人订立合同时如果知道该委托人就不会订立合同的除外。	**《合同法》(已废止)第四百零三条** 受托人以自己的名义与第三人订立合同时,第三人不知道受托人与委托人之间的代理关系的,受托人因第三人的原因对委托人不履行义务,受托人应当向委托人披露第三人,委托人因此可以行使受托人对第三人的权利,但第三人与受托人订立合同时如果知道该委托人就不会订立合同的除外。

《民法典》及最新相关司法解释	相关内容
受托人因委托人的原因对第三人不履行义务，受托人应当向第三人披露委托人，第三人因此可以选择受托人或者委托人作为相对人主张其权利，但是第三人不得变更选定的相对人。 委托人行使受托人对第三人的权利的，第三人可以向委托人主张其对受托人的抗辩。第三人选定委托人作为其相对人的，委托人可以向第三人主张其对受托人的抗辩以及受托人对第三人的抗辩。 注 本条明确了委托人对第三人的权利及第三人选择相对人的权利。	受托人因委托人的原因对第三人不履行义务，受托人应当向第三人披露委托人，第三人因此可以选择受托人或者委托人作为相对人主张其权利，但第三人不得变更选定的相对人。 委托人行使受托人对第三人的权利的，第三人可以向委托人主张其对受托人的抗辩。第三人选定委托人作为其相对人的，委托人可以向第三人主张其对受托人的抗辩以及受托人对第三人的抗辩。
第九百二十七条　受托人处理委托事务取得的财产，应当转交给委托人。 注 受托人转移财产的义务，不仅适用于受托人，还适用于转委托的第三人。	**《合同法》（已废止）第四百零四条**　受托人处理委托事务取得的财产，应当转交给委托人。
第九百二十八条　受托人完成委托事务的，委托人应当**按照约定**向其支付报酬。 因不可归责于受托人的事由，委托合同解除或者委托事务不能完成的，委托人应当向受托人支付相应的报酬。当事人另有约定的，按照其约定。 注 有偿的委托合同，在委托事务完成后，委托人应当按照约定向受托人支付报酬。即使委托合同中并没有约定报酬，但依据习惯或者依据委托事务的性质应该由委托人给付报酬的，委托人仍有支付受托人报酬的义务。	**《合同法》（已废止）第四百零五条**　受托人完成委托事务的，委托人应当向其支付报酬。因不可归责于受托人的事由，委托合同解除或者委托事务不能完成的，委托人应当向受托人支付相应的报酬。当事人另有约定的，按照其约定。

《民法典》及最新相关司法解释	相关内容
第九百二十九条 有偿的委托合同,因受托人的过错*造成委托人*损失的,委托人可以*请求*赔偿损失。无偿的委托合同,因受托人的故意或者重大过失造成委托人损失的,委托人可以*请求*赔偿损失。 受托人超越权限*造成委托人*损失的,应当赔偿损失。 注 由于无偿委托合同中受托人没有报酬,故其承担的责任相比有偿委托合同要轻一些。受托人超越权限给委托人造成损失的,无论委托合同是否有偿,皆应赔偿损失。	**《合同法》(已废止)第四百零六条** 有偿的委托合同,因受托人的过错*给委托人造成*损失的,委托人可以*要求*赔偿损失。无偿的委托合同,因受托人的故意或者重大过失给委托人造成损失的,委托人可以*要求*赔偿损失。 受托人超越权限*给委托人造成*损失的,应当赔偿损失。
第九百三十条 受托人处理委托事务时,因不可归责于自己的事由受到损失的,可以向委托人*请求*赔偿损失。	**《合同法》(已废止)第四百零七条** 受托人处理委托事务时,因不可归责于自己的事由受到损失的,可以向委托人*要求*赔偿损失。
第九百三十一条 委托人经受托人同意,可以在受托人之外委托第三人处理委托事务。因此*造成受托人*损失的,受托人可以向委托人*请求*赔偿损失。 注 本条是对委托人另行委托他人的规定。相互信任是委托合同双方当事人订立合同的基础,具有严格的人身属性,故委托人要把委托事务再委托他人,需征得受托人同意。	**《合同法》(已废止)第四百零八条** 委托人经受托人同意,可以在受托人之外委托第三人处理委托事务。因此*给受托人造成*损失的,受托人可以向委托人*要求*赔偿损失。
第九百三十二条 两个以上的受托人共同处理委托事务的,对委托人承担连带责任。 注 共同委托是指委托人委托两个或以上的受托人共同行使代理权处理事务。委托人为两个或以上而受托人只有一人时,不是共同委托。	**《合同法》(已废止)第四百零九条** 两个以上的受托人共同处理委托事务的,对委托人承担连带责任。

《民法典》及最新相关司法解释	相关内容
第九百三十三条　委托人或者受托人可以随时解除委托合同。因解除合同造成对方损失的，除不可归责于该当事人的事由外，**无偿委托合同的解除方应当赔偿因解除时间不当造成的直接损失，有偿委托合同的解除方应当赔偿对方的直接损失和合同履行后可以获得的利益**。 注 本条规定了委托人或受托人的任意解除权。较《合同法》（已废止）第410条而言，本条按照有偿委托与无偿委托，就解除方的赔偿责任进行了不同规定，值得注意。	**《合同法》（已废止）第四百一十条**　委托人或者受托人可以随时解除委托合同。因解除合同给对方造成损失的，除不可归责于该当事人的事由以外~~，应当赔偿损失~~。
第九百三十四条　委托人死亡、终止或者受托人死亡、丧失民事行为能力、*终止*的，委托合同终止；但是，当事人另有约定或者根据委托事务的性质不宜终止的除外。 注 本条是对委托合同终止的规定。委托合同的成立，是以双方信任为基础，为人格专属的法律关系，如果当事人一方死亡、丧失行为能力或者破产，其继承人、法定代理人与合同的另一方当事人能否取得互相的信任还是未知数，为了避免不必要的纠纷，委托合同原则上应终止。	**《合同法》（已废止）第四百一十一条**　委托人或者受托人死亡、丧失民事行为能力或者*破产*的，委托合同终止，但当事人另有约定或者根据委托事务的性质不宜终止的除外。 **《民法总则》（已废止）第一百七十四条**　被代理人死亡后，有下列情形之一的，委托代理人实施的代理行为有效： （一）代理人不知道并且不应当知道被代理人死亡； （二）被代理人的继承人予以承认； （三）授权中明确代理权在代理事务完成时终止； （四）被代理人死亡前已经实施，为了被代理人的继承人的利益继续代理。 作为被代理人的法人、非法人组织终止的，参照适用前款规定。
第九百三十五条　因委托人死亡或者*被宣告破产*、*解散*，致使委托合同终止将损害委托人利益的，在委托人的继	**《合同法》（已废止）第四百一十二条**　因委托人死亡~~、丧失民事行为能力~~或者*破产*，致使委托合同终止将损害委托人

《民法典》及最新相关司法解释	相关内容
承人、**遗产管理人**或者*清算人*承受委托事务之前,受托人应当继续处理委托事务。 注 受托人继续处理事务,若委托合同有偿,受托人仍可请求报酬。此外,本条增加了"遗产管理人"的表述,与《民法典》总则编、继承编等内容呼应。	利益的,在委托人的继承人~~、法定代理人~~或者*清算组织*承受委托事务之前,受托人应当继续处理委托事务。
第九百三十六条 因受托人死亡、丧失民事行为能力或者*被宣告破产*、*解散*,致使委托合同终止的,受托人的继承人、**遗产管理人**、法定代理人或者*清算人*应当及时通知委托人。因委托合同终止将损害委托人利益的,在委托人作出善后处理之前,受托人的继承人、**遗产管理人**、法定代理人或者*清算人*应当采取必要措施。 注 受托人的继承人、法定代理人或者清算组织负有两项义务:一是及时通知委托人的义务;二是委托合同终止将损害委托人利益的情况下,采取必要措施保护委托人利益的义务。	**《合同法》(已废止)第四百一十三条** 因受托人死亡、丧失民事行为能力或者*破产*,致使委托合同终止的,受托人的继承人、法定代理人或者*清算组织*应当及时通知委托人。因委托合同终止将损害委托人利益的,在委托人作出善后处理之前,受托人的继承人、法定代理人或者*清算组织*应当采取必要措施。
第二十四章 物业服务合同 注 本章为新增章节,以适应经济社会发展下物业服务纠纷的增长。	
第九百三十七条 物业服务合同是物业服务人在物业服务区域内,为业主提供建筑物及其附属设施的维修养护、环境卫生和相关秩序的管理维护等物业服务,业主支付物业费的合同。 **物业服务人包括物业服务企业和其他管理人。** **物业服务解释(2020)第四条** 因物业的承租人、借用人或者其他物业使用人实施违反物业服务合同,以及法律、法规或者管理规约的行为引起的物业服务纠纷,人民法院可以参照关于业主的规定处理。 注《民法典》第937条是物业服务合同定义的规定,明确了合同涉及的内容范围及物业服务人的主体范围。	

《民法典》及最新相关司法解释	相关内容
第九百三十八条　物业服务合同的内容一般包括服务事项、服务质量、服务费用**的标准和收取办法**、维修资金的使用、服务用房的管理和使用、服务期限、**服务交接等条款**。 物业服务人公开作出的有利于业主的服务承诺，为物业服务合同的组成部分。 物业服务合同应当采用书面形式。 注 本条明确了物业服务合同的内容，并规定应采书面形式。	**《物业管理条例》第三十四条**　业主委员会应当与业主大会选聘的物业服务企业订立书面的物业服务合同。 物业服务合同应当对物业管理事项、服务质量、服务费用、双方的权利义务、专项维修资金的管理与使用、物业管理用房、合同期限、违约责任等内容进行约定。 **原物业服务解释第三条第二款（本款已失效）**　物业服务企业公开作出的服务承诺及制定的服务细则，应当认定为物业服务合同的组成部分。
第九百三十九条　建设单位依法与物业服务人订立的前期物业服务合同，以及业主委员会与业主大会依法选聘的物业服务人订立的物业服务合同，对业主具有法律约束力。 注 本条明确了物业服务合同（包括前期物业服务合同）对业主具有法律约束力。以往的实践中，有些业主以不是合同当事人为由，拒绝履行相应义务并引发纠纷。业主虽非物业服务合同（包括前期物业服务合同）形式上的当事人，但根据法律规定以及具体物业服务合同的约定，业主是物业服务合同项下权利义务的实际享有者和承担者，已经构成物业服务合同的实质当事人。为此，《民法典》通过本条对此也进行了明确。	**原物业服务解释第一条（本条已失效）**　建设单位依法与物业服务企业签订的前期物业服务合同，以及业主委员会与业主大会依法选聘的物业服务企业签订的物业服务合同，对业主具有约束力。业主以其并非合同当事人为由提出抗辩的，人民法院不予支持。
第九百四十条　建设单位依法与物业服务人订立的前期物业服务合同约定的服务期限届满前，业主委员会或者业主与新物业服务人订立的物业服务合同生效的，前期物业服务合同终止。 注 在借鉴《物业管理条例》第26条的基础上，本条明确了前期物业服务合同随新物业服务合同的生效而终止。	**《物业管理条例》第二十六条**　前期物业服务合同可以约定期限；但是，期限未满、业主委员会与物业服务企业签订的物业服务合同生效的，前期物业服务合同终止。

《民法典》及最新相关司法解释	相关内容
第九百四十一条 物业服务人将物业服务区域内的部分专项服务事项委托给专业性服务组织或者其他第三人的，**应当就该部分专项服务事项向业主负责。** 物业服务人不得将其应当提供的全部物业服务转委托给第三人，**或者将全部物业服务支解后分别转委托给第三人。** 注 在借鉴《物业管理条例》第39条的基础上，本条就物业服务事项的委托与禁止进行了明确。	**《物业管理条例》第三十九条** 物业服务企业可以将物业管理区域内的专项服务业务委托给专业性服务企业，但不得将该区域内的全部物业管理一并委托给他人。
第九百四十二条 物业服务人应当按照约定和物业的使用性质，妥善维修、养护、清洁、绿化和经营管理物业服务区域内的业主共有部分，维护物业服务区域内的基本秩序，采取合理措施保护业主的人身、财产安全。 对物业服务区域内违反有关治安、环保、消防等法律法规的行为，物业服务人应当及时采取合理措施制止、向有关行政主管部门报告并协助处理。 注 本条就物业服务人的义务进行了明确。	**《物业管理条例》第四十五条** 对物业管理区域内违反有关治安、环保、物业装饰装修和使用等方面法律、法规规定的行为，物业服务企业应当制止，并及时向有关行政管理部门报告。 有关行政管理部门在接到物业服务企业的报告后，应当依法对违法行为予以制止或者依法处理。 **第四十六条第一款** 物业服务企业应当协助做好物业管理区域内的安全防范工作。发生安全事故时，物业服务企业在采取应急措施的同时，应当及时向有关行政管理部门报告，协助做好救助工作。
第九百四十三条 物业服务人应当定期将服务的事项、负责人员、质量要求、收费项目、收费标准、履行情况，以及维修资金使用情况、业主共有部分的经营与收益情况等以合理方式向业主公开并向业主大会、业主委员会报告。 **物业服务解释(2020)第二条** 物业服务人违反物业服务合同约定或者法律、	**《物业管理条例》第四十条** 物业服务收费应当遵循合理、公开以及费用与服务水平相适应的原则，区别不同物业的性质和特点，由业主和物业服务企业按照国务院价格主管部门会同国务院建设行政主管部门制定的物业服务收费办法，在物业服务合同中约定。

《民法典》及最新相关司法解释	相关内容
法规、部门规章规定，擅自扩大收费范围、提高收费标准或者重复收费，业主以违规收费为由提出抗辩的，人民法院应予支持。 业主请求物业服务人退还其已经收取的违规费用的，人民法院应予支持。 **第三条**　物业服务合同的权利义务终止后，业主请求物业服务人退还已经预收，但尚未提供物业服务期间的物业费的，人民法院应予支持。 注 为更好地保障业主合法权益，规定了物业服务人就相关事项的公开义务与报告义务。	
第九百四十四条　业主应当按照约定向物业服务人支付物业费。物业服务人已经按照约定和有关规定提供服务的，业主不得以未接受或者无需接受相关物业服务为由拒绝支付物业费。 业主违反约定逾期不支付物业费的，物业服务人可以催告其在合理期限内支付；合理期限届满仍不支付的，物业服务人可以提起诉讼**或者申请仲裁**。 **物业服务人不得采取停止供电、供水、供热、供燃气等方式催交物业费。** 注 本条就业主支付物业费的义务进行了规定。另增加第3款，明确物业服务人不得采取影响业主基本生活的方式催交物业费。	**《物业管理条例》第七条**　业主在物业管理活动中，履行下列义务： …… （五）按时交纳物业服务费用； …… **第四十一条第一款**　业主应当根据物业服务合同的约定交纳物业服务费用。业主与物业使用人约定由物业使用人交纳物业服务费用的，从其约定，业主负连带交纳责任。 **第六十四条**　违反物业服务合同约定，业主逾期不交纳物业服务费用的，业主委员会应当督促其限期交纳；逾期仍不交纳的，物业服务企业可以向人民法院起诉。 **原物业服务解释第六条（本条已失效）**　经书面催交，业主无正当理由拒绝交纳或者在催告的合理期限内仍未交纳物业费，物业服务企业请求业主支付物业费的，人民法院应予支持。物业服务

《民法典》及最新相关司法解释	相关内容
	企业已经按照合同约定以及相关规定提供服务,业主仅以未享受或者无需接受相关物业服务为抗辩理由的,人民法院不予支持。 **第七条(本条已失效)** 业主与物业的承租人、借用人或者其他物业使用人约定由物业使用人交纳物业费,物业服务企业请求业主承担连带责任的,人民法院应予支持。
第九百四十五条 业主装饰装修房屋的,应当事先告知物业服务人,遵守物业服务人提示的合理注意事项,并配合其进行必要的现场检查。 **业主转让、出租物业专有部分、设立居住权或者依法改变共有部分用途的,应当及时将相关情况告知物业服务人。** 注 本条明确了业主需通知(告知)物业服务人的情形:装饰装修,转让、出租专有部分、设立居住权、依法改变共有部分用途。	**《物业管理条例》第五十二条** 业主需要装饰装修房屋的,应当事先告知物业服务企业。 物业服务企业应当将房屋装饰装修中的禁止行为和注意事项告知业主。
第九百四十六条 业主依照法定程序共同决定解聘物业服务人的,可以解除物业服务合同。**决定解聘的,应当提前六十日书面通知物业服务人,但是合同对通知期限另有约定的除外。** **依据前款规定解除合同造成物业服务人损失的,除不可归责于业主的事由外,业主应当赔偿损失。** 注 为减少物业服务人不作为、不履职的情况,本条明确了业主依法解聘物业服务人的情况下可解除物业服务合同,但需按照通知期限的要求履行通知义务。	**《物业管理条例》第十一条** 下列事项由业主共同决定: …… (四)选聘和解聘物业服务企业; …… **原物业服务解释第八条第一款(本条已失效)** 业主大会按照物权法第七十六条规定的程序作出解聘物业服务企业的决定后,业主委员会请求解除物业服务合同的,人民法院应予支持。

《民法典》及最新相关司法解释	相关内容
第九百四十七条　物业服务期限届满前，业主依法共同决定续聘的，应当与原物业服务人在合同期限届满前续订物业服务合同。 **物业服务期限届满前，物业服务人不同意续聘的，应当在合同期限届满前九十日书面通知业主或者业主委员会，但是合同对通知期限另有约定的除外。** 注 本条就物业服务人的续聘事宜进行了规定。为保障业主合法权益，避免“甩手掌柜”情形的出现。第2款明确了物业服务人不同意续聘下的提前通知义务。	
第九百四十八条　物业服务期限届满后，业主没有依法作出续聘或者另聘物业服务人的决定，物业服务人继续提供物业服务的，原物业服务合同继续有效，但是服务期限为不定期。 **当事人可以随时解除不定期物业服务合同，但是应当提前六十日书面通知对方。** 注 本条规定了期满后物业服务合同继续有效的情形，但期限变为不定期。本条另明确了不定期物业服务合同的解除应提前60日书面通知。	
第九百四十九条　物业服务合同终止的，原物业服务人应当**在约定期限或者合理期限内**退出物业服务区域，将物业服务用房、相关设施、物业服务所必需的相关资料等交还给业主委员会、**决定自行管理的业主或者其指定的人，**配合新物业服务人做好交接工作，**并如实告知物业的使用和管理状况。** 原物业服务人违反前款规定的，不	**《物业管理条例》第三十八条**　物业服务合同终止时，物业服务企业应当将物业管理用房和本条例第二十九条第一款规定的资料交还给业主委员会。 物业服务合同终止时，业主大会选聘了新的物业服务企业的，物业服务企业之间应当做好交接工作。 **原物业服务解释第九条（已变更为最新司法解释第三条）**　物业服务合同的权

《民法典》及最新相关司法解释	相关内容
得请求业主支付物业服务合同终止后的物业费;**造成业主损失的,应当赔偿损失**。 注 本条明确了物业服务合同终止后,原物业服务人的退出、移交、配合、告知义务,并明确了违反上述义务的后果。	利义务终止后,业主请求物业服务企业退还已经预收,但尚未提供物业服务期间的物业费的,人民法院应予支持。 物业服务企业请求业主支付拖欠的物业费的,按照本解释第六条规定处理。 **第十条(本条已失效)** 物业服务合同的权利义务终止后,业主委员会请求物业服务企业退出物业服务区域、移交物业服务用房和相关设施,以及物业服务所必需的相关资料和由其代管的专项维修资金的,人民法院应予支持。 物业服务企业拒绝退出、移交,并以存在事实上的物业服务关系为由,请求业主支付物业服务合同权利义务终止后的物业费的,人民法院不予支持。
第九百五十条　物业服务合同终止后,在业主或者业主大会选聘的新物业服务人或者决定自行管理的业主接管之前,原物业服务人应当继续处理物业服务事项,并可以请求业主支付该期间的物业费。 注 为做好新旧物业衔接期间的服务,解决现实中的交接乱象,切实保障业主合法权益,本条明确了接管前原物业服务人的继续处理义务及请求支付相应物业费的权利。	
第二十五章　行纪合同	
第九百五十一条　行纪合同是行纪人以自己的名义为委托人从事贸易活动,委托人支付报酬的合同。 注 行纪合同和委托合同有相同点:都以提供劳务为合同的标的,都以当事人双方的信任为基础,都以处理一定事务为目的。两者的	**《合同法》(已废止)第四百一十四条**　行纪合同是行纪人以自己的名义为委托人从事贸易活动,委托人支付报酬的合同。

《民法典》及最新相关司法解释	相关内容
区别在于：（1）适用范围不同。行纪合同适用范围窄，仅限于代销等贸易行为；而委托合同的适用范围宽。（2）行纪合同的受托人只能以自己的名义处理委托事务；委托合同的受托人处理事务既可以用委托人名义，也可以用自己的名义。（3）行纪人一般专门从事贸易活动，其开业和经营大多需要经过国家有关部门的审查、登记；而委托合同的当事人不必是专门从事贸易活动的。（4）行纪合同是有偿合同，而委托合同既可以有偿也可以无偿。	
第九百五十二条 行纪人处理委托事务支出的费用，由行纪人负担，但是当事人另有约定的除外。	《合同法》（已废止）**第四百一十五条** 行纪人处理委托事务支出的费用，由行纪人负担，但当事人另有约定的除外。
第九百五十三条 行纪人占有委托物的，应当妥善保管委托物。	《合同法》（已废止）**第四百一十六条** 行纪人占有委托物的，应当妥善保管委托物。
第九百五十四条 委托物交付给行纪人时有瑕疵或者容易腐烂、变质的，经委托人同意，行纪人可以处分该物；**不能与**委托人及时取得联系的，行纪人可以合理处分。	《合同法》（已废止）**第四百一十七条** 委托物交付给行纪人时有瑕疵或者容易腐烂、变质的，经委托人同意，行纪人可以处分该物；~~和~~委托人~~不能~~及时取得联系的，行纪人可以合理处分。
第九百五十五条 行纪人低于委托人指定的价格卖出或者高于委托人指定的价格买入的，应当经委托人同意；未经委托人同意，行纪人补偿其差额的，该买卖对委托人发生效力。 行纪人高于委托人指定的价格卖出或者低于委托人指定的价格买入的，可以按照约定增加报酬；没有约定或者约定不明确，*依据本法第五百一十条*的规定仍不能确定的，该利益属于委托人。 委托人对价格有特别指示的，行纪人不得违背该指示卖出或者买入。	《合同法》（已废止）**第四百一十八条** 行纪人低于委托人指定的价格卖出或者高于委托人指定的价格买入的，应当经委托人同意。未经委托人同意，行纪人补偿其差额的，该买卖对委托人发生效力。 行纪人高于委托人指定的价格卖出或者低于委托人指定的价格买入的，可以按照约定增加报酬。没有约定或者约定不明确，*依照本法第六十一条*的规定仍不能确定的，该利益属于委托人。 委托人对价格有特别指示的，行纪人不得违背该指示卖出或者买入。

《民法典》及最新相关司法解释	相关内容
第九百五十六条 行纪人卖出或者买入具有市场定价的商品，除委托人有相反的意思表示外，行纪人自己可以作为买受人或者出卖人。 行纪人有前款规定情形的，仍然可以*请求*委托人支付报酬。 注 本条是对行纪人介入权的规定。委托物须是有市场价格的商品，这既是行纪人产生介入权的要件，又是判定行纪人是否在对委托人不利时实施介入以及行纪人实施介入对委托人不利时损害赔偿的标准。	**《合同法》（已废止）第四百一十九条** 行纪人卖出或者买入具有市场定价的商品，除委托人有相反的意思表示的以外，行纪人自己可以作为买受人或者出卖人。 行纪人有前款规定情形的，仍然可以*要求*委托人支付报酬。
第九百五十七条 行纪人按照约定买入委托物，委托人应当及时受领。经行纪人催告，委托人无正当理由拒绝受领的，行纪人依法可以提存委托物。 委托物不能卖出或者委托人撤回出卖，经行纪人催告，委托人不取回或者不处分该物的，行纪人*依法*可以提存委托物。	**《合同法》（已废止）第四百二十条** 行纪人按照约定买入委托物，委托人应当及时受领。经行纪人催告，委托人无正当理由拒绝受领的，行纪人*依照本法第一百零一条的规定*可以提存委托物。 委托物不能卖出或者委托人撤回出卖，经行纪人催告，委托人不取回或者不处分该物的，行纪人*依照本法第一百零一条的规定*可以提存委托物。
第九百五十八条 行纪人与第三人订立合同的，行纪人对该合同直接享有权利、承担义务。 第三人不履行义务致使委托人受到损害的，行纪人应当承担赔偿责任，但是行纪人与委托人另有约定的除外。	**《合同法》（已废止）第四百二十一条** 行纪人与第三人订立合同的，行纪人对该合同直接享有权利、承担义务。 第三人不履行义务致使委托人受到损害的，行纪人应当承担损害赔偿责任，但行纪人与委托人另有约定的除外。
第九百五十九条 行纪人完成或者部分完成委托事务的，委托人应当向其支付相应的报酬。委托人逾期不支付报酬的，行纪人对委托物享有留置权，但是当事人另有约定的除外。	**《合同法》（已废止）第四百二十二条** 行纪人完成或者部分完成委托事务的，委托人应当向其支付相应的报酬。委托人逾期不支付报酬的，行纪人对委托物享有留置权，但当事人另有约定的除外。

《民法典》及最新相关司法解释	相关内容
第九百六十条　本章没有规定的，参照适用委托合同的有关规定。	**《合同法》（已废止）第四百二十三条**　本章没有规定的，适用委托合同的有关规定。
第二十六章　中介合同 注《民法典》合同编用“中介合同”代替了《合同法》（已废止）的“居间合同”。	
第九百六十一条　*中介*合同是*中介*人向委托人报告订立合同的机会或者提供订立合同的媒介服务，委托人支付报酬的合同。 注“中介合同”代替“居间合同”，“中介人”代替“居间人”，其他内容无本质区别。中介合同与委托合同、行纪合同都是提供劳务性质的合同，但中介合同的特殊之处在于：（1）中介人限于报告订约机会或媒介订约，其服务范围有限制，只是介绍或协助委托人与第三人订立合同，中介人本人并不参与委托人与第三人间的合同。（2）中介人只是为委托人提供与第三人订立合同的机会，行为本身不具有法律意义。（3）中介合同是有偿合同，但中介人只在有结果时才可以请求报酬，并可从双方取得报酬。	**《合同法》（已废止）第四百二十四条**　*居间*合同是*居间人*向委托人报告订立合同的机会或者提供订立合同的媒介服务，委托人支付报酬的合同。
第九百六十二条　*中介人*应当就有关订立合同的事项向委托人如实报告。 *中介人*故意隐瞒与订立合同有关的重要事实或者提供虚假情况，损害委托人利益的，不得*请求*支付报酬并应当承担赔偿责任。 注 诚实信用原则是中介人履行合同义务的重要原则。中介合同履行中，中介人必须实事求是地就自己所实际掌握的信息，如实地向委托人提供最方便、最有利、最有价值、最及时的订约渠道，并保证提供的信息真实可靠。	**《合同法》（已废止）第四百二十五条**　*居间人*应当就有关订立合同的事项向委托人如实报告。 *居间人*故意隐瞒与订立合同有关的重要事实或者提供虚假情况，损害委托人利益的，不得*要求*支付报酬并应当承担损害赔偿责任。

《民法典》及最新相关司法解释	相关内容
第九百六十三条　*中介人*促成合同成立的，委托人应当按照约定支付报酬。对*中介人*的报酬没有约定或者约定不明确，*依据本法第五百一十条*的规定仍不能确定的，根据*中介人*的劳务合理确定。因*中介人*提供订立合同的媒介服务而促成合同成立的，由该合同的当事人平均负担*中介人*的报酬。 *中介人*促成合同成立的，*中介*活动的费用，由*中介人*负担。 注 中介活动的费用已作为成本计算在报酬之内，故本条规定中介人不得另外请求给付中介活动的费用。	**《合同法》（已废止）第四百二十六条**　*居间人*促成合同成立的，委托人应当按照约定支付报酬。对*居间人*的报酬没有约定或者约定不明确，*依照本法第六十一条*的规定仍不能确定的，根据*居间人*的劳务合理确定。因*居间人*提供订立合同的媒介服务而促成合同成立的，由该合同的当事人平均负担*居间人*的报酬。 *居间人*促成合同成立的，*居间*活动的费用，由*居间人*负担。
第九百六十四条　*中介人*未促成合同成立的，不得*请求*支付报酬；但是，可以**按照约定***请求*委托人支付从事*中介*活动支出的必要费用。	**《合同法》（已废止）第四百二十七条**　*居间人*未促成合同成立的，不得*要求*支付报酬，但可以*要求*委托人支付从事*居间*活动支出的必要费用。
第九百六十五条　委托人在接受中介人的服务后，利用中介人提供的交易机会或者媒介服务，绕开中介人直接订立合同的，应当向中介人支付报酬。 注 本条系新增的“禁止跳单”规定，避免不诚信行为，最高人民法院发布的指导性案例有相关内容。	
第九百六十六条　本章没有规定的，参照适用委托合同的有关规定。 注 行纪合同与委托合同有诸多相似之处，故本条明确了无规定时参照适用委托合同的有关规定。	

《民法典》及最新相关司法解释	相关内容
第二十七章 合伙合同 注 本章虽借鉴参考了《民法通则》(已废止)、《合伙企业法》等相关内容，但相较于《合同法》(已废止)，本章仍为新增章节，故本章内容均进行了加粗，右侧内容仅供参考。	
第九百六十七条 合伙合同是两个以上合伙人为了共同的事业目的，订立的共享利益、共担风险的协议。 注 本条对合伙合同的定义进行了明确，有助于解决实践中合伙合同及其他合同间的认定不清等问题。	**《民法通则》(已废止)第三十条** 个人合伙是指两个以上公民按照协议，各自提供资金、实物、技术等，合伙经营、共同劳动。 **民通意见(已废止)第46条** 公民按照协议提供资金或者实物，并约定参与合伙盈余分配，但不参与合伙经营、劳动的，或者提供技术性劳务而不提供资金、实物，但约定参与盈余分配的，视为合伙人。
第九百六十八条 合伙人应当按照约定的出资方式、数额和缴付期限，履行出资义务。	**《合伙企业法》第十七条** 合伙人应当按照合伙协议约定的出资方式、数额和缴付期限，履行出资义务。 以非货币财产出资的，依照法律、行政法规的规定，需要办理财产权转移手续的，应当依法办理。
第九百六十九条 合伙人的出资、因合伙事务依法取得的收益和其他财产，属于合伙财产。 **合伙合同终止前，合伙人不得请求分割合伙财产。** 注 本条明确了合伙财产的范围，并规定合伙合同终止前不得分割合伙财产。	**《民法通则》(已废止)第三十二条** 合伙人投入的财产，由合伙人统一管理和使用。 合伙经营积累的财产，归合伙人共有。 **《合伙企业法》第二十条** 合伙人的出资、以合伙企业名义取得的收益和依法取得的其他财产，均为合伙企业的财产。 **第二十一条** 合伙人在合伙企业清算前，不得请求分割合伙企业的财产；但是，本法另有规定的除外。 合伙人在合伙企业清算前私自转移或者处分合伙企业财产的，合伙企业不得以此对抗善意第三人。

《民法典》及最新相关司法解释	相关内容
第九百七十条　合伙人就合伙事务作出决定的,除合伙合同另有约定外,应当经全体合伙人一致同意。 **合伙事务由全体合伙人共同执行。按照合伙合同的约定或者全体合伙人的决定,可以委托一个或者数个合伙人执行合伙事务;其他合伙人不再执行合伙事务,但是有权监督执行情况。** **合伙人分别执行合伙事务的,执行事务合伙人可以对其他合伙人执行的事务提出异议;提出异议后,其他合伙人应当暂停该项事务的执行。** 注 本条对合伙事务的执行进行了较为细致的规定,明确了一致同意的原则,对委托执行与其中的监督执行、分别执行及其中的提出异议进行了规定。	**《民法通则》(已废止)第三十四条**　个人合伙的经营活动,由合伙人共同决定,合伙人有执行和监督的权利。 合伙人可以推举负责人。合伙负责人和其他人员的经营活动,由全体合伙人承担民事责任。 **《合伙企业法》第三十条**　合伙人对合伙企业有关事项作出决议,按照合伙协议约定的表决办法办理。合伙协议未约定或者约定不明确的,实行合伙人一人一票并经全体合伙人过半数通过的表决办法。 本法对合伙企业的表决办法另有规定的,从其规定。 **第二十六条**　合伙人对执行合伙事务享有同等的权利。 按照合伙协议的约定或者经全体合伙人决定,可以委托一个或者数个合伙人对外代表合伙企业,执行合伙事务。 作为合伙人的法人、其他组织执行合伙事务的,由其委派的代表执行。 **第二十七条**　依照本法第二十六条第二款规定委托一个或者数个合伙人执行合伙事务的,其他合伙人不再执行合伙事务。 不执行合伙事务的合伙人有权监督执行事务合伙人执行合伙事务的情况。 **第二十九条**　合伙人分别执行合伙事务的,执行事务合伙人可以对其他合伙人执行的事务提出异议。提出异议时,应当暂停该项事务的执行。如果发生争议,依照本法第三十条规定作出决定。 受委托执行合伙事务的合伙人不按照合伙协议或者全体合伙人的决定执行事务的,其他合伙人可以决定撤销该委托。

《民法典》及最新相关司法解释	相关内容
第九百七十一条　合伙人不得因执行合伙事务而请求支付报酬，但是合伙合同另有约定的除外。 注 不同于《合伙企业法》第67条，本条规定了“不支付报酬为原则，另有约定除外”，值得注意。	**《合伙企业法》第六十七条**　有限合伙企业由普通合伙人执行合伙事务。执行事务合伙人可以要求在合伙协议中确定执行事务的报酬及报酬提取方式。
第九百七十二条　合伙的利润分配和亏损分担，按照合伙合同的约定办理；合伙合同没有约定或者约定不明确的，由合伙人协商决定；协商不成的，由合伙人按照实缴出资比例分配、分担；无法确定出资比例的，由合伙人平均分配、分担。 注 本条就“利润分配和亏损负担”做了规定：合同约定 > 合伙人协商决定 > 实缴出资比例确定 > 平均分配（分担）。	**《合伙企业法》第三十三条**　合伙企业的利润分配、亏损分担，按照合伙协议的约定办理；合伙协议未约定或者约定不明确的，由合伙人协商决定；协商不成的，由合伙人按照实缴出资比例分配、分担；无法确定出资比例的，由合伙人平均分配、分担。 合伙协议不得约定将全部利润分配给部分合伙人或者由部分合伙人承担全部亏损。 **民通意见（已废止）第47条**　全体合伙人对合伙经营的亏损额，对外应当负连带责任；对内则应按照协议约定的债务承担比例或者出资比例分担；协议未规定债务承担比例或者出资比例的，可以按照约定的或者实际的盈余分配比例承担。但是对造成合伙经营亏损有过错的合伙人，应当根据其过错程度相应的多承担责任。 **第48条**　只提供技术性劳务，不提供资金、实物的合伙人，对于合伙经营的亏损额，对外也应当承担连带责任；对内则应当按照协议约定的债务承担比例或者技术性劳务折抵的出资比例承担；协议未规定债务承担比例或者出资比例的，可以按照约定的或者合伙人实际的盈余分配比例承担；没有盈余分配比例的，按照其余合伙人平均投资比例承担。

《民法典》及最新相关司法解释	相关内容
第九百七十三条　合伙人对合伙债务承担连带责任。清偿合伙债务超过自己应当承担份额的合伙人，有权向其他合伙人追偿。 注 本条对合伙债务的清偿进行了规定，合伙人连带责任，超出份额可追偿。	**《民法通则》（已废止）第三十五条**　合伙的债务，由合伙人按照出资比例或者协议的约定，以各自的财产承担清偿责任。 合伙人对合伙的债务承担连带责任，法律另有规定的除外。偿还合伙债务超过自己应当承担数额的合伙人，有权向其他合伙人追偿。 **《合伙企业法》第三十八条**　合伙企业对其债务，应先以其全部财产进行清偿。 **第三十九条**　合伙企业不能清偿到期债务的，合伙人承担无限连带责任。 **第四十条**　合伙人由于承担无限连带责任，清偿数额超过本法第三十三条第一款规定的其亏损分担比例的，有权向其他合伙人追偿。
第九百七十四条　除合伙合同另有约定外，合伙人向合伙人以外的人转让其全部或者部分财产份额的，须经其他合伙人一致同意。 注 任由合伙人随意转让财产份额，不利于合伙事业的稳定，有悖于合伙合同的目的。故本条确立了合伙财产份额转让须经其他合伙人一致同意的原则，合伙另有约定的除外。	**《合伙企业法》第二十五条**　合伙人以其在合伙企业中的财产份额出质的，须经其他合伙人一致同意；未经其他合伙人一致同意，其行为无效，由此给善意第三人造成损失的，由行为人依法承担赔偿责任。
第九百七十五条　合伙人的债权人不得代位行使合伙人依照本章规定和合伙合同享有的权利，但是合伙人享有的利益分配请求权除外。 注 为维护合伙事业的稳定，保障其他合伙人对合伙的合理期待，本条明确了合伙人的相关权利其债权人不得代位行使，但利益分配请求权除外。如此规定的原因在于，利益分	**《合伙企业法》第四十一条**　合伙人发生与合伙企业无关的债务，相关债权人不得以其债权抵销其对合伙企业的债务；也不得代位行使合伙人在合伙企业中的权利。 **第四十二条**　合伙人的自有财产不足清偿其与合伙企业无关的债务的，该合伙人可以以其从合伙企业中分取的收

《民法典》及最新相关司法解释	相关内容
配请求权相较于本章规定的其他合伙人而言，对合伙事业的实现影响不大。	益用于清偿；债权人也可以依法请求人民法院强制执行该合伙人在合伙企业中的财产份额用于清偿。 人民法院强制执行合伙人的财产份额时，应当通知全体合伙人，其他合伙人有优先购买权；其他合伙人未购买，又不同意将该财产份额转让给他人的，依照本法第五十一条的规定为该合伙人办理退伙结算，或者办理削减该合伙人相应财产份额的结算。
第九百七十六条　合伙人对合伙期限没有约定或者约定不明确，依据本法第五百一十条的规定仍不能确定的，视为不定期合伙。 **合伙期限届满，合伙人继续执行合伙事务，其他合伙人没有提出异议的，原合伙合同继续有效，但是合伙期限为不定期。** **合伙人可以随时解除不定期合伙合同，但是应当在合理期限之前通知其他合伙人。** 注 本条明确了不定期合伙的两种情形：（1）期限未约定或约定不明确，且无法补充确定的；（2）期满后继续执行事务其他人无异议的。	**《合伙企业法》第四十六条**　合伙协议未约定合伙期限的，合伙人在不给合伙企业事务执行造成不利影响的情况下，可以退伙，但应当提前三十日通知其他合伙人。
第九百七十七条　合伙人死亡、丧失民事行为能力或者终止的，合伙合同终止；但是，合伙合同另有约定或者根据合伙事务的性质不宜终止的除外。 注 本条明确了合伙人死亡、丧失民事行为能力或终止的，合伙合同终止，但另有约定或据合伙事务性质不宜终止的除外。本条也实际上变更了《合伙企业法》第 80 条的规定，值得注意。	**《合伙企业法》第八十条**　作为有限合伙人的自然人死亡、被依法宣告死亡或者作为有限合伙人的法人及其他组织终止时，其继承人或者权利承受人可以依法取得该有限合伙人在有限合伙企业中的资格。

《民法典》及最新相关司法解释	相关内容
第九百七十八条　合伙合同终止后，合伙财产在支付因终止而产生的费用以及清偿合伙债务后有剩余的，依据本法第九百七十二条的规定进行分配。 注 本条明确了合伙合同终止后的剩余财产按照前述利润分配和亏损负担的顺序进行分配。	**《合伙企业法》第八十九条**　合伙企业财产在支付清算费用和职工工资、社会保险费用、法定补偿金以及缴纳所欠税款、清偿债务后的剩余财产，依照本法第三十三条第一款的规定进行分配。 **民通意见（已废止）第55条**　合伙终止时，对合伙财产的处理，有书面协议的，按协议处理；没有书面协议，又协商不成的，如果合伙人出资额相等，应当考虑多数人意见酌情处理；合伙人出资额不等的，可以按出资额占全部合伙额多的合伙人的意见处理，但要保护其他合伙人的利益。
第三分编　准合同 注 相较于《合同法》（已废止），《民法典》合同编将“无因管理”与“不当得利”纳入，单独作为第三分编（准合同编）。	
第二十八章　无因管理 注 新增章节。	
第九百七十九条　管理人没有法定的或者约定的义务，为避免他人利益受损失而*管理他人事务的*，**可以请求受益人偿还因管理事务而支出的必要费用；管理人因管理事务受到损失的，可以请求受益人给予适当补偿。** **管理事务不符合受益人真实意思的，管理人不享有前款规定的权利；但是，受益人的真实意思违反法律或者违背公序良俗的除外。** 注 本条就管理人的权利进行了区别规定：（1）符合受益人意思，可请求必要费用，受损的可请求适当补偿；（2）不符合受益人意思，不享有前述权利，但有例外。	**《民法通则》（已废止）第九十三条**　没有法定的或者约定的义务，为避免他人利益受损失*进行管理或者服务的*，有权要求受益人偿付由此而支付的必要费用。 **《民法总则》（已废止）第一百二十一条**　没有法定的或者约定的义务，为避免他人利益受损失而进行管理的人，有权请求受益人偿还由此支出的必要费用。 **民通意见（已废止）第132条**　民法通则第九十三条规定的管理人或者服务人可以要求受益人偿付的必要费用，包括在管理或者服务活动中直接支出的费用，以及在该活动中受到的实际损失。

《民法典》及最新相关司法解释	相关内容
第九百八十条　管理人管理事务不属于前条规定的情形，但是受益人享有管理利益的，受益人应当在其获得的利益范围内向管理人承担前条第一款规定的义务。 注 本条明确了前条情形外受益人享有管理利益的，受益人在获益范围内向管理人承担前条规定的责任。	
第九百八十一条　管理人管理他人事务，应当采取有利于受益人的方法。中断管理对受益人不利的，无正当理由不得中断。 注 本条规定了管理人在管理中的两个义务：（1）方法需有利于受益人；（2）中断管理更为不利时无正当理由不得中断。	
第九百八十二条　管理人管理他人事务，能够通知受益人的，应当及时通知受益人。管理的事务不需要紧急处理的，应当等待受益人的指示。 注 本条明确了管理人的及时通知义务，以及非紧急事务下的等待指示义务。	
第九百八十三条　管理结束后，管理人应当向受益人报告管理事务的情况。管理人管理事务取得的财产，应当及时转交给受益人。 注 本条亦是关于管理人义务的规定，包括管理情况报告义务和财产转交义务。	
第九百八十四条　管理人管理事务经受益人事后追认的，从管理事务开始时起，适用委托合同的有关规定，但是管理人另有意思表示的除外。 注 本条明确了经追认的无因管理适用委托合同的规定，且是自管理开始时而非追认时适用。	

《民法典》及最新相关司法解释	相关内容
第二十九章　不当得利 注 新增章节。	
第九百八十五条　得利人没有法律根据取得不当利益的,受损失的人可以请求得利人返还取得的利益,但是有下列情形之一的除外: **(一)为履行道德义务进行的给付;** **(二)债务到期之前的清偿;** **(三)明知无给付义务而进行的债务清偿。** 注 本条规定了不当得利人的返还义务及除外情形,尤其需注意三项除外情形。	《民法通则》(已废止)第九十二条　没有合法根据,取得不当利益,造成他人损失的,应当将取得的不当利益返还受损失的人。 《民法总则》(已废止)第一百二十二条　因他人没有法律根据,取得不当利益,受损失的人有权请求其返还不当利益。 **民通意见(已废止)第131条**　返还的不当利益,应当包括原物和原物所生的孳息。利用不当得利所取得的其他利益,扣除劳务管理费用后,应当予以收缴。
第九百八十六条　得利人不知道且不应当知道取得的利益没有法律根据,取得的利益已经不存在的,不承担返还该利益的义务。 注 本条可称为"四不"规定,即"不知道,不应知道,不存在"下的"不返还"。	
第九百八十七条　得利人知道或者应当知道取得的利益没有法律根据的,受损失的人可以请求得利人返还其取得的利益并依法赔偿损失。 注 得利人知道或应当知道的,返还利益+赔偿损失。	
第九百八十八条　得利人已经将取得的利益无偿转让给第三人的,受损失的人可以请求第三人在相应范围内承担返还义务。 注 不当利益被转让后,受损人可请求第三人返还,但须注意,针对的只是无偿转让的情形。	

第四编 人格权

《民法典》及最新相关司法解释	相关内容
第一章　一般规定	
第九百八十九条　本编调整因人格权的享有和保护产生的民事关系。 注 本编属新增，并无相应单行法与之对应。本篇条文涉及的内容有少许零散分布在《民法通则》（已废止）、《民法总则》（已废止）及有关司法解释中。	
第九百九十条　人格权是民事主体享有的生命权、身体权、健康权、姓名权、名称权、肖像权、名誉权、荣誉权、隐私权等权利。 **除前款规定的人格权外，自然人享有基于人身自由、人格尊严产生的其他人格权益。** 注 本条系对人格权概念及范围的规定，有观点认为人格是与生俱来的，不应由法律规定，人格利益也不因法律的规定而产生。	**《民法总则》（已废止）第一百零九条**　自然人的人身自由、人格尊严受法律保护。 **第一百一十条**　自然人享有生命权、身体权、健康权、姓名权、肖像权、名誉权、荣誉权、隐私权、婚姻自主权等权利。 法人、非法人组织享有名称权、名誉权、荣誉权等权利。
第九百九十一条　民事主体的人格权受法律保护，任何组织或者个人不得侵害。	
第九百九十二条　人格权不得放弃、转让或者继承。 注 “不得放弃、转让或者继承”本质上是人格的特征。	
第九百九十三条　民事主体可以将自己的姓名、名称、肖像等许可他人使用，但是依照法律规定或者根据其性质不得许可的除外。	

《民法典》及最新相关司法解释	相关内容
第九百九十四条　死者的姓名、肖像、名誉、荣誉、隐私、遗体等受到侵害的,其配偶、子女、父母有权依法请求行为人承担民事责任;死者没有配偶、子女且父母已经死亡的,其他近亲属有权依法请求行为人承担民事责任。 注 死者的人格利益受侵害,本条赋予相关主体请求行为人承担民事责任的权利。	**原精神损害解释第三条(本条内容已修正)** 自然人死亡后,其近亲属因下列侵权行为遭受精神痛苦,向人民法院起诉请求赔偿精神损害的,人民法院应当依法予以受理: (一)以侮辱、诽谤、贬损、丑化或者违反社会公共利益、社会公德的其他方式,侵害死者姓名、肖像、名誉、荣誉; (二)非法披露、利用死者隐私,或者以违反社会公共利益、社会公德的其他方式侵害死者隐私; (三)非法利用、损害遗体、遗骨,或者以违反社会公共利益、社会公德的其他方式侵害遗体、遗骨。 **第七条(本条已失效)** 自然人因侵权行为致死,或者自然人死亡后其人格或者遗体遭受侵害,死者的配偶、父母和子女向人民法院起诉请求赔偿精神损害的,列其配偶、父母和子女为原告;没有配偶、父母和子女的,可以由其他近亲属提起诉讼,列其他近亲属为原告。
第九百九十五条　人格权受到侵害的,受害人有权依照本法和其他法律的规定请求行为人承担民事责任。受害人的停止侵害、排除妨碍、消除危险、消除影响、恢复名誉、赔礼道歉请求权,不适用诉讼时效的规定。 注 本条明确了基于人格权受损产生的相应请求权不适用诉讼时效的规定。	《民法总则》(已废止)**第一百九十六条**　下列请求权不适用诉讼时效的规定: (一)请求停止侵害、排除妨碍、消除危险; (二)不动产物权和登记的动产物权的权利人请求返还财产; (三)请求支付抚养费、赡养费或者扶养费; (四)依法不适用诉讼时效的其他请求权。

《民法典》及最新相关司法解释	相关内容
第九百九十六条　因当事人一方的违约行为，损害对方人格权并造成严重精神损害，受损害方选择请求其承担违约责任的，不影响受损害方请求精神损害赔偿。 注 明确了违约责任不影响精神损害赔偿，两者可兼得。	
第九百九十七条　民事主体有证据证明行为人正在实施或者即将实施侵害其人格权的违法行为，不及时制止将使其合法权益受到难以弥补的损害的，有权依法向人民法院申请采取责令行为人停止有关行为的措施。 注 明确了对危及人格权的行为可申请停止，是一大亮点。	
第九百九十八条　认定行为人承担侵害除生命权、身体权和健康权外的人格权的民事责任，应当考虑行为人和受害人的职业、影响范围、过错程度，以及行为的目的、方式、后果等因素。 注 生命权、身体权、健康权外的其他人格权，较为抽象，基于其受损而生的民事责任，应考量相关因素综合认定。	
第九百九十九条　为公共利益实施新闻报道、舆论监督等行为的，可以合理使用民事主体的姓名、名称、肖像、个人信息等；使用不合理侵害民事主体人格权的，应当依法承担民事责任。 注 对新闻、舆论监督等行为规定了“合理使用”的限制，但“合理”的判断有待进一步明确。	

《民法典》及最新相关司法解释	相关内容
第一千条　行为人因侵害人格权承担消除影响、恢复名誉、赔礼道歉等民事责任的,应当与行为的具体方式和造成的影响范围相当。 **行为人拒不承担前款规定的民事责任的,人民法院可以采取在报刊、网络等媒体上发布公告或者公布生效裁判文书等方式执行,产生的费用由行为人负担。** 注 本条明确了部分民事责任的代履行。	
第一千零一条　对自然人因婚姻家庭关系等产生的身份权利的保护,适用本法第一编、第五编和其他法律的相关规定;没有规定的,可以根据其性质参照适用本编人格权保护的有关规定。 注 人身权包括人格权和身份权。身份权可适用《民法典》总则编、婚姻家庭编等的规定,没有规定的可参照人格权编相关内容。	
第二章　生命权、身体权和健康权	
第一千零二条　自然人享有生命权。自然人的生命安全和生命尊严受法律保护。任何组织或者个人不得侵害他人的生命权。 注 生命权中增加了"生命尊严"。	《民法通则》(已废止)第九十八条　公民享有生命健康权。
第一千零三条　自然人享有身体权。自然人的身体完整和行动自由受法律保护。任何组织或者个人不得侵害他人的身体权。 注 明确了身体权包括"身体完整"与"行动自由",须注意身体权与健康权的差别。	《民法总则》(已废止)第一百一十条第一款　自然人享有生命权、身体权、健康权、姓名权、肖像权、名誉权、荣誉权、隐私权、婚姻自主权等权利。

《民法典》及最新相关司法解释	相关内容
第一千零四条 自然人享有健康权。自然人的身心健康受法律保护。任何组织或者个人不得侵害他人的健康权。 注 生命权、身体权、健康权一般在一起表达,《民法典》人格权编将其分开规定,以期更好地对人格权进行保护。	《民法通则》(已废止)第九十八条 公民享有生命健康权。 《民法总则》(已废止)第一百一十条第一款 自然人享有生命权、身体权、健康权、姓名权、肖像权、名誉权、荣誉权、隐私权、婚姻自主权等权利。
第一千零五条 自然人的生命权、身体权、健康权受到侵害或者处于其他危难情形的,负有法定救助义务的组织或者个人应当及时施救。 注 明确了法定救助组织的施救义务,且施救应"及时"。	
第一千零六条 完全民事行为能力人有权依法自主决定无偿捐献其人体细胞、人体组织、人体器官、遗体。任何组织或者个人不得强迫、欺骗、利诱其捐献。 **完全民事行为能力人依据前款规定同意捐献的,应当采用书面形式,也可以订立遗嘱。** **自然人生前未表示不同意捐献的,该自然人死亡后,其配偶、成年子女、父母可以共同决定捐献,决定捐献应当采用书面形式。** 注 在借鉴《人体器官移植条例》的基础上,本条就人体细胞、组织、器官、遗体的捐献进行了较为明确的规定,对生前捐献的形式、死后近亲属决定捐献的形式均做了规定,有利于规范相关行为。	**《人体器官移植条例》第七条** 人体器官捐献应当遵循自愿、无偿的原则。 公民享有捐献或者不捐献其人体器官的权利;任何组织或者个人不得强迫、欺骗或者利诱他人捐献人体器官。 **第八条** 捐献人体器官的公民应当具有完全民事行为能力。公民捐献其人体器官应当有书面形式的捐献意愿,对已经表示捐献其人体器官的意愿,有权予以撤销。 公民生前表示不同意捐献其人体器官的,任何组织或者个人不得捐献、摘取该公民的人体器官;公民生前未表示不同意捐献其人体器官的,该公民死亡后,其配偶、成年子女、父母可以以书面形式共同表示同意捐献该公民人体器官的意愿。
第一千零七条 禁止以任何形式买卖人体细胞、人体组织、人体器官、遗体。 **违反前款规定的买卖行为无效。** 注 符合法律规定的捐献行为有效,但依据本条规定,买卖人体细胞、组织、器官、遗体的行为绝对无效。	**《人体器官移植条例》第三条** 任何组织或者个人不得以任何形式买卖人体器官,不得从事与买卖人体器官有关的活动。

《民法典》及最新相关司法解释	相关内容
第一千零八条　为研制新药、医疗器械或者发展新的预防和治疗方法,需要进行临床试验的,应当依法经相关主管部门批准并经伦理委员会审查同意,向受试者或者受试者的监护人告知试验目的、用途和可能产生的风险等详细情况,并经其书面同意。 **进行临床试验的,不得向受试者收取试验费用。** 注 对科学、医疗研究需要进行临床试验的,明确相关条件:依法批准、伦理委员会审查、告知并经受试人书面同意。	**《药品管理法实施条例》第三十条**　研制新药,需要进行临床试验的,应当依照《药品管理法》第二十九条的规定,经国务院药品监督管理部门批准。 药物临床试验申请经国务院药品监督管理部门批准后,申报人应当在经依法认定的具有药物临床试验资格的机构中选择承担药物临床试验的机构,并将该临床试验机构报国务院药品监督管理部门和国务院卫生行政部门备案。 药物临床试验机构进行药物临床试验,应当事先告知受试者或者其监护人真实情况,并取得其书面同意。
第一千零九条　从事与人体基因、人体胚胎等有关的医学和科研活动,应当遵守法律、行政法规和国家有关规定,不得危害人体健康,不得违背伦理道德,不得损害公共利益。 注 对涉及人体基因及胚胎等相关科研活动的要求作出规定,使这些科研活动在科学、伦理的指引下健康有序发展。	
第一千零一十条　违背他人意愿,以言语、文字、图像、肢体行为等方式对他人实施性骚扰的,受害人有权依法请求行为人承担民事责任。 **机关、企业、学校等单位应当采取合理的预防、受理投诉、调查处置等措施,防止和制止利用职权、从属关系等实施性骚扰。** 注 明确了相关单位防制"性骚扰"的义务。	

《民法典》及最新相关司法解释	相关内容
第一千零一十一条　以非法拘禁等方式剥夺、限制他人的行动自由，或者非法搜查他人身体的，受害人有权依法请求行为人承担民事责任。 注 非法拘禁不仅要承担刑事责任、行政责任，也要承担民事责任。	
第三章　姓名权和名称权	
第一千零一十二条　*自然人*享有姓名权，有权依法决定、使用、*变更*或者**许可他人使用**自己的姓名，**但是不得违背公序良俗**。 注 增加了自然人许可他人使用自己姓名的内容。	**《民法通则》（已废止）第九十九条第一款**　公民享有姓名权，有权决定、使用和*依照规定改变*自己的姓名，禁止他人干涉、盗用、假冒。
第一千零一十三条　法人、*非法人组织*享有名称权，有权依法**决定**、使用、**变更**、转让或者**许可他人使用**自己的名称。 注 增加法人、非法人组织变更、许可他人使用自己名称的内容。	**《民法通则》（已废止）第九十九条第二款**　法人、*个体工商户*、*个人合伙*享有名称权。~~企业法人、个体工商户、个人合伙~~有权使用、依法转让自己的名称。
第一千零一十四条　任何组织或者个人不得以**干涉**、盗用、假冒等方式侵害他人的姓名权或者名称权。	**民通意见（已废止）第141条**　盗用、假冒他人姓名、名称造成损害的，应当认定为侵犯姓名权、名称权的行为。
第一千零一十五条　自然人应当随父姓或者母姓，但是有下列情形之一的，可以在父姓和母姓之外选取姓氏： **（一）选取其他直系长辈血亲的姓氏；** **（二）因由法定扶养人以外的人扶养而选取扶养人姓氏；** **（三）有不违背公序良俗的其他正当理由。** **少数民族自然人的姓氏可以遵从本民族的文化传统和风俗习惯。**	

《民法典》及最新相关司法解释	相关内容
民法典婚姻家庭编解释一第五十九条　父母不得因子女变更姓氏而拒付子女抚养费。父或者母擅自将子女姓氏改为继母或继父姓氏而引起纠纷的,应当责令恢复原姓氏。 注 就自然人姓氏的选取方式做了具体规定。	
第一千零一十六条　自然人决定、变更姓名,或者法人、非法人组织决定、变更、转让名称的,应当依法向有关机关办理登记手续,但是法律另有规定的除外。 **民事主体变更姓名、名称的,变更前实施的民事法律行为对其具有法律约束力。** 注 本条第2款明确了民事主体在姓名、名称变更前实施的民事法律行为变更后仍有法律约束力。	
第一千零一十七条　具有一定社会知名度,被他人使用足以造成公众混淆的笔名、艺名、网名、译名、字号、姓名和名称的简称等,参照适用姓名权和名称权保护的有关规定。 注 在自媒体"泛滥"、自我表达门槛渐低的网络社会,"具有一定社会知名度"如何认定,值得研究。	
第四章　肖像权	
第一千零一十八条　*自然人*享有肖像权,有权依法制作、使用、公开或者许可他人使用自己的肖像。 **肖像是通过影像、雕塑、绘画等方式在一定载体上所反映的特定自然人可以被识别的外部形象。** 注 本条第2款就"肖像"的概念进行了界定,为司法实践提供了较为具体明确的指引。	《民法通则》(已废止)第一百条　*公民*享有肖像权,未经本人同意,不得以营利为目的使用公民的肖像。

《民法典》及最新相关司法解释	相关内容
第一千零一十九条　任何组织或者个人不得以丑化、污损，或者利用信息技术手段伪造等方式侵害他人的肖像权。未经肖像权人同意，不得制作、使用、公开肖像权人的肖像，但是法律另有规定的除外。 **未经肖像权人同意，肖像作品权利人不得以发表、复制、发行、出租、展览等方式使用或者公开肖像权人的肖像。** 注 网络时代，“换脸”等恶搞行为多发。为此，本条明确了不得利用信息技术手段伪造等方式侵害他人肖像权。	**民通意见（已废止）第139条**　以营利为目的，未经公民同意利用其肖像做广告、商标、装饰橱窗等，应当认定为侵犯公民肖像权的行为。
第一千零二十条　合理实施下列行为的，可以不经肖像权人同意： **（一）为个人学习、艺术欣赏、课堂教学或者科学研究，在必要范围内使用肖像权人已经公开的肖像；** **（二）为实施新闻报道，不可避免地制作、使用、公开肖像权人的肖像；** **（三）为依法履行职责，国家机关在必要范围内制作、使用、公开肖像权人的肖像；** **（四）为展示特定公共环境，不可避免地制作、使用、公开肖像权人的肖像；** **（五）为维护公共利益或者肖像权人合法权益，制作、使用、公开肖像权人的肖像的其他行为。** 注 参考知识产权保护的有关规定，本条就肖像权的合理使用进行了明确。	
第一千零二十一条　当事人对肖像许可使用合同中关于肖像使用条款的理解有争议的，应当作出有利于肖像权人的解释。 注 肖像许可使用合同条款有争议的，做有利于肖像权人的解释。	

《民法典》及最新相关司法解释	相关内容
第一千零二十二条　当事人对肖像许可使用期限没有约定或者约定不明确的，任何一方当事人可以随时解除肖像许可使用合同，但是应当在合理期限之前通知对方。 **当事人对肖像许可使用期限有明确约定，肖像权人有正当理由的，可以解除肖像许可使用合同，但是应当在合理期限之前通知对方。因解除合同造成对方损失的，除不可归责于肖像权人的事由外，应当赔偿损失。** 注 本条就肖像许可使用期限相关事宜进行了规定，有利于司法实践的操作。	
第一千零二十三条　对姓名等的许可使用，参照适用肖像许可使用的有关规定。 **对自然人声音的保护，参照适用肖像权保护的有关规定。** 注 本条第2款规定自然人声音的保护参照适用肖像权的保护，是立法体现并适应社会发展的一大亮点。	
第五章　名誉权和荣誉权	
第一千零二十四条　*民事主体*享有名誉权。**任何组织或者个人**不得以侮辱、诽谤等方式侵害*他人*的名誉权。 **名誉是对民事主体的品德、声望、才能、信用等的社会评价。** 注 本条第2款对“名誉”的含义进行了明确。	**《民法通则》(已废止)第一百零一条**　公民、*法人*享有名誉权，~~公民的人格尊严受法律保护，~~禁止用侮辱、诽谤等方式损害公民、*法人*的名誉。
第一千零二十五条　行为人为公共利益实施新闻报道、舆论监督等行为，影响他人名誉的，不承担民事责任，但是有下列情形之一的除外：	**民通意见(已废止)第140条**　以书面、口头等形式宣扬他人的隐私，或者捏造事实公然丑化他人人格，以及用侮辱、诽谤等方式损害他人名誉，造成一定

《民法典》及最新相关司法解释	相关内容
(一)捏造、歪曲事实; **(二)对他人提供的严重失实内容未尽到合理核实义务;** **(三)使用侮辱性言辞等贬损他人名誉。** 注 为公共利益实施新闻报道、舆论监督等影响他人名誉的行为不承担民事责任,但在三种除外情况下需要担责。	影响的,应当认定为侵害公民名誉权的行为。 以书面、口头等形式诋毁、诽谤法人名誉,给法人造成损害的,应当认定为侵害法人名誉权的行为。
第一千零二十六条 认定行为人是否尽到前条第二项规定的合理核实义务,应当考虑下列因素: **(一)内容来源的可信度;** **(二)对明显可能引发争议的内容是否进行了必要的调查;** **(三)内容的时限性;** **(四)内容与公序良俗的关联性;** **(五)受害人名誉受贬损的可能性;** **(六)核实能力和核实成本。** 注 本条对确定“合理核实义务”应考虑的因素进行了明确。	
第一千零二十七条 行为人发表的文学、艺术作品以真人真事或者特定人为描述对象,含有侮辱、诽谤内容,侵害他人名誉权的,受害人有权依法请求该行为人承担民事责任。 **行为人发表的文学、艺术作品不以特定人为描述对象,仅其中的情节与该特定人的情况相似的,不承担民事责任。** 注 按照是否以“特定人”为描述对象确定是否侵害名誉权。	

《民法典》及最新相关司法解释	相关内容
第一千零二十八条　民事主体有证据证明报刊、网络等媒体报道的内容失实,侵害其名誉权的,有权请求该媒体及时采取更正或者删除等必要措施。	
第一千零二十九条　民事主体可以依法查询自己的信用评价;发现信用评价不当的,有权提出异议并请求采取更正、删除等必要措施。信用评价人应当及时核查,经核查属实的,应当及时采取必要措施。 注 信息时代,信用评价越发重要。本条针对信用评价错误规定了相应救济权利,非常必要。	
第一千零三十条　民事主体与征信机构等信用信息处理者之间的关系,适用本编有关个人信息保护的规定和其他法律、行政法规的有关规定。	
第一千零三十一条　民事主体享有荣誉权。**任何组织或者个人***不得*非法剥夺*他*人的荣誉称号,**不得诋毁、贬损他人的荣誉。** **获得的荣誉称号应当记载而没有记载的,民事主体可以请求记载;获得的荣誉称号记载错误的,民事主体可以请求更正。** 注 本条第2款规定了对荣誉称号请求记载或更正的权利。	《民法通则》(已废止)第一百零二条　公民、法人享有荣誉权,*禁止*非法剥夺公*民、法人*的荣誉称号。
第六章　隐私权和个人信息保护	
第一千零三十二条　自然人享有隐私权。**任何组织或者个人不得以刺探、侵扰、泄露、公开等方式侵害他人的隐私权。** **隐私是自然人的私人生活安宁和不愿为他人知晓的私密空间、私密活动、私密信息。**	《民法总则》(已废止)第一百一十条第一款　自然人享有生命权、身体权、健康权、姓名权、肖像权、名誉权、荣誉权、隐私权、婚姻自主权等权利。

《民法典》及最新相关司法解释	相关内容
注 为适应社会发展，强化权益保障，《民法典》专章规定隐私权和个人信息保护。此外，本条第2款就隐私概念进行了规定，强调“私人生活安宁和不愿为他人知晓”。	
第一千零三十三条　除法律另有规定或者权利人明确同意外，任何组织或者个人不得实施下列行为： **（一）以电话、短信、即时通讯工具、电子邮件、传单等方式侵扰他人的私人生活安宁；** **（二）进入、拍摄、窥视他人的住宅、宾馆房间等私密空间；** **（三）拍摄、窥视、窃听、公开他人的私密活动；** **（四）拍摄、窥视他人身体的私密部位；** **（五）处理他人的私密信息；** **（六）以其他方式侵害他人的隐私权。** 注 以否定性列举方式，规定了不得实施的侵害隐私权的行为。	
第一千零三十四条　自然人的个人信息受法律保护。 **个人信息是以电子或者其他方式记录的能够单独或者与其他信息结合识别特定自然人的各种信息，包括自然人的姓名、出生日期、身份证件号码、生物识别信息、住址、电话号码、电子邮箱、健康信息、行踪信息等。** **个人信息中的私密信息，适用有关隐私权的规定；没有规定的，适用有关个人信息保护的规定。** 注 本条明确了个人信息受法律保护，并规定了个人信息的概念及个人信息中的“私密信息”适用隐私权保护的规定。	**《民法总则》（已废止）第一百一十一条**　自然人的个人信息受法律保护……

《民法典》及最新相关司法解释	相关内容
第一千零三十五条　处理个人信息的,应当遵循合法、正当、必要原则,不得过度处理,并符合下列条件: **(一)征得该自然人或者其监护人同意,但是法律、行政法规另有规定的除外;** **(二)公开处理信息的规则;** **(三)明示处理信息的目的、方式和范围;** **(四)不违反法律、行政法规的规定和双方的约定。** **个人信息的处理包括个人信息的收集、存储、使用、加工、传输、提供、公开等。** **旅游纠纷规定(2020)第九条**　旅游经营者、旅游辅助服务者以非法收集、存储、使用、加工、传输、买卖、提供、公开等方式处理旅游者个人信息,旅游者请求其承担相应责任的,人民法院应予支持。 注 明确收集处理个人信息应遵循"合法、正当、必要"原则以及需要符合的其他条件。	**《民法总则》(已废止)第一百一十一条**　自然人的个人信息受法律保护。任何组织和个人需要获取他人个人信息的,应当依法取得并确保信息安全,不得非法收集、使用、加工、传输他人个人信息,不得非法买卖、提供或者公开他人个人信息。
第一千零三十六条　处理个人信息,有下列情形之一的,行为人不承担民事责任: **(一)在该自然人或者其监护人同意的范围内合理实施的行为;** **(二)合理处理该自然人自行公开的或者其他已经合法公开的信息,但是该自然人明确拒绝或者处理该信息侵害其重大利益的除外;**	

《民法典》及最新相关司法解释	相关内容
（三）为维护公共利益或者该自然人合法权益，合理实施的其他行为。 注 坚持在保护之下不妨碍正常的社会运作，本条就收集、处理自然人个人信息不承担民事责任的情形进行了明确。	
第一千零三十七条　自然人可以依法向信息处理者查阅或者复制其个人信息；发现信息有错误的，有权提出异议并请求及时采取更正等必要措施。 **自然人发现信息处理者违反法律、行政法规的规定或者双方的约定处理其个人信息的，有权请求信息处理者及时删除。** 注 本条规定了自然人对个人信息的查阅复制权及异议更正权、请求删除权，义务主体为“信息处理者”。	
第一千零三十八条　信息处理者不得泄露或者篡改其收集、存储的个人信息；未经自然人同意，不得向他人非法提供其个人信息，但是经过加工无法识别特定个人且不能复原的除外。 **信息处理者应当采取技术措施和其他必要措施，确保其收集、存储的个人信息安全，防止信息泄露、篡改、丢失；发生或者可能发生个人信息泄露、篡改、丢失的，应当及时采取补救措施，按照规定告知自然人并向有关主管部门报告。** 注 网络时代，信息收集、控制主体多元，个人信息泄露多发。为强化个人信息保护，本条第2款明确规定了信息处理者采取技术和其他必要措施确保信息安全的义务。	**《民法总则》（已废止）第一百一十一条**　自然人的个人信息受法律保护。任何组织和个人需要获取他人个人信息的，应当依法取得并确保信息安全，不得非法收集、使用、加工、传输他人个人信息，不得非法买卖、提供或者公开他人个人信息。

《民法典》及最新相关司法解释	相关内容
第一千零三十九条　国家机关、承担行政职能的法定机构及其工作人员对于履行职责过程中知悉的自然人的隐私和个人信息,应当予以保密,不得泄露或者向他人非法提供。 注 本条明确了国家机关、承担行政职能的法定机构及其工作人员对相关自然人隐私和个人信息负有保密的义务,这既是强化隐私权与个人信息权保护的需要,也是依法行政、依法履职的当然之义。	

第五编　婚姻家庭

《民法典》及最新相关司法解释	相关内容
第一章　一般规定	
第一千零四十条　本编调整因婚姻家庭产生的民事关系。 注 婚姻家庭编内容主要对应的是《婚姻法》（已废止）、《收养法》（已废止）及相关司法解释的内容。	
第一千零四十一条　婚姻家庭受国家保护。 实行婚姻自由、一夫一妻、男女平等的婚姻制度。 保护妇女、未成年人、老年人、残疾人的合法权益。 注 根据现实国情，删除“实行计划生育”的内容。	**《婚姻法》（已废止）第二条**　实行婚姻自由、一夫一妻、男女平等的婚姻制度。 保护妇女、儿童和老人的合法权益。 ~~实行计划生育~~。
第一千零四十二条　禁止包办、买卖婚姻和其他干涉婚姻自由的行为。禁止借婚姻索取财物。 禁止重婚。禁止有配偶者与他人同居。 禁止家庭暴力。禁止家庭成员间的虐待和遗弃。 **民法典婚姻家庭编解释一第一条　持续性、经常性的家庭暴力，可以认定为民法典第一千零四十二条、第一千零七十九条、第一千零九十一条所称的“虐待”。** **第二条　民法典第一千零四十二条、第一千零七十九条、第一千零九十一条规定的“与他人同居”的情形，是指有配偶者与婚外异性，不以夫妻名义，持续、稳定地共同居住。** 注 婚姻法解释一（已废止）第1条规定，“造成一定伤害后果”才能认定为家暴；但《反家庭暴力法》第2条规定，存在“家庭成员之间	**《婚姻法》（已废止）第三条**　禁止包办、买卖婚姻和其他干涉婚姻自由的行为。禁止借婚姻索取财物。 禁止重婚。禁止有配偶者与他人同居。禁止家庭暴力。禁止家庭成员间的虐待和遗弃。 **婚姻法解释一（已废止）第二条**　婚姻法第三条、第三十二条、第四十六条规定的“有配偶者与他人同居”的情形，是指有配偶者与婚外异性，不以夫妻名义，持续、稳定地共同居住。

《民法典》及最新相关司法解释	相关内容
以殴打、捆绑、残害、限制人身自由以及经常性谩骂、恐吓等方式实施的身体、精神等侵害行为”即构成。从法律位阶上看，认定“家暴”应以作为法律的《反家庭暴力法》为准，但现实中法院在认定家暴是否成立时，一个重要的标准就是婚姻法司法解释一（已废止）规定的有没有造成伤害后果。在民法典婚姻家庭编解释一未就家暴进行明确定义婚姻法解释已失效的情况下，家暴的认定应结合《反家庭暴力法》的规定。但司法实务究采何种标准，有待观察。	
第一千零四十三条　家庭应当树立优良家风，弘扬家庭美德，重视家庭文明建设。 夫妻应当互相忠实，互相尊重，**互相关爱**；家庭成员应当敬老爱幼，互相帮助，维护平等、和睦、文明的婚姻家庭关系。 **民法典婚姻家庭编解释一第四条　当事人仅以民法典第一千零四十三条为依据提起诉讼的，人民法院不予受理；已经受理的，裁定驳回起诉。** 注 倡导性条款不具有强制约束力，非属必须遵守的义务，不能仅以该规定为基础提起诉讼。	**《婚姻法》（已废止）第四条**　夫妻应当互相忠实，互相尊重；家庭成员间应当敬老爱幼，互相帮助，维护平等、和睦、文明的婚姻家庭关系。 **婚姻法解释一（已废止）第三条**　当事人仅以婚姻法第四条为依据提起诉讼的，人民法院不予受理；已经受理的，裁定驳回起诉。
第一千零四十四条　收养应当遵循最有利于*被收养人*的原则，保障被收养人和收养人的合法权益。 禁止借收养名义买卖*未成年人*。	**《收养法》（已废止）第二条**　收养应当有利于*被收养的未成年人的抚养、成长*，保障被收养人和收养人的合法权益~~，遵循平等自愿的原则，并不得违背社会公德~~。 **第二十条**　严禁~~买卖儿童或者~~借收养名义买卖*儿童*。
第一千零四十五条　亲属包括配偶、血亲和姻亲。 配偶、父母、子女、兄弟姐妹、祖父母、外祖父母、孙子女、外孙子女为近亲属。	**民通意见（已废止）第12条**　民法通则中规定的近亲属，包括配偶、父母、子女、兄弟姐妹、祖父母、外祖父母、孙子女、外孙子女。

《民法典》及最新相关司法解释	相关内容
配偶、父母、子女和其他共同生活的近亲属为家庭成员。 注 首次在民事法律条文中明确“家庭成员”的概念（范围）。	
第二章　结婚	
第一千零四十六条　结婚*应当*男女双方完全自愿，*禁止*任何一方对*另一方*加以强迫，*禁止*任何*组织*或者个人加以干涉。	**《婚姻法》（已废止）第五条**　结婚*必须*男女双方完全自愿，*不许*任何一方对*他方*加以强迫或任何*第三者*加以干涉。
第一千零四十七条　结婚年龄，男不得早于二十二周岁，女不得早于二十周岁。 注 与删除“实行计划生育”类似，删除“晚婚晚育应予鼓励”亦是现实国情的需要。	**《婚姻法》（已废止）第六条**　结婚年龄，男不得早于二十二周岁，女不得早于二十周岁。~~晚婚晚育应予鼓励。~~
第一千零四十八条　直系血亲或者三代以内的旁系血亲禁止结婚。 注 删除“患有医学上认为不应当结婚的疾病”作为禁止结婚的情形是《民法典》婚姻家庭编的重大亮点。	**《婚姻法》（已废止）第七条**　有下列情形之一的，禁止结婚： （一）直系血亲和三代以内的旁系血亲； ~~（二）患有医学上认为不应当结婚的疾病。~~
第一千零四十九条　要求结婚的男女双方*应当*亲自到婚姻登记机关申请结婚登记。符合本法规定的，予以登记，发给结婚证。*完成结婚登记*，即确立婚姻关系。未办理结婚登记的，应当补办登记。 **民法典婚姻家庭编解释一第六条　男女双方依据民法典第一千零四十九条规定补办结婚登记的，婚姻关系的效力从双方均符合民法典所规定的结婚的实质要件时起算。**	**《婚姻法》（已废止）第八条**　要求结婚的男女双方*必须*亲自到婚姻登记机关进行结婚登记。符合本法规定的，予以登记，发给结婚证。*取得结婚证*，即确立夫妻关系。未办理结婚登记的，应当补办登记。 **婚姻法解释一（已废止）第四条**　男女双方根据婚姻法第八条规定补办结婚登记的，婚姻关系的效力从双方均符合婚姻法所规定的结婚的实质要件时起算。

《民法典》及最新相关司法解释	相关内容
第七条　未依据民法典第一千零四十九条规定办理结婚登记而以夫妻名义共同生活的男女，提起诉讼要求离婚的，应当区别对待： **(一)1994年2月1日民政部《婚姻登记管理条例》公布实施以前，男女双方已经符合结婚实质要件的，按事实婚姻处理。** **(二)1994年2月1日民政部《婚姻登记管理条例》公布实施以后，男女双方符合结婚实质要件的，人民法院应当告知其补办结婚登记。未补办结婚登记的，依据本解释第三条规定处理。** 注 婚姻关系的确立时间由“取得结婚证”调整为“完成结婚登记”，强化了结婚登记的公示公信效力。 民法典婚姻家庭编解释一第3条已规定，无论哪种同居情形都不能单独起诉请求解除同居关系。对1994年2月1日公布实施后符合结婚实质要件但未补办结婚登记的，可起诉请求处理子女抚养或同居期间财产分割问题，而非原来规定的“按解除同居关系处理”。	
第一千零五十条　登记结婚后，按照男女双方约定，女方可以成为男方家庭的成员，男方可以成为女方家庭的成员。	**《婚姻法》(已废止)第九条**　登记结婚后，根据男女双方约定，女方可以成为男方家庭的成员，男方可以成为女方家庭的成员。
第一千零五十一条　有下列情形之一的，婚姻无效： (一)重婚； (二)有禁止结婚的亲属关系； (三)未到法定婚龄。 **民法典婚姻家庭编解释一第九条　有权依据民法典第一千零五十一条规定**	**《婚姻法》(已废止)第十条**　有下列情形之一的，婚姻无效： (一)重婚的； (二)有禁止结婚的亲属关系的； ~~(三)婚前患有医学上认为不应当结婚的疾病，婚后尚未治愈的；~~ (四)未到法定婚龄的。

《民法典》及最新相关司法解释	相关内容
人民法院就已办理结婚登记的婚姻请求确认婚姻无效的主体，包括婚姻当事人及利害关系人。其中，利害关系人包括： （一）以重婚为由的，为当事人的近亲属及基层组织； （二）以未到法定婚龄为由的，为未到法定婚龄者的近亲属； （三）以有禁止结婚的亲属关系为由的，为当事人的近亲属。 **第十条**　当事人依据民法典第一千零五十一条规定向人民法院请求确认婚姻无效，法定的无效婚姻情形在提起诉讼时已经消失的，人民法院不予支持。 **第十一条**　人民法院受理请求确认婚姻无效案件后，原告申请撤诉的，不予准许。 对婚姻效力的审理不适用调解，应当依法作出判决。 涉及财产分割和子女抚养的，可以调解。调解达成协议的，另行制作调解书；未达成调解协议的，应当一并作出判决。 **第十二条**　人民法院受理离婚案件后，经审理确属无效婚姻的，应当将婚姻无效的情形告知当事人，并依法作出确认婚姻无效的判决。 **第十三条**　人民法院就同一婚姻关系分别受理了离婚和请求确认婚姻无效案件的，对于离婚案件的审理，应当待请求确认婚姻无效案件作出判决后进行。 **第十四条**　夫妻一方或者双方死亡后，生存一方或者利害关系人依据民法典第一千零五十一条的规定请求确认婚姻无效的，人民法院应当受理。	**婚姻法解释一（已废止）第七条**　有权依据婚姻法第十条规定向人民法院就已办理结婚登记的婚姻申请宣告婚姻无效的主体，包括婚姻当事人及利害关系人。利害关系人包括： （一）以重婚为由申请宣告婚姻无效的，为当事人的近亲属及基层组织。 （二）以未到法定婚龄为由申请宣告婚姻无效的，为未达法定婚龄者的近亲属。 （三）以有禁止结婚的亲属关系为由申请宣告婚姻无效的，为当事人的近亲属。 ~~（四）以婚前患有医学上认为不应当结婚的疾病，婚后尚未治愈为由申请宣告婚姻无效的，为与患病者共同生活的近亲属。~~ **第八条**　当事人依据婚姻法第十条规定向人民法院申请宣告婚姻无效的，申请时，法定的无效婚姻情形已经消失的，人民法院不予支持。 **婚姻法解释二（已废止）第二条**　人民法院受理申请宣告婚姻无效案件后，经审查确属无效婚姻的，应当依法作出宣告婚姻无效的判决。原告申请撤诉的，不予准许。 **第五条**　夫妻一方或者双方死亡后一年内，生存一方或者利害关系人依据婚姻法第十条的规定申请宣告婚姻无效的，人民法院应当受理。 **第六条**　利害关系人依据婚姻法第十条的规定，申请人民法院宣告婚姻无效的，利害关系人为申请人，婚姻关系当事人双方为被申请人。 夫妻一方死亡的，生存一方为被申请人。

《民法典》及最新相关司法解释	相关内容
第十五条　利害关系人依据民法典第一千零五十一条的规定，请求人民法院确认婚姻无效的，利害关系人为原告，婚姻关系当事人双方为被告。 **夫妻一方死亡的，生存一方为被告。** **第十六条　人民法院审理重婚导致的无效婚姻案件时，涉及财产处理的，应当准许合法婚姻当事人作为有独立请求权的第三人参加诉讼。** **第十七条　当事人以民法典第一千零五十一条规定的三种无效婚姻以外的情形请求确认婚姻无效的，人民法院应当判决驳回当事人的诉讼请求。** **当事人以结婚登记程序存在瑕疵为由提起民事诉讼，主张撤销结婚登记的，告知其可以依法申请行政复议或者提起行政诉讼。** 注 将患有医学上认为不应当结婚的疾病尚未治愈的情形从婚姻无效的情形中删除，与前面禁止结婚的情形删除类似内容相一致。 婚姻有效与否是一个法律评价，非以当事人意志为转移，即只能由法院认定其效力，故有了民法典婚姻家庭编解释一第11条的规定。另外，民法典婚姻家庭编解释一第14条删掉了原来“一年”除斥期间，即不再限定这种情形下请求权的行使期间，属一大亮点。此外，民法典婚姻家庭编解释一第15条将原来的“夫妻双方均已死亡的，不列被申请人”内容删除，结合前后内容可知，即使夫妻双方均死亡，因可能涉及第三人利益，也须列为被告方。	夫妻双方均已死亡的，不列被申请人。 **婚姻法解释三(已废止)第一条**　当事人以婚姻法第十条规定以外的情形申请宣告婚姻无效的，人民法院应当判决驳回当事人的申请。 当事人以结婚登记程序存在瑕疵为由提起民事诉讼，主张撤销结婚登记的，告知其可以依法申请行政复议或者提起行政诉讼。
第一千零五十二条　因胁迫结婚的，受胁迫的一方可以向人民法院请求撤销婚姻。	**《婚姻法》(已废止)第十一条**　因胁迫结婚的，受胁迫的一方可以向~~婚姻登记机关或~~人民法院请求撤销该婚姻。受

《民法典》及最新相关司法解释	相关内容
请求撤销婚姻的，应当*自胁迫行为终止之日起*一年内提出。 被非法限制人身自由的当事人请求撤销婚姻的，应当自恢复人身自由之日起一年内提出。 **民法典婚姻家庭编解释一第十八条　行为人以给另一方当事人或者其近亲属的生命、身体、健康、名誉、财产等方面造成损害为要挟，迫使另一方当事人违背真实意愿结婚的，可以认定为民法典第一千零五十二条所称的“胁迫”。** **因受胁迫而请求撤销婚姻的，只能是受胁迫一方的婚姻关系当事人本人。** **第十九条　民法典第一千零五十二条规定的“一年”，不适用诉讼时效中止、中断或者延长的规定。** **受胁迫或者被非法限制人身自由的当事人请求撤销婚姻的，不适用民法典第一百五十二条第二款的规定。** **民法典时间效力规定第二十六条　当事人以民法典施行前受胁迫结婚为由请求人民法院撤销婚姻的，撤销权的行使期限适用民法典第一千零五十二条第二款的规定。** 注《民法典》将因胁迫而请求撤销婚姻的起算点由“结婚登记之日”变为“胁迫行为终止之日”，更有利于被胁迫方合法权益的保障。请求撤销婚姻的，原来可向婚姻登记机关提出，现统一归法院受理。民法典婚姻家庭编解释一第19条在受胁迫之外，另明确被非法限制人身自由的当事人请求撤销婚姻的，不受《民法典》第1152条第2款关于提出请求起算时间的限制。	~~胁迫的一方~~撤销婚姻的请求，应当*自结婚登记之日起*一年内提出。被非法限制人身自由的当事人请求撤销婚姻的，应当自恢复人身自由之日起一年内提出。 **婚姻法解释一（已废止）第十四条**　人民法院根据当事人的申请，依法宣告婚姻无效或者撤销婚姻的，应当收缴双方的结婚证书并将生效的判决书寄送当地婚姻登记管理机关。 **第十五条**　被宣告无效或被撤销的婚姻，当事人同居期间所得的财产，按共同共有处理。但有证据证明为当事人一方所有的除外。

《民法典》及最新相关司法解释	相关内容
第一千零五十三条　一方患有重大疾病的,应当在结婚登记前如实告知另一方;不如实告知的,另一方可以向人民法院请求撤销婚姻。 **请求撤销婚姻的,应当自知道或者应当知道撤销事由之日起一年内提出。** 注 不应当结婚的疾病虽不再作为结婚禁止情形与无效情形,但为保护配偶的知情权等权益,将结婚登记前未如实告知重大疾病作为撤销婚姻的情形。但何为"重大疾病",有待进一步解释。	
第一千零五十四条　无效的或者被撤销的婚姻*自始没有法律约束力*,当事人不具有夫妻的权利和义务。同居期间所得的财产,由当事人协议处理;协议不成的,由人民法院根据照顾无过错方的原则判决。对重婚导致的无效婚姻的财产处理,不得侵害合法婚姻当事人的财产权益。当事人所生的子女,适用本法关于父母子女的规定。 **婚姻无效或者被撤销的,无过错方有权请求损害赔偿。** **民法典婚姻家庭编解释一第三条　当事人提起诉讼仅请求解除同居关系的,人民法院不予受理;已经受理的,裁定驳回起诉。** **当事人因同居期间财产分割或者子女抚养纠纷提起诉讼的,人民法院应当受理。** **第二十条　民法典第一千零五十四条所规定的"自始没有法律约束力",是指无效婚姻或者可撤销婚姻在依法被确认无效或者被撤销时,才确定该婚姻自始不受法律保护。**	**《婚姻法》(已废止)第十二条**　无效或被撤销的婚姻,自始无效。当事人不具有夫妻的权利和义务。同居期间所得的财产,由当事人协议处理;协议不成时,由人民法院根据照顾无过错方的原则判决。对重婚导致的婚姻无效的财产处理,不得侵害合法婚姻当事人的财产权益。当事人所生的子女,适用本法有关父母子女的规定。

《民法典》及最新相关司法解释	相关内容
第二十一条　人民法院根据当事人的请求，依法确认婚姻无效或者撤销婚姻的，应当收缴双方的结婚证书并将生效的判决书寄送当地婚姻登记管理机关。 **第二十二条　被确认无效或者被撤销的婚姻，当事人同居期间所得的财产，除有证据证明为当事人一方所有的以外，按共同共有处理。** 注 增加婚姻无效或被撤销时无过错方的损害赔偿请求权也是《民法典》婚姻家庭编的重大亮点。 民法典婚姻家庭编解释一第3条与原规定相比，删除了有配偶者与他人同居情形下“当事人提起诉讼请求解除同居关系的，人民法院应当受理并依法予以解除”的内容。换言之，同居关系下，无论是否有人已婚，均不能单独起诉请求解除同居关系。	
第三章　家庭关系	
第一节　夫妻关系	
第一千零五十五条　夫妻在**婚姻**家庭中地位平等。	**《婚姻法》（已废止）第十三条**　夫妻在家庭中地位平等。
第一千零五十六条　夫妻双方都有各自使用自己姓名的权利。	**《婚姻法》（已废止）第十四条**　夫妻双方都有各用自己姓名的权利。
第一千零五十七条　夫妻双方都有参加生产、工作、学习和社会活动的自由，一方不得对*另一方*加以限制或者干涉。	**《婚姻法》（已废止）第十五条**　夫妻双方都有参加生产、工作、学习和社会活动的自由，一方不得对*他方*加以限制或干涉。
第一千零五十八条　*夫妻双方*平等**享有对未成年子女抚养、教育和保护的权利**，*共同承担***对未成年**子女抚养、教育和**保护**的义务。	**《婚姻法》（已废止）第二十一条第一款**　*父母*对子女有抚养教育的义务~~；子女对父母有赡养扶助的义务~~。

《民法典》及最新相关司法解释	相关内容
注 增加了“保护”内容，明确了“平等享有”“共同承担”。另需注意，本条既是义务规定，也是权利规定。	
第一千零五十九条 夫妻有相互扶养的义务。 *需要扶养的一方，在另一方不履行扶养义务时*，有要求*其*给付扶养费的权利。	**《婚姻法》(已废止)第二十条** 夫妻有互相扶养的义务。 *一方不履行扶养义务时，需要扶养的一方*，有要求*对方*付给扶养费的权利。
第一千零六十条 夫妻一方因家庭日常生活需要而实施的民事法律行为，对夫妻双方发生效力，但是夫妻一方与相对人另有约定的除外。 **夫妻之间对一方可以实施的民事法律行为范围的限制，不得对抗善意相对人。** 注 明确了因家庭日常生活需要一方实施的民事法律行为的对内对外效力。	
第一千零六十一条 夫妻有相互继承遗产的权利。 **民法典婚姻家庭编解释一第八条 未依据民法典第一千零四十九条规定办理结婚登记而以夫妻名义共同生活的男女，一方死亡，另一方以配偶身份主张享有继承权的，依据本解释第七条的原则处理。** **第七条 未依据民法典第一千零四十九条规定办理结婚登记而以夫妻名义共同生活的男女，提起诉讼要求离婚的，应当区别对待：** **(一)1994年2月1日民政部《婚姻登记管理条例》公布实施以前，男女双方已经符合结婚实质要件的，按事实婚姻处理。**	**《婚姻法》(已废止)第二十四条第一款** 夫妻有相互继承遗产的权利。 **婚姻法解释三(已废止)第十五条** 婚姻关系存续期间，夫妻一方作为继承人依法可以继承的遗产，在继承人之间尚未实际分割，起诉离婚时另一方请求分割的，人民法院应当告知当事人在继承人之间实际分割遗产后另行起诉。 **婚姻法解释一(已废止)第六条** 未按婚姻法第八条规定办理结婚登记而以夫妻名义共同生活的男女，一方死亡，另一方以配偶身份主张享有继承权的，按照本解释第五条的原则处理。 **第五条** 未按婚姻法第八条规定办理结婚登记而以夫妻名义共同生活的男女，起诉到人民法院要求离婚的，应当区别对待：

《民法典》及最新相关司法解释	相关内容
（二）1994 年 2 月 1 日民政部《婚姻登记管理条例》公布实施以后，男女双方符合结婚实质要件的，人民法院应当告知其补办结婚登记。未补办结婚登记的，依据本解释第三条规定处理。 注 未办理结婚登记的情况下，符合事实婚姻的，一方可以配偶身份享有继承权；不属事实婚姻的，可依据《民法典》继承编第 1131 条“对继承人以外的依靠被继承人扶养的人，或者继承人以外的对被继承人扶养较多的人，可以分给适当的遗产”之规定，酌情分得部分遗产。	（一）1994 年 2 月 1 日民政部《婚姻登记管理条例》公布实施以前，男女双方已经符合结婚实质要件的，按事实婚姻处理； （二）1994 年 2 月 1 日民政部《婚姻登记管理条例》公布实施以后，男女双方符合结婚实质要件的，人民法院应当告知其在案件受理前补办结婚登记；未补办结婚登记的，按解除同居关系处理。
第一千零六十二条　夫妻在婚姻关系存续期间所得的下列财产，**为夫妻的共同财产**，归夫妻共同所有： （一）工资、奖金、**劳务报酬**； （二）生产、经营、**投资**的收益； （三）知识产权的收益； （四）继承或者受赠的财产，但是*本法第一千零六十三条第三项规定的除外*； （五）其他应当归共同所有的财产。 夫妻对共同财产，有平等的处理权。 **民法典婚姻家庭编解释一第二十四条　民法典第一千零六十二条第一款第三项规定的“知识产权的收益”，是指婚姻关系存续期间，实际取得或者已经明确可以取得的财产性收益。** **第二十五条　婚姻关系存续期间，下列财产属于民法典第一千零六十二条规定的“其他应当归共同所有的财产”：** **（一）一方以个人财产投资取得的收益；**	**《婚姻法》（已废止）第十七条**　夫妻在婚姻关系存续期间所得的下列财产，归夫妻共同所有： （一）工资、奖金； （二）生产、经营的收益； （三）知识产权的收益； （四）继承或赠与所得的财产，但本*法第十八条第三项规定的除外*； （五）其他应当归共同所有的财产。 夫妻对共同所有的财产，有平等的处理权。 **婚姻法解释一（已废止）第十七条** 婚姻法第十七条关于“夫或妻对夫妻共同所有的财产，有平等的处理权”的规定，应当理解为： （一）夫或妻在处理夫妻共同财产上的权利是平等的。因日常生活需要而处理夫妻共同财产的，任何一方均有权决定。 （二）夫或妻非因日常生活需要对夫妻共同财产做重要处理决定，夫妻双方应当平

《民法典》及最新相关司法解释	相关内容
(二)男女双方实际取得或者应当取得的住房补贴、住房公积金; (三)男女双方实际取得或者应当取得的基本养老金、破产安置补偿费。 **第二十六条** 夫妻一方个人财产在婚后产生的收益,除孳息和自然增值外,应认定为夫妻共同财产。 **第二十七条** 由一方婚前承租、婚后用共同财产购买的房屋,登记在一方名下的,应当认定为夫妻共同财产。 **第二十八条** 一方未经另一方同意出售夫妻共同所有的房屋,第三人善意购买、支付合理对价并已办理不动产登记,另一方主张追回该房屋的,人民法院不予支持。 夫妻一方擅自处分共同所有的房屋造成另一方损失,离婚时另一方请求赔偿损失的,人民法院应予支持。 **第七十一条** 人民法院审理离婚案件,涉及分割发放到军人名下的复员费、自主择业费等一次性费用的,以夫妻婚姻关系存续年限乘以年平均值,所得数额为夫妻共同财产。 前款所称年平均值,是指将发放到军人名下的上述费用总额按具体年限均分得出的数额。其具体年限为人均寿命七十岁与军人入伍时实际年龄的差额。 注 增值包括主动增值与被动增值(自然增值)。被动增值无须当事人主观努力,但主动增值中,一方投入了时间、金钱、智力、劳务等,故应将其主动增值的部分作为夫妻共同财产。	等协商,取得一致意见。他人有理由相信其为夫妻双方共同意思表示的,另一方不得以不同意或不知道为由对抗善意第三人。 **婚姻法解释二(已废止)第十一条** 婚姻关系存续期间,下列财产属于婚姻法第十七条规定的“其他应当归共同所有的财产”: (一)一方以个人财产投资取得的收益; (二)男女双方实际取得或者应当取得的住房补贴、住房公积金; (三)男女双方实际取得或者应当取得的养老保险金、破产安置补偿费。 **第十二条** 婚姻法第十七条第三项规定的“知识产权的收益”,是指婚姻关系存续期间,实际取得或者已经明确可以取得的财产性收益。 **婚姻法解释三(已废止)第四条** 婚姻关系存续期间,夫妻一方请求分割共同财产的,人民法院不予支持,但有下列重大理由且不损害债权人利益的除外: (一)一方有隐藏、转移、变卖、毁损、挥霍夫妻共同财产或者伪造夫妻共同债务等严重损害夫妻共同财产利益行为的; (二)一方负有法定扶养义务的人患重大疾病需要医治,另一方不同意支付相关医疗费用的。 **第五条** 夫妻一方个人财产在婚后产生的收益,除孳息和自然增值外,应认定为夫妻共同财产。

《民法典》及最新相关司法解释	相关内容
第一千零六十三条　下列财产为夫妻一方的个人财产： （一）一方的婚前财产； （二）一方因*受到人身损害获得的赔偿或者补偿*； （三）遗嘱或者赠与合同中确定只归一方的财产； （四）一方专用的生活用品； （五）其他应当归一方的财产。	**《婚姻法》（已废止）第十八条**　有下列情形之一的，为夫妻一方的财产： （一）一方的婚前财产； （二）一方因*身体受到伤害获得的医疗费、残疾人生活补助费等费用*； （三）遗嘱或赠与合同中确定只归夫或妻一方的财产； （四）一方专用的生活用品； （五）其他应当归一方的财产。 **婚姻法解释一（已废止）第十九条**　婚姻法第十八条规定为夫妻一方所有的财产，不因婚姻关系的延续而转化为夫妻共同财产。但当事人另有约定的除外。 **婚姻法解释二（已废止）第十三条**　军人的伤亡保险金、伤残补助金、医药生活补助费属于个人财产。 **婚姻法解释三（已废止）第六条**　婚前或者婚姻关系存续期间，当事人约定将一方所有的房产赠与另一方，赠与方在赠与房产变更登记之前撤销赠与，另一方请求判令继续履行的，人民法院可以按照合同法第一百八十六条的规定处理。 **第七条**　婚后由一方父母出资为子女购买的不动产，产权登记在出资人子女名下的，可按照婚姻法第十八条第（三）项的规定，视为只对自己子女一方的赠与，该不动产应认定为夫妻一方的个人财产。 由双方父母出资购买的不动产，产权登记在一方子女名下的，该不动产可认定为双方按照各自父母的出资份额按份共有，但当事人另有约定的除外。
民法典婚姻家庭编解释一第二十九条　当事人结婚前，父母为双方购置房屋出资的，该出资应当认定为对自己子女个人的赠与，但父母明确表示赠与双方的除外。 **当事人结婚后，父母为双方购置房屋出资的，依照约定处理；没有约定或者约定不明确的，按照民法典第一千零六十二条第一款第四项规定的原则处理。** **第三十条　军人的伤亡保险金、伤残补助金、医药生活补助费属于个人财产。** **第三十一条　民法典第一千零六十三条规定为夫妻一方的个人财产，不因婚姻关系的延续而转化为夫妻共同财产。但当事人另有约定的除外。** 注 父母为子女购房出资，未明确表明为赠与的，一般认定为借款，但认定起来较为严格。民法典婚姻家庭编解释一第29条第1款的内容直接引用16年前出台的婚姻法解释二（已废止），并未将实务中出现的新情况进行考量。民法典婚姻家庭编解释一第29条第2款又容易催生婚姻法解释三（已废止）第7条出台前社会上频发的问题。因生活中父母为夫妻双方购房出资，很少有对出资款作出约定的情形。最高人民法院就民法典婚姻家庭编解释一第29条本意究竟如何，需进一步观察。	

《民法典》及最新相关司法解释	相关内容
第一千零六十四条　夫妻双方共同签名或者夫妻一方事后追认等共同意思表示所负的债务，以及夫妻一方在婚姻关系存续期间以个人名义为家庭日常生活需要所负的债务，属于夫妻共同债务。 **夫妻一方在婚姻关系存续期间以个人名义超出家庭日常生活需要所负的债务，不属于夫妻共同债务；但是，债权人能够证明该债务用于夫妻共同生活、共同生产经营或者基于夫妻双方共同意思表示的除外。** **民法典婚姻家庭编解释一第三十三条**　债权人就一方婚前所负个人债务向债务人的配偶主张权利的，人民法院不予支持。但债权人能够证明所负债务用于婚后家庭共同生活的除外。 **第三十四条**　夫妻一方与第三人串通，虚构债务，第三人主张该债务为夫妻共同债务的，人民法院不予支持。 夫妻一方在从事赌博、吸毒等违法犯罪活动中所负债务，第三人主张该债务为夫妻共同债务的，人民法院不予支持。 **第三十六条**　夫或者妻一方死亡的，生存一方应当对婚姻关系存续期间的夫妻共同债务承担清偿责任。 注 部分内容虽借鉴了原婚姻法解释二（已废止）第24条，但有重大原则性变更，该条仍属重要的新增内容，明确了夫妻共同债务的情形，是非常重要的条文。	**婚姻法解释二（已废止）第二十四条**　债权人就婚姻关系存续期间夫妻一方以个人名义所负债务主张权利的，应当按夫妻共同债务处理。但夫妻一方能够证明债权人与债务人明确约定为个人债务，或者能够证明属于婚姻法第十九条第三款规定情形的除外。 夫妻一方与第三人串通，虚构债务，第三人主张权利的，人民法院不予支持。 夫妻一方在从事赌博、吸毒等违法犯罪活动中所负债务，第三人主张权利的，人民法院不予支持。

《民法典》及最新相关司法解释	相关内容
第一千零六十五条　*男女双方*可以约定婚姻关系存续期间所得的财产以及婚前财产归各自所有、共同所有或者部分各自所有、部分共同所有。约定应当采用书面形式。没有约定或者约定不明确的，适用*本法第一千零六十二条、第一千零六十三条*的规定。 夫妻对婚姻关系存续期间所得的财产以及婚前财产的约定，对双方具有法律约束力。 夫妻对婚姻关系存续期间所得的财产约定归各自所有，夫或者妻一方对外所负的债务，*相对人*知道该约定的，以夫或者妻一方的个人财产清偿。 **民法典婚姻家庭编解释一第三十七条**　民法典第一千零六十五条第三款所称"相对人知道该约定的"，夫妻一方对此负有举证责任。	**《婚姻法》(已废止)第十九条**　*夫妻*可以约定婚姻关系存续期间所得的财产以及婚前财产归各自所有、共同所有或部分各自所有、部分共同所有。约定应当采用书面形式。没有约定或约定不明确的，适用*本法第十七条、第十八条*的规定。 夫妻对婚姻关系存续期间所得的财产以及婚前财产的约定，对双方具有约束力。 夫妻对婚姻关系存续期间所得的财产约定归各自所有的，夫或妻一方对外所负的债务，第三人知道该约定的，以夫或妻一方所有的财产清偿。 **婚姻法解释一(已废止)第十八条**　婚姻法第十九条所称"第三人知道该约定的"，夫妻一方对此负有举证责任。
第一千零六十六条　婚姻关系存续期间，*有下列情形之一的，夫妻一方可以向人民法院请求分割共同财产：* (一)一方有隐藏、转移、变卖、毁损、挥霍夫妻共同财产或者伪造夫妻共同债务等严重损害夫妻共同财产利益的行为； (二)一方负有法定扶养义务的人患重大疾病需要医治，另一方不同意支付相关医疗费用。 **民法典婚姻家庭编解释一第三十八条**　婚姻关系存续期间，除民法典第一千零六十六条规定情形以外，夫妻一方请求分割共同财产的，人民法院不予支持。	**婚姻法解释三(已废止)第四条**　婚姻关系存续期间，夫妻一方请求分割共同财产的，人民法院不予支持，但有下列重大理由且不损害债权人利益的除外： (一)一方有隐藏、转移、变卖、毁损、挥霍夫妻共同财产或者伪造夫妻共同债务等严重损害夫妻共同财产利益行为的； (二)一方负有法定扶养义务的人患重大疾病需要医治，另一方不同意支付相关医疗费用的。

《民法典》及最新相关司法解释	相关内容
第二节　父母子女关系和其他近亲属关系	
第一千零六十七条　父母不履行抚养义务的，未成年子女或者不能独立生活的**成年**子女，有要求父母给付抚养费的权利。 **成年**子女不履行赡养义务的，*缺乏*劳动能力或者生活困难的父母，有要求**成年**子女给付赡养费的权利。 **民法典婚姻家庭编解释一第四十一条**　尚在校接受高中及其以下学历教育，或者丧失、部分丧失劳动能力等非因主观原因而无法维持正常生活的成年子女，可以认定为民法典第一千零六十七条规定的“不能独立生活的成年子女”。 **第四十二条**　民法典第一千零六十七条所称“抚养费”，包括子女生活费、教育费、医疗费等费用。 **第四十三条**　婚姻关系存续期间，父母双方或者一方拒不履行抚养子女义务，未成年子女或者不能独立生活的成年子女请求支付抚养费的，人民法院应予支持。	**《婚姻法》（已废止）第二十一条**　父母对子女有抚养教育的义务；子女对父母有赡养扶助的义务。 父母不履行抚养义务时，未成年的或不能独立生活的子女，有要求父母付给抚养费的权利。 子女不履行赡养义务时，*无*劳动能力的或生活困难的父母，有要求子女付给赡养费的权利。 禁止溺婴、弃婴和其他残害婴儿的行为。 **婚姻法解释一（已废止）第二十条**　婚姻法第二十一条规定的“不能独立生活的子女”，是指尚在校接受高中及其以下学历教育，或者丧失或未完全丧失劳动能力等非因主观原因而无法维持正常生活的成年子女。 **第二十一条**　婚姻法第二十一条所称“抚养费”，包括子女生活费、教育费、医疗费等费用。
第一千零六十八条　父母有教育、保护未成年子女的权利和义务。未成年子女造成*他人*损害的，父母*应当依法承担民事责任*。	**《婚姻法》（已废止）第二十三条**　父母有保护和教育未成年子女的权利和义务。在未成年子女*对国家、集体或他*人造成损害时，父母*有承担民事责任的义务*。

《民法典》及最新相关司法解释	相关内容
第一千零六十九条　子女应当尊重父母的婚姻权利，不得干涉父母**离婚**、再婚以及婚后的生活。子女对父母的赡养义务，不因父母的婚姻关系变化而终止。 注 离婚也是婚姻自由权利的内容，本条增加了子女不得干涉父母的“离婚”权利。	**《婚姻法》（已废止）第三十条**　子女应当尊重父母的婚姻权利，不得干涉父母再婚以及婚后的生活。子女对父母的赡养义务，不因父母的婚姻关系变化而终止。
第一千零七十条　父母和子女有相互继承遗产的权利。	**《婚姻法》（已废止）第二十四条第二款**　父母和子女有相互继承遗产的权利。
第一千零七十一条　非婚生子女享有与婚生子女同等的权利，*任何组织或者个人*不得加以危害和歧视。 不直接抚养非婚生子女的生父或者生母，应当负担*未成年子女或者不能独立生活的成年子女*的*抚养费*。 **民法典婚姻家庭编解释一第四十条　婚姻关系存续期间，夫妻双方一致同意进行人工授精，所生子女应视为婚生子女，父母子女间的权利义务关系适用民法典的有关规定。**	**《婚姻法》（已废止）第二十五条**　非婚生子女享有与婚生子女同等的权利，*任何人*不得加以危害和歧视。 不直接抚养非婚生子女的生父或生母，应当负担*子女*的*生活费和教育费*，*直至子女能独立生活为止*。
第一千零七十二条　继父母与继子女间，不得虐待或者歧视。 继父或者继母和受其抚养教育的继子女间的权利义务关系，适用本法关于父母子女关系的规定。	**《婚姻法》（已废止）第二十七条**　继父母与继子女间，不得虐待或歧视。 继父或继母和受其抚养教育的继子女间的权利和义务，适用本法对父母子女关系的有关规定。
第一千零七十三条　**对亲子关系有异议且有正当理由的，父或者母可以向人民法院提起诉讼，请求确认或者否认亲子关系。** **对亲子关系有异议且有正当理由的，成年子女可以向人民法院提起诉讼，请求确认亲子关系。**	**婚姻法解释三（已废止）第二条**　夫妻一方向人民法院起诉请求确认亲子关系不存在，并已提供必要证据予以证明，另一方没有相反证据又拒绝做亲子鉴定的，人民法院可以推定请求确认亲子关系不存在一方的主张成立。 当事人一方起诉请求确认亲子关系，

《民法典》及最新相关司法解释	相关内容
民法典婚姻家庭编解释一第三十九条　父或者母向人民法院起诉请求否认亲子关系，并已提供必要证据予以证明，另一方没有相反证据又拒绝做亲子鉴定的，人民法院可以认定否认亲子关系一方的主张成立。 **父或者母以及成年子女起诉请求确认亲子关系，并提供必要证据予以证明，另一方没有相反证据又拒绝做亲子鉴定的，人民法院可以认定确认亲子关系一方的主张成立。** 注 本条规定的情形包括：父或母的确认或否认亲子关系之诉，成年子女的确认亲子关系之诉。民法典婚姻家庭编解释一第39条系证据法上证明妨碍规则在亲子关系异议之诉中的体现。	并提供必要证据予以证明，另一方没有相反证据又拒绝做亲子鉴定的，人民法院可以推定请求确认亲子关系一方的主张成立。
第一千零七十四条　有负担能力的祖父母、外祖父母，对于父母已经死亡或者父母无力抚养的未成年孙子女、外孙子女，有抚养的义务。 有负担能力的孙子女、外孙子女，对于子女已经死亡或者子女无力赡养的祖父母、外祖父母，有赡养的义务。	**《婚姻法》(已废止)第二十八条**　有负担能力的祖父母、外祖父母，对于父母已经死亡或父母无力抚养的未成年的孙子女、外孙子女，有抚养的义务。有负担能力的孙子女、外孙子女，对于子女已经死亡或子女无力赡养的祖父母、外祖父母，有赡养的义务。
第一千零七十五条　有负担能力的兄、姐，对于父母已经死亡或者父母无力抚养的未成年弟、妹，有扶养的义务。 由兄、姐扶养长大的有负担能力的弟、妹，对于缺乏劳动能力又缺乏生活来源的兄、姐，有扶养的义务。	**《婚姻法》(已废止)第二十九条**　有负担能力的兄、姐，对于父母已经死亡或父母无力抚养的未成年的弟、妹，有扶养的义务。由兄、姐抚养长大的有负担能力的弟、妹，对于缺乏劳动能力又缺乏生活来源的兄、姐，有扶养的义务。
第四章　离婚	
第一千零七十六条　*夫妻*双方自愿离婚的，*应当签订书面离婚协议*，并**亲自**到婚姻登记机关申请离婚登记。	**《婚姻法》(已废止)第三十一条**　*男女*双方自愿离婚的，准予离婚。双方必须到婚姻登记机关申请离婚。婚姻登记

《民法典》及最新相关司法解释	相关内容
离婚协议应当载明双方自愿离婚的意思表示和对*子女抚养*、*财产以及债务处理*等事项*协商一致*的意见。 **民法典婚姻家庭编解释一第六十九条　当事人达成的以协议离婚或者到人民法院调解离婚为条件的财产以及债务处理协议，如果双方离婚未成，一方在离婚诉讼中反悔的，人民法院应当认定该财产以及债务处理协议没有生效，并根据实际情况依照民法典第一千零八十七条和第一千零八十九条的规定判决。** **当事人依照民法典第一千零七十六条签订的离婚协议中关于财产以及债务处理的条款，对男女双方具有法律约束力。登记离婚后当事人因履行上述协议发生纠纷提起诉讼的，人民法院应当受理。** **第七十条　夫妻双方协议离婚后就财产分割问题反悔，请求撤销财产分割协议的，人民法院应当受理。** **人民法院审理后，未发现订立财产分割协议时存在欺诈、胁迫等情形的，应当依法驳回当事人的诉讼请求。**	机关查明双方确实是自愿并对*子女和财产问题*已有*适当处理*时，发给离婚证。
第一千零七十七条　自婚姻登记机关收到离婚登记申请之日起三十日内，任何一方不愿意离婚的，可以向婚姻登记机关撤回离婚登记申请。 **前款规定期限届满后三十日内，双方应当亲自到婚姻登记机关申请发给离婚证；未申请的，视为撤回离婚登记申请。**	

《民法典》及最新相关司法解释	相关内容
注 本条规定了协议离婚中一方的撤回权，并明确期限及视为撤回的情形。公众热议的“离婚冷静期”即为该条，但准确来说应为“协议离婚冷静期”。其在实践中的效果及与离婚登记程序的衔接有待观察。	
第一千零七十八条　婚姻登记机关查明双方确实是自愿离婚，并已经对*子女抚养*、*财产以及债务处理*等事项*协商一致*的，*予以登记*，发给离婚证。	**《婚姻法》（已废止）第三十一条**　*男女*双方自愿离婚的，准予离婚。双方必须到婚姻登记机关申请离婚。婚姻登记机关查明双方确实是自愿并对*子女和财产问题*已有*适当处理*时，发给离婚证。
第一千零七十九条　*夫妻*一方要求离婚的，可以由*有关组织*进行调解或者直接向人民法院提起离婚诉讼。 人民法院审理离婚案件，应当进行调解；如果感情确已破裂，调解无效的，应当准予离婚。 有下列情形之一，调解无效的，应当准予离婚： （一）重婚或者与他人同居； （二）实施家庭暴力或者虐待、遗弃家庭成员； （三）有赌博、吸毒等恶习屡教不改； （四）因感情不和分居满二年； （五）其他导致夫妻感情破裂的情形。 一方被宣告失踪，另一方提起离婚诉讼的，应当准予离婚。 **经人民法院判决不准离婚后，双方又分居满一年，一方再次提起离婚诉讼的，应当准予离婚。**	**《婚姻法》（已废止）第三十二条**　*男女*一方要求离婚的，可由*有关部门*进行调解或直接向人民法院提出离婚诉讼。 人民法院审理离婚案件，应当进行调解；如感情确已破裂，调解无效，应准予离婚。 有下列情形之一，调解无效的，应准予离婚： （一）重婚或有配偶者与他人同居的； （二）实施家庭暴力或虐待、遗弃家庭成员的； （三）有赌博、吸毒等恶习屡教不改的； （四）因感情不和分居满二年的； （五）其他导致夫妻感情破裂的情形。 一方被宣告失踪，另一方提出离婚诉讼的，应准予离婚。 **婚姻法解释一（已废止）第二十二条** 人民法院审理离婚案件，符合第三十二条第二款规定“应准予离婚”情形的，不

《民法典》及最新相关司法解释	相关内容
民法典时间效力规定第二十二条　民法典施行前，经人民法院判决不准离婚后，双方又分居满一年，一方再次提起离婚诉讼的，适用民法典第一千零七十九条第五款的规定。 **民法典婚姻家庭编解释一第一条　持续性、经常性的家庭暴力，可以认定为民法典第一千零四十二条、第一千零七十九条、第一千零九十一条所称的"虐待"。** **第二条　民法典第一千零四十二条、第一千零七十九条、第一千零九十一条规定的"与他人同居"的情形，是指有配偶者与婚外异性，不以夫妻名义，持续、稳定地共同居住。** **第二十三条　夫以妻擅自中止妊娠侵犯其生育权为由请求损害赔偿的，人民法院不予支持；夫妻双方因是否生育发生纠纷，致使感情确已破裂，一方请求离婚的，人民法院经调解无效，应依照民法典第一千零七十九条第三款第五项的规定处理。** **第六十三条　人民法院审理离婚案件，符合民法典第一千零七十九条第三款规定"应当准予离婚"情形的，不应当因当事人有过错而判决不准离婚。** 注 须注意，《民法典》第1079条增加的"判决不准离婚后，双方又分居满一年，一方再次提起离婚诉讼，应当准予离婚"的规定，限定为先后起诉的为相同主体，不包括对方的起诉。 判断离婚的标准仍为感情是否确已破裂，当事人是否存在过错不影响其离婚自由权利的行使。	应当因当事人有过错而判决不准离婚。 **婚姻法解释三(已废止)第九条**　夫以妻擅自中止妊娠侵犯其生育权为由请求损害赔偿的，人民法院不予支持；夫妻双方因是否生育发生纠纷，致使感情确已破裂，一方请求离婚的，人民法院经调解无效，应依照婚姻法第三十二条第三款第(五)项的规定处理。

《民法典》及最新相关司法解释	相关内容
第一千零八十条　完成离婚登记，或者离婚判决书、调解书生效，即解除婚姻关系。 注 本条明确了婚姻关系解除的时间。	
第一千零八十一条　现役军人的配偶要求离婚，*应当征得*军人同意，但是军人一方有重大过错的除外。 **民法典婚姻家庭编解释一第六十四条　民法典第一千零八十一条所称的“军人一方有重大过错”，可以依据民法典第一千零七十九条第三款前三项规定及军人有其他重大过错导致夫妻感情破裂的情形予以判断。**	**《婚姻法》（已废止）第三十三条**　现役军人的配偶要求离婚，*须得*军人同意，但军人一方有重大过错的除外。 **婚姻法解释一（已废止）第二十三条**　婚姻法第三十三条所称的“军人一方有重大过错”，可以依据婚姻法第三十二条第二款前三项规定及军人有其他重大过错导致夫妻感情破裂的情形予以判断。
第一千零八十二条　女方在怀孕期间、分娩后一年内或者终止妊娠后六个月内，男方不得提出离婚；但是，女方提出离婚或者人民法院认为确有必要受理男方离婚请求的*除外*。	**《婚姻法》（已废止）第三十四条**　女方在怀孕期间、分娩后一年内或中止妊娠后六个月内，男方不得提出离婚。女方提出离婚的，或人民法院认为确有必要受理男方离婚请求的，*不在此限*。
第一千零八十三条　离婚后，男女双方自愿恢复婚姻关系的，*应当*到婚姻登记机关*重新进行结婚登记*。	**《婚姻法》（已废止）第三十五条**　离婚后，男女双方自愿恢复夫妻关系的，*必须*到婚姻登记机关进行*复婚登记*。
第一千零八十四条　父母与子女间的关系，不因父母离婚而消除。离婚后，子女无论由父或者母直接抚养，仍是父母双方的子女。 离婚后，父母对于子女仍有抚养、教育、**保护**的权利和义务。 离婚后，*不满两周岁*的子女，以*由母亲直接抚养*为原则。*已满两周岁*的子女，父母双方对抚养问题协议不成的，由人民法院根据*双方的具体情况，按照最有利于未成年子女的原则*判决。**子女已满八周岁的，应当尊重其真实意愿。**	**《婚姻法》（已废止）第三十六条**　父母与子女间的关系，不因父母离婚而消除。离婚后，子女无论由父或母直接抚养，仍是父母双方的子女。 离婚后，父母对于子女仍有抚养和教育的权利和义务。 离婚后，*哺乳期内*的子女，以*随哺乳的母亲抚养*为原则。*哺乳期后*的子女，如双方因抚养问题发生争执不能达成协议时，由人民法院根据*子女的权益和双方的具体情况*判决。

《民法典》及最新相关司法解释	相关内容
民法典婚姻家庭编解释一第四十四条　离婚案件涉及未成年子女抚养的，对不满两周岁的子女，按照民法典第一千零八十四条第三款规定的原则处理。母亲有下列情形之一，父亲请求直接抚养的，人民法院应予支持： （一）患有久治不愈的传染性疾病或者其他严重疾病，子女不宜与其共同生活； （二）有抚养条件不尽抚养义务，而父亲要求子女随其生活； （三）因其他原因，子女确不宜随母亲生活。 第四十五条　父母双方协议不满两周岁子女由父亲直接抚养，并对子女健康成长无不利影响的，人民法院应予支持。 第四十六条　对已满两周岁的未成年子女，父母均要求直接抚养，一方有下列情形之一的，可予优先考虑： （一）已做绝育手术或者因其他原因丧失生育能力； （二）子女随其生活时间较长，改变生活环境对子女健康成长明显不利； （三）无其他子女，而另一方有其他子女； （四）子女随其生活，对子女成长有利，而另一方患有久治不愈的传染性疾病或者其他严重疾病，或者有其他不利于子女身心健康的情形，不宜与子女共同生活。 第四十七条　父母抚养子女的条件基本相同，双方均要求直接抚养子女，但子女单独随祖父母或者外祖父母共同生	

《民法典》及最新相关司法解释	相关内容
活多年,且祖父母或者外祖父母要求并且有能力帮助子女照顾孙子女或者外孙子女的,可以作为父或者母直接抚养子女的优先条件予以考虑。 **第四十八条　在有利于保护子女利益的前提下,父母双方协议轮流直接抚养子女的,人民法院应予支持。** **第五十五条　离婚后,父母一方要求变更子女抚养关系的,或者子女要求增加抚养费的,应当另行提起诉讼。** 注 由于“哺乳期”是一个不确定概念,用了“两周岁”这一更为明确的概念,便于实践操作。 司法实践对“丧失生育能力”的认定条件颇为严格。医疗技术发展迅速,“复通”手术恢复生育能力并非困难之事,很多情况下法院也会考量绝育的时间与动机。仅以“已做绝育手术”为理由争夺孩子抚养权,尤其是在多个孩子的情况下仅以此为理由争夺全部抚养权,有很大难度。	
第一千零八十五条　离婚后,子女由一方直接抚养的,另一方应当负担*部分或者全部抚养费*。负担费用的多少和期限的长短,由双方协议;协议不成的,由人民法院判决。 *前款*规定的协议或者判决,不妨碍子女在必要时向父母任何一方提出超过协议或者判决原定数额的合理要求。 **民法典婚姻家庭编解释一第四十九条　抚养费的数额,可以根据子女的实际需要、父母双方的负担能力和当地的实际生活水平确定。** **有固定收入的,抚养费一般可以按其月总收入的百分之二十至三十的比例**	**《婚姻法》(已废止)第三十七条**　离婚后,一方抚养的子女,另一方应负担*必要的生活费和教育费的一部或全部*,负担费用的多少和期限的长短,由双方协议;协议不成时,由人民法院判决。 *关于子女生活费和教育费*的协议或判决,不妨碍子女在必要时向父母任何一方提出超过协议或判决原定数额的合理要求。

《民法典》及最新相关司法解释	相关内容
给付。负担两个以上子女抚养费的，比例可以适当提高，但一般不得超过月总收入的百分之五十。 无固定收入的，抚养费的数额可以依据当年总收入或者同行业平均收入，参照上述比例确定。 有特殊情况的，可以适当提高或者降低上述比例。 第五十条　抚养费应当定期给付，有条件的可以一次性给付。 第五十一条　父母一方无经济收入或者下落不明的，可以用其财物折抵抚养费。 第五十二条　父母双方可以协议由一方直接抚养子女并由直接抚养方负担子女全部抚养费。但是，直接抚养方的抚养能力明显不能保障子女所需费用，影响子女健康成长的，人民法院不予支持。 第五十三条　抚养费的给付期限，一般至子女十八周岁为止。 十六周岁以上不满十八周岁，以其劳动收入为主要生活来源，并能维持当地一般生活水平的，父母可以停止给付抚养费。 第五十五条　离婚后，父母一方要求变更子女抚养关系的，或者子女要求增加抚养费的，应当另行提起诉讼。 第五十八条　具有下列情形之一，子女要求有负担能力的父或者母增加抚养费的，人民法院应予支持： （一）原定抚养费数额不足以维持当地实际生活水平； （二）因子女患病、上学，实际需要已超过原定数额；	

《民法典》及最新相关司法解释	相关内容
（三）有其他正当理由应当增加。 **第五十九条** 父母不得因子女变更姓氏而拒付子女抚养费。父或者母擅自将子女姓氏改为继母或继父姓氏而引起纠纷的，应当责令恢复原姓氏。 **第六十条** 在离婚诉讼期间，双方均拒绝抚养子女的，可以先行裁定暂由一方抚养。 注《民法典》婚姻家庭编相关条文用“抚养费”代替了原来的“生活费和教育费”，是为适应社会发展带来的其他费用需要，有兜底之意。	
第一千零八十六条 离婚后，不直接抚养子女的父或者母，有探望子女的权利，另一方有协助的义务。 行使探望权利的方式、时间由当事人协议；协议不成的，由人民法院判决。 父或者母探望子女，不利于子女身心健康的，由人民法院依法中止探望；中止的事由消失后，应当恢复探望。 **民法典婚姻家庭编解释一第六十五条** 人民法院作出的生效的离婚判决中未涉及探望权，当事人就探望权问题单独提起诉讼的，人民法院应予受理。 **第六十六条** 当事人在履行生效判决、裁定或者调解书的过程中，一方请求中止探望的，人民法院在征询双方当事人意见后，认为需要中止探望的，依法作出裁定；中止探望的情形消失后，人民法院应当根据当事人的请求书面通知其恢复探望。 **第六十七条** 未成年子女、直接抚	**《婚姻法》（已废止）第三十八条** 离婚后，不直接抚养子女的父或母，有探望子女的权利，另一方有协助的义务。 行使探望权利的方式、时间由当事人协议；协议不成时，由人民法院判决。 父或母探望子女，不利于子女身心健康的，由人民法院依法中止探望~~的权利~~；中止的事由消失后，应当恢复探望~~的权利~~。 **婚姻法解释一（已废止）第二十四条** 人民法院作出的生效的离婚判决中未涉及探望权，当事人就探望权问题单独提起诉讼的，人民法院应予受理。 **第二十五条** 当事人在履行生效判决、裁定或者调解书的过程中，请求中止行使探望权的，人民法院在征询双方当事人意见后，认为需要中止行使探望权

《民法典》及最新相关司法解释	相关内容
养子女的父或者母以及其他对未成年子女负担抚养、教育、保护义务的法定监护人，有权向人民法院提出中止探望的请求。 **第六十八条　对于拒不协助另一方行使探望权的有关个人或者组织，可以由人民法院依法采取拘留、罚款等强制措施，但是不能对子女的人身、探望行为进行强制执行。**	的，依法作出裁定。中止探望的情形消失后，人民法院应当根据当事人的申请通知其恢复探望权的行使。 **第二十六条**　未成年子女、直接抚养子女的父或母及其他对未成年子女负担抚养、教育义务的法定监护人，有权向人民法院提出中止探望权的请求。
第一千零八十七条　离婚时，夫妻的共同财产由双方协议处理；协议不成的，由人民法院根据财产的具体情况，按照照顾子女、女方和**无过错方**权益的原则判决。 对夫或者妻在家庭土地承包经营中享有的权益等，应当依法予以保护。 **民法典婚姻家庭编解释一第七十二条　夫妻双方分割共同财产中的股票、债券、投资基金份额等有价证券以及未上市股份有限公司股份时，协商不成或者按市价分配有困难的，人民法院可以根据数量按比例分配。** **第七十三条　人民法院审理离婚案件，涉及分割夫妻共同财产中以一方名义在有限责任公司的出资额，另一方不是该公司股东的，按以下情形分别处理：** **（一）夫妻双方协商一致将出资额部分或者全部转让给该股东的配偶，其他股东过半数同意，并且其他股东均明确表示放弃优先购买权的，该股东的配偶可以成为该公司股东；**	**《婚姻法》（已废止）第三十九条**　离婚时，夫妻的共同财产由双方协议处理；协议不成时，由人民法院根据财产的具体情况，照顾子女和女方权益的原则判决。 夫或妻在家庭土地承包经营中享有的权益等，应当依法予以保护。 **婚姻法解释二（已废止）第二十条**　双方对夫妻共同财产中的房屋价值及归属无法达成协议时，人民法院按以下情形分别处理： （一）双方均主张房屋所有权并且同意竞价取得的，应当准许； （二）一方主张房屋所有权的，由评估机构按市场价格对房屋作出评估，取得房屋所有权的一方应当给予另一方相应的补偿； （三）双方均不主张房屋所有权的，根据当事人的申请拍卖房屋，就所得价款进行分割。 **第二十一条**　离婚时双方对尚未取得所有权或者尚未取得完全所有权的房

《民法典》及最新相关司法解释	相关内容
（二）夫妻双方就出资额转让份额和转让价格等事项协商一致后，其他股东半数以上不同意转让，但愿意以同等条件购买该出资额的，人民法院可以对转让出资所得财产进行分割。其他股东半数以上不同意转让，也不愿意以同等条件购买该出资额的，视为其同意转让，该股东的配偶可以成为该公司股东。 **用于证明前款规定的股东同意的证据，可以是股东会议材料，也可以是当事人通过其他合法途径取得的股东的书面声明材料。** **第七十四条　人民法院审理离婚案件，涉及分割夫妻共同财产中以一方名义在合伙企业中的出资，另一方不是该企业合伙人的，当夫妻双方协商一致，将其合伙企业中的财产份额全部或者部分转让给对方时，按以下情形分别处理：** **（一）其他合伙人一致同意的，该配偶依法取得合伙人地位；** **（二）其他合伙人不同意转让，在同等条件下行使优先购买权的，可以对转让所得的财产进行分割；** **（三）其他合伙人不同意转让，也不行使优先购买权，但同意该合伙人退伙或者削减部分财产份额的，可以对结算后的财产进行分割；** **（四）其他合伙人既不同意转让，也不行使优先购买权，又不同意该合伙人退伙或者削减部分财产份额的，视为全体合伙人同意转让，该配偶依法取得合伙人地位。**	屋有争议且协商不成的，人民法院不宜判决房屋所有权的归属，应当根据实际情况判决由当事人使用。 当事人就前款规定的房屋取得完全所有权后，有争议的，可以另行向人民法院提起诉讼。

《民法典》及最新相关司法解释	相关内容
第七十五条　夫妻以一方名义投资设立个人独资企业的，人民法院分割夫妻在该个人独资企业中的共同财产时，应当按照以下情形分别处理： （一）一方主张经营该企业的，对企业资产进行评估后，由取得企业资产所有权一方给予另一方相应的补偿； （二）双方均主张经营该企业的，在双方竞价基础上，由取得企业资产所有权的一方给予另一方相应的补偿； （三）双方均不愿意经营该企业的，按照《中华人民共和国个人独资企业法》等有关规定办理。 第七十六条　双方对夫妻共同财产中的房屋价值及归属无法达成协议时，人民法院按以下情形分别处理： （一）双方均主张房屋所有权并且同意竞价取得的，应当准许； （二）一方主张房屋所有权的，由评估机构按市场价格对房屋作出评估，取得房屋所有权的一方应当给予另一方相应的补偿； （三）双方均不主张房屋所有权的，根据当事人的申请拍卖、变卖房屋，就所得价款进行分割。 第七十七条　离婚时双方对尚未取得所有权或者尚未取得完全所有权的房屋有争议且协商不成的，人民法院不宜判决房屋所有权的归属，应当根据实际情况判决由当事人使用。 当事人就前款规定的房屋取得完全所有权后，有争议的，可以另行向人民法院提起诉讼。	

《民法典》及最新相关司法解释	相关内容
第七十八条　夫妻一方婚前签订不动产买卖合同,以个人财产支付首付款并在银行贷款,婚后用夫妻共同财产还贷,不动产登记于首付款支付方名下的,离婚时该不动产由双方协议处理。 依前款规定不能达成协议的,人民法院可以判决该不动产归登记一方,尚未归还的贷款为不动产登记一方的个人债务。双方婚后共同还贷支付的款项及其相对应财产增值部分,离婚时应根据民法典第一千零八十七条第一款规定的原则,由不动产登记一方对另一方进行补偿。 第七十九条　婚姻关系存续期间,双方用夫妻共同财产出资购买以一方父母名义参加房改的房屋,登记在一方父母名下,离婚时另一方主张按照夫妻共同财产对该房屋进行分割的,人民法院不予支持。购买该房屋时的出资,可以作为债权处理。 第八十条　离婚时夫妻一方尚未退休、不符合领取基本养老金条件,另一方请求按照夫妻共同财产分割基本养老金的,人民法院不予支持;婚后以夫妻共同财产缴纳基本养老保险费,离婚时一方主张将养老金账户中婚姻关系存续期间个人实际缴纳部分及利息作为夫妻共同财产分割的,人民法院应予支持。 第八十一条　婚姻关系存续期间,夫妻一方作为继承人依法可以继承的遗产,在继承人之间尚未实际分割,起诉离婚时另一方请求分割的,人民法院应当告知当事人在继承人之间实际分割遗产后另行起诉。	

《民法典》及最新相关司法解释	相关内容
第八十二条　夫妻之间订立借款协议，以夫妻共同财产出借给一方从事个人经营活动或者用于其他个人事务的，应视为双方约定处分夫妻共同财产的行为，离婚时可以按照借款协议的约定处理。 注 离婚判决对共同财产分割时增加了照顾无过错方的内容。	
第一千零八十八条　夫妻一方因抚育子女、照料老年人、协助另一方工作等负担较多义务的，离婚时有权向另一方请求补偿，另一方应当给予补偿。**具体办法由双方协议；协议不成的，由人民法院判决**。	**《婚姻法》（已废止）第四十条**　夫妻~~书面约定婚姻关系存续期间所得的财产归各自所有，~~一方因抚育子女、照料老人、协助另一方工作等付出较多义务的，离婚时有权向另一方请求补偿，另一方应当予以补偿。
第一千零八十九条　离婚时，*夫妻共同债务*应当共同偿还。共同财产不足清偿或者财产归各自所有的，由双方协议清偿；协议不成的，由人民法院判决。 **民法典婚姻家庭编解释一第三十五条　当事人的离婚协议或者人民法院生效判决、裁定、调解书已经对夫妻财产分割问题作出处理的，债权人仍有权就夫妻共同债务向男女双方主张权利。** **一方就夫妻共同债务承担清偿责任后，主张由另一方按照离婚协议或者人民法院的法律文书承担相应债务的，人民法院应予支持。** 注 民法典婚姻家庭编解释一第35条第2款较原婚姻法解释规定删掉了“连带”二字。从字面来看，承担清偿责任的一方履行义务后，可主张对方承担剩余债务。这比较契合	**《婚姻法》（已废止）第四十一条**　离婚时，*原为夫妻共同生活所负的债务*，应当共同偿还。共同财产不足清偿的，或财产归各自所有的，由双方协议清偿；协议不成时，由人民法院判决。 **婚姻法解释二（已废止）第二十五条**　当事人的离婚协议或者人民法院的判决书、裁定书、调解书已经对夫妻财产分割问题作出处理的，债权人仍有权就夫妻共同债务向男女双方主张权利。 一方就共同债务承担连带清偿责任后，基于离婚协议或者人民法院的法律文书向另一方主张追偿的，人民法院应当支持。 **第二十六条**　夫或妻一方死亡的，生存一方应当对婚姻关系存续期间的共同债务承担连带清偿责任。

《民法典》及最新相关司法解释	相关内容
债权人起诉夫妻双方，一方按内部协议履行自己还款义务后，主张另一方承担剩余债务的情形。另外，本款虽未采用原来的表述，但根据民法理论，在一方清偿后，应有权向对方追偿。对于最高人民法院对此款的表述在实践中的适用情况有待进一步观察。	
第一千零九十条 离婚时，如果一方生活困难，*有负担能力的另一方应当*给予适当帮助。具体办法由双方协议；协议不成的，由人民法院判决。	《婚姻法》(已废止)第四十二条 离婚时，如一方生活困难，*另一方应从其住房等个人财产中*给予适当帮助。具体办法由双方协议；协议不成时，由人民法院判决。 **婚姻法解释一(已废止)第二十七条** 婚姻法第四十二条所称“一方生活困难”，是指依靠个人财产和离婚时分得的财产无法维持当地基本生活水平。 一方离婚后没有住处的，属于生活困难。 离婚时，一方以个人财产中的住房对生活困难者进行帮助的形式，可以是房屋的居住权或者房屋的所有权。
第一千零九十一条 有下列情形之一，导致离婚的，无过错方有权请求损害赔偿： (一)重婚； (二)与他人同居； (三)实施家庭暴力； (四)虐待、遗弃家庭成员； **(五)有其他重大过错。** **民法典婚姻家庭编解释一第一条** 持续性、经常性的家庭暴力，可以认定为民法典第一千零四十二条、第一千零七十九条、第一千零九十一条所称的“虐待”。	《婚姻法》(已废止)第四十六条 有下列情形之一，导致离婚的，无过错方有权请求损害赔偿： (一)重婚的； (二)有配偶者与他人同居的； (三)实施家庭暴力的； (四)虐待、遗弃家庭成员的。 **婚姻法解释一(已废止)第二十八条** 婚姻法第四十六条规定的“损害赔偿”，包括物质损害赔偿和精神损害赔偿。涉及精神损害赔偿的，适用最高人民法院《关于确定民事侵权精神损害赔偿

《民法典》及最新相关司法解释	相关内容
第二条　民法典第一千零四十二条、第一千零七十九条、第一千零九十一条规定的“与他人同居”的情形，是指有配偶者与婚外异性，不以夫妻名义，持续、稳定地共同居住。 **第八十六条　民法典第一千零九十一条规定的“损害赔偿”，包括物质损害赔偿和精神损害赔偿。涉及精神损害赔偿的，适用《最高人民法院关于确定民事侵权精神损害赔偿责任若干问题的解释》的有关规定。** **第八十七条　承担民法典第一千零九十一条规定的损害赔偿责任的主体，为离婚诉讼当事人中无过错方的配偶。** **人民法院判决不准离婚的案件，对于当事人基于民法典第一千零九十一条提出的损害赔偿请求，不予支持。** **在婚姻关系存续期间，当事人不起诉离婚而单独依据民法典第一千零九十一条提起损害赔偿请求的，人民法院不予受理。** **第八十八条　人民法院受理离婚案件时，应当将民法典第一千零九十一条等规定中当事人的有关权利义务，书面告知当事人。在适用民法典第一千零九十一条时，应当区 分以下不同情况：** **（一）符合民法典第一千零九十一条规定的无过错方作为原告基于该条规定向人民法院提起损害赔偿请求的，必须在离婚诉讼的同时提出。** **（二）符合民法典第一千零九十一条规定的无过错方作为被告的离婚诉讼案件，如果被告不同意离婚也不基于该条**	责任若干问题的解释》的有关规定。 **婚姻法解释二（已废止）第二十七条**　当事人在婚姻登记机关办理离婚登记手续后，以婚姻法第四十六条规定为由向人民法院提出损害赔偿请求的，人民法院应当受理。但当事人在协议离婚时已经明确表示放弃该项请求，或者在办理离婚登记手续一年后提出的，不予支持。 **婚姻法解释三（已废止）第十七条**　夫妻双方均有婚姻法第四十六条规定的过错情形，一方或者双方向对方提出离婚损害赔偿请求的，人民法院不予支持。

《民法典》及最新相关司法解释	相关内容
规定提起损害赔偿请求的,可以就此单独提起诉讼。 **(三)无过错方作为被告的离婚诉讼案件,一审时被告未基于民法典第一千零九十一条规定提出损害赔偿请求,二审期间提出的,人民法院应当进行调解;调解不成的,告知当事人另行起诉。双方当事人同意由第二审人民法院一并审理的,第二审人民法院可以一并裁判。** **第八十九条　当事人在婚姻登记机关办理离婚登记手续后,以民法典第一千零九十一条规定为由向人民法院提出损害赔偿请求的,人民法院应当受理。但当事人在协议离婚时已经明确表示放弃该项请求的,人民法院不予支持。** **第九十条　夫妻双方均有民法典第一千零九十一条规定的过错情形,一方或者双方向对方提出离婚损害赔偿请求的,人民法院不予支持。** 注 在离婚中无过错方有权提起损害赔偿的情形中增加另一方“有其他重大过错”的情形。需注意,《民法典》第1091条中的重大过错应为与前四项类似的过错,而非一般过错。 民法典婚姻家庭编解释一第88条、第89条较原婚姻法解释删掉了须在离婚(办理离婚登记)后1年内起诉的限制。但需注意,虽然删掉了1年期限规定,但仍需适用《民法典》规定的普通诉讼时效。另外,民法典婚姻家庭编解释一第88条第3项赋予当事人二审中单独提出离婚损害赔偿请求的权利,突破了民事诉讼审级的一般规定。	

《民法典》及最新相关司法解释	相关内容
第一千零九十二条 夫妻一方隐藏、转移、变卖、毁损、**挥霍**夫妻共同财产，或者伪造**夫妻共同**债务企图侵占另一方财产的，在离婚分割夫妻共同财产时，对*该方*可以少分或者不分。离婚后，另一方发现有上述行为的，可以向人民法院提起诉讼，请求再次分割夫妻共同财产。 **民法典婚姻家庭编解释一第八十三条 离婚后，一方以尚有夫妻共同财产未处理为由向人民法院起诉请求分割的，经审查该财产确属离婚时未涉及的夫妻共同财产，人民法院应当依法予以分割。** **第八十四条 当事人依据民法典第一千零九十二条的规定向人民法院提起诉讼，请求再次分割夫妻共同财产的诉讼时效期间为三年，从当事人发现之日起计算。** 注《民法总则》（已废止）出台后，关于婚姻法司法解释一（已废止）第31条规定的2年诉讼时效是否需调整至《民法总则》（已废止）规定的3年，存在很大争议。民法典婚姻家庭编解释一第84条对此明确规定为3年。	**《婚姻法》（已废止）第四十七条** 离~~婚时，~~一方隐藏、转移、变卖、毁损夫妻共同财产，或伪造债务企图侵占另一方财产的，分割夫妻共同财产时，对*隐藏、转移、变卖、毁损夫妻共同财产或伪造债务的一方*，可以少分或不分。离婚后，另一方发现有上述行为的，可以向人民法院提起诉讼，请求再次分割夫妻共同财产。 ~~人民法院对前款规定的妨害民事诉讼的行为，依照民事诉讼法的规定予以制裁。~~ **婚姻法解释三（已废止）第十八条** 离婚后，一方以尚有夫妻共同财产未处理为由向人民法院起诉请求分割的，经审查该财产确属离婚时未涉及的夫妻共同财产，人民法院应当依法予以分割。
第五章 收养	
第一节 收养关系的成立	
第一千零九十三条 下列未成年人，可以被收养： （一）丧失父母的孤儿； （二）查找不到生父母的*未成年人*；	**《收养法》（已废止）第四条** 下列~~不满十四周岁~~的未成年人可以被收养： （一）丧失父母的孤儿； （二）查找不到生父母的*弃婴和儿童*；

《民法典》及最新相关司法解释	相关内容
(三)生父母有特殊困难无力抚养的子女。 注 删除原《收养法》(已废止)对可收养的未成年人"不满十四周岁"的限定,有利于扩大未成年人的保护范围。	(三)生父母有特殊困难无力抚养的子女。
第一千零九十四条 下列个人、组织可以作送养人: (一)孤儿的监护人; (二)*儿童*福利机构; (三)有特殊困难无力抚养子女的生父母。	**《收养法》(已废止)第五条** 下列公民、组织可以作送养人: (一)孤儿的监护人; (二)*社会*福利机构; (三)有特殊困难无力抚养子女的生父母。
第一千零九十五条 未成年人的父母均不具备完全民事行为能力*且可能严重危害该未成年人的*,该未成年人的*监护人可以将其送养*。	**《收养法》(已废止)第十二条** 未成年人的父母均不具备完全民事行为能力的,该未成年人的*监护人不得将其送养*,但父母*对该未成年人有严重危害可能的除外*。
第一千零九十六条 监护人送养孤儿的,*应当*征得有抚养义务的人同意。有抚养义务的人不同意送养、监护人不愿意继续履行监护职责的,应当依照*本法第一编*的规定另行确定监护人。	**《收养法》(已废止)第十三条** 监护人送养~~未成年~~孤儿的,*须*征得有抚养义务的人同意。有抚养义务的人不同意送养、监护人不愿意继续履行监护职责的,应当依照*《中华人民共和国民法通则》*的规定变更监护人。
第一千零九十七条 生父母送养子女,*应当*双方共同送养。生父母一方不明或者查找不到的,可以单方送养。	**《收养法》(已废止)第十条第一款** 生父母送养子女,*须*双方共同送养。生父母一方不明或者查找不到的可以单方送养。
第一千零九十八条 收养人应当同时具备下列条件:	**《收养法》(已废止)第六条** 收养人应当同时具备下列条件:

《民法典》及最新相关司法解释	相关内容
(一)无子女**或者只有一名子女**； (二)有抚养、教育**和保护**被收养人的能力； (三)未患有在医学上认为不应当收养子女的疾病； **(四)无不利于被收养人健康成长的违法犯罪记录；** (五)年满三十周岁。 注 增加"只有一名子女"也可作为收养人的情形，同时增加收养人应没有不利于被收养人健康成长的违法犯罪记录。	(一)无子女； (二)有抚养教育被收养人的能力； (三)未患有在医学上认为不应当收养子女的疾病； (四)年满三十周岁。
第一千零九十九条 收养三代以内*旁系同辈血亲*的子女，可以不受*本法第一千零九十三条第三项、第一千零九十四条第三项和第一千一百零二条*规定的限制。 华侨收养三代以内*旁系同辈血亲*的子女，还可以不受*本法第一千零九十八条第一项规定*的限制。	**《收养法》(已废止)第七条** 收养三代以内*同辈旁系血亲*的子女，可以不受*本法第四条第三项、第五条第三项、第九条和被收养人不满十四周岁*的限制。 华侨收养三代以内*同辈旁系血亲*的子女，还可以不受*收养人无子女*的限制。
第一千一百条 无子女的收养人*可以收养两名子女*；**有子女的收养人只能收养一名子女。** 收养孤儿、残疾*未成年人*或者*儿童福利*机构抚养的查找不到生父母的*未成年人*，可以不受*前款*和*本法第一千零九十八条第一项*规定的限制。 注 本条相较于原《收养法》(已废止)的重大变动就在于允许无子女的收养人收养两名子女，但同时也明确了有子女的收养人只能收养一名子女。	**《收养法》(已废止)第八条** 收养人*只能收养一名子女*。 收养孤儿、残疾*儿童*或者*社会福利*机构抚养的查找不到生父母的*弃婴和儿童*，可以不受*收养人无子女*和*收养一名*的限制。 **《民政部关于在办理收养登记中严格区分孤儿与查找不到生父母的弃婴的通知》** 一、我国《收养法》中所称的孤儿是指其父母死亡或人民法院宣告其父母死亡的不满十四周岁的未成年人。

《民法典》及最新相关司法解释	相关内容
	二、送养孤儿的须提交有关部门出具的孤儿父母死亡证明书（正常死亡证明书由医疗卫生单位出具，非正常死亡证明书由县以上公安部门出具）或人民法院宣告死亡的判决书。
第一千一百零一条 有配偶者收养子女，应当夫妻共同收养。	**《收养法》（已废止）第十条第二款** 有配偶者收养子女，须夫妻共同收养。
第一千一百零二条 *无配偶者*收养*异性*子女的，收养人与被收养人的年龄应当相差四十周岁以上。 注 本条所谓的“无配偶者收养异性子女”既包括男性收养女性，也包括女性收养男性。	**《收养法》（已废止）第九条** *无配偶的男性*收养*女性的*，收养人与被收养人的年龄应当相差四十周岁以上。
第一千一百零三条 继父或者继母经继子女的生父母同意，可以收养继子女，并可以不受*本法第一千零九十三条第三项、第一千零九十四条第三项、第一千零九十八条和第一千一百条第一款规定*的限制。	**《收养法》（已废止）第十四条** 继父或者继母经继子女的生父母同意，可以收养继子女，并可以不受*本法第四条第三项、第五条第三项、第六条和被收养人不满十四周岁以及收养一名*的限制。
第一千一百零四条 收养人收养与送养人送养，应当双方自愿。收养*八周岁以上*未成年人的，应当征得被收养人的同意。 注 为适应未成年的无民事、限制民事行为能力人年龄界限由10周岁调整为8周岁，婚姻家庭编相关内容亦做了相应调整。	**《收养法》（已废止）第十一条** 收养人收养与送养人送养，须双方自愿。收养年满*十周岁以上*未成年人的，应当征得被收养人的同意。
第一千一百零五条 收养应当向县级以上人民政府民政部门登记。收养关系自登记之日起成立。 收养查找不到生父母的*未成年人*的，办理登记的民政部门应当在登记前予以公告。	**《收养法》（已废止）第十五条** 收养应当向县级以上人民政府民政部门登记。收养关系自登记之日起成立。 收养查找不到生父母的*弃婴和儿童*的，办理登记的民政部门应当在登记前予以公告。

《民法典》及最新相关司法解释	相关内容
收养关系当事人愿意*签订*收养协议的，可以*签订*收养协议。 收养关系当事人各方或者一方要求办理收养公证的，应当办理收养公证。 **县级以上人民政府民政部门应当依法进行收养评估。** 注 增加“收养评估”程序，切实保障未成年人利益。	收养关系当事人愿意*订立*收养协议的，可以*订立*收养协议。 收养关系当事人各方或者一方要求办理收养公证的，应当办理收养公证。 **《公证法》第二十六条**　自然人、法人或者其他组织可以委托他人办理公证，但遗嘱、生存、收养关系等应当由本人办理公证的除外。
第一千一百零六条　收养关系成立后，公安*机关*应当按照国家有关规定为被收养人办理户口登记。	**《收养法》(已废止)第十六条**　收养关系成立后，公安*部门*应当依照国家有关规定为被收养人办理户口登记。
第一千一百零七条　孤儿或者生父母无力抚养的子女，可以由生父母的亲属、朋友抚养；抚养人与被抚养人的关系*不适用本章规定*。	**《收养法》(已废止)第十七条**　孤儿或者生父母无力抚养的子女，可以由生父母的亲属、朋友抚养。 抚养人与被抚养人的关系*不适用收养关系*。
第一千一百零八条　配偶一方死亡，另一方送养未成年子女的，死亡一方的父母有优先抚养的权利。	**《收养法》(已废止)第十八条**　配偶一方死亡，另一方送养未成年子女的，死亡一方的父母有优先抚养的权利。
第一千一百零九条　外国人依法可以在中华人民共和国收养子女。 外国人在中华人民共和国收养子女，应当经其所在国主管机关依照该国法律审查同意。收养人应当提供由其所在国有权机构出具的有关其年龄、婚姻、职业、财产、健康、有无受过刑事处罚等状况的证明材料，并与送养人*签订*书面协议，亲自向*省、自治区、直辖市人民政府民政部门*登记。	**《收养法》(已废止)第二十一条**　外国人依照本法可以在中华人民共和国收养子女。 外国人在中华人民共和国收养子女，应当经其所在国主管机关依照该国法律审查同意。收养人应当提供由其所在国有权机构出具的有关收养人的年龄、婚姻、职业、财产、健康、有无受过刑事处罚等状况的证明材料，该证明材料应当经其所在国外交机关或者外交机关授权的机构认证，并经中华人民共和国驻该国

《民法典》及最新相关司法解释	相关内容
前款规定的证明材料应当经收养人所在国外交机关或者外交机关授权的机构认证，并经中华人民共和国驻该国使领馆认证，**但是国家另有规定的除外**。	使领馆认证。该收养人应当与送养人*订立书面协议*，亲自向*省级人民政府民政部门*登记。 ~~收养关系当事人各方或者一方要求办理收养公证的，应当到国务院司法行政部门认定的具有办理涉外公证资格的公证机构办理收养公证~~。
第一千一百一十条　收养人、送养人要求保守收养秘密的，其他人应当尊重其意愿，不得泄露。	**《收养法》（已废止）第二十二条**　收养人、送养人要求保守收养秘密的，其他人应当尊重其意愿，不得泄露。
第二节　收养的效力	
第一千一百一十一条　自收养关系成立之日起，养父母与养子女间的权利义务关系，适用*本法*关于父母子女关系的规定；养子女与养父母的近亲属间的权利义务关系，适用*本法*关于子女与父母的近亲属关系的规定。 养子女与生父母以及其他近亲属间的权利义务关系，因收养关系的成立而消除。	**《收养法》（已废止）第二十三条**　自收养关系成立之日起，养父母与养子女间的权利义务关系，适用*法律*关于父母子女关系的规定；养子女与养父母的近亲属间的权利义务关系，适用*法律*关于子女与父母的近亲属关系的规定。 养子女与生父母及其他近亲属间的权利义务关系，因收养关系的成立而消除。 **《婚姻法》（已废止）第二十六条**　国家保护合法的收养关系。养父母和养子女间的权利和义务，适用本法对父母子女关系的有关规定。 养子女和生父母间的权利和义务，因收养关系的成立而消除。
第一千一百一十二条　养子女可以随养父或者养母的*姓氏*，经当事人协商一致，也可以保留*原姓氏*。	**《收养法》（已废止）第二十四条**　养子女可以随养父或者养母的*姓*，经当事人协商一致，也可以保留*原姓*。

《民法典》及最新相关司法解释	相关内容
第一千一百一十三条　有本法第一*编关于民事法律行为无效*规定情形或者违反本编规定的收养行为无效。 *无效的收养行为自始没有法律约束力。*	**《收养法》(已废止)第二十五条**　违反*《中华人民共和国民法通则》第五十五*条和本法规定的收养行为无法律效力。 *收养行为被人民法院确认无效的，从行为开始时起就没有法律效力。*
第三节　收养关系的解除	
第一千一百一十四条　收养人在被收养人成年以前，不得解除收养关系，但是收养人、送养人双方协议解除的除外。养子女*八周岁以上*的，应当征得本人同意。 收养人不履行抚养义务，有虐待、遗弃等侵害未成年养子女合法权益行为的，送养人有权要求解除养父母与养子女间的收养关系。送养人、收养人不能达成解除收养关系协议的，可以向人民法院提起诉讼。	**《收养法》(已废止)第二十六条**　收养人在被收养人成年以前，不得解除收养关系，但收养人、送养人双方协议解除的除外，养子女*年满十周岁以上*的，应当征得本人同意。 收养人不履行抚养义务，有虐待、遗弃等侵害未成年养子女合法权益行为的，送养人有权要求解除养父母与养子女间的收养关系。送养人、收养人不能达成解除收养关系协议的，可以向人民法院起诉。
第一千一百一十五条　养父母与成年养子女关系恶化、无法共同生活的，可以协议解除收养关系。不能达成协议的，可以向人民法院提起诉讼。	**《收养法》(已废止)第二十七条**　养父母与成年养子女关系恶化、无法共同生活的，可以协议解除收养关系。不能达成协议的，可以向人民法院起诉。
第一千一百一十六条　当事人协议解除收养关系的，应当到民政部门办理解除收养关系登记。	**《收养法》(已废止)第二十八条**　当事人协议解除收养关系的，应当到民政部门办理解除收养关系的登记。 **《中国公民收养子女登记办法》第九条**　收养关系当事人协议解除收养关系的，应当持居民户口簿、居民身份证、收养登记证和解除收养关系的书面协议，共同到被收养人常住户口所在地的收养登记机关办理解除收养关系登记。

《民法典》及最新相关司法解释	相关内容
第一千一百一十七条 收养关系解除后，养子女与养父母以及其他近亲属间的权利义务关系即行消除，与生父母以及其他近亲属间的权利义务关系自行恢复。但是，成年养子女与生父母以及其他近亲属间的权利义务关系是否恢复，可以协商确定。	**《收养法》（已废止）第二十九条** 收养关系解除后，养子女与养父母及其他近亲属间的权利义务关系即行消除，与生父母及其他近亲属间的权利义务关系自行恢复，但成年养子女与生父母及其他近亲属间的权利义务关系是否恢复，可以协商确定。
第一千一百一十八条 收养关系解除后，经养父母抚养的成年养子女，对缺乏劳动能力又缺乏生活来源的养父母，应当给付生活费。因养子女成年后虐待、遗弃养父母而解除收养关系的，养父母可以要求养子女补偿收养期间支出的*抚养费*。 生父母要求解除收养关系的，养父母可以要求生父母适当补偿收养期间支出的*抚养费*；但是，因养父母虐待、遗弃养子女而解除收养关系的除外。	**《收养法》（已废止）第三十条** 收养关系解除后，经养父母抚养的成年养子女，对缺乏劳动能力又缺乏生活来源的养父母，应当给付生活费。因养子女成年后虐待、遗弃养父母而解除收养关系的，养父母可以要求养子女补偿收养期间支出的*生活费和教育费*。 生父母要求解除收养关系的，养父母可以要求生父母适当补偿收养期间支出的*生活费和教育费*，但因养父母虐待、遗弃养子女而解除收养关系的除外。

第六编　继　　承

《民法典》及最新相关司法解释	相关内容
第一章　一般规定	
第一千一百一十九条　本编调整因继承产生的民事关系。	
第一千一百二十条　**国家**保护*自然*人的继承权。	**《继承法》(已废止)第一条**　~~根据《中华人民共和国宪法》规定，为~~保护*公民*的~~私有财产的~~继承权~~，制定本法~~。
第一千一百二十一条　继承从被继承人死亡时开始。 相互有继承关系的数人在同一事件中死亡，难以确定死亡时间的，推定没有其他继承人的人先死亡。都有其他继承人，辈份不同的，推定长辈先死亡；辈份相同的，推定同时死亡，相互不发生继承。 **民法典继承编解释一第一条**　继承从被继承人生理死亡或者被宣告死亡时开始。 宣告死亡的，根据民法典第四十八条规定确定的死亡日期，为继承开始的时间。	**《继承法》(已废止)第二条**　继承从被继承人死亡时开始。 **继承法意见(已废止)第1条**　继承从被继承人生理死亡或被宣告死亡时开始。 失踪人被宣告死亡的，以法院判决中确定的失踪人的死亡日期，为继承开始的时间。 **第2条**　相互有继承关系的几个人在同一事件中死亡，如不能确定死亡先后时间的，推定没有继承人的人先死亡。死亡人各自都有继承人的，如几个死亡人辈份不同，推定长辈先死亡；几个死亡人辈份相同，推定同时死亡，彼此不发生继承，由他们各自的继承人分别继承。
第一千一百二十二条　遗产是*自然*人死亡时遗留的个人合法财产。 *依照法律规定或者根据其性质不得继承的遗产，不得继承。* **民法典继承编解释一第二条**　承包人死亡时尚未取得承包收益的，可以将死者生前对承包所投入的资金和所付出的劳动及其增值和孳息，由发包单位或者接续承包合同的人合理折价、补偿。其价额作为遗产。	**《继承法》(已废止)第三条**　遗产是公民死亡时遗留的个人合法财产，*包括：* *(一)公民的收入；* *(二)公民的房屋、储蓄和生活用品；* *(三)公民的林木、牲畜和家禽；* *(四)公民的文物、图书资料；* *(五)法律允许公民所有的生产资料；* *(六)公民的著作权、专利权中的财产权利；* *(七)公民的其他合法财产。*

《民法典》及最新相关司法解释	相关内容
第三十九条　由国家或者集体组织供给生活费用的烈属和享受社会救济的自然人，其遗产仍应准许合法继承人继承。 注 不同于《继承法》（已废止）的规定，《民法典》继承编并未对遗产的范围进行列举，是为了适应社会不断发展带来的财产权益形态日趋多样化的现实。	**继承法意见（已废止）第3条**　公民可继承的其他合法财产包括有价证券和履行标的为财物的债权等。 **第4条**　承包人死亡时尚未取得承包收益的，可把死者生前对承包所投入的资金和所付出的劳动及其增值和孳息，由发包单位或者接续承包合同的人合理折价、补偿。其价额作为遗产。
第一千一百二十三条　继承开始后，按照法定继承办理；有遗嘱的，按照遗嘱继承或者遗赠办理；有遗赠扶养协议的，按照协议办理。 **民法典继承编解释一第三条　被继承人生前与他人订有遗赠扶养协议，同时又立有遗嘱的，继承开始后，如果遗赠扶养协议与遗嘱没有抵触，遗产分别按协议和遗嘱处理；如果有抵触，按协议处理，与协议抵触的遗嘱全部或者部分无效。**	**《继承法》（已废止）第五条**　继承开始后，按照法定继承办理；有遗嘱的，按照遗嘱继承或者遗赠办理；有遗赠扶养协议的，按照协议办理。 **继承法意见（已废止）第5条**　被继承人生前与他人订有遗赠抚养协议，同时又立有遗嘱的，继承开始后，如果遗赠抚养协议与遗嘱没有抵触，遗产分别按协议和遗嘱处理；如果有抵触，按协议处理，与协议抵触的遗嘱全部或部分无效。 **第6条**　遗嘱继承人依遗嘱取得遗产后，仍有权依继承法第十三条的规定取得遗嘱未处分的遗产。
第一千一百二十四条　继承开始后，继承人放弃继承的，应当在遗产处理前，**以书面形式**作出放弃继承的表示；没有表示的，视为接受继承。 受遗赠人应当在知道受遗赠后*六十日*内，作出接受或者放弃受遗赠的表示；到期没有表示的，视为放弃受遗赠。 **民法典继承编解释一第三十二条　继承人因放弃继承权，致其不能履行法定义务的，放弃继承权的行为无效。**	**《继承法》（已废止）第二十五条**　继承开始后，继承人放弃继承的，应当在遗产处理前，作出放弃继承的表示。没有表示的，视为接受继承。 受遗赠人应当在知道受遗赠后*两个月*内，作出接受或者放弃受遗赠的表示。到期没有表示的，视为放弃受遗赠。 **继承法意见（已废止）第46条**　继承人因放弃继承权，致其不能履行法定义务的，放弃继承权的行为无效。

《民法典》及最新相关司法解释	相关内容
第三十三条　继承人放弃继承应当以书面形式向遗产管理人或者其他继承人表示。 **第三十四条　在诉讼中，继承人向人民法院以口头方式表示放弃继承的，要制作笔录，由放弃继承的人签名。** **第三十五条　继承人放弃继承的意思表示，应当在继承开始后、遗产分割前作出。遗产分割后表示放弃的不再是继承权，而是所有权。** **第三十六条　遗产处理前或者在诉讼进行中，继承人对放弃继承反悔的，由人民法院根据其提出的具体理由，决定是否承认。遗产处理后，继承人对放弃继承反悔的，不予承认。** **第三十七条　放弃继承的效力，追溯到继承开始的时间。** **第三十八条　继承开始后，受遗赠人表示接受遗赠，并于遗产分割前死亡的，其接受遗赠的权利转移给他的继承人。** **第四十四条　继承诉讼开始后，如继承人、受遗赠人中有既不愿参加诉讼，又不表示放弃实体权利的，应当追加为共同原告；继承人已书面表示放弃继承、受遗赠人在知道受遗赠后六十日内表示放弃受遗赠或者到期没有表示的，不再列为当事人。** 注 相较于《继承法》（已废止）第25条的规定，《民法典》第1124条增加了放弃继承需“以书面形式”的内容。	**第47条**　继承人放弃继承应当以书面形式向其他继承人表示。用口头方式表示放弃继承，本人承认，或有其它充分证据证明的，也应当认定其有效。 **第48条**　在诉讼中，继承人向人民法院以口头方式表示放弃继承的，要制作笔录，由放弃继承的人签名。 **第49条**　继承人放弃继承的意思表示，应当在继承开始后、遗产分割前作出。遗产分割后表示放弃的不再是继承权，而是所有权。 **第50条**　遗产处理前或在诉讼进行中，继承人对放弃继承翻悔的，由人民法院根据其提出的具体理由，决定是否承认。遗产处理后，继承人对放弃继承翻悔的，不予承认。 **第51条**　放弃继承的效力，追溯到继承开始的时间。 **第52条**　继承开始后，继承人没有表示放弃继承，并于遗产分割前死亡的，其继承遗产的权利转移给他的合法继承人。 **第53条**　继承开始后，受遗赠人表示接受遗赠，并于遗产分割前死亡的，其接受遗赠的权利转移给他的继承人。

《民法典》及最新相关司法解释	相关内容
第一千一百二十五条 继承人有下列行为之一的,丧失继承权: (一)故意杀害被继承人; (二)为争夺遗产而杀害其他继承人; (三)遗弃被继承人,或者虐待被继承人情节严重; (四)伪造、篡改、**隐匿**或者销毁遗嘱,情节严重; **(五)以欺诈、胁迫手段迫使或者妨碍被继承人设立、变更或者撤回遗嘱,情节严重。** 继承人有前款第三项至第五项行为,确有悔改表现,被继承人表示宽恕或者事后在遗嘱中将其列为继承人的,该继承人不丧失继承权。 **受遗赠人有本条第一款规定行为的,丧失受遗赠权。** **民法典时间效力规定第十三条** 民法典施行前,继承人有民法典第一千一百二十五条第一款第四项和第五项规定行为之一,对该继承人是否丧失继承权发生争议的,适用民法典第一千一百二十五条第一款和第二款的规定。 民法典施行前,受遗赠人有民法典第一千一百二十五条第一款规定行为之一,对受遗赠人是否丧失受遗赠权发生争议的,适用民法典第一千一百二十五条第一款和第三款的规定。 **民法典继承编解释一第五条** 在遗产继承中,继承人之间因是否丧失继承	**《继承法》(已废止)第七条** 继承人有下列行为之一的,丧失继承权: (一)故意杀害被继承人的; (二)为争夺遗产而杀害其他继承人的; (三)遗弃被继承人的,或者虐待被继承人情节严重的; (四)伪造、篡改或者销毁遗嘱,情节严重的。 **继承法意见(已废止)第9条** 在遗产继承中,继承人之间因是否丧失继承权发生纠纷,诉讼到人民法院的,由人民法院根据继承法第七条的规定,判决确认其是否丧失继承权。 **第10条** 继承人虐待被继承人情节是否严重,可以从实施虐待行为的时间、手段、后果和社会影响等方面认定。 虐待被继承人情节严重的,不论是否追究刑事责任,均可确认其丧失继承权。 **第11条** 继承人故意杀害被继承人的,不论是既遂还是未遂,均应确认其丧失继承权。 **第12条** 继承人有继承法第七条第(一)项或第(二)项所列之行为,而被继承人以遗嘱将遗产指定由该继承人继承的,可确认遗嘱无效,并按继承法第七条的规定处理。 **第13条** 继承人虐待被继承人情节严重的,或者遗弃被继承人的,如以后确有悔改表现,而且被虐待人、被遗

《民法典》及最新相关司法解释	相关内容
权发生纠纷，向人民法院提起诉讼的，由人民法院依据民法典第一千一百二十五条的规定，判决确认其是否丧失继承权。 第六条　继承人是否符合民法典第一千一百二十五条第一款第三项规定的“虐待被继承人情节严重”，可以从实施虐待行为的时间、手段、后果和社会影响等方面认定。 虐待被继承人情节严重的，不论是否追究刑事责任，均可确认其丧失继承权。 第七条　继承人故意杀害被继承人的，不论是既遂还是未遂，均应当确认其丧失继承权。 第八条　继承人有民法典第一千一百二十五条第一款第一项或者第二项所列之行为，而被继承人以遗嘱将遗产指定由该继承人继承的，可以确认遗嘱无效，并确认该继承人丧失继承权。 第九条　继承人伪造、篡改、隐匿或者销毁遗嘱，侵害了缺乏劳动能力又无生活来源的继承人的利益，并造成其生活困难的，应当认定为民法典第一千一百二十五条第一款第四项规定的“情节严重”。 注《民法典》第1125条对继承人丧失继承权的情形进行了增添与完善，并明确了不丧失继承权的情形。此外，本条第3款也明确了受遗赠人有本条第1款情形的，丧失受遗赠权。	弃人生前又表示宽恕，可不确认其丧失继承权。 **第14条**　继承人伪造、篡改或者销毁遗嘱，侵害了缺乏劳动能力又无生活来源的继承人的利益，并造成其生活困难的，应认定其行为情节严重。

《民法典》及最新相关司法解释	相关内容
第二章　法定继承	
第一千一百二十六条　继承权男女平等。	**《继承法》(已废止)第九条**　继承权男女平等。
第一千一百二十七条　遗产按照下列顺序继承: (一)第一顺序:配偶、子女、父母; (二)第二顺序:兄弟姐妹、祖父母、外祖父母。 继承开始后,由第一顺序继承人继承,第二顺序继承人不继承;没有第一顺序继承人继承的,由第二顺序继承人继承。 *本编*所称子女,包括婚生子女、非婚生子女、养子女和有扶养关系的继子女。 *本编*所称父母,包括生父母、养父母和有扶养关系的继父母。 *本编*所称兄弟姐妹,包括同父母的兄弟姐妹、同父异母或者同母异父的兄弟姐妹、养兄弟姐妹、有扶养关系的继兄弟姐妹。 **民法典继承编解释一第十一条**　**继子女继承了继父母遗产的,不影响其继承生父母的遗产。** **继父母继承了继子女遗产的,不影响其继承生子女的遗产。** **第十二条**　**养子女与生子女之间、养子女与养子女之间,系养兄弟姐妹,可以互为第二顺序继承人。** **被收养人与其亲兄弟姐妹之间的权利义务关系,因收养关系的成立而消除,不能互为第二顺序继承人。** **第十三条**　**继兄弟姐妹之间的继承权,因继兄弟姐妹之间的扶养关系而发**	**《继承法》(已废止)第十条**　遗产按照下列顺序继承: 第一顺序:配偶、子女、父母。 第二顺序:兄弟姐妹、祖父母、外祖父母。 继承开始后,由第一顺序继承人继承,第二顺序继承人不继承。没有第一顺序继承人继承的,由第二顺序继承人继承。 *本法*所说的子女,包括婚生子女、非婚生子女、养子女和有扶养关系的继子女。 *本法*所说的父母,包括生父母、养父母和有扶养关系的继父母。 *本法*所说的兄弟姐妹,包括同父母的兄弟姐妹、同父异母或者同母异父的兄弟姐妹、养兄弟姐妹、有扶养关系的继兄弟姐妹。 **继承法意见(已废止)第19条**　被收养人对养父母尽了赡养义务,同时又对生父母扶养较多的,除可依继承法第十条的规定继承养父母的遗产外,还可依继承法第十四条的规定分得生父母的适当的遗产。 **第20条**　在旧社会形成的一夫多妻家庭中,子女与生母以外的父亲的其他配偶之间形成抚养关系的,互有继承权。 **第21条**　继子女继承了继父母遗产的,不影响其继承生父母的遗产。 继父母继承了继子女遗产的,不影响其继承生子女的遗产。

《民法典》及最新相关司法解释	相关内容
生。没有扶养关系的，不能互为第二顺序继承人。 **继兄弟姐妹之间相互继承了遗产的，不影响其继承亲兄弟姐妹的遗产。** **《最高人民法院关于适用〈中华人民共和国保险法〉若干问题的解释(三)》(2020)第九条**　投保人指定受益人未经被保险人同意的，人民法院应认定指定行为无效。 当事人对保险合同约定的受益人存在争议，除投保人、被保险人在保险合同之外另有约定外，按以下情形分别处理： (一)受益人约定为“法定”或者“法定继承人”的，以民法典规定的法定继承人为受益人； (二)受益人仅约定为身份关系的，投保人与被保险人为同一主体时，根据保险事故发生时与被保险人的身份关系确定受益人；投保人与被保险人为不同主体时，根据保险合同成立时与被保险人的身份关系确定受益人； (三)约定的受益人包括姓名和身份关系，保险事故发生时身份关系发生变化的，认定为未指定受益人。	**第22条**　养祖父母与养孙子女的关系，视为养父母与养子女关系的，可互为第一顺序继承人。 **第23条**　养子女与生子女之间、养子女与养子女之间，系养兄弟姐妹，可互为第二顺序继承人。 被收养人与其亲兄弟姐妹之间的权利义务关系，因收养关系的成立而消除，不能互为第二顺序继承人。 **第24条**　继兄弟姐妹之间的继承权，因继兄弟姐妹之间的扶养关系而发生。没有扶养关系的，不能互为第二顺序继承人。 继兄弟姐妹之间相互继承了遗产的，不影响其继承亲兄弟姐妹的遗产。
第一千一百二十八条　被继承人的子女先于被继承人死亡的，由被继承人的子女的直系晚辈血亲代位继承。 **被继承人的兄弟姐妹先于被继承人死亡的，由被继承人的兄弟姐妹的子女代位继承。** 代位继承人一般只能继承*被代位继承人*有权继承的遗产份额。	**《继承法》(已废止)第十一条**　被继承人的子女先于被继承人死亡的，由被继承人的子女的晚辈直系血亲代位继承。代位继承人一般只能继承*他的父亲或者母亲*有权继承的遗产份额。 **继承法意见(已废止)第25条**　被继承人的孙子女、外孙子女、曾孙子女、外曾孙子女都可以代位继承，代位继承人不受辈

《民法典》及最新相关司法解释	相关内容
民法典继承编解释一第十四条 被继承人的孙子女、外孙子女、曾孙子女、外曾孙子女都可以代位继承,代位继承人不受辈数的限制。 **第十五条** 被继承人的养子女、已形成扶养关系的继子女的生子女可以代位继承;被继承人亲生子女的养子女可以代位继承;被继承人养子女的养子女可以代位继承;与被继承人已形成扶养关系的继子女的养子女也可以代位继承。 **第十六条** 代位继承人缺乏劳动能力又没有生活来源,或者对被继承人尽过主要赡养义务的,分配遗产时,可以多分。 **第十七条** 继承人丧失继承权的,其晚辈直系血亲不得代位继承。如该代位继承人缺乏劳动能力又没有生活来源,或者对被继承人尽赡养义务较多的,可以适当分给遗产。 **民法典时间效力规定第十四条** 被继承人在民法典施行前死亡,遗产无人继承又无人受遗赠,其兄弟姐妹的子女请求代位继承的,适用民法典第一千一百二十八条第二款和第三款的规定,但是遗产已经在民法典施行前处理完毕的除外。 注 相较于《继承法》(已废止)第11条的规定,《民法典》第1128条最大的变动便是增加的第2款。这一款也突破了“只有被继承人的子女先于被继承人死亡”才发生代位继承的观点。	数的限制。 **第26条** 被继承人的养子女、已形成扶养关系的继子女的生子女可代位继承;被继承人亲生子女的养子女可代位继承;被继承人养子女的养子女可代位继承;与被继承人已形成扶养关系的继子女的养子女也可以代位继承。 **第27条** 代位继承人缺乏劳动能力又没有生活来源,或者对被继承人尽过主要赡养义务的,分配遗产时,可以多分。 **第28条** 继承人丧失继承权的,其晚辈直系血亲不得代位继承。如该代位继承人缺乏劳动能力又没有生活来源,或对被继承人尽赡养义务较多的,可适当分给遗产。 **第29条** 丧偶儿媳对公婆、丧偶女婿对岳父、岳母,无论其是否再婚,依继承法第十二条规定作为第一顺序继承人时,不影响其子女代位继承。

《民法典》及最新相关司法解释	相关内容
第一千一百二十九条 丧偶儿媳对公婆，丧偶女婿对岳父母，尽了主要赡养义务的，作为第一顺序继承人。 **民法典继承编解释一第十八条** 丧偶儿媳对公婆、丧偶女婿对岳父母，无论其是否再婚，依照民法典第一千一百二十九条规定作为第一顺序继承人时，不影响其子女代位继承。 **第十九条** 对被继承人生活提供了主要经济来源，或者在劳务等方面给予了主要扶助的，应当认定其尽了主要赡养义务或主要扶养义务。	**《继承法》（已废止）第十二条** 丧偶儿媳对公、婆，丧偶女婿对岳父、岳母，尽了主要赡养义务的，作为第一顺序继承人。 **《妇女权益保障法》第三十五条** 丧偶妇女对公、婆尽了主要赡养义务的，作为公、婆的第一顺序法定继承人，其继承权不受子女代位继承的影响。 **继承法意见（已废止）第30条** 对被继承人生活提供了主要经济来源，或在劳务等方面给予了主要扶助的，应当认定其尽了主要赡养义务或主要扶养义务。
第一千一百三十条 同一顺序继承人继承遗产的份额，一般应当均等。 对生活有特殊困难又缺乏劳动能力的继承人，分配遗产时，应当予以照顾。 对被继承人尽了主要扶养义务或者与被继承人共同生活的继承人，分配遗产时，可以多分。 有扶养能力和有扶养条件的继承人，不尽扶养义务的，分配遗产时，应当不分或者少分。 继承人协商同意的，也可以不均等。 **民法典继承编解释一第四条** 遗嘱继承人依遗嘱取得遗产后，仍有权依照民法典第一千一百三十条的规定取得遗嘱未处分的遗产。 **第二十二条** 继承人有扶养能力和扶养条件，愿意尽扶养义务，但被继承人因有固定收入和劳动能力，明确表示不要求其扶养的，分配遗产时，一般不应因此而影响其继承份额。	**《继承法》（已废止）第十三条** 同一顺序继承人继承遗产的份额，一般应当均等。 对生活有特殊困难的缺乏劳动能力的继承人，分配遗产时，应当予以照顾。 对被继承人尽了主要扶养义务或者与被继承人共同生活的继承人，分配遗产时，可以多分。 有扶养能力和有扶养条件的继承人，不尽扶养义务的，分配遗产时，应当不分或者少分。 继承人协商同意的，也可以不均等。

《民法典》及最新相关司法解释	相关内容
第一千一百三十一条 对继承人以外的依靠被继承人扶养的人，或者继承人以外的对被继承人扶养较多的人，可以分给适当的遗产。 **民法典继承编解释一第十条** 被收养人对养父母尽了赡养义务，同时又对生父母扶养较多的，除可以依照民法典第一千一百二十七条的规定继承养父母的遗产外，还可以依照民法典第一千一百三十一条的规定分得生父母适当的遗产。 **第二十条** 依照民法典第一千一百三十一条规定可以分给适当遗产的人，分给他们遗产时，按具体情况可以多于或者少于继承人。 **第二十一条** 依照民法典第一千一百三十一条规定可以分给适当遗产的人，在其依法取得被继承人遗产的权利受到侵犯时，本人有权以独立的诉讼主体资格向人民法院提起诉讼。 **第二十三条** 有扶养能力和扶养条件的继承人虽然与被继承人共同生活，但对需要扶养的被继承人不尽扶养义务，分配遗产时，可以少分或者不分。 注 不再保留《继承法》（已废止）第14条“缺乏劳动能力又没有生活来源”这一苛刻的限定条件，以更好地保障依靠被继承人扶养的人的利益。	**《继承法》（已废止）第十四条** 对继承人以外的依靠被继承人扶养的~~缺乏劳动能力又没有生活来源的~~人，或者继承人以外的对被继承人扶养较多的人，可以分给他们适当的遗产。 **继承法意见（已废止）第31条** 依继承法第十四条规定可以分给适当遗产的人，分给他们遗产时，按具体情况可多于或少于继承人。 **第32条** 依继承法第十四条规定可以分给适当遗产的人，在其依法取得被继承人遗产的权利受到侵犯时，本人有权以独立的诉讼主体的资格向人民法院提起诉讼。但在遗产分割时，明知而未提出请求的，一般不予受理；不知而未提出请求，在二年以内起诉的，应予受理。 **第33条** 继承人有扶养能力和扶养条件，愿意尽扶养义务，但被继承人因有固定收入和劳动能力，明确表示不要求其扶养的，分配遗产时，一般不应因此而影响其继承份额。 **第34条** 有扶养能力和扶养条件的继承人虽然与被继承人共同生活，但对需要扶养的被继承人不尽扶养义务，分配遗产时，可以少分或者不分。
第一千一百三十二条 继承人应当本着互谅互让、和睦团结的精神，协商处理继承问题。遗产分割的时间、办法和份额，由继承人协商确定；协商不成的，可以由人民调解委员会调解或者向人民法院提起诉讼。	**《继承法》（已废止）第十五条** 继承人应当本着互谅互让、和睦团结的精神，协商处理继承问题。遗产分割的时间、办法和份额，由继承人协商确定。协商不成的，可以由人民调解委员会调解或者向人民法院提起诉讼。

《民法典》及最新相关司法解释	相关内容
第三章　遗嘱继承和遗赠	
第一千一百三十三条　*自然人*可以依照本法规定立遗嘱处分个人财产，并可以指定遗嘱执行人。 *自然人*可以立遗嘱将个人财产指定由法定继承人中的一人或者数人继承。 *自然人*可以立遗嘱将个人财产赠与国家、集体或者法定继承人以外的*组织*、个人。 **自然人可以依法设立遗嘱信托。** 注 增加“遗嘱信托”，有利于解决财产继承中的问题。	**《继承法》(已废止)第十六条**　*公民*可以依照本法规定立遗嘱处分个人财产，并可以指定遗嘱执行人。 *公民*可以立遗嘱将个人财产指定由法定继承人的一人或者数人继承。 *公民*可以立遗嘱将个人财产赠给国家、集体或者法定继承人以外的人。
第一千一百三十四条　自书遗嘱由遗嘱人亲笔书写，签名，注明年、月、日。 **民法典继承编解释一第二十七条　自然人在遗书中涉及死后个人财产处分的内容，确为死者的真实意思表示，有本人签名并注明了年、月、日，又无相反证据的，可以按自书遗嘱对待。**	**《继承法》(已废止)第十七条第二款**　自书遗嘱由遗嘱人亲笔书写，签名，注明年、月、日。 **继承法意见(已废止)第40条**　公民在遗书中涉及死后个人财产处分的内容，确为死者真实意思的表示，有本人签名并注明了年、月、日，又无相反证据的，可按自书遗嘱对待。
第一千一百三十五条　代书遗嘱应当有两个以上见证人在场见证，由其中一人代书，*并由遗嘱人、代书人和其他见证人签名，注明年、月、日*。	**《继承法》(已废止)第十七条第三款**　代书遗嘱应当有两个以上见证人在场见证，由其中一人代书，*注明年、月、日，并由代书人、其他见证人和遗嘱人签名*。
第一千一百三十六条　打印遗嘱应当有两个以上见证人在场见证。遗嘱人和见证人应当在遗嘱每一页签名，注明年、月、日。 **民法典时间效力规定第十五条　民法典施行前，遗嘱人以打印方式立的遗嘱，当事人对该遗嘱效力发生争议的，适**	

《民法典》及最新相关司法解释	相关内容
用民法典第一千一百三十六条的规定,但是遗产已经在民法典施行前处理完毕的除外。 注 适应社会发展需要,新增了"打印遗嘱",并明确了打印遗嘱的要件。	
第一千一百三十七条 以录音**录像**形式立的遗嘱,应当有两个以上见证人在场见证。**遗嘱人和见证人应当在录音录像中记录其姓名或者肖像,以及年、月、日。** 注 新增以"录像"形式订立的遗嘱,明确录音录像遗嘱中需记录遗嘱人与见证人的姓名或者肖像及年、月、日。	**《继承法》(已废止)第十七条第四款** 以录音形式立的遗嘱,应当有两个以上见证人在场见证。
第一千一百三十八条 遗嘱人在危急情况下,可以立口头遗嘱。口头遗嘱应当有两个以上见证人在场见证。危急情况*消除*后,遗嘱人能够*以*书面或者录音**录像**形式立遗嘱的,所立的口头遗嘱无效。	**《继承法》(已废止)第十七条第五款** 遗嘱人在危急情况下,可以立口头遗嘱。口头遗嘱应当有两个以上见证人在场见证。危急情况*解除*后,遗嘱人能够*用*书面或者录音形式立遗嘱的,所立的口头遗嘱无效。
第一千一百三十九条 公证遗嘱由遗嘱人经公证*机构*办理。	**《继承法》(已废止)第十七条第一款** 公证遗嘱由遗嘱人经公证*机关*办理。
第一千一百四十条 下列人员不能作为遗嘱见证人: (一)*无民事行为能力人*、*限制民事行为能力人*以及**其他不具有见证能力的人**; (二)继承人、受遗赠人; (三)与继承人、受遗赠人有利害关系的人。 **民法典继承编解释一第二十四条** **继承人、受遗赠人的债权人、债务人,共**	**《继承法》(已废止)第十八条** 下列人员不能作为遗嘱见证人: (一)*无行为能力人*、*限制行为能力人*; (二)继承人、受遗赠人; (三)与继承人、受遗赠人有利害关系的人。 **继承法意见(已废止)第36条** 继承人、受遗赠人的债权人、债务人,共同经营的合伙人,也应当视为与继承人、

《民法典》及最新相关司法解释	相关内容
同经营的合伙人，也应当视为与继承人、受遗赠人有利害关系，不能作为遗嘱的见证人。 注 增加“其他不具有见证能力的人”。需注意，“不具有见证能力”与“有利害关系”不同，“其他不具有见证能力”如处于醉酒状态的人。	受遗赠人有利害关系，不能作为遗嘱的见证人。
第一千一百四十一条　遗嘱应当为缺乏劳动能力又没有生活来源的继承人保留必要的遗产份额。 **民法典继承编解释一第二十五条　遗嘱人未保留缺乏劳动能力又没有生活来源的继承人的遗产份额，遗产处理时，应当为该继承人留下必要的遗产，所剩余的部分，才可参照遗嘱确定的分配原则处理。** **继承人是否缺乏劳动能力又没有生活来源，应当按遗嘱生效时该继承人的具体情况确定。**	**《继承法》（已废止）第十九条**　遗嘱应当对缺乏劳动能力又没有生活来源的继承人保留必要的遗产份额。 **继承法意见（已废止）第37条**　遗嘱人未保留缺乏劳动能力又没有生活来源的继承人的遗产份额，遗产处理时，应当为该继承人留下必要的遗产，所剩余的部分，才可参照遗嘱确定的分配原则处理。 继承人是否缺乏劳动能力又没有生活来源，应按遗嘱生效时该继承人的具体情况确定。
第一千一百四十二条　遗嘱人可以撤回、变更自己所立的遗嘱。 **立遗嘱后，遗嘱人实施与遗嘱内容相反的民事法律行为的，视为对遗嘱相关内容的撤回。** 立有数份遗嘱，内容相抵触的，以最后的遗嘱为准。 **民法典时间效力规定第二十三条　被继承人在民法典施行前立有公证遗嘱，民法典施行后又立有新遗嘱，其死亡后，因该数份遗嘱内容相抵触发生争议的，适用民法典第一千一百四十二条第三款的规定。**	**《继承法》（已废止）第二十条**　遗嘱人可以撤销、变更自己所立的遗嘱。 立有数份遗嘱，内容相抵触的，以最后的遗嘱为准。 ~~自书、代书、录音、口头遗嘱，不得撤销、变更公证遗嘱~~。 **继承法意见（已废止）第39条**　遗嘱人生前的行为与遗嘱的意思表示相反，而使遗嘱处分的财产在继承开始前灭失、部分灭失或所有权转移、部分转移的，遗嘱视为被撤销或部分被撤销。 **第42条**　遗嘱人以不同形式立有数份内容相抵触的遗嘱，其中有公证遗嘱

《民法典》及最新相关司法解释	相关内容
注 增加遗嘱“视为撤回”的规定。另值得注意的是，删除了《继承法》（已废止）第20条第3款其他遗嘱不得撤销、变更公证遗嘱的规定。换句话说，《民法典》继承编允许其他遗嘱对公证遗嘱进行撤销、变更。	的，以最后所立公证遗嘱为准；没有公证遗嘱的，以最后所立的遗嘱为准。
第一千一百四十三条 无民事行为能力人或者限制民事行为能力人所立的遗嘱无效。 遗嘱必须表示遗嘱人的真实意思，*受欺诈、胁迫*所立的遗嘱无效。 伪造的遗嘱无效。 遗嘱被篡改的，篡改的内容无效。 **民法典继承编解释一第二十六条 遗嘱人以遗嘱处分了国家、集体或者他人财产的，应当认定该部分遗嘱无效。** **第二十八条 遗嘱人立遗嘱时必须具有完全民事行为能力。无民事行为能力人或者限制民事行为能力人所立的遗嘱，即使其本人后来具有完全民事行为能力，仍属无效遗嘱。遗嘱人立遗嘱时具有完全民事行为能力，后来成为无民事行为能力人或者限制民事行为能力人的，不影响遗嘱的效力。**	**《继承法》(已废止)第二十二条** 无行为能力人或者限制行为能力人所立的遗嘱无效。 遗嘱必须表示遗嘱人的真实意思，*受胁迫、欺骗*所立的遗嘱无效。 伪造的遗嘱无效。 遗嘱被篡改的，篡改的内容无效。 **继承法意见(已废止)第38条** 遗嘱人以遗嘱处分了属于国家、集体或他人所有的财产，遗嘱的这部分，应认定无效。 **第41条** 遗嘱人立遗嘱时必须有行为能力。无行为能力人所立的遗嘱，即使其本人后来有了行为能力，仍属无效遗嘱。遗嘱人立遗嘱时有行为能力，后来丧失了行为能力，不影响遗嘱的效力。
第一千一百四十四条 遗嘱继承或者遗赠附有义务的，继承人或者受遗赠人应当履行义务。没有正当理由不履行义务的，*经利害关系人或者有关组织请求*，人民法院可以取消*其接受附义务部分遗产*的权利。 **民法典继承编解释一第二十九条 附义务的遗嘱继承或者遗赠，如义务能够履行，而继承人、受遗赠人无正当理由**	**《继承法》(已废止)第二十一条** 遗嘱继承或者遗赠附有义务的，继承人或者受遗赠人应当履行义务。没有正当理由不履行义务的，*经有关单位或者个人请求*，人民法院可以取消*他接受遗产*的权利。 **继承法意见(已废止)第43条** 附义务的遗嘱继承或遗赠，如义务能够履行，而继承人、受遗赠人无正当理由不履

《民法典》及最新相关司法解释	相关内容
不履行，经受益人或者其他继承人请求，人民法院可以取消其接受附义务部分遗产的权利，由提出请求的继承人或者受益人负责按遗嘱人的意愿履行义务，接受遗产。	行，经受益人或其他继承人请求，人民法院可以取消他接受附义务那部分遗产的权利，由提出请求的继承人或受益人负责按遗嘱人的意愿履行义务，接受遗产。
第四章　遗产的处理	
第一千一百四十五条　继承开始后，遗嘱执行人为遗产管理人；没有遗嘱执行人的，继承人应当及时推选遗产管理人；继承人未推选的，由继承人共同担任遗产管理人；没有继承人或者继承人均放弃继承的，由被继承人生前住所地的民政部门或者村民委员会担任遗产管理人。 注 为更好地处理遗产，提高效率，《民法典》继承编新增了遗产管理人的规定，本条即为相关的第一个条文。	
第一千一百四十六条　对遗产管理人的确定有争议的，利害关系人可以向人民法院申请指定遗产管理人。 注 遗产管理人的指定。	
第一千一百四十七条　遗产管理人应当履行下列职责： （一）清理遗产并制作遗产清单； （二）向继承人报告遗产情况； （三）采取必要措施防止遗产毁损、灭失； （四）处理被继承人的债权债务； （五）按照遗嘱或者依照法律规定分割遗产； （六）实施与管理遗产有关的其他必要行为。 注 明确了遗产管理人应履行的具体职责。	

《民法典》及最新相关司法解释	相关内容
第一千一百四十八条　遗产管理人应当依法履行职责，因故意或者重大过失造成继承人、受遗赠人、债权人损害的，应当承担民事责任。 注 明确了遗产管理人因故意或重大过失造成损失后应承担的民事责任。	
第一千一百四十九条　遗产管理人可以依照法律规定或者按照约定获得报酬。 注 明确了遗产管理人可取得报酬。	
第一千一百五十条　继承开始后，知道被继承人死亡的继承人应当及时通知其他继承人和遗嘱执行人。继承人中无人知道被继承人死亡或者知道被继承人死亡而不能通知的，由被继承人生前所在单位或者住所地的居民委员会、村民委员会负责通知。 **民法典继承编解释一第三十条　人民法院在审理继承案件时，如果知道有继承人而无法通知的，分割遗产时，要保留其应继承的遗产，并确定该遗产的保管人或者保管单位。** 注《民法典》第1150条系《民法典》中唯一保留了“所在单位”四字内容的条文。现代社会，单位虽对员工除工作以外的其他事情不再过多关注，但员工的生死除外。	**《继承法》（已废止）第二十三条**　继承开始后，知道被继承人死亡的继承人应当及时通知其他继承人和遗嘱执行人。继承人中无人知道被继承人死亡或者知道被继承人死亡而不能通知的，由被继承人生前所在单位或者住所地的居民委员会、村民委员会负责通知。 **继承法意见（已废止）第44条**　人民法院在审理继承案件时，如果知道有继承人而无法通知的，分割遗产时，要保留其应继承的遗产，并确定该遗产的保管人或保管单位。
第一千一百五十一条　存有遗产的人，应当妥善保管遗产，*任何组织或者个人*不得侵吞或者争抢。	**《继承法》（已废止）第二十四条**　存有遗产的人，应当妥善保管遗产，*任何人*不得侵吞或者争抢。

《民法典》及最新相关司法解释	相关内容
第一千一百五十二条　继承开始后，继承人于遗产分割前死亡，并没有放弃继承的，该继承人应当继承的遗产转给其继承人，**但是遗嘱另有安排的除外**。 注 本条关于“转继承”的规定系在原继承法意见（已废止）第52条的基础上完善而来，增加了“遗嘱另有安排的除外”。	**继承法意见（已废止）第52条**　继承开始后，继承人没有表示放弃继承，并于遗产分割前死亡的，其继承遗产的权利转移给他的合法继承人。
第一千一百五十三条　夫妻共同所有的财产，除有约定的外，遗产分割时，应当先将共同所有的财产的一半分出为配偶所有，其余的为被继承人的遗产。 遗产在家庭共有财产之中的，遗产分割时，应当先分出他人的财产。 注 需注意，《继承法》（已废止）第26条表述的“夫妻在婚姻关系存续期间所得的共同所有的财产”在本条被调整为“夫妻共同所有的财产”。	**《继承法》（已废止）第二十六条**　夫妻~~在婚姻关系存续期间所得的~~共同所有的财产，除有约定的以外，如果分割遗产，应当先将共同所有的财产的一半分出为配偶所有，其余的为被继承人的遗产。 遗产在家庭共有财产之中的，遗产分割时，应当先分出他人的财产。
第一千一百五十四条　有下列情形之一的，遗产中的有关部分按照法定继承办理： （一）遗嘱继承人放弃继承或者受遗赠人放弃受遗赠； （二）遗嘱继承人丧失继承权**或者受遗赠人丧失受遗赠权**； （三）遗嘱继承人、受遗赠人先于遗嘱人死亡**或者终止**； （四）遗嘱无效部分所涉及的遗产； （五）遗嘱未处分的遗产。	**《继承法》（已废止）第二十七条**　有下列情形之一的，遗产中的有关部分按照法定继承办理： （一）遗嘱继承人放弃继承或者受遗赠人放弃受遗赠的； （二）遗嘱继承人丧失继承权的； （三）遗嘱继承人、受遗赠人先于遗嘱人死亡的； （四）遗嘱无效部分所涉及的遗产； （五）遗嘱未处分的遗产。
第一千一百五十五条　遗产分割时，应当保留胎儿的继承份额。胎儿娩出时是死体的，保留的份额按照法定继承办理。	**《继承法》（已废止）第二十八条**　遗产分割时，应当保留胎儿的继承份额。胎儿出生时是死体的，保留的份额按照法定继承办理。

《民法典》及最新相关司法解释	相关内容
民法典继承编解释一第三十一条　应当为胎儿保留的遗产份额没有保留的，应从继承人所继承的遗产中扣回。 **为胎儿保留的遗产份额，如胎儿出生后死亡的，由其继承人继承；如胎儿娩出时是死体的，由被继承人的继承人继承。** 注 须注意的是，“娩出时是死体”与“出生后死亡”不一样。	**继承法意见（已废止）第45条**　应当为胎儿保留的遗产份额没有保留的应从继承人所继承的遗产中扣回。 为胎儿保留的遗产份额，如胎儿出生后死亡的，由其继承人继承；如胎儿出生时就是死体的，由被继承人的继承人继承。
第一千一百五十六条　遗产分割应当有利于生产和生活需要，不损害遗产的效用。 不宜分割的遗产，可以采取折价、适当补偿或者共有等方法处理。 **民法典继承编解释一第四十二条　人民法院在分割遗产中的房屋、生产资料和特定职业所需要的财产时，应当依据有利于发挥其使用效益和继承人的实际需要，兼顾各继承人的利益进行处理。** **第四十三条　人民法院对故意隐匿、侵吞或者争抢遗产的继承人，可以酌情减少其应继承的遗产。**	**《继承法》（已废止）第二十九条**　遗产分割应当有利于生产和生活需要，不损害遗产的效用。 不宜分割的遗产，可以采取折价、适当补偿或者共有等方法处理。 **继承法意见（已废止）第58条**　人民法院在分割遗产中的房屋、生产资料和特定职业所需要的财产时，应依据有利于发挥其使用效益和继承人的实际需要，兼顾各继承人的利益进行处理。 **第59条**　人民法院对故意隐匿、侵吞或争抢遗产的继承人，可以酌情减少其应继承的遗产。
第一千一百五十七条　夫妻一方死亡后另一方再婚的，有权处分所继承的财产，任何*组织或者*个人不得干涉。 注 继承发生后继承人即获得相应的财产权利，再婚与否并不影响其对财产的处分。	**《继承法》（已废止）第三十条**　夫妻一方死亡后另一方再婚的，有权处分所继承的财产，任何人不得干涉。
第一千一百五十八条　*自然人*可以与*继承人以外的组织或者*个人签订遗赠扶养协议。按照协议，该*组织或者*个人	**《继承法》（已废止）第三十一条**　公*民*可以与*扶养人*签订遗赠扶养协议。按照协议，*扶养人*承担该公*民*生养死葬的

《民法典》及最新相关司法解释	相关内容
承担该*自然人*生养死葬的义务，享有受遗赠的权利。 **民法典继承编解释一第四十条　继承人以外的组织或者个人与自然人签订遗赠扶养协议后，无正当理由不履行，导致协议解除的，不能享有受遗赠的权利，其支付的供养费用一般不予补偿；遗赠人无正当理由不履行，导致协议解除的，则应当偿还继承人以外的组织或者个人已支付的供养费用。** 注 明确了可与自然人签订遗赠抚养协议的范围为该自然人的继承人以外的组织或个人。此外，虽不再保留《继承法》（已废止）第31条第2款的内容，但该款涉及的“集体所有制组织”已被“继承人以外的组织”包括，看似被删除，实则不影响。	义务，享有受遗赠的权利。 ~~公民可以与集体所有制组织签订遗赠扶养协议。按照协议，集体所有制组织承担该公民生养死葬的义务，享有受遗赠的权利。~~ **继承法意见（已废止）第56条**　扶养人或集体组织与公民订有遗赠扶养协议，扶养人或集体组织无正当理由不履行，致协议解除的，不能享有受遗赠的权利，其支付的供养费用一般不予补偿；遗赠人无正当理由不履行，致协议解除的，则应偿还扶养人或集体组织已支付的供养费用。
第一千一百五十九条　分割遗产，应当清偿被继承人依法应当缴纳的税款和债务；但是，应当为缺乏劳动能力又没有生活来源的继承人保留必要的遗产。 注 本条为新增内容，规定了“分割遗产”时清偿税款和债务及为特定继承人的必要保留。需注意，本条系针对“分割遗产”的规定，而“分割遗产”为遗产管理人的职责，故本条的义务人应为遗产管理人。	
第一千一百六十条　无人继承又无人受遗赠的遗产，归国家所有，**用于公益事业**；死者生前是集体所有制组织成员的，归所在集体所有制组织所有。 **民法典继承编解释一第四十一条　遗产因无人继承又无人受遗赠归国家或者集体所有制组织所有时，按照民法典**	**《继承法》（已废止）第三十二条**　无人继承又无人受遗赠的遗产，归国家所有；死者生前是集体所有制组织成员的，归所在集体所有制组织所有。 **继承法意见（已废止）第57条**　遗产因无人继承收归国家或集体组织所有时，按继承法第十四条规定可以分给遗

《民法典》及最新相关司法解释	相关内容
第一千一百三十一条规定可以分给适当遗产的人提出取得遗产的诉讼请求，人民法院应当视情况适当分给遗产。 注 增加归国家所有的无主遗产将用于公益事业的规定，助力公益事业的发展。	产的人提出取得遗产的要求，人民法院应视情况适当分给遗产。
第一千一百六十一条 *继承人以所得遗产实际价值为限清偿被继承人依法应当缴纳的税款和债务。*超过遗产实际价值部分，继承人自愿偿还的不在此限。 继承人放弃继承的，对被继承人依法应当缴纳的税款和债务可以不负清偿责任。	**《继承法》（已废止）第三十三条** *继承遗产应当清偿被继承人依法应当缴纳的税款和债务，缴纳税款和清偿债务以他的遗产实际价值为限。*超过遗产实际价值部分，继承人自愿偿还的不在此限。 继承人放弃继承的，对被继承人依法应当缴纳的税款和债务可以不负偿还责任。
第一千一百六十二条 执行遗赠不得妨碍清偿遗赠人依法应当缴纳的税款和债务。	**《继承法》（已废止）第三十四条** 执行遗赠不得妨碍清偿遗赠人依法应当缴纳的税款和债务。
第一千一百六十三条 既有法定继承又有遗嘱继承、遗赠的，由法定继承人清偿被继承人依法应当缴纳的税款和债务；超过法定继承遗产实际价值部分，由遗嘱继承人和受遗赠人按比例以所得遗产清偿。 注 本条对法定继承人与遗嘱继承人、受遗赠人如何清偿相关税款和债务进行了规定。	**继承法意见（已废止）第62条** 遗产已被分割而未清偿债务时，如有法定继承又有遗嘱继承和遗赠的，首先由法定继承人用其所得遗产清偿债务；不足清偿时，剩余的债务由遗嘱继承人和受遗赠人按比例用所得遗产偿还；如果只有遗嘱继承和遗赠的，由遗嘱继承人和受遗赠人按比例用所得遗产偿还。

第七编　侵权责任

《民法典》及最新相关司法解释	相关内容
第一章 一般规定	
第一千一百六十四条 *本编调整因侵害民事权益产生的民事关系。* **民法典时间效力规定第二十四条 侵权行为发生在民法典施行前，但是损害后果出现在民法典施行后的民事纠纷案件，适用民法典的规定。**	**《侵权责任法》（已废止）第二条第一款** *侵害民事权益，应当依照本法承担侵权责任。*
第一千一百六十五条 行为人因过错侵害他人民事权益**造成损害的**，应当承担侵权责任。 依照法律规定推定行为人有过错，*其*不能证明自己没有过错的，应当承担侵权责任。 注 本条承继《侵权责任法》（已废止）第6条的规定，规定了“过错责任原则”。此外，相较于《侵权责任法》（已废止），增加了“造成损害的”五个字，条文内容更加完善。	**《侵权责任法》（已废止）第六条** 行为人因过错侵害他人民事权益，应当承担侵权责任。 根据法律规定推定行为人有过错，*行为人*不能证明自己没有过错的，应当承担侵权责任。
第一千一百六十六条 行为人*造成他人民事权益损害*，不论行为人有无过错，法律规定应当承担侵权责任的，依照其规定。 注 为弥补过错责任在侵权行为制度中的不足，本条规定了无过错责任。	**《侵权责任法》（已废止）第七条** 行为人*损害他人民事权益*，不论行为人有无过错，法律规定应当承担侵权责任的，依照其规定。
第一千一百六十七条 侵权行为危及他人人身、财产安全的，被侵权人*有权*请求侵权人承担停止侵害、排除妨碍、消除危险等侵权责任。 注 本条规定系“预防性侵权请求权”，在知识产权领域应用较多。	**《侵权责任法》（已废止）第二十一条** 侵权行为危及他人人身、财产安全的，被侵权人*可以*请求侵权人承担停止侵害、排除妨碍、消除危险等侵权责任。 **《著作权法》第五十条第一款** 著作权人或者与著作权有关的权利人有证据证明他人正在实施或者即将实施侵犯其权利的行为，如不及时制止将会使其合

《民法典》及最新相关司法解释	相关内容
	法权益受到难以弥补的损害的,可以在起诉前向人民法院申请采取责令停止有关行为和财产保全的措施。 **《专利法》第六十六条第一款** 专利权人或者利害关系人有证据证明他人正在实施或者即将实施侵犯专利权的行为,如不及时制止将会使其合法权益受到难以弥补的损害的,可以在起诉前向人民法院申请采取责令停止有关行为的措施。 **《商标法》第六十五条** 商标注册人或者利害关系人有证据证明他人正在实施或者即将实施侵犯其注册商标专用权的行为,如不及时制止将会使其合法权益受到难以弥补的损害的,可以依法在起诉前向人民法院申请采取责令停止有关行为和财产保全的措施。
第一千一百六十八条 二人以上共同实施侵权行为,造成他人损害的,应当承担连带责任。 **旅游纠纷规定(2020)第十四条** 旅游经营者准许他人挂靠其名下从事旅游业务,造成旅游者人身损害、财产损失,旅游者依据民法典第一千一百六十八条的规定请求旅游经营者与挂靠人承担连带责任的,人民法院应予支持。	**《侵权责任法》(已废止)第八条** 二人以上共同实施侵权行为,造成他人损害的,应当承担连带责任。 **原人损解释第三条(本条已失效)** 二人以上共同故意或者共同过失致人损害,或者虽无共同故意、共同过失,但其侵害行为直接结合发生同一损害后果的,构成共同侵权,应当依照民法通则第一百三十条规定承担连带责任。 二人以上没有共同故意或者共同过失,但其分别实施的数个行为间接结合发生同一损害后果的,应当根据过失大小或者原因力比例各自承担相应的赔偿责任。 **原环境侵权解释第二条(本条内容已修正)** 两个以上污染者共同实施污染行为造成损害,被侵权人根据侵权责任法第

《民法典》及最新相关司法解释	相关内容
	八条规定请求污染者承担连带责任的，人民法院应予支持。 **原食品药品规定第十二条**　食品、药品检验机构故意出具虚假检验报告，造成消费者损害，消费者请求其承担连带责任的，人民法院应予支持。 食品、药品检验机构因过失出具不实检验报告，造成消费者损害，消费者请求其承担相应责任的，人民法院应予支持。 **第十三条**　食品认证机构故意出具虚假认证，造成消费者损害，消费者请求其承担连带责任的，人民法院应予支持。 食品认证机构因过失出具不实认证，造成消费者损害，消费者请求其承担相应责任的，人民法院应予支持。
第一千一百六十九条　教唆、帮助他人实施侵权行为的，应当与行为人承担连带责任。 教唆、帮助无民事行为能力人、限制民事行为能力人实施侵权行为的，应当承担侵权责任；该无民事行为能力人、限制民事行为能力人的监护人未尽到监护职责的，应当承担相应的责任。 **专利权纠纷解释二（2020）第二十一条**　明知有关产品系专门用于实施专利的材料、设备、零部件、中间物等，未经专利权人许可，为生产经营目的将该产品提供给他人实施了侵犯专利权的行为，权利人主张该提供者的行为属于民法典第一千一百六十九条规定的帮助他人实施侵权行为的，人民法院应予支持。	**《侵权责任法》（已废止）第九条**　教唆、帮助他人实施侵权行为的，应当与行为人承担连带责任。 教唆、帮助无民事行为能力人、限制民事行为能力人实施侵权行为的，应当承担侵权责任；该无民事行为能力人、限制民事行为能力人的监护人未尽到监护责任的，应当承担相应的责任。 **民通意见（已废止）第148条**　教唆、帮助他人实施侵权行为的人，为共同侵权人，应当承担连带民事责任。 教唆、帮助无民事行为能力人实施侵权行为的人，为侵权人，应当承担民事责任。 教唆、帮助限制民事行为能力人实施侵权行为的人，为共同侵权人，应当承担主要民事责任。 **原网络侵权规定第十五条（本条已**

《民法典》及最新相关司法解释	相关内容
明知有关产品、方法被授予专利权，未经专利权人许可，为生产经营目的积极诱导他人实施了侵犯专利权的行为，权利人主张该诱导者的行为属于民法典第一千一百六十九条规定的教唆他人实施侵权行为的，人民法院应予支持。	**失效）** 雇佣、组织、教唆或者帮助他人发布、转发网络信息侵害他人人身权益，被侵权人请求行为人承担连带责任的，人民法院应予支持。 **原信息网络传播权规定第七条** 网络服务提供者在提供网络服务时教唆或者帮助网络用户实施侵害信息网络传播权行为的，人民法院应当判令其承担侵权责任。 网络服务提供者以言语、推介技术支持、奖励积分等方式诱导、鼓励网络用户实施侵害信息网络传播权行为的，人民法院应当认定其构成教唆侵权行为。 网络服务提供者明知或者应知网络用户利用网络服务侵害信息网络传播权，未采取删除、屏蔽、断开链接等必要措施，或者提供技术支持等帮助行为的，人民法院应当认定其构成帮助侵权行为。
第一千一百七十条 二人以上实施危及他人人身、财产安全的行为，其中一人或者数人的行为造成他人损害，能够确定具体侵权人的，由侵权人承担责任；不能确定具体侵权人的，行为人承担连带责任。 注 本条是关于“共同危险行为”制度的规定，共同危险行为的要件如下：数人没有意思联络、共同实施危险行为、一人或数人行为造成损害结果、加害人不明。另须注意，“共同危险行为”中的“共同”应排除主观共同，即没有共同的意思联络，也没有共同认识。该“共同”也排除行为的关联共同，即客观	**《侵权责任法》（已废止）第十条** 二人以上实施危及他人人身、财产安全的行为，其中一人或者数人的行为造成他人损害，能够确定具体侵权人的，由侵权人承担责任；不能确定具体侵权人的，行为人承担连带责任。 **原人损解释第四条（本条已失效）** 二人以上共同实施危及他人人身安全的行为并造成损害后果，不能确定实际侵害行为人的，应当依照民法通则第一百三十条规定承担连带责任。共同危险行为人能够证明损害后果不是由其行为造成的，不承担赔偿责任。

《民法典》及最新相关司法解释	相关内容
共同，各行为人的行为并未相互结合造成同一损害，非属同一损害的共同原因。	**原道损解释第十三条（已变更为最新司法解释第十条）** 多辆机动车发生交通事故造成第三人损害，当事人请求多个侵权人承担赔偿责任的，人民法院应当区分不同情况，依照侵权责任法第十条、第十一条或者第十二条的规定，确定侵权人承担连带责任或者按份责任。
第一千一百七十一条　二人以上分别实施侵权行为造成同一损害，每个人的侵权行为都足以造成全部损害的，行为人承担连带责任。 注 本条规定的是承担连带责任的无意思联络数人侵权。条文须注意的表述包括“分别实施”“每个人的侵权行为都足以造成全部损害”“连带责任”。	**《侵权责任法》（已废止）第十一条** 二人以上分别实施侵权行为造成同一损害，每个人的侵权行为都足以造成全部损害的，行为人承担连带责任。 **原人损解释第三条第一款（本条已失效）** 二人以上共同故意或者共同过失致人损害，或者虽无共同故意、共同过失，但其侵害行为直接结合发生同一损害后果的，构成共同侵权，应当依照民法通则第一百三十条规定承担连带责任。 **原环境侵权解释第三条第一款（本款内容已修正）** 两个以上污染者分别实施污染行为造成同一损害，每一个污染者的污染行为都足以造成全部损害，被侵权人根据侵权责任法第十一条规定请求污染者承担连带责任的，人民法院应予支持。 **第三条第三款（本款内容已修正）** 两个以上污染者分别实施污染行为造成同一损害，部分污染者的污染行为足以造成全部损害，部分污染者的污染行为只造成部分损害，被侵权人根据侵权责任法第十一条规定请求足以造成全部损害的污染者与其他污染者就共同造成的损害部分承担连带责任，并对全部损害承担责任的，人民法院应予支持。

《民法典》及最新相关司法解释	相关内容
	原道损解释第十三条(已变更为最新司法解释第十条) 多辆机动车发生交通事故造成第三人损害,当事人请求多个侵权人承担赔偿责任的,人民法院应当区分不同情况,依照侵权责任法第十条、第十一条或者第十二条的规定,确定侵权人承担连带责任或者按份责任。
第一千一百七十二条 二人以上分别实施侵权行为造成同一损害,能够确定责任大小的,各自承担相应的责任;难以确定责任大小的,平均承担责任。 注 本条规定的是承担按份责任的无意思联络数人侵权。条文需注意的表述包括"分别实施""同一损害""能够确定责任大小""相应责任""难以确定责任大小""平均责任"。	**《侵权责任法》(已废止)第十二条** 二人以上分别实施侵权行为造成同一损害,能够确定责任大小的,各自承担相应的责任;难以确定责任大小的,平均承担赔偿责任。 **原人损解释第三条第二款(本条已失效)** 二人以上没有共同故意或者共同过失,但其分别实施的数个行为间接结合发生同一损害后果的,应当根据过失大小或者原因力比例各自承担相应的赔偿责任。 **原环境侵权解释第三条第二款(本条内容已修正)** 两个以上污染者分别实施污染行为造成同一损害,每一个污染者的污染行为都不足以造成全部损害,被侵权人根据侵权责任法第十二条规定请求污染者承担责任的,人民法院应予支持。 **第三条第三款(本款内容已修正)** 两个以上污染者分别实施污染行为造成同一损害,部分污染者的污染行为足以造成全部损害,部分污染者的污染行为只造成部分损害,被侵权人根据侵权责任法第十一条规定请求足以造成全部损害的污染者与其他污染者就共同造成的损害部分承担连带责任,并对全部损害承担责任的,人民法院应予支持。

《民法典》及最新相关司法解释	相关内容
	原道损解释第十三条（已变更为最新司法解释第十条） 多辆机动车发生交通事故造成第三人损害，当事人请求多个侵权人承担赔偿责任的，人民法院应当区分不同情况，依照侵权责任法第十条、第十一条或者第十二条的规定，确定侵权人承担连带责任或者按份责任。 **原食品药品规定第十二条第二款** 食品、药品检验机构因过失出具不实检验报告，造成消费者损害，消费者请求其承担相应责任的，人民法院应予支持。 **第十三条第二款** 食品认证机构因过失出具不实认证，造成消费者损害，消费者请求其承担相应责任的，人民法院应予支持。
第一千一百七十三条 被侵权人对同一损害的发生**或者扩大**有过错的，可以减轻侵权人的责任。 注 增加了“扩大”的表述，使受害人过错下的责任减轻规定更加完善。	**《侵权责任法》（已废止）第二十六条** 被侵权人对损害的发生也有过错的，可以减轻侵权人的责任。 **《道路交通安全法》第七十六条第一款** 机动车发生交通事故造成人身伤亡、财产损失的，由保险公司在机动车第三者责任强制保险责任限额范围内予以赔偿；不足的部分，按照下列规定承担赔偿责任： （一）机动车之间发生交通事故的，由有过错的一方承担赔偿责任；双方都有过错的，按照各自过错的比例分担责任。 （二）机动车与非机动车驾驶人、行人之间发生交通事故，非机动车驾驶人、行人没有过错的，由机动车一方承担赔偿责任；有证据证明非机动车驾驶人、行人有过错的，根据过错程度适当减轻机动车一方的赔偿责任；机动车一方没有过错的，承担不超过百分之十的赔偿责任。

《民法典》及最新相关司法解释	相关内容
	原人损解释第二条（本条已失效） 受害人对同一损害的发生或者扩大有故意、过失的，依照民法通则第一百三十一条的规定，可以减轻或者免除赔偿义务人的赔偿责任。但侵权人因故意或者重大过失致人损害，受害人只有一般过失的，不减轻赔偿义务人的赔偿责任。 适用民法通则第一百零六条第三款规定确定赔偿义务人的赔偿责任时，受害人有重大过失的，可以减轻赔偿义务人的赔偿责任。 **原精神损害解释第十一条（本条已失效）** 受害人对损害事实和损害后果的发生有过错的，可以根据其过错程度减轻或者免除侵权人的精神损害赔偿责任。
第一千一百七十四条 损害是因受害人故意造成的，行为人不承担责任。	**《侵权责任法》（已废止）第二十七条** 损害是因受害人故意造成的，行为人不承担责任。 **《道路交通安全法》第七十六条第二款** 交通事故的损失是由非机动车驾驶人、行人故意碰撞机动车造成的，机动车一方不承担赔偿责任。 **原人损解释第二条第一款（本条已失效）** 受害人对同一损害的发生或者扩大有故意、过失的，依照民法通则第一百三十一条的规定，可以减轻或者免除赔偿义务人的赔偿责任……
第一千一百七十五条 损害是因第三人造成的，第三人应当承担侵权责任。	**《侵权责任法》（已废止）第二十八条** 损害是因第三人造成的，第三人应当承担侵权责任。 **原铁路人损解释第十三条** 铁路旅

《民法典》及最新相关司法解释	相关内容
	客运送期间因第三人侵权造成旅客人身损害的，由实施侵权行为的第三人承担赔偿责任。铁路运输企业有过错的，应当在能够防止或者制止损害的范围内承担相应的补充赔偿责任。铁路运输企业承担赔偿责任后，有权向第三人追偿。 　　车外第三人投掷石块等击打列车造成车内旅客人身损害，赔偿权利人要求铁路运输企业先予赔偿的，人民法院应当予以支持。铁路运输企业赔付后，有权向第三人追偿。
第一千一百七十六条　自愿参加具有一定风险的文体活动，因其他参加者的行为受到损害的，受害人不得请求其他参加者承担侵权责任；但是，其他参加者对损害的发生有故意或者重大过失的除外。 　　**活动组织者的责任适用本法第一千一百九十八条至第一千二百零一条的规定。** 　　**民法典时间效力规定第十六条　民法典施行前，受害人自愿参加具有一定风险的文体活动受到损害引起的民事纠纷案件，适用民法典第一千一百七十六条的规定。** 注 确立了“自甘风险”原则，该原则与受害人过错、受害人故意、第三人原因作为减免侵权责任类型的规定放在一般规定部分。侵权责任编增加“自甘风险”原则，对明确学校等机构正常开展对抗性较强的体育活动等类似活动的责任界限是有利的。	

《民法典》及最新相关司法解释	相关内容
第一千一百七十七条　合法权益受到侵害,情况紧迫且不能及时获得国家机关保护,不立即采取措施将使其合法权益受到难以弥补的损害的,受害人可以在保护自己合法权益的必要范围内采取扣留侵权人的财物等合理措施;但是,应当立即请求有关国家机关处理。 **受害人采取的措施不当造成他人损害的,应当承担侵权责任。** **民法典时间效力规定第十七条　民法典施行前,受害人为保护自己合法权益采取扣留侵权人的财物等措施引起的民事纠纷案件,适用民法典第一千一百七十七条的规定。** 注 "自助行为"制度属新增规定,赋予自然人在一定条件下的自我保护权利,是对国家保护的补充,对保护自然人的人身财产权益有现实意义,同时也有助于规范自助行为。	
第一千一百七十八条　本法和其他法律对不承担责任或者减轻责任的情形另有规定的,依照其规定。	
第二章　损害赔偿	
第一千一百七十九条　侵害他人造成人身损害的,应当赔偿医疗费、护理费、交通费、**营养费、住院伙食补助费**等为治疗和康复支出的合理费用,以及因误工减少的收入。造成残疾的,还应当赔偿辅助器具费和残疾赔偿金;造成死亡的,还应当赔偿丧葬费和死亡赔偿金。	**《侵权责任法》(已废止)第十六条**　侵害他人造成人身损害的,应当赔偿医疗费、护理费、交通费等为治疗和康复支出的合理费用,以及因误工减少的收入。造成残疾的,还应当赔偿残疾生活辅助具费和残疾赔偿金。造成死亡的,还应当赔偿丧葬费和死亡赔偿金。 **原人损解释第十七条(本条已失效)**　受害人遭受人身损害,因就医治疗支出的

《民法典》及最新相关司法解释	相关内容
	各项费用以及因误工减少的收入，包括医疗费、误工费、护理费、交通费、住宿费、住院伙食补助费、必要的营养费，赔偿义务人应当予以赔偿。 受害人因伤致残的，其因增加生活上需要所支出的必要费用以及因丧失劳动能力导致的收入损失，包括残疾赔偿金、残疾辅助器具费、被扶养人生活费，以及因康复护理、继续治疗实际发生的必要的康复费、护理费、后续治疗费，赔偿义务人也应当予以赔偿。 受害人死亡的，赔偿义务人除应当根据抢救治疗情况赔偿本条第一款规定的相关费用外，还应当赔偿丧葬费、被扶养人生活费、死亡补偿费以及受害人亲属办理丧葬事宜支出的交通费、住宿费和误工损失等其他合理费用。 **第十八条（本条已失效）** 受害人或者死者近亲属遭受精神损害，赔偿权利人向人民法院请求赔偿精神损害抚慰金的，适用《最高人民法院关于确定民事侵权精神损害赔偿责任若干问题的解释》予以确定。 精神损害抚慰金的请求权，不得让与或者继承。但赔偿义务人已经以书面方式承诺给予金钱赔偿，或者赔偿权利人已经向人民法院起诉的除外。 **第十九条（已变更为最新司法解释第六条）** 医疗费根据医疗机构出具的医药费、住院费等收款凭证，结合病历和诊断证明等相关证据确定。赔偿义务人对治疗的必要性和合理性有异议的，应当承担相应的举证责任。

《民法典》及最新相关司法解释	相关内容
	医疗费的赔偿数额，按照一审法庭辩论终结前实际发生的数额确定。器官功能恢复训练所必要的康复费、适当的整容费以及其他后续治疗费，赔偿权利人可以待实际发生后另行起诉。但根据医疗证明或者鉴定结论确定必然发生的费用，可以与已经发生的医疗费一并予以赔偿。 **第二十条（已变更为最新司法解释第七条）** 误工费根据受害人的误工时间和收入状况确定。 误工时间根据受害人接受治疗的医疗机构出具的证明确定。受害人因伤致残持续误工的，误工时间可以计算至定残日前一天。 受害人有固定收入的，误工费按照实际减少的收入计算。受害人无固定收入的，按照其最近三年的平均收入计算；受害人不能举证证明其最近三年的平均收入状况的，可以参照受诉法院所在地相同或者相近行业上一年度职工的平均工资计算。 **第二十一条（已变更为最新司法解释第八条）** 护理费根据护理人员的收入状况和护理人数、护理期限确定。 护理人员有收入的，参照误工费的规定计算；护理人员没有收入或者雇佣护工的，参照当地护工从事同等级别护理的劳务报酬标准计算。护理人员原则上为一人，但医疗机构或者鉴定机构有明确意见的，可以参照确定护理人员人数。

《民法典》及最新相关司法解释	相关内容
	护理期限应计算至受害人恢复生活自理能力时止。受害人因残疾不能恢复生活自理能力的，可以根据其年龄、健康状况等因素确定合理的护理期限，但最长不超过二十年。 受害人定残后的护理，应当根据其护理依赖程度并结合配制残疾辅助器具的情况确定护理级别。 **第二十二条（已变更为最新司法解释第九条）** 交通费根据受害人及其必要的陪护人员因就医或者转院治疗实际发生的费用计算。交通费应当以正式票据为凭；有关凭据应当与就医地点、时间、人数、次数相符合。 **第二十三条（已变更为最新司法解释第十条）** 住院伙食补助费可以参照当地国家机关一般工作人员的出差伙食补助标准予以确定。 受害人确有必要到外地治疗，因客观原因不能住院，受害人本人及其陪护人员实际发生的住宿费和伙食费，其合理部分应予赔偿。 **第二十四条（已变更为最新司法解释第十一条）** 营养费根据受害人伤残情况参照医疗机构的意见确定。 **第二十五条（已变更为最新司法解释第十二条）** 残疾赔偿金根据受害人丧失劳动能力程度或者伤残等级，按照受诉法院所在地上一年度城镇居民人均可支配收入或者农村居民人均纯收入标准，自定残之日起按二十年计算。但六十周岁以上的，年龄每增加一岁减少一年；七十五周岁以上的，按五年计算。

《民法典》及最新相关司法解释	相关内容
	受害人因伤致残但实际收入没有减少，或者伤残等级较轻但造成职业妨害严重影响其劳动就业的，可以对残疾赔偿金作相应调整。 **第二十六条（已变更为最新司法解释第十三条）** 残疾辅助器具费按照普通适用器具的合理费用标准计算。伤情有特殊需要的，可以参照辅助器具配制机构的意见确定相应的合理费用标准。 辅助器具的更换周期和赔偿期限参照配制机构的意见确定。 **第二十七条（已变更为最新司法解释第十四条）** 丧葬费按照受诉法院所在地上一年度职工月平均工资标准，以六个月总额计算。 **第二十八条（已变更为最新司法解释第十七条）** 被扶养人生活费根据扶养人丧失劳动能力程度，按照受诉法院所在地上一年度城镇居民人均消费性支出和农村居民人均年生活消费支出标准计算。被扶养人为未成年人的，计算至十八周岁；被扶养人无劳动能力又无其他生活来源的，计算二十年。但六十周岁以上的，年龄每增加一岁减少一年；七十五周岁以上的，按五年计算。 被扶养人是指受害人依法应当承担扶养义务的未成年人或者丧失劳动能力又无其他生活来源的成年近亲属。被扶养人还有其他扶养人的，赔偿义务人只赔偿受害人依法应当负担的部分。被扶养人有数人的，年赔偿总额累计不超过上一年度城镇居民人均消费性支出额或者农村居民人均年生活消费支出额。

《民法典》及最新相关司法解释	相关内容
	第二十九条（已变更为最新司法解释第十五条） 死亡赔偿金按照受诉法院所在地上一年度城镇居民人均可支配收入或者农村居民人均纯收入标准，按二十年计算。但六十周岁以上的，年龄每增加一岁减少一年；七十五周岁以上的，按五年计算。 **第三十条（已变更为最新司法解释第十八条）** 赔偿权利人举证证明其住所地或者经常居住地城镇居民人均可支配收入或者农村居民人均纯收入高于受诉法院所在地标准的，残疾赔偿金或者死亡赔偿金可以按照其住所地或者经常居住地的相关标准计算。 被扶养人生活费的相关计算标准，依照前款原则确定。 **第三十一条（本条已失效）** 人民法院应当按照民法通则第一百三十一条以及本解释第二条的规定，确定第十九条至第二十九条各项财产损失的实际赔偿金额。 前款确定的物质损害赔偿金与按照第十八条第一款规定确定的精神损害抚慰金，原则上应当一次性给付。 **第三十二条（已变更为最新司法解释第十九条）** 超过确定的护理期限、辅助器具费给付年限或者残疾赔偿金给付年限，赔偿权利人向人民法院起诉请求继续给付护理费、辅助器具费或者残疾赔偿金的，人民法院应予受理。赔偿权利人确需继续护理、配制辅助器具，或者没有劳动能力和生活来源的，人民法院应当判令赔偿义务人继续给付相关费用五至十年。

《民法典》及最新相关司法解释	相关内容
	第三十三条（已变更为最新司法解释第二十条） 赔偿义务人请求以定期金方式给付残疾赔偿金、被扶养人生活费、残疾辅助器具费的，应当提供相应的担保。人民法院可以根据赔偿义务人的给付能力和提供担保的情况，确定以定期金方式给付相关费用。但一审法庭辩论终结前已经发生的费用、死亡赔偿金以及精神损害抚慰金，应当一次性给付。 **第三十四条（已变更为最新司法解释第二十一条）** 人民法院应当在法律文书中明确定期金的给付时间、方式以及每期给付标准。执行期间有关统计数据发生变化的，给付金额应当适时进行相应调整。 定期金按照赔偿权利人的实际生存年限给付，不受本解释有关赔偿期限的限制。 **第三十五条（已变更为最新司法解释第二十二条）** 本解释所称"城镇居民人均可支配收入"、"农村居民人均纯收入"、"城镇居民人均消费性支出"、"农村居民人均年生活消费支出"、"职工平均工资"，按照政府统计部门公布的各省、自治区、直辖市以及经济特区和计划单列市上一年度相关统计数据确定。 "上一年度"，是指一审法庭辩论终结时的上一统计年度。
第一千一百八十条 因同一侵权行为造成多人死亡的，可以以相同数额确定死亡赔偿金。	**《侵权责任法》（已废止）第十七条** 因同一侵权行为造成多人死亡的，可以以相同数额确定死亡赔偿金。

《民法典》及最新相关司法解释	相关内容
第一千一百八十一条 被侵权人死亡的，其近亲属有权请求侵权人承担侵权责任。被侵权人为组织，该组织分立、合并的，承继权利的*组织*有权请求侵权人承担侵权责任。 被侵权人死亡的，支付被侵权人医疗费、丧葬费等合理费用的人有权请求侵权人赔偿费用，但是侵权人已经支付该费用的除外。 注 本条是关于被侵权人死亡时赔偿权利主体的规定，该规定包含三层意思：（1）被侵权人死亡的，其近亲属有权请求侵权人承担侵权责任；（2）被侵权人为单位，该单位分立、合并的，承继权利的单位有权请求侵权人承担侵权责任；（3）被侵权人死亡，支付被侵权人医疗费、丧葬费等合理费用的人有权请求侵权人赔偿费用，但侵权人已经支付该费用的除外。	**《侵权责任法》（已废止）第十八条** 被侵权人死亡的，其近亲属有权请求侵权人承担侵权责任。被侵权人为单位，该单位分立、合并的，承继权利的*单位*有权请求侵权人承担侵权责任。 被侵权人死亡的，支付被侵权人医疗费、丧葬费等合理费用的人有权请求侵权人赔偿费用，但侵权人已支付该费用的除外。 **原人损解释第一条（本条内容已修正）** 因生命、健康、身体遭受侵害，赔偿权利人起诉请求赔偿义务人赔偿财产损失和精神损害的，人民法院应予受理。 本条所称“赔偿权利人”，是指因侵权行为或者其他致害原因直接遭受人身损害的受害人、依法由受害人承担扶养义务的被扶养人以及死亡受害人的近亲属。 本条所称“赔偿义务人”，是指因自己或者他人的侵权行为以及其他致害原因依法应当承担民事责任的自然人、法人或者其他组织。 **原精神损害解释第三条（本条内容已修正）** 自然人死亡后，其近亲属因下列侵权行为遭受精神痛苦，向人民法院起诉请求赔偿精神损害的，人民法院应当依法予以受理： （一）以侮辱、诽谤、贬损、丑化或者违反社会公共利益、社会公德的其他方式，侵害死者姓名、肖像、名誉、荣誉； （二）非法披露、利用死者隐私，或者以违反社会公共利益、社会公德的其他方式侵害死者隐私；

《民法典》及最新相关司法解释	相关内容
	（三）非法利用、损害遗体、遗骨，或者以违反社会公共利益、社会公德的其他方式侵害遗体、遗骨。 **第七条（本条内容已失效）** 自然人因侵权行为致死，或者自然人死亡后其人格或者遗体遭受侵害，死者的配偶、父母和子女向人民法院起诉请求赔偿精神损害的，列其配偶、父母和子女为原告；没有配偶、父母和子女的，可以由其他近亲属提起诉讼，列其他近亲属为原告。
第一千一百八十二条 侵害他人人身权益造成财产损失的，*按照被侵权人因此受到的损失或者侵权人因此获得的利益赔偿；被侵权人因此受到的损失以及侵权人因此获得的利益难以确定*，被侵权人和侵权人就赔偿数额协商不一致，向人民法院提起诉讼的，由人民法院根据实际情况确定赔偿数额。 注《侵权责任法》（已废止）第20条规定的数额计算顺序为：被侵权人损失，侵权人获利益，协商确定，法院诉讼。而本条表述出现一定变化，变为侵权人损失或侵权人获利，协商确定，法院诉讼。	**《侵权责任法》（已废止）第二十条** 侵害他人人身权益造成财产损失的，*按照被侵权人因此受到的损失赔偿；被侵权人的损失难以确定，侵权人因此获得利益的，按照其获得的利益赔偿；侵权人因此获得的利益难以确定*，被侵权人和侵权人就赔偿数额协商不一致，向人民法院提起诉讼的，由人民法院根据实际情况确定赔偿数额。 **原网络侵权规定第十七条（已变更为最新司法解释第十一条）** 网络用户或者网络服务提供者侵害他人人身权益，造成财产损失或者严重精神损害，被侵权人依据侵权责任法第二十条和第二十二条的规定请求其承担赔偿责任的，人民法院应予支持。 **第十八条（已变更为最新司法解释第十二条）** 被侵权人为制止侵权行为所支付的合理开支，可以认定为侵权责任法第二十条规定的财产损失。合理开支包括被侵权人或者委托代理人对侵权行为进行调查、取证的合理费用。人民法院根据当事人的请求和具体案情，可以

《民法典》及最新相关司法解释	相关内容
	将符合国家有关部门规定的律师费用计算在赔偿范围内。 被侵权人因人身权益受侵害造成的财产损失或者侵权人因此获得的利益无法确定的，人民法院可以根据具体案情在50万元以下的范围内确定赔偿数额。 精神损害的赔偿数额，依据《最高人民法院关于确定民事侵权精神损害赔偿责任若干问题的解释》第十条的规定予以确定。
第一千一百八十三条　侵害*自然*人人身权益造成严重精神损害的，被侵权人有权请求精神损害赔偿。 因**故意**或者**重大过失**侵害自然人具有人身意义的特定物造成严重精神损害的，被侵权人有权请求精神损害赔偿。 **网络侵权规定（2020）第十一条**　网络用户或者网络服务提供者侵害他人人身权益，造成财产损失或者严重精神损害，被侵权人依据民法典第一千一百八十二条和第一千一百八十三条的规定，请求其承担赔偿责任的，人民法院应予支持。 注《民法典》第1183条第2款增加规定损害具有人身意义特定物品造成严重精神损害的可请求精神损害赔偿。但需注意，此类情况限定在行为人存在“故意”或“重大过失”的范围内。	**《侵权责任法》（已废止）第二十二条**　侵害*他人*人身权益，造成他人严重精神损害的，被侵权人可以请求精神损害赔偿。 **《消费者权益保护法》第五十一条**　经营者有侮辱诽谤、搜查身体、侵犯人身自由等侵害消费者或者其他受害人人身权益的行为，造成严重精神损害的，受害人可以要求精神损害赔偿。 **原精神损害解释第一条（本条内容已修正）**　自然人因下列人格权利遭受非法侵害，向人民法院起诉请求赔偿精神损害的，人民法院应当依法予以受理： （一）生命权、健康权、身体权； （二）姓名权、肖像权、名誉权、荣誉权； （三）人格尊严权、人身自由权。 违反社会公共利益、社会公德侵害他人隐私或者其他人格利益，受害人以侵权为由向人民法院起诉请求赔偿精神损害的，人民法院应当依法予以受理。 **第二条**　非法使被监护人脱离监护，导致亲子关系或者近亲属间的亲属关系遭受严重损害，监护人向人民法院起诉请求赔偿精神损害的，人民法院应当依法予以受理。

《民法典》及最新相关司法解释	相关内容
	第四条(本条已失效) 具有人格象征意义的特定纪念物品,因侵权行为而永久性灭失或者毁损,物品所有人以侵权为由,向人民法院起诉请求赔偿精神损害的,人民法院应当依法予以受理。 **第八条(本条已失效)** 因侵权致人精神损害,但未造成严重后果,受害人请求赔偿精神损害的,一般不予支持,人民法院可以根据情形判令侵权人停止侵害、恢复名誉、消除影响、赔礼道歉。 因侵权致人精神损害,造成严重后果的,人民法院除判令侵权人承担停止侵害、恢复名誉、消除影响、赔礼道歉等民事责任外,可以根据受害人一方的请求判令其赔偿相应的精神损害抚慰金。
第一千一百八十四条 侵害他人财产的,财产损失按照损失发生时的市场价格或者其他**合理**方式计算。	**《侵权责任法》(已废止)第十九条** 侵害他人财产的,财产损失按照损失发生时的市场价格或者其他方式计算。
第一千一百八十五条 故意侵害他人知识产权,情节严重的,被侵权人有权请求相应的惩罚性赔偿。 **《最高人民法院关于审理涉及计算机网络域名民事纠纷案件适用法律若干问题的解释》(2020)第七条** 人民法院认定域名注册、使用等行为构成侵权或者不正当竞争的,可以判令被告停止侵权、注销域名,或者依原告的请求判令由原告注册使用该域名;给权利人造成实际损害的,可以判令被告赔偿损失。 侵权人故意侵权且情节严重,原告有权向人民法院请求惩罚性赔偿。 注《民法典》第1185条为增加的知识产权侵权中的惩罚性赔偿。须注意,该条仅限定在“故意”范围内,不包括“重大过失”。	

《民法典》及最新相关司法解释	相关内容
第一千一百八十六条　受害人和行为人对损害的发生都没有过错的，*依照法律的规定*由双方分担损失。 注 本条是关于损害发生后无法适用归责原则处理时如何在当事人间分担损失的规定。需注意，本条将《侵权责任法》（已废止）第24条的“可以根据实际情况”变为“依照法律的规定”。	**《侵权责任法》（已废止）第二十四条**　受害人和行为人对损害的发生都没有过错的，*可以根据实际情况*，由双方分担损失。 **民通意见（已废止）第157条**　当事人对造成损害均无过错，但一方是在为对方的利益或者共同的利益进行活动的过程中受到损害的，可以责令对方或者受益人给予一定的经济补偿。
第一千一百八十七条　损害发生后，当事人可以协商赔偿费用的支付方式。协商不一致的，赔偿费用应当一次性支付；一次性支付确有困难的，可以分期支付，但*是被侵权人有权请求*提供相应的担保。	**《侵权责任法》（已废止）第二十五条**　损害发生后，当事人可以协商赔偿费用的支付方式。协商不一致的，赔偿费用应当一次性支付；一次性支付确有困难的，可以分期支付，但*应当*提供相应的担保。 **原人损解释第三十一条（本条已失效）**　人民法院应当按照民法通则第一百三十一条以及本解释第二条的规定，确定第十九条至第二十九条各项财产损失的实际赔偿金额。 前款确定的物质损害赔偿金与按照第十八条第一款规定确定的精神损害抚慰金，原则上应当一次性给付。 **第三十二条（已变更为最新司法解释第十九条）**　超过确定的护理期限、辅助器具费给付年限或者残疾赔偿金给付年限，赔偿权利人向人民法院起诉请求继续给付护理费、辅助器具费或者残疾赔偿金的，人民法院应予受理。赔偿权利人确需继续护理、配制辅助器具，或者没有劳动能力和生活来源的，人民法院应当判令赔偿义务人继续给付相关费用五至十年。

《民法典》及最新相关司法解释	相关内容
	第三十三条（已变更为最新司法解释第二十条） 赔偿义务人请求以定期金方式给付残疾赔偿金、被扶养人生活费、残疾辅助器具费的，应当提供相应的担保。人民法院可以根据赔偿义务人的给付能力和提供担保的情况，确定以定期金方式给付相关费用。但一审法庭辩论终结前已经发生的费用、死亡赔偿金以及精神损害抚慰金，应当一次性给付。
第三章　责任主体的特殊规定	
第一千一百八十八条　无民事行为能力人、限制民事行为能力人造成他人损害的，由监护人承担侵权责任。监护人尽到监护职责的，可以减轻其侵权责任。 有财产的无民事行为能力人、限制民事行为能力人造成他人损害的，从本人财产中支付赔偿费用；不足部分，由监护人赔偿。	**《侵权责任法》（已废止）第三十二条**　无民事行为能力人、限制民事行为能力人造成他人损害的，由监护人承担侵权责任。监护人尽到监护责任的，可以减轻其侵权责任。 有财产的无民事行为能力人、限制民事行为能力人造成他人损害的，从本人财产中支付赔偿费用。不足部分，由监护人赔偿。
第一千一百八十九条　**无民事行为能力人、限制民事行为能力人造成他人损害，监护人将监护职责委托给他人的，监护人应当承担侵权责任；受托人有过错的，承担相应的责任。** 注 本条明确了委托监护下侵权责任的承担规则。须注意的是，对于受托人存在过错的，规定的是“相应的责任”而非“连带责任”。	**民通意见（已废止）第22条**　监护人可以将监护职责部分或者全部委托给他人。因被监护人的侵权行为需要承担民事责任的，应当由监护人承担，但另有约定的除外；被委托人确有过错的，负连带责任。

《民法典》及最新相关司法解释	相关内容
第一千一百九十条 完全民事行为能力人对自己的行为暂时没有意识或者失去控制造成他人损害有过错的，应当承担侵权责任；没有过错的，根据行为人的经济状况对受害人适当补偿。 完全民事行为能力人因醉酒、滥用麻醉药品或者精神药品对自己的行为暂时没有意识或者失去控制造成他人损害的，应当承担侵权责任。	**《侵权责任法》(已废止)第三十三条** 完全民事行为能力人对自己的行为暂时没有意识或者失去控制造成他人损害有过错的，应当承担侵权责任；没有过错的，根据行为人的经济状况对受害人适当补偿。 完全民事行为能力人因醉酒、滥用麻醉药品或者精神药品对自己的行为暂时没有意识或者失去控制造成他人损害的，应当承担侵权责任。
第一千一百九十一条 用人单位的工作人员因执行工作任务造成他人损害的，由用人单位承担侵权责任。**用人单位承担侵权责任后，可以向有故意或者重大过失的工作人员追偿**。 劳务派遣期间，被派遣的工作人员因执行工作任务造成他人损害的，由接受劳务派遣的用工单位承担侵权责任；劳务派遣单位有过错的，承担相应的责任。 注 本条对侵权责任中的用人单位责任予以完善，明确了用人单位对有故意或重大过失的工作人员的追偿权。	**《侵权责任法》(已废止)第三十四条** 用人单位的工作人员因执行工作任务造成他人损害的，由用人单位承担侵权责任。 劳务派遣期间，被派遣的工作人员因执行工作任务造成他人损害的，由接受劳务派遣的用工单位承担侵权责任；劳务派遣单位有过错的，承担相应的补充责任。 **原人损解释第八条(本条已失效)** 法人或者其他组织的法定代表人、负责人以及工作人员，在执行职务中致人损害的，依照民法通则第一百二十一条的规定，由该法人或者其他组织承担民事责任。上述人员实施与职务无关的行为致人损害的，应当由行为人承担赔偿责任。 属于《国家赔偿法》赔偿事由的，依照《国家赔偿法》的规定处理。 **第九条(本条已失效)** 雇员在从事雇佣活动中致人损害的，雇主应当承担赔偿责任；雇员因故意或者重大过失致人损害的，应当与雇主承担连带赔偿责任。雇主承担连带赔偿责任的，可以向雇员追偿。

《民法典》及最新相关司法解释	相关内容
	前款所称“从事雇佣活动”,是指从事雇主授权或者指示范围内的生产经营活动或者其他劳务活动。雇员的行为超出授权范围,但其表现形式是履行职务或者与履行职务有内在联系的,应当认定为“从事雇佣活动”。
第一千一百九十二条 个人之间形成劳务关系,提供劳务一方因劳务造成他人损害的,由接受劳务一方承担侵权责任。**接受劳务一方承担侵权责任后,可以向有故意或者重大过失的提供劳务一方追偿。**提供劳务一方因劳务受到损害的,根据双方各自的过错承担相应的责任。 **提供劳务期间,因第三人的行为造成提供劳务一方损害的,提供劳务一方有权请求第三人承担侵权责任,也有权请求接受劳务一方给予补偿。接受劳务一方补偿后,可以向第三人追偿。** 注 本条规定了提供劳务下的致害责任与受害责任。致害责任方面,相较于原来的规定,与用人单位类似,本条第1款明确了接受劳务者对有故意或重大过失劳务提供者的追偿权。受害责任方面,本条第2款虽借鉴了帮工责任的规定,但也有很大不同:一是明确了受害者的选择权,二是明确了接受劳务一方的“补偿”责任,三是明确了接受劳务一方对第三人的追偿权。	**《侵权责任法》(已废止)第三十五条** 个人之间形成劳务关系,提供劳务一方因劳务造成他人损害的,由接受劳务一方承担侵权责任。提供劳务一方因劳务~~自己~~受到损害的,根据双方各自的过错承担相应的责任。 **原人损解释第九条(本条已失效)** 雇员在从事雇佣活动中致人损害的,雇主应当承担赔偿责任;雇员因故意或者重大过失致人损害的,应当与雇主承担连带赔偿责任。雇主承担连带赔偿责任的,可以向雇员追偿。 前款所称“从事雇佣活动”,是指从事雇主授权或者指示范围内的生产经营活动或者其他劳务活动。雇员的行为超出授权范围,但其表现形式是履行职务或者与履行职务有内在联系的,应当认定为“从事雇佣活动”。 **第十三条(已变更为最新司法解释第四条)** 为他人无偿提供劳务的帮工人,在从事帮工活动中致人损害的,被帮工人应当承担赔偿责任。被帮工人明确拒绝帮工的,不承担赔偿责任。帮工人存在故意或者重大过失,赔偿权利人请求帮工人和被帮工人承担连带责任的,人民法院应予支持。

《民法典》及最新相关司法解释	相关内容
	第十四条（已变更为最新司法解释第五条） 帮工人因帮工活动遭受人身损害的，被帮工人应当承担赔偿责任。被帮工人明确拒绝帮工的，不承担赔偿责任；但可以在受益范围内予以适当补偿。 帮工人因第三人侵权遭受人身损害的，由第三人承担赔偿责任。第三人不能确定或者没有赔偿能力的，可以由被帮工人予以适当补偿。
第一千一百九十三条 承揽人在完成工作过程中造成第三人损害或者自己损害的，定作人不承担侵权责任。但是，定作人对定作、指示或者选任有过错的，应当承担相应的责任。	**原人损解释第十条（本条已失效）** 承揽人在完成工作过程中对第三人造成损害或者造成自身损害的，定作人不承担赔偿责任。但定作人对定作、指示或者选任有过失的，应当承担相应的赔偿责任。
第一千一百九十四条 网络用户、网络服务提供者利用网络侵害他人民事权益的，应当承担侵权责任。**法律另有规定的，依照其规定。** 注《民法典》侵权责任编对网络侵权责任进行了完善规定，由《侵权责任法》（已废止）原来的一个条文细化完善至侵权责任编第1194～1197条共四个条文，并增加“法律另有规定的，依照其规定”的兜底内容，以适应网络信息时代的社会发展需要。	**《侵权责任法》（已废止）第三十六条第一款** 网络用户、网络服务提供者利用网络侵害他人民事权益的，应当承担侵权责任。
第一千一百九十五条 网络用户利用网络服务实施侵权行为的，*权利人*有权通知网络服务提供者采取删除、屏蔽、断开链接等必要措施。**通知应当包括构成侵权的初步证据及权利人的真实身份信息。** 网络服务提供者接到通知后，**应当及时将该通知转送相关网络用户，并根据构**	**《侵权责任法》（已废止）第三十六条第二款** 网络用户利用网络服务实施侵权行为的，*被侵权人*有权通知网络服务提供者采取删除、屏蔽、断开链接等必要措施。网络服务提供者接到通知后未及时采取必要措施的，对损害的扩大部分与该网络用户承担连带责任。

《民法典》及最新相关司法解释	相关内容
成侵权的初步证据和服务类型采取必要措施；未及时采取必要措施的，对损害的扩大部分与该网络用户承担连带责任。 **权利人因错误通知造成网络用户或者网络服务提供者损害的，应当承担侵权责任。法律另有规定的，依照其规定。** **网络侵权规定（2020）第二条** 原告依据民法典第一千一百九十五条、第一千一百九十七条的规定起诉网络用户或者网络服务提供者的，人民法院应予受理。 原告仅起诉网络用户，网络用户请求追加涉嫌侵权的网络服务提供者为共同被告或者第三人的，人民法院应予准许。 原告仅起诉网络服务提供者，网络服务提供者请求追加可以确定的网络用户为共同被告或者第三人的，人民法院应予准许。 **信息网络传播权规定（2020）第十三条** 网络服务提供者接到权利人以书信、传真、电子邮件等方式提交的通知及构成侵权的初步证据，未及时根据初步证据和服务类型采取必要措施的，人民法院应当认定其明知相关侵害信息网络传播权行为。 **第十四条** 人民法院认定网络服务提供者转送通知、采取必要措施是否及时，应当根据权利人提交通知的形式，通知的准确程度，采取措施的难易程度，网络服务的性质，所涉作品、表演、录音录像制品的类型、知名度、数量等因素综合判断。	**原网络侵权规定第五条（本条已失效）** 依据侵权责任法第三十六条第二款的规定，被侵权人以书面形式或者网络服务提供者公示的方式向网络服务提供者发出的通知，包含下列内容的，人民法院应当认定有效： （一）通知人的姓名（名称）和联系方式； （二）要求采取必要措施的网络地址或者足以准确定位侵权内容的相关信息； （三）通知人要求删除相关信息的理由。 被侵权人发送的通知未满足上述条件，网络服务提供者主张免除责任的，人民法院应予支持。 **第六条（已变更为最新司法解释第四条）** 人民法院适用侵权责任法第三十六条第二款的规定，认定网络服务提供者采取的删除、屏蔽、断开链接等必要措施是否及时，应当根据网络服务的性质、有效通知的形式和准确程度，网络信息侵害权益的类型和程度等因素综合判断。 **第七条（已变更为最新司法解释第五条）** 其发布的信息被采取删除、屏蔽、断开链接等措施的网络用户，主张网络服务提供者承担违约责任或者侵权责任，网络服务提供者以收到通知为由抗辩的，人民法院应予支持。 被采取删除、屏蔽、断开链接等措施的网络用户，请求网络服务提供者提供通知内容的，人民法院应予支持。

《民法典》及最新相关司法解释	相关内容
食品安全解释一第三条　电子商务平台经营者违反食品安全法第六十二条和第一百三十一条规定，未对平台内食品经营者进行实名登记、审查许可证，或者未履行报告、停止提供网络交易平台服务等义务，使消费者的合法权益受到损害，消费者主张电子商务平台经营者与平台内食品经营者承担连带责任的，人民法院应予支持。 注 在吸收借鉴网络侵权规定部分内容的基础上，就权利人通知网络服务提供者的要求、网络服务提供者接到通知后如何采取措施及责任承担予以明确。此外，还规定了错误通知产生的侵权责任。	**第八条（本条已失效）**　因通知人的通知导致网络服务提供者错误采取删除、屏蔽、断开链接等措施，被采取措施的网络用户请求通知人承担侵权责任的，人民法院应予支持。 被错误采取措施的网络用户请求网络服务提供者采取相应恢复措施的，人民法院应予支持，但受技术条件限制无法恢复的除外。
第一千一百九十六条　网络用户接到转送的通知后，可以向网络服务提供者提交不存在侵权行为的声明。声明应当包括不存在侵权行为的初步证据及网络用户的真实身份信息。 **网络服务提供者接到声明后，应当将该声明转送发出通知的权利人，并告知其可以向有关部门投诉或者向人民法院提起诉讼。网络服务提供者在转送声明到达权利人后的合理期限内，未收到权利人已经投诉或者提起诉讼通知的，应当及时终止所采取的措施。** 注 本条规定的是网络用户的“申辩权”及网络服务者的转送程序。之所以增加本条的规定，在于网络侵权不同于一般侵权，其成立有一定的不确定性，且恶意提起“网络侵权”诉讼的情况也时有出现。	

《民法典》及最新相关司法解释	相关内容
第一千一百九十七条 网络服务提供者知道或者**应当知道**网络用户利用其网络服务侵害他人民事权益,未采取必要措施的,与该网络用户承担连带责任。 **网络侵权规定(2020)第二条** 原告依据民法典第一千一百九十五条、第一千一百九十七条的规定起诉网络用户或者网络服务提供者的,人民法院应予受理。 原告仅起诉网络用户,网络用户请求追加涉嫌侵权的网络服务提供者为共同被告或者第三人的,人民法院应予准许。 原告仅起诉网络服务提供者,网络服务提供者请求追加可以确定的网络用户为共同被告或者第三人的,人民法院应予准许。 注 本条将“应当知道”纳入条文内容。另外,关于本条规定中涉及的是否“知道”的判断,可参考相关司法解释的规定。	**《侵权责任法》(已废止)第三十六条第三款** 网络服务提供者知道网络用户利用其网络服务侵害他人民事权益,未采取必要措施的,与该网络用户承担连带责任。 **原网络侵权规定第九条(已变更为最新司法解释第六条)** 人民法院依据侵权责任法第三十六条第三款认定网络服务提供者是否“知道”,应当综合考虑下列因素: (一)网络服务提供者是否以人工或者自动方式对侵权网络信息以推荐、排名、选择、编辑、整理、修改等方式作出处理; (二)网络服务提供者应当具备的管理信息的能力,以及所提供服务的性质、方式及其引发侵权的可能性大小; (三)该网络信息侵害人身权益的类型及明显程度; (四)该网络信息的社会影响程度或者一定时间内的浏览量; (五)网络服务提供者采取预防侵权措施的技术可能性及其是否采取了相应的合理措施; (六)网络服务提供者是否针对同一网络用户的重复侵权行为或者同一侵权信息采取了相应的合理措施; (七)与本案相关的其他因素。
第一千一百九十八条 宾馆、商场、银行、车站、**机场**、**体育场馆**、娱乐场所等**经营场所**、公共场所的**经营者**、管理者或者群众性活动的组织者,未尽到安全保障义务,造成他人损害的,应当承担侵权责任。	**《侵权责任法》(已废止)第三十七条** 宾馆、商场、银行、车站、娱乐场所等公共场所的管理人或者群众性活动的组织者,未尽到安全保障义务,造成他人损害的,应当承担侵权责任。

《民法典》及最新相关司法解释	相关内容
因第三人的行为造成他人损害的，由第三人承担侵权责任；**经营者**、管理者或者组织者未尽到安全保障义务的，承担相应的补充责任。**经营者、管理者或者组织者承担补充责任后，可以向第三人追偿**。 注 增加了“经营者”的表述，并明确了经营者、管理者、组织者承担补充责任后可向第三人追偿。	因第三人的行为造成他人损害的，由第三人承担侵权责任；管理人或者组织者未尽到安全保障义务的，承担相应的补充责任。 **原人损解释第六条（本条已失效）** 从事住宿、餐饮、娱乐等经营活动或者其他社会活动的自然人、法人、其他组织，未尽合理限度范围内的安全保障义务致使他人遭受人身损害，赔偿权利人请求其承担相应赔偿责任的，人民法院应予支持。 因第三人侵权导致损害结果发生的，由实施侵权行为的第三人承担赔偿责任。安全保障义务人有过错的，应当在其能够防止或者制止损害的范围内承担相应的补充赔偿责任。安全保障义务人承担责任后，可以向第三人追偿。赔偿权利人起诉安全保障义务人的，应当将第三人作为共同被告，但第三人不能确定的除外。 **原旅游纠纷规定第七条**　旅游经营者、旅游辅助服务者未尽到安全保障义务，造成旅游者人身损害、财产损失，旅游者请求旅游经营者、旅游辅助服务者承担责任的，人民法院应予支持。 因第三人的行为造成旅游者人身损害、财产损失，由第三人承担责任；旅游经营者、旅游辅助服务者未尽安全保障义务，旅游者请求其承担相应补充责任的，人民法院应予支持。 **原铁路人损解释第十三条**　铁路旅客运送期间因第三人侵权造成旅客人身损害的，由实施侵权行为的第三人承担赔偿责任。铁路运输企业有过错的，应当在能够防止或者制止损害的范围内承担相应的补充赔偿责任。铁路运输企业承担赔偿责任后，有权向第三人追偿。

《民法典》及最新相关司法解释	相关内容
	车外第三人投掷石块等击打列车造成车内旅客人身损害，赔偿权利人要求铁路运输企业先予赔偿的，人民法院应当予以支持。铁路运输企业赔付后，有权向第三人追偿。
第一千一百九十九条 无民事行为能力人在幼儿园、学校或者其他教育机构学习、生活期间受到人身损害的，幼儿园、学校或者其他教育机构应当承担**侵权**责任；但是，能够证明尽到教育、管理职责的，不承担**侵权**责任。	**《侵权责任法》（已废止）第三十八条** 无民事行为能力人在幼儿园、学校或者其他教育机构学习、生活期间受到人身损害的，幼儿园、学校或者其他教育机构应当承担责任，但能够证明尽到教育、管理职责的，不承担责任。
第一千二百条 限制民事行为能力人在学校或者其他教育机构学习、生活期间受到人身损害，学校或者其他教育机构未尽到教育、管理职责的，应当承担**侵权**责任。	**《侵权责任法》（已废止）第三十九条** 限制民事行为能力人在学校或者其他教育机构学习、生活期间受到人身损害，学校或者其他教育机构未尽到教育、管理职责的，应当承担责任。
第一千二百零一条 无民事行为能力人或者限制民事行为能力人在幼儿园、学校或者其他教育机构学习、生活期间，受到幼儿园、学校或者其他教育机构以外的第三人人身损害的，由*第三人*承担侵权责任；幼儿园、学校或者其他教育机构未尽到管理职责的，承担相应的补充责任。**幼儿园、学校或者其他教育机构承担补充责任后，可以向第三人追偿。** 注 本条明确了教育机构承担补充责任后可向第三人追偿。	**《侵权责任法》（已废止）第四十条** 无民事行为能力人或者限制民事行为能力人在幼儿园、学校或者其他教育机构学习、生活期间，受到幼儿园、学校或者其他教育机构以外的人员人身损害的，由*侵权人*承担侵权责任；幼儿园、学校或者其他教育机构未尽到管理职责的，承担相应的补充责任。 **原人损解释第七条（本条已失效）** 对未成年人依法负有教育、管理、保护义务的学校、幼儿园或者其他教育机构，未尽职责范围内的相关义务致使未成年人遭受人身损害，或者未成年人致他人人身损害的，应当承担与其过错相应的赔偿责任。

《民法典》及最新相关司法解释	相关内容
	第三人侵权致未成年人遭受人身损害的，应当承担赔偿责任。学校、幼儿园等教育机构有过错的，应当承担相应的补充赔偿责任。
第四章　产品责任	
第一千二百零二条　因产品存在缺陷造成他人损害的，生产者应当承担侵权责任。	**《侵权责任法》（已废止）第四十一条**　因产品存在缺陷造成他人损害的，生产者应当承担侵权责任。 **《产品质量法》第二十六条**　生产者应当对其生产的产品质量负责。 产品质量应当符合下列要求： （一）不存在危及人身、财产安全的不合理的危险，有保障人体健康和人身、财产安全的国家标准、行业标准的，应当符合该标准； （二）具备产品应当具备的使用性能，但是，对产品存在使用性能的瑕疵作出说明的除外； （三）符合在产品或者其包装上注明采用的产品标准，符合以产品说明、实物样品等方式表明的质量状况。 **第四十一条**　因产品存在缺陷造成人身、缺陷产品以外的其他财产（以下简称他人财产）损害的，生产者应当承担赔偿责任。 生产者能够证明有下列情形之一的，不承担赔偿责任： （一）未将产品投入流通的； （二）产品投入流通时，引起损害的缺陷尚不存在的； （三）将产品投入流通时的科学技术水平尚不能发现缺陷的存在的。

《民法典》及最新相关司法解释	相关内容
	第四十四条 因产品存在缺陷造成受害人人身伤害的，侵害人应当赔偿医疗费、治疗期间的护理费、因误工减少的收入等费用；造成残疾的，还应当支付残疾者生活自助具费、生活补助费、残疾赔偿金以及由其扶养的人所必需的生活费等费用；造成受害人死亡的，并应当支付丧葬费、死亡赔偿金以及由死者生前扶养的人所必需的生活费等费用。 因产品存在缺陷造成受害人财产损失的，侵害人应当恢复原状或者折价赔偿。受害人因此遭受其他重大损失的，侵害人应当赔偿损失。 **第四十六条** 本法所称缺陷，是指产品存在危及人身、他人财产安全的不合理的危险；产品有保障人体健康和人身、财产安全的国家标准、行业标准的，是指不符合该标准。
第一千二百零三条 因产品存在缺陷造成他人损害的，被侵权人可以向产品的生产者请求赔偿，也可以向产品的销售者请求赔偿。 产品缺陷由生产者造成的，销售者赔偿后，有权向生产者追偿。因销售者的过错使产品存在缺陷的，生产者赔偿后，有权向销售者追偿。 **食品安全解释一第一条 消费者因不符合食品安全标准的食品受到损害，依据食品安全法第一百四十八条第一款规定诉请食品生产者或者经营者赔偿损失，被诉的生产者或者经营者以赔偿责任应由生产经营者中的另一方承担为由主张免责的，人民法院不予支持。属于生产者责**	**《侵权责任法》（已废止）第四十三条** 因产品存在缺陷造成损害的，被侵权人可以向产品的生产者请求赔偿，也可以向产品的销售者请求赔偿。 产品缺陷由生产者造成的，销售者赔偿后，有权向生产者追偿。 因销售者的过错使产品存在缺陷的，生产者赔偿后，有权向销售者追偿。 **《消费者权益保护法》第四十条** 消费者在购买、使用商品时，其合法权益受到损害的，可以向销售者要求赔偿。销售者赔偿后，属于生产者的责任或者属于向销售者提供商品的其他销售者的责任的，销售者有权向生产者或者其他销售者追偿。

《民法典》及最新相关司法解释	相关内容
任的，经营者赔偿后有权向生产者追偿；属于经营者责任的，生产者赔偿后有权向经营者追偿。 **第二条　电子商务平台经营者以标记自营业务方式所销售的食品或者虽未标记自营但实际开展自营业务所销售的食品不符合食品安全标准，消费者依据食品安全法第一百四十八条规定主张电子商务平台经营者承担作为食品经营者的赔偿责任的，人民法院应予支持。** **电子商务平台经营者虽非实际开展自营业务，但其所作标识等足以误导消费者让消费者相信系电子商务平台经营者自营，消费者依据食品安全法第一百四十八条规定主张电子商务平台经营者承担作为食品经营者的赔偿责任的，人民法院应予支持。**	消费者或者其他受害人因商品缺陷造成人身、财产损害的，可以向销售者要求赔偿，也可以向生产者要求赔偿。属于生产者责任的，销售者赔偿后，有权向生产者追偿。属于销售者责任的，生产者赔偿后，有权向销售者追偿。 消费者在接受服务时，其合法权益受到损害的，可以向服务者要求赔偿。 **《食品安全法》第一百四十八条第一款**　消费者因不符合食品安全标准的食品受到损害的，可以向经营者要求赔偿损失，也可以向生产者要求赔偿损失。接到消费者赔偿要求的生产经营者，应当实行首负责任制，先行赔付，不得推诿；属于生产者责任的，经营者赔偿后有权向生产者追偿；属于经营者责任的，生产者赔偿后有权向经营者追偿。 **原食品药品规定第二条**　因食品、药品存在质量问题造成消费者损害，消费者可以分别起诉或者同时起诉销售者和生产者。 消费者仅起诉销售者或者生产者的，必要时人民法院可以追加相关当事人参加诉讼。 **第三条**　因食品、药品质量问题发生纠纷，购买者向生产者、销售者主张权利，生产者、销售者以购买者明知食品、药品存在质量问题而仍然购买为由进行抗辩的，人民法院不予支持。 **第四条**　食品、药品生产者、销售者提供给消费者的食品或者药品的赠品发生质量安全问题，造成消费者损害，消费者主张权利，生产者、销售者以消费者未对赠品支付对价为由进行免责抗辩的，人民法院不予支持。

《民法典》及最新相关司法解释	相关内容
第一千二百零四条 因运输者、仓储者等第三人的过错使产品存在缺陷，造成他人损害的，产品的生产者、销售者赔偿后，有权向第三人追偿。 **食品安全解释一第四条 公共交通运输的承运人向旅客提供的食品不符合食品安全标准，旅客主张承运人依据食品安全法第一百四十八条规定承担作为食品生产者或者经营者的赔偿责任的，人民法院应予支持；承运人以其不是食品的生产经营者或者食品是免费提供为由进行免责抗辩的，人民法院不予支持。**	**《侵权责任法》(已废止)第四十四条** 因运输者、仓储者等第三人的过错使产品存在缺陷，造成他人损害的，产品的生产者、销售者赔偿后，有权向第三人追偿。
第一千二百零五条 因产品缺陷危及他人人身、财产安全的，被侵权人有权请求生产者、销售者承担**停止侵害**、排除妨碍、消除危险等侵权责任。	**《侵权责任法》(已废止)第四十五条** 因产品缺陷危及他人人身、财产安全的，被侵权人有权请求生产者、销售者承担排除妨碍、消除危险等侵权责任。
第一千二百零六条 产品投入流通后发现存在缺陷的，生产者、销售者应当及时采取**停止销售**、警示、召回等补救措施；未及时采取补救措施或者补救措施不力造成损害扩大的，对扩大的损害也应当承担侵权责任。 依据前款规定采取召回措施的，生产者、销售者应当负担被侵权人因此支出的必要费用。 注 本条明确了经营者在缺陷产品召回前的停止销售义务，并在参考《消费者权益保护法》相关规定的基础上明确了召回费用的承担。	**《侵权责任法》(已废止)第四十六条** 产品投入流通后发现存在缺陷的，生产者、销售者应当及时采取警示、召回等补救措施。未及时采取补救措施或者补救措施不力造成损害的，应当承担侵权责任。 **《消费者权益保护法》第十九条** 经营者发现其提供的商品或者服务存在缺陷，有危及人身、财产安全危险的，应当立即向有关行政部门报告和告知消费者，并采取停止销售、警示、召回、无害化处理、销毁、停止生产或者服务等措施。采取召回措施的，经营者应当承担消费者因商品被召回支出的必要费用。

《民法典》及最新相关司法解释	相关内容
	《食品安全法》第六十三条　国家建立食品召回制度。食品生产者发现其生产的食品不符合食品安全标准或者有证据证明可能危害人体健康的，应当立即停止生产，召回已经上市销售的食品，通知相关生产经营者和消费者，并记录召回和通知情况。 食品经营者发现其经营的食品有前款规定情形的，应当立即停止经营，通知相关生产经营者和消费者，并记录停止经营和通知情况。食品生产者认为应当召回的，应当立即召回。由于食品经营者的原因造成其经营的食品有前款规定情形的，食品经营者应当召回。 食品生产经营者应当对召回的食品采取无害化处理、销毁等措施，防止其再次流入市场。但是，对因标签、标志或者说明书不符合食品安全标准而被召回的食品，食品生产者在采取补救措施且能保证食品安全的情况下可以继续销售；销售时应当向消费者明示补救措施。 食品生产经营者应当将食品召回和处理情况向所在地县级人民政府食品安全监督管理部门报告；需要对召回的食品进行无害化处理、销毁的，应当提前报告时间、地点。食品安全监督管理部门认为必要的，可以实施现场监督。 食品生产经营者未依照本条规定召回或者停止经营的，县级以上人民政府食品安全监督管理部门可以责令其召回或者停止经营。

《民法典》及最新相关司法解释	相关内容
第一千二百零七条 明知产品存在缺陷仍然生产、销售，**或者没有依据前条规定采取有效补救措施**，造成他人死亡或者健康严重损害的，被侵权人有权请求相应的惩罚性赔偿。 **食品安全解释一第六条** 食品经营者具有下列情形之一，消费者主张构成食品安全法第一百四十八条规定的“明知”的，人民法院应予支持： (一)已过食品标明的保质期但仍然销售的； (二)未能提供所售食品的合法进货来源的； (三)以明显不合理的低价进货且无合理原因的； (四)未依法履行进货查验义务的； (五)虚假标注、更改食品生产日期、批号的； (六)转移、隐匿、非法销毁食品进销货记录或者故意提供虚假信息的； (七)其他能够认定为明知的情形。 **第七条** 消费者认为生产经营者生产经营不符合食品安全标准的食品同时构成欺诈的，有权选择依据食品安全法第一百四十八条第二款或者消费者权益保护法第五十五条第一款规定主张食品生产者或者经营者承担惩罚性赔偿责任。 **第八条** 经营者经营明知是不符合食品安全标准的食品，但向消费者承诺的赔偿标准高于食品安全法第一百四十八条规定的赔偿标准，消费者主张经营者	**《侵权责任法》(已废止)第四十七条** 明知产品存在缺陷仍然生产、销售，造成他人死亡或者健康严重损害的，被侵权人有权请求相应的惩罚性赔偿。 **《消费者权益保护法》第五十五条** 经营者提供商品或者服务有欺诈行为的，应当按照消费者的要求增加赔偿其受到的损失，增加赔偿的金额为消费者购买商品的价款或者接受服务的费用的三倍；增加赔偿的金额不足五百元的，为五百元。法律另有规定的，依照其规定。 经营者明知商品或者服务存在缺陷，仍然向消费者提供，造成消费者或者其他受害人死亡或者健康严重损害的，受害人有权要求经营者依照本法第四十九条、第五十一条等法律规定赔偿损失，并有权要求所受损失二倍以下的惩罚性赔偿。 **《食品安全法》第一百四十八条第二款** 生产不符合食品安全标准的食品或者经营明知是不符合食品安全标准的食品，消费者除要求赔偿损失外，还可以向生产者或者经营者要求支付价款十倍或者损失三倍的赔偿金；增加赔偿的金额不足一千元的，为一千元。但是，食品的标签、说明书存在不影响食品安全且不会对消费者造成误导的瑕疵的除外。 **原食品药品规定第十五条(本条内容已修正)** 生产不符合安全标准的食品或者销售明知是不符合安全标准的食品，消费者除要求赔偿损失外，向生产者、销售者主张支付价款十倍赔偿金或者依照法律规定的其他赔偿标准要求赔偿的，人民法院应予支持。

《民法典》及最新相关司法解释	相关内容
按照承诺赔偿的，人民法院应当依法予以支持。 **第九条**　食品符合食品安全标准但未达到生产经营者承诺的质量标准，消费者依照民法典、消费者权益保护法等法律规定主张生产经营者承担责任的，人民法院应予支持，但消费者主张生产经营者依据食品安全法第一百四十八条规定承担赔偿责任的，人民法院不予支持。 **第十条**　食品不符合食品安全标准，消费者主张生产者或者经营者依据食品安全法第一百四十八条第二款规定承担惩罚性赔偿责任，生产者或者经营者以未造成消费者人身损害为由抗辩的，人民法院不予支持。 **第十一条**　生产经营未标明生产者名称、地址、成分或者配料表，或者未清晰标明生产日期、保质期的预包装食品，消费者主张生产者或者经营者依据食品安全法第一百四十八条第二款规定承担惩罚性赔偿责任的，人民法院应予支持，但法律、行政法规、食品安全国家标准对标签标注事项另有规定的除外。 **第十二条**　进口的食品不符合我国食品安全国家标准或者国务院卫生行政部门决定暂予适用的标准，消费者主张销售者、进口商等经营者依据食品安全法第一百四十八条规定承担赔偿责任，销售者、进口商等经营者仅以进口的食品符合出口地食品安全标准或者已经过我国出入境检验检疫机构检验检疫为由进行免责抗辩的，人民法院不予支持。 注 右边梳理的涉及产品责任中的惩罚性赔偿规定值得关注。	**原旅游纠纷规定第十七条（已变更为最新司法解释第十五条）**　旅游经营者违反合同约定，有擅自改变旅游行程、遗漏旅游景点、减少旅游服务项目、降低旅游服务标准等行为，旅游者请求旅游经营者赔偿未完成约定旅游服务项目等合理费用的，人民法院应予支持。 旅游经营者提供服务时有欺诈行为，旅游者请求旅游经营者双倍赔偿其遭受的损失的，人民法院应予支持。

《民法典》及最新相关司法解释	相关内容
第五章　机动车交通事故责任	
第一千二百零八条　机动车发生交通事故造成损害的，依照*道路交通安全法律和本法*的有关规定承担赔偿责任。 **道损解释(2020)第十条**　多辆机动车发生交通事故造成第三人损害，当事人请求多个侵权人承担赔偿责任的，人民法院应当区分不同情况，依照民法典第一千一百七十条、第一千一百七十一条、第一千一百七十二条的规定，确定侵权人承担连带责任或者按份责任。 **第十一条**　道路交通安全法第七十六条规定的“人身伤亡”，是指机动车发生交通事故侵害被侵权人的生命权、身体权、健康权等人身权益所造成的损害，包括民法典第一千一百七十九条和第一千一百八十三条规定的各项损害。 道路交通安全法第七十六条规定的“财产损失”，是指因机动车发生交通事故侵害被侵权人的财产权益所造成的损失。	**《侵权责任法》(已废止)第四十八条**　机动车发生交通事故造成损害的，依照*道路交通安全法*的有关规定承担赔偿责任。
第一千二百零九条　因租赁、借用等情形机动车所有人、**管理人**与使用人不是同一人时，发生交通事故造成损害，属于该机动车一方责任的，*由机动车使用人承担赔偿责任*；机动车所有人、**管理人**对损害的发生有过错的，承担相应的赔偿责任。 注 本条增加了“管理人”的表述，并用使用人承担责任代替了原来的先交强险，不足部分使用人承担的表述，表达更简洁，但本质上并无差异，《民法典》第1213条已明确规定了保险公司的责任承担规则。	**《侵权责任法》(已废止)第四十九条**　因租赁、借用等情形机动车所有人与使用人不是同一人时，发生交通事故后属于该机动车一方责任的，*由保险公司在机动车强制保险责任限额范围内予以赔偿。不足部分，由机动车使用人承担赔偿责任*；机动车所有人对损害的发生有过错的，承担相应的赔偿责任。 **原道损解释第一条(本条内容已修正)**　机动车发生交通事故造成损害，机动车所有人或者管理人有下列情形之一，人民法院应当认定其对损害的发生有过

《民法典》及最新相关司法解释	相关内容
	错，并适用侵权责任法第四十九条的规定确定其相应的赔偿责任： （一）知道或者应当知道机动车存在缺陷，且该缺陷是交通事故发生原因之一的； （二）知道或者应当知道驾驶人无驾驶资格或者未取得相应驾驶资格的； （三）知道或者应当知道驾驶人因饮酒、服用国家管制的精神药品或者麻醉药品，或者患有妨碍安全驾驶机动车的疾病等依法不能驾驶机动车的； （四）其它应当认定机动车所有人或者管理人有过错的。 **第二条（本条已失效）**　未经允许驾驶他人机动车发生交通事故造成损害，当事人依照侵权责任法第四十九条的规定请求由机动车驾驶人承担赔偿责任的，人民法院应予支持。机动车所有人或者管理人有过错的，承担相应的赔偿责任，但具有侵权责任法第五十二条规定情形的除外。
第一千二百一十条　当事人之间已经以买卖*或者其他方式*转让并交付机动车但是未办理登记，发生交通事故**造成损害**，属于该机动车一方责任的，*由受让人承担赔偿责任*。 **道损解释（2020）第二条**　被多次转让但是未办理登记的机动车发生交通事故造成损害，属于该机动车一方责任，当事人请求由最后一次转让并交付的受让人承担赔偿责任的，人民法院应予支持。 注 与《民法典》第1209条类似，表述更为简练。	**《侵权责任法》（已废止）第五十条**　当事人之间已经以买卖*等方式*转让并交付机动车但未办理~~所有权转移~~登记，发生交通事故后属于该机动车一方责任的，*由保险公司在机动车强制保险责任限额范围内予以赔偿。不足部分，由受让人承担赔偿责任*。

《民法典》及最新相关司法解释	相关内容
第一千二百一十一条 以挂靠形式从事道路运输经营活动的机动车，发生交通事故造成损害，属于该机动车一方责任的，*由挂靠人和被挂靠人承担连带责任*。	**原道损解释第三条(本条已失效)** 以挂靠形式从事道路运输经营活动的机动车发生交通事故造成损害，属于该机动车一方责任，当事人请求由挂靠人和被挂靠人承担连带责任的，人民法院应予支持。
第一千二百一十二条 未经允许驾驶他人机动车，发生交通事故造成损害，*属于该机动车一方责任的，由机动车使用人承担赔偿责任*；机动车所有人、管理人对损害的发生有过错的，承担相应的赔偿责任，但是*本章另有规定*的除外。 注 本条完善了未经允许驾驶他人机动车发生事故时的责任承担。	**原道损解释第二条(本条已失效)** 未经允许驾驶他人机动车发生交通事故造成损害，当事人依照侵权责任法第四十九条的规定请求由机动车驾驶人承担赔偿责任的，人民法院应予支持。机动车所有人或者管理人有过错的，承担相应的赔偿责任，但具有侵权责任法第五十二条规定情形的除外。
第一千二百一十三条 机动车发生交通事故造成损害，属于该机动车一方责任的，先由承保机动车强制保险的保险人在强制保险责任限额范围内予以赔偿；不足部分，由承保机动车商业保险的保险人按照保险合同的约定予以赔偿；仍然不足或者没有投保机动车商业保险的，由侵权人赔偿。 **道损解释(2020)第十六条** 未依法投保交强险的机动车发生交通事故造成损害，当事人请求投保义务人在交强险责任限额范围内予以赔偿的，人民法院应予支持。 投保义务人和侵权人不是同一人，当事人请求投保义务人和侵权人在交强险责任限额范围内承担相应责任的，人民法院应予支持。 注《民法典》第1213条用单独一个条文规定了交通事故中侵权人与保险公司的承担责任规则。	**原道损解释第十六条(已变更为最新司法解释第十三条)** 同时投保机动车第三者责任强制保险(以下简称“交强险”)和第三者责任商业保险(以下简称“商业三者险”)的机动车发生交通事故造成损害，当事人同时起诉侵权人和保险公司的，人民法院应当按照下列规则确定赔偿责任: (一)先由承保交强险的保险公司在责任限额范围内予以赔偿; (二)不足部分，由承保商业三者险的保险公司根据保险合同予以赔偿; (三)仍有不足的，依照道路交通安全法和侵权责任法的相关规定由侵权人予以赔偿。 被侵权人或者其近亲属请求承保交强险的保险公司优先赔偿精神损害的，人民法院应予支持。

《民法典》及最新相关司法解释	相关内容
第一千二百一十四条　以买卖*或者其他方式*转让拼装或者已经达到报废标准的机动车，发生交通事故造成损害的，由转让人和受让人承担连带责任。	**《侵权责任法》（已废止）第五十一条**　以买卖等方式转让拼装或者已达到报废标准的机动车，发生交通事故造成损害的，由转让人和受让人承担连带责任。 **原道损解释第六条（已变更为最新司法解释第四条）**　拼装车、已达到报废标准的机动车或者依法禁止行驶的其他机动车被多次转让，并发生交通事故造成损害，当事人请求由所有的转让人和受让人承担连带责任的，人民法院应予支持。
第一千二百一十五条　盗窃、抢劫或者抢夺的机动车发生交通事故造成损害的，由盗窃人、抢劫人或者抢夺人承担赔偿责任。**盗窃人、抢劫人或者抢夺人与机动车使用人不是同一人，发生交通事故造成损害，属于该机动车一方责任的，由盗窃人、抢劫人或者抢夺人与机动车使用人承担连带责任。** 保险人在机动车强制保险责任限额范围内垫付抢救费用的，有权向交通事故责任人追偿。 注 盗抢车辆在现实中多发生转手，故本条增加了盗抢人与使用人不是同一人时连带担责的规定。	**《侵权责任法》（已废止）第五十二条**　盗窃、抢劫或者抢夺的机动车发生交通事故造成损害的，由盗窃人、抢劫人或者抢夺人承担赔偿责任。保险公司在机动车强制保险责任限额范围内垫付抢救费用的，有权向交通事故责任人追偿。
第一千二百一十六条　机动车驾驶人发生交通事故后逃逸，该机动车参加强制保险的，由保险人在机动车强制保险责任限额范围内予以赔偿；机动车不明、该机动车未参加强制保险或者**抢救费用超过机动车强制保险责任限额**，需要支付被侵权人人身伤亡的抢救、丧葬等费用的，由道路交通事故社会救助基	**《侵权责任法》（已废止）第五十三条**　机动车驾驶人发生交通事故后逃逸，该机动车参加强制保险的，由保险公司在机动车强制保险责任限额范围内予以赔偿；机动车不明或者该机动车未参加强制保险，需要支付被侵权人人身伤亡的抢救、丧葬等费用的，由道路交通事故社会救助基金垫付。道路交通事故社会救

《民法典》及最新相关司法解释	相关内容
金垫付。道路交通事故社会救助基金垫付后，其管理机构有权向交通事故责任人追偿。	助基金垫付后，其管理机构有权向交通事故责任人追偿。 **《机动车交通事故责任强制保险条例》第二十四条** 国家设立道路交通事故社会救助基金(以下简称救助基金)。有下列情形之一时，道路交通事故中受害人人身伤亡的丧葬费用、部分或者全部抢救费用，由救助基金先行垫付，救助基金管理机构有权向道路交通事故责任人追偿： (一)抢救费用超过机动车交通事故责任强制保险责任限额的； (二)肇事机动车未参加机动车交通事故责任强制保险的； (三)机动车肇事后逃逸的。
第一千二百一十七条 非营运机动车发生交通事故造成无偿搭乘人损害，属于该机动车一方责任的，应当减轻其赔偿责任，但是机动车使用人有故意或者重大过失的除外。 **民法典时间效力规定第十八条 民法典施行前，因非营运机动车发生交通事故造成无偿搭乘人损害引起的民事纠纷案件，适用民法典第一千二百一十七条的规定。** 注 之所以增设此处规定，在于减免助人者的责任，以鼓励施助行为。	
第六章 医疗损害责任	
第一千二百一十八条 患者在诊疗活动中受到损害，医疗机构*或者*其医务人员有过错的，由医疗机构承担赔偿责任。	**《侵权责任法》(已废止)第五十四条** 患者在诊疗活动中受到损害，医疗机构*及*其医务人员有过错的，由医疗机构承担赔偿责任。

《民法典》及最新相关司法解释	相关内容
医疗损害解释(2020)第一条　患者以在诊疗活动中受到人身或者财产损害为由请求医疗机构,医疗产品的生产者、销售者、药品上市许可持有人或者血液提供机构承担侵权责任的案件,适用本解释。 患者以在美容医疗机构或者开设医疗美容科室的医疗机构实施的医疗美容活动中受到人身或者财产损害为由提起的侵权纠纷案件,适用本解释。 当事人提起的医疗服务合同纠纷案件,不适用本解释。 **第四条**　患者依据民法典第一千二百一十八条规定主张医疗机构承担赔偿责任的,应当提交到该医疗机构就诊、受到损害的证据。 患者无法提交医疗机构或者其医务人员有过错、诊疗行为与损害之间具有因果关系的证据,依法提出医疗损害鉴定申请的,人民法院应予准许。 医疗机构主张不承担责任的,应当就民法典第一千二百二十四条第一款规定情形等抗辩事由承担举证证明责任。 **第十六条**　对医疗机构或者其医务人员的过错,应当依据法律、行政法规、规章以及其他有关诊疗规范进行认定,可以综合考虑患者病情的紧急程度、患者个体差异、当地的医疗水平、医疗机构与医务人员资质等因素。 **第十九条**　两个以上医疗机构的诊疗行为造成患者同一损害,患者请求医疗机构承担赔偿责任的,应当区分不同情况,依照民法典第一千一百六十八条、	

《民法典》及最新相关司法解释	相关内容
第一千一百七十一条或者第一千一百七十二条的规定,确定各医疗机构承担的赔偿责任。 注 “及”变成“或者”,意思有很大不同,值得关注。	
第一千二百一十九条 医务人员在诊疗活动中应当向患者说明病情和医疗措施。需要实施手术、特殊检查、特殊治疗的,医务人员应当及时向患者具体说明医疗风险、替代医疗方案等情况,并取得其*明确*同意;**不能或者**不宜向患者说明的,应当向患者的近亲属说明,并取得其*明确*同意。 医务人员未尽到前款义务,造成患者损害的,医疗机构应当承担赔偿责任。 **医疗损害解释(2020)第五条** 患者依据民法典第一千二百一十九条规定主张医疗机构承担赔偿责任的,应当按照前条第一款规定提交证据。 实施手术、特殊检查、特殊治疗的,医疗机构应当承担说明义务并取得患者或者患者近亲属明确同意,但属于民法典第一千二百二十条规定情形的除外。医疗机构提交患者或者患者近亲属明确同意证据的,人民法院可以认定医疗机构尽到说明义务,但患者有相反证据足以反驳的除外。 **第十七条** 医务人员违反民法典第一千二百一十九条第一款规定义务,但未造成患者人身损害,患者请求医疗机构承担损害赔偿责任的,不予支持。 注 “明确同意”较“书面同意”,方式更灵活,指向也更有针对性、确定性。	**《侵权责任法》(已废止)第五十五条** 医务人员在诊疗活动中应当向患者说明病情和医疗措施。需要实施手术、特殊检查、特殊治疗的,医务人员应当及时向患者说明医疗风险、替代医疗方案等情况,并取得其*书面*同意;不宜向患者说明的,应当向患者的近亲属说明,并取得其*书面*同意。 医务人员未尽到前款义务,造成患者损害的,医疗机构应当承担赔偿责任。

《民法典》及最新相关司法解释	相关内容
第一千二百二十条　因抢救生命垂危的患者等紧急情况，不能取得患者或者其近亲属意见的，经医疗机构负责人或者授权的负责人批准，可以立即实施相应的医疗措施。 **医疗损害解释（2020）第十八条**　因抢救生命垂危的患者等紧急情况且不能取得患者意见时，下列情形可以认定为民法典第一千二百二十条规定的不能取得患者近亲属意见： （一）近亲属不明的； （二）不能及时联系到近亲属的； （三）近亲属拒绝发表意见的； （四）近亲属达不成一致意见的； （五）法律、法规规定的其他情形。 前款情形，医务人员经医疗机构负责人或者授权的负责人批准立即实施相应医疗措施，患者因此请求医疗机构承担赔偿责任的，不予支持；医疗机构及其医务人员怠于实施相应医疗措施造成损害，患者请求医疗机构承担赔偿责任的，应予支持。	**《侵权责任法》（已废止）第五十六条**　因抢救生命垂危的患者等紧急情况，不能取得患者或者其近亲属意见的，经医疗机构负责人或者授权的负责人批准，可以立即实施相应的医疗措施。
第一千二百二十一条　医务人员在诊疗活动中未尽到与当时的医疗水平相应的诊疗义务，造成患者损害的，医疗机构应当承担赔偿责任。 注 本条规定了医务人员的注意义务。须注意，认定医务人员是否违反注意义务时，应考虑医疗机构的客观条件及其医疗人员的平均水平，根据其实施医疗行为时所处的特定地域的医疗水准来认定。	**《侵权责任法》（已废止）第五十七条**　医务人员在诊疗活动中未尽到与当时的医疗水平相应的诊疗义务，造成患者损害的，医疗机构应当承担赔偿责任。

《民法典》及最新相关司法解释	相关内容
第一千二百二十二条 *患者在诊疗活动中受到损害*，*有*下列情形之一的，推定医疗机构有过错： (一)违反法律、行政法规、规章以及其他有关诊疗规范的规定； (二)隐匿或者拒绝提供与纠纷有关的病历资料； (三)遗失、**伪造**、篡改或者**违法**销毁病历资料。 **医疗损害解释(2020)第六条** 民法典第一千二百二十二条规定的病历资料包括医疗机构保管的门诊病历、住院志、体温单、医嘱单、检验报告、医学影像检查资料、特殊检查(治疗)同意书、手术同意书、手术及麻醉记录、病理资料、护理记录、出院记录以及国务院卫生行政主管部门规定的其他病历资料。 患者依法向人民法院申请医疗机构提交由其保管的与纠纷有关的病历资料等，医疗机构未在人民法院指定期限内提交的，人民法院可以依照民法典第一千二百二十二条第二项规定推定医疗机构有过错，但是因不可抗力等客观原因无法提交的除外。	**《侵权责任法》(已废止)第五十八条** *患者有损害*，*因*下列情形之一的，推定医疗机构有过错： (一)违反法律、行政法规、规章以及其他有关诊疗规范的规定； (二)隐匿或者拒绝提供与纠纷有关的病历资料； (三)伪造、篡改或者销毁病历资料。
第一千二百二十三条 因药品、消毒*产品*、医疗器械的缺陷，或者输入不合格的血液造成患者损害的，患者可以向**药品上市许可持有人**、生产者、血液提供机构请求赔偿，也可以向医疗机构请求赔偿。患者向医疗机构请求赔偿的，医疗机构赔偿后，有权向负有责任的**药品上市许可持有人**、生产者、血液提供机构追偿。	**《侵权责任法》(已废止)第五十九条** 因药品、消毒*药剂*、医疗器械的缺陷，或者输入不合格的血液造成患者损害的，患者可以向生产者或者血液提供机构请求赔偿，也可以向医疗机构请求赔偿。患者向医疗机构请求赔偿的，医疗机构赔偿后，有权向负有责任的生产者或者血液提供机构追偿。

《民法典》及最新相关司法解释	相关内容
医疗损害解释(2020)第三条 患者因缺陷医疗产品受到损害,起诉部分或者全部医疗产品的生产者、销售者、药品上市许可持有人和医疗机构的,应予受理。 患者仅起诉医疗产品的生产者、销售者、药品上市许可持有人、医疗机构中部分主体,当事人依法申请追加其他主体为共同被告或者第三人的,应予准许。必要时,人民法院可以依法追加相关当事人参加诉讼。 患者因输入不合格的血液受到损害提起侵权诉讼的,参照适用前两款规定。 **第七条** 患者依据民法典第一千二百二十三条规定请求赔偿的,应当提交使用医疗产品或者输入血液、受到损害的证据。 患者无法提交使用医疗产品或者输入血液与损害之间具有因果关系的证据,依法申请鉴定的,人民法院应予准许。 医疗机构,医疗产品的生产者、销售者、药品上市许可持有人或者血液提供机构主张不承担责任的,应当对医疗产品不存在缺陷或者血液合格等抗辩事由承担举证证明责任。 **第二十一条** 因医疗产品的缺陷或者输入不合格血液受到损害,患者请求医疗机构,缺陷医疗产品的生产者、销售者、药品上市许可持有人或者血液提供机构承担赔偿责任的,应予支持。 医疗机构承担赔偿责任后,向缺陷医疗产品的生产者、销售者、药品上市许可持有人或者血液提供机构追偿的,应予支持。	

《民法典》及最新相关司法解释	相关内容
因医疗机构的过错使医疗产品存在缺陷或者血液不合格,医疗产品的生产者、销售者、药品上市许可持有人或者血液提供机构承担赔偿责任后,向医疗机构追偿的,应予支持。 **第二十二条** 缺陷医疗产品与医疗机构的过错诊疗行为共同造成患者同一损害,患者请求医疗机构与医疗产品的生产者、销售者、药品上市许可持有人承担连带责任的,应予支持。 医疗机构或者医疗产品的生产者、销售者、药品上市许可持有人承担赔偿责任后,向其他责任主体追偿的,应当根据诊疗行为与缺陷医疗产品造成患者损害的原因力大小确定相应的数额。 输入不合格血液与医疗机构的过错诊疗行为共同造成患者同一损害的,参照适用前两款规定。 **第二十三条** 医疗产品的生产者、销售者、药品上市许可持有人明知医疗产品存在缺陷仍然生产、销售,造成患者死亡或者健康严重损害,被侵权人请求生产者、销售者、药品上市许可持有人赔偿损失及二倍以下惩罚性赔偿的,人民法院应予支持。 注 适应药品上市许可制度,将"药品上市许可持有人"增加至赔偿责任人范围,以切实保障受害人合法权益。	
第一千二百二十四条 *患者在诊疗活动中受到损害*,有下列情形之一的,医疗机构不承担赔偿责任:	**《侵权责任法》(已废止)第六十条** *患者有损害*,*因*下列情形之一的,医疗机构不承担赔偿责任:

《民法典》及最新相关司法解释	相关内容
（一）患者或者其近亲属不配合医疗机构进行符合诊疗规范的诊疗； （二）医务人员在抢救生命垂危的患者等紧急情况下已经尽到合理诊疗义务； （三）限于当时的医疗水平难以诊疗。 前款第一项情形中，医疗机构或者其医务人员也有过错的，应当承担相应的赔偿责任。	（一）患者或者其近亲属不配合医疗机构进行符合诊疗规范的诊疗； （二）医务人员在抢救生命垂危的患者等紧急情况下已经尽到合理诊疗义务； （三）限于当时的医疗水平难以诊疗。 前款第一项情形中，医疗机构及其医务人员也有过错的，应当承担相应的赔偿责任。 **《医疗事故处理条例》第三十三条**　有下列情形之一的，不属于医疗事故： （一）在紧急情况下为抢救垂危患者生命而采取紧急医学措施造成不良后果的； （二）在医疗活动中由于患者病情异常或者患者体质特殊而发生医疗意外的； （三）在现有医学科学技术条件下，发生无法预料或者不能防范的不良后果的； （四）无过错输血感染造成不良后果的； （五）因患方原因延误诊疗导致不良后果的； （六）因不可抗力造成不良后果的。
第一千二百二十五条　医疗机构及其医务人员应当按照规定填写并妥善保管住院志、医嘱单、检验报告、手术及麻醉记录、病理资料、护理记录等病历资料。 患者要求查阅、复制前款规定的病历资料的，医疗机构应当**及时**提供。	**《侵权责任法》（已废止）第六十一条**　医疗机构及其医务人员应当按照规定填写并妥善保管住院志、医嘱单、检验报告、手术及麻醉记录、病理资料、护理记录~~、医疗费用~~等病历资料。 患者要求查阅、复制前款规定的病历资料的，医疗机构应当提供。 **《医疗事故处理条例》第八条**　医疗机构应当按照国务院卫生行政部门规定的要求，书写并妥善保管病历资料。 因抢救急危患者，未能及时书写病历的，有关医务人员应当在抢救结束后

《民法典》及最新相关司法解释	相关内容
	6小时内据实补记,并加以注明。 **第九条** 严禁涂改、伪造、隐匿、销毁或者抢夺病历资料。 **第十条** 患者有权复印或者复制其门诊病历、住院志、体温单、医嘱单、化验单(检验报告)、医学影像检查资料、特殊检查同意书、手术同意书、手术及麻醉记录单、病理资料、护理记录以及国务院卫生行政部门规定的其他病历资料。 患者依照前款规定要求复印或者复制病历资料的,医疗机构应当提供复印或者复制服务并在复印或者复制的病历资料上加盖证明印记。复印或者复制病历资料时,应当有患者在场。 医疗机构应患者的要求,为其复印或者复制病历资料,可以按照规定收取工本费。具体收费标准由省、自治区、直辖市人民政府价格主管部门会同同级卫生行政部门规定。
第一千二百二十六条 医疗机构及其医务人员应当对患者的隐私**和个人信息**保密。泄露患者的隐私**和个人信息**,或者未经患者同意公开其病历资料的,应当承担侵权责任。 注 增加"个人信息",并删除"造成患者损害"的表述,更加强化患者隐私与个人信息的保护。	**《侵权责任法》(已废止)第六十二条** 医疗机构及其医务人员应当对患者的隐私保密。泄露患者隐私或者未经患者同意公开其病历资料,~~造成患者损害的,~~应当承担侵权责任。
第一千二百二十七条 医疗机构及其医务人员不得违反诊疗规范实施不必要的检查。 注 需要进一步的解释或细则的出台,以将该条规定落实到位。	**《侵权责任法》(已废止)第六十三条** 医疗机构及其医务人员不得违反诊疗规范实施不必要的检查。

《民法典》及最新相关司法解释	相关内容
第一千二百二十八条　医疗机构及其医务人员的合法权益受法律保护。 干扰医疗秩序，妨碍医务人员工作、生活，**侵害医务人员合法权益的**，应当依法承担法律责任。	**《侵权责任法》（已废止）第六十四条**　医疗机构及其医务人员的合法权益受法律保护。干扰医疗秩序，妨害医务人员工作、生活的，应当依法承担法律责任。
第七章　环境污染和生态破坏责任	
第一千二百二十九条　因污染环境、**破坏生态**造成**他人**损害的，*侵权人*应当承担侵权责任。 注 将破坏生态行为纳入调整范围，将“污染者”替换为“侵权人”，扩大了条文的调整对象，更有利于环境、生态的保护。	**《侵权责任法》（已废止）第六十五条**　因污染环境造成损害的，*污染者*应当承担侵权责任。 **原环境侵权解释第一条（本条内容已修正）**　因污染环境造成损害，不论污染者有无过错，污染者应当承担侵权责任。污染者以排污符合国家或者地方污染物排放标准为由主张不承担责任的，人民法院不予支持。 污染者不承担责任或者减轻责任的情形，适用海洋环境保护法、水污染防治法、大气污染防治法等环境保护单行法的规定；相关环境保护单行法没有规定的，适用侵权责任法的规定。 **第六条（本条内容已修正）**　被侵权人根据侵权责任法第六十五条规定请求赔偿的，应当提供证明以下事实的证据材料： （一）污染者排放了污染物； （二）被侵权人的损害； （三）污染者排放的污染物或者其次生污染物与损害之间具有关联性。
第一千二百三十条　因污染环境、**破坏生态**发生纠纷，**行为人**应当就法律规定的不承担责任或者减轻责任的情形及其行为与损害之间不存在因果关系承担举证责任。	**《侵权责任法》（已废止）第六十六条**　因污染环境发生纠纷，**污染者**应当就法律规定的不承担责任或者减轻责任的情形及其行为与损害之间不存在因果关系承担举证责任。

《民法典》及最新相关司法解释	相关内容
	原环境侵权解释第七条(本条内容已修正) 污染者举证证明下列情形之一的,人民法院应当认定其污染行为与损害之间不存在因果关系: (一)排放的污染物没有造成该损害可能的; (二)排放的可造成该损害的污染物未到达该损害发生地的; (三)该损害于排放污染物之前已发生的; (四)其他可以认定污染行为与损害之间不存在因果关系的情形。
第一千二百三十一条 两个以上*侵权人*污染环境、**破坏生态的**,承担责任的大小,根据污染物的种类、**浓度**、排放量,**破坏生态的方式、范围、程度,以及行为对损害后果所起的作用**等因素确定。	**《侵权责任法》(已废止)第六十七条** 两个以上*污染者*污染环境,~~污染者~~承担责任的大小,根据污染物的种类、排放量等因素确定。 **原环境侵权解释第二条(本条内容已修正)** 两个以上污染者共同实施污染行为造成损害,被侵权人根据侵权责任法第八条规定请求污染者承担连带责任的,人民法院应予支持。 **第三条(本条内容已修正)** 两个以上污染者分别实施污染行为造成同一损害,每一个污染者的污染行为都足以造成全部损害,被侵权人根据侵权责任法第十一条规定请求污染者承担连带责任的,人民法院应予支持。 两个以上污染者分别实施污染行为造成同一损害,每一个污染者的污染行为都不足以造成全部损害,被侵权人根据侵权责任法第十二条规定请求污染者承担责任的,人民法院应予支持。 两个以上污染者分别实施污染行为造成同一损害,部分污染者的污染行为

《民法典》及最新相关司法解释	相关内容
	足以造成全部损害，部分污染者的污染行为只造成部分损害，被侵权人根据侵权责任法第十一条规定请求足以造成全部损害的污染者与其他污染者就共同造成的损害部分承担连带责任，并对全部损害承担责任的，人民法院应予支持。 **第四条（本条内容已修正）** 两个以上污染者污染环境，对污染者承担责任的大小，人民法院应当根据污染物的种类、排放量、危害性以及有无排污许可证、是否超过污染物排放标准、是否超过重点污染物排放总量控制指标等因素确定。
第一千二百三十二条　侵权人违反法律规定故意污染环境、破坏生态造成严重后果的，被侵权人有权请求相应的惩罚性赔偿。 注 增加了惩罚性赔偿制度，但需注意适用的条件：故意、严重后果、相应。	
第一千二百三十三条　因第三人的过错污染环境、**破坏生态**的，被侵权人可以向*侵权人*请求赔偿，也可以向第三人请求赔偿。*侵权人*赔偿后，有权向第三人追偿。 **环境侵权解释（2020）第五条**　被侵权人根据民法典第一千二百三十三条规定分别或者同时起诉侵权人、第三人的，人民法院应予受理。 被侵权人请求第三人承担赔偿责任的，人民法院应当根据第三人的过错程度确定其相应赔偿责任。 侵权人以第三人的过错污染环境、破坏生态造成损害为由主张不承担责任或者减轻责任的，人民法院不予支持。	**《侵权责任法》（已废止）第六十八条**　因第三人的过错污染环境~~造成损害~~的，被侵权人可以向*污染者*请求赔偿，也可以向第三人请求赔偿。*污染者*赔偿后，有权向第三人追偿。

《民法典》及最新相关司法解释	相关内容
第一千二百三十四条　违反国家规定造成生态环境损害,生态环境能够修复的,国家规定的机关或者法律规定的组织有权请求侵权人在合理期限内承担修复责任。侵权人在期限内未修复的,国家规定的机关或者法律规定的组织可以自行或者委托他人进行修复,所需费用由侵权人负担。 注 本条就有关国家机关或组织请求侵权人承担修复责任及代履行进行了规定,以衔接相关的环境公益诉讼制度。	**原环境侵权解释第十四条(本条内容已修正)**　被侵权人请求恢复原状的,人民法院可以依法裁判污染者承担环境修复责任,并同时确定被告不履行环境修复义务时应当承担的环境修复费用。 污染者在生效裁判确定的期限内未履行环境修复义务的,人民法院可以委托其他人进行环境修复,所需费用由污染者承担。 **原环境公益诉讼解释第一条**　法律规定的机关和有关组织依据民事诉讼法第五十五条、环境保护法第五十八条等法律的规定,对已经损害社会公共利益或者具有损害社会公共利益重大风险的污染环境、破坏生态的行为提起诉讼,符合民事诉讼法第一百一十九条第二项、第三项、第四项规定的,人民法院应予受理。
第一千二百三十五条　违反国家规定造成生态环境损害的,国家规定的机关或者法律规定的组织有权请求侵权人赔偿下列损失和费用: **(一)生态环境受到损害至修复完成期间服务功能丧失导致的损失;** **(二)生态环境功能永久性损害造成的损失;** **(三)生态环境损害调查、鉴定评估等费用;** **(四)清除污染、修复生态环境费用;** **(五)防止损害的发生和扩大所支出的合理费用。** 注 明确了有关国家机关或组织就生态环境损害有权请求侵权人赔偿的损失和费用范围。	**原《最高人民法院关于审理生态环境损害赔偿案件的若干规定(试行)》第十二条**　受损生态环境能够修复的,人民法院应当依法判决被告承担修复责任,并同时确定被告不履行修复义务时应承担的生态环境修复费用。 生态环境修复费用包括制定、实施修复方案的费用,修复期间的监测、监管费用,以及修复完成后的验收费用、修复效果后评估费用等。 原告请求被告赔偿生态环境受到损害至修复完成期间服务功能损失的,人民法院根据具体案情予以判决。 **第十三条**　受损生态环境无法修复或者无法完全修复,原告请求被告赔偿

《民法典》及最新相关司法解释	相关内容
	生态环境功能永久性损害造成的损失的，人民法院根据具体案情予以判决。 **第十四条** 原告请求被告承担下列费用的，人民法院根据具体案情予以判决： （一）实施应急方案以及为防止生态环境损害的发生和扩大采取合理预防、处置措施发生的应急处置费用； （二）为生态环境损害赔偿磋商和诉讼支出的调查、检验、鉴定、评估等费用； （三）合理的律师费以及其他为诉讼支出的合理费用。 **原环境公益诉讼解释第十九条** 原告为防止生态环境损害的发生和扩大，请求被告停止侵害、排除妨碍、消除危险的，人民法院可以依法予以支持。 原告为停止侵害、排除妨碍、消除危险采取合理预防、处置措施而发生的费用，请求被告承担的，人民法院可以依法予以支持。 **第二十条** 原告请求恢复原状的，人民法院可以依法判决被告将生态环境修复到损害发生之前的状态和功能。无法完全修复的，可以准许采用替代性修复方式。 人民法院可以在判决被告修复生态环境的同时，确定被告不履行修复义务时应承担的生态环境修复费用；也可以直接判决被告承担生态环境修复费用。 生态环境修复费用包括制定、实施修复方案的费用和监测、监管等费用。 **第二十一条** 原告请求被告赔偿生态环境受到损害至恢复原状期间服务功能损失的，人民法院可以依法予以支持。

《民法典》及最新相关司法解释	相关内容
	第二十二条 原告请求被告承担检验、鉴定费用,合理的律师费以及为诉讼支出的其他合理费用的,人民法院可以依法予以支持。
第八章 高度危险责任	
第一千二百三十六条 从事高度危险作业造成他人损害的,应当承担侵权责任。	**《侵权责任法》(已废止)第六十九条** 从事高度危险作业造成他人损害的,应当承担侵权责任。
第一千二百三十七条 民用核设施**或者运入运出核设施的核材料**发生核事故造成他人损害的,民用核设施的*营运单位*应当承担侵权责任;但是,能够证明损害是因战争、**武装冲突**、**暴乱**等情形或者受害人故意造成的,不承担责任。	**《侵权责任法》(已废止)第七十条** 民用核设施发生核事故造成他人损害的,民用核设施的*经营者*应当承担侵权责任,但能够证明损害是因战争等情形或者受害人故意造成的,不承担责任。
第一千二百三十八条 民用航空器造成他人损害的,民用航空器的经营者应当承担侵权责任;但是,能够证明损害是因受害人故意造成的,不承担责任。	**《侵权责任法》(已废止)第七十一条** 民用航空器造成他人损害的,民用航空器的经营者应当承担侵权责任,但能够证明损害是因受害人故意造成的,不承担责任。
第一千二百三十九条 占有或者使用易燃、易爆、剧毒、**高**放射性、**强腐蚀性**、**高致病性**等高度危险物造成他人损害的,占有人或者使用人应当承担侵权责任;但是,能够证明损害是因受害人故意或者不可抗力造成的,不承担责任。被侵权人对损害的发生有重大过失的,可以减轻占有人或者使用人的责任。	**《侵权责任法》(已废止)第七十二条** 占有或者使用易燃、易爆、剧毒、放射性等高度危险物造成他人损害的,占有人或者使用人应当承担侵权责任,但能够证明损害是因受害人故意或者不可抗力造成的,不承担责任。被侵权人对损害的发生有重大过失的,可以减轻占有人或者使用人的责任。

《民法典》及最新相关司法解释	相关内容
第一千二百四十条　从事高空、高压、地下挖掘活动或者使用高速轨道运输工具造成他人损害的，经营者应当承担侵权责任；但是，能够证明损害是因受害人故意或者不可抗力造成的，不承担责任。被侵权人对损害的发生有**重大**过失的，可以减轻经营者的责任。 注 须注意，“过失”变为“重大过失”。	**《侵权责任法》（已废止）第七十三条** 从事高空、高压、地下挖掘活动或者使用高速轨道运输工具造成他人损害的，经营者应当承担侵权责任，但能够证明损害是因受害人故意或者不可抗力造成的，不承担责任。被侵权人对损害的发生有过失的，可以减轻经营者的责任。
第一千二百四十一条　遗失、抛弃高度危险物造成他人损害的，由所有人承担侵权责任。所有人将高度危险物交由他人管理的，由管理人承担侵权责任；所有人有过错的，与管理人承担连带责任。	**《侵权责任法》（已废止）第七十四条** 遗失、抛弃高度危险物造成他人损害的，由所有人承担侵权责任。所有人将高度危险物交由他人管理的，由管理人承担侵权责任；所有人有过错的，与管理人承担连带责任。
第一千二百四十二条　非法占有高度危险物造成他人损害的，由非法占有人承担侵权责任。所有人、管理人不能证明对防止非法占有尽到高度注意义务的，与非法占有人承担连带责任。	**《侵权责任法》（已废止）第七十五条** 非法占有高度危险物造成他人损害的，由非法占有人承担侵权责任。所有人、管理人不能证明对防止他人非法占有尽到高度注意义务的，与非法占有人承担连带责任。
第一千二百四十三条　未经许可进入高度危险活动区域或者高度危险物存放区域受到损害，管理人能够证明已经采取**足够**安全措施并尽到**充分**警示义务的，可以减轻或者不承担责任。 注 高度危险区域的管理人要将安全措施做“足够”、警示做“充分”。	**《侵权责任法》（已废止）第七十六条** 未经许可进入高度危险活动区域或者高度危险物存放区域受到损害，管理人已经采取安全措施并尽到警示义务的，可以减轻或者不承担责任。
第一千二百四十四条　承担高度危险责任，法律规定赔偿限额的，依照其规定，**但是行为人有故意或者重大过失的除外**。 注 行为人有故意或重大过失的，高度危险责任赔偿可不受法律规定的赔偿限额的约束。	**《侵权责任法》（已废止）第七十七条** 承担高度危险责任，法律规定赔偿限额的，依照其规定。

《民法典》及最新相关司法解释	相关内容
第九章　饲养动物损害责任	
第一千二百四十五条　饲养的动物造成他人损害的,动物饲养人或者管理人应当承担侵权责任;但是,能够证明损害是因被侵权人故意或者重大过失造成的,可以不承担或者减轻责任。	**《侵权责任法》(已废止)第七十八条**　饲养的动物造成他人损害的,动物饲养人或者管理人应当承担侵权责任,但能够证明损害是因被侵权人故意或者重大过失造成的,可以不承担或者减轻责任。
第一千二百四十六条　违反管理规定,未对动物采取安全措施造成他人损害的,动物饲养人或者管理人应当承担侵权责任;**但是,能够证明损害是因被侵权人故意造成的,可以减轻责任。** 注 本条后半部分增加的仅是"故意",不包括"重大过失"。	**《侵权责任法》(已废止)第七十九条**　违反管理规定,未对动物采取安全措施造成他人损害的,动物饲养人或者管理人应当承担侵权责任。
第一千二百四十七条　禁止饲养的烈性犬等危险动物造成他人损害的,动物饲养人或者管理人应当承担侵权责任。	**《侵权责任法》(已废止)第八十条**　禁止饲养的烈性犬等危险动物造成他人损害的,动物饲养人或者管理人应当承担侵权责任。
第一千二百四十八条　动物园的动物造成他人损害的,动物园应当承担侵权责任;但是,能够证明尽到管理职责的,不承担侵权责任。 注 关于动物园管理机构的管理职责,可参考《城市动物园管理规定》的相关内容。	**《侵权责任法》(已废止)第八十一条**　动物园的动物造成他人损害的,动物园应当承担侵权责任,但能够证明尽到管理职责的,不承担责任。 **《城市动物园管理规定》第十七条**　动物园管理机构应当备有卫生防疫、医疗救护、麻醉保定设施,定时进行防疫和消毒。有条件的动物园要设有动物疾病检疫隔离场。 **第二十一条**　动物园管理机构应当完善各项安全设施,加强安全管理,确保游人、管理人员和动物的安全。 动物园管理机构应当加强对游人的管理,严禁游人在动物展区内惊扰动物和大声喧哗,闭园后禁止在动物展区进行干扰动物的各种活动。

《民法典》及最新相关司法解释	相关内容
第一千二百四十九条　遗弃、逃逸的动物在遗弃、逃逸期间造成他人损害的，由动物原饲养人或者管理人承担侵权责任。	**《侵权责任法》（已废止）第八十二条**　遗弃、逃逸的动物在遗弃、逃逸期间造成他人损害的，由原动物饲养人或者管理人承担侵权责任。
第一千二百五十条　因第三人的过错致使动物造成他人损害的，被侵权人可以向动物饲养人或者管理人请求赔偿，也可以向第三人请求赔偿。动物饲养人或者管理人赔偿后，有权向第三人追偿。	**《侵权责任法》（已废止）第八十三条**　因第三人的过错致使动物造成他人损害的，被侵权人可以向动物饲养人或者管理人请求赔偿，也可以向第三人请求赔偿。动物饲养人或者管理人赔偿后，有权向第三人追偿。
第一千二百五十一条　饲养动物应当遵守法律法规，尊重社会公德，不得*妨碍*他人生活。 注 遵守法律和社会公德在总则编中已有规定。不得妨害他人生活，也是一项普遍的民事义务，不仅是动物饲养人或者管理人的义务。本条规定的现实性在于，生活中大量存在动物饲养人或者管理人不遵守法律、不尊重社会公德、妨碍他人生活的现象，故有重申之必要。	**《侵权责任法》（已废止）第八十四条**　饲养动物应当遵守法律，尊重社会公德，不得*妨害*他人生活。
第十章　建筑物和物件损害责任	
第一千二百五十二条　建筑物、构筑物或者其他设施倒塌、**塌陷**造成他人损害的，由建设单位与施工单位承担连带责任，**但是建设单位与施工单位能够证明不存在质量缺陷的除外**。建设单位、施工单位赔偿后，有其他责任人的，有权向其他责任人追偿。 因*所有人、管理人、使用人或者第三人*的原因，建筑物、构筑物或者其他设施倒塌、**塌陷**造成他人损害的，由*所有人、管理人、使用人或者第三人*承担侵权责任。	**《侵权责任法》（已废止）第八十六条**　建筑物、构筑物或者其他设施倒塌造成他人损害的，由建设单位与施工单位承担连带责任。建设单位、施工单位赔偿后，有其他责任人的，有权向其他责任人追偿。 因*其他责任人*的原因，建筑物、构筑物或者其他设施倒塌造成他人损害的，由*其他责任人*承担侵权责任。 **原人损解释第十六条（本条已失效）**　下列情形，适用民法通则第一百二十六

《民法典》及最新相关司法解释	相关内容
	条的规定,由所有人或者管理人承担赔偿责任,但能够证明自己没有过错的除外: (一)道路、桥梁、隧道等人工建造的构筑物因维护、管理瑕疵致人损害的; (二)堆放物品滚落、滑落或者堆放物倒塌致人损害的; (三)树木倾倒、折断或者果实坠落致人损害的。 前款第(一)项情形,因设计、施工缺陷造成损害的,由所有人、管理人与设计、施工者承担连带责任。
第一千二百五十三条 建筑物、构筑物或者其他设施及其搁置物、悬挂物发生脱落、坠落造成他人损害,所有人、管理人或者使用人不能证明自己没有过错的,应当承担侵权责任。所有人、管理人或者使用人赔偿后,有其他责任人的,有权向其他责任人追偿。	**《侵权责任法》(已废止)第八十五条** 建筑物、构筑物或者其他设施及其搁置物、悬挂物发生脱落、坠落造成他人损害,所有人、管理人或者使用人不能证明自己没有过错的,应当承担侵权责任。所有人、管理人或者使用人赔偿后,有其他责任人的,有权向其他责任人追偿。 **原人损解释第十六条(本条已失效)** 下列情形,适用民法通则第一百二十六条的规定,由所有人或者管理人承担赔偿责任,但能够证明自己没有过错的除外: (一)道路、桥梁、隧道等人工建造的构筑物因维护、管理瑕疵致人损害的; (二)堆放物品滚落、滑落或者堆放物倒塌致人损害的; (三)树木倾倒、折断或者果实坠落致人损害的。 前款第(一)项情形,因设计、施工缺陷造成损害的,由所有人、管理人与设计、施工者承担连带责任。

《民法典》及最新相关司法解释	相关内容
第一千二百五十四条　禁止从建筑物中抛掷物品。从建筑物中抛掷物品或者从建筑物上坠落的物品造成他人损害的，**由侵权人依法承担侵权责任；经调查**难以确定具体侵权人的，除能够证明自己不是侵权人的外，由可能加害的建筑物使用人给予补偿。**可能加害的建筑物使用人补偿后，有权向侵权人追偿。** **物业服务企业等建筑物管理人应当采取必要的安全保障措施防止前款规定情形的发生；未采取必要的安全保障措施的，应当依法承担未履行安全保障义务的侵权责任。** **发生本条第一款规定的情形的，公安等机关应当依法及时调查，查清责任人。** **民法典时间效力规定第十九条　民法典施行前，从建筑物中抛掷物品或者从建筑物上坠落的物品造成他人损害引起的民事纠纷案件，适用民法典第一千二百五十四条的规定。** 注 回应社会关切，强化“头顶上的安全”，完善了“高空抛物”相关规则。一是明确禁止高空抛物，二是强调只有在“经调查难以确定具体侵权人”的前提下才适用“共同补偿”，三是强化物业等管理人的责任，四是强化有关机关的“查清”义务。	**《侵权责任法》(已废止)第八十七条**　从建筑物中抛掷物品或者从建筑物上坠落的物品造成他人损害，难以确定具体侵权人的，除能够证明自己不是侵权人的外，由可能加害的建筑物使用人给予补偿。
第一千二百五十五条　堆放物倒塌、**滚落或者滑落**造成他人损害，堆放人不能证明自己没有过错的，应当承担侵权责任。	**《侵权责任法》(已废止)第八十八条**　堆放物倒塌造成他人损害，堆放人不能证明自己没有过错的，应当承担侵权责任。

《民法典》及最新相关司法解释	相关内容
	原人损解释第十六条第一款(本条已失效) 下列情形,适用民法通则第一百二十六条的规定,由所有人或者管理人承担赔偿责任,但能够证明自己没有过错的除外: …… (二)堆放物品滚落、滑落或者堆放物倒塌致人损害的; ……
第一千二百五十六条 在公共道路上堆放、倾倒、遗撒妨碍通行的物品造成他人损害的,*由行为人承担侵权责任。公共道路管理人不能证明已经尽到清理、防护、警示等义务的,应当承担相应的责任。* 注 行为人承担侵权责任,管理人未尽管理义务的,承担相应责任。	**《侵权责任法》(已废止)第八十九条** 在公共道路上堆放、倾倒、遗撒妨碍通行的物品造成他人损害的,*有关单位或者个人应当承担侵权责任。* **原道损解释第十条(本条已失效)** 因在道路上堆放、倾倒、遗撒物品等妨碍通行的行为,导致交通事故造成损害,当事人请求行为人承担赔偿责任的,人民法院应予支持。道路管理者不能证明已按照法律、法规、规章、国家标准、行业标准或者地方标准尽到清理、防护、警示等义务的,应当承担相应的赔偿责任。
第一千二百五十七条 因林木折断、**倾倒或者果实坠落等**造成他人损害,林木的所有人或者管理人不能证明自己没有过错的,应当承担侵权责任。	**《侵权责任法》(已废止)第九十条** 因林木折断造成他人损害,林木的所有人或者管理人不能证明自己没有过错的,应当承担侵权责任。 **原人损解释第十六条第一款(本条已失效)** 下列情形,适用民法通则第一百二十六条的规定,由所有人或者管理人承担赔偿责任,但能够证明自己没有过错的除外: …… (三)树木倾倒、折断或者果实坠落致人损害的。

《民法典》及最新相关司法解释	相关内容
第一千二百五十八条　在公共场所或者道路上挖掘、修缮安装地下设施等*造成他人损害，施工人不能证明已经设置明显标志和采取安全措施的*，应当承担侵权责任。 窨井等地下设施造成他人损害，管理人不能证明尽到管理职责的，应当承担侵权责任。	**《侵权责任法》（已废止）第九十一条**　在公共场所或者道路上挖坑、修缮安装地下设施等，*没有设置明显标志和采取安全措施造成他人损害的，施工人*应当承担侵权责任。 窨井等地下设施造成他人损害，管理人不能证明尽到管理职责的，应当承担侵权责任。 **《道路交通安全法》第一百零五条**　道路施工作业或者道路出现损毁，未及时设置警示标志、未采取防护措施，或者应当设置交通信号灯、交通标志、交通标线而没有设置或者应当及时变更交通信号灯、交通标志、交通标线而没有及时变更，致使通行的人员、车辆及其他财产遭受损失的，负有相关职责的单位应当依法承担赔偿责任。

附　　则

《民法典》及最新相关司法解释	相关内容
第一千二百五十九条　民法所称的“以上”、“以下”、“以内”、“届满”，包括本数；所称的“不满”、“超过”、“以外”，不包括本数。 注 本条规定的是《民法典》中的计数语词含义（是否包括本数）的问题。	**《民法总则》（已废止）第二百零五条**　民法所称的“以上”“以下”“以内”“届满”，包括本数；所称的“不满”“超过”“以外”，不包括本数。
第一千二百六十条　本法自2021年1月1日起施行。《中华人民共和国婚姻法》、《中华人民共和国继承法》、《中华人民共和国民法通则》、《中华人民共和国收养法》、《中华人民共和国担保法》、《中华人民共和国合同法》、《中华人民共和国物权法》、《中华人民共和国侵权责任法》、《中华人民共和国民法总则》同时废止。 **民法典时间效力规定第一条**　民法典施行后的法律事实引起的民事纠纷案件，适用民法典的规定。 民法典施行前的法律事实引起的民事纠纷案件，适用当时的法律、司法解释的规定，但是法律、司法解释另有规定的除外。 民法典施行前的法律事实持续至民法典施行后，该法律事实引起的民事纠纷案件，适用民法典的规定，但是法律、司法解释另有规定的除外。 **第二条**　民法典施行前的法律事实引起的民事纠纷案件，当时的法律、司法解释有规定，适用当时的法律、司法解释的规定，但是适用民法典的规定更有利于保护民事主体合法权益，更有利于维护社会和经济秩序，更有利于弘扬社会主义核心价值观的除外。	

《民法典》及最新相关司法解释	相关内容
第三条　民法典施行前的法律事实引起的民事纠纷案件，当时的法律、司法解释没有规定而民法典有规定的，可以适用民法典的规定，但是明显减损当事人合法权益、增加当事人法定义务或者背离当事人合理预期的除外。 **第四条　民法典施行前的法律事实引起的民事纠纷案件，当时的法律、司法解释仅有原则性规定而民法典有具体规定的，适用当时的法律、司法解释的规定，但是可以依据民法典具体规定进行裁判说理。** **第五条　民法典施行前已经终审的案件，当事人申请再审或者按照审判监督程序决定再审的，不适用民法典的规定。** **民法典时间效力规定第二十八条　本规定自2021年1月1日起施行。** **本规定施行后，人民法院尚未审结的一审、二审案件适用本规定。** 注 明确了《民法典》的施行时间，并规定相应单行法同时废止。	